PETER REICHELT

HELNWEIN UND SCIENTOLOGY

LÜGE UND VERRAT
EINE ORGANISATION UND IHR GEHEIMDIENST

VERLAG BROCKMANN UND REICHELT GMBH
1997

IMPRESSUM

 Verlegt durch die “SHSP e.V.” in Mannheim. Postanschrift: SHSP, Postfach 10 26 12, D - 68026 Mannheim, Deutschland. Verantwortlich für den gesamten Inhalt ist die Autorengemeinschaft “ Peter Reichelt “ der SHSP, unter der Leitung von Peter Reichelt, ausschließlich handelnd als Vorsitzender des Vorstandes der SHSP.
Nicht in allen Fällen war es uns möglich, den Rechteinhaber von Abbildungen bzw. Texten ausfindig zu machen. Berechtigte Ansprüche werden selbstverständlich im Rahmen der üblichen Vereinbarungen abgegolten.
Bildnachweis in Klammer unter dem jeweiligen Foto, soweit bekannt.

Titelbild von Gerhard Haderer.

Exclusiver Lizenznehmer dieser Auflage ist der
Verlag Brockmann und Reichelt GmbH Mannheim.

ISBN 3 - 923801 - 93 - 9

PETER REICHELT

Peter Reichelt, 1958 in Mannheim geboren, Studium der Rechtswissenschaft in Mannheim, langjährige Ausbildung und Zusammenarbeit mit dem Konzertimpresario Klaus Hoffmeister, freier Journalist, Autor, Kunstpromoter und Verleger; arbeitet als Fernsehproduzent und Drehbuchautor u.a. für den ORF und die ARD; Beiträge und Recherchen u.a. für den Spiegel, Stern, Focus, Facts, FAZ sowie Stern TV, Spiegel TV und Report. Arbeitet zur Zeit in Los Angeles.

Danke an alle, die uns mit ihrer Unterstützung geholfen haben.
Danke an alle Leserinnen und Leser dieses Buches.

Inhaltsverzeichnis

HELNWEIN, REICHELT UND SCIENTOLOGY 11

DIE GEMEINSAME NIL - KREUZFAHRT UND DAS " 1 0 0 1 - NACHT " FEST AUF BURG BROHL 17

ARD - REPORTAGEN IM BR - MAGAZIN " REPORT " - ZWEI TV - BERICHTE ÜBER DEN HELNWEIN - SKANDAL AM 21. 10. 1996 UND 3. 2. 1997 18

BEGINN EINER FREUNDSCHAFT 25

DER BERATERVERTRAG 27

DIE HELNWEIN - GRUPPE 31

DAS IDOLE - PROJEKT 34

IDOLE FÜR SCIENTOLOGY 36

DAS " FACES " - PHOTOPROJEKT 44

ARNO BREKER 44

LENI RIEFENSTAHL TRIFFT L. RON HUBBARD - 1 9 6 0 46

REINHOLD MESSNER 47

INA BROCKMANN TRIFFT GOTTFRIED HELNWEIN 48

DAS ENDE - 1 9 9 4 51

DIETMAR SCHÖNHERR 51

FAMILIE HELNWEIN " IN SCIENTOLOGY " ! 59

HELNWEIN WIRD SCIENTOLOGE - 1 9 7 1 59

DIE GRUPPE ZÖTUS 59

ULRICH GANSERT - 1 9 9 7 63

DER 1. SCIENTOLOGY - ABSCHLUSS FÜR HELNWEIN - 1 9 7 2 66

HELNWEIN - DER CLEAR UND OT I 67

DIE FALSCHE EIDESSTATTLICHE VERSICHERUNG I 73

DIE FALSCHE EIDESSTATTLICHE VERSICHERUNG II 73

GOTTFRIED HELNWEIN WIRD ÖSTERREICHS FÜHRENDER SCIENTOLOGE - DAS Z K K IN WIEN 1974 - 1977 76

HELNWEIN WIRD ALS SCIENTOLOGE GEOUTET 79

DAS ERSTE INTERVIEW ALS SCIENTOLOGE - 1 9 7 5 80

DIE ERÖFFNUNG DES ZKK AM 1. APRIL 1 9 7 6 85
DIE SCIENTOLOGY - KURSE IM ZKK 91
RENATE HELNWEIN - 1 9 7 6 91
SCIENTOLOGY - AUSBILDUNG IM ZKK - 1 9 7 6 93
RENATE HELNWEIN - DIE KURSLEITERIN IM ZKK 1 9 7 6 98
RENATE HELNWEIN II - 1 9 8 1 106
DAS SCIENTOLOGY " ARC " - SYMBOL IM ZKK - KATALOG 113
DIE SCIENTOLOGY - MITARBEITER IM ZKK 114
JOCHEN WAHL 114
GOTTFRIED HELNWEIN 116
ANGELIKA BLASKOVICH 118
FRITZ HECHELMANN 118
ROBERT SCHÖLLER 119
FRITZ FUHRMANN 120
SCIENTOLOGY IN DEUTSCHLAND LOBT HELNWEIN FÜR SEINE VERDIENSTE - 1 9 7 7 120
DAS ENDE DES ERSTEN HELNWEINSCHEN SCIENTOLOGY-"KUNSTZENTRUMS" - WIEN IM HERBST 1 9 7 7 122
RUDI KRUSPEL 128
DAS " NEUE " ZKK IN WIEN - 1 9 8 2 129
NARCONON - CHILOCCO U S A I 130
DIE BEZIEHUNG GOTTFRIED HELNWEIN, HANS JANITSCHEK UND SCIENTOLOGY PRÄSIDENT HEBER JENTZSCH 132
NARCONON - CHILOCCO II 135
HELNWEIN HILFT " NARCONON " IN DEUTSCHLAND - DAS OSA/ DSA SCHREIBEN 1992 137
EIN OSA - MANN PACKT AUS 141
WIEN 1 9 8 0 / 1 143
DIE GOTTFRIED HELNWEIN GMBH IN WIEN 1 9 8 1 und die PROBLEME MIT DEN STEUERBEHÖRDEN IN ÖSTERREICH SEIT 1 9 9 4 145
DIE GEHEIMRAZZIA GEGEN SCIENTOLOGY IN ÖSTERREICH - 1 9 9 4 148
DIE STEUERRAZZIEN IN BURGBROHL BEI HELNWEIN 1 9 9 5 UND 1 9 9 6 150

DIE " IAF AG " IN WIEN 151
DAS " STERN " - OUTING - 19.12.1984 160
DER UMZUG NACH BURGBROHL - 1 9 8 4
oder SCIENTOLOGEN UNTEREINANDER - HELNWEIN
UND KEMPE 161
HELNWEIN UND HEROLD IN LEIPZIG UND AUF
RÜGEN - 1 9 9 4 und 1 9 9 5 163
KLAUS KEMPE - DER IMMOBILIENMAKLER 169
DER ERSTE ERFOLGSBERICHT AUS BURGBROHL 170
" NIMM DIE DOSEN " - FLAG UND KEIN ENDE 177
ROBERT SCHÖLLER - 179
DER HELNWEIN - WISSENSBERICHT 1 9 8 5 179
DAS ENDE EINER BEZIEHUNG - DANK HELNWEIN ? 180
GUDRUN DERLIN 182
HELNWEINS L - 10 KURS IN FLAG 184
BREMEN UND TOBIAS BIANCONE -(LEUTENEGGER) 184
DER UNTERMENSCH 186
HELMUTH BLÖBAUM - REINER WEBER - CLAUDIA
KAUER - EDITH BÜCHELE 189
DIE HELNWEIN - DSA/OSA GEHEIMDIENSTVERBINDUNG 189
DER HELNWEIN - BEFEHL 194
HELNWEIN - DER OSA / FSM - MITARBEITER UND
SEIN KONTAKT ZUR OSA - 1 9 9 3 195
HELNWEINS WUNSCH : THOMAS GOTTSCHALK SOLL
LÄNGER LEIDEN 195
HELNWEIN UND DER BESUCH BEI CARL BARKS - 1 9 9 1 197
HELNWEIN SCHREIBT AN CLAUDIA KAUER / OSA
MÜNCHEN - 1 9 9 3 199
DER AUFBAU DER OSA UND DIE HELNWEIN - VERBINDUNG 202
DER SCIENTOLOGY - KÜNSTLER 205
DAS OTTMANN - URTEIL ZU HELNWEIN 205
KURSE IN CLEARWATER 207
DAS MAGAZIN " SOURCE " - 1982 bis 1995 207
DIE ZAHLUNGEN AN SCIENTOLOGY - 1 9 7 2 BIS 1 9 9 7 209
DIE OT - STUFEN 217
NED 219

CLEAR CERTAINTY RUNDOWN (CCRD) 219
ALTERNATE ROUTE TO CLEAR (ARTC) 220
SUNSHINE RUNDOWN 223
NEW OT 1 223
OT 2 223
OT 3 225
NEW OT 4 227
NEW OT 5 228
DAS AUDITING 229
NEW OT 6 230
NEW OT 7 230
NEW OT 8 231
DIE GREENFIELD SCHOOL IN ENGLAND 234
DIE SEA - ORGANISATION I 235
CYRIL HELNWEIN UND MARTIN OTTMANN
IN FLAG - 1 9 9 1 237
DAS CLEARWATER - HAUS 240
GREENFIELD SCHOOL II 244
FREUNDE IM HAUS 246
FALL 1: DR. REINHOLD MISSELBECK 247
FALL 2 : DR. THOMAS WERNER 248
DER HELNWEIN " CELEBRITY CENTER BURGBROHL " - 1 9 8 5 249
NORBERT POTTHOFF - 1 9 9 5 252
DER HELNWEIN - SCIENTOLOGY WERBEFILM - BURGBROHL 1 9 8 6 . 260
PETER SCHMITZ - 22. Januar 1997 263
DIE SCIENTOLOGY - STRAFLAGER " RPF " UND ARTHUR
HUBBARD 273
HAPPY VALLEY 273
ANDRE TABAYOYON 274
MARY TABAYOYON 275
DIE ZWANGSABTREIBUNGEN IM " RPF " 276
GEHIRNWÄSCHE UND " ETHIKZUSTÄNDE " 277
ROBERT VAUGHN YOUNG 280
GILMAN HOT SPRINGS - DAS GEHEIME
WELTHAUPTQUARTIER VON SCIENTOLOGY 281
DAS LAGER " HAPPY VALLEY " 282

VICKY AZNARAN ÜBER DAVID MISCAVIGE 283
STACY BROOKS YOUNG 284
ARTHUR HUBBARD IN BURGBROHL UND ALS GEFANGENER IM STRAFLAGER " RPF " 284
DAS MODELL FÜR DEN ORF 286
GOLD 290
TOM CRUISE UND SEIN FREUND DAVID MISCAVIGE IN " GOLD " 292
OPERATION " PAPER CHASE ", ODER WIE MACHE ICH AUS GOLDBARREN NOCH VIEL MEHR GOLDBARREN 294
ZWEI MORDAUFTRÄGE VON " SCIENTOLOGY USA " AN GARRY SCARFF 298
CYNTHIA KISSER 299
FORD GREENE 302
DIE SEA ORG " MISSION " DES " OSA " - MANNES WILL DUCKHORN NACH BURGBROHL - 1991 314
KURT FLIEGERBAUER - SCIENTOLOGY UND DIE EXPANSION IM OSTEN 316
MARIO HEROLD 318
HELNWEIN VOR GERICHT - 1991 BIS 1997 319
DIE JOURNALISTENVERFOLGUNG 325
RENATE HELNWEIN IST OT 8 - 1988 328
DIE ZUSAMMENFASSUNG ALLER HELNWEIN - PROZESSE 329
PATRONS SIND MITTÄTER 360
" RELIGIÖSE APARTHEID 1996 IN DEUTSCHLAND " - DAS IAS - MACHWERK , DAS HELNWEIN VERTEIDIGT 361
HELNWEIN UND DIE BARKS - AUSSTELLUNG IN MAINZ - 1995 378
DIE HELNWEIN - LÜGE GLAUBT AUCH EINE DEUTSCHE (SEKTEN) - MINISTERIN IN MAINZ - 1995 379
DIE OSA - WELTZENTRALE IN LOS ANGELES 385
DAS " HOLLYWOOD GUARANTY BUILDING " - DER SITZ DER OSA 385
GARRY SCARFF UND DIE MORDAUFTRÄGE II 386
DAS OSA - HAUPTQUARTIER IN HOLLYWOOD 404

CELEBRITY CENTER INTERNATIONAL IN HOLLYWOOD 405
DAS HELNWEIN INTERVIEW IM SCIENTOLOGY - MAGAZIN
" CELEBRITY " - 1 9 8 9 410
DER "OT 5" GOTTFRIED HELNWEIN - 1989 412
HELNWEIN IN BERLIN 425
DER SCIENTOLOGY - MITGLIEDSANTRAG VON
HELNWEIN - 1 9 8 7 426
DIE " 8 MILLIONEN MITGLIEDER " - LÜGE 426
HELNWEIN IM WIENER " NEWS " - OKTOBER 1 9 9 6 426
DIE ARD " REPORT " - SENDUNG VOM 3. FEBRUAR 1997 431
DER FALL ALFRED BIOLEK 436
DIE NAZI - RICHTER 440

DAS WAKI ZÖLLNER INTERVIEW AM 17. FEBRUAR 1997 443

HELNWEIN, REICHELT UND SCIENTOLOGY

Wien, im Januar 1987 -

Mein letzter Tag im winterlich verschneiten Wien. Ich stehe im 1. Bezirk, mitten im Herzen der Stadt, nur einen Steinwurf entfernt von dem Wahrzeichen der Stadt, dem Stephansdom, vor den großflächigen Schaufenstern der Galerie Würthle. Auf der anderen Seite der Straße, schräg gegenüber im Mezzanin der Singerstr. 8, begann 1974 die Scientology - Laufbahn von Gottfried Helnwein.

Die Galerie Würthle war 1987 Österreichs einflußreichster kommerzieller Kunsttempel für zeitgenössische Kunst, unter der geschäftlichen Leitung der attraktiven Johanna Dichand, der Tochter des Zeitungszaren, Chef der " Kronen " - Zeitung (die " Bild " - Zeitung Österreichs) und Medienmoguls Hans Dichand und von ihm großzügig finanziell unterstützt.

Hans Dichand ist ein einflußreicher Mann, vielleicht sogar Österreichs einflußreichster und er ist ein großer Bewunder des Malers Gottfried Helnwein und einer seiner wenigen Freunde in der eigenwilligen Kunstszene Österreichs. Dichand fördert ihn bereits seit Anfang der 70er Jahre nicht nur durch Ankäufe seiner Bilder, als Helnwein noch in Wien lebte, weder reich noch berühmt war und dort mit seinen spektakulären Kunstaktionen für einen Skandal nach dem anderen sorgte.

In einem Interview des österreichischen Magazins " Basta " im November 1992 erzählt Dichand über seine Beziehung zu Helnwein: " Ich schätze ihn sehr, weil er kein Epigone ist. Auf jeder größeren Kunstmesse finden sich zahllose Nachahmer. Helnwein aber hat einen neuen, großartigen Stil geprägt. Die blaue Phase, in der er jetzt malt, berührt mich sehr. Auch das riesige Portrait, das er jetzt von mir gemalt hat, ist in dieser meiner Lieblingsfarbe gehalten. Das blau ist die bedeutendste Farbe in der Kunst...Meine Bekanntschaft mit Helnwein datiert vor 20 Jahren (1972), von einer Ausstellung im Pressehaus. Damals hatte er die Phase mit den entstellten Kindern, und wir haben die Bilder bald wieder abgehängt, weil die Arbeiter dagegen waren. - Immerhin war die Ausstellung für sie bestimmt, also war es ihre Entscheidung. Später wurde er ein exquisiter Illustrator in der " Kronen Zeitung ". Meine Lieblingsarbeit war ein Blatt zum Schulanfang: Ein Kind, das über der ersten Aufgabe sitzt und mit einem höchst zuwideren Gesicht am Bleistift nagt. Ich habe das Bild erworben, ebenso wie den James Dean, der großartig zeigt, daß man nirgendwo einsamer sein kann als in einer Großstadt. Helnweins neue, ruhige Bilder liebe ich mehr als die frühen, aggressiven. Die habe ich nicht sehr gemocht, so gut ich sie auch verstanden habe: Es ging ihm wohl darum, zu zeigen, welche Qual das Leben für Kinder sein kann..."

Im Dezember 1984 war der 36 jährige Gottfried Helnwein mit Ehefrau Renate, damals 30 jährig und den drei Kindern Sohn Cyril, 7 Jahre, Tochter Mercedes, 4 Jahre und dem Nesthäkchen Sohn Ali, 2 Jahre, aus Wien " geflüchtet ". Vierzehn Jahre als Künstler in Wien zu leben war ihm mehr als genug. Obwohl recht schnell weit über die Wiener Stadtgrenze hinaus berühmt geworden, blieb er in seiner Geburtsstadt immer ein Außenseiter, von der Gesellschaft viel Jahre, wegen seiner vor allem zwischen 1969 und 1975 entstandenen frühen Aquarelle, mit zum Teil grausamen Darstellungen geschändeter und mißbrauchter Kinder und Jugendlicher, gemieden. Der spätere, nach einem fast einjährigem USA - Aufenthalt etwa seit 1978 einsetzende phänomenale Erfolg seiner hyperrealistischen Portraits von Peter Alexander, Nikki Lauda, James Dean, J.F.Kennedy und vielen anderen Berühmtheiten, brachte ihm nicht nur den lange ersehnten Durchbruch und den bitter benötigten kommerziellen Erfolg, sondern auch viele neue Feinde, diesmal vorwiegend aus der eigenen österreichischen, speziell Wiener Kunstszene. Als einer der wenigen Freunde aus frühester Zeit, blieb ihm bis heute sein Studienfreund von der Akademie und fanatischer " Beach Boys " Fan Manfred Deix, ebenso wie Helnwein mit seinen genialen Titelblättern u.a.. für das Nachrichtenmagazin " Profil " schnell zum nationalen Superstar mit Kultstatus avanciert.

Im Jahr 1992 äußerte sich Helnwein erstmals ausführlich über die von ihm, aus Gründen der Geheimhaltung seiner wirklichen Absichten in Deutschland, nur vorgeschobenen Gründe seines " gebrochenen " Verhältnisses zu seiner Heimatstadt Wien, im österreichischen Magazin "Basta" :

" Helnwein: Ich hatte nie ein Heimatgefühl. Höchstens eine Art Sog, der mich hier noch festgehalten hat, obwohl ich schon lange wegwollte, aber wenn ich zurückkomme, merke ich an der Stadt Qualitäten, die man wohl nur aus der Distanz schätzen kann. Die Freaks hier. Absurde Typen, Querulanten. Nach der Vernissage (in der Galerie Würthle, anläßlich der erst zweiten Helnwein - Ausstellung in Wien nach seinem Wegzug ins deutsche Burgbrohl sieben Jahre zuvor) war ich mit dem Deix bis fünf Uhr früh weg. Unglaublich, was für Typen man da trifft! Ganz anders als in Deutschland und Amerika, wo alles abgezirkelt und vorhersehbar ist. Zum Arbeiten ist es dort besser. Aber das Szenario hier ist einmalig... Der Wiener Aktionismus ist eine Kunstform, die es nirgendwo sonst auch nur annähernd gegeben hat. Wahrscheinlich hatte man in dieser Stadt gar keine andere Möglichkeit, als sich mit Rasierklingen zu verwunden..oder meine Selbstverstümmelungen. In dieser Stadt staut sich etwas auf, das mußt du loswerden. Das ist auch der Grund, aus dem ich weggegangen bin. Ich hatte in diesen 36 Jahren in mir soviel Wien akkumuliert, daß ich ein Leben brauche, um es abzubauen. Wien ist intensiver als anderswo - aber du mußt weg, dann nützt es dir...Wien wird von Cliquen beherrscht, die sich die Distrikte aufteilen und den Markt kontrollieren wie die Zuhälter. Die machen das sehr gut, und wer will, kann auch mitmachen. Am mächtigsten ist die Clique Rainer, Pichler, Nitsch, Attersee. Die Zugehörigkeit muß man sich hart erarbeiten, über Kaffeehäuser, durch gemeinsames Lachen, Weinen, Trinken. Nur ist das nicht meine Art. Nie gewesen. Ich habe auch keinen Neid. Mein Markt liegt ohnehin im Ausland " .

" Basta " : Eine Clique, die ganz aus der Mode ist, sind die Phantastischen Realisten. Helnwein weiter : " Ich weiß schon, alle, die aufgeschlossen und modern sind und dazugehören wollen, speiben sich beim Namen Fuchs an. Oder der Hundertwasser: Die Kritiker, die Architekten, die Vernissagebesucher mit den Designer - Jeans begegnen ihm mit Abscheu, aber das Publikum liebt ihn und findet ihn toll. Und auch ich schau' mir seine Riesenpletschn von Müllverbrennungsanlage gern an und hab' meine Freude daran. Ich kenne die Preislisten, auf denen immer dieselben draufstehen: Rainer, Pichler, Nitsch und weiter unten der Attersee. Aber ganz oben steht der Hundertwasser, worüber sich alle ärgern, weil sie ihn dort nicht haben wollen. Aber er ist stark wie der Hrdlicka, der sich allein mit seinem Ellbogen durchsetzt " .

" Basta " weiter : Die österreichische Kritik hat Sie immer schwer attackiert.

Helnwein: " Nicht generell. Aber wenn sie die " Presse " meinen - da gibt es immer Vertreter dieser esoterischen Priesterkunst für eine kleine Elite. Der Kritiker Tabor hatte bei meiner Albertina - Museumsausstellung vor ein paar Jahren (1985) Schaum vor dem Mund, und das hat mich gefreut, denn ich hatte den Eindruck, es geht ihm beim Anblick meiner Arbeiten schlecht. In Wirklichkeit sind diese Eliten übrigens fast immer ein Schwindel. Die machen sich's doch untereinander aus ! Man schickt einige wenige Künstler von einem Museum zum anderen - die Museumsdirektoren sind ohnehin alles gute Freunde - , und mit jedem Museum steigt der Marktwert. Wichtig ist, daß es ganz wenige bleiben. Zum Beispiel in Österreich den Rainer, Pichler, Nitsch und Attersee. Die Idee des Kunstmarktes ist es, durch Mangel eine künstliche Nachfrage zu erzeugen. Es gibt viel mehr gute Künstler, aber die Clique reduziert sie auf einige wenige...

Der künstlerische Qualitätsbegriff ist bei mir anders beschaffen. Ich respektiere auch Leute, die nicht bei Rainer und der Zwölftonmusik, sondern bei Hundertwasser und Peter Alexander ausflippen. Und ich würde im Zweifelsfall Kitsch, Banalität und Schwachsinn, die imstande sind, Emotionen auszulösen, der Glassturzästhetik vorziehen. "

Juni 1987 - Erstmals ehrt das gleiche Magazin " Basta ", nach über zwei Jahren der von Helnwein selbst bestimmten Emigration, als erste österreichische Zeitschrift überhaupt, den fälschlicherweise als " verloren " geltenden Sohn der Stadt Wien Helnwein mit einem ausführlichen 7- Seiten langen Artikel, nicht ohne auch des Künstlers außerordentliche Liebe zu Scientology zu erwähnen. Die Story beginnt mit einer einleitenden Lobeshymne seines liebsten Spezies Manfred Deix, wie Helnwein in Österreich ein Idol...

Deix: " Helnwein ist ein Wunder. Der empfindsamste, lustigste, kreativste Mensch den ich kenne. Mein bester Freund, und das seit 1965. Wir haben einander an der Graphischen kennengelernt, und das gemeinsame Schicksal hat uns zusammengebracht: Er aus städtischen, ich aus dem ländlichen Kleinbürgertum, beide scheußlich gekleidet und von den Eltern gnadenlos zum Friseur geschleppt, Außenseiter unter künstlerisch angehauchten Vorhippie - Typen. Dann war da unsere gemeinsame Bewunderung für Mickey Mouse und den grandiosen Disney - Zeichner Carl Barks. Es hat keine Woche gedauert, und wir hatten uns unser ganz privates inneres Entenhausen geschaffen, hatten unser aggressives Potential in einen monumentalen gemeinsamen Schmäh investiert. Er war der Macher, denn er ist ein H e l d . Was er wagte, wagte keiner: zum Beispiel einen riesigen Haufen vor das Lehrerzimmer scheißen, man bedenke, ein so kleiner Mensch! ...Und er ist stolz, introvertiert, wählerisch. Das hat bei denen, die er nicht mit seinem Umgang auszeichnet, in den Ruf der Arroganz gebracht. " " Basta " weiter: " ...Ein Ironiker und sein Reich: Helnwein, 39, auf Burgbrohl, dem Wahrzeichen des gleichnamigen Ortes, zwischen Koblenz und Köln, dort, wo es am Rhein am wirklich schönsten ist. Jahr " 2 " nach der Abwanderung aus Österreich... Gattin Renate, vier Kinder, eine Assistentin, eine Sekretärin, drei Katzen, ein Hund, etliche Hühner. Die Scientology - Lehre als Überbau und Instrument der Selbsterfahrung. Seit zwei Jahren hat er kein Cover mehr gemalt, Donald Duck, James Dean, Mick Jagger sind ein abgeschlossenes Stück Vergangenheit...Helnwein: " Nur ganz, ganz wenige Künstler bringen es überhaupt bis zum eigenen Markenzeichen. Ich bin einer von denen, und wenn du dich in der Welt umhörst, sind der Rainer, der Nitsch, der Hundertwasser und ich die bekanntesten österreichischen Maler. Und dann kommt einer wie ich daher, hat es sich mit der Kritik verdorben, weil er immer an die Grenzen gegangen ist, weil er den Peter Alexander als " Krone " - Cover gemalt und sich damit an allen Gesetzen des elitären Marktes vergangen hat - und schmeißt sein Markenzeichen einfach weg. " ...Das " Geschäft " dessen exzessive Betreibung man ihm immer vorgeworfen hat, ist zurückgegangen. " Ich war nie wohlhabend und bin es jetzt weniger als je zuvor. Meine Riesenformate sind eigentlich nur für Museen attraktiv. Ich stottere noch immer meine Schulden wie ein Stabsoffizier, mache mir aber keine Sorgen, denn ich habe vier Kinder gezeugt und hoffe dereinst auf ihre Unterstützung."

Kein Wunder, denn das Ehepaar Helnwein hatte allein bis zum Sommer 1987 bereits konservativ geschätzte DM 600.000 nicht nur für ihre hohen " Operierenden Thetanen " - Titel an diverse Scientology - Organisationen " gespendet ".

" Basta " weiter: " Nimmt Helnwein in der bundesdeutschen Edel - Szene allmählich eine kultische Position ein, sitzt ihm hierzulande das verfestigte Urteil im Genick. Einzig Hans Dichand, Helnwein - Überzeugter von Anfang an, blieb ihm treu und stellte die neuen Arbeiten in seiner Galerie Würthle aus..."

August 1996 - Hans Dichands Galerie Würthle, mitten in Wien, ist nun bereits seit über einem halben Jahr geschlossen. Die zeitgenössische Kunst, besonders in Deutschland und Österreich, befindet sich inmitten ihrer schlimmsten Krise seit dem Ende des 2. Weltkrieges. Es ist eine bittere Zeit für Künstler und Galerien. Die Renommierten unter ihnen leben immer noch von den goldenen 80er Jahren, für alle anderen geht es nur noch ums nackte Überleben. Gottfried Helnwein, trotz vermeintlichen Weltruhms und Geld, befindet sich nicht nur aus diesem Grund seit dem für ihn verhängnisvollen Sommer 1996 auf der Verliererseite.

Die deutschen Medien, Fernsehen wie Presse, verurteilen ihn, teils mit großer, von Helnwein durch sein eigenes zutun, verursachter Schadenfreude, unisono nach Bekanntwerden des nun rechtskräftigen (!) Frankfurter " Helnwein ist ein Scientologe " OLG - Urteils vom 20.6.1996, mit Ausnahme der altehrwürdigen " Süddeutschen Zeitung ", bei der Helnwein offensichtlich, man mag über die Gründe nur spekulieren, im-

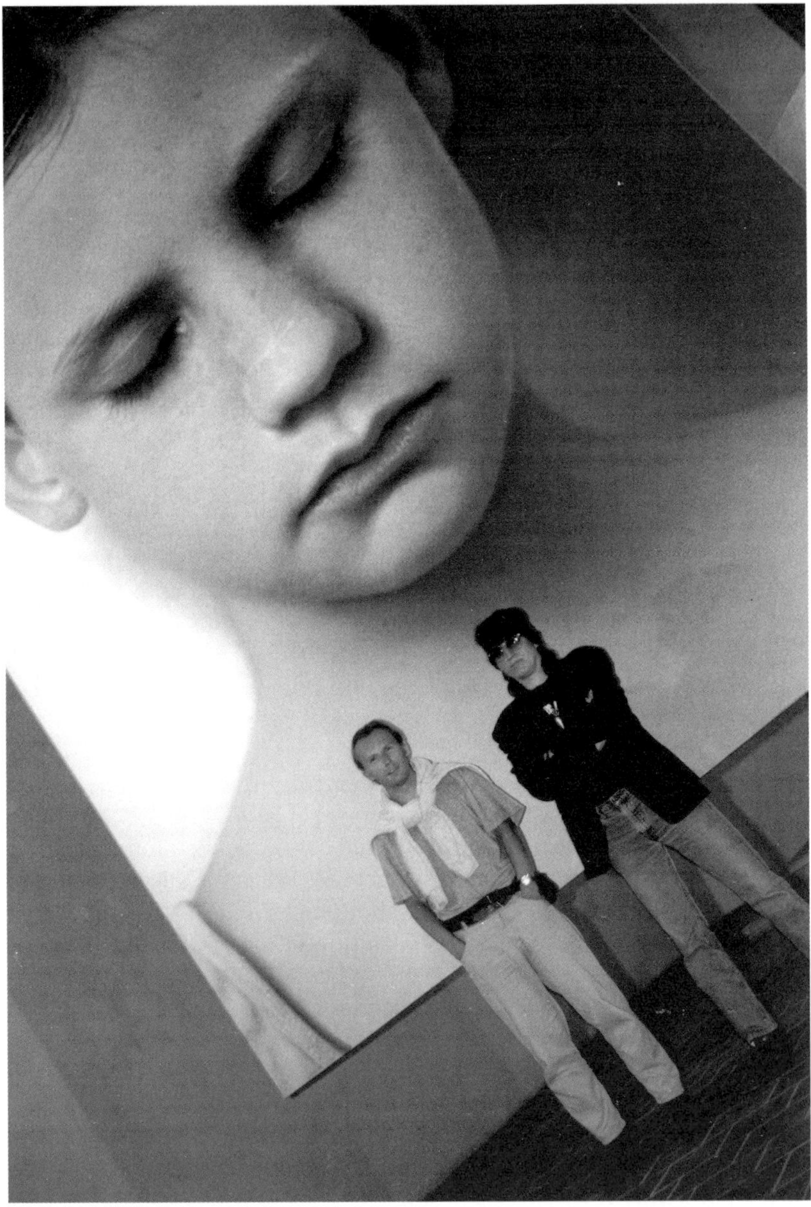

Helnwein und Reichelt in Krems, Österreich, Mai 1991
(Foto Archiv Reichelt - AR -)

mer wieder als ein doch so armes und unschuldiges Opfer der " bösen " deutschen Scientology - Hysterie dargestellt wird. Man lese dazu dieses prätentiöse Paradebeispiel eines nach journalistischen Grundsätzen leider recht unzulänglich recherchierten und in vielen Passagen einfach falschen Artikel vom 8.August 1996 von dem renommierten " Leitenden Redakteur " der Zeitung, Herbert Riehl - Heyse, mit dem Titel " Der Maler und seine Hydra ".

DIE GEMEINSAME NIL - KREUZFAHRT UND DAS " 1 0 0 1 - NACHT " FEST AUF BURG BROHL

BIOLEK UND HELNWEIN, ZWEI FREUNDE - 1 9 9 5

Kurze Zeit darauf erschien der gleiche Artikel nochmals am 5. 9. 1996 als unveränderter Nachdruck im größten Schweizer Nachrichtenmagazin "Facts" unter der Überschrift " Ich scheiße auf Scientology ". Vereinzelte " Pro Helnwein " - Sprecher sind vor allem sein guter Freund und Sammler seiner Kunst, der ARD - Talkmaster Alfred Biolek sowie die Grüne - Politikerin und Bundestagsvizepräsidentin (!) Antje Vollmer. Beide haben seit Anfang der 90 er Jahre einen sehr privaten persönlichen Kontakt zu dem Künstler und seiner Familie. Dadurch allerdings haben beide offensichtlich die gerade in dem " Fall Helnwein " benötigte Übersicht und persönliche Unbefangenheit verloren, da anscheinend aus ihrer subjektiven Sicht nicht sein kann, was nicht sein darf. Dieses Handeln scheint mir besonders im Falle einer führenden deutschen Politikern wie Frau Vollmer äußerst bedenklich. Ob auf diversen Podiumsdiskussionen, oder sogar in Fernsehsendungen, wie in der am 8. Oktober 1996 vom WDR ausgestrahlten beliebten ARD - Talkshow " Boulevard Bio ", Gastgeber Alfred Biolek (!), Gäste u.a. Gottfried Helnwein (!) - Thema: "Der zu Unrecht verfolgte Künstler (Helnwein)" - gibt die unvermeidliche " Inge Meysel der Grünen ", Antje Vollmer, diesmal flankiert durch die hervorragend naive Unterstützung eines Alfred Biolek, besonders blauäugige, vielleicht sogar vorher abgesprochene (?) " Pro Helnwein "- Statements zum Unschuldslamm und " Kampagnen " - Opfer Gottfried Helnwein ab. Einfach unfaßbar, wenn man sich vor Augen führt, daß sich in der Woche vor der Live - Sendung diverse Kenner der Helnweinschen Scientology - Zugehörigkeit, unter ihnen die in Deutschland bekannteste Scientology - Kritikerin und Autorin Renate Hartwig, an den WDR in Köln, sowie an die Biolek - Redaktion seiner Produktionsfirma " Pro GmbH " wandten und diese eindringlich auf die Helnwein - Aktivitäten hinwiesen. Dennoch verschloß, aus welchen Gründen auch immer, Helnwein - Freund Alfred Biolek beide Augen und zog seine aus-

schließlich Helnwein dienende Talkshow, ohne Rücksicht auf die Wahrheit, wider besseren Wissens, vor einem Millionenpublikum durch. Vielleicht war einer der Gründe der auffällig wohlwollenden Behandlung des Freundes Helnwein durch Dr. Biolek, die gemeinsam begangene einwöchige Nilreise durch Ägypten vom 23.Februar bis zum 2. März 1995, an der auch Helnwein Ehefrau Renate sowie 20 weitere enge Freunde und Mitarbeiter der Biolek TV - Firma " Pro GmbH ", die die Reise organisierte, teilnahmen. Als " Gegenleistung " stellte Gottfried Helnwein seinem Busenfreund Biolek und vielen von Bioleks Freunden sein Schloß in Burgbrohl für ein großartiges " 1000 und eine Nacht " - Fest, das diesmal inhaltlich von Helnwein, als kleines Dankeschön an Dr. Biolek, künstlerisch gestaltet wurde. So geschehen am 24. September 1995 auf dem Helnweinschen Schloßgelände. Die Kosten dafür beliefen sich auf weit mehr als DM 10.000.
Ein Skandal ohne Folgen ? Es scheint in der Tat so, daß ein solcher Betrug am zahlenden Fernsehzuschauer keine Konsequenzen mehr zur Folge hat. Dem Scientologen Helnwein hat es trotz aller Bemühungen seiner "blinden" Freunde nichts, bzw. nur sehr kurze Zeit genützt. Die aufmerksamen TV - Journalisten des ARD (!) - Nachrichtenmagazins "Report" vom Bayerischen Rundfunk, enthüllten als einzige nur knapp zwei Wochen später, am 21.10.1996, diesen Fernseh - Betrug mit seinen tatsächlichen Hintergründen.

ARD - REPORTAGEN IM BR - MAGAZIN " REPORT " -

ZWEI TV - BERICHTE ÜBER DEN HELNWEIN - SKANDAL AM 21. 10. 1996 UND 3. 2. 1997

21.10. 1996 - Narrenfreiheit für Scientologen: Der Fall Helnwein und die Medien:
" Nach den Juden im Dritten Reich haben sich die Deutschen ein neues Objekt zur Befriedigung ihrer unterdrückerrischen Neigungen gesucht - die Scientologen. Dies ist die skandalöse Kernaussage einer gigantischen Anzeigenkampagne die die berüchtigte Sekte Scientology in den USA gestartet hat. Die flächendeckende Verleumdung der Deutschen ist Teil einer Propagandastrategie, mit der Scientology den Widerstand in Deutschland brechen will. Teil dieser Strategie ist die öffentlichkeitswirksame Vorführung von angeblichen Opfern deutscher Scientology - Hysterie.

Paradebeispiel ist der Maler Gottfried Helnwein, der kürzlich von der Süddeutschen Zeitung als Opfer wildgewordener Sektenkritiker be-

jammert wurde und nun auch in Talk-Shows unwidersprochen vom vermeintlichen deutschen Scientologen - Haß sprechen darf. Stefan Meining über das f a l s c h e Opfer Helnwein:
Dienstag vor einer Woche (8.10.1996, " Boulevard Bio "). Deutschlands berühmter Showmaster, Alfred Biolek lädt zum Plauderstündchen. Biolek: " Guten Abend meine Damen und Herren. Unser Thema heute Abend heißt: Ausgegrenzt und geächtet! "
Mit dabei der Kunstmaler und gerichtlich festgestellte Scientologe Gottfried Helnwein. Bei Bio streitet er ab, der Scientology - Organisation anzugehören, stattdessen mimt Helnwein den verfolgten Künstler.

Helnwein: " Das ist ganz einfach, es geht darum, jemanden komplett auszuschließen aus der Gemeinschaft. Also der Goldhagen hat ein sehr gutes Wort kreiert und das heißt: " sozial tot ". Es gibt einen Zustand und der soll erzeugt werden. Es soll jemand sozial tot sein. "

Die Wirklichkeit sieht ganz anders aus: Seit Jahren wirbt Scientology mit Helnwein. Eine Scientology-Broschüre wurde sogar mit Helnwein - Bildern illustriert. Kritiker bezeichneten Helnwein deshalb als Scientologen. Helnwein zog vor Gericht und das obwohl ihn eine amerikanische Scientology-Zeitschrift als Geistlichen interviewte. Hat sich denn die amerikanische Scientology-Zentrale in dieses Verfahren eingemischt. Ist sie Herrn Helnwein zur Seite gestanden?

Wolfgang Frank, Richter und Pressesprecher am OLG Frankfurt: "Das ist nicht ersichtlich, jedenfalls hat Herr Helnwein auch einem sehr entscheidenden Interview nicht widersprochen, daß in Amerika veröffentlicht worden ist. In diesem Interview ist er selbst als " Auditor " und damit als Geistlicher bezeichnet worden. Dem hat er nie widersprochen."
Im Juni 1996 stellte deshalb das Frankfurter OLG in einem nicht revisionsfähigen Urteil fest:

Zitat: Der Kläger ist Scientologe. Er bekennt sich jedenfalls zu dieser Organisation. Dies ergibt sich aus zahlreichen Umständen.

Immer neue Belege tauchen auf. Sie beweisen Helnweins Zugehörigkeit zur Scientology. Nur ein Beispiel - in seinem feudalen Haus gab Helnwein eine Liebeserklärung für Scientology ab. Und das ausgerechnet in einem Werbevideo der Scientology-Organisation.

Helnwein: " Scientology ist einfach ein weiterer Schritt, eine neue ungeheure Entdeckung. Das ist eine Dimension dazu. Es übertrifft alles was man vorher für möglich gehalten hat. Und das wird also natürlich von den Leuten, die die Herrschaft haben, im Moment, als gefährlich betrachtet. Das verstehe ich auch. "

Von Herbert Riehl-Heyse

An sich wäre er gut ausgelastet; er bereitet – wenn er nicht gerade malt – eine grosse Retrospektive seiner Arbeiten vor, die demnächst in Japan und St. Petersburg, in Wien und San Francisco gezeigt wird. Daneben hat er aber ein Problem, und «das kostet mich die Hälfte meiner Zeit». Heute hat er gelesen, dass eine Hamburger Abgeordnete vom Senat wissen will, warum so einer wie er ein Bühnenbild für das Schauspielhaus malen durfte. Ausserdem hat er auch heute wieder mit seinem Düsseldorfer Rechtsanwalt telefonieren müssen: Der hat soeben den Schriftsatz für eine Verfassungsbeschwerde fertiggestellt, die den Maler Gottfried Helnwein davor schützen soll, als Geistlicher der Scientology-Kirche bezeichnet zu werden.

Helnwein ist kein Geistlicher der sogenannten Scientology-Kirche. Aber der Fall ist kompliziert. Die Vorgeschichte, in aller Kürze, handelt von der streng katholischen Kindheit eines Postbeamtensohns aus Ottakring bei Wien, handelt von der frühen Vermutung, dass da ein Besonderer heranwächst, handelt von ersten Rebellionen in der Schule und später auf der Akademie, bei denen vor allem ihm selbst klar wurde, dass er sich um keinen Preis anpassen wollte, niemandem. Als er 25 Jahre alt war, 1973, war Gottfried Helnwein – zum Beispiel wegen eines provozierenden Titelbildes für das österreichische Nachrichtenmagazin «Profil» – der berühmte «Schockmaler von Wien», so der «Kurier». Und ausserdem ging es ihm sehr schlecht, weil er mit Drogen, vor allem mit LSD, experimentiert hatte. «Ich war kurz vor dem Abkratzen», sagt er, und da wurde ihm ein Drogenentzug empfohlen, «nach dem es mir sehr viel besser ging».

Der Kurs wurde aber von Scientologen veranstaltet. Später sei er, sagt Helnwein, in ein paar Kurse von Scientology gegangen, auch deshalb, weil er sich damals für so ziemlich alles zwischen Zen-Buddhismus und Krishnamurti, Lao Tse und der Kabbala interessiert habe.

Bei Scientology sei er, sagt Helnwein heute, «nie ein Jünger gewesen», aber dass er persönlich ein paar gute Erfahrungen gemacht zu haben glaube, das hat er des öfteren gesagt. Nicht zuletzt, weil er von den Funktionären der Church ständig dazu aufgefordert und von Journalisten danach befragt wurde. Seine durchweg freundlichen und allzu naiven Statements hingen wohl auch damit zusammen, dass er anfangs sehr wenig über die Sekte wusste. Als er mit ihr in Kontakt kam, war sie in Deutschland noch ziemlich unbekannt, wusste kaum jemand, dass sie viel weniger eine religiöse Einrichtung ist als eine kommerzielle, die mit psychischem Druck und Manipulation ihre Anhänger unter Kontrolle hält; das hat Helnwein offenbar so wenig durchschaut, wie er die «amerikanisch brutale Art», so Helnwein, der «Kirche» vorhergesehen hatte, mit jedem Prominenten in ihrer Nähe gnadenlos zu werben. Später, sagt er, habe er den Funktionären ein paarmal erklärt, dass er das nicht möchte, er sei hereingelegt worden; aber da, endgültig im Jahre 1989, habe er das Interesse an der Sekte verloren und sich für andere Religionen interessiert.

Die Hysterie mancher Sektenbekämpfer ist inzwischen mit blossem Auge kaum noch zu unterscheiden von der Paranoia derjenigen, die mit Hilfe von ►

FOTO: HEINER SCHMITT

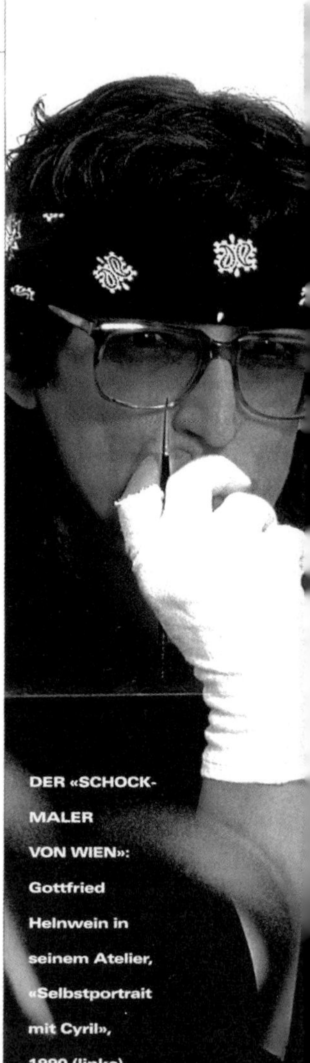

DER «SCHOCKMALER VON WIEN»: Gottfried Helnwein in seinem Atelier, «Selbstportrait mit Cyril», 1990 (links).

«Ich scheisse a

Wie der Künstler in den Ruf geriet, er sei ein Führer der Psychosekte – und warum er sich nun gegen diese Kampagne praktisch nicht mehr wehren kann.

Ist Helnwein unschuldig?
(aus „Facts“, 36/1996, von Herbert Riehl-Heyse)

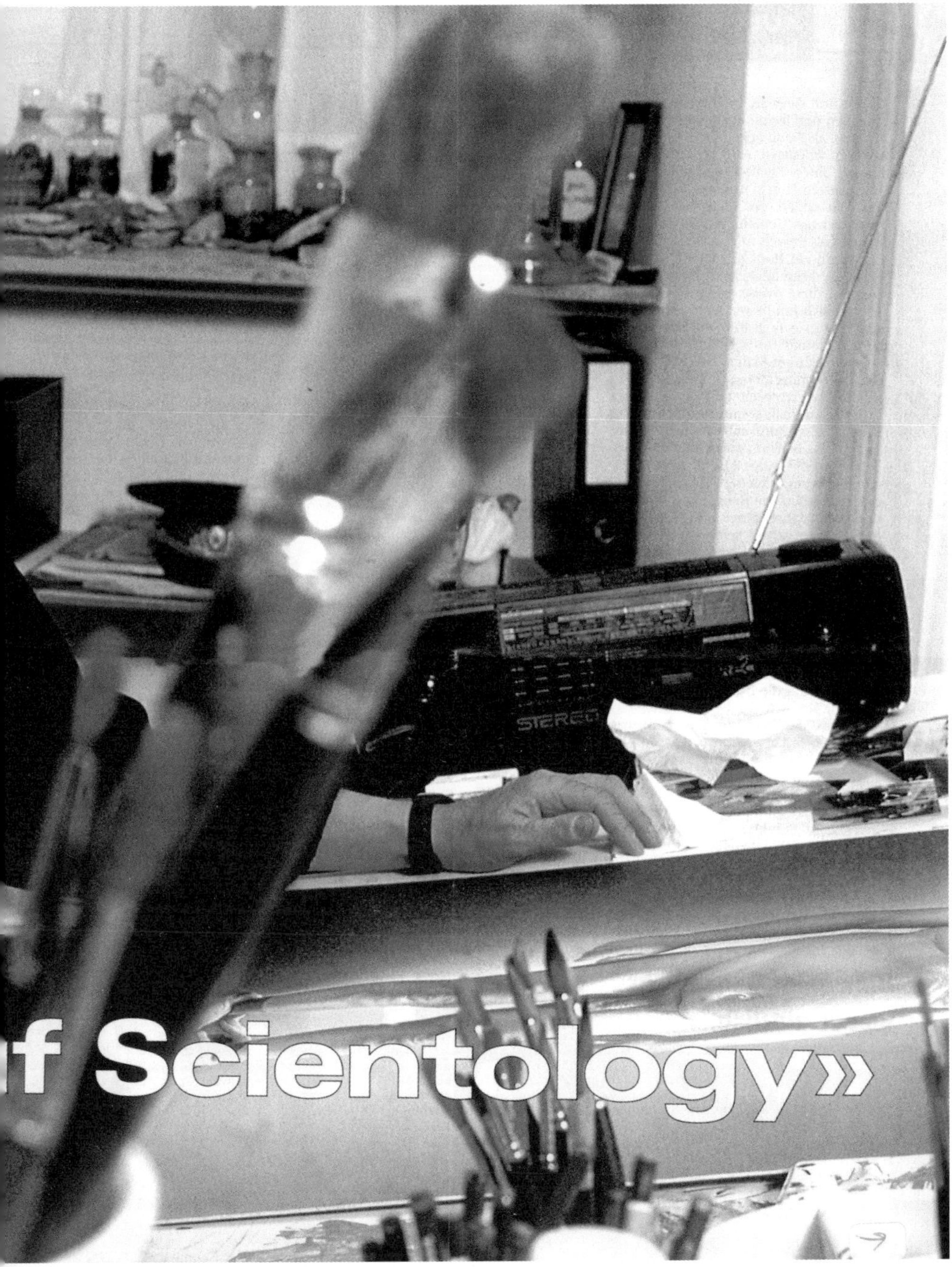
f Scientology»
STEREO

Von Scientology gefangen

VON HERBERT RIEHL-HEYSE

Die Republik ächzt in den Fugen, die Politiker stehen verwirrt daneben, aber die allerwichtigste Frage des Landes ist, ob ein gewisser Maler, der niemandem etwas Böses getan hat, nicht doch ein Scientologe ist. Zum wiederholten Mal hat sich soeben ein Fernsehmagazin des Bayerischen Rundfunks mit dieser weltbewegenden Frage befaßt, diesmal auch mit der Aufforderung an die „glühenden Helnwein-Verteidiger" von der SZ, sich lieber um das Elend zweier niederbayerischer Scientology-Opfer zu kümmern, die freilich nicht weiter vorgestellt werden. Bei so gewichtigen Appellen bleibt dieser Zeitung (die neuerdings auch von einem bayerischen Sektenpfarrer wegen ihres „liberalen Mißverständnisses" heftig kritisiert wird) vielleicht wirklich nichts anderes übrig, als ihren Lesern feierlich zu versichern, daß sie nicht in den Fängen von Scientology und auch sonst ganz bei Troste ist.

Schon daß man das offenbar muß, ist ein Teil des Problems. Es hat durchaus etwas Demütigendes, daß jeder, der aus gegebenem Anlaß für Augenmaß und Rechtsstaat plädiert, erst einmal zu einer langen Vorrede gezwungen ist, aus der hervorgeht, wie mondenweit entfernt er von einer sogenannten Kirche ist, deren wichtigste Glaubenssätze sich auf Geld und Macht reimen. Unter vernünftigen Menschen, möchte man meinen, kann es über die Qualität dieser Sorte Theologie samt Brachial-Ethik gar keine Meinungsverschiedenheiten geben; leider melden sich aber nicht viele Vernünftige zu Wort. Die anderen schreien durcheinander, am liebsten bei Rundfunkdiskussionen.

Es gibt in Wahrheit nur zwei Möglichkeiten, sich mit Scientology und ähnlichen Erscheinungen auseinanderzusetzen: die geistige und die juristische. Was die geistige angeht, so müßte sie sich zuerst mit dem rätselhaften Phänomen befassen, daß und warum ausgerechnet eine Gesellschaft, in der immer weniger geglaubt wird, so entschlossen die Kampfbegriffe der etablierten Kirchen gegen „die Sekten" übernimmt. Wenn das, wie zu vermuten, ein Hinweis auf die tiefsitzende religiöse Verunsicherung vieler Menschen ist und auf ihre trotzdem wachsende Sehnsucht nach Sinnstiftung, dann wäre es vor allem wichtig, die fundamentalen Unterschiede zwischen den christlichen Kirchen und totalitären Organisationen herauszuarbeiten. Als deren wichtigste Merkmale hat der Frankfurter Politikwissenschaftler Hans-Gerd Jaschke Stichwörter wie „Alleinvertretungsanspruch auf die Wahrheit" genannt, „rigide Unterscheidung von Gut und Böse" – lauter Begriffe, die auch einmal ganz gut auf die alleinseligmachende katholische Kirche gepaßt haben, aus der man sich in ihren finstersten Zeiten nur auf dem Umweg über den Scheiterhaufen befreien konnte. Ihre Attraktivität können die christlichen Kirchen heute nur aus dem Gegenteil beziehen: daraus, daß die Nächstenliebe ihr wichtigstes Thema ist – und aus der Freiheit des Christenmenschen, dem keine Angst gemacht wird.

Das ist dann auch schon das Stichwort für die juristische Auseinandersetzung mit Scientology. Die Grundregel ist so simpel, daß man sie fast nicht niederschreiben mag: Jeder darf alles, darf alles glauben und sogar Geld machen, womit er will – und was er nicht darf, das steht in der Verfassung, im Strafgesetzbuch, in den Beamtengesetzen. Dort sind die wenigen Regeln niedergelegt, auf die sich eine säkulare Gesellschaft einigen kann, dort steht, daß man nicht nötigen darf, nicht erpressen, nicht fremder Leute Kinder indoktrinieren. Wer gegen diese Gesetze verstößt, muß belangt werden, und zwar gnadenlos, weshalb man langsam geneigt ist, der Bayerischen Staatsregierung Strafvereitelung im Amt vorzuwerfen, wenn sie offenbar Erkenntnisse hat über die Bildung einer kriminellen Vereinigung, ihre Staatsanwaltschaft aber nicht eingreift. Vieles andere, was derzeit im Gespräch ist, wäre unsinnig: Ein Verbot von Scientology zum Beispiel würde an ihren Aktivitäten nichts ändern, würde dem Unternehmen aber genau die Märtyrer verschaffen, die es so dringend braucht aus Gründen der PR.

Der ärgerliche Brief der Hollywood-Größen an Kohl zeigt ja nur zu gut, wie prima das jetzt schon funktioniert und wie es weitergehen könnte: Beide Seiten haben ein riesiges Interesse daran, einander hochzuschaukeln. Bei Scientology sind ohnehin die weltbesten Fachleute für Brutal-Werbung versammelt (was zuletzt der allzu naive Maler H. erfahren mußte, als er dachte, er könne vertraulich mit US-Politikern über seine Erfahrungen reden); PR-Leute dieser Art sind dankbar für jede Zeitungsmeldung. Umgekehrt brauchen die hauptberuflichen Sektenbekämpfer eine krakenhafte, demnächst die Welt umstürzende Organisation, weil sonst ihr Kampf dagegen nicht heldenhaft genug erschiene. Es ist leider wahr, was das *Deutsche Evangelische Sonntagsblatt* geschrieben hat: „Manche Weltanschauungsexperten der christlichen Kirchen werden ihrem Gegner ähnlich."

Das müssen wir erst noch lernen – zivilisiert mit Außenseitern umzugehen, auch solchen, die uns gefährlich erscheinen. Nur der zivilisierte Umgang, auch der hartnäckige Versuch, die Außenseiter auf die Grundregeln festzulegen – etwa auf den ungehinderten Austritt aus der „Kirche" –, bietet die Chance, auch die Gefährlichen zu zivilisieren. Insoweit werden glühende Verteidiger von Menschen durchaus benötigt, denen ziviler Umgang verweigert wird. Die Alternative wären die glühende Kohlen.

„...der allzu naive Maler H."
(aus: SZ München, 5.2.1997, Kommentar)

Hat die Krake schon zugegriffen?

Zu den Berichten „Von Scientology gefangen“ von Herbert Riehl-Heyse und „In den Fußstapfen Hundhammers“ von Hans Holzhaider in den SZ-Ausgaben vom 5. und 6. 2.:

Ich habe Ihre Artikel mit Interesse gelesen und stellte dabei eine überraschende Tendenz fest: Die SZ spielt sich als Sachwalter der Interessen von Scientology beziehungsweise als deren offensichtlicher Parteigänger auf. Bei dem Artikel von Holzhaider stört mich das weniger. Die Bayernredaktion mit den Redakteurgenossen Stiller und Holzhaider hat es mit Recherche und Fakten noch nie so genau genommen, Hauptsache war und ist dort, daß es nur irgendwie gegen die bayerische Staatsregierung geht.

Ob sich nun Helnwein offen zu Scientology bekennt oder nicht, es gibt genügend Fakten, daß er sich für die Interessen von Scientology hergegeben hat. Die Bayernredaktion sollte bei ihren Leisten bleiben und weiter auf die Staatsregierung und auf die CSU schimpfen. Darin hat sie Übung, und damit kann sie auch nichts anstellen. Außerdem ist das lohnender, weil die CSU ja immer wieder dankbare Eigentore liefert, z. B. Biermösl usw.

Bedenklicher empfinde ich den Beitrag von Riehl-Heyse, zumal er in meinen Augen sonst hervorragende journalistische Beiträge liefert. Auch wenn im Eingangssatz versichert wird, daß die SZ nicht in den Fängen der Scientology ist, so möchte ich das nach diesen Beiträgen aber doch gebührend bezweifeln. Der Beitrag ist insgesamt ein intellektueller Rhetorik-Slalom mit beständigem Ja-aber bzw. Aber-ja und endet mit dem Appell, mit einer Institution „zivilisiert“ umzugehen, die alles andere macht, als mit Mitgliedern, die austreten wollen, „zivilisiert“ umzugehen. Ja, man stellt sich als „glühender“ Verteidiger von Menschen dar (hier wohl Helnwein gemeint oder vielleicht Hubbard?), denen bösartigerweise ziviler Umgang verweigert wird. Und das, nachdem Riehl-Heyse in der juristischen Auseinandersetzung mit Scientology der bayerischen Staatsregierung Strafvereitelung im Amt vorwirft. Wo doch genau die Staatsregierung sich als einzige offen hinstellt und sagt, was Sache ist, und auch internationale Prügel dafür einstecken muß.

Ich, jahrzehntelanger Leser der SZ, hoffe, daß ich die SZ noch immer als *Süddeutsche Zeitung* und nicht als Kürzel für Scientologen-Zeitung interpretieren kann – oder hat die Krake schon zugegriffen?

Dipl.-Volkswirt Rainald Meier,
Wörthsee

Kritik an der Süddeutschen Zeitung!
(aus: SZ, 19.2.97, Leserbrief)

Warum streitet Helnwein trotz der vielen Belege alles ab? Was ist der Nutzen für Scientology?

Jeannette Schweitzer, Scientology-Expertin: " Helnwein wirbt einerseits für die Scientology weltweit, sagt aber momentan in Deutschland, er hätte damit nichts zu tun, wahrscheinlich weil er sonst seine Kunst nicht mehr an den Mann bringen könnte. Er trägt meiner Meinung nach dazu bei, daß diese Aktion der Scientologen, die momentan auch nocheinmal weltweilt läuft - die Scientologen würden verfolgt werden wie Juden - er trägt dazu bei, daß diese Aktion eben läuft. Künstler werden angeblich in Deutschland verfolgt, so wie die Juden früher im Nazitum verfolgt worden sind. "

In Bonn zeigen wir das Scientology - Video auch der Bundestagsabgeordneten, Renate Rennebach. Die Sekten- und Scientology-Expertin ist entsetzt über die unkritische Berichterstattung in den Medien.

Renate Rennebach, SPD: " Ich finde es unglaublich Sendungen zu machen, wo Herr Helnwein sich produzieren kann als Opfer, ohne gleichzeitig ein kritisches Wort über die Organisation zu verlieren. Das kann einfach in der heutigen Zeit nicht sein. Wir sind da aufgeklärter. Wir sind eigentlich weiter was die Kritik an der Organisation anbelangt. Und wenn Rundfunkanstalten, oder Fernsehanstalten, oder Moderatoren glauben, sie können sich einen guten Namen machen, indem sie das ganze nur einseitig schildern, halte ich das für sehr gefährlich. "

Helnwein spekuliert inzwischen mit Auswanderungsgedanken. Die Scientology-Zentrale in Los Angeles wird ihn wahrscheinlich mit offenen Armen empfangen. Schließlich ist Helnwein sogar hier mit einer Lobeshymne auf den Scientology-Gründer L. Ron Hubbard verewigt, wie " Report München " erstmals dokumentiert.

Zitat Helnwein: " Die Menschheit hatte nie einen wahrhaftigeren Freund " - wer es glaubt wird selig - bei den Scientologen ! Es ist ungeheuerlich, wenn ein Scientology-Propagandist vom Kaliber Helnwein in seriösen Zeitungen und Talk-Shows ein Forum für seine deutschlandfeindliche Propaganda bekommt. "

Soweit der 1. TV - Bericht von Redakteur Stefan Meining vom Bayerischen Rundfunk über den Helnwein - Skandal. Teil 2 der " Affäre Helnwein " im deutschen Fernsehen sollte am 3. Februar 1997 folgen.

Helnweins Zukunft ist trotz eines in der Tat beeindruckend umfangreichen Kunstschaffens und relativen Reichtums schlicht ungewiß - seine "Rezession" heißt für ihn in Deutschland " Scientology " - und schwebt seit Beginn der 90er Jahre wie ein Fallbeil über ihm und niemand weiß, ob, oder wann es ihn endgültig trifft.

Vielleicht war die offizielle Verlautbarung des US - Hauptquartiers von Scientology in Washington vom 14.Januar 1997 - Helnwein i s t ein Scientologe - der berühmte Tropfen, der das Faß nun endgültig zum überlaufen bringen wird. Helnwein jedenfalls ist seit jenem für ihn verhängnisvollen kalten Januartag für deutsche Journalisten nicht mehr zu sprechen...

BEGINN EINER FREUNDSCHAFT

Zehn Jahre früher, im Januar 1987, war die Welt für Gottfried Helnwein und seine Familie noch zur Gänze in Ordnung. Ich hatte vorher nicht viel von ihm gehört und doch sollten mich die folgenden 7 Jahre, bis zu unserer Trennung im Frühjahr 1994, einiges mit ihm erleben lassen. Ich kannte damals nur sein weltberühmtes " Scorpions - Cover " - Selbstportrait und s e i n geniales James Dean - Portrait in Aquarell, das in diesen Jahren als Poster fast an jeder Ecke der Welt hing. So ging es mir wie vielen. Ich betrat die Galerie Würthle und auf zwei Stockwerke großzügig gehängt, schaute ich mir seine neuesten, erstmals in seinem neuen Domizil in Deutschland entstandenen Arbeiten, dutzende Aquarelle und einige großformatige Ölgemälde an. Ein neuer Helnwein - Stil, atypisch, unbekannt, schwer verkäuflich?

Besonders beeindruckt war ich auf den ersten Blick von einem äußerst ausdruckstarken übergroßen " Hitler " - Gemälde, Titel " OT ", wie ich später von ihm erfuhr eines seiner Hauptwerke, sein erstes und für viele Jahre auch sein letztes Ölgemälde.

Seine aktuellen Werke, so ganz verschieden von jenen, die man sonst so von ihm kannte, realistische Portraits von diversen Film - u.a. Stars diverser Provinenzien. Seinen neuen Bilder waren in meinen Augen spannend, überwältigend, irgendwie anders. Erklären konnte ich es nicht. Ich wollte diesen Mann, den Urheber, persönlich kennenlernen, näheres über ihn erfahren. Zufälligerweise hörte ich am nächsten Morgen, während meiner sechstündigen Rückfahrt von Wien nach Mannheim, im Autoradio ein einstündiges Rundfunkinterview mit ihm. Seine charmant - kritische Art sich den Fragen der ORF - Reporterin zu stellen gefiel mir, besonders sein spitzfindig aufgetragener Wiener Schmäh. Auch in diesem Gespräch wurden ihm durch die Journalistin die immer gleichen Fragen zu seiner gewiß provokativen, anstößigen und partiell starke Emotionen auslösende Malerei gestellt, so wie ich dies in den Jahren danach noch sehr oft persönlich miterleben sollte, wenn er sich vor den diversen Medien, seinem Publikum sowie Kritikern zu deren bohrenden Fragen stellte und jede, sei sie noch so heikel für ihn, ruhig und gelassen, aber vor allem freundlich geduldig beantwortete.

In Mannheim angekommen, setzte ich mich noch am gleichen Tag mit seiner Galeristin Dichand in Wien in Verbindung. Zufälligerweise war Helnwein gerade in der Galerie zugegen und sie übergab mir den Hörer. Ich begrüßte ihn, erzählte ihm von meinen Eindrücken in der Ausstellung, er interessierte sich für Einzelheiten meiner selbständigen Tätigkeit, ich sagte ihm, daß ich an diversen Medien - und Kulturprojekten selbständig arbeiten würde. Ich glaube, wir verstanden uns auf Anhieb ausgezeichnet, ohne uns eigentlich näher zu kennen. Er lud mich noch während dieses Telefonates auf sein Schloß nach Burgbrohl ein, indem er seit Ende 1984 nach seinem Wegzug aus Wien lebte : " Kommen Sie doch einfach mal vorbei, ich bin in drei Tagen wieder daheim, da können wir uns doch ausführlicher unterhalten. " Gesagt, getan.

Am 1. Februar 1987 lud mich Gottfried Helnwein zum erstenmal zu sich nach Hause ein, für mich nur etwas mehr als 90 Minuten Fahrtzeit von meinem Mannheimer Büro. Ich war überrascht, denn es war sein Wunsch mich so schnell persönlich kennenlernen zu wollen. Er hatte während unseres kurzen Telefongesprächs noch in der Wiener Galerie erfahren - ich war dort bereits bekannt - daß ich seit einiger Zeit als Berater, Organisator, Geschäftsführer und Stiftungspartner für die in der Schweiz lebende österreichische Schauspieler - und Showmasterlegende - " Wünsch Dir Was " und " Raumschiff Orion " - Dietmar Schönherr tätig war.

Unsere 1985 gemeinsam gegründete, sehr erfolgreiche Stiftung " Hilfe zur Selbsthilfe ", mit Sitz in Mannheim, finanzierte und organisierte verschiedene Hilfs - und Kulturprojekte in dem, durch den durch die USA im geheimen finanzierten Contra - Krieg gegen die ländliche Bevölkerung stark in Mitleidenschaft gezogenen, mittelamerikanischen Land Nicaragua.

Was ich nicht wußte war, daß Gottfried Helnwein, zum Zeitpunkt unseres ersten Kennenlernens, wie er mir sagte, bereits seit längerer Zeit auf der Suche nach einem persönlichen Agenten und Berater , der für ihn verschiedenste Tätigkeiten in Zusammenhang mit seiner künstlerischen Arbeit erledigen sollte. Wie er mir weiter erzählte, war er von seinem vorherigen Berater, Heinz Konrad (Name geändert) aus Wien, "ziemlich beschissen worden" und hatte ihn deshalb " hinausgeschmissen ".

Gottfried, damals 38 Jahre alt und seine Ehefrau und persönliche Managerin Renate, 33 Jahre alt, unterbreiteten mir bereits kurz nach unserem ersten persönlichen Zusammentreffen verschiedene Angebote für eine Zusammenarbeit, was schließlich bald darauf dazu führte, daß ich mit Gottfried Helnwein arbeitete und sehr schnell einer seiner engsten Freunde wurde.

Bereits kurze Zeit nach Beginn meiner Tätigkeit für ihn, schrieb mir Renate im März 1987 einen ersten Brief voll des Lobes für meine bisherigen Bemühungen : " ... Es gefällt mir, daß Du so schnell und unkompliziert arbeitest, ich glaube wir können noch unglaubliche Dinge zusammen auf die Beine stellen. Ich habe ein sehr gutes Gefühl in der Zusammenarbeit mit Dir. Hier sind die ganzen Unterlagen, die Mappe kannst Du auch Boris Becker zeigen.....".

DER BERATERVERTRAG

Gottfried und Amadeus Helnwein mit Peter Reichelt
Burg Brohl, 1992
(Foto: AR)

G O T T F R I E D   H E L N W E I N

An
Peter Reichelt
Ketscher Ring 26
D - 6800 Mannheim 81

Burgbrohl, 24.9.87

Lieber Peter,

Hier ist mein Vorschlag, wie wir zusammen arbeiten können. Wenn Du damit einverstanden bist, dann schicke mir die Kopie unterschrieben zurück.

1) Für die Vermittlung eines Auftrages, Verkaufes, einer Spende oder sonst einer Einnahme die durch Dich zustande kommt, erhälst Du nachdem ich das Geld erhalten habe 16 % der Summe.

2) Es darf jedoch kein Vertrag ohne meine ausdrückliche Zustimmung und ohne Absprache mit mir in meinem Namen abgeschlossen werden.

3) Weiters bitte ich Dich, mir bei Rechts- und Steuerfragen, Organisation von Ausstellungen und anderen Spezial-aufgaben je nach Absprache mit mir zu helfen. Honorare dafür werden zwischen uns vorher individuell ausgehandelt.

4) Deine Arbeit beginnt ab jetzt, - bis zum 30.9.1990. Wenn es gut läuft werden wir sicher beide verlängern wollen.

Gottfried Helnwein
Burgbrohl 24.9.87

Peter Reichelt
Mannheim, 28.9.87

AUF DER BURG 2, D-5475 BURGBROHL, TELEFON 0 26 36/14 81

Der Beratervertrag Helnwein - Reichelt

Vertragsverlängerung am 26.10.90 in Burgbrohl
zwischen Peter Reichelt und Gottfried Helnwein.

alle Punkte bleiben wie vorher

außer Punkt # 1, die Vermittlungsprovision
erhöht sich auf 17% (anstelle vorher 16%) ab dem
heutigen Datum.

Dieser Vertrag gilt bis 31.10.93.

Gottfried Helnwein
26.10.90

Peter Reichelt
26.10.90

Peter Reichelt vor dem Helnwein-Schloß 1992
(aus: AR)

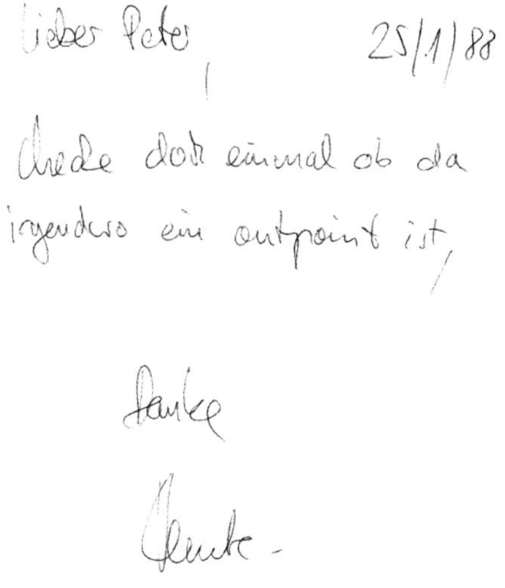

Lieber Peter, 25/1/88

Checke doch einmal ob da irgendwo ein outpoint ist,

Danke

Renate -

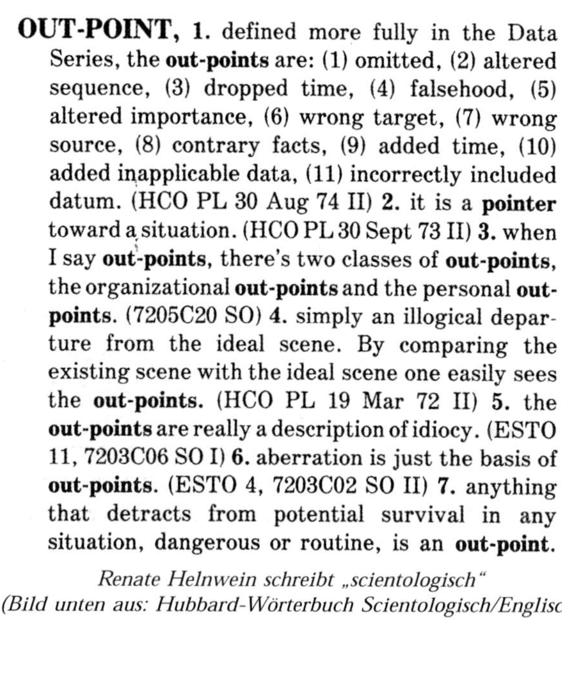

OUT-POINT, 1. defined more fully in the Data Series, the **out-points** are: (1) omitted, (2) altered sequence, (3) dropped time, (4) falsehood, (5) altered importance, (6) wrong target, (7) wrong source, (8) contrary facts, (9) added time, (10) added inapplicable data, (11) incorrectly included datum. (HCO PL 30 Aug 74 II) **2.** it is a **pointer** toward a situation. (HCO PL 30 Sept 73 II) **3.** when I say **out-points**, there's two classes of **out-points**, the organizational **out-points** and the personal **out-points**. (7205C20 SO) **4.** simply an illogical departure from the ideal scene. By comparing the existing scene with the ideal scene one easily sees the **out-points.** (HCO PL 19 Mar 72 II) **5.** the **out-points** are really a description of idiocy. (ESTO 11, 7203C06 SO I) **6.** aberration is just the basis of **out-points.** (ESTO 4, 7203C02 SO II) **7.** anything that detracts from potential survival in any situation, dangerous or routine, is an **out-point.**

Renate Helnwein schreibt „scientologisch"
(Bild unten aus: Hubbard-Wörterbuch Scientologisch/Englisch)

Am 24. September 1987 schloß dann Gottfried Helnwein mit mir einen detaillierten Berater-, Agenten- und Tätigkeitsvertrag mit einer dreijährigen Vertragsdauer bis zum 30. September 1990.
Am 26. Oktober 1990 wurde dieser Vertrag mit mir, auf ausdrücklichen Wunsch von Helnwein, um weitere drei Jahre, bis zum 31. Oktober 1993 verlängert.
Vereinbart wurde zwischen Helnwein und mir u.v.a. " ... mir bei

a. Rechts - und Steuerfragen,
b. Organisation von Ausstellungen und
c. anderen Spezialaufgaben...zu helfen...".

Im Laufe der nun folgenden 7 Jahre, zwischen März 1987 und April 1994, entwickelte sich eine sehr intensive Zusammenarbeit und Freundschaft zwischen der Familie Helnwein und mir. Es war sicher einer der engsten Beziehungen, die beide mit einem deutschen " Nicht - Scientologen " in diesen Jahren hatten.

Unzählige Besuche in ihrem Schloß, Einladungen und gemeinsame Reisen, dokumentieren diese intensive partnerschaftliche Geschäftsverbindung. Daneben verband uns neben der geschäftlichen Zusammenarbeit auch eine gemeinsame private Leidenschaft - der Disney - Zeichner Carl Barks und seine Enten - Geschichten.

Wir besprachen gemeinsam spannende Projekte, im kleinen, wie im großen Rahmen. Haupthindernisse waren wie so oft die hohen Durchführungskosten, fehlende Sponsoren und individuell begründete Absagen durch kommunale und staatliche Kulturbehörden.

DIE HELNWEIN - GRUPPE

Im April 1988 dachte Helnwein erstmals daran eine eigene scientologisch strukturierte " Helnwein - Stiftung " zu gründen. Helnwein ging es damals vor allem darum, ein funktionierendes " Steuersparmodell " zu konstruieren. In einem internen Entwurfspapier teilte er die Stiftung in sechs Abteilungen auf. Als Beiräte waren von Helnwein ausschließlich aktive Scientologen vorgesehen. Außer Gottfried Helnwein und seiner Frau Renate, sein österreichischer Geschäftspartner und ebenso IAS/ OSA Großspender Toni Morell aus Wien, Peter Gerhards und der Münchner Rechtsanwalt Günther von Jan. Jan leitet am feinen Prinzregentenplatz eine Anwaltskanzlei und arbeitet u.a. mit den auch mit Helnwein bestens befreundeten Topscientologen Kurt Fliegerbauer, Klaus Kempe, Axel Fehling und Mario Herold zusammen. Der Anwalt steht außerdem in Verbindung mit dem scientologischen Geheimdienst " Office of Special

CELEBRITY CENTER

Grupellostraße 28 · 4000 Düsseldorf · Tel. 0211/16820

Celebrity Center · Grupellostraße 28 · 4000 Düsseldorf

Eine Kultur ist nur so groß wie ihre Träume, und ihre Träume werden von Künstlern geträumt.

L. Ron Hubbard

Herrn
Peter Alexander Reichelt
Ketscher Ring 26

6800 Mannheim 81

15. Oktober 1991

Lieber Peter,

ich habe mich wirklich sehr gefreut, Sie in Frankfurt zu sehen. Ich hatte einmal kurz auf Ihr Band gesprochen.

Am Dienstag werde ich bei Liza Minelli sein. Vielleicht werde ich Sie dort sehen. Ich würde mich auf jeden Fall sehr darüber freuen.

Bis dahin herzliche Grüße

Adelheid Rech-Gesche auf Scientology-Werbetour

C e l e b r i t y   C e n t r e

Eine Kultur ist nur so groß wie ihre Träume, und ihre Träume werden von Künstlern geträumt.
L. Ron Hubbard

Herrn
Peter Alexander Reichelt
Ketscher Ring 26

6800 Mannheim 81

27. Januar 1992

Lieber Herr Reichelt,

bis jetzt hat es noch nicht geklappt, daß wir uns wiedergesehen haben, aber mit Sicherheit wird es in diesem Jahr möglich sein. Sind Sie noch aktiv bei "Zeil um Zehn" tätig?

Wenn ich das nächste Mal in Frankfurt bin, werde ich versuchen, es auf Freitag zu legen, um dann bei Ihnen vorbeizuschauen und einmal kurz 'Hallo' zu sagen.

Ich freue mich, Sie wiederzusehen.

Herzliche Grüße

Adelheid Rech-Gesche

Adelheid Rech-Gesche

Scientology läßt nicht locker, aber bleibt ohne Erfolg
Reichelt widersteht den „Verlockungen“

Affairs " (OSA). Jurist von Jan fungiert offenbar wie Helnwein als Schaltstelle in der Scientology - Welt. Offiziell aktiv, d.h. juristisch konstituiert wurde die " Stiftung " jedoch nie. Über das Entwurfsstadium kam sie aus, welchen Gründen auch immer, nie hinaus. Jedoch wurde im Sommer 1994 im schweizerischen Lausanne, innerhalb der Museumsstruktur des "Musee d`Elyssee", eine " Gottfried Helnwein " - Stiftung gegründet. Über die Struktur und Zielssetzung der Stiftung herrscht bis heute ein geheimnisvolles Schweigen, selbst von Seiten der Museumsleitung.

Helnwein in Person bildete im April 1989 die einzige tatsächlich realisierte und in dieser Art auch aktive Organisationsstruktur bis zu meinem Ausscheiden im März 1994. Unter der Überschrift " Die Helnwein-Gruppe verwaltet folgende Aktivitäten " listet er die sechs folgenden Gruppierungen mit ihren jeweiligen Verantwortlichen auf :

Gruppe 1 - Gottfried Helnwein
- a. Gemälde
- b. Lithos

Gruppe 2 - Gottfried Helnwein GmbH Wien / Geschäftsführer Toni Morell
- a. Erwerb der Rechte
- b. Produktion und Vertrieb von Postern weltweit

Gruppe 3 - Gottfried Helnwein Productions / Gottfried Helnwein
- a. Produktion von Filmen
- b. Videos
- c. Bücher

Gruppe 4 - Gottfried Helnwein Media / Peter Reichelt
Schaffen und Auswerten von Medien - Kontakten

Gruppe 5 - Gottfried Helnwein Ausstellungen / Peter Reichelt + Thomas Buchsteiner
Organisieren und Durchführen von 25 Ausstellungen weltweit oder an einem festen Standort

Gruppe 6 - Gottfried Helnwein Communications / Klaus Kiefer
Dokumentieren und Auswerten von Kundennamen

DAS IDOLE - PROJEKT

Helnweins bis heute umfangreichstes Kultur - Projekt überhaupt nannte er " Die 100 Idole des 20. Jahrhunderts " . Auf 10 Jahre Dauer angelegt, sollte das Helnweinsche Multimedia - Kunstprojekt durch alle großen renommierten Museen dieser Erde in einer Wanderausstellung ziehen. Als eine Art reisendes " Disneyland " sollte seine " Idole - Ausstellung " die Museumsbesucher in aller Welt beglücken, nur diesmal nicht mit Rum-

G O T T F R I E D H E L N W E I N

An: Peter Reichelt
0621 – 89 6261

Hallo Peter,

Ruf mich unbedingt schnell zurück wegen
David Bowie + Liza Minelli.

[illegible]

BURG BROHL, D-5475 BURGBROHL, W-GERMANY, TEL. 0 26 36 - 14 81 FAX 0 26 36 - 14 83
300 PALM BLUFF ST.; CLEARWATER, FL 346*5; USA TEL. 813 - 4433264; FAX 813 - 4463077

melplatz, Riesenrad - und Achterbahnromantik, sondern durch eine künstlerische " Be - und Ausnutzung " der weltweit, seiner Vorstellung nach, 100 berühmtesten Idole. Die tatsächliche Umsetzung, eine " Art In Motion ", wollte Helnwein von der gesicherten Finanzierung des Projektes abhängig machen. So vieles war noch unausgereift. Helnweins Werbeagentur GEMADI und ihr damaliger Geschäftsführer darüber in einer Informationsbroschüre: " Die Beteiligung am Kulturereignis " Die 100 Idole des 20. Jahrhunderts " sichert einem Sponsor in den wichtigsten Ländern der Welt die Aktualisierung von Bekanntheitsgrad und Image über einen langen Zeitraum zu. Durch Namensnennung in der medialen Berichterstattung, Auftritt im TV - Film, Nennung in allen Print-Erzeugnissen rund um das Projekt, speziell Buch und 100 Poster, Einflußnahme auf die Auswahl der Idole und Werke, Schirmherrschaft für die geplante permanente Ausstellung " und einiges mehr. Auch die Kosten werden Anfang 1987 von Peter Gerhards, Geschäftsführer von Gemadi (und im " Spiegel " Ausgabe 10 des Jahres 1993 von dem hochrangigen Ex - Scientologen Gunther Träger als Scientologe geoutet. Spiegel: Wissen Sie von Aktivitäten in Ihrem Bereich, dem Marketing? Träger: Peter Gerhards, damals ein Scientologe, hat die Werbeverträge von Steffi Graf mit Opel und von Gabriela Sabatini mit Seat vermittelt. Scientology - intern wurde auch davon gesprochen, daß Großunternehmen wie General Motors und Coca Cola beraten werden sollen), angesprochen: " Denn mit einem Gesamt - Aufwand von 24 Millionen (!) DM spricht der Sponsor über eine Laufzeit von z.B. 5 Jahren weltweit eine addierte Bevölkerung von fast 700 Millionen Menschen an. Weitere Kosten enstehen nicht..."
Welch ein Wunder.

IDOLE FÜR SCIENTOLOGY

Auch der Wiener Buchautor Steiden, Aussteiger der " Scientology Österreich " - Organisation, schreibt 1992 in seinem im gleichen Jahr erschienenen Buch " Einsteins falsche Erben ", dessen Inhalt derzeit von ihm für eine Wiederveröffentlichung noch im Jahr 1997 aktualisiert und erweitert wird:

" Auch der WDR - Fernsehjournalist Egmont R. Koch wurde für seine TV - Dokumentation über Scientology " Gesucht wird: Gehirnwäsche " in den Bereichen der Betriebsberatung und der Managementschulung fündig. So versuchten Scientologen das renommierte Betriebsberatungsunternehmen GEMADI zu unterwandern. Die Firma, die unter anderem einen erlauchten Kundenkreis wie Ford, Wella, AEG und auch Portas und andere berät, suchte einen Mitarbeiter für den neu zu schaffenden Bereich Training und Schulung. " Später kamen noch andere externe Trainer, Berater und Mitarbeiter hinzu ", erklärt GEMADI - Chef Manfred J. Kunz.

Aufgedeckt wurde die scientologische Unterwanderung erst, als ein Mitarbeiter offen zu missionieren begann. Kunz: " Wir stellten dann fest, daß all diese Mitarbeiter Scientologen waren. Das war Teil einer Strategie. Ein äußerst gefährliches Unterfangen für mich persönlich, gegenüber meinen Mitarbeitern und meinen Kunden. Wenn dies nicht aufgeflogen und die Unterwanderung fortgeschritten wäre, dann wäre unsere Kommunikation, die wir empfehlen, und die Beratung im Sinne von Scientology gewesen. Das hätte das Ende für meine Agentur, für mich persönlich bedeutet. "

Gleichzeitig mit dem von Helnwein beauftragten damaligen Scientologen Peter Gerhards, Mitgeschäftsführer der bekannten deutschen Werbeagentur GEMADI, sollte auch ich ab April 1987 das Helnweinsche Groß - Projekt " Idole " weltweit potentiellen Sponsoren anbieten, was naturgemäß später zu einigen Reibereien führte, da zum Teil von Gehards auch Firmen angesprochen wurden, die ich bereits besucht hatte und anders herum. Helnwein war wie gewohnt recht schnell unzufrieden mit den in seinen Augen ungenügenden Bemühungen, sein großes Projekt zu promoten.

Aus diesem Grund fand bereits am 30. September 1987, knapp 3 Monate nach Vertragsabschluß, für GEMADI wären im Erfolgsfalle 4 Millionen DM Provision herausgesprungen, in Nauheim im Hause GEMADI mit dem Helnweinschen Scientology - Kollegen Peter Gerhards, damals noch Geschäftsführer und noch nicht als "Scientology - Maulwurf" geoutet, Gottfried und Renate Helnwein und mir ein intensives Gespräch statt, wie man endlich einen schnellen Erfolg herbeiführen kann.
Gerhards entschuldigte sich sofort bei Helnwein für den bisherigen Mißerfolg der GEMADI - Bemühungen, die bisher für das Helnwein - Projekt ein kleines Vermögen ausgegeben hatten und gab damit den " Schwarzen Peter " an seinen Boß, Hauptgeschäftsführer und Firmengesellschafter Kunz weiter, den er nun, im persönlichen Gespräch vor Helnwein, für diese Pleite voll verantwortlich machte und jegliche Verantwortung von sich wies.

Die Konsequenz aus unserer Unterhaltung war ein " erbostes " Schreiben Helnweins an Kunz. Am 5.11.1987 schrieb er ihm : " Auf mein gezieltes Nachfragen, wie das Idole Projekt läuft, wurde ich von Herrn Gerhards darüber informiert, daß für die Fa. GEMADI eine aktive Ver-

Gottfried Helnwein in Krems, Österreich, Mai 1991
(Foto: AR)

§ 1 Tätigkeit des Akquisiteurs

1. Der Künstler sucht einen Sponsor, der bereit ist, die Finanzierung des vom Künstler zu verwirklichenden Projektes " **Die 100 Idole des 20.Jahrhunderts** " zu erbringen.

2. Der Künstler beauftragt den Akquisiteur, einen solchen Sponsor zu vermitteln, d.h. Vermittlung eines Vertragsabschlusses zwischen Künstler und Sponsor.

§ 2 Hauptvertrag

1. Gegenstand des Hauptvertrages ist einerseits die im einzelnen nachfolgend dargestellte Leistungspflicht des Künstlers und andererseits die Verpflichtung des Sponsors, hierfür einen Betrag von DM 24.000.000,-- (Vierundzwanzig Millionen Deutsche Mark) in Teilbeträgen von

DM 9.000.000,--	fällig bei Vertragsabschluß
DM 8.000.000,--	fällig 12 Monate nach Vertragsabschluß
DM 7.000.000,--	fällig 2 Wochen vor Beginn der ersten Ausstellung

zu zahlen.

2. Die Leistung des Künstlers wird wie folgt bestimmt:

2.1. Der Sponsor erhält die Nutzungsrechte an 100 Kunstwerken des Künstlers, die die Idole des 20. Jahrhunderts zum Inhalt haben. ~~Der Sponsor kann dabei dem Künstler gegenüber auch eigene Vorschläge machen, welche Idole zusätzlich in das Projekt aufgenommen werden sollen.~~

2.2. Der Sponsor erhält die weltweiten Nutzungsrechte für die Dauer von 10 Jahren.

2.3. Der Sponsor hat die 1.Option die 100 " Idole " - Kunstwerke vom Künstler direkt zu erwerben. Der Sponsor kann die Werke nur als Einheit erwerben.
Bedingung – Die Werke müssen zusammen als geschlossene Sammlung in einem eigenen Museum der Öffentlichkeit zugänglich sein.

2.4. Der Künstler organisiert mindestens 25 große Ausstellungen in Museen weltweit.

2.5. Der Künstler erwirbt mindestens 30 ~~Originale~~ persönliche Dinge bzw. Reliquien der Idole, die Bestandteile der Ausstellungen der Sammlung werden.

2.6. Einzelheiten des sog. Merchandising, u.a. Verwendung in der Werbung, wird bei Vertragsabschluß zwischen Sponsor und Künstler vereinbart.

Gottfried Helnwein korrigiert eigenhändig Sponsorenvermittlungsvertrag

marktung des Projekts nicht mehr in Frage kommt und das die Firma nicht mehr bereit ist, weiter in das Projekt zu investieren. Eine Präsentation kann aber nur dann erfolgen, wenn ihre Firma bereit ist, Ihre Mitarbeiter zu den entsprechenden Kunden zu schicken, um über das Projekt vollständig zu informieren und das Bild - und Demonstrationsmaterial zu zeigen und zu erläutern.

Da ein Vorhaben dieser Größenordnung ohne finanziellen Aufwand nicht zu realisieren ist, schlage ich vor, den Vertrag in beidseitigem Einvernehmen aufzulösen. Ich glaube dieser Vorschlag ist fair und in unser beider Interesse. “

Sichtlich überrascht erwidert Kunz nur vier Tage später am 9.11.1987 das Helnwein - Schreiben : “ Sicher ist die Kommunikation zwischen Herrn Gerhards und Ihnen nicht sehr gut gelaufen, sonst hätten Sie nicht zu einem falschen Schluß kommen können.

GEMADI hat vertragskonform in den letzten Wochen und Monaten erhebliche Investitionen in die Vermarktung des Projektes getätigt. Herr Gerhards hat eine Vielzahl von Unternehmen im In - und Ausland angesprochen, ich wiederum habe persönliche Kontakte in großer Zahl aktiviert und die produzierten Unterlagen zur Begutachtung zugeschickt. Meine persönlichen Gespräche verliefen bislang leider alle negativ, nicht zuletzt deshalb, weil Sie, sehr geehrter Herr Helnwein, sicher in Insider-Kreisen einen hervorragenden Namen haben, einem breiteren Publikum aber nur wenig oder nicht bekannt sind. Dies ist ein Faktor, den ich zu Beginn unserer Arbeit nicht abschätzen konnte. Diesen Faktor mußte ich lernen.

Herr Gerhards hat Ihnen mit Sicherheit nicht gesagt, daß GEMADI die aktive Vermarktung des Projektes nicht mehr betreibt. Selbstverständlich bin ich selbst bereit, bzw. natürlich auch bereit, einen qualifizierten Mitarbeiter zur Präsentation des Projektes zu einem qualifizierten Kunden zu schicken.

Ich kann mir Ihre Auffassung nur so erklären, daß ich es abgelehnt habe, zusätzlich zu den Aufwendungen, die Herr Gerhards und ich besprochen hatten, eine mehrwöchige USA - Reise von Herrn Stahl zu finanzieren, weil das bloße Herumstochern mit einer Stange im Nebel der Akquisitionsmöglichkeiten keinen gezielten Erfolg verspricht.

Da das Angebot von Herrn Stahl, für das Projekt nach Amerika zu reisen, zusätzlich noch mit einer Honorarforderung im Erfolgsfall über mehrere 100.000 DM verbunden war, konnte ich darin erst recht keinen Sinn erkennen, um mich vorsichtig auszudrücken. Falls durch unsere Mailing - Aktivitäten qualifizierte Kontakte zu Persönlichkeiten, die

Entscheidungskompetenz haben, zustande kommen, so bin ich selbst der erste, der ins Flugzeug springt, um eine Präsentation vorzunehmen, damit das Projekt realisiert werden kann.

Ich stimme Ihnen voll zu, daß ein Projekt dieser Größenordnung finanziellen Aufwand erfordert, darüber waren sich Herr Gerhards und ich einig. Dies haben wir erbracht und werden wir weiter erbringen, solange es Maßnahmen sind, von denen sich GEMADI auch Erfolg versprechen kann. Andererseits muß Ihnen klar sein, daß ein Projekt dieser Größenordnung nicht mit dem Bestellzettel zu verkaufen ist. Sie müssen uns die vertraglich zugesicherte Zeit auch zugestehen, damit wir alle Chancen haben, von uns gelegte Samenkörner auch ernten zu können.

Ich halte Ihren Vorschlag keinesfalls für fair und höchstens in Ihrem eigenen Interesse, deshalb bin ich zu keiner Konzession bereit. "

Soweit Geschäftsführer Kunz und seine klare Absage an Helnwein. Genützt hat es ihm aber letztendlich nicht viel, denn bereits 2 Monate später war GEMADI mit Kunz aus dem Geschäft und Helnwein arbeitete nun direkt vertraglich mit Peter Gerhards und der " Gerhards, Hansen und Partner Marketing Beratung " in Frankfurt/M.. Anschließend, Anfang 1990, übernahm dann die Peter Gerhards Firma " Intercom GmbH " in Mainz die ausschließliche " Idole " - Vermarktung für Helnwein. Der schließlich vielversprechendste letztmögliche Sponsor und "letzter Versuch" den Gerhards und sein neuer Copartner, der Scientologe Roland Stahl, noch unternehmen wollten, war nun seit dem Frühjahr 1990 die " Volkswagen AG " in Wolfsburg als Hauptsponsor zu gewinnen. Helnweins " neuer " Sponsorensucher Roland Stahl gehört schon seit Jahrzehnten, wie auch Helnwein, zu den hochtrainierten Scientologen in Deutschland. Er ist u.a. Aufsichtsratvorsitzender der von dem Topscientologen Klaus Kempe und seiner Ehefrau Marietta, beide hohe " OTs ", gegründeten Immobilienfirma " Kempe AG " in Düsseldorf. Von Kempes wiederum mietete Gottfried Helnwein 1984 sein Schloß in Burgbrohl. Kempe ist wie Helnwein eine führende einflußreiche Schlüsselfigur im deutschsprachigen Scientology - Raum. So schnell schließt sich der verborgene Kreis der Scientologen - Seilschaften.

Besonders Stahl und Renate Helnwein haben ein ausgesprochen freundschaftliches Verhältnis. So machte man sich auch mal gegenseitig Mut, wenn es wieder einmal bei den Sponsorenverhandlungen nicht so richtig voranging. Freundin Renate, im Januar 1991 in scientologischer Sprache pur, per Fax aus ihrer Villa in Clearwater: " Lieber Roland ... Machen wir ein gutes Postulat....", was " übersetzt ", " laß uns etwas tolles Neues schaffen " heißt. Kempe sowie sein Partner Stahl, sind au-

Helnwein Berater Peter Reichelt
(aus: „Wiener" Bildarchiv)

ßerdem " WISE " - Lizenznehmer und haben die Aufgabe, die Hubbard-Technologien in deutsche Firmen einzuführen. In internen Scientology-Listen steht auch Roland Stahl mit seiner Firma " Stahl und Partner - Trainingszentrum für Führungskräfte von Firmen mit technischen Produkten ". Stahl ist der Bruder von Helgard Hahn, Leiterin des " Celebrity Centers München ". Seine Ehefrau Tatjana, geborene Schuböck, gehört ebenso wie ihre gesamte Familie zu den Oldtimern "in Scientology". Von Journalisten auf seine Scientology - Mitgliedschaft angesprochen, wich Roland Stahl kürzlich der Frage mit " das kann ich Ihnen noch nicht einmal sagen " aus. Wie man sieht, leidet Stahl offensichtlich an Gedächtnisverlust. Genauso wie sein Auftraggeber Helnwein gehört Stahl eindeutig zu den nichtbekennenden Scientologen. Besonders auf wirtschaftlichem Gebiet versucht Scientology heute " durch Tarn - und Unterorganisationen eine strategische Zielsetzung zu verfolgen, um die scientologische Ideologie zu transportieren ", stellt Deutschlands erfolgreichste Scientology - Kritikerin Renate Hartwig in ihrem " Robin Direkt Report " vom September 1996 fest.

Somit setzte sich Gerhards in ein vermeintlich gemachtes Nest.

Gebracht hat es ihm dennoch nichts, trotz GEMADIs kostenintensiver Vorarbeit. Helnweins Projekt blieb auch trotz Gerhards' und Stahls Bemühungen unverkäuflich. Auch der VW - Konzern sagte schließlich im März 1991 ab. Grund : Helnweins schlechtes Image anläßlich seiner Scientology - Beteiligung und die damit verbundene Furcht des Konzerns mit Helnwein negativ in die Schlagzeilen zu geraten und dieses bereits im Jahre 1991! Am 21. April 1991 schmissen Gerhard und Stahl die Arbeit endgültig hin. Sie sagten Helnwein kurz und schmerzlos schriftlich ab.

Auch ich hatte größte Probleme das " Idole " - Projekt optimal zu verkaufen. Die von Helnwein und mir intern geschätzten Sponsoren - Gesamtkosten für die Aktionen, über eine Mindestlaufzeit von 10 Jahren berechnet, hätten sich auf über 50 (!) Millionen DM belaufen. Es wäre das sicherlich größte Kunst - und Kulturspektakel aller Zeiten gewesen, um ein vielfaches überdimensioniert im Vergleich zu Andre Hellers " Luna Luna Park " Mitte der 80er Jahre, nur diesmal ausschließlich von einem Künstler gestaltet. Nicht nur für Helnwein eine faszinierende Perspektive.

Meine Sponsorensuche, unabhängig von GEMADI und Peter Gerhards, bzw. Gerhards und Stahl, führte mich zwischen 1987 und 1990 zweimal rund um den Globus. Ob " Coca Cola " in Atlanta, " BMW " in

München, " Budweiser " - Bier in Florida, " Fosters " - Bier in Sydney, nach über 200 mehr oder weniger freundlichen Absagen potentieller Geldgeber. Wie bei meinen Kollegen war des öfteren Helnweins Scientology - Mitgliedschaft ausschlaggebend für die negative Entscheidung der jeweiligen Geschäftsführungen. Schließlich " verschob " Helnwein im Herbst 1991 sein " Idole " - Projekt " bis auf weiteres ".

DAS " FACES " - PHOTOPROJEKT

Ganz umsonst waren meine jahrelangen Bemühungen nun dennoch nicht. Als " Abfallprodukt " seines überdimensionalen Projektes, entwickelte Helnwein bereits parallel dazu 1987 das Prominenten - Projekt "FACES":

Photo - Großportraits, fast ausschließlich in Schwarz/ Weiß fotografiert, von legendären Schauspielern, Sängern, Künstlern jeglicher Colour, Schriftstellern und Sportlern.

Diese Fotografien brauchte er als Grundlage sowieso, um sein " Idole - Projekt " verwirklichen zu können.

Wir mußten uns beeilen, denn sehr viele, die Helnwein als zu Portraitierende auserkor, waren bereits jenseits des 80. Lebensjahres. Aber nicht nur das war ein großes Problem. Es gehörte eine unheimliche Ausdauer und Überzeugungskraft, aber vor allem " besondere Beziehungen " dazu, speziell d i e s e Leute vor die Fotolinse zu bekommen.

Lech Walesa, David Bowie, Lou Reed, Elton John, Michael Jackson, Charles Bukowski, Phil Collins, Keith Haring, Billy Wilder, Sting, Reinhold Messner, Dietmar Schönherr, Ute Lemper, Arno Breker, Leni Riefenstahl ... die Liste der Portraitierten zwischen 1987 und 1991 ist rückblickend betrachtet beeindruckend und läßt sich noch verlängern.

ARNO BREKER

Hochinteressant und spannend waren die Treffen mit der Filmregisseurin und Photographin Leni Riefenstahl und dem Bildhauer und Architekten Arno Breker, beide die letzten lebenden Ikonen des Hitler - Regimes.

Für die Vorbereitung der beiden Photosessions brauchte ich mehrere Jahre. Das lag vor allem an den schlechten Erfahrungen, die beide in der Vergangenheit mit diversen Besuchern gemacht hatten.

Arno Breker, in einer herrschaftlichen Villa, mit angeschlossenem riesigem Atelier für seine Großplastiken, im Düsseldorfer Norden wohnend, empfing uns 1988 und 1989 insgesamt zweimal außerordentlich freundlich und gar nicht mit der von uns erwarteten Skepsis und vor-

H e l n w e i n   F a c e s

Copyright © 1992 by EDITION STEMMLE/Verlag 'Photographie' AG, CH-8201 Schaffhausen
Photography Copyright © by Gottfried Helnwein
Text by William S. Burroughs, Reinhold Mißelbeck, Heiner Müller
Alle Rechte vorbehalten, insbesondere die der Reproduktion jeder Art.
All rights reserved, including reproduction rights.
Prints: T. Heyken, H. Försterling, R. Mensig, A. Stumpf
Translation: William S. Burroughs - Tobias C. Biancone; Heiner Müller - Philip Mattson;
Reinhold Mißelbeck and Biographs - Stephen Reader
Biographs: Andreas Mäckler, Albert Höhner
Art Direction: Peter Wassermann
Production: Grafikdesign Peter Wassermann, Andrea Hostettler, CH-8006 Zürich
Typesetting: Setzerei Heller, CH-8034 Zürich
Photolithography: O.R.T. OffsetReproTechnik, Kirchner + Graser GmbH & Co. Produktions KG, D-1000 Berlin 6
Printing and binding: Ernst Uhl GmbH & Co., D-7760 Radolfzell am Bodensee
With special thanks to:
Jane Rose, Peter Reichelt, Renate Helnwein, Hans Janitschek,
Marcel Avram, Peter Rieger, Fritz Rau, James Grauerholz, Hans Mayer, Leo Castelli, Gisela Guttmann,
Bill Bray, Sylvia Reed, Norman Mailer, Reinhold Mißelbeck, Thomas N. Stemmle.
Die Ausstellung zu diesem Buch wurde ermöglicht
durch die freundliche Unterstützung von Veronika und Kurt Fliegerbauer.
The exhibition featuring this book was made possible
by the kind support of Veronika and Kurt Fliegerbauer.

sichtigen Zurückhaltung. Bei Kaffee und Kuchen führten Helnwein und Breker hochinteressante Dialoge, vor allem über die Veränderungen der Sichtweise diverser Kunstrichtungen in ihrer Zeit.

Zwei, wie man meinen könnte, völlig unterschiedliche Künstler, der 40jährige Helnwein und der über 80jährige Breker, aber dennoch hatte ich das Gefühl, daß beide sich auf Anhieb glänzend verstanden, sozusagen sich auf einer Wellenlänge befindend. Breker erzählte ruhig und zurückhaltend und in seiner leisen, fast schüchternen Art, von seinen vielen erfolgreichen Versuchen, jüdischen Künstlern während des Dritten Reiches die Flucht ins Ausland zu ermöglichen. Menschlich am meisten getroffen hatte ihn jedoch wie er sagte " der deutsche Boykott meines Kunstschaffens durch den Kunsthandel nach Ende des 2. Weltkrieges bis heute ". Der um viele Jahre jünger wirkende Breker, führte uns danach durch sein Haus, seinen groß dimensionierten "Skulpturengarten", ausschließlich mit eigenen Werken bestückt, vorwiegend aus den 30er und 40er Jahren und sein riesiges, sonnendurchflutetes Atelier mit vollendeten und gerade begonnenen Büsten. Helnwein gefiel besonders dieser Ort als der ideale Hintergrund für seine Photoportraits von Breker.

Nach fast zwei Stunden geduldigem, wortlosen Modelstehens, verließen wir, nach freundlicher Verabschiedung, Brekers Haus, mit wie sich später herausstellen sollte, faszinierenden Portraits einer höchst umstrittenen Persönlichkeit, vielleicht sogar bis heute Helnweins beste Portraitarbeit.

LENI RIEFENSTAHL TRIFFT L. RON HUBBARD - 1960

Leni Riefenstahl besuchten wir in ihrem Hause in Pöcking am Starnberger See im Sommer 1990. Das Gespräch, ebenfalls bei Kaffee und Kuchen, verlief recht zurückhaltend, allerdings von beiden Seiten ausgehend. Diesmal war es umgekehrt, Helnwein sehr schüchtern, Leni Riefenstahl resolut ihre Standpunkte vertretend.
In Scientology - Kreisen unbekannt ist die folgende Episode, die zeigt, wie sich im Leben, über Umwege, der Kreis, in diesem Fall die Verbindung zwischen Riefenstahl, Hubbard und seinem Jünger Helnwein, schließt. Im Sommer 1960 arbeitete Leni Riefenstahl an der Realisierung der Neuverfilmung ihres Filmklassikers " Das blaue Licht ". Sie gewann für ihr Projekt einen prominenten amerikanischen Drehbuchautor, L.Ron Hubbard. Leni Riefenstahl schildert dies in ihren Memoiren, erschienen 1987 im Knaus Verlag: " ...Aus England kamen gute Nachrichten. Fast täglich berichtete mir Philip, mein Produzent, über den Fortschritt seiner Arbeit. Allerdings hatte sich Somerset Maugham nach den Zeitungsangriffen auf mich zurückgezogen, aber, wie Philip schrieb, hatte er einen begabten amerikanischen Autor für die Mitarbeit am Drehbuch gewinnen können. " Dieser Amerikaner ", schrieb er enthusiastisch, " ist ein brillanter und berühmter Schriftsteller, der viele Drehbücher für die "Columbia Film" in Hollywood schrieb. Er ist auch Kopf einer großen internationalen Organisation, die über den ganzen Erdball verbreitet ist und über eine Million Mitglieder hat. Er heißt Dr. L. Ron Hubbard, ist Psychologe und Scientologe. " Ich hatte damals keine Ahnung, wer Ron Hubbard ist. Aber bald wußte ich, daß er begabt sein mußte. Der erste Teil seiner Arbeit war überraschend gut. Mr. Hubbard sandte mir folgendes überschwengliches Telegramm: " Mit dieser wunderbaren Story vom " Blauen Licht " können wir einige Oscars gewinnen - vergessen Sie den Prozeß und die Reporter und lassen Sie uns arbeiten - es wird ein großer Film werden, der alle Rekorde bricht ... " Ein Phantast...Dr. Ron Hubbard hatte mir sein Appartement in London zur Verfügung gestellt, wo ich mit ihm... das fertiggestellte neue Manuskript ins Filmische übertragen sollte. Unerwartet wurde er nach Südafrika abberufen, wo er auch eine Firma hatte. Trotzdem durfte ich in seinem Haus, das während sei-

ner Abwesenheit nur von einer Wirtschafterin bewohnt wurde, bleiben... Auch hoffte ich, nachdem das von Dr. Hubbard... fertiggestellte Drehbuch zum " Blauen Licht " so hervorragend gelungen war, auf den baldigen Beginn der Aufnahmen... " Letztendlich scheiterte jedoch auch dieses Nachkriegsfilmprojekt von Leni Riefenstahl kurz vor Beginn der Dreharbeiten.

" In dieser Zeit großer Hoffnungslosigkeit kam im Sommer 1961 von Dr. Ron Hubbard aus Südafrika ein Brief, der im ersten Augenblick Hoffnungen in mir erweckte. Er lud mich nach Johannisburg ein, um einen Dokumentarfilm über Südafrika zu machen, Geld sei kein Problem. Auch wollte man für moderne Film - und Tonstudios (!), die dort entstehen sollten, meine Mitarbeit gewinnen. Ich bekam Herzklopfen, so aufregend war der Gedanke, doch noch einmal arbeiten zu dürfen, und dazu in Afrika. " Auch dieses hochtrabende Projekt von Hubbard zerbarst wie eine Seifenblase. Hubbard erfüllte sich fast zwei Jahrzehnte danach, Ende der 70er Jahre, mit seiner " Golden Era Filmproduktion " in Gilman Hot Springs, Californien, letztendlich noch seinen großen Traum vom eigenen Filmstudio...

In ihrem hübschen Häuschen stand Leni Riefenstahl, gerade 89 Jahre alt geworden, Gottfried Helnwein mehr als zwei Stunden lang geduldig Modell. Zufrieden verließen wir ihr Haus mit dem hübschen Garten. Mit in unserem Gepäck hatten wir danach auch einige persönlich signierte Riefenstahl - Fotos. Helnwein war hoch zufrieden und begeistert, daß es endlich geklappt hatte. Leider war Leni Riefenstahl von den fertigen Abzügen nicht gerade begeistert. Als sie einige Jahre später ihr Schwarz/ Weiß - Portrait in einer Helnwein - Photoausstellung im Münchener Stadtmuseum begutachten konnte, fiel sie bald aus allen Wolken. " Man sieht ja haargenau jede einzelne meiner Falten ", rief sie erschrocken aus und wollte, daß man ihr Photo sofort abhängen sollte. Die beginnende Freundschaft mit Helnwein war nach diesem Erlebnis sofort beendet.

REINHOLD MESSNER

Auf einer Wellenlänge mit Helnwein befand sich 1988 vor allem der Südtiroler Extrembergsteiger Reinhold Messner. Er reiste damals zusammen mit seiner Lebensgefährtin aus München an. Helnwein und Messner führten in Helnweins Privatgemächern das in meinen Augen sicherlich interessanteste Gespräch vor und während einer Portraitsession für das " Faces " - Projekt.

Hauptgesprächsthema im großen Wohnraum des 1. Obergeschosses im Helnwein - Schloß, war zwischen den beiden, bis in den späten Abend hinein, die Lehre des " Buddhismus " in seinen verschieden Erscheinungsarten. Wenn man weiß, daß sich vor allem die " Scientology - Organisation " in ihren Grundzügen fälschlicherweise auf den " Buddhismus " beruft, wird jedem schnell klar, warum dieses Treffen so viele Stunden andauern und schließlich zu einer jahrelangen Freundschaft der beiden führen sollte. Ein Jahr später kaufte Messner einige besondere Auftragswerke Helnweins, natürlich dramatische Bergmotive, um sie in seiner Burg in Südtirol aufzuhängen.
Messner erlebte ich während dieses Gespräches als einen glühenden Verfechter des buddhistischen Glaubens, sowie ich Gottfried Helnwein erstmalig während meiner Anwesenheit eine Lanze für die Lehren der Hubbardschen Lehren brechen hörte - das war 1988.

Dem Idole - Projekt jedoch ablehnend gegenüber standen einige sehr Prominente Zeitgenossen. Ob Paul und Linda McCartney, Madonna oder Bob Dylan, jedesmal mußten wir wieder unverrichteter Dinge mit der gesamten Fotoausrüstung aus den jeweiligen Konzertsälen in Dortmund, Offenbach und München abziehen, sie ließen Helnwein nicht in ihre Garderoben, obwohl ich ihnen in ihren Umkleideräumen ausführlich das Projekt erklären konnte und sie anfänglich Interesse signalisierten. In diesen Fällen waren ihnen wohl doch einige Zeichnungen, die ich ihnen beispielhaft als Reverenz vorlegte, milde ausgedrückt, " zu extrem ", wie sie mir gegenüber deutlich zum Ausdruck brachten.

INA BROCKMANN TRIFFT GOTTFRIED HELNWEIN

"1993, es ist Herbst und einer der letzten schönen sonnigen Nachmittage. Gottfried Helnwein, aufrecht sitzend mit fast unbewegter Miene uns gegenübersitzend. Uns, das heißt Peter Reichelt, mein Firmenteilhaber und Geschäftspartner von Helnwein und ich sitzen auf Holzstühlen im Garten.

Mein erster Besuch bei diesem Künstler, von dem ich mir ein paar Tage zuvor einen Katalog für DM 9 gekauft habe. Ich dachte, er wird verramscht.

Die Sonne scheint, wir bekommen weichen Erdbeerkuchen vom Vortag und Kaffee, der in der Glaskanne der Kaffeemaschine serviert wird. Der Kaffee ist kalt, wie auch das Gespräch zunehmend kälter wird. Irgendwann später ist es mir erlaubt worden, die beiden Herren in ein Arbeitszimmer im Wohnhaus der Helnweins zu begleiten. Quadratische Schubladenschränke und Arbeitsplatten stehen herum. Alles wohlgeordnet kreativ vor hohen weiß getünchten Wänden plaziert. Renate Helnwein, die sich die ganze Zeit in Sichweite von uns, mit dem Handy telefonierend, bewegte, ist verschwunden, taucht aber nach kurzer Zeit mit neuen Schnürsenkeln vom Dorf hoch kommend, im Zimmer stehend wieder auf. Die soeben gekauften Schnürsenkel wandern von ihrer Hand in die Hand ihres Gatten Gottfried. Sein Körper ist dem ihren abgewandt. Wortlos werden sie von ihm entgegengenommen, um mit direktem Schwung, und ohne einen Blick auf sie oder ein Wort des Dankes, auf einen der Tische geworfen zu werden. Gottfried Helnwein habe ich immer nur in ledernen Cowboystiefeln gesehen und die immer ohne Schnürsenkel.

Mein Kontakt zu Helnwein basierte ausschließlich auf einer geschäftlichen Ebene. Insgesamt gab es drei etwas längere Begegnungen. Dabei kann ich mich nicht erinnern, jemals mit ihm in einen gesprochenen Dialog getreten zu sein oder wenigstens einen vollständigen Satz, auch wenn er noch so kurz gewesen wäre, gewechselt zu haben. Wenn etwas anstand, so lief dies nur über seine Frau Renate.

Ihr ist es auch zu verdanken, daß ich einen Grund hatte die Burg Brohl ein zweites Mal zu betreten. Anlaß war der Wunsch von Helnwein, ein Carl Barks-Aquarell, das Peter Reichelt gehört, in seine Barks-Ausstellung sowie in den Katalog aufzunehmen. Dafür sollte es reproduziert werden und zwar besser gestern als heute. Also machte ich mich mit dem Bild und männlicher Begleitung auf den Weg in die Höhle des Löwens. Der genaue Termin war mit Renate Helnwein am Telefon vereinbart, ich erschien pünktlich auf der Burg, mit dem Bild unter dem Arm. Anwesend sein sollte ein Photograph, der die Aufnahmen anzufertigen hatte. Wer war nicht anwesend? Der Photograph. Wer hatte den Termin vergessen, oder tat so? Renate Helnwein. Aber kein Problem, der Photograph war zwar laut Renate Helnwein schon nach Hause geschickt worden, aber ich solle das Bild doch einfach da lassen. Die Atmosphäre war äußerst gereizt. Das Bild hat einen beachtlichen Wert, also wurde ihr Vorschlag von mir abgelehnt. Das Photo wird heute gemacht, der Weg in die Eifel ist gemacht, eine Versicherungsvereinbarung sowie die besprochene Aufwandsentschädigung schon in Rechnung gestellt und ich wollte diese Sache hinter mich bringen. Erst uns zur Eile angetrieben und dann doch nicht? Die Stimmung wurde nicht besser. Seine zwei Sekretärinnen saßen während des Disputes schweigend an ihren Tischen. Also teilte ich ihr mit, daß ich warten würde, bis der Photograph, den Sie nun per Telefon wieder zurück auf die Burg beordert hatte, angekommen ist. Wir begaben uns nun mit dem Streitobjekt in den Garten, dem privaten Reich von Helnwein, an das hinterste Ende, wo wir einen massiven Holztisch mit Bank zum Warten vorfanden. Vor uns stand das Eingangshaus der Burg mit dem Büro von Renate und zur rechten Seite fiel der Blick auf das hübsch renovierte Wohnhaus der Helnweins. Die einzige freundliche Reaktion erfuhren wir von der langjährigen Haushälterin, Frau Linke. Sie allein wünschte uns einen schönen Tag und half uns die Wartezeit, mit einer großen Kanne heißen Kaffee, zu überbrücken.

Endlich, der Photograph war wieder da und der Kaffee ausgetrunken. Wir liefen wieder nach vorne zum Eingangsbau, in dem sich die Groß-Ateliers befinden. Die Lampen standen bereit, das Bild wurde unter der Kamera positioniert, nachdem ich mit Renate Helnwein die Formalien, wie Versicherung etc. unter Murren von ihrer Seite erledigt hatte. Und nun kam der große Augenblick, die Tür mußte sich wohl hinter meinem Rücken geöffnet haben. Helnwein betrat den großen Raum. Wer keine Ahnung hat, wie laut angeschaltete Photolampen sein können, darf nie die Gelegenheit eines solchen huldvollen und wortlosen Auftrittes von Helnwein versäumen.

Von ihm ein kontrollierender Blick auf das Bild und weg war er. Das ganze dauerte ungefähr so lange, wie man benötigt, um einen rabenschwarzen Expresso ohne Zucker herunterzukippen.

Ein wenig später befanden wir uns mit dem Bild im Kofferraum wieder auf der Autobahn. Es war ein Spuk und sonst nichts."

DAS ENDE - 1994

Unsere ambivalente Freundschaft und damit auch zeitgleich unsere fast achtjährige erfolgreiche Geschäftsbeziehung zerbrach schließlich im März 1994 an meiner deutlichen Kritik an der Person Gottfried Helnwein. Hervorzuheben sind inhaltlich:

1. Gottfried und Renate Helnweins anhaltende öffentliche Nicht - Distanzierung von der Scientology - Organisation, insbesondere seit 1992 und ihr fortlaufendes Leugnen und Dementieren ihrer jahrzehntelangen intensiven Verstrickungen mit Scientology,
2. Helnweins brutaler " Umgang " mit seinen Kritikern, die Bezug auf seine Zugehörigkeit zur Scientology - Organisation und die seiner Ehefrau Renate nahmen, in daraus resultierenden insgesamt mehr als 14 Gerichtsverfahren und außergerichtlichen Auseinandersetzungen seit 1991,
3. Helnweins Einfluß auf einen meiner damaligen besten Freunde und Partner, den Schauspieler Dietmar Schönherr, mit allen daraus resultierenden Folgen und
4. Gottfried Helnweins persönlicher und geschäftlicher Umgang mit seinem von ihm seit frühester Kindheit hochverehrten Idol, dem heute 96 jährigen Carl Barks, dessen persönlicher Berater und Agent ich im Frühjahr 1994 wurde.

DIETMAR SCHÖNHERR

Dietmar Schönherr trifft Gottfried Helnwein auf Burg Brohl 1992

Im gleichen Monat, im März 1994, zerbrach nach neun Jahren auch meine seit 1985 andauernde Freundschaft mit dem " Entwicklungshelfer " und Ex - " Wünsch Dir Was " - Moderator Dietmar Schönherr. 1988 führte ich Schönherr in Burgbrohl bei Helnwein ein. Meine Idee war es, zusammen mit Schönherr, Helnwein dazu zu bringen, das von Schönherr und mir organisierte Kulturprojekt " Haus der drei Welten " in Granada, Nicaragua, künstlerisch als Berater zu unterstützen. Es entwickelte sich im Laufe der kommenden Jahre eine intensive Freundschaft zwischen Schönherr und Helnwein. Sie gipfelte im Winter 92 / 93 mit einem Besuch der Familie Helnwein in Nicaragua, anläßlich der Eröffnungsfeierlichkeiten für unser Kulturzentrum, nach jahrelangen mühevollen Renovierungsarbeiten. Seit dieser Zeit begann sich Schönherr immer mehr von mir zu distanzieren. Die Kommunikation zwischen ihm und mir verringerte sich zusehends. Helnwein wiederum intensivierte seine Beziehung in gleichem Maße zu Schönherr, wie er sich auch mir gegenüber schrittweise distanzierte. In den Jahren 1992 und 1993 wurde mir zusehends bewußt, wer Helnwein eigentlich wirklich ist. Ich nahm Abschied von meiner naiven Vorstellung, daß Helnwein " nur " ein bekannter Künstler ist, jemand, den man ohne Bedenken weltweit ausschließlich in dieser Form vermarkten kann. Ich begriff zu spät, daß ich unbewußt, indem ich Helnwein unzählige Weltstars, viele waren meine Freunde, " zuführte ", einem System diente, ohne es zu merken. Mir fiel auf, daß seine künstlerische Produktivität, die er nach außen zur Schau stellte, größtenteils nur vorgetäuscht war. Er verbrachte Monate in den USA, in Clearwater und Los Angeles, ohne auch nur ein Bild zu malen.

Stattdessen widmete er sich intensiv dem Aufbau seiner Märtyrer - Rolle als verfolgter " Nicht " - Scientologe. Geschickt spielte er mit den Medien und mit mir. Anfang 1994 erfuhr ich von dritter Seite (!), daß im Mai zwei Künstler aus unserem Haus in Nicaragua, auf die Helnwein-Burg zu Weiterbildungszwecken kommen sollten. Ich hatte bereits größte Bedenken. Helnwein ist ein Scientologe. Er leitete in den 70er Jahren für viele Jahre ein Scientology - Künstlerzentrum in Wien, seit Mitte der 80er Jahre ein " weiter entwickeltes " auf Burgbrohl. Dies teilte ich im März 1994 meinem Freund Schönherr während eines Treffens in Düsseldorf mit. Er wollte es nicht glauben. Er sagte nur: " Helnwein ist kein Scientologe! " und damit war das Thema für ihn erledigt. In mir kam immer mehr die Angst hoch, daß unser Kulturhaus in Granada, in irgendeiner Form scientologisch unterwandert werden könnte. Leider konnte ich Schönherr von meiner Sorge nicht überzeugen...Ein paar Tage später flog ich für eine Woche in die USA. Bei meiner Rückkehr mußte

GOTTFRIED HELNWEIN

An
Peter Reichelt 26.8.91
fax 0621 - 89 6261

Hallo Peter,

Unser fax war für 3 Tage außer Gefecht, wegen Bodenversiegelung – niemand konnte in Raum gehen.
Nach L.A. habe ich schon gefaxt – ich nehme an, daß ich die Antwort in den nächsten Tagen bekomme.

Peter, – Du mußt noch die Dias haben die das Schwarzenegger office an Dich zurückgeschickt haben.

Bitte schicke <u>alle</u> <u>komplett</u> super verpackt, per Einschreiben an uns.

△ Renate

BURG BROHL, D-5475 BURGBROHL, W-GERMANY, TEL. 0 26 36 - 14 81, FAX 0 26 36 - 14 83
309 PALM BLUFF ST.; CLEARWATER, FL. 34615, USA TEL. 813 - 4433264; FAX 813 - 4463077

Renate Helnwein an Peter Reichelt in Sachen „Schwarzenegger". Zwei Jahre später weiß Helnwein nichts mehr davon. Man beachte am Ende des Schreibens die Hubbard-Grußformel des ARC-Dreiecks.

Dres. JUNG & WETH
RECHTSANWÄLTE

RAe Dres. JUNG & WETH

Herrn
Peter Reichelt
c/o Brockmann & Reichelt GmbH
Ketscher Ring 26

68219 Mannheim
Einschreiben/Rückschein

Dr. Elwin Jung
Dr. Stephan Weth

50668 Köln
Ebertplatz 4
Telefon Sa.-Nr.: (0221) 120039
120030
Telefax Nr.: (0221) 137953

Köln, den 23. März 1994 J/M

Helnwein ./. Reichelt

Sehr geehrter Herr Reichelt!

Herr Gottfried Helnwein, Burg Brohl, 56659 Burgbrohl, hat uns beauftragt.

Unser Mandant hat erfahren, daß Sie sich ohne sein Wissen und ohne jede Berechtigung bei Herrn Arnold Schwarzenegger als "Büro Helnwein" ausgegeben und alle privaten Unterlagen, Fotos und Bilder unseres Mandanten etc. verlangt haben, die Ihnen dann auch zugeschickt worden sind.

Ebenso haben Sie bei der Firma Bildkunst/Bonn ohne Berechtigung und ohne Wissen unseres Mandanten sich als "Büro Helnwein" ausgegeben und die Unterlagen bezüglich Helnwein und Verträge mit Telefonkartenfirmen verlangt.

Bei dem österreichischen Magazin "Wiener" haben Sie nach Veröffentlichung einer Fotogeschichte unseres Mandanten (Mode/ New York) das Honorar eingezogen und dazu eine Rechnung auf Briefpapier mit dem Namen und der Adresse unseres Mandanten aber mit Hinzufügung Ihres Namens ausgestellt.

- 2 -

Stadtsparkasse Köln Kto.-Nr. 21102025 (BLZ 37050198)
Dresdner Bank Köln Kto.-Nr. 343920300 (BLZ 37080040)

Helnwein mahnt Reichelt ab, u.a. wegen „Arnold Schwarzenegger“ siehe hierzu vorstehendes Schreiben

Dies wurde unserem Mandanten auf Nachfrage nach dem Honorar von dem Magazin "Wiener" mitgeteilt. Erst auf Aufforderung unseres Mandanten hin haben Sie dann das ihm zustehende Honorar an ihn weitergeleitet.

Des Weiteren haben Sie mehreren Personen, die Sie durch unseren Mandanten kennengelernt hatten, erklärt, Sie hätten den Hauptanteil an der Schaffung des Fotozyklus FACES und dem dazugehörigen gleichnamigen Buch. Dies behaupteten Sie beispielsweise u. a. gegenüber der Galeristin Frau Wild in Frankfurt und gegenüber dem Geschäftspartner unseres Mandanten Herrn Carsten Laqua.

In Wirklichkeit haben Sie bei der Herstellung des Portraitzyklus "FACES" und des gleichnamigen Buches überhaupt nicht mitgewirkt. Alle Fotoportraits stammen ausschließlich von unserem Mandanten. Sie haben weder bei der Arbeit assistiert noch in der Dunkelkammer irgendeine Art von Beitrag geleistet. Sie haben lediglich der Ehefrau unseres Mandanten einige Adressen der zu Portraitierenden durchgegeben.

Schließlich haben Sie vor dem "Spiegel"-Bericht über die Ausstellung unseres Mandanten "Carl Barks" dem Spiegel gegenüber behauptet, das dazugehörige Buch unseres Mandanten "Wer ist Carl Barks" sei schon älteren Datums, nicht mehr ganz aktuell und enthalte außerdem vor allem Bilder und wenig Text. Daraufhin ist die Nennung des Buches unseres Mandanten im Spiegel fallengelassen worden und zu den abgebildeten Zeichnungen und Zitaten, die alle aus dem Buche unseres Mandanten stammen, wurde das noch nicht erschienene Buch von Ihnen zitiert.

Die vorstehend geschilderten Handlungen stellen gravierende Verstöße gegen die §§ 1 und 3 UWG dar.

Soweit Sie sich Dritten gegenüber als "Büro Helnwein" ausgegeben haben kommt sogar der Tatbestand des Betruges zum Nachteil unseres Mandanten in Betracht.

Wir haben Sie deshalb aufzufordern, **innerhalb einer Frist von 1 Woche ab Empfang dieses Schreibens,** eine rechtsverbindliche, strafbewehrte Unterlassungserklärung des aus der Anlage zu diesem Schreiben ersichtlichen Inhaltes abzugeben.

Sollten Sie diese Frist nicht einhalten, werden wir namens und im Auftrage unseres Mandanten gerichtliche Schritte einleiten.

Wir weisen insbesondere darauf hin, daß Sie nur durch Abgabe einer mit Vertragsstrafe-Versprechen versehenen Unterlassungsverpflichtungserklärung die aus Ihrem oben dargestellten Verhalten folgende Wiederholungsgefahr beseitigen und damit die Beantragung einer einstweiligen Unterlassungsverfügung gegen sich verhindern können.

Die durch unsere Einschaltung entstandenen, nachstehend berechneten Kosten sind nach ständiger Rechtsprechung aus dem Gesichtspunkt der Geschäftsführung ohne Auftrag von Ihnen zu übernehmen:

Gegenstandswert: DM 100.000,00

7,5 Geschäftsgebühr gem. § 118 Abs. 1 Ziff. 1 BRAGO	DM 1.416,80
Auslagenpauschale gem. § 26 BRAGO	DM 40,00
	DM 1.456,80
zzgl. 15 % MWSt.	DM 218,52
Insgesamt	**DM 1.675,32**

Mit freundlichen Grüßen

Rechtsanwalt

Anlage: Unterlassungserklärung

Unterlassungserklärung

Ich, Peter Reichelt, verpflichte mich hiermit, zugleich im Namen der von mir vertretenen Firma Brockmann und Reichelt GmbH, Ketscher Ring 26, 68219 Mannheim, gegenüber Herrn Gottfried Helnwein, Burg Brohl, 56659 Burgbrohl:

1. Es zu unterlassen,

   a) mich oder die von mir vertretene Firma gegenüber Dritten als "Büro Helnwein" auszugeben;

   b) zu behaupten, ich sei Manager oder Mitarbeiter des Herrn Helnwein;

   c) mit der Behauptung, ich sei hierzu von Herrn Helnwein bevollmächtigt, von Dritten die Herausgabe von Fotos, Bildern, Verträgen oder sonstigen Unterlagen des Herrn Helnwein zu verlangen;

   d) zu behaupten, der Portraitzyklus "FACES" und das gleichnamige Buch von Herrn Helnwein seien auch nur teilweise mein Werk.

2. Für jeden Fall der künftigen Zuwiderhandlung gegen die unter Ziffer 1. abgegebenen Unterlassungsverpflichtungen eine Vertragsstrafe in Höhe von DM 10.000,00 an Herrn Gottfried Helnwein zu zahlen.

Mannheim, den ....

(Peter Reichelt)

(Zugleich als Geschäftsführer der Firma Brockmann und Reichelt GmbH)

Dietmar Schönherr zu Besuch bei Helnwein 1992
(Foto: AR)

ich feststellen, daß Dietmar Schönherr während meiner Abwesenheit, sämtliche Stiftungskonten leergeräumt und auf sein Privatkonto überwiesen hatte. Wer oder was ihn zu dieser Tat bewogen hatte, ist bis zum heutigen Tag nicht geklärt. Man kann darüber nur spekulieren. Zwei Jahre später wurde er deshalb am 6. Februar 1996 vom Amtsgericht in Mannheim per Strafbefehl, AZ 29 Cs 49 / 96, wegen Untreue verurteilt. Am 11. Februar 1997 wurde seine Verurteilung rechtskräftig.

Peter Reichelt (SHSP)
im Mai 1997

FAMILIE HELNWEIN " IN SCIENTOLOGY " !

Wie alles begann.

HELNWEIN WIRD SCIENTOLOGE - 1 9 7 1

Wien, im Frühsommer 1971. Der junge, in Österreich aufstrebende Wiener Künstler Gottfried Helnwein hat eine neue, seine bis dato größte Liebe entdeckt. Er beschäftigt sich höchst intensiv mit der damals in der Öffentlichkeit noch fast unbekannten, 1950 erstmals in den USA vorgestellten Heilslehre " Dianetik " des amerikanischen Science Fiction - Autors L. Ron Hubbard und seiner von ihm so benannten " Religion " Scientology.

DIE GRUPPE ZÖTUS

Zusammen mit fünf Mitstudenten von der Akademie der bildenden Künste in Wien, den Herren Franz Zadrazil, Franz Mölk, Ulrich Gansert, Jochen Wahl und Thomas Moog, die gemeinsam im Jahr 1969 bei Professor Rudolf Hausner den " Phantastischen Realismus " zu studieren begannen, gründete er im Februar 1971 die Künstlergruppe " Zötus ". Bereits 4 Monate später geben sich am 8. Juni 1971 um 18 Uhr die sechs Mitglieder der neuen Künstlergruppe " die Ehre ", die Wiener Bevölkerung zu ihrer ersten Ausstellung im Künstlerhaus zu Wien einzuladen. In ihrem ersten Katalog schreibt Helnwein: " Die Mitglieder von Zötus (lat. coetus = Versammlung, Kreis, Jahrgang, Schulklasse) haben sich auf Grund längerer gemeinsamer Arbeit im Rahmen der Klasse Prof. Rudolf Hausner zusammengeschlossen, um auf diese Weise ihre Anliegen eindringlicher vermitteln zu können. Zötus vertritt keine einheitliche Stilrichtung." Kein geringerer als Hausner selbst schreibt in seinem Katalogvorwort: " Die Gruppe Zötus besteht aus sechs Künstlern, deren Intentionen grundsätzlich verschieden sind. Die Dokumentation ihrer künstlerischen Leistungen erscheint mir beachtenswert - beachtenswert aber ist auch ein anderer Umstand, der diese Gruppe in besonderer Weise charakterisiert. Ich meine jene für diese Generation erstmals signifikante Toleranz, die für jeden einzelnen als Voraussetzung bedeutet, daß er die andersartigen Tendenzen des anderen von vorneherein in seinem Realitätsbild integriert hat. Alle bekannten Gruppen dieses Jahrhunderts, die Suprematisten, die Surrealisten, die Konstruktivisten, die Brücke, der blaue Reiter und schließlich noch die Wiener Schule des Phantastischen Realismus fanden zusammen, weil sie gemeinsam für etwas und gemeinsam gegen etwas waren...Zum ersten Mal tritt eine Gruppe von Künstlern vor die Öffentlichkeit, die als die wesentlichste Voraussetzung ihrer Bezüglichkeiten, die Anerkennung der Andersartigkeit des anderen zu ihrem Programm macht."

Die Gründungsversammlung der Künstlergruppe „Zötus" in Wien im Februar 1971, Helnwein ist 2. von rechts (Foto: Archiv Gansert)

Die Gruppe „Zötus“ 1971
(Foto: Archiv Gansert)

Erster gemeinsamer „Künstlerausflug“, Wien 1971
(Foto: Archiv Gansert)

ULRICH GANSERT - 1997

Ulrich Gansert, heute Assistenzprofessor unter Arik Brauer an seiner damaligen Wirkungsstätte als Student an der Akademie in Wien, erinnert sich im Februar 1997 mit Wehmut an die Zeit mit seinen damaligen Freunden: " Jochen Wahl und Gottfried Helnwein waren die Wortführer der Gruppe. Wir wußten damals schon, daß Wahl ein begeisterter Scientologe war, so wie viele von uns damals dieser und anderen Sekten und Weltanschauungen hinterherliefen. Das war zur damaligen Zeit Mode. Wahl kam Anfang 1971 wieder einmal von einem Kurzaufenthalt aus Kopenhagen, dem damaligen Europahauptquartier der Scientology - Organisation, das sich zu dieser Zeit noch auf einem Schiff im Hafen der dänischen Hauptstadt befand, zurück und begeisterte nun auch Helnwein für die Ideen von Hubbard. Wir vier anderen hielten uns diesbezüglich zurück. Fast jeden Abend trafen wir uns zu intensiven Gesprächen in der Wohnung von Wahl und diskutierten oft bis weit nach Mitternacht. Es war eine spannende und aufregende Zeit. Helnwein und Wahl hatten des öfteren Auseinandersetzungen, denn beide beanspruchten die Führung unserer Gruppe für sich. Mit der Zeit zog sich Helnwein immer mehr von der Gruppe zurück, um individueller Arbeiten zu können. Er hatte ein sehr freundschaftliches Verhältnis besonders zu seinem Vater Josef Helnwein, der ihm, Gottfried hatte gerade sein neues Atelier bezogen, sofort nach dem Einzug einen kleinen Ofen vorbeibrachte und diesen mitten auf den Parkettfußboden stellte. Das war schon eine rührende Situation. Seine Mutter war über die künstlerische Tätigkeit ihres Sohnes nicht gerade begeistert, sie stand ihm eher ablehnend gegenüber. In diese Zeit erlitt Helnwein einen schweren Schicksalsschlag. Wegen einer Stoffwechselstörung verlor er innerhalb kürzester Zeit seine prachtvollen langen schwarze Haare, auf die er immer so stolz gewesen ist. Seit dieser Zeit trägt Helnwein wechselnde Perücken. Diesen Schock hat er bis heute nicht verkraftet. Andere Studienkollegen der Meisterklasse Hausner, ebenso Scientologen wie Helnwein und Wahl, stießen in den folgenden Monaten desöfteren zu den Diskussionsabenden im Hause Wahl, unter ihnen Fritz Hechelmann und Robert Schöller, die 1974 unter der Leitung von Helnwein das Scientology - Kunstzentrum für Kunst und Kommunikation gründen sollten. Bereits im Herbst 1972 löste sich unsere Gruppe " Zötus " endgültig auf. Einige von uns, darunter auch ich, trafen sich zwei Jahre später wieder in der neuen Gruppe um Helnwein im ZKK ".

„Zötus“ unterwegs in Wien 1971
(Foto: Archiv Gansert)

Peter Grebner, Gottfried Helnwein und Ulrich Gansert

Helnwein und Gansert stellen aus - Wien 1973
(Foto: Archiv Gansert)

Nach einer ersten zaghaften Einführung durch Mitarbeiter der am 22.2.1971 in Wien gegründeten ersten österreichischen Scientology - "Mission", folgten ab Ende 1971 in kurzer Folge scientologische Weiterbildungs - Reisen zusammen mit seinen Wiener Jugendfreunden und Künstlerkollegen Fritz Hechelmann und Dieter (De. Es.) Schwertberger, zum einen in das deutsche Mekka für Scientologen nach München, in die damals größte deutsche Scientology-Niederlassung, die von dem Maler Waki Zöllner bereits 1968 mitbegründet wurde und zum anderen in das damalige Europa - Hauptquartier der Hubbard - Anhänger nach Kopenhagen, zusammen mit dem späteren Zirkusdirektor von " Roncalli " Bernhard Paul und Toni Griebaum.

DER 1. SCIENTOLOGY - ABSCHLUSS FÜR HELNWEIN - 1972

Das erste Scientology - Magazin in Deutschland " URSPRUNG ", die Zeitschrift der " Hubbard Scientology Organisation München, Scientology Kirche Deutschland " mit Sitz in München - Harlaching, veröffentlichte im Juli 1972, auf Seite 11, die Kursabschlußliste der Münchner Organisation für den Monat Juni 1992. Mit diesem Heft wird der Beginn der Scientology - Karriere des Gottfried Helnwein erstmals aktenkundig. Er erscheint als Teilnehmer des " Kommunikations - Kurses " , dem Startkurs für einen Scientologen. Mit ihm auch sein Freund aus Wien, Fritz Hechelmann. Dagegen belegte Schwertberger den " Wordclearing Pack " -, den " Dianetics Theorie " -, und den " Dianetics Praxis " - Kurs.

Completions des letzten Monats

Kommunikations Kurs: Uta Sonntag, Fritzi Ehrig, Klaus Kleesattel, Attila Dubowy Szlamy, Christiane Schwarz, Sigrid Sander, Gerhard Gruczek, Frau Stahl, Fritz Hechelmann, Gottfrid Helnwein, Marlis Haug, Jochen Habermann, Alfred Skalicky, Thomas Stadtmüller, Franz Nachbichler, Angelika Ledermann, Anne Glaclik, K. H. Lunemann, Hannes Weißhuhn, Siegfried Lohmann, Johann Schipani, Gerhard Witt, Gottfrid Pichler, Karl-Heinz Mayer

Student Hat: Martin Huber

SS II: Christel Seidel, Josef Haßlberger, Ulrich Bühler

Wordclearing Pack: Duschka Kessler, Hannes Lehmann, Josef Haßlberger, Dieter Schwertberger

Dianetics Theorie: Dieter Schwertberger, Friedel Ahles, Fritz Ahles

Dianetics Praxis: Dieter Schwertberger

Gottfried macht in München seinen ersten Scientology-Kurs im Juli 1972

1974, zwei Jahre nach dem Beginn seiner Karriere als Hubbard - Jünger, gründete der inzwischen in Kopenhagen zum scientologischen "Clear" und " Operierenden Thetan I " aufgestiegene, nun " hochgebildete " Scientologe Gottfried Helnwein in der Museumstraße in seiner Geburtsstadt Wien, gemeinsam mit den Künstlern Schwertberger und Hechelmann, die scientologische Unterorganisation " Zentrum für Kunst und Kommunikation (ZKK) ". Das ZKK war das damals erste deutschsprachige " Celebrity Center ", dem in den folgenden Jahren noch weitere in München, Düsseldorf und Hamburg folgen sollten. Künstlerischer Leiter und Executive Director (ED) des Wiener Scientology - Zentrums wurde Gottfried Helnwein.

HELNWEIN - DER CLEAR UND OT I

Bereits in seinem ersten eigenen, von ihm schlicht " Helnwein " benannten Kunst - Ausstellungskatalog (!) mit vielen frühen, heute sehr bekannten Werken aus seinen Anfangsjahren 1970 bis 1974, verkündet Ende 1974 der 26jährige Scientology - Manager Gottfried Helnwein, noch in der Gründungsphase seines eigenen neuen Wiener Scientology - Kulturzentrums, voller Stolz in seinem von ihm veröffentlichten Lebenslauf hinter der Jahreszahl " 1974 " :

" CLEAR & OT I " in KOPENHAGEN - ein für die damalige Zeit Spitzen - Abschluß in der Scientology - Ausbildungshierachie.

Auf Seite drei dieses Helnwein - Kunstkataloges steht ein seine Zeichnungen und Fotografien einleitendes bemerkenswertes Zitat des Scientology - Gründers L. Ron Hubbard :

" ART is a word which summarizes the QUALITY OF COMMUNICATION " - frei übersetzt: " Kunst ist ein Begriff, der die Qualität der Kommunikation beschreibt ".

Fritz Hechelmann porträtiert von Gottfried Helnwein 1974

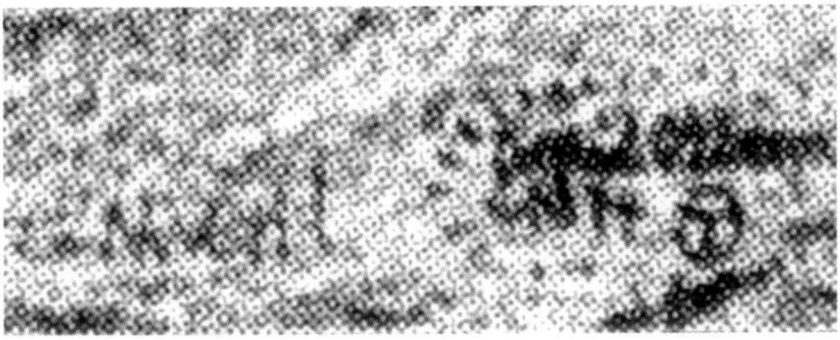

Helnwein „grüßt" auf seinem „Hechelmann-Porträt" seinen Freund als „OT", als „Operierender Thetan" 1974

Das „OT-Zeichen" von L. Ron Hubbard

Sogar auf einem im Katalog abgebildeten Gemälde, auf dem Helnwein seinen Freund Hechelmann verewigt hat, malte er neben seine Signatur ein OT - Zeichen (!) mit einer Widmung für seinen Freund als " Operierenden Thetan ".

Auf der vorletzten Seite des Kataloges findet sich ein ganzseitiges Portrait, das einen mit angewinkelten Armen und mit einer Sonnenbrille bestückten herzlich lachenden Gottfried Helnwein vor einem Foto - Bildnis eines ebenfalls fröhlichen Sektengründers und Helnwein - Vorbild L. Ron Hubbard zeigt.

Jedem aufmerksamen Käufer des Kunstheftes wird nach dem Durchblättern des gesamten Kataloges mehr als deutlich, daß Helnweins Kunst in diesen Jahren sehr eng mit der Person, den Lehren und Aussagen L. Ron Hubbards verknüpft ist.

EIDESSTATTLICHE VERSICHERUNG

In Kenntnis der Bedeutung einer eidessattlichen Versicherung und der Strafbarkeit einer falschen, auch einer fahrlässigen falschen Versicherung, versichere ich hiermit an Eides Statt:

Zur Person:
Gottfried Helnwein, Maler, auf der Burg 2, D- 56659 Burgbrohl
geb. 8.10.48 in Wien

1) Ich habe kein Amt, keinen Posten und keine Funktion oder aktive Mitgliedschaft in irgendeiner Religionsgemeinschaft, politischen Partei, Kirche oder Sekte, insbesondere nicht Scientology.

2) Meine Kunst hat weder formal noch inhaltlich irgendeinen Bezug zu einer Religion, Weltanschauung oder Sekte, insbesondere nicht zu Scientology.

3) Mein gesamtes künstlerisches Werk ist über 20 Jahre durch eine Vielzahl von Büchern und Ausstellungskatalogen umfangreich dokumentiert. In keinem meiner künstlerischen Werke befindet sich auch nur ein einziger Hinweis auf eine Sekte, insbesondere nicht auf Scientology.

4) Keine religiöse Gemeinschaft, politische Partei, Sekte oder konfessionelle Gemeinschaft ist von mir autorisiert, ein Bild meiner Person, Reproduktionen meiner Kunstwerke, Aussagen oder Texte von mir zu Werbezwecke zu verwenden.In den Fällen, wo dies dennoch ohne mein Wissen geschehen ist, habe ich sofort, nachdem ich davon erfahren habe, die Einstellung der Veröffentlichung erwirkt.

Gottfried Helnwein

Burgbrohl, 14.3/94

Man beachte besonders Punkt 3!

HELNWEIN

ART is a word which summarizes the QUALITY OF COMMUNICATION

L. RON HUBBARD

Helnwein wirbt in seinem Kunstkatalog „Helnwein 1974"
mit einer Aussage von Scientology-Gründer L. Ron Hubbard

Gottfried Helnwein vor einem Porträt seines Gurus L. Ron Hubbard, abgebildet 1974 im ersten Helnwein-Ausstellungskatalog! (aus: Katalog „Helnwein 1974")

DIE FALSCHE EIDESSTATTLICHE VERSICHERUNG I

Diesem Faktum steht jedoch eine strafbewehrte " eidesstattliche Versicherung " Gottfried Helnweins vom 14.3.1994 diametral entgegen, die er schriftlich gegenüber dem Landgericht Bonn abgeben hatte. Seine Erklärung: " ... Mein gesamtes künstlerisches Werk (!) ist über 20 Jahre durch eine Vielzahl von Büchern und Ausstellungskatalogen umfangreich dokumentiert. In keinem meiner künstlerischen Werke befindet sich auch nur ein einziger Hinweis auf eine Sekte, insbesondere nicht auf Scientology...Meine Kunst hat weder formal noch inhaltlich irgendeinen Bezug zu einer Religion, Weltanschauung oder Sekte, insbesondere nicht zu Scientology..."
Das nicht nur diese Aussage grob falsch und vor allem leider kein Einzelfall ist, belegt in aller Deutlichkeit der Inhalt des davor in Auszügen zitierten Helnwein - Kataloges, sondern auch viele noch folgende, ausführlich beschriebene, unglaubliche Beispiele des Helnweinschen Lügengebäudes.

DIE FALSCHE EIDESSTATTLICHE VERSICHERUNG II

Haarstreubend und schlichtweg eine strafbare falsche Versicherung an Eides Statt ist in dem Zusammenhang " Katalog 1974 ", eine weitere "eidesstattliche Versicherung" von Gottfried Helnwein vom 9. Oktober 1992, eingereicht als Anlage " Ast 4 " beim Landgericht Köln in einem "Antrag auf Erlaß einer einstweiligen Verfügung" unter dem Aktenzeichen 28 0 514 / 92 in dem Zivilverfahren Gottfried Helnwein ./. PRINZ Verlag.

Wie kam es dazu? Das Düsseldorfer Stadtmagazin " Prinz " hatte auch über Helnwein in dem Artikel " Scientollywood - Das Komplott der falschen Priester " in der Ausgabe vom Oktober 1992 berichtet:
" ... Vor allem auf eine Klientel hat es der Hubbard - Clan abgesehen: auf Wirtschaftsbosse, Politiker und Künstler. Mit 10 bis 15 % der Meinungsführer glaubt Scientology, die Gesellschaft umdrehen zu können. Schon in den 50er Jahren hatte Hubbard Hollywood im Visier: " Künstler spielen eine ungeheure Rolle im Erschaffen der Realität von morgen. " Auf der Hubbard - Wunschliste standen: Marlene Dietrich, Greta Garbo, Ernest Hemingway, Walt Disney. Vergeblich. Sie alle widerstanden dem schlichten Charme der Seelenfänger. Erfolg können die Scientologen erst seit kurzem verbuchen. Tom Cruise ist nicht der einzige, der auf dem Fliegenfänger von Scientology klebt, ebenso seine Film - und Lebenspartnerin Nicole Kidman. Und die Liste der Stars ist lang: Sharon Stone,

Brad Pitt, Anne Archer, Chick Corea, Julia Migenes, Edgar Winter, Demi Moore, Priscilla Presley, John Travolta... Während das Fußvolk - vom Ruhm der Stars geblendet - die sündhaft teuren Kurse belegt, werden die Prominenten in speziellen " Celebrity Centers " umsorgt. Die luxuriös ausgestatteten Residenzen dienen gleichzeitig als Kontaktbörse und Intrigenschmiede...Jetzt will Scientology auch Deutschland erobern...

Doch die wirklichen Stars halten sich (hier) bedeckt. Zu groß ist die Angst vor dem Karriereknick. Der Maler G o t t f r i e d H e l n w e i n, der gemeinsam mit seiner Frau Renate 80.000 $ in die Kriegskasse einzahlte und es mittlerweile zum Operierenden Thetan (OT) gebracht hat, ließ erst vor kurzem seine Mitgliedschaft dementieren....."

Mit Hilfe folgender am 9.10.92 durch Helnwein persönlich abgebenen eidesstattlichen Versicherung:

" 1. Ich habe weder allein noch gemeinsam mit meiner Frau 80.000 $ in die Kriegskasse der Scientologen gespendet.

2. Ich bin kein operierender Thetan, was immer dies bedeuten mag. " , wurde dem " Prinz " - Magazin am gleichen Tag durch das Landgericht Köln verboten, das Gegenteil davon noch einmal zu behaupten. Streitwert DM 100.000 . Die Kosten des Verfahrens, mehrere 1.000 DM, wurden dem Magazin auferlegt.

GOTTFRIED HELNWEIN

Geboren 1948 in Wien
Besuchte die „Höhere Grafische Lehr- und Versuchsanstalt" in Wien

1969	Akademie der Bildenden Künste, Wien Meisterklasse Professor Hausner
1970	„Meisterschulpreis" Ausstellung, Akademie der Bildenden Künste, Wien Arena 70/II „Nachtgalerie Atrium", Wien
1971	„Kardinal-König-Preis" Galerie in der Kaiserstraße, Nürnberg (Anläßlich des Dürer-Jahres) Gründung der Gruppe „ZÖTUS" Ausstellung „ZÖTUS", Künstlerhaus, Wien Ausstellung im Kulturamt der Stadt Wien Galerie „D", Mödling (Beschlagnahmung von Kunstdrucken durch den Bürgermeister)
1972	„Konfrontationen", Winterpalais des Prinzen Eugen, Wien Ausstellung, Galerie Pressehaus, Wien (Proteste von Journalisten — Abbruch nach 3 Tagen) Ausstellung „ZÖTUS", Galerie Stubenbastei, Wien Ausstellung „Realismus", Galerie Dommayergasse, Wien
1973	Ausstellung „Porträt — Heute", Hauptanstalt der Zentralsparkasse, Wien ART 4/73, Kunstmesse in Basel Kunstmarkt Düsseldorf Ausstellung „Helnwein-Zeichnungen", Galerie Stubenbastei, Wien
!! 1974	ZDF-Film „HELNWEINS SEHTEST" (28. Februar) „CLEAR & OT I", Kopenhagen !! Galerie Bloch, Innsbruck Ausstellung, „JASA-FINE ART", München „Theodor-Körner-Preis" 1974 Gründung des „Center of Art and Communication", Wien

Publikationen:
„Profil", „Trend", „Economy", „Playboy" „Pardon", „Konfrontationen", „People" „Ästhetik und Kommunikation", „Zeit-Magazin", „Magazin Kunst", „Hör zu", „Helnweins Sehtest" (ZDF-Film), ORF.

Ausschnitt aus dem Helnwein-Kunstkatalog „1974" - die biographischen Angaben stammen von Helnwein selbst. Man beachte: „1974": „Clear und OT 1", Kopenhagen

Ein klassisches Fehlurteil, entstanden durch ein von Helnwein mit vollem Wissen begangenen und bis heute ungeahndeten Prozeßbetrug !
Tatsachen waren zu diesem Zeitpunkt:

1. Gottfried Helnwein war bereits im Jahr 1974 nach eigenen Angaben (!) ein sogenannter " Operierender Thetan I ", Abschlußort Scientology - Europa - Hauptquartier in Kopenhagen, siehe " Helnwein-Katalog 1974 ".

2. In den folgenden 15 Jahren bringt es Helnwein bis 1989 sogar bis zum " Operierenden Thetan V ", heute soll er nach Angaben von weiteren Aussteigern, die ihn aus Clearwater, Kopenhagen und Düsseldorf kennen, in den Jahren 1993 und 1994 sogar die höchste Ausbildungsstufe, den " Operierender Thetan VIII " abgeschlossen haben, ebenso wie seine Ehefrau Renate! Dies dokumentieren und bestätigen nicht nur diverse Aussteiger der Organisation, sondern vor allem die diversen Mitgliedermagazine der Scientology - Organisation in den USA vor allem in den Jahren 1988 und 1990.

3. Gottfried Helnwein wurde nach redaktionellen Angaben in dem Mitgliedermagazin " Impact " für führende Scientologen, über 5 Jahre lang, Heft für Heft, als sogenannter " Patron " in der Deutschland - Rubrik namentlich aufgelistet, in über 20 (!) Ausgaben der Nummern 19-1988 bis einschl. Nummer 40 - 1992. Das bunte Magazin erscheint sechsmal im Jahr. Die " Patrons " Gottfried und Renate Helnwein, als solche werden beide zusammen innerhalb der weltweiten Mitgliederorganisation der Scientologen (IAS) bezeichnet und damit jeweils einer der wichtigsten Scientologen, haben zwischen 1984 (Gründung der IAS) und 1988 m i n d e s t e n s 8 0 . 0 0 0 $, die Betonung liegt auf mindestens, in die Kriegskasse der Scientology - Organisation " gespendet ", mit deren Mitteln ausschließlich der Scientology - Geheimdienst OSA von seinem Hauptquartier Los Angeles aus schärfste Hetz - und Rufmordkampagnen gegen Deutschland finanziert, plant, koordiniert und ausführt, bzw. von seinem deutschen Ableger " Department für spezielle Angelegenheiten " (DSA) ausführen läßt und versucht, Kritiker der Organisation und ihrer Mitglieder mit fast allen Mitteln mundtot zu machen. So finanziert sich die " Religions " - Mafia Scientology nicht nur aber auch mit den Spenden und gespendeten Einnahmen durch Bilderschenkungen (!) des Patron - Ehepaars Helnwein den Propagandakrieg gegen deutsche Scientology - Kritiker.

Besonders dieser Prozeß gegen das Magazin " PRINZ ", der Verlag und seine Journalisten können einem heute noch leid tun, ist ein Paradebeispiel für das brutale taktische Vorgehen einzelner " besonderer " altgedienter Scientologen wie Helnwein und seine Frau Renate gegen ihre Kritiker. Dabei arbeiten sie interessanterweise in einzelnen Handlungsweisen nahezu deckungsgleich wie der amerikanische Scientology - Geheimdienst OSA , bzw., der DSA in Deutschland: " Abstreiten aller Vorwürfe und Gegenangriff auf die " Verleumder ".

Der " Prinz " - Verlag ist seit 1991 nur eines von vielen unschuldigen Helnwein - Opfern, die dem Ehepaar Helnwein fatalerweise durch diverse Veröffentlichungen unbequemer Wahrheiten in Bezug auf ihre Scientology - Vergangenheit und Zugehörigkeit in die Quere gekommen sind.

GOTTFRIED HELNWEIN WIRD ÖSTERREICHS FÜHRENDER SCIENTOLOGE - DAS Z K K IN WIEN 1974 - 1977

Doch zurück ins Wien des Jahres 1974 in das ausschließlich nach Hubbard - Richtlinien von Helnwein geführte " Zentrum für Kunst und Kommunikation ". Bereits fünfzehn Monate später, im April 1976, gab es in Wien, nach eigenen Angaben des Zentrums im ersten offiziellen Ausstellungskatalog des ZKK folgende Kunst - " Zentren " :

1. in der Museumstr. 5, zu dieser Zeit die " private " Wohnung und Atelier von Gottfried Helnwein und seiner damaligen Lebensgefährtin Angelika - unter der gleichen Anschrift war dann ab 1978 das " Scientology Zentrum -Wien, Verein für Kunst und angewandte Philosophie " anzutreffen, mit einem Herbert Lobner von der Abteilung für Öffentlichkeit, der noch kurz zuvor scientologischer Kurs leiter in Helnweins ZKK war,
2. in der Singerstr. 8, dem eigentlichen Hauptquartier des ZKK,
3. in der Schönbrunnerstr. 118 und
4. in der Thaliastr. 68, dort lebten in einer Art Wohngemeinschaft im Dachgeschoß verschiedene Scientologen, die als " Staff " (Mitarbeiter) in unterschiedlicher Funktion im ZKK tätig waren und
5. sogar eines in New York City in der Greenstreet 32 in Manhatten.

ZKK-Präsident Gottfried Helnwein 1976
(Foto: aus „ZKK-Katalog")

Gottfried Helnwein
„Clear“ durch Scientology
(aus: „Profil“ - 2. April 1975)

HELNWEIN WIRD ALS SCIENTOLOGE GEOUTET

" PROFIL " vom 2. 4. 1975

Der erste Presseartikel in Zusammenhang mit Helnweins scientologischen Aktivitäten in Österreich, stand bereits am 2. April 1975 im österreichischen Nachrichtenmagazin " Profil " unter der Überschrift " Scientology heilt alles ".

Der Autor schreibt: " ... In..Europa grassiert die Modekrankheit Scientology und macht gesund. Zunehmend auch die Österreicher. Als der Schockmaler Gottfried Helnwein und der phantastische Realist Dieter Schwertberger kürzlich ein scientologisch erhelltes " Zentrum für Kunst und Kommunikation " planten, fehlte es zwar noch an Ort und Raum. Aber wenn Helnwein und Schwertberger demnächst (oder in zehn bis 15 Jahren) die Scientologen - Oberstufe VI des achtstufigen OT-Marsches zur totalen Freiheit erreicht haben, haben sie Ort und Raum nicht mehr nötig: Denn als " Operierender Thetan " der Stufe VI, sind sie "Ursache für die Dynamik des physikalischen Universums".

Der laut Fama einst drogen- und alkoholsüchtige Helnwein, der seine Süchte mit der Sucht nach der " zusammengestoppelten Heilslehre" vertauscht hat, beschenkte sich selbst und seine Freunde schon vor Jahren mit dem Allzweckmöbel...

" Scientology ist hier um Sie zu retten ". Retten ließ sich Helnwein. Dem " Pre-Clear ", zur Zeit im europäischen Scientologen - Hauptquartier Kopenhagen auf Dauerstatus - " Clear " - Drill und von da an einer der " wertvollsten Menschen dieses Planeten " sowie " hundertprozentig frei von Komplexen " (Werbe-Cleartext), steht eine herrliche Zukunft ins Haus: Er ist " das optimale Wesen ", denn nicht nur verfügt er über ein " vollständiges Erinnerungsvermögen ", es sind auch " alle psychosomatischen Krankheiten verschwunden und werden nicht wieder auftreten " (Hubbard). Zudem gehört er einer Elite an: Weltweit gibt es bisher erst 4.500 " Clears ".

Den chronischen Trinker Faber (Name von der Redaktion geändert) schleppte Helnwein " an einem Tiefpunkt meiner Existenz " vor drei Jahren " (1972) 'rauf auf die Mariahilfer Straße, wo ich für immer mein letztes Bier trank ". Im Hause 88 a " verlangten die als erstes 3.000 Schilling und machten dann ' Berührungshilfen ' ": Körperkontakt bei geschlossenen Augen... Faber nabelte sich ab: Er ließ die Scientology fallen, nicht sie ihn...Nach dem einführenden " Kommunikationskurs ", der " durch Blickübungen und eine bestimmte Redetechnik lehrt, Leute zu beeinflussen " und nur 750 Schilling kostet, " lockten die mich und meine Frau nach Kopenhagen...und knöpften uns für 100 Auditierstunden

50.000 Schilling ab... ". Dank der einführenden Vermittlung des mitleidigen " Helfers " Helnwein.

DAS ERSTE INTERVIEW ALS SCIENTOLOGE - 1 9 7 5

Einige Monate später, im Herbst 1975, gab der nun 27 jährige Helnwein erstmalig einer Scientologen - Zeitschrift namens " College ", Ausgabe Nr. 12, herausgegeben von dem "Verein Dianetic College Stuttgart e.V.", Mission der Scientology - Kirche von California Weltweit, mit Sitz in Stuttgart, ein ausführliches Interview über seine mehrjährigen Erfahrungen mit Scientology und die Beweggründe, die ihn schließlich zu einem Scientologen werden ließen.

Auf die erste Frage, seit wann er denn " in Scientology " sei, antwortete er: " seit 1 9 7 2 " . Nach den Beweggründen gefragt Helnwein weiter: " Ich habe mich schon immer für das menschliche Denken und Verhalten interessiert. Ich wollte herausfinden, woher bestimmte Emotionen und Ängste kommen. Warum gelingt es einigen Menschen sich durchzusetzen, die eigenen Vorstellungen zu realisieren, kreativ sein, während andere gehemmt sind und abhängig, mit Mühe ein durchschnittliches Leben durchleiden ? - Ich habe mich immer gefragt: was ist die Ursache für den Faktor " Angst " ? Fast immer ist sie rational nicht begründbar, trotzdem ist sie da - sehr spürbar sogar. Jeder Mensch hat die verschiedensten Ängste erlebt, und immer haben diese Ängste sein Leben wesentlich beeinflußt. Das waren die Fragen, die mich beschäftigt haben, sehen Sie, und so bin ich auf die " Psychologie " gestoßen und habe da nach Erklärungen gesucht. Und ich habe mich mit Zen beschäftigt und mit Yoga, mit Castaneda, Krischnamurti, dem Tibetanischen Totenbuch usw.. Ich habe Trips geschmissen und wäre fast daran gestorben - ich war nicht sehr wählerisch, wissen Sie, ja - und gemalt habe ich natürlich auch. Es war eine aufregende Zeit. Sicher war sie sehr wichtig für meine Entwicklung, aber ich habe niemals eine Antwort gefunden, die mich zufriedengestellt hätte.

Als einige Freunde von mir, die ebenfalls Maler sind, Scientology zu studieren begannen, und offensichtlich fasziniert davon waren, packte ich im Sommer 1972 meinen Freund Fritz Hechelmann und fuhr mit ihm trotz einer gewissen Skepsis nach München, um mir Scientology einmal näher anzuschauen."

Auf Frage, ob denn Scientology etwas " nur für Künstler " sei, gab Helnwein folgende Antwort: " Aber nein ! Scientology ist endlich eine Wissenschaft, die nicht nur einer Elite vorbehalten ist. Ich habe selbst gesehen, wie ein Kind neben einem Wissenschaftler studierte - die selbe

Sache. Das ist nur möglich, weil Scientology so elementar ist und die grundlegenden Faktoren des menschlichen Denkens so präzise formuliert hat, wie keine andere Philosophie, Religion oder Wissenschaft zuvor."

Nach dem " größten Nutzen ", den Helnwein aus Scientology gezogen habe gefragt, antwortete er: " Vielleicht halten Sie das für eine Übertreibung, aber Scientology hat bei mir eine Bewußtseinsexplosion ausgelöst. Ich konnte Bereiche meiner Persönlichkeit freilegen, die vorher total blockiert waren. Ich kann mich viel besser bei meiner Arbeit konzentrieren und viel effektivere Ergebnisse erzielen, in einer viel kürzeren Zeit. Meine Fähigkeiten zu differenzieren hat sich enorm gebessert, und was mich selbst am meisten fasziniert, ich kann andere Menschen wirklich verstehen. Ich kann den Blickpunkt eines anderen einnehmen und die Ursachen der Probleme anderer Menschen sehen."

1975 - Das erste Helnwein-Interview als Scientologe

College Interview:

Gottfried Helnwein

Der Maler GOTTFRIED HELNWEIN wurde 1948 in Wien geboren. Im Jahre 1969 war er bei Professor Hausner in der Meisterschule der Akademie der Bildenden Künste in Wien. Ein Jahr später bekam er den dortigen "Meisterschulpreis" und wieder ein Jahr später den "Kardinal-König-Preis". Durch zahlreiche Ausstellungen und Publikationen wurde er außerordentlich bekannt. Das ZDF drehte einen Film über seine Arbeiten, der am 28. Februar 74 gesendet wurde. Titel: HELNWEINS SEHTEST. Im selben Jahr wurde ihm noch der "Theodor-Körner-Preis" zuerkannt. Seit Juli 75 leitet er zusammen mit seiner Frau Angelika in Wien das "Zentrum für Kunst und Kommunikation". Publikationen von Helnwein erschienen unter anderem in "Hör Zu", "Playboy", "Pardon", "Zeit-Magazin" usw.

COLLEGE: Seit wann sind Sie in Scientology

HELNWEIN: Seit 1972.

COLLEGE: Was war der Grund, Scientology zu studieren?

HELNWEIN: Ich habe mich schon immer für das menschliche Denken und Verhalten interessiert. Ich wollte herausfinden, woher bestimmte Emotionen und Ängste kommen. Warum gelingt es einigen Menschen sich durchzusetzen, die eigenen Vorstellungen zu realisieren, kreativ zu sein, während andere gehemmt sind und abhängig, mit Mühe ein durchschnittliches Leben durchleiden? - Ich habe mich immer gefragt: was ist die Ursache für den Faktor "Angst"? Fast immer ist sie rational nicht begründbar, trotzdem ist sie da - sehr spürbar sogar. Jeder Mensch hat die verschiedensten Ängste erlebt, und immer haben diese Ängste sein Leben wesentlich beeinflußt. Das waren die Fragen die mich beschäftigt haben, sehen Sie, und so bin ich auf die "Psychology" gestoßen, und habe da nach Erklärungen gesucht. Und ich habe mich mit Zen beschäftigt, und mit Yoga, mit Castaneda, Krischnamurti, dem Tibetanischen Totenbuch usw. Ich habe Trips geschmissen und wäre fast daran gestorben - ich war nicht sehr wählerisch, wissen Sie, ja - und gemalt habe ich natürlich auch. Es war eine aufregende Zeit. Sicher war sie sehr wichtig für meine Entwicklung, aber ich habe niemals eine Antwort gefunden, die mich zufriedengestellt hätte. Als einige Freunde von mir, die ebenfalls Maler sind, Scientology zu studieren begannen, und offensichtlich fasziniert davon waren, packte ich im Sommer 72 meinen Freund Fritz Hechelmann und fuhr mit ihm trotz einer gewissen Skepsis nach München, um mir Scientology einmal näher anzuschauen.

COLLEGE: Manche meinen Scientology sei nur für Künstler. Wie sehen Sie das?

HELNWEIN: Aber nein! Scientology ist endlich eine Wissenschaft, die nicht nur einer Elite vorbehalten ist. Ich habe selbst gesehen, wie ein Kind neben einem Wissenschaftler studierte - die selbe Sache. Das ist nur möglich, weil Scientology so elementar ist und die grundlegenden Faktoren des menschlichen Denkens so präzise formuliert hat, wie keine andere Philosophie, Religion oder Wissenschaft zuvor.

COLLEGE: Was ist Ihrer Meinung nach der größte Nutzen, den Sie aus Scientology gezogen haben?

Der Scientologe Helnwein im Interview - 1975

Ob er denn ohne Scientology genauso weit gekommen wäre, so die Frage von " College ". Helnwein weiter: " Nein! - Natürlich bin ich meinen eigenen Weg gegangen, habe meine ganz persönlichen Lernprozesse und Erfahrungen gemacht, trotzdem habe ich - und das ist die einzige Chance - ganz skrupellos auf den Erfahrungen anderer aufgebaut. Ich glaube jeder menschliche Fortschritt ist nur möglich, wenn man die Erfahrungen und Entdeckungen anderer miteinbezieht. In naturwissenschaftlichen Bereichen ist die Menschheit recht konsequent gewesen. Das Gebiet der Philosophie und Psychologie, also die Bereiche des menschlichen Denkens, war Privatmeinung und widersprüchlichen, subjektiven Thesen vorbehalten gewesen, die gar nicht den Anspruch erhoben, nachweisbar oder gar anwendbar zu sein. Es gab keine Technologie. Sehen Sie und da ist Scientology ein Durchbruch ins 21. Jahrhundert. Eine gigantische Revolution des menschlichen Verstandes."

" College " : " Was versprechen Sie sich in Zukunft von Scientology? " Helnwein weiter: " Scientology ist die erste echte Alternative zu Drogen, Irrenhäusern, Elektroschocks, Psycho- Folter, Kriminalität usw..Wenn dieser Planet jemals eine reale Chance hat auf eine Zukunft ohne Unterdrückung, Geisteskrankheit und Kriege, dann jetzt, durch die geniale Leistung des amerikanischen Nuklearphysikers L.Ron Hubbard. Wenn jemand den Friedensnobelpreis verdient hat, dann dieser Mann. Ich selbst verspreche mir eine Menge von Scientology, denn ich habe noch wahnsinnig viel zu lernen - ich bin erst am Anfang."

Schlußfrage von " College " an Helnwein: " Was meinen Sie, warum manche Leute so lange brauchen, bis sei ein Stückchen Scientology verstanden haben? "

Helnweins Antwort: " Das ist eine interessante Frage. Sehen Sie, ich selbst war von Anfang an von der Sache begeistert, und ich dachte, das ist genau das, wonach sie alle suchen. Das brauchst du nur weitererzählen, die Sache selbst ist gut genug - das wird sie überzeugen: Natürlich, so einfach ist es damit nicht gewesen. - Warum? - Wahrscheinlich sind gesellschaftliche Vorurteile bei vielen Menschen so stark verwurzelt, daß sie logischen Argumenten einfach nicht zugänglich sind. Es ist unwahrscheinlich schwer, das bürgerliche Mißtrauen gegen etwas, das neu ist, und nicht durch etablierte Institutionen empfohlen oder befohlen wird, abzubauen."

College: " Sie haben diesen Schritt geschafft. Wir wünschen Ihnen auf Ihrem weiteren Weg viel Erfolg." Helnwein: " Danke "."

Und Helnwein beschritt unbeirrt den " weiteren Weg ".

Titelbild des 1. Kataloges des Helnwein-Zentrums für Kunst und Kommunikation, daß am 1. April 1976 in Wien eröffnet wird (aus: „ZKK-Katalog 1976")

DIE ERÖFFNUNG DES ZKK AM 1. APRIL 1976

Die offizielle Eröffnung seines Scientology - " Zentrums für Kunst und Kommunikation " fand am 1. April 1976 unter großer Anteilnahme der österreichischen, insbesondere der Wiener Medien statt. Die als besonders kritisch bekannte Wiener Presse überschlug sich beinahe dabei, diesem künstlerischen Ereignis gerecht zu werden. Die " Neue Kronen Zeitung " bereits vorab am 18. März 1976 : " Ein neuer Hit für Wiens Kulturleben. Von Ambros bis Roncalli." Der " Kurier " vom 2. April 1976 : " Gemeinschaft und Kunst als Lebenshilfe - Auf dem Plakat des ZKK liegt ein Mann auf der Straße. Er hat den Kopf verbunden. Ein kleines Kind reicht ihm beherzt die Hand. " Komm, ich helf' dir ", scheint es zu sagen. Diese Szene ist bezeichnend für die Anschauungen und Ziele des ZKK, eine Art Klub, der bereits 1974 gegründet worden ist und jetzt nach langen Vorbereitungsarbeiten und Experimenten erstmals vernehmlich von sich reden macht: Man will dem einzelnen aus der Isolation heraushelfen, den Notstand fehlender Kommunikation auf dem Wege gemeinsam produzierter oder gemeinsam erlebter Kunst beheben und die Kunst selbst aus dem Cliquenunwesen lösen. Das Plakat entstand nach einer Idee des Wiener Malers Gottfried Helnwein. Er selbst und seine Kollegen Fritz Hechelmann und De Es Schwertberger bildeten vor einigen Jahren die Urzelle des ZKK, an dessen Spitze jetzt Helnwein, der Graphiker und Musiker Anton Griebaum und die Restauratorin Angelika Blaskovich stehen....Man hat mit imposantem Aufwand an Zeit, Geld und Idealismus...Räume ... für die Zwecke des Klubs adaptiert. 400 Quadratmeter waren zu bewältigen...In den Nebenzentren (Museum-, Schönbrunner- und Thaliastraße) hat man nun ein dreimonatiges Aktionsprogramm ausgearbeitet: Vom 1. April bis 28. Juni werden in der Singerstraße 22 Veranstaltungen stattfinden, die freilich nur Klubmitgliedern zugänglich sind (Jahresbeitrag 150 Schilling)...Außerhalb der Veranstaltungen sind Kindermalkurse und Studierkurse zur Steigerung der Aufnahme- und Lernfähigkeit vorgesehen..."

Das scientologische Früh - Celebrity Center " ZKK " in Wien, man kann es auch als eine Scientology - Mission bezeichnen, hatte durch seine durch Hubbard beeinflußten Künstler wie Helnwein und seine Freunde und dank mehrerer Besuche zu Ausbildungszwecken in den Jahren seit 1972, besten Kontakt zum deutschsprachigen Hauptquartier von Scientology Deutschland in München. In dieser Zeit war der Österreicher Kurt Weiland dort örtlicher " Leiter der Öffentlichkeitsarbeit ", und damit auch Geheimdienstchef des " Guardian Office (GO) " von Scientology in Deutschland. 1984 wurde diese verdeckt operierende

Das Helnwein-Zentrum im 1. Zwischengeschoß
(aus: „ZKK-Katalog 1976")

Abteilung in "OSA", in Deutschland in "DSA" umbenannt und bis heute befindet sich die zentrale Koordinierungsstelle der DSA für den deutschsprachigen Raum in München. Kurt Weiland ist heute höchster Direktor des internationalen Geheimdienstes der Scientologen " OSA International " und einer der fünf höchsten Funktionäre innerhalb der Organisation weltweit. Die persönliche freundschaftliche Beziehung zwischen Weiland und Helnwein besteht seit diesen Anfangsjahren.

Veranstaltung im ZKK - April 1976
(aus: „ZKK-Katalog 1976")

Diese guten Kontakte ermöglichten es Helnwein und seinem Künstlerteam im ZKK nun, anläßlich der Feierlichkeiten zum 5jährigen Bestehen der Scientology Kirche in Deutschland an Ostern 1976, am Abend des 16. April 1976, im Künstlerhaus München um 20 Uhr eine Kunstausstellung mit Werken des " Center für Kunst und Kommunikation " aus Wien einem breiten (Scientology) - Publikum präsentieren zu dürfen. Ein erster großer Erfolg für Helnwein und sein ZKK. Während diesem Jubiläumswochenende wurde auch L. Ron Hubbards Tochter Diana Hubbard - Horwich als besonderer Ehrengast der Veranstaltung in München begrüßt.

Helnwein in Wien vor seinem Ausstellungsplakat
(aus: „ZKK-Katalog 1976“)

Helnwein im ZKK - 1976
(Foto: Archiv H.P. Steiden)

Bereits 6 Wochen später stellt das österreichische Nachrichtenmagazin "Wochenpresse" am 13. Mai 1976 im ZKK bereits eine " Wechselseitige Befruchtung " fest: " Wir wollen ", definiert Zentrumsmotor Gottfried Helnwein, in einer Mischung aus idealistischem Wunschtraum und nüchterner Bestandsaufnahme künstlerisch- menschlicher Kommunikationsschwierigkeiten, Sinn und Zweck seiner Gründung," die Isolation, in der sich Künstler und Publikum befinden, überwinden... In Wien fehlt nur die Initiative, daß jemand hingeht und etwas tut." Helnwein ging und tat. Der schlanke Maler, Jahrgang 1948,...erinnerte sich 1974 der eigenen kommunikationsfreudigen Akademiezeiten und gründete daraufhin im November 1974 mit seinen Malerkollegen De Es Schwertberger und Fritz Hechelmann die Urzelle des ZKK. Das Malertrio mietete sich in der Museumsstraße ein, zog immer mehr Künstler an, zunächst vorwiegend Maler (Manfred Deix, Franz Zadrazil, Jochen Wahl), dann mehr und mehr auch Musiker und andere kommunikationssüchtige Aktivisten. Die bislang unsubventionierte " unabhängige Arbeitsgemeinschaft mit dem Ziel, Kunst- und Kommunikationsprojekte zu realisieren " adaptierte daraufhin zwecks größerer Breitenwirkung Anfang dieses Jahres die leerstehenden Pelzhaus-Räumlichkeiten und präsentiert nun seit April 1976 ein multimediales Programm mit Ausstellungen ...Kommunikations - und Studierkursen....So viele haben sich jedenfalls bereits zur aktiven Mitarbeit gemeldet, daß " das Programm für den Herbst schon feststeht "....
" Man soll die Dinge erleben, ohne sie sofort bewerten zu müssen ", deklariert Helnwein. Nicht ohne skeptisch - hoffnungsfrohe Neugier, welcher Effekt sich angesichts des ersten Kommunikationstestprogramms bis Ende Juli einstellt: " Wir wollen selber sehen, was da passiert." "

Helnwein im ZKK - 1976
(Foto: Archiv Gansert)

Der ehemalige österreichische Bundeskanzler Bruno Kreisky im ZKK 1976
(Foto: Archiv H.P. Steiden)

DIE SCIENTOLOGY - KURSE IM ZKK

Passiert ist dann in der Hauptzentrale des ZKK von Gottfried Helnwein - außer ihm waren noch Toni Griebaum und Angelika Blaskovich für die Organisation des Zentrums verantwortlich - in der Singerstr. 8 in Wien, u.a. folgendes:

Es wurden den gerade frisch von der Straße gewonnenen, oder sollte man besser sagen eingefangenen " Studierenden " mehrteilige scientologische Hubbard - Kurse, wie der " Kurs für elementare Kommunikation - Copyright by L.Ron Hubbard 1975 " gelehrt. Helnwein und sein ZKK konnten diese Studienunterlagen " mit freundlicher Genehmigung des Colleges für angewandte Philosophie Frankfurt E.V. " herstellen. Ein gleichlautender Verein mit Sitz in Hamburg hatte bereits 1973 folgenden Vereinszweck: " ... Die Führung von Kursen und Trainings zur freien Persönlichkeitsentfaltung unter praktischer Anwendung der Philosophie von L.Ron Hubbard, gemäß den Kodizes und Richtlinien, die von L.Ron Hubbard entwickelt worden sind, um die Anwendung der standardisierten Verfahren zu gewährleisten und die Verbreitung von Scientology und Dianetics zu garantieren...". Am 23. März 1986 änderte dieser Verein seinen Namen in " Scientology Kirche Hamburg e.V. " (!).

In den Kursunterlagen von Helnweins ZKK in Wien wird seinen Studenten unter anderem folgendes Verhalten vorgeschrieben : " ... Verwechseln Sie Scientology oder Dianetic nicht mit anderen Praktiken! Die Scientology ist ein sehr umfassendes Gebiet...Beschäftigen Sie sich daher während des Kurses nicht auch noch mit anderen Praktiken, z.B. Psychoanalyse, psychiatrischer Behandlung...Die Scientology ist nicht etwas Geheimnisvolles. In der Scientology ist es wichtig, daß der Kursteilnehmer am Ablauf des Kurses teilnimmt und alle Materialien versteht, da nur so die besten Resultate erzielt werden können...".

RENATE HELNWEIN - 1 9 7 6

Er lernte im Winter 1975 die damals erst 22jährige Krankenschwester für Psychiatrie und ausgebildete Scientologin und in den Monaten davor zuvor zur " Auditorin " (= Geheimnisausfragerin) geschulte Renate Buhre kennen, die von der Scientology - Zentrale Kopenhagen zur Mitarbeit in die Helnweinsche Mission nach Wien abkommandiert wurde. Sie wurde kurze Zeit später seine Ehefrau und Mutter seiner drei Kinder Mercedes, Ali und Amadeus, der älteste Sohn Cyril stammte aus ihrer ersten Ehe.

Seit März 1976 unterrichtete sie als eine in den Hubbardschen - Lehren geschulte Kursleiterin den " Studenten " scientologische Kurse in den ZKK - Kursräumen. 1989 erläuterte Renate Helnwein das damalige Geschehen aus gutem Grund doch ziemlich abweichend von der Realität.

Das Magazin " Cosmopolitan " schilderte im Oktober 1989 in seiner Geschichte " Helnwein, Weib und Widerstand " die Anfangszeit ihrer Beziehung aus der Sicht von Renate : " Wie sie sich hinsetzt, den Sessel zurechtschiebt, den Kaffee eingießt, das lange braunblonde Haar zurückstreift, mit den Wimpern blinkert. Vor allem aber wie sie redet: laut, gestenreich, auf Wirkung zielend und doch sehr natürlich. Renate Helnwein begegnet ihren Besuchern mit einer Offensive des Charmes, als sei sie ganz allein darauf bedacht, sie im Handstreich zu erobern. Bei Gottfried ist ihr das gelungen. Als die Heilbronnerin 1976, nachdem sie gerade von einem Asientrip mit neuen Selbsterkenntnissen zurückgekehrt war, in einem Magazin von Helnweins Zentrum für Kunst und Kommunikation am Wiener Stephansdom las, brach sie spontan alle ihre Brükken ab und reiste umgehend nach Wien. Es kam, wie es kommen mußte: Mit ihrem eher mediterranen Lebensungestüm eroberte sie Gottfried blitzartig. Ob da Romantik im Spiel war, die Lust am Abenteuer, der unbedingte feminine Wille, einen Mann zu überzeugen - darüber mag sie nicht reden. War es wenigstens Liebe auf den ersten Blick? Auch darüber mag sie nicht lange reflektieren und verkürzt die Geschichte ihrer Annäherung auf den Satz: " Wir haben wahnsinnig viel gearbeitet, und dann hab' ich mein erstes Kind bekommen. " "

Um ihre Scientology - Vergangenheit geheim zu halten verschweigt sie dem Interviewer wohlwissentlich wichtige Fakten. Nach Mitteilung eines ehemaligen Wiener ZKK - Mitarbeiters wurde Renate Helnwein im Scientology - Europahauptquartier in Kopenhagen Mitte der 70er Jahre als Scientologin ausgebildet. Auch Ehemann Gottfried befand sich in diesen Jahren zeitweise auf intensiven Schulungen in Kopenhagen. Renate soll dann, nachdem dort bekannt wurde, daß Gottfried ein Scientology - Künstlerzentrum in Wien eröffnen und leiten würde, dorthin als Kursleiterin plaziert worden sein. Da ihr erstes Kind, welches ein Jahr nach ihrer Ankunft in Wien zur Welt kam, nicht von Gottfried stammte und er selber zu dieser Zeit mit dem ZKK - Führungsmitglied Angelika Blaskovich fest liiert war, dürfte die intensive Beziehung mit Gottfried erst nach der Geburt ihres ersten Sohnes Cyril stattgefunden haben.

SCIENTOLOGY - AUSBILDUNG IM ZKK - 1976

Der Fall des Ex - Scientologen H. P. Steiden aus Wien:

In dem 1992 im Wiener Verlag Edition S veröffentlichten Buch " Einsteins falsche Erben " von Heinrich P. Steiden und Christine Hamernik, das in vollständig überarbeiterter Form noch 1997 neu veröffentlicht werden wird, schildert der durch Gottfried Helnweins Mithilfe 1976 zum Scientologen gewordene Wiener und heutige Scientology - Aussteiger Steiden, wie er durch Helnweins ZKK zur Scientology - Organisation stieß, von ihr " gefangen " wurde und über zehn Jahre mit ihr verbunden blieb sowie seine persönlichen Erlebnisse u.a. mit der ZKK - Kursleiterin Renate Buhre, Helnweins spätere Ehefrau :

DER STEIDEN BERICHT

" Es war im Winter 1975/1976, als (der damals 27jährige) Wiener Heinrich P. Steiden mit den österreichischen Ablegern von Scientology in Kontakt kam. Zunächst fand der Autor in diesem Kreis, dem Zentrum für Kunst und Kommunikation - einer der vielen scientologischen "Unterorganisationen" - durchaus Positives: Er wurde zu einem ersten Kurs, dem von Hubbard entwickelten Kommunikations-Kurs überredet. Anschließend beschäftigte er sich intensiv mit den Hubbardschen Schriften, mit dem Dianetikbuch und mit den Werken "Selbstanalyse" und "Die Wissenschaft des Überlebens". Trotz längerer Auslandsaufenthalte riß der Kontakt zum "ZKK" nicht ab. - Ein neuer Hubbard-Jünger ward geboren. " Dank Gottfried und Renate Helnwein.

" Mein Einstieg in die Sekte war -wie auch mein Ausscheiden -sicherlich nicht symptomatisch. Von meinen ersten, zaghaften Kontakten zu den Hubbard - Jüngern bis zu meiner psychischen und physischen Trennung von Scientology sind immerhin rund zehn Jahre vergangen. Ein Zeitraum, in dem ich nicht nur viele Hubbardismen angenommen, sondern diese Organisation auch verteidigt und aktiv unterstützt habe.

Den ersten Kontakt zu den Hubbard-Jüngern bekam ich über den damaligen " Profil - Art Director" Bernhard Paul, den Graphiker und späteren Gründer und Direktor des Circus Roncalli. Er erzählte mir von Scientology und von seinem Aufenthalt in Dänemark (im Scientology - Hauptquartier in Kopenhagen). Auch der viel zu früh verstorbene Wiener Schriftsteller Peter von Tramin hatte mir bereits einige Jahre zuvor Andeutungen über seine scientologischen Erfahrungen gemacht.

Einige Wochen später - knapp vor Weihnachten 1975 -lernte ich durch Zufall das "Zentrum für Kunst & Kommunikation" kennen. Eine Gruppe von Künstlern rund um Gottfried Helnwein hatte damals in der Wiener City eine Galerie mit einem angeschlossenen Veranstaltungszentrum ins Leben gerufen. Es trafen sich damals in der Singerstraße, Ecke Liliengasse, recht witzige und kreative Menschen. Konzerte, Ausstellungen und Lesungen wechselten mit diversen Seminaren ab. Ich fühlte mich in dieser Gruppe wohl -und war, ehe es mir so richtig bewußt wurde - g e f a n g e n.

Der Maler Helnwein, der Ex-Drummer der Neuwirthschen Extremschrammeln und Graphiker Toni Griebaum und die akademische Restauratorin Angelika Blaskovich setzten in dieser scientologischen Pionierzeit hauptsächlich auf Kommunikations-Kurse. Und so einen dreiteiligen Kurs besuchte auch ich. Ein Betrag von 500 Schilling pro Seminar-Abschnitt und -wie ich glaube -250 Schilling für das Kursmaterial, schienen erschwinglich.

Was war der Grund, daß ich mich dort so wohlfühlte? Was war der Grund, daß ich plötzlich eine Gemeinschaft, eine Gruppe von Menschen fand, in der ich mich ohne Hemmungen, ohne Probleme bewegen konnte? Heute, nach einem langen Weg von Selbsterfahrungen und einer bewußten Vergangenheitsbewältigung, versuche ich eine Antwort zu geben: Ein Teil der Ursachen liegt sicherlich in meiner Kindheit. Als unerwarteter "Nachkömmling" -meine Schwester ist sieben Jahre älter -in eine Zeit hineingeboren, die nur sehr wenige "Wunschkinder" kannte, wuchs ich wohlbehütet im trauten -kleinbürgerlichen -Familienkreis auf. In einer Familie, die die Nazi-Herrschaft ausgezeichnet im "Reich" -in Berlin und Wittenberg -überstanden hatte und erst in den letzten Kriegstagen den Schrecken einer Flucht und den Verlust ihrer Habe erleben mußte. In einer Familie, die sich nach 1945 in einer ständigen "politischen Identitätskrise" befand. In einem Mikrokosmos, voll von Ressentiments gegenüber allem Neuen.

Seit meiner Pubertät steckte ich mehrere Jahre in einer schweren Identitätskrise. Jahrelang erlebte ich mich als Suchender ohne Selbstwertgefühl, der suizidgefährdet war.

Fast täglich hatte ich damals Auseinandersetzungen mit meinen Eltern -besonders mit meiner Mutter. Ich suchte nach Idealen, die ich weder in ihrer Welt noch in meiner Scheinwelt fand. Beziehungen wurden genauso schnell wieder beendet, wie sie begonnen wurden, und Freunde hatte ich damals sicherlich fast keine. Und wenn ich persönlich oder auch beruflich vor Problemen stand, versuchte ich diese lieber zu verdrängen als zu lösen. Wenn ich dann von einem Problem überwältigt wurde und am Boden lag, dann folgte eine Phase des Selbstmitleids, der großen Depression. Ein Zustand, der sich mit den Jahren -scheinbar - konsolidierte. Ich beschäftigte mich mit diversen psychologischen "Schulen", besuchte "Selbstfindungs-Seminare" und unter anderem auch ein Encounter-Training. Erfolge -scheinbare Erfolge -stellten sich ein. Meine berufliche und auch private Selbstverwirklichung nahm ihren Lauf. Bis 1975. Bis es größere Probleme gab und meine überwunden geglaubten Minderwertigkeitskomplexe und mein Selbstmitleid wieder auftauchten.

Bei einem Hearing des deutschen Bundestags-Ausschusses für Frauen und Jugend am Mittwoch, 9. Oktober 1991 in Bonn, schilderte Dr. Ralf Abel als Sachverständiger sehr genau den Typus, der zum Beispiel für Scientology anfällig ist. In dieser Aussage bringt der Anwalt auch mein damaliges Problem auf den Punkt: "Es sind nicht die ausgefallenen und ausgeflippten Leute, die große Probleme mit sich und der Umwelt haben, sondern es sind eigentlich diejenigen, die möglicherweise in einer bestimmten Lebensphase das Gefühl haben, nicht ganz den Erfolg zu haben, den sie sich selbst vom Leben erträumt haben, die Partnerprobleme haben, die sonst Probleme mit ihrer Umwelt haben." In einem anderen Teil seines Statements spricht mir der deutsche Rechtsanwalt aus der Seele: "Wenn Sie sich vorstellen, was Scientology verspricht, dann stellen Sie fest, daß es doch die Fähigkeit ist, alles zu handhaben. Sie können angeblich sogar MEST handhaben. Das sind also Materie, Energie, Raum und Zeit; mehr fällt mir nicht ein, was man noch handhaben könnte; vielleicht noch die Politik als das, was darüber hinausgeht. Das ist das, was jeder gerne möchte, wahrscheinlich auch jeder Abgeordnete und jeder Manager, nämlich daß man alles im Griff hat."

Am 6. April 1976 jedenfalls, 5 Tage nachdem das Kulturzentrum "offiziell" eröffnet wurde, entschloß ich mich, nachdem ich den OCA - Fragetest gemacht habe, sofort mit dem Kommunikations - Kurs zu beginnen. Dieser Test, die "Oxford Capacity Analyse", ist ein kostenloser Persönlichkeitstest und wird seit Jahren schon als wichtiges Werbeinstrument von dieser Sekte eingesetzt. Für die Scientologen ist dieser Test ein Teil ihrer "Religion". Für Hubbard beginnt der Weg zur geistigen Erlösung und Befreiung mit einer gewissen Ich-Orientierung, um jedoch von dort aus zu einer Orientierung auf das Umfassende und Ewige zu wachsen, das auch in dem Menschen selbst inne liegt. Der Persönlichkeitstest setzt an der untersten Stufe dieser Entwicklung und dieses Erlösungsweges an, indem er den Menschen erst einmal zu sich selbst orientiert, seine

COLLEGE FÜR ANGEWANDTE PHILOSOPHIE E. V. FFM

KURS FÜR ELEMENTARE KOMMUNIKATION

CHECKLISTE Target: 20.4.76.

Name: STEIDEN Heinrich Kursbeginn Datum: 760406

	THEORETISCH	PRAKTISCH
An die Studierenden	DB 6.4	
Verhalten der Studierenden		
Einleitung zum theoretischen Material		
Demonstrationsmaterial		
Was ist Kommunikation?	6.4.	17.4.76
Konfrontieren		
TR 0	DB. 8.4.	
Trainieren		
TR 0 mit Reizen		
Absicht	15.4.76	
TR 1		
Bestätigen		
TR 2	DB. 16.4.76.	
Fragen stellen und Antworten bekommen	16/4	
TR 3		
Wie man jemanden trainiert		
Der Zweiweg-Kommunikations-Zyklus		
Affinität, Realität, Kommunikation		

EMPFOHLENE BÜCHER:
Ist Verwirrung ein Freund von Dir?
Probleme der Arbeit
Wer bist Du?

Ich bestätige, alle Posten durchgearbeitet zu haben und bin sicher, das Gelernte praktisch anwenden zu können.

Unterschrift des Studierenden:

Unterschrift des Kursleiters:

Ort und Datum: 17.4.76

Scientology-Ausbildung im ZKK unter der Leitung von Gottfried Helnwein
Als „Auditorin" fungiert seine spätere Ehefrau Renate - 1976

Probleme mit ihm selbst gemäß seiner eigenen Anschauung und Einsicht aufzeigt.

Damit kommt dem Persönlichkeitstest eine konkrete Aufgabe am Anfang des Weges zur Wahrheitsfindung zu. Er soll der Person einen ersten Sinn für seinen Weg zur Erlösung aufzeigen, einen Weg der Selbstbefreiung und der Hoffnung und Vervollkommnung.

Ganz gleich, welchen Namen er hat -ob "Oxford Kapazitätsanalyse", "Oxford Persönlichkeits-Test", "ARC Persönlichkeits-Test", "Persönlichkeits-Test Oxford Capacity Analyse", "Standard-Oxford-Kapazitätsanalyse" oder auch "ARK Fähigkeits-Test" - die 200 Fragen, ob auf deutsch oder englisch, sie sind immer die gleichen. So lautet zum Beispiel Frage 6: "Haben Sie ab und zu ein Zucken in Ihren Muskeln, auch wenn nicht direkt ein Grund vorhanden ist?" Oder Frage 191: "Erscheint Ihnen das Leben nebelhaft und ziemlich unwirklich?" Fragen, deren Antworten, wenn man diesen Test gründlich untersucht, wenig bis gar keine Rückschlüsse auf die psychische Verfassung des Probanden zulassen. Doch konstruiert man daraus ein Diagramm, das ausgezeichnet hilft, Interessierten einen Kurs zu verkaufen. Die Auswertung, ich habe sie selbst sehr oft gemacht, erfolgt mittels Schablone, und die Ergebnisse werden auf einem Raster eingetragen. Dieses Raster wird durch eine Art 0-Linie in einen positiven und in einen negativen Bereich geteilt. Weiters ist dieses Formblatt noch in zehn "Gegensatzpaare" -stabil und instabil, glücklich und deprimiert, ruhig und nervös, Sicherheit und Unsicherheit, aktiv und inaktiv, energisch und gehemmt, verantwortungsvoll und verantwortungslos, korrekte Einschätzung und kritisch, verständnisvoll und Mangel an Übereinstimmung, Kommunikationsniveau und zurückgezogen - eingeteilt. Bei den Testergebnissen liegen die Kurven meist unter der Null-Linie -im negativen Bereich. So war es auch bei mir.

Mein "Public Registrar", jener Scientologe, oder jene Scientologin, die die Aufgabe hat, Interessenten in die Mission zu bekommen, erklärte mir die Testauswertung und stellte mir die Frage: "Willst Du dich verbessern?" Eine Frage, die sich die meisten nur mit Ja zu beantworten getrauen. Und wer sie mit Ja beantwortet, unterschreibt fast immer sehr schnell für einen Kurs, meistens für den Kommunikationskurs. So war es auch bei mir. Meine Kurve lag in fast allen Bereichen weit unter der Null-Linie. Und so fühlte ich mich damals auch: instabil, deprimiert, nervös, überkritisch und zurückgezogen. Nichts lag näher, als -in toller Umgebung und mit diesen neuen Freunden -den Kommunikationskurs zu beginnen.

RENATE HELNWEIN - DIE KURSLEITERIN IM ZKK 1976

Nach dem -auch in einer Sekte -üblichen Papierkrieg und einem Zulassungs - Check mit dem E-Meter lernte ich meine Kursleiterin kennen. Meine Kursleiterin, nennen wir sie Renate, begrüßte mich herzlich und führte mich in den Kursraum. Dort erhielt ich von Renate die Anweisung, während der Kurszeit mit niemanden über den Kurs zu diskutieren und mich bei Fragen oder Problemen nur an sie, die Kursleiterin, zu wenden. Eine Aussage, die ich im ZKK und auch später in der Mission immer wieder hörte. Dann wurden noch die Kurszeiten fixiert und ein Target - ein Ziel -für den Abschluß gesetzt.

Renate Helnwein im ZKK in Wien - 1976 (aus: „ZKK-Katalog 1976")

Bewaffnet mit den Skripten, einem dicken Wörterbuch, der Fachwörter-Sammlung von Ron und dem Demo-Kit, einem Körbchen mit diversen Gegenständen wie Spielzeugfiguren, Muscheln, Kugeln etc., suchte ich mir an einem der großen Tische einen Platz und begann den theoretischen Teil des Komm-Kurs zu studieren. Nach dem Studium des ersten Abschnittes wurde ich von Renate ausgecheckt -geprüft - und ich mußte diverse Fragen auch mit Hilfe des Demo-Kits beantworten -eine der Hubbardschen Lern-Methoden, die -angeblich -zu einem besseren Verständnis des Gelernten führt. Weiters übte ich mich auch im "Wortklären". Dabei muß jedes Wort, das man nicht im Sinne des Gurus definieren kann (siehe Redefinition), im Wörterbuch oder - wenn es sich um die Hubbardsche Kunstsprache handelt -im scientologischen Fachwörterbuch nachgeschlagen, vorgelesen und definiert werden. Anschließend hat der Kursteilnehmer Sätze mit diesem Wort zu bilden. Und das solange, bis der Kursleiter sagt, OK -das war es!

Beim "Demonstrieren" und beim "Wortklären" handelt es sich um eine Studiertechnik, die auch in veschiedenen scientologischen Neben- und Lizenzorganisationen, wie dem in Wien etablierten Nachhilfe- und Lerninstitut "Wissen und Können", Verwendung findet. Nach Hubbard sind es unverstandene Wörter, die zu Lernschwierigkeiten, zu Blockaden führen.

Doch zurück zum Kommunikations-Kurs: Die praktischen Übungen beginnen mit " OT-TR 0 ", einer Übung, bei der sich zwei Personen mit geschlossenen Augen stundenlang gegenübersitzen und sich nicht rühren dürfen. Bei der zweiten Trainingsübung, beim " TR 0 " -auch Konfrontieren genannt -sitzen sich zwei Personen ebenfalls stundenlang gegenüber und schauen sich in die Augen. Der Zweck dieser Trainingsübungen wird in einem HCO-Bulletin vom 16. August 1971, das bereits mehrfach revidiert und wiederherausgegeben wurde, so beschrieben: Den Studenten zu schulen, einen Preclear nur mit Auditieren oder mit nichts zu konfrontieren. Die ganze Idee ist, den Studenten fähig zu machen, in einer Position einen Meter vor einem Preclear bequem zu sein, da zu SEIN und nichts anderes zu tun, als da zu SEIN. Jedes blinzeln, herumzappeln, kichern, jedes sprechen wird "geflunkt", als Fehler bewertet. Bestanden hat nur der, der größere stabile Gewinne erreicht hat .

Als nächstes stand das " TR 0-Bullbaiting ", eine TR 0 - Übung mit Reizen, auf dem Kursprogramm. Bei diesem Training geht es darum, daß der Coach alles sagen und tun darf -ohne dabei den Stuhl zu verlassen- und der Student nur ganz ruhig dazusitzen hat. Eine Übung, die damals auf dem Kurs öfters für Aufregung sorgte. Ein ZKK-Mitarbeiter, nennen wir ihn Fritz, coachte speziell weibliche Studenten in einer Form, daß es öfters Tränen gab. An einem Abend, ich war bereits mit meinen TRs etwas weiter, übte Fritz " TR 0 - Bullbaiting " mit einer jungen, äußerst hübschen Frau. Er steigerte sein Reizen und begann der Frau ihre Bluse aufzuknöpfeln. Sie nahm das gelassen hin. Dann wanderten die Finger des Coachs tiefer zum Schottenrock. Noch immer ließ sie ihn fummeln. Schnell waren auch die Knöpfe des Rocks geöffnet. -Da aber landeten ihre fünf Finger im Gesicht von Fritz. Eine schallende Ohrfeige beendete diese Trainingsübung. Seelenruhig knöpfelte die schlagkräftige Frau Blu-

Seminar für Kommunikation

Teil 1

Hergestellt mit freundlicher Genehmigung des Colleges für angewandte Philosophie Frankfurt, E.V. vom Zentrum für Kunst und Kommunikation®.

Scientology ist eine angewandte religiöse Philosophie.

Zentrum für Kunst und Kommunikation®

Helnwein und das „Seminar für Kommunikation" im ZKK 1976
(aus: Unterrichtsmaterialien)

se und Rock wieder zu, packte ihre Sachen zusammen und verließ -noch immer wortlos -die Räume in der Singerstraße. Viele Jahre später, auch ich hatte mich bereits von der Sekte gelöst, traf ich die Frau, und wir sprachen über die Zeit im ZKK. Da erklärte sie mir: "In diesem Moment wußte ich, daß ich das alles nicht brauche. Ich habe mich damals selbst gefunden. Ich wußte, als ich Fritz eine Ohrfeige gab, daß ich mich einfach von niemanden mehr unterdrücken lassen werde, daß ich keinen Hubbard, keinen Psychologen oder ähnliches mehr brauche. Es war immerhin meine erste Ohrfeige."

Bei den weiteren TRs lernt man Anweisungen zu geben, zu bestätigen, Fragen zu stellen, sich nicht aus dem Gleichgewicht bringen zu lassen. Ich lernte -wenn ich heute zurück blicke -eigentlich sehr wenig über Kommunikation, sondern viel mehr darüber, wie man -bösartig ausgedrückt -perfekt lügt, wie man seine Umwelt manipuliert. Doch eines hat mir dieser Kommunikations-Kurs sicherlich gebracht: Mein Selbstwertgefühl wurde -subjektiv gesehen -wesentlich verbessert, und ich verdrängte -da ich mich an die Hubbardschen Richtlinien hielt - in den nächsten Jahren alle psychischen Probleme. Auch meine Umgebung bemerkte die Veränderungen in meinem Verhalten. Es gab für mich -scheinbare -sichtbare Erfolge. Denn nach dem Kurs machte ich nochmals die "Oxford Capacity Analyse", und es wurden mir die verbesserte Kommunikationsfähigkeit -schwarz auf weiß -dokumentiert.

Ich war schon so sehr in das scientologische Denken verstrickt, daß ich immer glaubte, mir ginge es wirklich gut. Ich hatte daher auch vor, so schnell wie möglich den "Weg über die Brücke" bis OT zu machen. Dieser Zustand hielt fast auf den Monat genau fünf Jahre an -bis Juni / Juli 1981.

Ich hatte in der Zwischenzeit geheiratet, meine erste Tochter war bereits auf der Welt, und ich mußte wieder zurück in die Heimat -von München, wo ich fast drei Jahre gearbeitet hatte, nach Wien. Da ich aber nicht sofort einen für mich akzeptablen Job fand, gab es wieder einmal einen Knacks, eine schwere Krise. Und wieder suchte ich mein Heil -als noch immer gläubiger Hubbard-Jünger -in einer Mission.

Das Zentrum für Kunst und Kommunikation in der Singerstraße hatte inzwischen seine Pforten geschlossen. Ein Teil der ehemaligen ZKK-Mitarbeiter und Mitarbeiterinnen werkten in einer neuen Mission in der Rotgasse. So traf ich meine "Glaubensbrüder und -Schwestern" vis a vis vom Lugeck, wo die Wiener Mission mehrere Stockwerke gemietet hatte, wieder.

AN DIE STUDIERENDEN

Willkommen auf diesem Kurs!

Auf diesem Kurs lernen Sie Wissensfakten, um diese dann praktisch anwenden zu können.

Beim Studieren ist das Auswerten der Wissensfakten die Voraussetzung zum Verstehen. Sie müssen die Wissensfakten für sich selbst auswerten.

Man muß etwas mit den Wissensfakten zu tun haben, bevor man sie sich aneignen kann. Beim Studieren haben Sie es mit Informationen aus zweiter Hand zu tun.

Wenn Sie einen Gegenstand direkt betrachten (Information aus erster Hand), dann ist diese Erfahrung der Erfahrung weit überlegen, die Sie beim Lesen einer Beschreibung von diesem Gegenstand (Information aus zweiter Hand) machen können.

Verfolgen Sie während des Kurses ein Ziel!

Fragen Sie sich, welches Ziel Sie durch diesen Kurs zu erreichen beabsichtigen. Fahren Sie nicht fort, ohne sich diese Frage beantwortet zu haben.

Während Sie das Material durcharbeiten, sollten Sie sich fragen:

"Kann ich diese Wissensfakten praktisch anwenden? Erweitern sie mein Verständnis über das Leben, das Denken, den Menschen, Organisationen etc.? Wie treten diese Grundzüge im täglichen Leben zutage und inwieweit betreffen sie mich? Wie kann ich diese Wissensfakten anwenden, wenn ich sie mir angeeignet habe?"

Wenn Sie im Hinblick auf Anwendung lernen, müssen Sie alles, was Sie nicht begreifen, auseinanderlegen und klären.

Der Erfolg liegt in der Anwendung!

Dieses Heft enthält das schriftliche Kursmaterial. Bitte tragen Sie Ihren Namen mit Datum auf der Checkliste ein. Diese Checkliste zeigt das Kursprogramm, das der Studierende verfolgt. Arbeiten Sie die Posten genau der Reihe nach durch. Zeichnen Sie erst dann ab, wenn Sie sicher sind, die Daten verstanden zu haben und sie anwenden zu können, oder wenn Sie die betreffende Übung beherrschen.

Es ist am besten, zunächst einen Artikel durchzugehen, um einen Überblick zu erhalten und etwaige Mißverständnisse zu klären. Danach beschäftigt man sich damit genauer und befaßt sich mit der Anwendbarkeit der Grundzüge (Grundelemente)

Das Helnwein-Zentrum „lehrt" Scientology
(aus: Kursmaterial des ZKK 1976)

TRAININGSÜBUNG TR 3 - FRAGEN-WIEDERHOLEN

ZWECK:

Den Studierenden darin zu üben, eine Frage immer wieder neu in einem neuen Zeitabschnitt stellen zu können, ohne diese abzuändern. Diese Frage soll dabei nicht mit anderen Fragen vermischt werden. Der Studierende soll lernen, niemals eine neue Frage zu stellen, bevor er eine Antwort auf die gestellte Frage erhalten hat. Er soll jede Antwort auf seine Frage bestätigen.

ANWEISUNGEN, die bei der Übung verwendet werden:

Der Studierende verwendet entweder "Schwimmen Fische?" oder "Fliegen Vögel?"

POSITION:

Der Studierende und sein Trainer sitzen sich in einem angenehmen Abstand gegenüber.

WICHTIG:

Ein Zeitabschnitt ist beendet, wenn der Studierende auf seine Frage eine Antwort erhalten und diese bestätigt hat. Der Studierende darf seine ursprüngliche Frage nicht variieren. Obwohl es sich um dieselbe Frage handelt, sollte sie jedesmal so gestellt werden, als wäre es zum allerersten Mal.

Der Studierende muß lernen, innerhalb eines Zeitabschnittes eine Frage zu stellen, darauf eine Antwort zu erhalten und diese zu bestätigen.

Sollte es dem Studierenden nicht gelingen, eine Antwort auf seine Frage zu erhalten oder die genaue Frage wiederholen zu können, oder sollte er sich durch die Ausflüchte des Trainers von seinem Zyklus abbringen lassen, erhält er ein "Flunk".

ABLAUF:

Der Trainer verwendet "Start" und "Das wär's" genauso wie in den vorangegangenen Trainingsübungen. Der Trainer muß nicht unbedingt die Frage des Studierenden beantworten. Er kann auch Verzögerungen mimen oder Bemerkungen machen, um den Studierenden aus der Fassung zu bringen. Im großen und ganzen aber soll der Trainer die Fragen beantworten und nur ab und zu versuchen, den Studierenden zum "Q and A" zu verleiten oder ihn aus der Fassung zu bringen.

Beispiel:

Studierender: "Schwimmen Fische?"
Trainer: "Ja."
Studierender: "Gut."
Studierender: "Schwimmen Fische?"
Trainer: "Bist du nicht hungrig?"
Studierender: "Ja."
Trainer: "Flunk."

Wenn die Frage nicht beantwortet wird, muß der Studierende freundlich sagen: "Ich wiederhole die Frage", und sie so oft wiederholen, bis er eine Antwort bekommt.

Der Studierende verwendet lediglich die Frage, die Bestätigung und die Wiederholung, wenn diese benötigt wird. Irgendetwas anderes zu tun, bedeutet ein Flunk, z.B. unnötigerweise zu sagen, "Ich wiederhole die Frage", eine schwache Fragestellung, eine schwache Bestätigung, ein "Q and A" (wie im obigen Beispiel), Mißemotion oder Verwirrung beim Studierenden, zu langes Zögern, bevor er die nächste Frage stellt, abschneidendes oder vorzeitiges Bestätigen, das Ausbleiben einer Bestätigung sowie ein offensichtliches Verzögern der Bestätigung.

Nichts von dem, was der Trainer sagt, abgesehen von der Antwort auf die Frage, sowie "Start", "Flunk" oder "Das wär's" darf den Studierenden beeinflussen. Wenn der Trainer eine Bemerkung macht, die nichts mit der Frage zu tun hat, dann sagt der Studierende einfach: "Ich wiederhole die Frage" und stellt sie dann noch einmal.

"Start", "Flunk", "Das wär's" oder eine der Bestätigungen ("Gut", "Fein", "Okay" oder "Danke") dürfen nicht dazu verwendet werden, um den Studierenden zu verwirren oder ihm eine Falle zu stellen. Alles andere ist erlaubt. In dieser Übung darf der Trainer versuchen, seinen Stuhl zu verlassen. Wenn es ihm gelingt, ist es ein Flunk. Der Studierende darf seine Hände gebrauchen, um den Trainer daran zu hindern, seinen Stuhl zu verlassen. Falls der Studierende außerdem noch etwas tut, bedeutet das ein Flunk und der Trainer muß handeln.

Der Trainer sollte keine auf sich bezogenen Äußerungen machen, wie: "Ich hatte soeben eine Erkenntnis". Alle ablenkenden Bemerkungen des Trainers sollten sich auf den Studierenden beziehen und dazu dienen, ihn aus der Fassung zu bringen, damit er die Kontrolle über die Übung oder das, was er gerade verfolgt, verliert.

Die Aufgabe des Studierenden ist es, eine Kommunikation trotz allem, was passiert, durchzuführen, wobei er sich nur der Frage, der Wiederholung der Frage oder der Bestätigung bedient.

Nach einem OCA-Test absolvierte ich -als Wiedereinstieg -nochmals einen angeblich neu erarbeiteten Kommunikationskurs. Dieser Kurs unterschied sich vom dreiteiligen Komm-Kurs nur dadurch, daß er nicht alle TRs beinhaltete und wesentlich mehr als früher kostete. -Eine für diese Organisation symptomatische Erscheinung. Ich akzeptierte sie jedoch. Da ich nicht so gut bei Kassa war, köderte man mich mit Kursen, die ich auch -so die scientologischen Versprechungen -beruflich anwenden könne. Zum Beispiel mit einem PR-Kurs.

Da sich meine Gemütsverfassung nicht wesentlich verbesserte, ging es ab zum PTS/SP-Kurs. Das ist ein Kurs, in dem man lernt, sogenannte "Ärgernisverursacher" und "unterdrückerische Personen" -auf englisch "suppressive persons" -in seiner Umgebung zu erkennen und zu handhaben. Denn diese Personen sind -so Guru Hubbard -daran schuld, daß es einem schlecht geht. Erst wenn man diese ausfindig gemacht hat -darunter fallen auch alle Kritiker von Dianetik und Scientology -und sich von diesen getrennt hat, kann es mit dem Preclear endlich bergauf gehen. Dann ist endlich der Weg zum Status Clear frei.

Auf diesen Kurs folgte dann -auf besondere Anordnung der "Ethik-Section" -natürlich noch ein Ethik-Kurs. Doch scientologische Ethik hat mit der Definition dieses Begriffes in einem theologisch-philosophischen Nachschlagewerk nur sehr wenig gemein. Ethik wird im allgemeinen als "Sittlichkeit" verstanden. Hubbard hat aber diesen Begriff redefiniert, und nun ist der Zweck von Ethik für die Hubbard-Jünger, Gegenabsichten aus der Umwelt zu entfernen. Nachdem dies erreicht worden ist, hat Ethik den Zweck, Fremdabsichten aus der Umwelt zu entfernen.

Ohne daß es mir bewußt wurde, war ich fest in die scientologische "Geldproduktion" integriert. Nicht nur, daß ich die empfohlenen "Dienstleistungen der Kirche" sofort buchte, ich wurde auch zum FSM (Field Staff Member) befördert. Als aktiver Scientologe, der den Auftrag seines Gurus -klärt den Planeten -ernst nahm und der versuchte, alle seine Freunde und Bekannte in die Mission zu bringen, begann ich, für die "Kirche" Gewinne abzuwerfen. Doch auch die Familie sollte ihren Platz bei Hubbard haben. Vorgelebt wurde mir dies von zwei Scientologen, die ihre gesamte Familie, einschließlich Schwiegersohn und Schwiegertochter, zu dieser Science-Fiction - Religion brachten.

Meine Ehe, meine Beziehung zur Familie und zu meinen Schwiegereltern schlitterte in eine schwere Krise. Doch für mich war alles klar: Es waren die PTS um mich -die Ärgernisverursacher - , die an allem schuld waren. Bestätigt in meinen Anschauungen wurde ich durch den Ethik-

Chef. Die Lösung des Problems aus scientologischer Sicht: Ich mußte so schnell wie nur möglich meine Frau -und später sicherlich auch meine beiden Töchter -zu Scientology bringen.

Das allerdings war ein Unterfangen, das mir nur beschränkt glückte. Meine Frau besuchte zwar mit mir eine Ethik-Sitzung über das Thema "Unsere Zweite Dynamik -unsere Ehe", und begann mit einem Kurs über ARC, über Affinität, Realität und Kommunikation. Doch als man ihr den Vorschlag machte, sie solle für einige Hunderttausend Schilling Training und Auditing buchen, wandte sie sich von diesem "Weg zum Glücklichsein" ab. Und als sie von einer Mitarbeiterin sogar noch aufgefordert wurde -für sich und auch mich -einen Kredit über eine runde halbe Million Schilling aufzunehmen, da hatte sie ein für allemal genug von L. Ron Hubbard und seinen Jüngern. Obwohl ich mit dieser Vorgangsweise nicht einverstanden war, ein langes Gespräch mit den Staffs über unsere Finanzprobleme führte, blieb ich doch den Hubbardschen Ideen treu und wollte mich vom eingeschlagenen "Weg über die Brücke" nicht abbringen lassen.

RENATE HELNWEIN II - 1981

Sag niemals nie: Zusammen mit meiner ehemaligen Kursleiterin Renate -sie war nun seit einigen Jahren mit dem Maler Helnwein verheiratet, Mutter mehrerer Kinder und Managerin des bekannten Fotorealisten - gelang es mir, meine Frau nochmals in die Mission zu bringen: zu einer Auditing-Session. Unser zweites Kind war gerade unterwegs, und Renate erklärte uns, daß durch ein "Geburts-Auditing" alle Engramme, die sich bei der ersten Geburt auf der Zeitspur festgesetzt haben, ausgelöscht werden können. Renate schilderte ihr auch, aus eigener Erfahrung, wie leicht nach diesem Auditing die Geburten ihrer Kinder verlaufen wären. Doch nach dieser Session betrat meine Frau Eva niemals mehr eine Mission oder "Kirche".

Ich hatte in der Zwischenzeit einen weiteren Schritt gesetzt. Ich schwitzte mir fast zwei Monate lang alle meine Sünden - beim "Reinigungs - Rundown" -aus Leib und Seele. Rund 12.000 Schilling (rund 1.700 DM) ärmer, dafür aber mit einer Überdosis an diversen Vitaminen und Mineralstoffen vollgestopft, saß ich täglich rund vier Stunden in der -nur 60° Celsius -warmen Kammer. Im Gegensatz zu meinen sonst üblichen Saunabesuchen erfolgte diese "religiöse Schwitzkur" mit einer Badehose, so verlangt es die Hubbardsche Vorschrift.

Angepriesen wird dieser Rundown als der wahre Quell zur Vitalität: Wie ein reinigender Fluß klaren Quellwassers klärt Rons neuester Durchbruch, der Reinigungs - Rundown, den Weg zu neuer Vitalität, Energie und vollem optimalen Fallgewinn. L. Ron Hubbard sagt: " Der Hauptzweck des Reinigungs - Rundowns besteht darin, Drogen und giftige Substanzen, die sich im Körper angesammelt haben, zu entfernen ". Wenn man sich die Erfolgsberichte, die hereinströmen, anschaut, tut er es wirklich. Ganz abgesehen von dem körperlichen Wiederaufleben, das man auf dem Reinigungs - Rundown erlebt, wenn er vorschriftsmäßig und vollständig durchgeführt wird, gibt es den Nebeneffekt, daß er die Folgen zukünftiger Strahleneinwirkungen vermindert. Und in einem HCO Bulletin vom 3. Jänner 1980 kommt es noch dicker. Da erklärt der Science-Fiction Autor öffentlich, nach einem Atomkrieg werden " nur Scientologen ihrer Tätigkeit nachgehen " können. Hubbard: "Bombardiert mit der Strahlung radioaktiver Niederschläge aus Atomkraftwerken und durch die Atmosphäre weniger geschützt, neigen die Menschen heute weitaus mehr dazu, einem Atomkrieg zum Opfer zu fallen. Die kumulative Wirkung von Strahlung schafft bei ihnen die Bedingungen für einen raschen Tod im Falle schwerer radioaktiver Niederschläge. Das führt uns zu dem Aspekt, daß wahrscheinlich diejenigen, die einen vollständigen und sachkundig durchgeführten Reinigungs - Rundown gemacht haben, überleben werden - im Gegensatz zu anderen, die nicht so glücklich dran sind. Auch werden sie wissen, wie sie sich von einer neuen Strahlungseinwirkung erholen können - eine weitere Verwendung von Niacin (einem in den 50er Jahren in den Staaten entdeckten Vitaminabkömmlings) über einen kurzen Zeitraum hinweg. Und natürlich etwas Auditing." -Ich glaubte an Hubbard, doch bei dieser Aussage kamen erste Zweifel an der Sinnhaftigkeit von Scientology.

Nachdem ich endlich meine "Gewinne" aus dem Reinigungs-Rundown ziehen konnte, und diese Tortur unter viel Applaus -so wie es bei jedem Kursabschluß in der Mission üblich ist -abgeschlossen hatte, hatte man mich schon zum nächsten Schritt überredet.

Nach jedem abgeschlossenen Kurs muß man einen E-Meter-Check machen und einen Erfolgsbericht an Hubbard schreiben. In der Zwischenzeit hat es sich dann auch in der Mission wie ein Lauffeuer verbreitet, daß wieder einer einen Kursabschluß gemacht hat. Jeder gratuliert -und man kommt sich in seinem selbstgeschaffenen Mikrokosmos wie ein großartiger, fähiger Mensch vor, der einen weiteren Schritt in ein glücklicheres Leben getan hat. Dann gibt es das begehrte Abschluß-Diplom. Vor versammelter Mannschaft gratuliert der Kursleiter und übergibt dem Absolventen sein Kurs-Diplom. Ein Stück Papier, das keinerlei Wert hat, doch das Selbstwertgefühl wird mit jedem dieser Diplome wesentlich gesteigert.

Für nur knappe 12.000 Schilling erhielt ich das " Buch 1 - Auditing ", das ist die ältere Auditingform, die noch ohne E-Meter (eine Art Lügendetektor), also ohne diesem technischen Hilfsmittel, durchgeführt wird. Wie der Guru in seinen Bulletins -nach mehreren Einschränkungen, Revisionen und Wiedereinsetzungen -in den späten 70er Jahren bekannt gab, konnte man auch auf diesem Weg ein " Clear " werden.

Gut ausgeschlafen, wie mir am Vortag aufgetragen worden war, betrat ich eine "Auditing-Kammer". Doch ein flaues Gefühl beschlich mich. War es doch eine Art Lebensbeichte, die ich hier, vor einem mir fremden Menschen, abzulegen hatte. Eine Lebensbeichte, bei der alle Ängste, alle negativen Bilder, die sich auf der "Zeitspur" angesammelt hatten, nochmals vor das geistige Auge geführt werden sollen und so lange betrachtet werden müssen, bis sie sich auflösen -bis sie verschwinden. Mit der üblichen "scientologischen Freundlichkeit" begrüßte mich mein Auditor und bat mich, auf einem alten Sofa platzzunehmen. Er setzte sich vis-a-vis an einen kleinen Tisch, nahm einige Blätter Papier aus seiner Mappe. Dann schickte er mich durch Fragen in einer Art Zeitreise auf meiner Zeitspur zurück. Dabei erlebte ich so manches wieder, was ich eigentlich gar nicht mehr erleben wollte. Ich fiel in einen Zustand, der mir meine Umgebung unwirklich erscheinen ließ, in einen -wie mir später ein Psychiater erklärte -hypnoiden Zustand. Schluchzend und schreiend machte ich wehrlos -alles, was mein Auditor von mir verlangte. Immer und immer wieder mußte ich mir imaginäre Bilder zurückrufen. Immer und immer wieder mußte ich beantworten, was ich dabei fühlte, dabei spürte, dabei roch.

Fast eine Woche lang wurde ich täglich zwei bis zweieinhalb Stunden auditiert. Eine Woche lang stülpte ich mein Innerstes nach außen und gab geheimste Gedanken -die ich eigentlich nie einem fremden Menschen anvertrauen würde -einfach preis. Gedanken, die heute fein säuberlich aufgezeichnet -angeblich unter Verschluß -in einem Panzerschrank von Scientology aufbewahrt werden.

Wenn ich heute an die Niederschriften der Auditing-Sitzungen denke, kommt in mir der Verdacht hoch, daß diese persönlichen Aussagen, diese Beichtgeheimnisse, doch nicht so geschützt sind, wie es von den Sekten-Managern behauptet wird. Weltweit werden alle Aussteiger verfolgt, unter Druck gesetzt und Intimitäten dieser ehemaligen Mitglieder der Öffentlichkeit preisgegeben. Denn in den Hubbardschen Regeln steht geschrieben: Eine Person, die in den Ethik-Zustand des Feindes zurückgestuft worden ist, gilt als vogelfrei: man darf ihr Eigentum abnehmen, sie in jeder Weise verletzen, ohne daß man von einem Scientologen be-

ZENTRUM FÜR KUNST+KOMMUNIKATION

und

Co-Art International

Das Zentrum für Kunst und Kommunikation
strebt in Zusammenarbeit mit
Co-Art International folgende Ziele an:

Durch das Anwenden der Technologie des Philosophen L. Ron Hubbard wollen wir die künstlerischen Fähigkeiten in den Menschen zu ihrer vollen Entfaltung bringen, weil die kreative Fähigkeit des Menschen seine wertvollste ist.

Wir fördern die Anhebung des Niveaus der Kultur unserer Gesellschaft dadurch, daß im Künstler das Bewußtsein seiner Verantwortung für die Zukunft der Menschheit gestärkt wird, und daß er befähigt wird, diese Verantwortung zu tragen und wahrzunehmen.

"KUNST ist ein Wort, das die QUALITÄT DER KOMMUNIKATION zusammenfaßt. Sie folgt daher den Gesetzen der Kommunikation."

L. Ron Hubbard
(Art Series 1)

Helnwein und seine scientologischen Ziele 1976
(aus: „ZKK-Prospekt 1976")

Finale im ZKK - 1977
(aus: „ZKK-Katalog 1977")

straft wird. Man darf ihr Streiche spielen, sie verklagen, sie belügen oder vernichten.

Nach dieser Woche wartete bereits mein Kursleiter auf mich und erklärte mir, daß es endlich an der Zeit wäre, meinen HQS - Kurs zu beginnen. Einen Kurs, der mich nach Abschluß als "Hubbard Qualifizierter Scientologe" ausweist. Doch ich wollte etwas Ruhe haben, eine Pause machen. Er aber setzte mir so zu, daß ich noch am selben Tag - fast roboterhaft -damit begann.

Bald verbrachte ich fast mehr Zeit bei Scientology als bei meiner Familie. Auseinandersetzungen über meine Aktionen in der Mission wollte ich einfach nicht akzeptieren und so erklärte ich meiner Frau, daß sie von dem, was ich dort mache, nichts verstehe. Mit der, im Komm-Kurs gelernten Nachdrücklichkeit machte ich meiner Umgebung klar, daß ich das alles für m e i n Leben brauche.

Die Schwierigkeiten waren also vorprogrammiert, doch sie machten mir nichts mehr aus. Ich war ein -auf Scientology -programmierter Roboter!

Aus beruflichen Gründen unterbrach ich für einige Monate mein "Studium". Damals arbeitete ich als PR-Mann in einer scientologisch geführten Werbeagentur. Doch die Mitarbeiter der Wiener Mission und auch mein Chef begannen mich unter Druck zu setzen. Sie setzten alles daran, daß ich meinen HQS - Kurs so schnell wie nur möglich abschlösse, daß ich endlich mein Studium, das mich zu einem qualifizierten Scientologen machen sollte, aufnähme.

Etwa um den 17. April 1986 hatte ich ein entscheidendes Erlebnis: Ich konnte mit eigenen Augen sehen, wie ein Kursteilnehmer, der aus Scientology ausscheiden wollte, behandelt wurde. Dabei hörte ich ein Gespräch von Staffs, die darüber diskutierten, wie man diesen " SP ", diesen Gegner, fertigmachen wollte. Ich wurde Zeuge, wie man sich auf ein -angeblich -von Hubbard selbst zurückgezogenes Bulletin berief. Die Anweisung lautet: " In dem Moment, wo Sie den Unterdrücker unfehlbar identifiziert haben, fällt Ihnen unter Umständen auf der Stelle eine schnelle Lösung des Problems ein. Leider ist sie ungesetzlich. "

Dieses nächtliche Erlebnis -es fand knapp nach 22 Uhr statt -machte mich stutzig. Plötzlich gebrauchte ich -nach langer Zeit -wieder meinen eigenen Verstand. Ich begann diverse Kursunterlagen -diesmal mit anderen Augen -zu studieren und entdeckte dabei Dinge, die mir gar nicht gefielen. Dinge, mit denen ich mich nicht identifizieren konnte. Es fiel mir wie Schuppen von den Augen. Ich erkannte in Scientology ein faschistoides System, das eine Weltherrschaft anstrebt. Diese Pseudo-

Religionsgemeinschaft, die die Menschheit "klären" will, um sie so vor dem -angeblichen -Untergang zu retten, versucht überall -in Wirtschaft und Politik, in Kunst und Kultur -Einfluß zu bekommen. Plötzlich verstand ich den -vor knapp einem halben Jahr verstorbenen -schärfsten Gegner von Scientology. Ich verstand die Kritik des evangelischen Sektenbeauftragten, Pfarrer Friedrich-Wilhelm Haack an dieser Science-Fiction-Religion. Vor einigen Jahren erklärte er bei einem TV - Auftritt: "Gruppen wie Scientology sind eine gleich schwere Belastung wie Drogen, Terrorismus und wahnhafter politischer Durchsetzungswille. Sie zeigen die Grenze der Toleranz und der Freiheit zur Durchsetzung religiöser Ziele auf. Wahnsysteme haben eine fürchterliche Seite - sie sind ansteckend. Sich selbst und andere dagegen zu schützen, ist wichtig, ist demokratische Bürgerpflicht."

Meine Verunsicherung war groß. Stürzte doch mein Weltbild ein. Lange ausführliche Gespräche, die ich mit einem wirklich guten Freund über dieses Problem führen konnte, halfen mir bei meiner Standortbestimmung. Sie brachten mich dazu, sehr schnell klare Entschlüsse zu fassen: Ich muß raus aus diesem System. Und ich sprang ab.

Langsam begann die Hubbardsche " Rückholmaschinerie " zu arbeiten: In den ersten Monaten nach meinem Ausstieg läutete sehr oft das Telefon. Diverse Jung-Scientologen versuchten mich zuerst telefonisch und dann auch schriftlich in die Mission zurückzuholen. Sie wollten mit mir sprechen, Mißverständnisse aufklären, Ethik-Sitzungen arrangieren und alles Erdenkliche tun, um mich wieder zu einem aktiven Scientologen zu machen. Ich blieb jedoch in dieser Sache hart und lehnte jeden Kontakt ab. Meine psychischen Probleme habe ich, unterstützt von meiner Familie und einem Freund, schließlich lösen können. Rückblickend war diese Zeit sehr wichtig für mich. "Errare humanum est", diese Selbsterkenntnis war der Schlüssel für ein -heute gefestigtes -Weltbild. Wirklich und endgültig losgelöst habe ich mich von dieser radikalen Science-Fiction-Religion erst vor etwas mehr als drei Jahren (1989). Ausschlaggebend für diesen letzten und endgültigen Bruch war für mich eine aufgedeckte Verbindung von Scientology zu rechtsradikalen Kreisen in der damaligen Bundesrepublik -zum Beispiel die geistige Nähe zur revisionistischen Zeitschrift CODE.

Noch heute verirrt sich, obwohl ich die Leiterin der " Presse- und Rechtsabteilung der Scientology Kirche Österreich " (auch DSA - Department für spezielle Angelegenheiten genannt, die nationale Vertretung des amerikanischen Scientology - Geheimdienstes in Los Angeles OSA - Office of Special Affairs), Sandra Krenn, wegen Rufschädigung verklagt hatte, öfters ein Brief mit der Aufforderung, meinen nicht abgeschlossenen HQS-Kurs endlich fertig zu machen, in mein Postfach. Anscheinend funktioniert in diesem sektenartigen Moloch, der so viel auf Kommunikation setzt, die Kommunikation doch nicht so, wie sie ihr Guru Hubbard in seinen Bulletins und Letters vorschreibt. "

Soweit der Ex - Scientologe Heinrich P. Steiden in seinem hervorragenden Buch " Einsteins Falsche Erben " aus dem Jahre 1992 über seine Erfahrungen in einem der ersten weltweit existierenden Scientology "Celebrity Centers" unter der Leitung von Gottfried Helnwein im Wien der 70er Jahre. Insgesamt verschenkte Steiden mit Unterbrechungen über 12 Jahre seines Lebens an die Scientology - Organisation.

DAS SCIENTOLOGY " ARC " - SYMBOL IM ZKK - KATALOG

Bereits im ersten Kunst - Ausstellungskatalog des ZKK vom März 1976 , mit einem mit verbundenem Gesicht neben dem Rinnstein auf der Straße liegenden Gottfried Helnwein als Titelbild, finden sich an exponierter Stelle - auf der Rückseite des Kataloges - ausschließlich die drei Buchstaben " A R C ", freistehend auf weißem Untergrund. Es ist ein direkter Hinweis auf das von L.Ron Hubbard erfundene ARC - Dreieck und dient in Scientology - Kreisen als eine der Möglichkeiten dem Oberguru Hubbard für seine Lehren zu danken. Eine andere Möglichkeit ist auch, dies nur mit einem gezeichneten Dreieck ohne die ominösen Buchstaben " ARC " zu tun. Für Aussenstehende sind diese Formen von Danksagungen sowie Grußformeln wie " viel ARC für Dich, Dein ... " am Ende eines persönlichen Schreibens zwischen Scientologen, ohne Bedeutung und vor allem nicht deutbar. Es ist Teil der Hubbardschen Geheimsprache.

Hubbard schreibt darüber: " In der Scientology wurde ein Zusammenhang von großer Bedeutung entdeckt. Es handelt sich dabei um das ARC - Dreieck. Ein gutes Verständnis über die Zusammenhänge dieses Dreiecks läßt einen das Leben viel besser verstehen und ermöglicht es einem, dieses Wissen praktisch anzuwenden. Das ARC - Dreieck ist die Grundlage aller zwischenmenschlichen Beziehungen. Es ist der gemeinsame Nenner aller Tätigkeiten im Leben. Die erste Ecke des Dreiecks heißt Affinität...Die zweite Ecke ...ist Realität...Die dritte Ecke des Dreiecks ist Kommunikation (englisch : " communication ")...Affinität, Realität und Kommunikation bilden die Grundlage der scientologischen Emotionsskala, die eine Beurteilung des menschlichen Verhaltens ermöglicht...Die einfachste scientologische Definition für Kommunikation ist " Ursache- Entfernung- Wirkung ". A, R und C ergeben Verstehen..."

arc

Das Scientology-ARC Dreieck auf der Rückseite des Helnwein-ZKK-Kataloges 1976

DIE SCIENTOLOGY - MITARBEITER IM ZKK

Nach Beendigung der ersten " Testphase " zog ZKK " Präsident Helnwein " (Profil - Zitat) im Herbst 1976 selbstkritisch Bilanz in seinem zweiten Kunstkatalog " Kunst + Kommunikation 76 / II " , der den künstlerischen Teil der Aktivitäten während dieser ersten Periode im Kunstzentrum auflistet. Für die Organisation zeigten sich diesmal außer Helnwein und seiner Freundin Angelika Blaskovich, noch Toni Griebaum, Jochen Wahl, Robert Schöller, Liane Pach und Fritz Fuhrmann verantwortlich.

JOCHEN WAHL

Im deutschen Scientology - Mitgliedermagazin " Ursprung ", veröffentlicht und herausgegeben im Jahre 1975 von der Scientology Kirche Deutschland mit Sitz in München, werden erfolgreiche Scientologen mit Bild vorgestellt. Unter ihnen ZKK - Mitglied Jochen Wahl. Er studierte wie sein Freund Helnwein in Wien Kunst bei Rudolf Hausner. Von der Wiener Schule geprägt, befaßt er sich vornehmlich mit Graphik, Plastik und der Malerei in altmeisterlicher Technik. Jochen Wahl 1975 wörtlich in seinem Erfolgsbericht : " Für mich als Künstler sind die

Jochen Wahl und Gottfried Helnwein in Wien (aus: „ZKK-Katalog 1976")

Erkenntnisse aus der Scientology von unschätzbaren Wert. Nicht nur habe ich mein Vorstellungsvermögen enorm beleben können, sondern einer meiner größten Gewinne ist wohl der, daß ich nun m e h r e r e Standpunkte akzeptieren u n d einnehmen kann. Außerdem haben mir L. Ron Hubbards Untersuchungen über das Phänomen A r b e i t dermaßen geholfen, daß ich jetzt Dinge, von denen ich immer nur träumte, tatsächlich m a c h e n kann - und das ohne Anlaufschwierigkeiten, Schwierigkeiten mit dem Material und eben Schwierigkeiten, eine Sache z u E n d e z u b r i n g e n . Was die zwischenmenschlichen Beziehungen anbelangt, so kann ich sagen, daß meine Ehe sehr gut geht - keine zähnefletschenden Kämpfe mit hinterlistigen Tricks, wie das bei früheren Verbindungen der Fall war. Scientologe bin ich noch nicht sehr lange, aber die Resultate, die ich aus Scientology gezogen habe, veränderten mein Leben entscheidend - und in der schon immer erträumten Weise. "

Jochen Wahl konnte sein neues " Wissen " nun auch prompt im ZKK erfolgreich anwenden. Allerdings nur kurze zwei Jahre. Dann wurde das Zentrum umstrukturiert. Wahl kehrte 1978 wieder nach Stuttgart zurück, um sofort in der Galerie Niedlich auszustellen. " Jochen Wahl arbeitete lange Zeit mit Gottfried Helnwein im Wiener Kommunikationszentrum " wie das Magazin " Mission " Ausgabe Nr. 24 der Scientology Mission in Stuttgart im Frühjahr 1978 stolz vermeldete.

Gedankt wurde im Ausstellungskatalog vom Herbst 1976 für " ihre Unterstützung " u.a. den Celebrity - Scientologen Chick Corea und Karen Black sowie einem gewissen Donald Duck, augenscheinlich kein Scientologe, aber wer weiß....

Aus dem Vorwort : " Das ZKK ist ein Gesamtkunstwerk. Die Maler Helnwein, Schwertberger, Hechelmann und Wahl beschlossen, ...zusammen ein Experiment zu starten. Deshalb wurde das ZKK gegründet. Jetzt wurde mit Angelika Blaskovich und Toni Griebaum die Aktion " Kunst + Kommunikation 76 " veranstaltet. Die Form des Stattfindens war chaotisch. Der Versuch wurde einfach gestartet, um soviel Erfahrung wie

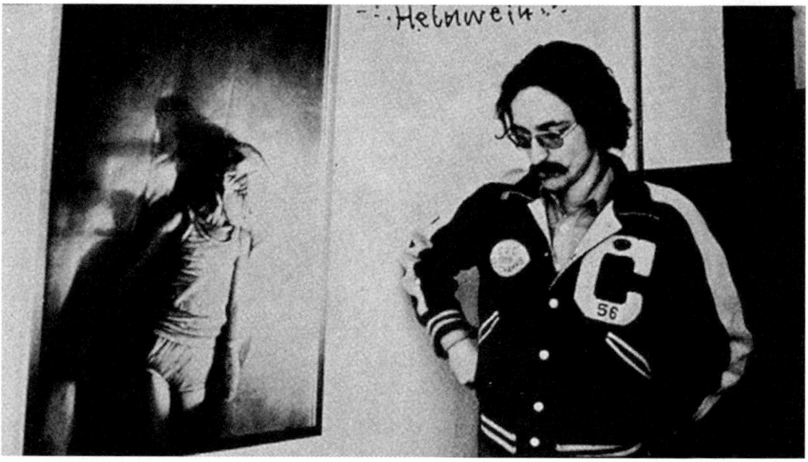

Helnwein neben seinem Bild im ZKK (aus:"ZKK-Katalog 1976")

möglich zu machen. Die Absicht war nicht, die Qualität zu steigern, oder die Technik zu perfektionieren, Vorhandenes zu kultivieren, sondern Kommunikation stattfinden zu lassen, und soviel Menschen wie möglich teilnehmen zu lassen...Wir sind bis jetzt nicht subventioniert. Die Mitglieder brachten die Gelder ausschließlich selbst auf... Das Ziel ist es, in Bezug auf Herstellung, Produktionsmittel, Verlag und Vertrieb unabhängig zu werden. Und spontan. "

Auf dem Cover des Kataloges wiederum ein Helnwein - Foto, ebenfalls auf der Rückseite die Buchstaben " a r c " auf weißem Untergrund und innen einige Helnwein Zeichnungen. Ebenfalls viele Fotos einiger Veranstaltungen im ZKK, u.a. mit Wolfgang Ambros und Julia Migenes,

Opernsängerin und eine begeisterte Celebrity - Scientologin seit den 60 er Jahren. Sogar der spätere Wiener Bürgermeister Helmut Zilk wird darin als Wunsch - " Mitglied " des ZKK bezeichnet sowie der US Jazzpianist Chick Corea als " Freund ", ebenfalls Spitzen - Scientologe und seit 1990 mit höchstem OT VIII Abschluß, ebenso wie Helnwein Ehefrau Renate.

Der Scientologe Chick Corea im ZKK (aus: „ZKK-Katalog 1976")

Nach Meinung ehemaliger " Mitglieder ", so auch der Kursteilnehmer Steiden aus Wien, fanden viele Veranstaltungen vor allem nur aus einem Grund statt, um, geschickt als kulturelle Veranstaltung getarnt, positiv auf L. Ron Hubbard und seine Scientology - Utopien aufmerksam zu machen und vor allem neue Anhänger, und damit geldbringende Kursabsolventen für " Scientology " zu gewinnen. Dies ist Helnwein in vielen Fällen ja letztendlich auch großartig gelungen.

Finanziert hat sich Helnweins Scientology - Zentrum hauptsächlich durch Zahlungen der Kursteilnehmer für Auditing und Kurse, den individuellen Mitgliedsbeiträgen und durch Verkäufe von Kunstwerken von Helnwein und anderen Künstlern des Aktionshauses.

ANGELIKA BLASKOVICH

Angelika Blaskovich (aus: „ZKK-Katalog 1976")

Angelika Blaskovich, eine der Organisatoren, dazu im Ausstellungskatalog " 76 / II " : " ...Woher kommt das Geld ? Das scheint die Schlüsselfrage und Lösung für alles und jeden zu sein. Wie viel und wie oft, das bringt die ersehnte Kategorie, es muß ja irgendwoher kommen, von bis jetzt ca. 20 Leuten, keiner über dreißig und völlig durchschnittlich begütert. Niemand hat zugeschossen, keine Bank...kein Privatmann, keine öffentliche Hand hat bis jetzt auch nur den Finger gerührt, um uns bei dem zu unterstützen, was wir bis jetzt gemacht haben...Vor ein paar Tagen wurde in Deutschland die Produktion unseres ersten TV - Kinderfilmes abgeschlossen. (ARD, Süddeutscher Rundfunk, Regie: Fritz Hechelmann)..."

FRITZ HECHELMANN

Nicht nur das Friedrich " Fritz " Hechelmann als Regisseur 1976 die deutschen Fernsehzuschauer der ARD mit dem eben erwähnten (Scientology) Kinderfernsehfilm des ZKK beglückte, lieferte auch er seinen Erfolgsbericht zur Veröffentlichung im 1975 vom deutschen Hubbard - Hauptquartier in München veröffentlichten Scientology - Magazin "Ursprung " ab :

" Fritz Hechelmann, Künstler und Regisseur : Durch die Technik von Scientology erwarb ich wichtige Erkenntnisse, diese halfen mir bis jetzt, meine Ziele im Beruf und im Leben ohne Schwierigkeiten zu realisieren. Mit dem Erwerb dieser Erkenntnis läuft vieles parallel. So gestaltet sich die Beziehung zu meiner Familie und allen anderen menschlichen Kontakten sehr intensiv und harmonisch. Dadurch kann ich mich optimal auf meine berufliche Absicht konzentrieren. Als Maler, Illustrator und Regisseur von Kinderfilmen fürs Fernsehen fällt es mir leicht, meine optischen Vorstellungen ins Bildliche kompromißlos zu übersetzen. Mein Denkvermögen entwickelte sich durch die Scientology - Techniken weiträumiger, somit wurde die Qualität meiner Kreationen intensiver. Der Leser kann sich selbst davon überzeugen. Meine illustrierten Bilderbücher sind in jeder Buchhandlung zu bestellen...Scientology hat mir bei der Realisierung dieser Projekte geholfen. Die Scientology - Techniken habe ich erst zu einem Teil in Anspruch genommen und der Erfolg übertraf meine Erwartungen. Ich sehe dadurch für meine weitere Persönlichkeitsentfaltung große Möglichkeiten. "

ROBERT SCHÖLLER

Robert Schöller (aus: „ZKK-Katalog 1976")

Auch ZKK Mitstreiter Robert Schöller ist bis heute, nun schon über 24 Jahre lang, ein glühender Anhänger von Hubbard und einer der besten Freunde der Familie Helnwein. Trotzdem war sich Helnwein allem Anschein nach nicht zu schade dafür, trotz seines Dementi im Wiener Nachrichtenmagazin " News ", Ausgabe 43 / 96, er hätte " noch nie so etwas geschrieben, das muß wohl eine Fälschung sein ", seinen Freund Robert, samt seiner langjährigen Lebensgefährtin Gudrun, am 25. 9. 1985 in seinem " Wissensbericht ", vergleichbar mit einem Stasibericht, bei dem für Strafmaßnahmen zuständigen Ethik - Beamten von Scientology in Florida zu denunzieren. Doch dazu später mehr.

FRITZ FUHRMANN

Ein weiteres Gründungsmitglied des ZKK, Friedrich " Fritz " Fuhrmann, ebenso ein Oldie " in Scientology ", genau wie sein alter Freund Gottfried Helnwein, ist 16 (!) Jahre später, im Jahre 1991, einer der führenden Spitzenfunktionäre der Scientology - Organisation in Österreich. Er fungiert als " verantwortlicher Herausgeber und Verleger " des Mitglieder - Magazins " Brücke " Nummer 86 / 1991 der Scientology Kirche von Österreich mit Sitz in der Schottenfeldgasse 13 - 15 in Wien, die in diesem Heft unter der Titelüberschrift " Was brachte die 20 Jahrfeier der Scientology Kirche in Österreich ? " das eigene Bestehen sowie von bereits zwanzig (!) weiteren " Missionen " in Österreich zelebrierte. Scientology ist damit auf absolutem Expansionskurs in Österreich. Dank vieler früherer Mitarbeiter des ZKK.

SCIENTOLOGY IN DEUTSCHLAND LOBT HELNWEIN FÜR SEINE VERDIENSTE - 1 9 7 7

Das damals führende deutsche Scientology - Mitgliedermagazin " College ", einer Zeitschrift des Stuttgarter Dianetic College e.V., veröffentlichte in seiner Ausgabe Nr. 18 / 19 Anfang 1977, erste hochoffizielle öffentliche Lobeshymnen über die damals beiden e i n z i g e n in Österreich existierenden Scientology - Ausbildungsstätten, der " Scientology Kirche Wien " und dem Helnwein - " Zentrum für Kunst und Kommunikation ".
Unter der Rubrik " Blick nach Österreich " steht geschrieben:
" Etwas später als in der Bundesrepublik, faßte Scientology in unserem Nachbarstaat Österreich Fuß. In der dortigen Hauptstadt Wien gibt es bislang, Stand 1977, die zwei einzigen Scientology - Ausbildungsstätten. In der Scientology Kirche in Wien kann man, wie in München, die

Blick nach Österreich

Kursraum im Zentrum für Kunst und Kommunikation in Wien

Etwas später, als in der Bundesrepublik, faßte Scientology in unserem Nachbarstaat Österreich Fuß. In der dortigen Hauptstadt Wien gibt es bislang die zwei einzigen Ausbildungsstätten.

In der Scientology Kirche in Wien kann man, wie in München, die Akademie besuchen und sich bis zum Class IV Auditor ausbilden lassen.
Das Personal der dortigen Kirche umfaßt gegenwärtig 23 Personen, die zusehends einer immer größeren Expansion entgegengehen.

Um den Nachholbedarf an ausgebildeten Kräften aufzuholen, schickt die Wiener Organisation vier Personen zur Flag Land Basis in die USA, um somit das Niveau an Ausbildung und Auditing erheblich steigern zu können.
Über eine eigene Zeitung, Vorträgen und dem Verteilen von Testen, erreicht die junge Organisation eine stetig wachsende Zahl von Studenten und Mitgliedern.

Im Herzen der Stadt, in einer der belebtesten Fußgängerzonen, ist das Zentrum für Kunst und Kommunikation umgezogen. Geleitet wird es von dem bekannten Maler Gottfried Helnwein, der mit der großen Zahl von Künstlern einen kulturellen Anziehungspunkt geschaffen hat.
Auf den Straßen weisen große Plakate auf die verschiedenartigen Veranstaltungen dieses Zentrums hin, das von Ausstellungen über Filme bis zu Konzerten ein lückenloses Programm aufzuweisen hat.

Auf einer Fläche von 400 qm arbeiten 12 Personalmitglieder und 4 halbtags Mitarbeiter an der Verwirklichung der hochgesteckten Ziele.
Außer dem Studium bis zum Dianetics Auditor kann man dort ausgezeichnetes Auditing von einem Class IX Auditor erhalten.

Außer den erwähnten Plakaten werden Kunstkataloge angeboten und regelmäßig Einführungsvorträge abgehalten. Das verständlicherweise immer stärker werdende Interesse an der Scientology, hat diesen Verein für Kunst und angewandte Philosophie am ersten dazu gezwungen, diese neuen und größeren Räumlichkeiten zu beziehen.
Inzwischen sind Bestrebungen im Gange, auch in anderen grossen Städten Österreichs, Ausbildungszentren zu erschaffen.

Studenten auf der Akademie der Scientology Kirche Wien

15

— 1978 —

Das Helnwein-Scientologyzentrum in Wien wird in Deutschland im Scientology-Magazin „College" 1977 vorgestellt

Akademie besuchen und sich bis zum " Class IV Auditor " ausbilden lassen. Das Personal der dortigen Kirche umfaßt gegenwärtig 23 Personen, die zusehends einer immer größeren Expansion entgegengehen. Um den Nachholbedarf an ausgebildeten Kräften aufzuholen, schickt die Wiener Organisation vier Personen zur Flag Land Basis in die USA, um somit das Niveau an Ausbildung und Auditing erheblich steigern zu können. Über eine eigene Zeitung, Vorträgen und dem Verteilen von Testen, erreicht die junge Organisation eine stetig wachsende Zahl von Studenten und Mitgliedern.

Im Herzen der Stadt Wien, in einer der belebtesten Fußgängerzonen, ist das Zentrum für Kunst und Kommunikation umgezogen. Geleitet wird es von dem bekannten Maler Gottfried Helnwein, der mit der großen Zahl von Künstlern einen kulturellen Anziehungspunkt geschaffen hat. Auf der Straße weisen große Plakate auf die verschiedenartigen Veranstaltungen dieses Zentrums hin, das von Ausstellungen über Filme bis zu Konzerten ein lückenloses Programm aufzuweisen hat. Auf einer Fläche von 400 qm arbeiten 12 Personalmitglieder (!) und 4 halbtags Mitarbeiter an der Verwirklichung der hochgesteckten (Scientology) - Ziele. Außer dem Studium bis zum Dianetics Auditor kann man dort ausgezeichnetes Auditing von einem " Class IX Auditor " erhalten.

Außer den erwähnten Plakaten werden Kunstkataloge (!) angeboten und regelmäßig Einführungsvorträge abgehalten. Das verständlicherweise immer stärker werdende Interesse an der Scientology, hat diesen Verein für Kunst und angewandte Philosophie am ersten dazu gezwungen, diese neuen und größeren Räumlichkeiten zu beziehen. Inzwischen sind Bestrebungen im Gange, auch in anderen großen Städten Österreichs, Ausbildungszentren zu erschaffen. "

Doch dazu kam es nicht mehr. Erst sieben Jahre später, im Winter 1984, eröffnete Helnwein, diesmal an seinem neuen Wohnsitz auf dem Schloß Burgbrohl nahe Köln, ein weiteres, nun nicht öffentlich propagiertes, Kultur- und Bildungszentrum zur scientologischen Ausbildung der frisch geworbenen Hubbard - Anhänger aus der Umgebung.

DAS ENDE DES ERSTEN HELNWEINSCHEN SCIENTOLOGY-" KUNSTZENTRUMS " - WIEN IM HERBST 1977

Im März 1977 wurde der dritte Katalog des ZKK der Öffentlichkeit vorgestellt, diesmal mit einem Projekt vor den Toren Wiens im Perchtoldsdorfer Kulturzentrum. Letztmalig wurden zwischen dem 26. 3. und 3. 4.1977 täglich Ausstellungen, Konzerte und Seminare angekündigt. Wiederum u.a. mit Helnwein, Wahl, Hechelmann, Schwertberger, Zadrazil, Gansert und Schoeller als Macher. Die Anteilnahme der österreichischen Medien darauf ließ aber bereits merklich nach. Innerhalb der Künstlerriege machte sich große Enttäuschung breit.

Im gleichen Monat erschien einer der letzten Artikel über die Arbeit des Zentrums unter der Leitung von Helnwein. Die Redaktion der Zeitschrift " Schöner Leben " gibt darin letztmalig dem ZKK eine großzügige Plattform der Selbstdarstellung und eine weitere publikumswirksame Möglichkeit neue Jünger für Scientology anzuwerben, unter dem Deckmantel individueller " kultureller Angebote ".

Die Zeitschrift " Schöner Leben " Heft Nr. 1, schrieb unter "Intern" im Vorwort : " ...Das Ungewöhnliche am Wiener Zentrum ist, daß der angestrebte Kontakt zum Volk nicht eine Tarnkappe für den Ausritt nach Käufern ist, sondern - wie der Chef der Gruppe, der Maler Gottfried Helnwein, glaubhaft versichert - eine Plattform für ein Gespräch mit allen jenen werden soll, die Kunst nicht nur als Konsumartikel begreifen wollen..." . Im Innenteil gibt die Redaktion der Wiener Künstlergruppe selbst das Wort: " Wir verstehen soviel von Kunst wie Sie. Wir sind das Wiener Zentrum für Kunst und Kommunikation...Fasziniert beobachten wir, wie den Menschen tagtäglich Kunst passiert. Diese unbewußten Vorgänge wollen wir möglichst vielen bewußt machen. Wir stellen uns jetzt vor: Gottfried Helnwein ... Julia Migenes, Ivan Eröd (Mitbegründer von Scientology Österreich 1972, heute als Musikprofessor in Wien tätig).

..Sie kennen jetzt unsere Namen...Uns genügt das nicht. Wir wollen, daß Sie uns persönlich, in unseren Arbeitsräumen und Studios, besuchen...Für uns ist Kunst: Gespräch, Verstehen, Fühlen, Lernen, Handeln. Wir wollen möglichst viel Erfahrungen sammeln. Allein geht das nicht. Daher wenden wir uns in dieser Zeitschrift an Sie...Unser Motto heißt: Eintritt frei für jeden, der bereit ist Erfahrungen zu sammeln, Erfahrungen auszutauschen..."

Auch falsche Versprechungen konnten dem Zentrum nicht mehr helfen. Nach nur zwei Jahren des Versuches einer scientologischen Unterwanderung der österreichischen Kulturszene war im Sommer 1977 jedoch plötzlich Schluß mit dem Helnwein Zentrum. Das "ambitionierte" Scientologen Projekt zum Aufbau eines " Celebrity Centers " war gescheitert. Das Experiment vorerst am Ende. Der " Leitende Direktor " (ED oder Executive Director) der Wiener Scientology Mission " Zentrum für Kunst und Kommunikation " Gottfried Helnwein, wie er von der ehemaligen Wiener Scientology - Mitarbeiterin Heidrun Beer, im

SCHÖNER LEBEN gibt einer Wiener Künstlergruppe das Wort. Ihre (für Künstler besonders) ungewöhnliche Zentralaussage:

WIR VERSTEHEN SOVIEL VON KUNST WIE SIE.

Wir sind das Wiener Zentrum für Kunst und Kommunikation. Wir sind Maler, Musiker, Graphiker und auch Sänger. Fasziniert beobachten wir, wie den Menschen tagtäglich Kunst passiert. Diese unbewußten Vorgänge wollen wir möglichst vielen bewußt machen. Wir stellen uns jetzt vor:

- Gottfried Helnwein (Maler, Aktionist)
- Toni Griebaum (Musiker, Graphiker)
- Jochen Wahl (Maler, Graphiker, und Wahlwiener aus Stuttgart)
- Fritz Hechelmann (Kinderbuchautor, Filmer, Maler, Kinderfreund)
- Robert Schoeller (Maler, Aktionist, Schuh- und Kleidermacher)
- Michael Schnitzler (Wirklicher Enkel von Arthur Schnitzler und erster Konzertmeister der Wiener Symphoniker)
- Julia Migenes (Sängerin)
- Angelika Blaskovich (Restauratorin und Organisatorin)
- Prof. Bernhard Klebel (Leiter des Ensembles „Mvsica Antiqva“)
- Prof. Ivan Eröd (echter Ungar, Komponist, Pianist)
- Klaus Höring (Burgschauspieler)
- Franz Zadrazil (Maler, Postbeamter aus Leidenschaft)
- Ulrich Gansert (Maler, Akademieassistent)

Robert Schoeller vor dem ZKK-Plakat ▷

Das „ZKK“ stellt sich vor - im Magazin „Schöner Leben“ 1977

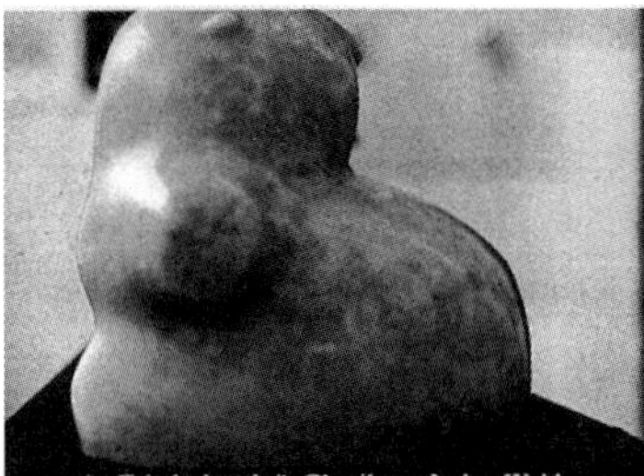

△ „Feinderkrankt", Plastik von Jochen Wahl

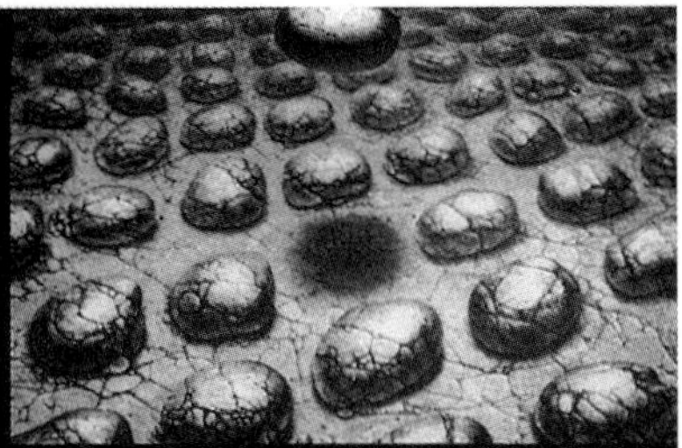

De Es Schwertberger, Ölbild △

▽ Griebaum, Wahl, Helnwein

△ Fritz Hechelmann, Aquarell „Riesinnen-Kleid" ▽

▽ Jochen Wahl, Maske

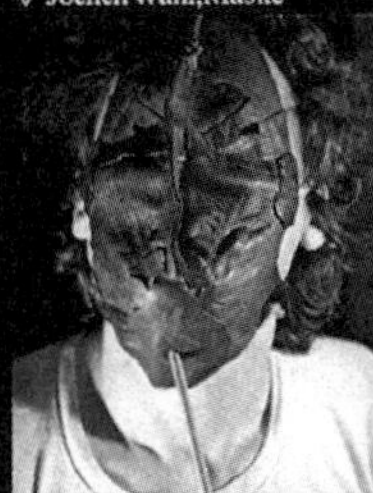

▽ Julia Migenes

Sie kennen jetzt unsere Namen und unsere beruflichen Schwerpunkte.
Uns genügt das nicht. Wir wollen, daß Sie uns kennenlernen, persönlich, in unseren Arbeitsräumen und Studios, oder wenn es persönlich gar nicht geht, schriftlich.
Für uns ist Kunst:
Gespräch · Verstehen · Fühlen · Lernen · Handeln. Wir wollen möglichst viele Erfahrungen sammeln. Allein geht das nicht. Daher wenden wir uns in dieser Zeitschrift an Sie. Wenn Sie selber Malen, Schreiben, Schnitzen, Singen oder Spielen oder sich auch nur Aussprechen wollen, dann sind Sie bei uns an der richtigen Adresse. Unser Motto heißt: Eintritt frei für jeden, der bereit ist, Erfahrungen zu sammeln, Erfahrungen auszutauschen. Unter Kunst verstehen wir das Zusammenspiel und die Zusammenarbeit von Menschen, die alle denkbare Wege der Selbstverwirklichung eingeschlagen haben.

Unsere einzige Bedingung heißt:
Verstehen lernen.

1977

ZENTRUM FÜR KUNST UND KOMMUNIKATION
WIEN 1 SINGERSTRASSE 8 TELEFON 52 22 43 △

Ausstellungskalender und Konzerttermine:

11. März	"Zeichnungen und Objekte", Jochen Wahl, Ausstellung in der Galerie Spectrum, Wien 1, Mahlerstr. 1
25. März	"Kunst + Kommunikation 77" Veranstaltungsreihe des ZKK im Kulturzentrum Perchtoldsdorf, Ausstellung von Werken von Gottfried Helnwein, Jochen Wahl, De Es Schwertberger, Robert Schoeller, Fritz Hechelmann, Franz Zadrazil, Ulrich Gansert, letzter Tag: 3. 4. 1977
26. März	Konzert des Ensemble Mvsica Antiqva in der Burg Perchtoldsdorf, 19. 30 h
29. März	Märchenbuchpräsentation, Fritz Hechelmann, Kulturzentrum Perchtoldsdorf, 15. 00 h
1. April	Konzert der Gruppe des Pianisten Peter Ponger "The open way", Kulturzentrum Perchtoldsdorf, 19. 30 h
4. April	O "Plastiken und Zeichnungen", Hans Pollak, Ausstellung, ZKK Singerstr. 8, 1010 Wien, letzter Tag: 17. 4. 1977
5. April	"Zeichnungen", Gottfried Helnwein, Ausstellung in der Galerie Spectrum, Wien 1, Mahlerstr. 1
18. April	O "Objekte", Susanne Taschner, Ausstellung im ZKK Singerstr. 8, 1010 Wien, letzter Tag: 7. 5. 1977
9. Mai	O "Ölbilder und Aquarelle", Palffy, Ausstellung, ZKK Singerstr. 8, 1010 Wien, letzter Tag: 30. 5. 1977
31. Mai	O "Zeichnungen", Otto Jekel, Ausstellung, ZKK Singerstr. 8, 1010 Wien, letzter Tag: 19. 6. 1977
2. Juni	"Junge österreichische Kunst I", Ausstellung und Präsentation des ZKK in der Galerie Theta Mest, Zürich
16. Juni	"Art 8. 77, Kunstmesse Basel, Präsentation des ZKK durch die Galerie Spectrum, Wien
20. Juni	O "Plastiken und Zeichnungen", Oswald Stimm, O "Fotos", Ingrid Wald, Ausstellung, ZKK Wien 1, Singerstr. 8, letzter Tag: 10. 7. 1977

Veranstaltungskalender des ZKK - 1977

Internet unter dem Aliasnamen " Clear Baby " vertreten, selbst heute noch bezeichnet wird - Helnwein hat " Clear Baby " im Jahre 1977 in seiner Funktion als " ED " als Mitarbeiterin für seine " Mission " geworben - war mit seinem Latein am Ende. War es das wirklich ?

Helnwein " flüchtete " für sieben Monate zur seelischen Wiederaufbaukur (oder gar zwecks " Strafverbüßung " für sein Versagen ?) in die USA. Im Sommer 1975 eröffnete Hubbard im sonnigen Florida an der Golfküste in dem kleinen heruntergekommenen Badeort Clearwater, trotz massiver Proteste der Bevölkerung, sein neues Hauptquartier "FLAG". Das ehemalige Grandhotel " Fort Harrison " im Zentrum der Kleinstadt, sollte binnen kurzer Zeit als das von ihm so benannte "FLAG"- Servicezentrum zum Mekka aller Scientologen weltweit avancieren. Auch für Gottfried Helnwein und seiner Frau Renate. Denn nur dort waren die höchsten Scientology - Kurse (OT und Auditing) zu belegen. Im gleichen Haus befand sich auch die Führung des Geheimdienstes von Hubbard, das zu dieser Zeit noch unter der Bezeichnung "Guardian Office" firmierte. Erst 1983 erhielt das GO die neue Bezeichnung "Office of Special Affairs", kurz OSA.

Das Helnwein - Zentrum im ersten Zwischengeschoß der Singerstr.8 wurde von heute auf morgen aufgelöst. Altgediente Kursleiter für Scientology- Kurse und Auditing, wie seine spätere Ehefrau Renate und einige andere Mitglieder sowie " dabei " gebliebene Kursteilnehmer, auch der spätere Aussteiger Heinrich P. Steiden, wechselten kurz darauf in die Museumstr. 5 in die frühere Wohnung von Helnwein, in das neue sog. " Scientology Zentrum - Wien - Verein für Kunst und angewandte Philosophie ". Dort liefen nun ab 1978, unter neuem Namen und Management, strukturell ein wenig modifiziert, inhaltlich jedoch die gleichen " Aktivitäten " wie im ehemaligen ZKK von Helnwein ab.

" Guru " Helnwein verfolgte nun in den folgenden Jahren als " graue Eminenz " im Hintergrund mit großem Interesse die weitere Entwicklung von Scientology in Österreich. Er ließ es sich dennoch nicht nehmen, auch weiterhin mit viel Erfolg neue Hubbard - Jünger höchstpersönlich der Wiener Scientology ORG (Organisation) anzudienen. Ein prominentes Beispiel dafür ist der Sportler Rudi Kruspel.

Helnwein äußerte sich erst vier Jahre später erstmals öffentlich, allerdings nur kurz, zu den Gründen des Scheiterns " seines " Zentrums. 1981 in der im Orac-Pietsch Verlag erschienenen Kunstbuchmonographie "Helnwein" :

" Immer schon wollte ich gemeinsam mit anderen neue Projekte entwickeln. In diesem " Zentrum " sollte das passieren. Es gibt ja ganz bestimmte Augenblicke an ganz bestimmten Orten, wo plötzlich unerhört viel geschieht, wo Wichtiges kreiert wird. Das Bauhaus, Paris um die Jahrhundertwende, das Berlin der 20 er Jahre, Liverpool zur Zeit der Beatles. Aber ich mußte bald erkennen, daß man so was nicht planen, nicht synthetisch herstellen kann."

Und noch einmal 1992 in dem Buch " Malerei muß sein wie Rockmusik ", erschienen im Verlag C.H.Beck. Helnwein: " Das ist aus verschiedenen Gründen eingegangen; für mich war es eine wichtige Erfahrung. Ich habe etwas ganz anderes ausprobiert: wenig gemalt und gezeichnet, mehr organisiert, geredet, Leute zusammengebracht - eine Zeitlang, dann war es vorbei. Da wollte ich wieder weg. "
Nach Rückkehr von seinem fast dreivierteljährigen " Studienaufenthalt " in den USA, u.a. in Florida und an der Westküste, mietete er sich, wieder zurück in Wien, 1978 ein eigenes Atelier, um dort nun, diesmal nur auf sich gestellt, vor allem mit hyperrealistischen Prominentenportraits auf Zeitschriftencovern, auch den kommerziellen Erfolg zu suchen. Sein Stilwechsel in diese doch recht populäre Schiene, brachte ihm nun endlich auch den erhofften finanziellen Erfolg, allerdings auch vernichtende Kunstkritiken allerorts, die ihm offensichtlich egal waren.

RUDI KRUSPEL

Im Herbst 1978 lernte er seinen späteren Assistenten Rudi Kruspel kennen, mit dem er seit dieser Zeit einen mehr als freundschaftlichen Kontakt knüpfen sollte. Der ehemalige österreichische Kunst- und Turmspringer, der 1973 durch die Folgen eines verunglückten Trainingssprungs sein linkes Bein verlor und deshalb rauschgiftsüchtig wurde, hat Gottfried Helnwein viel zu verdanken. Er läßt Kruspel bei sich wohnen. Als Gegenleistung dafür half er Helnwein beim Ausbau seines Ateliers, entwikkelte Fotos für ihn und kümmerte sich ab und an auch um Helnweins Kinder. Sehr schnell wurde Kruspel in der Familie " Mann " für alles. Helnwein wiederum unterstützte ihn maßgeblich beim Malen und ebnete ihm so den Weg für eine künstlerische Karriere. Kruspel kam, so die Fama, dank Helnweins persönlicher Unterstützung, er bildete ihn als Maler aus, von den Drogen weg.

1982 hatte er bereits mehrere eigene recht erfolgreiche Kunstausstellungen mit seinen Bildern hinter sich. In den Medien in Österreich ließ sich Helnwein als Retter eines " Entgleisten " feiern. Am 14. 9.1982 lief im ORF in der Sendung " Panorama " ein Bericht über das " neue " erfolgreiche, nun drogenfreie Leben des Malers Rudi Kruspel. Aus der Programmankündigung der AZ in Wien vom gleichen Tage: " Wie der international bekannte Ex - Meister im Turmspringen, Rudi Kruspel, sein schweres Los gemeistert hat, darüber berichtet der Beitrag. Kruspel, der nach seiner Beinamputation vor zehn Jahren alkohol- und rauschgiftsüchtig geworden war, hat seinem Leben nach der Begegnung mit dem Maler Gottfried Helnwein einen neuen Sinn gegeben. Er bekämpfte seine Sucht erfolgreich und wurde zu einem Maler. In " Panorama " spricht er über die härtesten Jahre seines Lebens."

Das alles ist aber nur ein Teil der Wahrheit, denn Rudi Kruspel lernte bei Helnwein nicht nur Maltechniken, sondern machte durch ihn auch Bekanntschaft mit der neuen " Wunderdroge " Scientology.

Renate Helnwein, die scientologische Kursleiterin im Zentrum für Kunst und Kommunikation, das 1977 für fünf Jahre seine Pforten schloß, war auch danach in Wien, so vermeldete das Magazin " Profil " im Jahre 1980, eine höchst " engagierte Kämpferin gegen Mißstände in der Psychiatrie und seit 1974 bereits ebenso eine engagierte Scientologin(!).. " .

So wurde auch Rudi Kruspel, Helnweins erfolgreiches Anwerben sei Dank, seit 1978 ein ebenfalls aktiver, d.h. Geld zahlender " erfolgreicher " Scientologe und sollte es bis weit in die 90er Jahre bleiben.

1987 veröffentlichte das österreichische Scientology - Magazin " Brücke " nun auch Kruspels " Erfolgsbericht " nach neun Jahren " in Scientology " unter der Rubrik " Erfolgreiche Scientologen erzählen ihre Gewinne ": Rudi Kruspel, Maler : " Viele Kurse, die ich sehr gerne studieren würde und sicher noch studieren werde, habe ich noch vor mir und ich freue mich schon jetzt sehr darauf. Selbst die kleinsten Kurse, die ich studierte, bewirkten sehr große positive Veränderungen in meinem Leben; und bei jedem einzelnen Kurs stellte ich fest, daß ich die studierten Daten auf jeden Bereich meines Lebens anwenden kann und daß sie immer funktionieren. Diese Erfahrung machte ich bisher nur beim Studium von Scientology und ich profitierte davon als Künstler ebenso wie in allen anderen Bereichen meines Lebens derart, daß ich den Wert dieser Kurse als " unbezahlbar " betrachte ! Ich weiß zu 100 % , daß ich nur mit Training die vielen Gewinne, die ich mit Scientology - Auditing hatte, stabil halten und expandieren kann, daß ich im von mir erwünschten Ausmuß " OT " sein und " ALLES " was ich will, erreichen kann ! "

DAS " NEUE " ZKK IN WIEN - 1 9 8 2

1982 wurde in Wien in der Neulinggasse 19 -21, nach fünf Jahren Pause, ein neues gleichnamiges scientologisches " Zentrum für Kunst und Kommunikation " eröffnet. Diesmal ohne eine offizielle persönliche Mitwirkung von Gottfried Helnwein, der sich nun bedeckt im Hintergrund hielt, allerdings unter der intensiven Mitarbeit enger Helnweinscher Vertrauenspersonen, wie seiner damaligen persönlichen Assistentin Evi Morell, der späteren langjährigen " Leitenden Direktorin " von Scientology - Österreich.

Aus dem Oktober - Programm des " neuen " ZKK : " Mittwoch, 6. Oktober 1982, 19.30 Uhr - Vernissage der Ausstellung von Rudi Kruspel...Kruspel, der vor kurzem in der TV - Sendung Panorama zu sehen war, zeigt einen Querschnitt über sein Schaffen. Er will mit dieser Ausstellung das Drogenrehabilitierungsprojekt Narconon unterstützen, eine Methode, die keine Medikamente oder Betäubungsmittel verwendet...Samstag, 16. Okt. und Sonntag, 17. Okt. 10 -20 Uhr - Seminar " Die Grundlagen der Kunst ". Für alle, die ihre kreativen Fähigkeiten erhöhen wollen und an mehr Wissen über künstlerische Wirkungen interessiert sind. " Unsicherheit ist da, wo Wissen fehlt." (L.Ron Hubbard) Beitrag: öS 600..." Auch im November - Programm ' 82 wurde im ZKK der Art - Workshop " Die Grundlagen der Kunst " angeboten.

Helnweins alter Freund und Helfer Kruspel sollte nur zwei Jahre später zum Jahreswechsel 1984 / 1985 dabei mithelfen, am neuen deutschen Helnwein - Hauptwohnsitz eine Filiale des Düsseldorfer Scientology - Celebrity Centers, ein sogenanntes " City Office " neu aufzubauen und zusammen mit dem Helnwein - Clan auf das aus zwei direkt nebeneinander stehenden, selbständigen Gebäuden bestehende großzügige Burggelände in dem kleinen Eifeldorf Burgbrohl auf die gleichnamige Burg zu ziehen.

NARCONON - CHILOCCO U S A I

" Narconon " ist eine der vielen scientologischen Tarnorganisationen. Nicht nur Rudi Kruspel unterstützte " Narconon ". Auch sein Freund und " Retter " Gottfried Helnwein ist bis heute ein großer Befürworter und Großsponsor, wie aus einer Veröffentlichung im amerikanischen Scientologen - Mitgliedermagazin " Celebrity ", Ausgabe 1990 - mit dem Copyright - Vermerk im Impressum auf Seite 3 : Copyright 1990 by the Church of Scientology Celebrity Centre International...Alle Rechte vorbehalten - deutlich wird. Interessant ist dabei, daß sowohl das " CELEBRITY " Magazin Logo sowie die Worte Celebrity Centre, Dianetics, E-Meter, Hubbard, LRH, Scientologist und Scientology Handels - und Dienstleistungsmarken im Eigentum des sog. " Religious Technology Center " (RTC) mit Sitz in Los Angeles sind, dem von Gründer Hubbard alle Rechte an seinen Kreationen vermacht wurden. Der Begriff Narconon ist dagegen eine Handelsmarke im Eigentum von ABLE International.

Das Mitglieder - Magazin " Celebrity " wird herausgegeben von "The Church of Scientology, Celebrity Centre International, 5930 Franklin Ave., Hollywood, California", einem Ort, der Gottfried Helnwein und seiner Frau Renate aus vielen persönlichen Aufenthalten, nicht nur zwischen 1988 und 1993, bestens bekannt ist.

Unter der gleichen Anschrift wie die Redaktion von " Celebrity ", findet man d a s Scientology - Hotel überhaupt, das " Manor Hotel ", König Ludwig läßt Grüßen, ein 5 - Sterne Luxus - Haus unter der geschäftlichen Leitung der Scientology Church International (SCI). Dort befindet sich Familie Helnweins " Hauptstützpunkt " während ihrer zum Teil mehrwöchigen Aufenthalte in Los Angeles.

Nach Aussagen örtlicher Hotelmitarbeiter im August 1996, soll es an gleicher Stelle auch für andere prominente Scientologen, wie John Travolta und Tom Cruise, aber auch Priscilla Presley, möglich gewesen sein, dort ausgestellte originale Kunstwerke Gottfried Helnweins nicht nur zu bewundern, sondern auch käuflich zu erwerben.

Auf Seite 12 dieser " Celebrity " - Ausgabe aus dem Frühjahr 1990, steht Schwarz auf Weiß das Folgende, den Maler Helnwein als außergewöhnlich großzügigen " big spender " für die Scientology - Organisation " Narconon " entlarvend :

"... Der berühmte Künstler Gottfried Helnwein spendete eine größere Anzahl Kunstwerke (Winter 1989) zu Gunsten des " Narconon Chilocco New Life Center " in Oklahoma. Aus dem Erlös des Verkaufs der gespendeten Kunstwerke wurden über $ 1 5 0 . 0 0 0 an Chilocco übergeben, (das nach seiner Eröffnung eines der größten Drogenrehabilitationszentren weltweit sein wird)..."

Renowned fine artist **Gottfried Helnwein** donated a great deal of art to the cause of the *Narconon®* Chilocco New Life Center in Oklahoma. From the sold donated pieces, over $150,000 was donated to Chilocco (which will be one of the world's largest drug rehabilitation centers when it opens).

„Celebrity"-Magazin meldet: Helnwein spendet seine Kunstwerke für die Scientology-Organisation „Narconon" - 1990

Bei dieser über zwei Quadratkilometer großen Anlage handelt sich um ein, nicht nur in den USA, wegen seiner dubiosen scientologischen, von Ron Hubbard entwickelten Heilungsmethoden, heftig umstrittenes Drogentherapiezentrum (" wir erklären allen Drogen den Krieg "), mit, nach Abschluß der Aufbauphase, über 500 festen " SC Staff " - Mitarbeitern und mehr als 1.000 stark drogenabhängigen Kranken. Dank der großzügigen finanziellen Unterstützung solcher berühmten Scientologen wie Helnwein, wurde das vor Ort heftigst umstrittene " Chilocco " - Zentrum bereits am 29. Juni 1990 in Anwesenheit von über 1.500 geladenen Spitzen - Scientologen aus der ganzen Welt, während eines rauschenden 2 - tägigen Festes nahe dem kleinen Ort Newkirk feierlich eröffnet. Als Eröffnungsredner sollte auf Wunsch der PR - Abteilungsleiterin Jessica Byrnes, - wie Freundin Renate Helnwein langjähriger "Patron" der IAS, mit deren finanziellen Mitteln die Aufstockung der Kriegskasse des weltweit operierenden OSA - Geheimdienstes erfolgt -, vom Chilocco " New Life Center ", der bekannte langjährige Förderer scientologischen Gedankengutes, Hubbard Verehrer und führender UN-Mitarbeiter in New York City, der Österreicher Dr. Hans Janitschek - er ist der Präsident der International Writers Society - gewonnen werden. Seine langjährige Freundin, Renate Helnwein, sollte die Vermittlung dieser schwierigen Mission übernehmen. Ob sie auch erfolgreich war, ist nicht überliefert.

DIE BEZIEHUNG GOTTFRIED HELNWEIN, HANS JANITSCHEK UND SCIENTOLOGY PRÄSIDENT HEBER JENTZSCH

Seit vielen Jahren bereits stürzt sich Dr. Hans Janitschek, Freund und Biograph des österreichischen Medienzaren Hans Dichand, er ist u.a. Herausgeber der einflußreichen Wiener " Kronen " - Zeitung und seit 1972 ein großer Helnwein Förderer und Verehrer, erfolgreich für Narconon ins Gefecht. Viele die Idee und das Projekt lobende Janitschek - Zitate über das Narconon - Projekt finden sich in unzähligen Scientology - Veröffentlichungen der letzten Jahre.

Der honorige Wiener Dr. Hans Janitschek zählt ebenso wie sein Uralt - Freund Helnwein zu den besonders engen Freunden des langjährigen Scientology - Präsidenten und weltweit obersten offiziellen Repräsentanten der Organisation, Heber Jentzsch.

Janitschek und Jentzsch trafen sich nicht nur einmal in New York zu

INTERNATIONAL

Disseminating To World Leaders

President CSI at United Nations

Heber Jentzsch, president of the Church of Scientology International, recently met with a number of world leaders at the United Nations to exchange ideas and information on the handling of world problems.

Those whom he talked with included such dignitaries as Nobel Peace Prize winner Oscar Arias Sanchez, president of Costa Rica, George Fernandez, a top political party leader from India who also heads the Railway Union in that country, and Hans Janitscheck, head of the United Nations World Population Council.

Many countries have been battling such age-old situations as social unrest or drug abuse — without having an effective technology to solve these. Heber's meetings with these top government leaders have created new opportunities to get Scientology technology in use to handle the pressing problems these countries face.

"When national leaders asked me what they could do about education, or crime, or unrest, I would tell them — Scientology can handle that," Heber told *Scientology Today.*

President of Costa Rica Oscar Arias Sanchez (at right) is introduced to Heber Jentzsch at the United Nations by Hans Janitscheck of the U.N.

Scientology-Präsident Jentzsch 1988 in der UNO, dank dem „Türöffner" und Jentzsch-Freund Hans Janitscheck (aus: „SC Today" 1988, CSI OSA)

gemeinsamen Gesprächen über die weitere Zukunft und Expansion der Scientology - Organisation. Sie unterhielten sich auch, nach Informationen hochrangiger Aussteiger, über ihren führenden in Deutschland ansässigen österreichischen Mitstreiter und Europas prominentestes Scientology - Mitglied Gottfried Helnwein.

Am 27. März 1993 leitete Scientology - Chef Jentzsch einen handgeschriebenen Brief aus Los Angeles an seinen alten guten Freund und Helfer Gottfried Helnwein in Burgbrohl mit den Worten " My dear friends Gottfried and Renate " ein. In diesem sehr persönlichen Schreiben schildert Jentzsch wie Hans Janitschek und er gemeinsam durch die Straßen von Manhatten schlenderten und sich dabei einige " Gedanken " über die weitere Entwicklung von Scientology in Deutschland machten. Helnwein sollte dabei eine " besondere Funktion " einnehmen, auf die Jentzsch in seinem persönlichen Schreiben aber nicht näher einging. Scientology - Präsident Jentzsch schloß sein sehr freundliches Schreiben an Helnwein mit den Worten "... much love, your Heber Jentzsch "

Diese direkte freundschaftliche Beziehung zeigt überdeutlich den hohen Stellenwert, den der Künstler Helnwein seit 1985, nach seinem taktischen Umzug von Wien nach Burgbrohl, als " geheimer " Statthalter der Scientologen in Deutschland und besonders gut unterrichteter Informant für spezifisch deutsche, auch politische Angelegenheiten - Helnwein ist seit vielen Jahren sehr eng mit der Grünen Bundestagsvizepräsidentin Antje Vollmer befreundet - für die oberste Führungscrew der Organisation in den USA einnimmt. Er zählt damit zu den fünf wichtigsten prominenten Mitgliedern, die die Scientology - Organisation weltweit hat. Allerdings verübt Helnwein, zum Leidwesen der obersten Führung in Los Angeles, ganz im Gegensatz zu anderen weltweit bekannten Scientologen wie John Travolta und Tom Cruise, seine Aktivitäten für Scientology, unbemerkt für die breite deutsche Öffentlichkeit, als eine Art " Laus im Pelz " seiner Wahl - und Wunschheimat Deutschland aus, verpfeift gelegentlich seine alten Scientology - Freunde, die ihn manchmal auf seinem Schloß besuchen kommen, in bester Stasi - Tradition, an die Scientology - Zentrale nach Florida, wenn sie mal nicht zu 100 % " auf Linie " sind, oder führt als " unschuldig von den Deutschen verfolgter Scientologe " in Washington schmutzigste Hetzkampagnen gegen Deutschland, so geschehen im Januar 1997. Pech hatte der angebliche Nicht - Scientologe Helnwein nur mit seiner aktuellen Verratsaktion in Washington, da ihn das amerikanische Scientology - Hauptquartier in einer offiziellen Presseerklärung vom 14.1.1997 als Dank für seinen Vortrag vor Mitarbeitern des US - Außenministeriums mit voller Absicht als Scientologen outete und damit endgültig sein in Deutschland durch jahrelange juristische und mediale Schwerstarbeit aufgebautes Lügengebäude innerhalb kürzester Zeit krachend und tösend zusammenbrechen ließ. Helnwein ist seitdem in Deutschland auf Tauchstation gegangen. Mit ihm seine Förderer Vollmer und Biolek.

NARCONON - CHILOCCO II

Das amerikanische Narconon - Zentrum wird vor Ort nicht erst seit seiner Eröffnung besonders argwöhnisch und vor allem ablehnend betrachtet.

Das Dorf Newkirk mit seinen 2500 Bewohnern, nur drei Kilometer entfernt, hat besonders über umfangreiche Veröffentlichungen in der Lokalzeitung, durch Aufklärung über die Organisation, über Jahre hinweg versucht, " Chilocco " zu verhindern. Diese heftige öffentliche Gegenwehr brachte den Scientology - Geheimdient OSA im Hauptquartier in Hollywood auf den Plan.

Wie die renommierte Tageszeitung Los Angeles Times in ihrer Ausgabe vom 29. Juni 1990, nur 10 Tage vor Eröffnung des Zentrums, enthüllt, beauftragte die Scientology - Führung, einer der leitendenen Direktoren ist gleichzeitig Boss der berüchtigten OSA, wie schon zuvor einige male in den Jahren seit 1980, über ihren in Hollywood ansässigen Rechtsanwalt Cooley, die Detektei des wegen der Unterstützung illegaler Prostitution 1981 gefeuerten Ex - L.A. Polizei Sergeants und jetzigen hauptsächlich für Scientology tätigen Privatdetektivs und OSA INT-Mitarbeiter Eugene Ingram, der sogar im November 1991 an Mordaufträgen gegen zwei Scientology - Gegner beteiligt war.

Die L.A. Times: " Wenn er Informationen brauchte, wandte er sich einfach an seine früheren L.A. - Police Department - Freunde... 1989 tauchte plötzlich Ingram, zusammen mit einigen seiner Detektivkollegen, im Auftrag der Scientology - Geheimdienstführung in der Kleinstadt Newkirk im Bundesstaat Oklahoma auf. Sie begannen dort Untersuchungen über im Ort lebende städtische Mitarbeiter und den Inhaber und Verleger der lokalen Tageszeitung anzustellen. Der Verleger kämpfte hartnäckig mit allen ihm zur Verfügung stehenden redaktionellen Mitteln gegen das nahegelegene Drogenzentrum " Narconon ". Auf dem Höhepunkt der Auseinandersetzung enthüllte die Tageszeitung von Bob Lobsinger, durch Abdruck geheimer Scientology - Unterlagen, daß in Wirklichkeit die Scientology - Organisation verwaltungsmäßig hinter "Narconon" steht. Durch diese Veröffentlichung begann sich im Ort eine umfangreiche Anti - Narconon Stimmung breit zu machen.

Die " OSA " schlug zurück. Im September 1989 erhielten die 2.500 Bewohner von Newkirk einen " offenen Brief ", mit der Ankündigung, daß der Privatdetektiv Ingram angeheuert wurde, um alle Feinde von "Narconon" in der Stadt auszuforschen. In dem Brief stand geschrieben, daß " einzelne Bewohner mit allen Mitteln versucht hätten, die Scientology Kirche zu verleumden." Nachdem Privatdetektiv Ingram im Ort auftauchte, spürte er sofort den 12 Jahre alten Sohn des Bürgermeisters in der Stadtbibliothek auf, übergab ihm seine Visitenkarte und teilte dem verblüfften Sohn mit, sein Vater solle ihn doch einmal zurückrufen. Seine Mutter war schockiert als ihr Sohn davon erzählte. Weitere Detektive " besuchten " nun auch das Gerichtsgebäude der Stadt, wo sie in den öffentlich zugänglichen Akten nach " schmutzigen Fakten " aus der Vergangenheit einiger prominenter lokaler Einwohner suchten. " Sie forschten den Bankdirektor, den Präsidenten der Handelskammer und natürlich auch den Bürgermeister aus, " sagte Verleger Lobsinger.

Auch Newkirk - Bürgermeister Garry Bilger, der ebenfalls ein strikter Gegner von " Narconon " war, berichtete ebenfalls von einem unangemeldeten Besucher in seinen Amtsräumen, der ihn interviewen wollte. " Er machte Photos in meinem Büro und ich bat ihn damit sofort aufzuhören. Als ich ihn fragte, ob er ein Scientologe sei, rannte er ohne eine Antwort aus meinem Büro. " - " Scientologen gehen immer nach dem gleichen Verhaltensmuster vor. Sie versuchen erst einmal sehr aggressiv zu sein, um einen damit einzuschüchtern. Das ist nicht etwas, was wir in Newkirk brauchen...Das zeigt mir, daß sie weit davon entfernt sind, harmlos zu sein. Die Stadt wird " Narconon " weiter bekämpfen, bis alle Scientologen wieder von hier verschwunden sind ", so Bürgermeister Bilger gegenüber der Los Angeles Times. Allerdings konnte weder er noch die mutigen Einwohner Newkirks die Eröffnung des Zentrums im Juni 1990 verhindern.

HELNWEIN HILFT " NARCONON " IN DEUTSCHLAND - DAS OSA/ DSA SCHREIBEN 1992

Helnwein unterstütze 1989 nicht nur äußerst großzügig das amerikanische Scientology - Muster - Drogenzentrum in Newkirk, Oklahoma, mit mehr als umgerechnet 3 5 0. 0 0 0 DM aus Verkäufen seiner an Scientology gespendeten Kunstwerke (!), sondern auch vor der eigenen Tür in seiner Wahlheimat Deutschland ließ er sich nicht gerade lumpen, wie der Inhalt eines vertraulichen Schreibens des deutschen Scientology - Geheimdienstes OSA / DSA vom 7. 5. 1992 eindrucksvoll beweist.

In einem " Bettelbrief " an einen potentiellen zahlungskräftigen Hubbard - Anhänger in Stuttgart, schreibt der Geheimdienstler des DSA Richard Eisenböck, c/o Scientology Kirche Deutschland, Frankfurter Ring 105 (Sitz der OSA), 8000 München 40 : " Ich möchte Dich kurz über ein für Narconon und OSA sehr wichtiges Finanzierungsprojekt unterrichten. Möglicherweise hat Dich schon jemand darauf angesprochen, hier aber die ganze Geschichte:

Gottfried Helnwein hat sich bereit erklärt, eines seiner neuesten photorealistischen Gemälde - " Marilyn Monroe ", siehe Photo anbei - in einer weltweit limitierten Auflage von 450 Stück zum Zwecke der Unterstützung von Narconon und OSA auf den Markt zu bringen (vergleichbare Werke Helnweins liegen bei konservativ geschätzten DM 5.000 pro Lithographie (!), macht eine für die Scientology - Organisation erhoffte Gesamteinnahme von ca. DM 2. 2 Millionen DM ! - der Autor). Die Verteilung läuft exclusiv über uns und eine Schweizer Litho - Anstalt, der Reinerlös fließt an uns (OSA - der Autor) und an Narconon. Die Lithographie wird auf Wunsch mit Widmung versehen. Helnweins Lithographien sind eine Wertanlage, nicht nur eine Ausgabe. Die gegenständliche Lithographie ist ein klassisches Stück Ästhetik, ein zeitloser Mythos und nicht zuletzt, da am Wichtigsten - eine d i r e k t e Spende für Narconon und OSA, ohne daß der Käufer selbst belastet ist, da er mehr als den Gegenwert seines Kaufpreises erhält. Die Monroe - Lithographie ist fast doppelt so groß wie viele andere Lithographien aus Helnweins Produktion. Die Lithographie wird Mitte des Monats Mai (1992) vom Künstler in der Schweiz hergestellt und noch im Mai ausgeliefert. Bis zur Herstellung gilt der angegebene Subskriptionspreis. Wenn Du mir und uns wirklich einen Gefallen tun willst, dann entscheide Dich für den Kauf einer oder mehrerer Monroe - Lithographien und nimm bitte zusätzlich Deine kunstinteressierten Kontakte JETZT wahr.

Letztlich geht es um Hilfe für Narconon und OSA. Narconon muß in den nächsten Wochen einige Hunderttausend Mark auf die Beine bringen, um das Haus zu halten. "

Gemeint ist das Narconon - " Drogen " - Zentrum am bayerischen Schlier-

Stuttgart, 7.5.1992

Lieber Klaus,

ich möchte Dich kurz über ein für Narconon und OSA sehr wichtiges Finanzierungsprojekt unterrichten. Möglicherweise hat Dich schon jemand darauf angesprochen, hier aber die ganze Geschichte:

Gottfried Helnwein hat sich bereit erklärt, eines seiner neuesten photorealistischen Gemälde - "Marilyn Monroe", siehe Photo anbei - in einer weltweit limitierten Auflage von 450 Stück zum Zwecke der Unterstützung von Narconon und OSA auf den Markt zu bringen. Die Verteilung läuft exlusiv über uns und eine Schweizer Litho-Anstalt, der Reinerlös fließt an uns und an Narconon. Die Lithographie wird auf Wunsch mit Widmung versehen.

Helnweins Lithographien sind eine Wertanlage, nicht nur eine Ausgabe Die gegenständliche Lithographie ist ein klassisches Stück Ästhetik, ein zeitloser Mythos (der Todestag von Marilyn Monroe jährt sich übrigens am 5. August zum dreißigsten Mal) und nicht zuletzt, da am Wichtigsten - eine direkte Spende für Narconon und OSA, ohne daß der Käufer selbst belastet ist, da er mehr als den Gegenwert seines Kaufpreises erhält. Die Monroe-Lithographie ist fast doppelt so groß wie viele andere Lithographien aus Helnweins Produktion.

Die Lithographie wird Mitte des Monats vom Künstler in der Schweiz hergestellt und noch im Mai ausgeliefert. Bis zur Herstellung gilt der angegebene Subscriptionspreis.

Wenn Du mir und uns wirklich einen Gefallen tun willst, dann entscheide Dich für den Kauf einer oder mehrerer Monroe-Lithographien und nimm bitte zusätzlich Deine kunstinteressierten Kontakte JETZT wahr.

Letztlich geht es um Hilfe für Narconon und OSA. Narconon muß in den nächsten Wochen einige Hunderttausend Mark auf die Beine bringen, um das Haus zu halten. Dies soll hauptsächlich über dieses Projekt geschafft werden. Der einzige Grund, weshalb wir so viel Nachdruck auf dieses Projekt legen, ist, daß wir wollen, daß Narconon bei uns vor der Haustüre bleibt und nicht gezwungen ist, abzuwandern.

Narconon kann dann auch die Schulden bei OSA abtragen, so kommen auch wir auf auf unsere Kosten.

In Erwartung Deiner SCHNELLEN Telefon-Antwort und mit den besten Grüßen

Richard Eisenböck

c/o Scientology Kirche Deutschland
Frankfurter Ring 105
8000 München 40
zur Zeit erreichbar in Stuttgart unter 0711/649 11 15 oder 640 37 73

P.S.: Anbei auch der neueste Freiheits-Spiegel für Baden-Württemberg.
Viel Spaß beim Lesen!

Helnwein und der DSA/OSA Geheimdienst in Deutschland 1992
Richard Eisenböck ist wie Helnwein ein „Patron"

see, unter der damaligen Leitung des Scientologen Horst Niesel, einem langjährigen guten Freund Helnweins, das in " Rundschreiben ", wie in dem vom 5. 4. 1986 um Drogenabhängige wirbt: "... Sie haben ja schon öfters von uns gehört. Heute möchte ich einmal bei ihnen anfragen, ob Sie Personen kennen, die Schwierigkeiten mit Drogen oder Alkohol haben. Schreiben Sie uns bitte die Namen...". Allerdings waren diese Bemühungen um Kundenfang nicht gerade mit Erfolg gesegnet. Jahrelang mußte das Zentrum am Schliersee durch Zuwendungen der OSA / DSA in München am Leben erhalten werden.

Auch Renate und Gottfried Helnwein standen u.a. zwecks " Sponsoring " des Narconon e.V. des öfteren mit Horst Niesels - Zentrum im persönlichen Kontakt. Gelegentlich traf sich auch Niesel mit dem Ehepaar Helnwein konspirativ um weitere überlebenswichtige Finanzierungsmodalitäten zu besprechen, so geschehen am 17. Mai 1991 in Wien in dem Büro des Langzeitscientologen und als Helnweins Geschäftsführer der österreichischen WISE - Unternehmung " Gottfried Helnwein Ges.m.b.H. " das 100 % Vertrauen genießende " Patron " Anton "Toni" Morell, knapp eine Woche vor der Eröffnung der Helnwein - Ausstellung " Kindskopf " in der Minoriten - Kirche in Krems bei Wien.

Auch andere hochrangige deutsche Scientologen wie der OT und gute Freund von Maler Helnwein Detleff Foullois, der 1993 vom Landgericht in Rostock, wegen Steuerhinterziehung, zu einer mehrjährigen Haftstrafe verurteilt wurde, sollten auf Vermittlung von Gottfried Helnwein im Herbst 1991 " Spenden " bis zu DM 20.000 nach Schliersee fließen lassen. Foullois war mit seiner Computerfirma " Cosmos Computer GmbH " in Hamburg ebenso Mitglied der Scientology - Wirtschaftsvereinigung " WISE " . Er ist wie Helnwein ein " Patron " (Großspender) der IAS (Internationale Vereinigung der Scientologen). Deleff Foullois hat zusammen mit seinem Partner König die deutschen Scientology - Organisationen mit Computer Hard - und Software ausgestattet und vernetzt. Das OSA - Geheimdienst - Computersystem, mit Zentralen in München und Düsseldorf, läuft ebenfalls seit Anfang der 90er Jahre über diese installierte Anlage. Alle bedeutenden deutschsprachigen Wirtschaftsbosse von " WISE " stehen in laufendem Kontakt zueinander. Die wahren wirtschaftlichen Machthaber der in Deutschland, Österreich und der Schweiz befindlichen Scientology - Organisationen, sind einzelne finanzkräftige " WISE " - Mitglieder wie die hochrangigen Scientologen Kempe, Fliegerbauer, Foullois, Herold, Stricker, Heilig, Brase, Epple, Annau sowie eine Handvoll weiterer Personen. Helnwein war über seine Firma " Gottfried Helnwein GmbH " Mitglied des österreichischen WISE - Geflechts der Scientologen. Diese Personen sind im eigentlichen Sinne die " Paten " der Organisation. Sie halten die wirtschaftlichen Fäden zusammen.

Auffällig viele Fäden laufen beim eigentlichen " Oberpaten " Gottfried Helnwein zusammen, obwohl in Deutschland kein " WISE " - Mitglied, sondern " nur " über den Umweg Österreich. Er hat seit vielen Jahren direkten privaten und geschäftlichen Kontakt zu vielen dieser Personen und gibt nicht selten zusammen mit Ehefrau Renate direkte scientologische " Führungsanweisungen " bezüglich gemeinsamer Geschäfte heraus.

Für das " Narconon Schliersee " - Zentrum kam jedoch jede Hilfe zu spät. Drei Jahre später wurde nicht nur dieses, sondern ebenso das in Berlin aufgrund fragwürdiger Praktiken, wegen denen in Deutschland schon mehrfach " Narconon " - Mitarbeiter wegen Freiheitsberaubung, Nötigung und Verstoß gegen das Heilpraktikergesetz verurteilt worden waren, geschlossen. Nur das Zentrum in Itzehoe ist zur Zeit noch offen.

Helnwein selbst schwärmte im Sommer 1990, während einer für das österreichische Fernsehen aufgezeichneten redaktionellen Sitzung in seinem Schloß in Burgbrohl, anläßlich der Produktion einer damals von Dietmar Schönherr und dem Fernsehproduzenten Peter Reichelt geplanten neuen Samstag - Abendshow für den ORF namens " Kinderspiel ", vor den zum Teil prominenten anwesenden Teilnehmern, wie z.B. dem als Moderator vorgesehenen Schauspieler Dietmar Schönherr, oder der Co - Moderatorin in spe Desiree Nosbusch, von den Qualitäten der Narconon - Drogenzentren, insbesondere dem neuen Musterzentrum in den USA.

Das letzte in Deutschland verbliebene Narconon - Haus steht im norddeutschen Itzehoe. Am 28. Mai 1996 berichtete der Journalist Stephan Clausen in der Itzehoer Zeitung auf der Titelseite " Therapie - Zweifel nach Narconon - Todesfall ". Clausen weiter: Nach dem Tod des Leiters der Itzehoer Drogenselbsthilfe - Einrichtung " Narconon " streben die zuständigen Behörden eine genaue Untersuchung des Vorfalls an...In einem Bericht des Fernsehmagazins " S-Zett " des Privatsenders Vox, erheben frühere Drogenabhängige schwere Vorwürfe gegen die Einrichtung. So behauptet ein Ex - Junkie, Drogenabhängige würden bei "Narconon" von Laien unter Gewaltanwendung mit klar der Scientology - Sekte zuzuordnenden Praktiken behandelt. Nach Expertenmeinungen sind diese Methoden medizinisch bedenklich. Bisher fehlte jedoch eine Handhabe zum Einschreiten, weil sich im Itzehoer Krankenhaus aufgenommene

" Narconon " - Patienten nicht zu Aussagen bewegen ließen. Der erst jetzt bekanntgewordene Tod des Itzehoer " Narconon " - Leiters Wolfgang Hafner hat die Behörden jedoch aufgeschreckt. Hafner, der bereits im April an Gelbsucht starb, hätte nach Aussagen von Ärzten des Kreiskrankenhauses Itzehoe gerettet werden können, wenn er rechtzeitig eingeliefert worden wäre. Völlig entkräftet wurde er in die Klinik gebracht, wo er kurz darauf starb...Hafner wurde vermutlich Opfer einer " Therapie ", die er selbst propagiert hat - den sogenannten Reinigungs - Rundown und Auditing, Praktiken der Scientology - Organisation. Beim Rundown soll der Drogenabhängige das Gift in seinem Körper in stundenlangen Saunagängen regelrecht ausschwitzen. Beim Auditing sollen die Junkies lernen, als Geisteswesen frei von Zeit und Raum zu leben..."
Derzeit wird über das weitere Schicksal des letzten noch in Deutschland verbliebenen Narconon - Zentrums behördlich entschieden.

DSA/ OSA - Mann Eisenböck weiter in seinem " HELNWEIN - Kunst Fund Raising " - Schreiben vom 7. Mai 1992, auf welche Weise das Zentrum in Schliersee, mit Helnweins Hilfe, vor der Schließung gerettet werden sollte :

" Dies soll hauptsächlich über dieses (Helnwein) - Projekt geschafft werden. Der einzige Grund, weshalb wir so viel Nachdruck auf dieses Projekt legen, ist, daß wir wollen, daß Narconon bei uns vor der Haustüre (in Schliersee)bleibt und nicht gezwungen ist, abzuwandern. Narconon kann dann auch die Schulden bei OSA (!) abtragen, so kommen auch wir auf unsere Kosten. In Erwartung Deiner SCHNELLEN Telefon - Antwort und mit den besten Grüßen - Richard Eisenböck ."

Aber auch ein Gottfried Helnwein konnte, trotz seines fulminanten, doch so spendablen Einsatzes, das nahende Ende der Schliersee - Scientologyklinik seines " Glaubensbruders " Niesel, auf Grund akuter finanzieller Probleme, nicht mehr verhindern.

EIN OSA - MANN PACKT AUS

Der Empfänger des Geheimdienst - Rundschreibens des deutschen OSA-Mannes Eisenböck, ein kurz zuvor aus der deutschen Organisation ausgestiegener Scientologe, meldete sich am 10.Mai 1992 kurz nach Erhalt des Bettelbriefes bei Deutschlands prominentester und effektivster Scientology - Kritikerin Renate Hartwig: " Heute morgen ist jetzt etwas passiert, worüber ich Dich unbedingt informieren muß, denn ich habe doch tatsächlich am Muttertagssonntag in der Früh um halb neun, einen

Eilbrief von Richard Eisenböck von OSA erhalten, die anscheinend immer noch nicht gespannt haben, daß ich ihre Organisation vollkommen satt habe. Dieser Brief kam zusammen mit einem Schmierblatt von OSA, genannt " Freiheitsspiegel ", der in einer Auflage von 500.000 Exemplaren gedruckt wurde...Ich schicke Dir diesen Brief vor allem deshalb, weil mich dieses Schreiben aus der Sicht als Künstler bis aufs Blut gereizt hat und einen ganz wunden Punkt bei mir getroffen hat, nämlich die Tatsache, daß schon wieder ein Künstler, in diesem Fall Helnwein, der übrigens fast den gleichen Stil wie ich hat, von OSA dafür benutzt wird, um mit Hilfe des Verkaufs seiner Kunstprodukte Geld für OSA zu beschaffen. Beachte auch den Punkt in dem Brief, wo Eisenböck schreibt: " Narconon kann dann auch Schulden bei OSA abtragen. "

Dies hat mir wieder einige Erinnerungen während meiner eigenen kurzen Aushilfstätigkeit 1989 bei OSA in München in Erinnerung gerufen: Daß nämlich OSA Missionen und andere Scientology-Einrichtungen vor Gericht vertritt, rechtlich vertritt und PR - Kampagnen im Umfeld von Missionen durchführt und Kritiker in der Nähe von Missionen und Scientologen beobachtet und über sie Informationen sammelt und dafür aber auch noch den Missionen Rechnungen für ihre Tätigkeiten ausstellt. Es läuft praktisch ähnlich ab wie bei der Mafia: Die Missionen haben laut OSA - Richtlinien die Pflicht, jegliche negative Kritik oder Presse gegen Scientology in ihrer Umgebung an OSA zu melden. OSA übernimmt dann, ohne die Missionen um Erlaubnis zu fragen, die " Beschützerrolle " für die Mission, macht einen Riesenwirbel und Aufwand gegen die vermuteten " Feinde " und stellt dann für ihre Tätigkeit horrende Summen an die Missionen in Rechnung, wodurch die Missionen dann in der Schuld und Abhängigkeit von OSA stehen und damit natürlich jederzeit von OSA unter Druck gesetzt werden können, für den Fall, daß eine Mission nicht mehr linientreu " on line " ist. Und für den Fall, daß die OSA tatsächlich kein Geld mehr hat oder zum Beispiel den Freiheitsspiegel in einer Auflage von 500.000 Exemplaren zur " Aufklärung der Gesellschaft über die Feinde von Scientology " drucken muß, wird einfach der Druck auf die Missionen über die Missionsleiter erhöht, mit den gleichen Argumenten, die ja auch die IAS (Internationale Vereinigung der Scientologen) benutzt. Die IAS arbeitet übrigens mit der OSA zusammen und koordiniert ihre "Spendensammelaktionen" direkt mit den " Beschützeraktionen " von OSA. Die Argumente der IAS und von OSA sind immer die gleichen "sonst wird Eure Mission zugemacht und ihr könnt nicht mehr frei werden. "

Die Parallele zur " Schutzgeldererpressungsmethode " der Mafia ist immer die gleiche...Ich war übrigens in der Ethikabteilung der Scientology - Kirche Bayern in München als Mitarbeiter angestellt. Mein Posten nannte sich " Ethik - Officer - Administrator " - zu deutsch: Verwaltungsgehilfe des Ethik - Beauftragten. Meine Aufgabe war es dabei, Ethikakten sowohl von Mitarbeitern (staff), als auch von Kunden (publics) der Organisation alphabetisch einzusortieren. Dabei mußte ich auch einzelne Berichte und Aufzeichnungen über das sogenannte HCO-Auditing einsortieren, dies ist ein Auditing, das mit dem "Brückenauditing" nichts zu tun hat, und während dem Mitarbeiter am Elektro - Meter daraufhin überprüft werden, ob sie irgendetwas tun, das eine Gefahr für die Organisation sein könnte. Diese Aufzeichnungen bekam ich als Teilzeitmitarbeiter zu Gesicht, während ich diese in die Ethikakten (Ethikfolders) einsortierte. Es war für mich als Außenstehender kein Problem, mir die intimsten Offenbarungen der Mitarbeiter und Kunden durchzulesen. Es waren dort auch Auditingberichte enthalten, wo z.B. eine Mitarbeiterin in einer Überprüfung durch die Ethikabteilung dem Auditor gegenüber erzählen mußte, mit wem in der Organisation sie sexuelle Verhältnisse hatte und hat. Dabei schilderte die Mitarbeiterin sogar einzelne Sexualakte, mit genauem Ort, Zeit, Form und Ablauf der genauen Ereignisse. Und ich konnte zig solcher Berichte von Mitarbeitern durchlesen, fast wie Pornos, obwohl dies sehr persönliche Schilderungen waren, die mich persönlich eigentlich nichts angingen und mit denen ich gar nichts zu tun hatte... Ich bin liebend gern bereit, dies jederzeit unter Eid vor Gericht auszusagen und zu wiederholen."

Das U.S. Magazin " Celebrity ", wie auch andere Magazine der Scientology - Organisation, erhalten Sponsor - Informationen über großzügige Zahlungen berühmter Großspender seit den späten 80er Jahren nahezu ausschließlich von den " Spendern " selbst, denn es ist eine besondere Ehre für jeden Scientologen als finanzkräftiger Unterstützer öffentlich als " guter Scientologe " positiv Erwähnung zu finden. Auch Gottfried Helnwein machte da keine Ausnahme, wie man sieht.

WIEN 1980/1

In dem Wiener Nachrichtenmagazin " Profil " wird in zwei ausführlichen Artikeln 1980 und 1981, in dem einen auf das erste Buch, daß sich inhaltlich ausschließlich mit der Kunst Helnweins befaßt, aufmerksam gemacht, in dem anderen, unter der Überschrift " Menschliche Tragödien ", u.a. vor den Gefahren, die von Scientology ausgehen, gewarnt.

In dieser Geschichte über Scientology in Österreich wird auf den Fall eines 23jährigen Technikstudenten aus Oberösterreich hingewiesen, der für kurze Zeit eine intensive Beziehung zu Scientology in Wien hatte, die sich für ihn nun “.. in existenzbedrohenden Kreditraten zu Buche schlagen. Nach dem obligatorischen kostenlosen Persönlichkeitstest sowie der Buchung eines einführenden Kommunikationskursus für vergleichsweise läppische 300 Schilling, war der Student bereits am ersten Tag seines Kontaktes mit Scientology für würdig befunden worden, den gepriesenen Zustand “ clear “ von allem weltlichen Unbill, zu erreichen.

Zu meisternde Hürden waren lediglich noch u.a. die Erlangung eines “ Studierhutes “, die Absolvierung des “ Minitonbandkurses “ sowie der “ Reinigungsrundown “. Mit dem dafür veranschlagten Gelegenheitspreis von 60.000 Schilling (ca. 8.600 DM) konfrontiert, “ bin ich äußerlich ganz ruhig geblieben, so als ob ich das normal finden würde, aber ich hab' nicht im Traum daran gedacht, mich darauf einzulassen.”
24 Stunden später wurde der Alptraum Wirklichkeit.

Als der nicht gerade übermäßig Willensstarke zur zweiten Sitzung seines Billigkurses erschien, erwartete ihn bereits ein wohlmeinend - wortgewaltiges Duo. Die Ausflüchte des Studenten, er könne die verlangte Summe beim besten Willen nicht aufbringen und erhalte...auch nirgends einen Kredit, erwies sich als Bumerang: “ In einer Bank am Graben in der Wiener Innenstadt sitzt jemand, der hat Verständnis für uns” , wurde ihm beschieden. Eine Stunde später war der Vertrag perfekt, der Countdown fürs neue Lebensgefühl hatte begonnen. Erstes Unbehagen überkam ihn erstmals zu Beginn des “ Reinigungskurses “, für welchen man ihm 15.385 Schilling von den bereits eingezahlten 60.000 abzog. Die oberflächliche Untersuchung durch einen hauseigenen Arzt kostete weitere 2.000 Schilling, dann begann der große Saunamarathon, in dessen Verlauf nicht nur alles Negative herausgeschwitzt, sondern als Draufgabe auch noch die von Scientology - Begründer Ron Hubbard versprochene Unempfindlichkeit gegen radioaktive Strahlung erzielt werden sollte...Bereits von Zweifeln angekränkelt, dampfte er gemeinsam mit anderen Kursteilnehmern in einer öffentlichen Sauna täglich drei Stunden vor sich hin, vergaß auch nicht die Einnahme der überaus wichtigen Vitamine sowie des vorgeschriebenen Scientology - Wundermittels Niacin in sich ständig steigernden Dosen. Die ärztliche Überwachung erwies sich als vorbildlich, erhielt er doch täglich einen Zettel mit so profunden Tips wie etwa viel Gemüse essen und gut zu schlafen. Eine Runde älterer Herren verhalf ihm schließlich zum befreienden Schlüsselerlebnis: “ Die haben uns alle mit der Zeit schon gekannt und uns bedauert, daß wir angeblich so viel Geld für die Sauna bezahlen müssen."...Seine Bemühungen, sich stillschweigend wieder abzusetzen, ließen den Studenten endgültig hinter die Kulissen der " non - profit Organisation " blicken...Hauptberufliche Scientologen...wußten sich schließlich nicht mehr anders zu helfen, als ihn über ihren leistungsorientierten Hungerlohn aufzuklären...Die ständigen Telefonanrufe haben mittlerweile aufgehört, Briefe mit der freundlichen Aufforderung, " sich alles noch einmal gut zu überlegen ", bekommt er allerdings heute noch, Monate nach dem verlustbringenden Zwischenspiel.

Renate Helnwein,...seit sechs Jahren bereits...engagierte Scientologin, hat für den übertölpelten Ratenzahler begrenztes Verständnis: " Ein armes Würschtl, aber so was kommt halt leider vor." Ihre eigenen Investitionen in der Höhe von rund 80.000 Schilling bereut sie keineswegs, allerdings hat sie auch schon vor geraumer Zeit aufgehört, kritische Anmerkungen an sich heranzulassen: " Die Lügen, die über uns verbreitet werden, les' ich doch gar nicht mehr..."."

Ein Jahr später, 1981, schreibt das Magazin " Profil " in seiner Geschichte " Horror und Helden " über Gottfried Helnwein:

"... Derzeit steht der Graphiker, der vor Jahren durch die amerikanische Scientology - Bewegung zu " Klarheit über das, was ich wollte " gefunden hatte und die umstrittene Lebenshilfesekte immer noch für "einen Hammer" hält, vor einer Entscheidung. Die Hamburger Kunsthochschule hat ihm vorige Woche einen Lehrstuhl für Medienillustration angetragen. Gleichzeitig aber möchte er eine Serie Idole mit Mick Jagger, Andy Warhol und Muhammed Ali starten..."

DIE GOTTFRIED HELNWEIN GMBH IN WIEN 1981 UND DIE PROBLEME MIT DEN STEUERBEHÖRDEN IN ÖSTERREICH SEIT 1994

Am 2. Dezember 1981 gründete Gottfried Helnwein zur besseren Vermarktung seiner Kunstwerke in Wien die " Gottfried Helnwein Gesellschaft mbH " mit der HR B Nummer 28.946, deren alleiniger Geschäftsführer er wurde. Das Stammkapital seiner Firma betrug 500.000 Schillinge. Gegenstand des Unternehmens war u.a " Der Handel, die Verwertung, die Einfuhr und Ausfuhr, die Ausstellung, Durchführung von Vernissagen und sonstigen Ausstellungen von Gemälden, Plastiken und sonstigen Kunstwerken, weiters der Verlag, Vertrieb und Verkauf von Kunstdrucken und Kunstgraphiken jeglicher Art...".

Ende 1984 zog Helnwein nach eigenen Angaben zusammen mit seiner Familie von Wien nach Burg Brohl bei Köln, auf die gleichnamige Burg. Kurz nach seinem Umzug trat Helnwein am 14. November 1985 als Geschäftsführer seiner GmbH zurück. Als neuen Geschäftsführer setzte er einen der besten Freunde der Familie Helnwein, Anton, genannt Toni, Morell ein, damals, ebenso wie Gottfried und Renate Helnwein, bereits seit Jahren ein großer Anhänger der Scientology- Organisation.

Im Magazin der Internationalen Vereinigung der Scientologen (IAS) "IMPACT", Ausgabe Nr. 39 aus dem Jahre 1991, das in England verlegt wird, findet sich ab Seite 45 die Liste der sog. " Patrons " der Vereinigung.

" Patrons " sind nach Angaben in diesem Magazin Spender, die mindestens 40.000 $ an die IAS, insbesondere an deren " war chest " = "Kriegskasse" als Zuwendungen geleistet haben. Unter der Rubrik "Österreich" stehen 24 Namen, die als " Patrons " bezeichnet werden. Einer von ihnen ist Toni Morell, der Geschäftsführer der " Gottfried Helnwein GmbH ", deren Firmenname am 4. November 1993 in " Boulevard of Broken Dreams Kunstverlags GmbH " geändert wurde. Gesellschafter der Firma waren zunächst Katharina und Peter Markowitsch sowie Gottfried Helnwein, später Anton " Toni " Morell und Peter Tovornik.

Insbesondere werden durch diese Firma vor allem die Poster von Helnwein weltweit vertrieben, u.a. das berühmte " James Dean " - Poster, oder das von Edward Hoppers " Nighthawks " - Gemälde entlehnte Poster mit Presley, Bogart und Monroe an einer Bartheke. Das " James Dean " - Poster gilt nach eigenen Angaben Helnweins, als das " meistverkaufteste " Poster der Welt.

Die nun nach Wien fließenden, weltweit erzielten, recht hohen Verkaufseinnahmen, waren auch der Hauptgrund, weshalb sich Helnwein seit 1981 auf besonders geschickte steuerliche Berater vertrauensvoll verlassen wollte und auch mußte. Diesen fand Helnwein in dem Wiener Scientologen Dr. Erwin Annau., eine schillernde Figur in der österreichischen Scientologen - Szene. Erwin Annau, damals noch Mitarbeiter im Steuerbüro Wolfgang Annau, wurde der Steuerberater der " Gottfried Helnwein Ges. m.b.H. " in Wien sowie des Ehepaares Helnwein. Erstes Ziel Annaus war es, jeweils die offiziellen Einnahmen durch "betrieblich" bedingte Ausgaben zu vermindern. Dabei verfiel man auf die geniale Idee, Gottfried Helnweins " Spenden " - Kosten für Scientology-Kurse und Aufenthalte im ranghöchsten Scientology SEA ORG - Hauptquartier FLAG in Clearwater/ Florida als " künstlerische " Beratungen und damit betriebsbedingte Unkosten zu verbuchen und abzusetzen.

Das Hauptquartier FLAG half dabei gerne mit. Allein im Jahr 1982 stellte die " FSO " (FLAG SERVICE ORG, 210 S. Fort Harrison Ave., Clearwater, Florida 34616, USA) eine " Rechnung " von umgerechnet über DM 12.000,— auf " Gottfried Helnwein, Neustiftgasse in Wien " für " Kulturmanagement - und Beratungskurse " aus. Bezahlt werden sollte die Summe, auf Anweisung der FSO per Telex - Überweisung, auf ein geheimes FSO - Sonderkonto bei der Creditbank Luxemburg. Ähnlich lief es auch in den folgenden Jahren bis zu Helnweins "Auswanderung" nach Deutschland im Winter 1984 ab.

1985 teilte Annau seinem Freund Gottfried voller Stolz und Arroganz über die angebliche Dummheit der Wiener Finanzbeamten mit, die Helnweins Steuererklärung für das Jahr 1983 zu prüfen hatten, daß das " Scientology - Ausgabenmodell " wiedereinmal, wie auch im Jahr zuvor, von den Finanzbehörden ohne Probleme akzeptiert worden war. Auch für die " Helnwein GmbH " hatte Annau etwas parat. Neben Helnwein, beriet Annau auch andere Topscientologen in Österreich steuerlich, u.a. Jürgen Walter Epple. Epple ist wie Annau seit Herbst 1994 in einen umfangreichen Steuerhinterziehungsskandal verwickelt, in deren Untersuchung auch die " Scientology - Österreich " Organisation eine tragende Rolle spielt. Grund: Ausstellung von diversen Scheinrechnungen.

Auch die Firma " Gottfried Helnwein Ges.m.b.H. ", die ebenfalls in die groß angelegte Untersuchung der Wiener Finanzbehörden verwikkelt ist, erhielt 1985, nach deren Feststellungen, eine " Scheinrechnung " einer Epple - Firma mit Sitz im schweizerisch - italienischen Steuerparadies Campione über mehr als DM 100.000 für diverse " Berater " - Tätigkeiten des Herrn J.W. Epple. Die schriftliche " Beratung " bestand aus zwei voneinander getrennten Berichten:

a. Bilanzanalyse für die Geschäftsjahre 1981 bis 1984 und
b. Analyse und Perspektiventwicklung eines Scientology - Celebrity Centers unter der persönlichen Leitung von Gottfried Helnwein in Burgbrohl / Deutschland ab 1985. Besonders nach Durchsicht des Inhaltes des zweiten Komplexes wird deutlich, wie intensiv und detailliert von und mit Helnwein Aufbau und Durchführung einer neuen Scientology - Organisation in Deutschland geplant war und die theoretischen Entwicklungskosten dafür sogar noch in Österreich steuerlich abgesetzt werden sollten.

Erwin Annau wirkte auch noch nach Helnweins Umzug von Wien nach

Burgbrohl und seinem damit verbundenen Ausstieg als GmbH - Geschäftsführer, als Nachfolger setzte er den " Patron " Toni Morell ein, als sein Steuerberater. 1989 verschickte Annau an seine gesamte scientologische Kundschaft ein Rundschreiben, vornehmlich an Wiener " WISE " - Mitglieder, WISE ist eine scientologische Unterorganisation, ausschließlich für Wirtschaftsunternehmen, Selbständige und Freiberufler, die, gegen Zahlung eines hohen Mitgliedsbeitrages sowie Umsatzbeteiligungen, die über Umwege an die Zentrale nach Florida fließen, der Hubbard - Wirtschaftsdoktrin folgen dürfen. In seinem Informationsbrief übermittelte er die von der WISE - Zentrale in Clearwater erhaltene Anweisung "alle zukünftigen Zahlungen auf das neue Konto ....bei der Creditbank Luxemburg, Stichwort " FSO ", einzuzahlen".

Auch der Geschäftsführer des " WISE " - Mitgliedes, die " Gottfried Helnwein Ges.m.b.H. ", Anton " Toni " Morell, beglich kurz nach Erhalt des Rundbriefes eine offene Rechnung für " Beratertätigkeiten " mit einer Scheck - Zahlung von über DM 17.000 durch Einreichung auf das ihm von Annau bekanntgegebene Konto bei der Creditbank in Luxemburg, zu Gunsten der " FSO " in Clearwater. 1994 wurde dann die Kontonummer ein drittes mal geändert und den " Wise - Members " mitgeteilt.

DIE GEHEIMRAZZIA GEGEN SCIENTOLOGY IN ÖSTERREICH - 1994

In einer Geheimrazzia führte dann schließlich die Justiz in Österreich in der Woche vom 7. bis 11. November 1994, nach monatelangen Vorbereitungen, einen gewaltigen Schlag gegen die " Scientology Kirche Österreich ". Bei Hausdurchsuchungen in ganz Österreich ließ die Steuerfahndung Buchhaltungsunterlagen der Organisation beschlagnahmen. Daraufhin übernahm die Staatsanwaltschaft Wien die Ermittlungen wegen des Verdachts großangelegter Steuerhinterziehung. Insgesamt 30 Büros und Wohnungen wurden auf den Kopf gestellt. " Die Operation der Finanzbehörden bedroht den Lebensnerv von Scientology in Österreich ", wie die Journalisten Hannes Reichmann und Günther Zäuner von der "Wirtschaftswoche" vom 24.11.1994, in ihrer Titelstory " Vorschläge zur Geldwäsche " berichten. Unter dem Aktenzeichen 26b Vr 6047 / 93 des Untersuchungsrichters Peter Seda ist ein weiteres für die Organisation gefährliches Verfahren, welches das Finanzamt Wien bearbeitet, am Laufen. Die " Wirtschaftswoche " weiter: " ...Was im Vorjahr als simple Routineüberprüfung bei insgesamt 15 Personen in Wien begann, wächst sich inzwischen zu einem Monsterverfahren mit der Dramaturgie eines Psychothrillers aus...Nach anonymen Hinweisen wird im Sommer 1993 ein Finanzstrafverfahren gegen 15 Personen, darunter Kaufleute und Steuerberater, in Gang gesetzt. Der Gerichtsakt liest sich stellenweise wie ein Geheimdossier der ehemaligen DDR - Staatssicherheit: Die 15 potentiellen Steuersünder von Dr. Franz Josef Hofer (Nr. 1.) bis zu Dr. Wolfgang Freisleben (Nr. 15), unterhalten miteinander offenkundig enge und aufklärungsbedürftige Geschäftsbeziehungen. Eine Kostprobe: " Für angebliche, in Wahrheit fingierte Vorträge des Nr. 3 hat Nr. 6 Aufwendungen in Höhe von öS 255.474, ca. DM 37.000, verbucht. Für Standardleistungsbeschreibungen hat Nr. 7 Zahlungen an Nr. 3 in Höhe von 3.4 Millionen Schilling, ca. DM 490.000, zu Unrecht verbucht." Nach Hausdurchsuchungen wurden die Steuerfahnder prompt fündig : " Bei den bisher durchgeführten Hausdurchsuchungen wurden vorbereitete Rundschreiben über die Methoden der Erstellung von Scheinrechnungen gefunden, um auf diese Weise Spenden von Firmen an die Scientology - Kirche als Aufwand abbuchen zu können. Ferner wurden von den Organen der Scientology, Vorschläge zur Geldwäsche in der Form gemacht, daß bei ihnen ein Kunstwerk oder Musikrechte gekauft werden, die dann nach Ablauf der Spekulationsfrist von einem Jahr zu einem 10 - bis 15 fachen Preis unversteuert an die Scientology - Firma ETICO Ltd. in London wieder verkauft werden können. " Erfreute Reaktionen eines ermittelnden Steuerfahnders : " Das ist ja traumhaft. Da steht konkret drin, wie man Steuern hinterzieht. " Neben der Tatsache, daß ein Steuerberater von der Sekte offenkundig " Anleitungen " darüber erhalten hatte, wie Spenden an Scientology möglichst steuerschonend behandelt werden können, finden sich noch weitere Juwelen in den Ermittlungsakten : " Die Organe der Scientology agierten unter der Firma " Graphik und Design Business Managing Sportmanaging Consulting ". Der Steuerberater ist alternativer Scientologe, der diverse Verkaufsseminare für Scientology abgehalten hat und an Kursteilnehmer Scheinrechnungen ausgestellt hat. Zwei Scheinrechnungen im Jahr 1986 über öS 495.000, ca. DM 71.000, und öS 290.000, ca. DM 42.000, sind objektiviert. Es besteht der Verdacht, daß Nr. 14 routinemäßig Scheinrechnungen ausgestellt hat. " Während es den Beamten bisher nicht gelang, ein Unternehmen dieses Namens auszuforschen, steht die Identität des findigen Steuerberaters fest: Bei der Nummer 14 des Verfahrens handelt es sich um den bekannten Scientologen, Steuerberater und Helnwein Intimus Dr. Erwin Annau ...Unter den Nummern 3 und 15 finden sich im Gerichtsakt die Namen Jürgen Walter Epple und Wolfgang Freisleben. Beide betrieben bis vor ein paar Jahren die auf die Vermittlung von Bank - und Börsengeschäften spezialisierte " Epple GmbH " in Wien, für die sich jetzt die Steuerfahndung unter der Überschrift " Steuerschonende Zwischenschaltung der Firma Epple " interessiert. "

Scientologe Epple wiederum ist auch verantwortlich für die 1985 erstellte Scheinrechnung an die " Gottfried Helnwein Ges.m.b.H. ". "Ende August 1993 wurde endgültig die Lunte in Richtung Scientology gelegt: " Ferner wurden von den Organen der Scientology Nummern 9 bis 13 Vorschläge zur Geldwäsche in der Form gemacht, daß bei ihnen ein Kunstwerk oder Musikrechte gekauft werden." Bei diesen " Organen " handelt es sich demnach um Fritz Spohn, Gerald Peissl, Christine Schwab, Jürgen Winter sowie Friedrich Rainer ". Die Ermittlungen dauern noch an und stehen selbst im April 1997, über 3 Jahre nach Beginn der Untersuchungen, noch lange nicht vor dem Abschluß.

DIE STEUERRAZZIEN IN BURGBROHL BEI HELNWEIN 1995 UND 1996

Anfang November 1995 - Das österreichische Nachrichtenmagazin "News" meldet mit der Schlagzeile " STEUERFAHNDUNG BEI HELNWEIN " den Beginn der umfangreichen Ermittlungen der deutschen Steuerfahndungsbehörden gegen einige in Deutschland ansässige Top - Scientologen wegen des Verdachtes umfangreicher Steuerhinterziehungen nach bekanntem österreichischen Muster. " News " : " 12 Beamte beschlagnahmten Helnweins Buchhaltung. Nun macht auch die deutsche Finanz Jagd auf Österreicher...12 Beamte der Steuerfahndung Burgbrohl stürmten das deutsche Domizil des Wiener Malers Gottfried Helnwein und beschlagnahmten seine komplette Buchhaltung. Helnwein: " Ich habe null zu verbergen, aber das war ein Schuß vor den Bug. " Nun will er zurückschlagen: " Noch im Dezember lege ich mir ein Atelier in der steuerschonenden Schweiz zu, später auch eines in Los Angeles, um dort zu malen. Dann schaut die deutsche Finanz durch die Finger. " Diese wenigen Sätze sind bis heute Helnweins einzige Aussagen zu seiner Steueraffäre. Am 30.11.1995 meldete schließlich auch das erste deutsche Presseorgan, die Ludwigshafener Tageszeitung " Die Rheinpfalz ", die Aktion der Fahnder. " Die Steuerfahndung in Koblenz hat den Wohnsitz des österreichischen Künstlers Gottfried Helnwein auf Burg Brohl (Landkreis Ahrweiler) durchsucht und seine Buchhaltung beschlagnahmt. Dies wurde uns gegenüber bestätigt. Helnwein selbst wollte sich dazu nicht äußern. Auf landespolitischer Ebene war im Sommer 1995 heftig über Helnweins Verbindungen zur Scientology - Organisation diskutiert wor-

HOT SPOT

Steuerfahndung bei Helnwein

12 Beamte beschlagnahmten seine Buchhaltung

Nun macht auch die deutsche Finanz Jagd auf Österreicher. Kurz nach Bekanntwerden der Affäre Fendrich stürmten 12 Beamte der Steuerfahndung Burg Brohl das deutsche Domizil des Wiener Malers Gottfried Helnwein und beschlagnahmten seine komplette Buchhaltung. Helnwein: „Ich habe null zu verbergen, aber das war ein Schuß vor den Bug." Nun will er zurückschlagen: „Noch im Dezember lege ich mir ein Atelier in der steuerschonenden Schweiz zu, später auch eines in L. A., um dort zu malen. Dann schaut die deutsche Finanz durch die Finger."

Gottfried Helnwein

„News" - Magazin im November 1995

den, als der Künstler und Sammler eine Donald Duck - Ausstellung im Landesmuseum Mainz als Teil des rheinland - pfälzischen Kultursommers gestaltete."

DIE " IAF AG " IN WIEN

Auch in diesem deutschen Steuerkrimi führen alle Spuren nach Wien. Eine Hauptrolle spielt dabei der Wiener Kunsthändler Peter Grebner, in den 70er und 80er Jahren Geschäftsführer der Galerie Spectrum. Am Anfang seiner Kariere stellte Helnwein 1974 in den Räumlichkeiten der Galerie in Wien, in einer großen " one - man show ", sehr erfolgreich die erste Retrospektive seiner " Frühwerke " aus. Seit den frühen 70er Jahren entgegnet Helnwein deshalb Peter Grebner eine große Dankbarkeit. In den folgenden Jahren gab es miteinander umfangreiche geschäftliche Beziehungen, bis in die 90 er Jahre hinein.

Nach Informationen österreichischer Behörden hatte Galerist Grebner 1993 und 1994 einer Firma vorgestanden, die ihren Sitz in der Wiener Maria Hilferstr. 134 hatte. Grebners " International Art Funding AG Inc. - Repräsentanz Wien " hatte nur einen kleinen Schönheitsfehler, sie existierte niemals. Grebners nicht existente " IAF AG " stellte jedoch zwischen 1992 und 1994 Provisionsforderungen für diverse Vermittlungstätigkeiten in Sachen " Kunstkäufe " an Gottfried Helnwein in Rechnung. Die Forderungen dafür sollen sich auf über 250.000 DM belaufen. Diese Rechnungen minderten natürlich die Einnahmen von Helnwein und verkürzten seinen Steuersatz beträchtlich. In Wien wurde sehr

Abschrift

Geschäftsnummer:
III KLs 3/93

LANDGERICHT ROSTOCK

Urteil

IM NAMEN DES VOLKES

In der Strafsache

gegen K[redacted]-E[redacted] H[redacted],
geboren am [redacted]
wohnhaft: [redacted]

Deutscher, ledig

H[redacted] D[redacted] F[redacted],
geboren am [redacted]
wohnhaft: [redacted]

Deutscher, verheiratet

hat die 3. Große Strafkammer - Wirtschaftsstrafkammer - des Landgerichts Rostock auf Grund der Verhandlungen vom 24., 29. Juni, 1. und 08. Juli 1993, an welcher teilgenommen haben:

Richter am Landgericht [redacted]
als Vorsitzender,

Richter [redacted]
Richter [redacted]
als beisitzende Richter,

Meister [redacted]
Ingenieur [redacted]
als Schöffen,

Die Helnwein-Freunde und Top-Scientologen, die „Patrons" Detleff Foullois und Karl-Erich Heilig werden im Juli 1993 vom Landgericht Rostock zu 2 Jahren und 2 Monaten Gefängnis wegen Steuerhinterziehung in Millionenhöhe verurteilt. Beide „spendeten" 1991 über 10 Millionen DM an Scientology in die USA.

Staatsanwalt [redacted]
als Beamter der Staatsanwaltschaft,

Rechtsanwältin [redacted]
Rechtsanwalt [redacted]
als Verteidiger des Angeklagten H[redacted]

Rechtsanwalt [redacted]
Rechtsanwalt [redacted]
als Verteidiger des Angeklagten F[redacted]

Justizangestellte [redacted]
als Urkundsbeamtin der Geschäftsstelle,

für R c h t erkannt:

Die Angeklagten werden wegen fortgesetzter Steuerhinterziehung zu einer Freiheitsstrafe von

jeweils 2 Jahren und 2 Monaten

verurteilt.

Die Angeklagten haben die Kosten des Verfahrens zu tragen.

Angewendete Vorschriften:

§§ 370 Abs.1 Nr. 1 und 2, Abs. 3 Abgabenordnung der DDR vom 22. Juni 1990 i.V.m. den §§ 1 Abs.1, 2, 3, 10 Abs.1, 12 Abs.1, 13, 14, 15, 16, 18 Abs.1 Umsatzsteuergesetz der DDR vom 22. Juni 1990 i.V.m. Art. VIII, Anlage I, Kapitel IV, Sachgebiet B, Abschnitt II Nr. 14 des Einigungsvertrages, § 370 Abs.1 Nr. 1 und 2, Abs.3 Abgabenordnung i.V.m. den §§ 1 Abs.1, 2, 3, 10 Abs.1, 12 Abs.1, 13, 14, 15, 16, 18 Abs.1 Umsatzsteuergesetz, §§ 25 Abs.2, 52 StGB, § 465 StPO.

Da der Umsatz der Firma H[redacted] im Winter 1990/91 förmlich explodierte - im Januar 1991 betrug der Umsatz über 3 Mio. DM - und die Firma H[redacted] aufgrund der vertraglich mit den Kunden vereinbarten Vorkasse über hohe Kassenbestände verfügte, entschlossen sich die beiden Angeklagten gemeinsam, der Scientology-Church und diversen Unterorganisationen Spenden in Millionenhöhe zukommen zu lassen. Allein im Jahre 1990 entnahmen die beiden Angeklagten der Firma H[redacted] Werbeideen bei einem Nettoumsatz von ca. 5,5 Mio. DM etwa 4,1 Mio. DM und spendeten den weitaus größten Teil dieser Entnahme der Scientology-Church bzw. deren Unterorganisationen. Bis April oder Mai 1991 spendeten beide gemeinsam der Scientology-Church bzw. deren Unterorganisationen mindestens einen Betrag von 7 Mio. DM. Nach Angaben des Angeklagten H[redacted] könnte der Spendenbetrag aber auch weit über 10 Mio. DM betragen. Diese Summe hat der Angeklagte H[redacted] selbst in einem Schreiben vom 03. Juni 1992 sich errechnet. Mangels einer ordnungsgemäßen Buchführung beruhten die in diesem Schreiben aufgeführten Summen nach der Einlassung des Angeklagten H[redacted] auf Schätzungen. Seiner Meinung nach könne die gespendete Summe aber auch noch höher sein.

Als der Angeklagte H[redacted] erkannte, daß das Geschäft gut anlief, entschloß er sich, in die USA zu reisen, um dort bei der Scientology-Church sogenannte Management-Tech nach Ron L. Hubbard zu studieren und auf der "Brücke zur völligen Freiheit" die Stufe "Clear" zu erreichen. Er hielt sich deshalb vom 24. Oktober bis 12. November 1990, vom 23. Dezember 1990 bis Anfang Februar 1991, vom 6. März bis 29. April 1991 und vom 02. Mai bis Ende Juni 1991 in den USA auf. Von März bis Ende April 1992 hielt er sich nochmals in den USA auf. In dieser Zeit führte der Angeklagte [redacted] die Geschäfte der Firma [redacted] Werbeideen eigenverantwortlich, wozu der Angeklagte [redacted] den Angeklagten [redacted] auch formal durch notariell beglaubigte Urkunde bevollmächtigte.

Bedingt durch die hohen Entnahmen der beiden Angeklagten kam die Firma [redacted] Werbeideen im Frühjahr 1991 in große Liquiditätsschwierigkeiten. Diese verschärften sich zusätzlich noch dadurch, daß die Umsätze der Firma [redacted] seit Februar 1991 rückläufig waren. Die Angeklagten versuchten daher, Zahlungen an Gläubiger möglichst hinauszuzögern. Genauso verfuhren die beiden Angeklagten bezüglich dem Finanzamt Güstrow. So gab der Angeklagte [redacted] erst am 8. Mai 1991 die steuerliche Anmeldung einer gewerblichen Tätigkeit beim Finanzamt Güstrow ab und machte dabei bezüglich des Gewinns und der Umsatzsteuer folgende Angaben:
Voraussichtlicher Gewinn im laufenden Kalenderjahr 0 DM, im kommenden Kalenderjahr 20.000,- DM.
Voraussichtliche Höhe des Umsatzes im laufenden Jahr 500.000,- DM, voraussichtliche Höhe des Umsatzes im kommenden Jahr 700.000,- DM.

Als auch in der Folgezeit die Firma [redacted] beim Finanzamt Güstrow keine Umsatzsteuer- und Lohnsteuervoranmeldung abgab, ordnete das Finanzamt eine Umsatzsteuersonderprüfung an, die letztlich nach einer Terminsverschiebung am 07. August 1991 stattfand. Diese Sonderprüfung wurde vom Finanzamt aufgrund unzumutbarer Buchhaltung und unter Verschiebung der Prüfung auf unbestimmten Zeitpunkt nach Durchsicht der Belege abgebrochen.
Unmittelbar davor, mit Datum 5.8.1991, gab die Firma [redacted] Werbeideen durch Herrn Achim [redacted] eine erste

Umsatzsteuervoranmeldung und zwar für das vierte Quartal 1990 mit falschen Zahlen ab. Auf Einzelheiten wird bei den steuerlichen Feststellungen noch eingegangen.

Ebenfalls kurz vor der Sonderprüfung des Finanzamtes Güstrow schrieb Herr Reto B[redacted] unter dem Briefkopf ARTAG ARTIST AG, Bern, mit Datum 31.07.1991 an den Angeklagten F[redacted] u.a. wie folgt:

Bern, 31.7.91

Lieber D[redacted]

Nun bin ich bereits wieder eine gute Woche zu Hause. Zwischenzeitlich habe ich die Daten betreffend Steuern in der Schweiz, die ich Dir nachfolgend schildere:

Wir kennen für juristische Personen folgende drei Steuern:

1) Staat/Gemeinde/Kirchensteuer
2) Direkte Bundessteuer
3) Kapitalsteuer

Hier die Maximalsteuersätze:

1) Staat/Gemeinde/Kirchensteuer	=	11.9 %
2) Direkte Bundessteuer	=	9.8 %
3) Kapitalsteuer	=	2.5 %o

Die Steuerarten 1) und 2) werden auf den steuerbaren Gewinn (nach Abzug der zu bezahlenden Steuern) erhoben. Die Steuerart 3) wird auf das Firmenkapital (Aktienkapital, gesetzliche Reserven und Gewinnvortrag) berechnet.

Beispiel:	1) Staat/Gemeinde/Kirchensteuer = Fr. 5'000'000.- x 11.9 %	= Fr. 595'000.-
	2) Direkte Bundessteuer = Fr. 5'000'000.- x 9.8 %	= Fr. 490'000.-
	3) Kapitalsteuer = Fr. 50'000.- x 2.550 %o	= Fr. 127.50
		= Fr. 1'085'127.50

Diese Fr. 1'085'127.- können von dem zu versteuernden Betrag abgezogen werden. Das heisst, dass die jährliche Steuerbelastung bei einem Reingewinn (vor Steuern) von Sfr. 5'000'000.- etwa Fr. 800'000.- beträgt. Dies sind etwa 16 % Steuern.

./.

Bankverbindung: Schweizerische Volksbank, Worb, Konto

ARTAG ARTIST AG

Sekretariat: Depotstrasse 24, 3012 Bern Telefon 031 - 24 45 44 Telefax 031 - 23 71 17

Die obigen Steuersätze sind die maximalen Steuersätze. Sollte Dir diese Steuerbelastung nach wie vor zu hoch sein (was ich durchaus verstehen würde) besteht die Möglichkeit der Eröffnung der Aktiengesellschaft im Kanton Zug als Relaipunkt für weitere Transaktionen an eine zu gründende Internationale Firma auf den Channel Islands wie Jersey (St. Helier) oder auf Isle of Man.

Aus persönlicher Erfahrung meines Treuhänders (Steuerberater und FBO meiner Firma) ist Jersey Island steuerfrei für Firmen, die keine Tätigkeiten in Grossbritanien ausüben. Weitere Möglichkeiten von steuerfreien Inseln könnte mein Treuhänder abklären. Durch seine Kom-Linien nach England und Jersey Island wäre dies schnell möglich.

Wäre unter diesen Umständen der Ausweis eines Reingewinnes der Aktiengesellschaft in der Schweiz nicht erwünscht (z.B. durch Abführen der Einnahmen minus der Verwaltungskosten an die Internationale Firma), muss die Aktiengesellschaft nicht in der Stadt Zug gegründet werden, sondern kann am Domizil meines Steuerberaters gegründet werden. Dies hätte keine steuerlichen Nachteile, da ja kein Gewinn entsteht, jedoch grosse administrative Vorteile.

Die zuletzt genannte Variante würde bedeuten, dass Du keine Steuern bezahlen musst und dies legal! Warum aber jetzt die Gelder via Schweiz nach Jersey Island? Ist dies nicht ein unnötiges Via? - Nein ! Den Steuerämtern in Deutschland dürften die einschlägigen Steuerparadiese bekannt sein. Eventuell könnten die deutschen Steuerbehörden offensichtliche Steuerumgehung geltend machen. Lizenzzahlungen in die Schweiz sind wesentlich unauffälliger. Als unschlagbarer Vorteil für Dich und ein riesen Nachteil für deutsche Steuerfahnder ist das Schweizer Bankgeheimnis. Gänzlich unmöglich etwas herauszufinden über Deine finanziellen Verhältnisse wird es, wenn ein Nummernkonto existiert. Die Firma in Jersey Island hat den Firmensitz in Jersey Island. Die Bankverbindung bzw. das Konto wird in der Schweiz geführt. Ich empfehle Dir, diese vorgeschlagene Variante zu wählen. Also nochmals kurz zusammengefasst:

1) Gründung einer Aktiengesellschaft mit Startkapital (Aktienkapital) von Fr. 50'000 in Utzigen (Kanton Bern) am Domizil meines Treuhänders.
   Firma: H[redacted] (SCHWEIZ) AG

2) Eröffnung einer Gesellschaft in Jersey Island
   Firma: H[redacted] INTERNATIONAL Ltd.

3) Erstellen eines Lizenzvertrages zwischen H[redacted] Deutschland und H[redacted] (SCHWEIZ) AG.

./.

ARTAG ARTIST AG 19

Sekretariat: Depotstrasse 24, 3012 Bern Telefon 031 - 24 45 44 Telefax 031 - 23 71 17

196

4) Eröffnen eines Kontos bei einer Schweizer Grossbank auf die Firma: H[redacted] INTERNATIONAL Ltd mit Sitz in Jersey

5) Regelmässige Lizenzzahlungen von H[redacted] Deutschland an H[redacted] (SCHWEIZ) AG.

6) Regelmässige Ueberweisungen von H[redacted] (SCHWEIZ) AG auf das Konto der H[redacted] INTERNATIONAL Ltd, Jersey Island (Kontoführung in der Schweiz)

Wow! Weisst Du, beim Zusammenstellen dieser Daten habe ich erkannt, welche Vorteile sich durch die Schweizer Banken steuerlich ergeben. Indem Du Gelder von Deutschland in die Schweiz schickst, verschwinden diese Gelder für jegliche Steuerämter auf der ganzen Welt auf irgendeine steuergünstige Insel. Der wirkliche Vorteil des Bankgeheimnis liegt darin, dass nicht eingesehen werden kann, wohin die Gelder gehen. Bleiben Sie in der Schweiz oder verlassen sie die Schweiz wieder.

Auf jedenfall bin ich richtig stolz, Dir diese legale Steuervariante aufzeigen zu können und in der Lage bin, diese für Dich durchzuführen.

Ich hoffe, dass Dir dieser Vorschlag ebensogefällt wie mir.
Was kostet dieses Finanzberatung?

Gründungskosten der Firma: H[redacted] (SCHWEIZ) AG

Einmalige Einlage von Sfr. 50'000.-. Nach erfolgter Gründung kann über dieses Kapital wieder verfügt werden.

Gründungskosten:	staatliche Abgaben	Sfr.	1'500.-
	Notariatskosten	Sfr.	1'500.-
	Erstellen der Statuten inkl.Aktienzertifikate	Sfr.	1'500.-
	Erstellen Lizenzvertrag	Sfr.	2'000.-
	Eintrag ins Schweizer Handelsregister	Sfr.	500.-
	Spesen	Sfr.	1'500.-

	Einmalige Gründungskosten der Firma in der Schweiz	Sfr.	8'500.-
	Einmalige Gründungskosten der Firma in Jersey Island ca.	Sfr.	6'500.-
	-------------		
	Gesamt Gründungskosten ca.	Sfr.	15'000.-
	============		

./.

Bankverbindung: Schweizerische Volksbank, Worb, Konto: 5323 – 10 – 457.774.9

2 0

ARTAG ARTIST AG

Sekretariat: Depotstrasse 24, 3012 Bern Telefon 031 - 24 45 44 Telefax 031 - 23 71 17

- 4 -

197

Treuhänderische Verwaltungskosten 2 % der über das Konto der [redacted] (SCHWEIZ) AG fliessenden Gelder, mindestens jedoch Fr. 5'000.- monatlich.

Zur Gründung einer Aktiengesellschaft sind mindestens 3 natürliche Personen notwendig. Davon müssen es mehrheitlich Schweizer Bürger sein. Wenn [redacted]-[redacted] und Du Mitgründer der Firma [redacted] (SCHWEIZ) AG sind müssen drei Schweizer dabei sein. Diese Personen bilden den Verwaltungsrat der Firma.

Ich schlage Dir folgende Schweizer vor: [redacted] [redacted] (Treuhänder)
[redacted] [redacted]
[redacted] [redacted]

Dieses Steuermodell ist ein viel benutzes System. Die wesentlichen Vorteile sind:
- kostengünstige Verwaltungskosten
- höchstmögliche Sicherheit der Gelder durch Schweizer Grossbank
- Die Gelder bleiben in der Schweiz (auch das Geld der Firma in Jersey Island)

Mein Steuerberater hat dieses Modell für eine international tätige Scientologenfirma eingerichtet und dieses läuft seit über einem Jahr einwandfrei (bzw. steuerfrei).
Für das allfällig angesammelte Vermögen kann bei Bedarf durch meinen Treuhänder die Vermögensverwaltung gemacht werden.

Für allfällige weitere Fragen stehe ich Dir gerne zur Verfügung. Uebrigens wäre doch ein Wohnsitz für Dich und Deine Familie sowie für [redacted]-[redacted] in der Schweiz noch eine ganz lustige Sache. Steuergünstig, angenehme und schöne Landschaft, Berge, Seen und nicht zuletzt wohnt [redacted], [redacted] und ich in der Schweiz. Wäre doch was für die Zukunft. Die [redacted] Holding in der Schweiz.

Unter der gleichen Anschrift wie die „ARTAG ARTIST AG" in Bern residiert der langjährige Helnwein-Geschäftspartner Tobias Leutenegger, wie Helnwein ein „Patron"

schnell festgestellt, daß es sich bei der IAF um eine nicht existente Scheinfirma handelte. Aus diesem Grund konnte diese Firma auch keine Dienstleistungen in Rechnung stellen. Interessant sind die Personen und Institutionen, die Grebners IAF für Bilderankäufe vermittelt haben will. Zuerst die Gruppe der altbekannten Scientologen, das Duo um Helnwein, die Herren Kurt Fliegerbauer und Mario Herold, das Trio kennt sich bereits seit den 80er Jahren, desweiteren die Wiener Galerie Würthle, bis 1995 unter der Leitung der Tochter des Medienzaren Hans Dichand, ein großer Sammler von Helnwein - Kunstwerken seit Beginn der 70er (!) Jahre, die " Pfalzgalerie " in Kaiserslautern, unter der damaligen Direktorin Frau Dr. Fiedler - Bender, die im Sommer 1995 als neue Leiterin des Landesmuseums in Mainz mit ihrer mit Helnwein organisierten " Carl Barks " - Ausstellung bundesweit negativ in die Schlagzeilen geriet. Auch das ehrenwerte " Deutsche Postmuseum " in Frankfurt/M, mit seinem damaligen Direktor Thomas Werner, soll von Grebners IAF " vermittelt " worden sein. Die Steuersparaktion " Scheinrechnungen " der Freunde Helnwein und Grebner, löste im Frühjahr 1996 sogar eine zweite Durchsuchungsaktion auf Helnweins Schloß und weiteren seiner Geschäftspartner aus, die als Ergebnis, laut Presseberichten, ein umfangreiches Geflecht intensiver scientologischer Geschäftsbeziehungen in Deutschland zum Vorschein treten ließen. Im Mittelpunkt der Aktionen, Gottfried Helnwein. Auch dieses deutsche Steuerstrafverfahren dauert im März 1997 noch an. Die umfangreichen Ermittlungen deutscher Behörden im Fall " Helnwein " sind noch nicht abgeschlossen und laufen weiterhin parallel zu den Untersuchungen in Österreich.

DAS " STERN " - OUTING - 19.12.1984

Während die Umzugsvorbereitungen der Familie Helnwein im Dezember 1984 gerade auf Hochtouren liefen und ihr Umzug von Wien nach Deutschland unmittelbar bevorstand, wurde Gottfried Helnwein erstmalig in einem Zeitschriftenartikel auch außerhalb Österreichs als aktives Scientology - Mitglied " geoutet " .

Am 19. Dezember 1984 warnte der " Stern " in seinem Artikel "Sehnsucht nach Unsterblichkeit " massiv vor Hubbards Gefolgsleuten : "Die Geschäfte der aggressiven " Scientology Kirche " wurden jetzt bundesweit verboten. Zu den Anhängern der Psycho -Sekte gehören auch renommierte Künstler...Für die Stadt Düsseldorf ist die angebliche " Kirche " schlicht " sittenwidrig ". Ein Richter am Londoner High Court hält sie für " korrupt, sinister und gefährlich ".

Für den Wiener Schreckens - Maler Gottfried Helnwein, 36, ist das alles bloß " Quatsch ". Er sieht in der Kritik einen weiteren Beweis für die " Minderheitenhetze ", die systematisch gegen Scientology betrieben werde. Helnwein, kürzlich zusammen mit dem Circus - Roncalli - Direktor Bernhard Paul als Hubbard - Jünger genannt, zum STERN: "Scientology hat mich stabilisiert. Ich bin weg vom Alkohol und von Drogen." Er sei vor zehn Jahren an die Sekte geraten. Seither hält er Hubbards wirre Philosophie für " nüchtern, klar rational und logisch " und will nicht zur Kenntnis nehmen, daß Scientology weniger mit Glauben, aber viel mit Geldschneiderei und Psychoterror zu tun hat.

Mit künstlerischer Koketterie behauptet er, ihm sei nie zu Ohren gekommen, daß beispielsweise abtrünnige Sektenmitglieder unter Druck gesetzt wurden. Er wolle sich indes " für jedermann einsetzen, der sich von Scientology bedroht fühlt, aber sich nicht zu wehren traut ". Ein Angebot, das Sekten - Dissidenten besser nicht wahrnehmen sollten. Denn Helnwein, laut stolzer Auskunft der Münchner Scientology - Zentrale " langjähriges a k t i v e s Mitglied " , müßte nach der Führungsanweisung von Sekten - Boss Hubbard verfahren, die da lautet: Dissidenten sind Kritiker und folglich " unterdrückerische Personen ". Gegen die aber dürfen Scientologen reichlich rücksichtslos vorgehen...Wer aber nicht von Scientology erleuchtet ist, so droht Hubbard, fällt " in die schwarze Grube der Vergessenheit ". Und welcher Künstler möchte das schon."

DER UMZUG NACH BURGBROHL - 1 9 8 4 ODER SCIENTOLOGEN UNTEREINANDER - HELNWEIN UND KEMPE

1984. Auf dem Schloßgelände Burgbrohl stehen 2 Burgen, die von Helnwein sog. " Burg " und das sog. "Schloß", die nur etwa 50 Meter voneinander getrennt stehen.

Burg und Schloß, wehrtechnische Anlage und repräsentativer, herrschaftlicher Wohnsitz sind in Burgbrohl auf eindrucksvolle Art vereinigt. Die Anlage besteht aus einer Vorburg, die als Burg bezeichnete Kellnerei, heute Wohn -, Atelier - und Bürotrakt sowie Sekretariat der Helnweins, mit dem eindrucksvollen Portal, Baujahr 1731 und dem Schloß, mit weiteren Wohnräumen der Helnwein - Familie im Stil des 17. und 18. Jahrhunderts, ein großer, nicht aber prächtiger Bau mit zwei Flügeln. Im Erdgeschoß befindet sich ein weiteres Atelier von Gottfried Helnwein.

Helnwein mietete für sich und seine Familie im Dezember 1984 das

"Schloß" mit Park von Marieta Kempe, bereits 1987 ein " OT VII ", damit eine, wie ihre Freundin Renate, höchstmöglichst " ausgebildete " Scientologin, für die Dauer von 10 Jahren. Ihr Ehemann, der erfolgreiche Düsseldorfer Immobilienmakler Klaus Kempe, hatte erst zwei Jahre später den Scientology - Abschluß " OT VII " erreicht. Am 17. Mai 1982 " outete " sich der Kaufmann Kempe in einer persönlichen Erklärung erstmals öffentlich als Scientologe. In einem Schreiben an das Jugendschutz - Referat der Stadt Düsseldorf berichtet er von " meinen Erfahrungen mit der Scientology - Kirche ", Herold : " Im Dezember 1980 suchte ich für mein Immobilienbüro einen neuen Verkaufsleiter. Anläßlich eines entsprechenden Inserats stellte sich ein Mario Herold vor. "

HELNWEIN UND HEROLD IN LEIPZIG UND AUF RÜGEN - 1994 UND 1995

Für den Scientologen und Unternehmensberater Mario Herold sollte Helnwein 14 Jahre später, im Sommer 1994, in dessen Büro in der Prinz - Eugenstraße 44 in Leipzig, ein sogenanntes " Case-Study (C/S) - Zimmer (Fallüberwacherraum) für scientologische Überwachungs - Aktivitäten, innenarchitektonisch gestalten. Helnwein sollte ein künstlerisches Konzept für eine sog. " Creativ Etage " entwickeln. Als Honorar stellte ihm Herold einen Betrag in Höhe von DM 150.000 in Aussicht.

Das Büro des Scientologen Mario Herold in der Prinz-Eugenstr. 44 in Leipzig, ausgestattet von Gottfried Helnwein 1994 (Foto: AR)

Von der Straße aus gut einsehbar, fällt dem Betrachter, im ersten Obergeschoß der Villa, ein übergroßes Helnwein - Photoportrait des Rolling Stones - Urgesteins Keith Richard ins Blickfeld (siehe Pfeil). Herold ist heute, ebenso wie der in Zwickau tätige scientologische Bauunternehmer Kurt Fliegerbauer, stolzer Besitzer einer der umfangreichsten Helnweinschen Bildersammlungen im Wert von mehreren hunderttausend DM. Prunkstück seiner Sammlung ist eine neue Version des berühmtesten Helnwein - Werkes " James Dean " im Wert von DM 100.000. Herolds Lieblingsbild innerhalb seiner Helnwein - Kollektion ist jedoch das großformatige Gemälde " MIG 23 ". Allerdings brachte ihn seine

MARIO HEROLD
Prinz-Eugen-Str. 44
04277 Leipzig
Telefon 0341-311574
Telefax 0341-310507

Mario Herold, Prinz-Eugen-Str. 44, 04277 Leipzig

Herrn
Gottfried Helnwein
Auf der Burg

56659 Burg Brohl

Ihre Referenz	Unsere Referenz	Telefon-Hausruf	Datum
	HE	0341-311574	12.12.1994

1 Zahlung in Höhe von DM 80 000.-

Lieber Gottfried ,

anbei ein VR-Scheck in Höhe von DM 80 000.-. Dies entspricht nicht ganz unserer getroffenen Absprache betreffs der Zahlunsgflüsse.
Wenn alles so läuft wie angeplant, wäre ich bereit 2 weitere Bilder in Mig Größe zu den gleichen Bedingungen zu planen und zu realisieren.
Des weiteren dachte ich mir, daß in mein kleines Auswertungszimmer 9 Portraits von Philosophen passen würden, die mir die Power des Wissens geben.

So ich wünsche eine super Produktion.
Da ich weiß, daß Du in nicht allzuweiter Ferne in den Zustand kommen wirst in dem ich mich gerade befinde und mein Zustand dann dagegen gemessen eine Miniaturausfertigung sein wird, ist es mir eine Ehre den Anfang dieser Superserie machen zu können. Ich will auch mit meiner Aktion den Flow zu Dir öffnen und in Gang setzen, damit wesentlich MEHR zu Dir fließen kann.

AUF DAS DEINE TRÄUME IN DER DIV 3 JETZT WIRKLICHKEIT WERDEN!!!

Mit freundlichen Grüßen

M. Herold

Scientologen unter sich: Herold an Helnwein am 12. Dezember 1994

Sammlerleidenschaft desöfteren bei seinem " Glaubenskollegen " Helnwein in Zahlungsverzug, eine Todsünde unter Scientologen. Herold mußte sich mehr als einmal bei Helnwein für die Nichteinhaltung seines " Zyklus ", d.h. unpünktliche Zahlung der offenen Rechnungen, entschuldigen. In schönster Scientology - Sprache schreibt Mario Herold am 12.12.1994 an seinen Freund Helnwein: " Lieber Gottfried, anbei ein Verrechnungsscheck in Höhe von DM 80.000. Dies entspricht nicht ganz unserer getroffenen Absprache betreffs der Zahlungsflüsse. Wenn alles so läuft wie angeplant, wäre ich bereit 2 weitere Bilder in " MIG " - Größe zu den gleichen Bedingungen zu planen und zu realisieren. Desweiteren dachte ich mir, daß in mein kleines Auswertungszimmer 9 Portraits von Philosophen passen würden, die mir die Power des Wissens geben. So ich wünsche eine super Produktion. Da ich weiß, daß Du in nicht allzuweiter Ferne in den Zustand kommen wirst in dem ich mich gerade befinde und mein Zustand dann dagegen gemessen eine Miniaturausfertigung sein wird, ist es mir eine Ehre den Anfang dieser Superserie machen zu können. Ich will auch mit meiner Aktion den Flow zu Dir öffnen und in Gang setzen, damit wesentlich MEHR zu Dir fließen kann. AUF DAS DEINE TRÄUME IN DER DIV 3 JETZT WIRKLICHKEIT WERDEN!!! Mit freundlichen Grüßen, M.Herold " Im Handbuch " Modern Management Technology Defined - Hubbard Dictionary of Administration and Management " von L.Ron Hubbard steht unter dem Stichwort " DIV 3 " : Division 3 - Finanzabteilung einer scientologisch geführten Organisation.

Nur 12 Wochen später scheint sich Herolds Finanzsituation in Bezug auf den Helnwein - Zyklus, d.h. " offene Rechnungen ", weiter verschlechtert zu haben. Am 10. März 1995 erreicht Helnweins Ehefrau und Finanzverwalterin aus Leipzig ein Fax, woraus deutlich wird, in welchem " Dilemma " sich damals Mario Herold befunden haben mußte, hin - und hergerissen innerhalb der Hubbardschen Doktrinen. Der Inhalt seines Bittbriefes zeigt auch die große Angst, die Herold vor Helnwein wohl haben muß. Herold: " Liebe Renate, daß mit diesem Zyklus hat mir keine Ruhe gelassen. Ich habe damit jetzt ein Problem und muß und möchte das lösen. Der Hergang dieses Zyklusses ist ja nun mehrmals von uns durchgesprochen worden und ich werde für diesen Zyklus und meine Duplikations - Schwierigkeiten Verantwortung übernehmen. Ich habe für diesen Kunst - Zyklus DM 95.000 ins FP getan und dieses Geld steht zur Verfügung. Die oberste Regel für Solvenz ist weniger auszugeben als man einnimmt. Lege ich die DM 22.000 zu dem Zyklus drauf, dann habe ich mehr ausgegeben als ich eingenommen

habe und somit habe ich Insolvenz produziert. Nun gibt es mehrere Lösungen zu meinem Problem:
1. Wir stimmen einen Deal ab, der in meinem Rahmen von DM 95.000 bleibt, der mir zur Verfügung steht, mit alle den diversen Nebenkosten und der beide Seiten befriedigt.
2. Ich bin aber auch bereit den kompletten Deal so zu machen und bezahle die restlichen DM 15.000 sowie die weiteren ca. DM 22.000. In diesem Fall möchte ich dann alle " FACES " - Photos einem Museum oder so schenken. Dieses Vorgehen hat nichts mit Euch zu tun, sondern es ist für mich eine Liability oder Strafe für meine Aktionen mehr auszugeben als einzunehmen und nicht aufzupassen und sollte mir dann als eine Art Lehre dienen, damit mir dieses nicht nochmal passiert.
3. Vielleicht weißt Du ja noch eine bessere Lösung.
Vielleicht habt Ihr Probleme meinen Gesichtspunkt zu verstehen, aber ich habe mir meinen gegenwärtigen Zustand sehr hart erarbeitet. Dabei habe ich mich an gewisse Regeln gehalten und diese Regeln haben mich in diesen Zustand geführt. Und eine dieser Regeln war:
1. Weniger auszugeben als ich einnehme und
2. Es erst zu verdienen und dann auszugeben.
Ich möchte von diesen Regeln einfach nicht abweichen. Nun stehe ich vor folgendem Problem:
a. Zahle ich die DM 22.000, die ich dummerweise nicht FPt habe, so breche ich gleich beide Regeln. Für diesen Regelbruch müßte ich mir eine Strafe auferlegen, sonst macht es das Leben.
b. Zahle ich sie nicht, so fühlt Ihr Euch verarscht und sagt, der hat einen Hörfehler und Gedächtnislücken.
So ich habe hier 2 Vorschläge gemacht und nun entscheidet Euch für einen von beiden oder vielleicht habt ihr ja noch einen besseren Vorschlag. Beste Grüße, Mario ".
Gottfried Helnwein dürfte einen von Herolds Vorschlägen positiv beschieden haben, denn nur 7 Monate später stand am 20.10.1995 ein erneutes Treffen auf Helnweins Burg auf dem Programm. Eingeladen zu dieser Besprechung war auch der Bürgermeister der Ostseebad - Gemeinde Sellin auf der Insel Rügen, Liedke. Anlaß war der beabsichtigte Abschluß eines Vertrages mit Helnwein über eine künstlerische Tätigkeit unter dem Arbeitstitel " Seebrücke " mit einem geplanten Honoraransatz in Höhe von DM 500.000 für Helnwein. Vermittler dieses Kulturprojektes war auch diesmal Mario Herold aus Leipzig.

Renate

Mario Herold 10.3.1995

Liebe Renate,

daß mit diesem Zyklus hat mir keine Ruhe gelassen. Ich habe damit jetzt ein Problem und muß und möchte das Lösen.
Der Hergang dieses Zykluses ist ja nun mehrmals von uns durchgeprochen worden und ich werde für diesen Zyklus und meine Duplikations-Schwierigkeiten Verantwortung übernehmen.

Ich habe für diesen Kunst-Zyklus DM 95 000.- ins FP getan und dieses Geld steht zur Verfügung. Die oberste Regel für Solvenz ist weniger auszugeben als man einnimmt. Lege ich die DM 22 000.- zu dem Zyklus drauf, dann habe ich mehr ausgegeben als ich eingenommen habe und somit habe ich Insolvenz produziert.
Nun gibt es mehrere Lösungen zu meinem Problem:
1.) Wir stimmen einen Deal ab, der in meinem Rahmen von DM 95 000.- bleibt, der mir zur Verfügung steht, mit alle den diversen Nebenkosten und der beide Seiten befriedigt.
2.) Ich bin aber auch bereit den kompletten Deal so zu machen und bezahle die restlichen DM 15 000.- sowie die weiteren ca. DM 22 000.-. In diesem Fall möchte ich dann alle Faces einem Museum oder so schenken. Dieses Vorgehen hat nichts mit Euch zu tun, sondern es ist für mich eine Liabilty oder Strafe für meine Aktionen mehr auszugeben als einzunehmen und nicht aufzupassen und sollte mir dann als eine Art Lehre dienen, damit mir dieses nicht nochmal passiert.
3.) Vielleicht weißt Du ja noch eine bessere Lösung.

Vielleicht habt Ihr Probleme meinen Gesichtspunkt zu verstehen, aber ich habe mir meinen gegenwärtigen Zustand sehr hart erarbeitet. Dabei habe ich mich an gewisse Regeln gehalten und diese Regeln haben mich in diesen Zustand geführt. Und eine dieser Regeln war
1.) Weniger auszugeben als ich einnehme
2.) Es erst zu verdienen und dann auszugeben
Ich möchte von diesen Regeln einfach nicht abweichen.

Nun stehe ich vor folgendem Problem:
a) Zahle ich die DM 22 000.- , die ich dummerweise nicht FPt habe, so breche ich gleich beide Regeln. Für diesen Regelbruch müßte ich mir eine Strafe auferlegen, sonst macht es das Leben.
b) Zahle ich sie nicht so fühlt Ihr Euch verarscht und sagt, der hat einen Hörfehler und Gedächtnislücken.

So ich habe hier 2 Vorschläge gemacht und nun entscheidet Euch für einen von beiden oder vielleicht habt ihr ja noch einen besseren Vorschlag.

Beste Grüße

Mario

Auch Scientologen haben Probleme!

Liedke bestätigte im März 1997 die Verhandlungen mit Helnwein und Herold, die allerdings nach seinen Aussagen ausschließlich auf Rügen stattgefunden haben sollen. Geplant war, laut Liedke, der Bau eines überdachten, ganzjährig nutzbaren Kunstzentrums (!) auf der bei der Bevölkerung beliebten sogenannten " Seebrücke " des Kurbades Sellin, die weit in die Ostsee hinausragt und d a s Wahrzeichen der Insel Rügen ist. Für Helnwein eine weitere " Brücke zur Freiheit " ? Ähnlichkeiten zur " Brücke zur völligen Freiheit " , wie Scientology - Gründer Hubbard seine Science - Fiction Kreation überschrieb, sind wohl rein zufällig. Nachdem dem Bürgermeister allerdings Helnweins führende Mitgliedschaft innerhalb der Scientology - Organisation von dritter Seite mitgeteilt wurde, beendete er kurzerhand im November 1995 die weitere Zusammenarbeit mit ihm und legte das ambitionierte Projekt bis auf weiteres "auf Eis". Honorare für die bis dahin angefallenen Tätigkeiten von Helnwein und Herold sollen laut Liedke nicht geflossen sein.

Im Januar 1996 flog Helnwein schließlich zusammen mit seinem Freund Herold ins russische St. Petersburg. Vielleicht in Sachen Scientology - Aufbau " Osterweiterung ", nach erfolgreich erprobten deutschem Muster? Während dieser Reise stand auch ein Treffen mit der Direktion des " Russischen Staatsmuseums " an, zur Vorbereitung der Museumsretrospektive " Gottfried Helnwein : One-Man Show ". Premiere hatte die Show, die aus 93 Werken besteht, dann im November 1996 im " Petersburg Museum " in Hokkaido, Japan. Danach sollte sie im April 1997 in Ingolstadt und ab September 1997 in seiner Heimatstadt Wien gezeigt werden. Beide Shows wurden jedoch im März 1997, jeweils von den veranstaltenden Kulturinstituten, aus nicht näher bezeichneten Gründen abgesagt.

ADVANCED ORGANISATION SAINT HILL UK

GRADUATES AND RELEASES

OT III: Halina Cirillo, Mark Beadle, Jeremy Stephens, Robert Lawson, Leonore Zimmermann, Henti du Plessis, Wolfgang [redacted]ary, Dieter Gugeli, Martin Sonnevel[redacted] Mario Herold, [redacted]upert Kindermann, Vera Vitale, Ve[redacted] Ute Orendorf, Lisa Becker, Armelle Pearse, Denise Craggs, [redacted] Dave Lock, Marie F Liebard, Pam Beal, Peter Tovornick, Paul Fink, Anita Bösieger, Chris Allen, [redacted] Flavio Cuchi, Per Eric Holmberg, Beatrice Siegle. **OT II:** Robert

Mario Herold wird „OT 3", auch der Wiener Geschäftspatner von Helnwein, Peter Tovornick. Abschlußort East Grinstead in England (aus: „The Auditor" 228, 1988)
Im Jahr zuvor wird Renate Helnwein am gleichen Ort ein „New OT 5", ihr Freund Herold machte den „Academy Level 0" (aus: „The Auditor" 223, 1987)

KLAUS KEMPE - DER IMMOBILIENMAKLER

Klaus Kempe weiter in seinem Schreiben vom Mai 1982 : " Nach einem persönlichen Gespräch mit Mario Herold verabredeten wir eine Verkäuferschulung vor der Vertriebsmannschaft, die dann auch im Einvernehmen stattgefunden hat. Diese Schulung fand ich sehr motivierend, positiv und von dem Gedanken her sehr gut und anregend. Herr Herold wies unter anderem auf ein ARK - Dreieck hin, - es handelt sich hierbei um den Zusammenhang von Affinität, Realität und Kommunikation in Bezug auf unsere Kundengespräche. Nach diesem Vortrag vor den Mitarbeitern, verkaufte mir Herr Herold ein Buch mit dem Titel " Dianetik ", welches ich im anschließenden Ski - Urlaub gelesen habe. Dieses Buch ist ziemlich grundlegend in der Scientology - Kirche und hat einige Ansichten zur Verbesserung des Verstehens von sich selbst und anderer Menschen zum Inhalt. Ich habe Ihnen ein Exemplar beigefügt. Nach dem Studium dieses Buches hatte ich das Bedürfnis die Grundlagen weiter auszuprobieren und kennenzulernen. Deshalb bin ich auf die Oststraße 55 in das dortige Düsseldorfer Scientology - Center gegangen und habe dort einen Kommunikationskurs belegt, den ich dann in den kommenden Wochen absolvierte. Der Kurs kostete DM 265 und hat mir einen erheblichen Erfolg gebracht. Übrigens geben wir heute diesen Kurs als Verkaufskommunikationskurs an alle unsere Mitarbeiter (natürlich kostenlos). Sie erhalten untergeheftet auch meine entsprechenden Erfolgsberichte.

Anschließend habe ich einen Reinigungsrundown absolviert, der aus einem umfangreichen Saunaprogramm sowie Einnahme von Vitaminen und sportlicher Betätigung besteht. Ich kann auch hier nur von positiven Erfahrungen reden, wie Sie aus meinem ebenfalls beigefügten Erfolgsbericht ersehen können. Der Kurs hat DM 1.700 gekostet. Nach Absolvierung des Kommunikationskurs ist meine Frau ebenfalls zur Oststraße gekommen und hat auch diesen Kommunikationskurs belegt und anschließend den Reinigungsrundown gemeinsam mit mir gemacht. Ich bin seit 1973, nachdem ich erstmalig über DM 5.000 Kirchensteuer zahlen mußte, aus der evgl. Kirche ausgetreten und ungefähr Mitte 1981 in die Scientology - Kirche eingetreten. Hier habe ich für den Rest meines Lebens einen einmaligen Beitrag von DM 300 bezahlt. Die Mitstudenten, die ich hier getroffen habe, kann ich eigentlich nur als positive und erfolgreiche Menschen beschreiben, die sowohl in der Wirtschaft, als auch Studenten und Hausfrauen sind. Der Zugang zu diesen Räumen ist ziemlich frei und offen. Hier kann wirklich jeder Ein - und Ausgang finden, wie es ihm gefällt und auch jeder wirklich frei über seine Zeit, seine Kursteilnahme und seine Interessengebiete bestimmen. Die wichtigste Grundlage, positives zu denken, positiv zu handeln und Verständnis für seine Mitmenschen aufzubringen, hat mich auch beruflich sehr stark motiviert und mir wieder neue Ziele gegeben. Wir, das heißt meine Frau und ich haben dann im Herbst 1981 einiges Auditing erhalten, über das ich Ihnen auch eine kleine Broschüre beifüge. Die Punkte dieser Broschüre wurden vor einem Auditor erörtert, mit dem E - Meter wurde vorhandene Ladung lokalisiert und beseitigt. Mein persönliches Verhältnis zu mir selbst, zu meiner Frau und zu meiner Umwelt hat sich dadurch entscheidend verbessert.

Im Februar 1982 haben wir dann in FLAG in Clearwater / Florida einen Studentenhut - Kurs belegt, der einige Lernprobleme und Studierprobleme des heutigen Alltags aufhebt und Mißverständnisse beseitigt. Dieser Kurs hat für beide, meine Frau und mich, US $ 1.500 gekostet und auch mit diesem Kurs waren wir sehr zufrieden. Im Moment erhalten wir wieder einiges Auditing und studieren selbst die Daten über Auditing. Gerne können wir Ihnen auch dieses Unterrichtsmaterial vorlegen....".

Der erste Kontakt zwischen Helnwein und Immobilienmakler Kempe fand bereits im Herbst 1983 statt. Helnwein war zu diesem Zeitpunkt auf der Suche nach einem geeigneten, für ihn repräsentativen, Wohnsitz in Deutschland. Im Dezember 1983 übermittelte ihm Kempe bereits erste lukrative Immobilien - Angebote nach Wien. Jedoch sagte ihm keines auf Anhieb für seine vielfälltigen Zwecke zu. Ende Januar 1984 flog Helnwein ersteinmal wieder für zwei Monate in die USA nach Clearwater, um sich in " Flag " weiterzubilden. Im Herbst des gleichen Jahres wurde Helnwein endlich, dank Kempes unermüdlicher Suche, in Deutschland fündig. Schloß Burgbrohl wurde als zukünftiges Helnwein - Hauptquartier auserkoren. Noch wußte die Bevölkerung im kleinen, verträumten Eifelstädtchen nicht, was noch alles, mit der hereinbrechenden Künstler-Prominenz, auf sie zukommen sollte.

DER ERSTE ERFOLGSBERICHT AUS BURGBROHL

Im Dezember 1984 zog Helnwein schließlich mit Sack und Pack von Wien nach Deutschland, um hier ein neues " Scientology - Zentrum " auf Burgbrohl zu errichten. Bereits 16 Monate später meldete Gottfrieds Ehefrau Renate, am 22. April 1986, stolz die ersten Erfolge beim Aufbau und Inbetriebnahme ihres Zentrums an die " Burgbrohl - Vermittler " Marietta und Klaus Kempe nach Düsseldorf.

" OT 8 " Renate Helnwein auf Burg Brohl - 1992

An M
Marietta und Klaus Kempe
Aschenbachstr. 23
D - 4 000 Düsseldorf

Burgbrohl, 22.4.86

Liebe Maritta und lieber Klaus!

So viel ich weiß waren wir auf Flag per DU und enn es Euch recht ist bleiben wir doch einfach dabei.
Sicher habt Ihr inzwischen von Adelheid gehört was sich auf der Burg so alles tut. Hier wird auditiert und 2 mal in der Woche sind Kurse und wir haben schon viele upstate Leute gestartet. Es macht wirklich irrsinnig Spaß wenn man sieht, daß die Leute die man bringt auch wirklich GEWINNEN.

Wir fühlen uns immer wohler hier und neulich waren wir einmal wieder in Wien und Gottfried sagte, "daß er es noch keine Sekunde bereut hat hier zu sein.
Jetzt wenn es Frühling wird ist es besonders schön undcwir haben schon sehr viel im Park gemacht. Das macht sehr viel Spaß nach der Arbeit oft noch etwas Mest work im Garten zu tun.

Mit der Kunst läuft es auch bestens, die Stats gehen immer mehr rauf und wir haben Top Ausstellungen vereinbart.
Gottfried hat sehr viele neue Bilder gemacht und momentan malt er an einem absoluten Spitzenbild "Humphrey Bogart" eine unheimlich schöne Stimmung so ähnlich wie James Dean.
Vielleicht habt Ihr demnächst einmal Lust euch wieder einmal Bilder anzusehen und auch den Fortschritt der Burg.
Wir wollen demnächst auch den Kauf der Burg angehen,
Ich würde mich freuen von Euch zu hören,

bis Bald,
Renate Helnwein

Das Helnweinsche Scientology-Zentrum auf Burg Brohl 1986
Helnwein ist stolz auf seinen „Erfolg"

Renate Helnwein: " Liebe Maritta und lieber Klaus ! So viel ich weiß, waren wir auf Flag per DU und wenn es Euch recht ist, bleiben wir doch einfach dabei.

Sicher habt Ihr inzwischen von Adelheid (Rech - Gesche, Direktorin des Celebrity Centers in Düsseldorf - d.A.) gehört, was sich auf der Burg so alles tut. H i e r w i r d a u d i t i e r t und 2 mal in der Woche sind Kurse und wir haben schon v i e l e u p s t a t e Leute gestartet. Es macht wirklich irrsinnig Spaß, wenn man sieht, daß die Leute, die man bringt, auch wirklich GEWINNEN.

Wir fühlen uns immer wohler hier und neulich waren wir einmal wieder in Wien und Gottfried sagte, daß er es noch keine Sekunde bereut hat hier zu sein.

Jetzt wenn es Frühling wird, ist es besonders schön und wir haben schon sehr viel im Park gemacht. Das macht sehr viel Spaß nach der Arbeit oft noch etwas M e s t work im Garten zu tun.

Mit der Kunst läuft es auch bestens, die S t a t s gehen immer mehr rauf und wir haben Top Ausstellungen vereinbart. Gottfried hat sehr viele neue Bilder gemacht und momentan malt er an einem absoluten Spitzenbild " Humphrey Bogart ", eine unheimlich schöne Stimmung so ähnlich wie James Dean. Vielleicht habt Ihr demnächst einmal Lust euch wieder einmal Bilder anzusehen und auch den Fortschritt der Burg. Wir wollen demnächst auch den Kauf der Burg angehen. Ich würde mich freuen von Euch zu hören, bis bald, gezeichnet: Renate Helnwein ".

Renate Helnwein hielt bereits im September 1985, nur 9 Monate seit ihrer Ankunft in Deutschland, in der internen " Leute auf die Brücke gestartet " - Hitparade der Scientology - Organisation in Düsseldorf , unter den sogenannten " FSMs ", den Field Staff Members, das sind die freien Anwerbe - Vertreter, ähnlich Zeitschriftendrückern, einer Scientology - Organisation, den guten 9. Platz unter 35 freien Mitarbeitern, mit insgesamt zwei " gestarteten " Leuten. In Düsseldorf befindet sich die Organisation, in der sie und ihr Mann als gebietsansässige Scientologen - das Helnwein - " City Office Burgbrohl " untersteht administrativ der größeren Düsseldorfer Organisation - umsatzmäßig geführt werden.

" Gestartete Leute " sind Menschen, die durch einen " FSM " erstmals für Scientology interessiert und schließlich als Scientologen angeworben werden und daraufhin Kurse, entweder in Burgbrohl, oder in Düsseldorf, besuchen, Auditing nehmen oder Literatur von Hubbard erwerben.

Nummer 0985

DIANETIC POST

Mitteilungen für Mitglieder der Scientology Düsseldorf

L. Ron Hubbard:

DIE WAHRE GESCHICHTE DER SCIENTOLOGY

Die wahre Geschichte der Scientology ist einfach, prägnant und direkt. Sie ist schnell erzählt:

1. Ein Philosoph entwickelt eine Philosophie über das Leben und den Tod
2. Menschen finden sie interessant.
3. Menschen stellen fest, daß sie funktioniert.
4. Menschen geben sie an andere weiter.
5. Sie wächst.

Wenn wir diesen äußerst genauen und sehr kurzen Bericht untersuchen, sehen wir, daß es in unserer Zivilisation einige sehr störende Elemente geben muß, die beabsichtigen, daß etwas anderes über Scientology geglaubt wird.

Diese störenden Elemente sind die Chaoshändler. Sie handeln mit Verwirrung und Aufregung. Ihr tägliches Brot wird durch die Verursachung von Chaos verdient. Würde sich das Chaos vermindern, würden sich auch ihre Einnahmen vermindern.

Der Politiker, der Reporter, der Psychiater mit seiner Elektroschockmaschine, der Drogenhersteller, der Militarist und Waffenfabrikant, die Polizei und der Leichenbestatter, um die führenden Namen auf der Liste zu nennen, mästen sich nur an der sogenannten "gefährlichen Umwelt". Selbst Einzelpersonen und Familienmitglieder können Chaoshändler sein.

In ihrem Interesse liegt es, die Umgebung so bedrohlich wie nur möglich erscheinen zu lassen, denn nur dann können sie Profit ziehen. Ihre Einkommen, ihre Kraft und ihre Macht steigen im direkten Verhältnis zum Ausmaß an Bedrohung, die sie in die Umgebung der Menschen einführen können. Mit dieser Bedrohung können sie Einkommen, Geldzuwendungen, erhöhten Geldumlauf und Lohn fraglos erpressen. Das sind die Chaoshändler. Sie nehmen an, wenn sie es nicht erzeugen, kaufen und verkaufen würden, wären sie arm.

Wir sprechen zum Beispiel sorglos von "guter Presse". Gibt es heute so etwas? Überprüfen Sie einmal eine Zeitung. Steht da irgendetwas Gutes auf der Titelseite? Vielmehr finden Sie da Mord, plötzlichen Tod, Streit und Katastrophe. Und selbst das wird noch, obwohl es schon schlimm genug ist, sensationell aufgebauscht, um es noch schlimmer erscheinen zu lassen.

Das ist die kaltblütige Herstellung einer "gefährlichen Umwelt". Menschen brauchen diese Nachrichten nicht; und wenn sie sie brauchten, dann brauchen sie Tatsachen, nicht die Beunruhigung. Aber wenn man einer Person ausreichend zusetzt, kann sie dazu gebracht werden, ihr Geld herzugeben. Und das ist die Grundformel von Erpressung. Auf diese Weise werden Zeitungen verkauft. Ihre Wucht bewirkt, daß ihr Inhalt ankommt. Eine Zeitung muß Chaos und Verwirrung enthalten, ein "Zeitungsbericht" muß "Konflikt" enthalten, heißt es. Es gibt also keine gute Presse. Über alles gibt es nur schlechte Presse. In einer Gesellschaft, wo die Chaoshändler regieren, ist es tollkühn, sich nach "guter Presse" zu sehnen.

Schauen wir einmal, was mit der wahren Geschichte der Scientology gemacht werden muß, um sie nach modernen Pressekriterien zu "einer Zeitungsgeschichte" zu machen. Konflikt muß betont werden, wo es gar keinen gibt. Daher muß die Presse Konflikt und Beunruhigung erfinden.

Scientology ist eine angewandte religiöse Philosophie.
Dianetik ist eine Technologie geistiger Heilung.

Wir danken L. Ron Hubbard für die freundliche Genehmigung. Aus-

Für ihre Vermittlung erhalten diese " FSMs " eine Provision in Höhe von 10 % in bar auf alle Einnahmen, die diese neu " Gestarteten " noch zukünftig innerhalb der Organisation ausgeben werden. Sicherlich ein lukrativer Anreiz, auch für Renate Helnwein. Klaus Kempe findet sich neben Renate Helnwein in der Liste auf einem guten 12. Platz, " Celebrity Center Düsseldorf " - Chefin Adelheid Rech - Gesche auf einem enttäuschenden 31. Platz, so veröffentlicht in der Mitgliederzeitschrift " Dianetic Post " Ausgabe 0985 auf Seite 6.

Seite 6 - Nummer 0985 **Dianetic-Post**

Hier ist die Rennliste der Produkte als FSM (gespielt ab 01.11.84)

Verkaufte Bücher an neue Leute:		Leute auf die Brücke gestartet:	
Ilse Eich	58	Heidrun Hamatschek	5
Otti Romm	49	Marion Wiedemann	5
Nick + Cecil Weisen	49	Ilse Eich	4
Norbert Potthoff	48	Dr. Rudolf Willems	4
Heidrun Hamatschek	28	Helmut Griesenbeck	3
Berthold Eckes	27	Thomas Göldenitz	3
Jörg Förster	23	Manfred Heyne	2
Christine Dony	14	Berthold Eckes	2
Dr. Detlev Eich	12	Renate Helnwein	2
Marion Wiedemann	12	Regina Höfer	2
Ingrid Golombek	11	Dr. Werner Steffens-S.	2
Marietta Kempe	11	Klaus Kempe	2

Renate Helnwein wirbt neue Scientologen!

Auch im August 1987 hielt sich Gottfried Helnwein wieder für einige Zeit in " Flag " in Clearwater auf. Er war schon länger daran interessiert, auch dort eine geeignete Immobilie zu kaufen, in angenehmer Nähe zu L.Ron Hubbards Mecca für Scientologen. Im Sommer 1988 erwarb er schließlich, drei Kilometer nördlich des Scientology - Hauptquartieres eine Strandvilla mit einem eigenem Sandstrand und Bootsanlegeplatz an der Golfküste. Ein Atelier richtete er dort allerdings nicht ein. Dieses befand sich, neben den Scientology - Räumen, weiterhin auf Burgbrohl.

Die private, wie auch geschäftliche Beziehung der Scientologen - Familien Helnwein und Kempe hält bis zum heutigen Tage unvermindert an. Zusammen mit Renate und ab und an auch mit Gottfried Helnwein, hielt man sich zu Kursbesuchen im ehemaligen von Hubbard gegründeten Hauptquartier " FLAG " auf, dem " Scientology - Mecca " in Clearwater, an der Golfküste Floridas gelegen, mit über 1.000 bestens ausgebildeten Scientology - Mitarbeitern und den laut Hubbard " besten Auditoren der Welt ", verteilt auf heute inzwischen 14 Gebäude im gesamten Stadtgebiet von " Hubbard - City ". Es ist für jeden Scientologen das größte Erlebnis überhaupt, einmal im " FLAG ", Ron Hubbards Heiligtum, " studieren " zu dürfen. 1995 feierten die Scientologen bereits das 20jährige Bestehen ihrer " Landbasis " in Clearwater.

Anfang 1975 erwarb die Hubbard - Organisation, nach jahrelangem suchen, ihr erstes Gebäude im Ort, das bis dahin als Hotel genutzte, allerdings ziemlich heruntergekommene " Fort Harrison Hotel ". Ein 12 - stöckiges Gebäude, direkt im Zentrum der Kleinstadt, das größte von Clearwater und renovierten es vor allem mit mehr als 100 Insassen, ausschließlich " auffällig " gewordene Mitarbeiter der Eliteeinheit " SEA ORG ", der Scientology - Straflager " RPF ", in " Rekordzeit " und eröffneten das Haus unter großer Anteilnahme der Bevölkerung am 15.12.1975, allerdings nicht als Hotel, sondern als d e r neue Top - Ausbildungsort für gehobene und gut betuchte Scientologen.

Bis 1987 war " Flag " der einzige Ort auf der Welt, an dem die geheimen, höchsten Scientology - Abschlüsse, die sog. " OT " - Abschlüsse "V" bis "VII" angeboten wurden. Erst 1988 gab die Hubbard - Organisation den " OT VIII " - Kurs frei, den bis heute höchst möglichen erreichbaren Scientology - Abschluß auf der Ausbildungs - " Brücke zur völligen Freiheit ".

Der " OT VIII " - Kurs wurde erst ab diesem Zeitpunkt, seit Sommer 1988, aus Gründen der besseren Geheimhaltung, ausschließlich auf dem in karibischen Gewässern kreuzenden, mit großem materiellen Aufwand frisch renovierten Luxus - Kreuzfahrtschiffes, der " Freewinds ", angeboten. Finanzieren ließ sich das Scientology - Management, unter der Führung des Hubbard - Nachfolgers David Miscavige, die Renovierung des Schiffes größtenteils durch die großzügigen " Spenden " von über 1.000 " OT VII " - Absolventen, allesamt Mitglieder der IAS, die nun heißhungrig und wißbegierig, sehnsüchtigst auf die " Freigabe " von L.Ron Hubbards neuer " OT VIII " Kreation warteten, dem laut Oberguru Hubbard " ersten tatsächlichen OT - Grad " .

Bis Ende 1995 hatten bereits annähernd 2.000 (!) zahlungskräftige Top - Scientologen ihren " OT VIII " auf der " Freewinds " erreicht, unter ihnen auch, bereits seit 1989, Renate Helnwein und seit 1994 ihr Ehemann Gottfried Helnwein, wie eine Ex - Scientologin vor kurzem berichtete! Geschätzte Gesamteinnahmen für die Scientology - Organisation innerhalb 8 Jahren bis heute über 1.2 Milliarden DM (!), selbstverständlich mit Freude von diesen 2.000 "Operierenden Thetanen VIII" gespendet ! Die gesamte Mitgliederzahl in der Scientology - Organisation IAS kann man heute, auf Grund der bekannten Mitgliedernummern, weltweit auf nur 75.000 zahlende " Studenten " beziffern. Ungefähr 8.000 feste " bezahlte " Mitarbeiter zählt die Organisation weltweit. In Deutschland liegt die Mitgliederzahl bei 6.000, davon ca. 80 Personen in " offiziellen " Führungsfunktionen innerhalb der deutschen Organisation.

“ NIMM DIE DOSEN “ - FLAG UND KEIN ENDE

D i e Werbeüberschrift über einem Text der Scientology - Organisation für die Bewerbung von FLAG - Besuchen in diversen Mitglieder - Zeitschriften lautet:

“ “ N i m m d i e D o s e n “ - Es ist Zeit, Ihre Sitzung mit einem der weltbesten Auditoren zu beginnen: einem fehlerfreien Flag Auditor! Sie befinden sich in den Händen von Mitarbeitern, die an Ihrem Wohlergehen wirklich interessiert sind. Was immer S i e benötigen, um mit Ihrer Reise zum OT zu beginnen - auf Flag können Sie sie von einem der weltbesten Auditoren erhalten! “

Nicht nur Gottfried Helnwein und seine Frau Renate, nahmen seit 1982 unter Floridas Sonne in Clearwater, im Mecca der Scientologen, des öfteren “ die Dosen “ in ihre Hände. Auch einige ihrer frühen Wiener Freundinnen und Freunde aus vergangenen ZKK - Tagen der frühen 70er Jahre, wie Gottfrieds damalige Partnerin Angelika Blaskovich (Die Zeitschrift “ Source “ veröffentlicht regelmäßig alle Teilnehmer von Kursen in Flag - Source 49 - 1984), im gleichen Jahr wie Gottfried H., oder die amerikanische Sängerin und Gesangslehrerin Amanda Ambrose (Source 57 - 1988), eine jahrzehntelange Freundin der Familie.

Ihr Ehemann Fenton E. Jones, ebenfalls Scientologe und amerikanischer Rechtsanwalt mit Kanzleisitz in Chicago, verwaltet für das Ehepaar Helnwein seit den späten 80er Jahren als Treuhänder ein geheimes Treuhandkonto bei der Sun Bank Tampa, Zweigstelle Clearwater. Über dieses Konto dürften nicht nur die Helnwein - Zahlungen seiner Finanzierungskosten für seine Villa in der 300 Palm Bluff Street im Norden Clearwaters gelaufen sein. Helnwein selbst wickelte zusätzlich noch seine weiteren privaten Geschäfte über die First National Bank of Florida Tampa, ebenfalls mit Zweigstelle in Clearwater, ab.

Aber auch sein für viele Jahre wichtigster Atelier - Assistent Rudi Kruspel (Source 63 - 1988 - “ L 11 Rundown “), der Ende 1987 Helnweins Burgatelier in Richtung Florida, zwecks längerfristigem “ Studienaufenthalt “ verließ, nachdem er zusammen mit ihm Ende 1984 von Wien nach Burgbrohl gezogen war, hielt sich einige Zeit im sonnigen Florida auf. Ebenso seine Wiener ZKK - Mitorganisatoren Fritz Fuhrmann und Robert Schöller absolvierten in Clearwater den unverschämt teuren “ L 12 Rundown “ - (Fritz F. - Source 68 - 1989) Kurs mit höchsten Schwierigkeitsgraden, bzw. den berüchtigten “ PTS SP Course Part One “ - Kurs (Robert S. - Source 70 - 1989).

Auch Gottfried Helnwein nimmt die Dosen
(aus: „Source"62, Seite 24)

ROBERT SCHÖLLER -

DER HELNWEIN - WISSENSBERICHT 1 9 8 5

Robert Schöller kam ebenfalls 1991 nach Clearwater, um dort den " Dynamic Sort - Out Assessment " Kurs zu belegen (Source 82 - 1991). Im Herbst 1995 tauchte Schöller sogar als " Cornerstone Club Member ", als Geldspender, in der Ausgabe 6 des offiziellen Magazins " The Cornerstone " für das sog. " Super Power Expansion Project " in Clearwater / Florida auf. Bei diesem Projekt handelt es sich um einen " ganz außergewöhnlichen " Hubbard - Kurs, der nun erstmals angeboten werden soll. Kleiner Schönheitsfehler, das Gebäude, das " FSO Delivery Building ", in dem dieser Kurs angeboten werden soll, muß erst noch gebaut werden und zwar ausschließlich mit " Spenden " der wißbegierigen Scientologen, die diesen Kurs unbedingt belegen möchten. Aus diesem Grund wurde sogar eine eigene " Fund Raiser " - Abteilung, mit einem eigenen " Chief Fund Raiser " geschaffen. Bis heute steht das Gebäude noch nicht...

Ein weiterer Beweis für Helnweins Tätigkeiten innerhalb der Scientology - Organisation, liefert sein persönlicher " Wissensbericht " vom 25. September 1985, den er aus Burgbrohl nach Clearwater, an den Straf-Offizier des Hubbard - Hauptquartiers " Flag " übermittelte. Sein Opfer ist diesmal einer seiner ganz alten Wiener Freunde, der Maler Robert Schöller und dessen Lebensgefährtin Gudrun.

Dieser " Stasi " - ähnliche Bericht entlarvt Helnwein als einen skrupellosen Verräter der übelsten Sorte. Er hat ihn geschrieben, 13 Jahre bevor er im deutschen Fernsehen im November 1996 bei Alfred Biolek verkündete, " mal aus Neugierde einen Kurs bei Scientology belegt zu haben ". Aus dem Inhalt des streng geheimen Papiers, daß sich im Original in einem Hamburger Banksafe befindet, wird deutlich, wie sehr Helnwein jahrzehntelang in die Abläufe von Kontrolle und Denunziation verstrickt gewesen war und ist. Scientology - Kritikerin Renate Hartwig vergleicht einen " Wissensbericht " mit einem Bericht der ehemaligen Stasi über DDR - Regimekritiker. Der Inhalt enttarnt Helnwein als jahrelangen Lügner über seine tatsächliche Vergangenheit.

Gottfried Helnwein schreibt (in deutscher Übersetzung - d.A.) aus Burgbrohl: " An den Public MAA (Master At Arms - ist ein " Polizei "- Offizier, der Verwalter einer Militärgerichtsbarkeit - d.A.) Flag Land Base (FLB in Clearwater). Kopie an Robert Schöller und Gudrun.

HELNWEIN - WISSENSBERICHT

BETRIFFT: ROBERT SCHÖLLER UND GUDRUN

Burgbrohl, 25. September 1985
Vor zwei Wochen besuchte mich mein Freund Robert Schöller hier in meinem Haus (in Burgbrohl - d.A.), seine 2. Dy (Zweite Dynamik = Ehefrau oder Lebensgefährtin - d.A.) Gudrun begleitete ihn. Bevor Robert Gudrun nach Flag brachte, hatte sie gegenüber SCN (Hubbards Lehren - d.A.) eine sehr ablehnende Haltung . - Das war ungefähr vor einem Jahr, ich schrieb damals einen Wissensbericht an den FSO MAA (ranghoher Ethikoffizier in Flag / Clearwater - d.A.) - . Robert blieb für etwa ein Jahr in der FSO (Flag Service Organisation in Clearwater - d.A.), ging nach OT 3 hinauf und hatte viele Gewinne, er arbeitete auch am Restaurationsprojekt.

Zur gleichen Zeit bewegte sich Gudrun fast nicht auf der Brücke, und wie mir Robert bei seinem letzten Besuch hier erzählte, ist sie bezüglich SCN noch immer unsicher. - Laut Robert hat sie noch Freunde, die gegen SCN sind. - Weiter sagte mir Robert, daß Gudrun in New York einen ausgestiegenen Klasse 12 - Auditor (Helnwein ist ein Klasse 4 - Auditor - d.A.) traf, der ihr sagte, daß SCN ein Scheißdreck sei.

Robert sagte mir außerdem, daß Gudrun die OT 3 - Daten kennt. Ich fragte ihn: " Wer hat es ihr verraten ? " Er sagte: " Ich habe vergessen sie danach zu fragen, ich weiß es nicht. "

Gudrun enturbulierte auch meine Umgebung hier, als sie mit Robert hier wohnte, - ohne mich danach zu fragen, versuchte sie einen meiner Mitarbeiter von seinem Posten abzuziehen (off post - d.A.), damit er einen Job für sie erledigen sollte, ohne mich zu fragen.

Dies ist richtig. gezeichnet: Gottfried Helnwein "

DAS ENDE EINER BEZIEHUNG - DANK HELNWEIN ?

Helnweins " Wissensbericht " führte nach Ansicht von Gudrun Derlin, der damaligen Freundin von Schöller, dazu, daß Schöller vom Scientology - Hauptquartier in " Flag " Anfang 1986 vor die Alternative " Trennung von Gudrun " , oder " Rausschmiß aus der Organisation ", gestellt wurde.

Gudrun Derlin dazu: " Die Krake Scientology will meine Liebes - und Lebensbeziehung zerstören und stellt meinen Freund vor die Entscheidung: " Entweder trennst Du Dich von Deiner Freundin oder Du mußt die Organisation verlassen. " Mein Freund entscheidet sich, als guter Scientologe, für die Sekte. Er ist meines Wissens auch heute noch drin.

To the
Public MAA
Flag Land Base
Copy to Robert Schöller and Gudrun

from
Gottfried Helnwein
Auf der Burg 2
D - 5475 Burgbrohl

Burgbrohl,Sept.25.85

KNOWLEDGEREPORT
re Robert Schöller and Gudrun

Two weeks agou, my friend Robert Schöller visited me here in my home, his 2nd Dy. Gudrun was with him.
Before Robert brought Gudrun to Flag, she was very antagonistic against SCN.(That was aproximatly one year ago, I wrote an Knowledgereport to the FSO MAA at that time)
Robert stayed at the FSO aproximatly one year, went up to OT 3 and had lots of winns, he worked also on the Restaurations Projekt.
Gudrun at the same time did almost not move on the bridge and as Robert told me at his last visit here, she is still uncertain about SCN.(per Robert she has still friends wich are against SCN.) Robert told me further that Gudrun met a blown class 12 Auditor in N.Y. who told her, that SCN is bullshit.
Robert told me further that Gudrun knows the OT 3 data.
I asked him "who tould her?" he said "I forgot to ask , I dont know."
Gudrun also enturbulated my area here, when she stayed with Robert, - without asking me, she tried to take one of my staff members off post, to do a job for her, without asking me.

this is ok
Gottfried Helnwein

Helnwein verrät seinen Freund Robert Schöller und dessen Freundin 1985
Ein Jahr später muß sich Schöller von seiner Lebensgefährtin Gudrun trennen...

Sein Entschluß löst in mir absolutes Chaos aus. Ich habe das Gefühl mein Herz wird in Stücke gerissen und ich bin kurz davor mich in floridanische Sümpfe zu stürzen...Herbst 1986. Ich habe in Freundschaft die endgültige Trennung von Robert Schöller vollzogen und arbeite ab dieser Zeit wieder freiberuflich als Kunstagentin in Wien..."

GUDRUN DERLIN

Wie verlief die Beziehung zu Schöller ? Gudrun Derlin in ihrer autobiographischen Darstellung im März 1997 weiter: " Ostern 1982. Mit 30 Jahren begegne ich Robert, einen hochbegabten Wiener Maler in Hamburg. Beginn einer Liebesbeziehung und Entschluß ihn zu managen. Umzug nach Wien. Aufregendes Leben aus Koffern. Wohnsitze in Österreich und den USA. Mache R.S. in der Wiener High Society und in Hollywoodkreisen bekannt. Zu Gast auf Schlössern und großen Farmen. Wir gelten als Traumpaar, vergleichbar vielleicht mit Claudia Schiffer und David Copperfield. Es verstärken sich die Partnerprobleme. R.S. kann nicht mehr verbergen, daß er Scientologe ist. Er wurde Anfang der 70er Jahre von seinem Wiener Malerfreund Gottfried Helnwein, während seines Studiums auf der Akademie für Bildende Kunst in Wien, " in Scientology " hineingezogen. Mache Bekanntschaft mit diesem und anderen prominenten Scientologen, wie z.B. den Jazzpianisten Chick Corea, den Münchner Künstler Waki Zöllner, Illustrator Fritz Hechelmann und Bernhard Paul, dem Direktor vom Zirkus Roncalli. Der Clown Bernhard ist eng befreundet mit Helnwein, wird aber wohl kein überzeugter Scientologe...Mein Freund verlangt von mir, daß ich Kurse mache, damit ich Scientology " besser verstehen " kann. Aus taktischen Gründen mache ich mit und gehe durch die " Rückführungstherapie " in " andere Leben " . Ich erfahre immer " frühere " Abenteuer: Mal hocke ich als Affe auf einem Baum, Steinzeitmenschen beobachtend, mal fliege ich in einer Raumkapsel durchs All, fremde Planeten besuchend. Mir wird bewußt, daß wenn ich diesen Erlebnissen Glauben schenke, am Haken von Scientology hänge. In Scientology wird den Anhängern suggeriert, daß man alle persönlichen Probleme, wie Minderwertigkeitsgefühle und Charakterschwächen, mit Hilfe von Kursen, in denen man Scientology " studiert " und des " Auditings ", einer Rückführungs - Hypnosetechnik, lösen könne. Außerdem bekäme man " Macht über MEST (mass, energy, space and time) ". Da dieses natürlich nie mit bleibendem Erfolg gelingt und die Phantasie bekanntlich keine Grenzen kennt, bleibt man abhängig von der Organisation. Der Mensch kann sich angeblich nur mit Hilfe von Scientology verändern. Die Organisation hat für alles eine Antwort und immer recht. Sie spielt die Rolle Gottes für den Abhängigen... Macht bekommen Scientologen eigentlich nur über andere Scientologen, in einem gewissen Umfang entwickeln sie auf " höheren Stufen " auch magische Kräfte und nehmen Kontakt zu " Thetanen ", sprich Geistern auf. Diese werden dann, gut spiritistisch, durch Auditing " erlöst ". Brave Scientologen auditieren mehrere Stunden täglich Geister! Ihre eigenen "Body - Thetanen" und viele andere... Scientology geht voll mit dem Zeitgeist und allen esotherischen Lehren, die mehr oder weniger verbrämt, im Kern behaupten: " Du bist selber Gott, mußt ihn nur (wieder) in Dir entdecken." Dieser verführerische Gedanke ist so alt wie die Menschheit... Ich beginne gegen die Organisation zu recherchieren, in Californien, in Florida und in New York. Lieferung von Geheimmaterial (die OT3-Materialien d.A.) an Gegenorganisationen und den " Spiegel " in Hamburg... Mein Lebenspartner hat bis zu diesem Zeitpunkt ungefähr eine halbe Million DM an Scientology bezahlt... Halte mich über ein Jahr als "Celebrity " in " Flag " im Hotel Fort Harrison in Clearwater / Florida, dem Hauptquartier der Scientologen auf. Bei meinen Recherchen treffe ich in den USA Menschen, die mit Scientology gebrochen haben, was bei langjährigen Scientologen sehr selten ist...".

Kurz darauf besuchte Gudrun Derlin, zusammen mit ihrem Freund, Helnwein auf dessen Schloß in Burgbrohl. Das Ende ist bekannt.

Zusammenfassend analysiert Gudrun Derlin ihr Erlebtes mit Helnwein: " Sehr bezeichnend für mich ist, daß sich Helnwein oft in Militärkluft ablichten ließ. Er offenbart, auch für den neutralen Beobachter deutlich sichtbar, gleich zweifach sein wahres Wesen: seine Sympathie für den Faschismus sowie sein Bedürfnis etwas verbergen zu müssen, mit einem Tarnanzug. Ähnlich verhält es sich mit Helnweins jahrzehntelangem Verstecken seiner Vollglatze unter diversen schwarzen langhaarigen Perücken. Wie mir Robert erzählte, fielen Helnwein Mitte der 70er Jahre in Wien innerhalb kurzer Zeit alle seine Haare, auf die er immer so stolz gewesen war, aus. Anlaß soll eine schiefgelaufene Auditing-Sitzung gewesen sein. Mehr wollte er dazu nicht sagen. PR - Genie Helnweins Ziel war und ist es, ich hörte es Anfang der 80er Jahre sehr oft aus seinem Mund, während diverser Abendessen in seiner Wiener Privatwohnung, weltberühmt zu werden, - egal wie, man analysiere seine "Schockbilder", hinter denen übrigens auch ein Stück Scientology - Ideologie steht -, um dadurch als Meinungsmacher Einfluß auf die Öffentlichkeit zugunsten von Scientology zu gewinnen.

Ich lernte Helnwein als radikal den Hubbardschen " Lehren " hingegebenen Jünger kennen. Seine Sprache war immer scharf und kompromißlos " pro Scientology " und contra den " aberrierten (verrückten) Rest der Welt ", insbesondere vermeintliche Scientology - Gegner! Eines seiner Lieblingswörter war z.B. " gnadenlos ". Er litt unter starken Minderwertigkeitskomplexen und hoffte sie wohl durch Scientology abbauen zu können. Durch ihn wurde mein damaliger Freund Robert Schöller zu Beginn der 70er Jahre in Wien " on lines " gebracht, d.h. für Scientology angeworben. Helnwein ist ein Täter, kein Opfer! "

HELNWEINS L - 10 KURS IN FLAG

Gottfried Helnweins künstlerischer Mitstreiter, nicht nur bei einer seiner vielen Kunstaktionen, im Jahr 1987 in Bremen, sowie Übersetzer eines Textes von William Burroughs in Helnweins 1992 erschienenem Fotobildband " Faces ", der Schweizer Schriftsteller Tobias Leutenegger, alias " Tobias C. Biancone " mit Künstlernamen, absolvierte zusammen mit Renate Helnwein im Jahr 1990 in FLAG den umfangreichen und über einige Wochen dauernden " L 10 Rundown " Kurs, der allein über DM 70.000 kostet. Auch Gottfried Helnwein besuchte in FLAG Mitte der 80er Jahre, ungefähr zur gleichen Zeit wie sein Schweizer Künstlerfreund, den berüchtigten " L 10 Rundown " - Kurs. Dieser Kurs ist ausschließlich der Scientology - Topelite vorbehalten.

BREMEN UND TOBIAS BIANCONE (LEUTENEGGER) - 1987

In Bremen fand am 5. September 1987, um 19.30 Uhr, in der Bremer Kunsthalle, das von Helnwein inszenierte Kunstspektakel " Der Untermensch " statt. Dies war der künstlerische Höhepunkt des Jahres 1987 in Bremen. Schon die Wortschöpfung " Ausstellungsoper " sollte darauf hinweisen, daß es sich bei der Helnwein - Performance um einen völlig neuen Versuch in Richtung " Gesamtkunstwerk " handeln sollte. " Oper " auch deswegen, darauf wiesen die scientologischen Organisatoren Helnwein und der Schriftsteller und Freund Tobias Biancone (Leutenegger) hin, weil die Oper sich in den letzten Jahrzehnten, am meisten den zeitgenössischen Strömungen der anderen Künste, verschlossen hätte. Die "Oper" wurde ein großer Publikumserfolg und die Medien überschlugen sich. Die Bremer Tageszeitung " Weser - Kurier " zwei Tage später in ihrer Kritik " Die Nazis und die Rindviecher " über das Ereignis:

" Selten ist in Bremen ein privat organisiertes Kunstereignis mit größerem Werbeaufwand in Szene gesetzt worden. ..Helnwein hat in der internationalen Kunstszene einen Grad der Berühmtheit und des Berüchtigtseins erreicht, daß er seit einiger Zeit gegen das eigene Image anzugehen versucht..." Ausstellungsoper ", das ist ein Konglomerat von verschiedenen Elementen, von Bildern, Musik, Perfomance, Spontantheater und Video, die zu einem optisch, wie akustisch bedrängenden Medienspektakel zusammenwirkten. Helnwein hat sich mit der gleichermaßen trivialen, wie subtilen Ästhetik des Nationalsozialismus beschäftigt und versucht, ihre Selbstentlarvung mit ihren eigenen Mitteln, wenn er zum Beispiel die Zuschauer mit dem ideologischen Gedankengut des Nationalsozialismus, etwa der Darstellung der " Gesäßformen der höheren und der niederen Rassen " oder dem deutschen Liedgut der Zeit, über fünf Monitore, in peinigender Penetranz konfrontiert. Oft sind es nur Wort- und Bildfetzen, die rhythmisch über die Bildschirme hämmern, begleitet von dem dumpf - leisen, zuletzt bis zum Dröhnen gesteigerten Sound der Patchworkgruppe. "

Für die " Musik " zeigte sich der 1956 in Wien geborene Komponist George E. Buigner verantwortlich, der ein Jahr vor Bremen, im Jahre 1986, die Videoproduktionsfirma " George Buigner und Detleff Foullois " gegründet hatte. 1987 eröffnete er die Firma "Pyramid Music" in Hamburg, Wien und Zürich. Sein Partner Detleff Foullois, war damals, neben Helnwein, einer der bedeutendsten Scientologen in Deutschland. 1990 sollte er die deutschen Scientology - Büros mit Computeranlagen bestücken.

" Währenddessen zelebrieren vorn auf dem Podium zwei in deutsche Wehrmachtsuniformen gekleidete Köche ein pseudoreligiöses Meßritual. Schluß mit Knalleffekt - dann Stille: Von schwarz geschminkten Soldaten werden über die Treppe fünf Kühe hufdonnernd und hinter sich klekkernd, in den Saal gezerrt, mit vielem Blitzlicht fotografiert und wieder hinausgeführt. Ende der Vorstellung. Rindviecher sind geduldig. Das wußten die Nazis auch. Deshalb vielleicht ihre Vorliebe für eine Malerei, zu deren bevorzugten Motiven Kuhdarstellungen gehörten, die zusammen mit anderem nationalsozialistischem Bildergut heute noch unter strengem Verschluß und staatlicher Aufsicht in den Depots der Oberfinanzdirektion München aufbewahrt wird. Fünf solcher Kuhbilder konnten für die " Ausstellungsoper " ausgeliehen werden. Weh dem, der Gefallen daran findet ! "

Etwas plastischer sah es die " Bild " - Zeitung vom gleichen Tag, dem 7. September 1987. Sie meldete das Ereignis in dicken Lettern : " Kuh - Fladen auf der Bühne: Sechs Kühe und dampfende Fladen - sie gehörten zur Premiere der Ausstellungsoper " Der Untermensch " in der Kunsthalle. Zuschauer empört: " Sauerei ". Der umstrittene Wiener Künstler sorgte für einen Kulturskandal. Er hängte Nazi - Bilder auf, Kühe ließen ihre Fladen in die Kunsthalle fallen. Helnwein wollte sich durch die "Untermensch" - Oper mit der Kunst des 3. Reiches auseinandersetzen. Deshalb grub er in einem Münchner Archiv fünf Blut und Boden - Schinken der 30er Jahre (Bauern - Szenen, Kühe in Öl) aus. Die rund 100 Zuschauer (40 DM Eintritt) rümpften die Nase, als auf der Bühne der Kunsthalle ein übelriechendes " Süppchen " gekocht wurde. Dazu flimmerten tonlose Film - Ausschnitte völlig zusammenhanglos über sechs Video - Schirme. Menschen in grauen Mänteln und NS - Mützen führten sechs Kühe herein. Der Weg zur Bühne war mit dampfenden Pfladen gepflastert. Der ganze Spuk dauerte 100 Minuten. Helnwein: " Ich suche neue Kunstformen. " Ein Besucher: " Eine Sauerei. Das hat mit Kunst nichts mehr zu tun. Helnwein ruiniert seinen Ruf. Bremen ist vor der Wahl Testfeld rechtsradikaler Parteien. NS - Bilder aufzuhängen ist instinktlos." Bremer Geschäftsleute haben das Spektakel mit mehreren 100.000 DM gesponsert. Kunsthallen - Direktor Salzmann: " Als die Kühe reinkamen, war das eine sehr bedrängende Szene - aber ein interessantes Projekt. Bremen muß sich für Kunst - Experimente öffnen - egal wie man dazu steht."

Helnweins Berater Peter Reichelt hatte dieser " Skandal " besonders gefreut, da er innerhalb dieses Gemeinschaftsprojektes "Untermensch", im Rahmen seiner Beratertätigkeit für Helnwein, gerade für die " Kombination " Bilder und Kühe verantwortlich zeigte. Es ist sicherlich das bis heute spektakulärste und vor allem ein realisiertes Projekt Helnweins.

Auch im Jahre 1988 planten Helnwein und Biancone ein ähnliches Spektakel auf dem ehemaligen Nürnberger Reichsparteitagsgelände, das allerdings wegen fehlender Sponsoren dann doch nicht stattfand.

1989 verkaufte Helnwein seinem Scientology - Genossen in Clearwater sogar einen Teil seines Grundbesitzes, ein kleines Wohnhäuschen mit Garten, direkt neben der eigenen Villa. Bis zu Helnweins Rückkauf 1996 blieben sie direkte Nachbarn, Helnweins und Biancones.

In der Ausgabe 217 des Scientology - Magazins " The Auditor " aus dem Jahre 1987, schreibt der Berner Tobias Leutenegger, alias Tobias Biancone, unter der Rubrik: Briefe an den Herausgeber - " Lieber Herausgeber, was für eine Freude ein altes Photo von mir (aus frühen Scientology - Zeiten in England) in der Ausgabe 214 zu finden. Ich kann mich noch genau daran erinnern, wie ich damals an dem Fluß saß und ein Gedicht schrieb. Wie hat sich doch die Zeit im Vergleich zu heute verändert ! Wo bin ich heute? Nachdem ich " OT III " erreicht hatte, reiste ich nach Flag in Clearwater, machte dort alle Kurse bis hin zum "New OT VII". Kehrte wieder nach Europa zurück, um nun wieder nach Flag zu fliegen, um mich dort mit dem " New OT VIII " - Vorbereitungskurs auf die Jungfernreise mit dem Schiff " Freewinds " vorzubereiten, um dort ein " New OT VIII " zu werden. Was noch ? Ich mache, nach dem " SHSBC ", immer noch die Trainings - Route und unheimlich viel Training als ein Auditor. Auch gehe ich auf der " Brücke " weiter die administrative Seite hoch. Kürzlich erst nahm ich an zwei " Ethik - Kursen " teil (" Intro to Scientology Ethics " und " Ethics Specialist "): Mitarbeiter (Staff) Status 0 / I / II und danach Exec Status One.

Derzeit verbessere ich mich auch als Schriftsteller. Gerade schreibe ich an einem Stück, das nächstes Frühjahr aufgeführt werden soll, außerdem an einen Filmdrehbuch.

" Saint Hill " (eines der beiden europäischen Scientology - Hauptquartiere) ist für mich vor allem auch die Heimat des " Saint Hill Special Briefing Course " (SHSBC), wo man " trainieren " und " auditieren " kann. Es ist ein Ort, wo ich die Anwesenheit und den Geist von L. Ron Hubbard fühlen kann. Danke dafür, daß ich dort sein darf, bis auf ein persönliches Treffen irgendwann in der Zukunft. Alles Liebe, Tobias Biancone ".

Für den " SHSBC " - Kurs brauchen die " Auditoren " in Saint Hill, England, ohne Unterbrechung, mindestens 2 2 Wochen, von früh um 8 Uhr bis am Abend um 19Uhr ! Um an diesem Kurs teilnehmen zu dürfen, muß man bereits ein ausgebildeter " Auditor IV " und " Clear " sein.

Aber auch der weltberühmte Filmstar und Glaubensgenosse John Travolta machte sich in Clearwater auf den Weg nach " OT III " (Source 78 - 1991) und dem " Hubbard Key to Life Course " (Source 93 - 1994), zusammen mit Schauspielerkollegin Kelly Preston (L 11 Rundown und OT II - Source 93), ebenso wie Elvis Presleys Tochter und Renate Helnweins Freundin und Ex - Frau von Michael Jackson, Lisa Marie, als "New OT I" (Source 82 - 1991) bis zum " New OT V " (Source 94 - 1994).

Julia Migenes, Altscientologin, Scientology - Topaushängeschild und in den 60er und 70er Jahren unter der persönlichen Obhut von Hubbard und Helnwein - Mitstreiterin seit frühen ZKK - Tagen in Wien, kam 1993 für den " Int By Dynamics " - Kurs nach Clearwater (Source 88 - 1993).

Auch Helnwein - Intimus und " New OT VI " Farhad Raschidi (Source 38 - 1982 und Source 73 - 1990 " New Hubbard Professional TR Course "), ein in Berlin praktizierender Zahnarzt, dem sich Gottfried Helnwein 1992 sogar in seinem Kunstkatalog " Photographs of Berlin " für seine " große Unterstützung " öffentlich zu außerordentlichem Dank verpflichtet fühlte, besuchte die " Flag " - Organisation. Dr. Raschidi ist, ebenso wie Renate und Gottfried, ein großzügiger " Patron " - Spender zugunsten von Scientology. Gleich mehrere Familienmitglieder finden sich in den offiziellen Spenderlisten des US - Scientology - Mitgliedermagazins " Impact " Ausgabe 39 aus dem Jahre 1991. Es sind dies unter der Rubrik " Deutsche Patrons ", Buchstabe " R " : Arian, Daria, Farhad und Ehefrau Heidi Raschidi, jeder von ihnen ein Spender von minimum $ 40.000 !

Unter " H " finden sich in der gleichen Ausgabe, welch Zufall, seine guten Freunde Renate und Gottfried Helnwein als " Patrons ". Aber auch die Helnwein Freunde Marieta (die Vermieterin des Helnwein - Schlosses in Burgbrohl) samt Ehemann, der Immobilienmakler Klaus Kempe aus Düsseldorf, fehlen nicht auf der Liste.

In dem 1989 erschienen Buch " Selfmademen und Millionäre " des Autors und Scientologen Mehler, fragte dieser den Arzt Farhad Raschidi: " Aus gut informierten Kreisen, wie das so schön heißt, habe ich erfahren, daß Sie einmal rund 300.000 DM gespendet haben, für eine Organisation (gemeint ist Scientology), die sich einsetzt für Menschenrechte und für Verbesserungen auf verschiedenen Gebieten? Illustriert dies Ihre Einstellung zum Geld ? " Seine Antwort: " Die 300.000 DM sind übrigens maßlos übertrieben; es waren nur 295.000 DM...Ich halte es für recht und billig, wenn ich einen Großteil meines Einkommens konstruktiven Organisationen zur Verfügung stelle. " Da geht es Dr. Raschidi ähnlich wie seinem Freund Helnwein.

Unter der Rubrik " Patrons " in Österreich findet sich auch der Helnwein - Freund Fritz Spohn sowie in der "Abteilung" USA der Jazzer Chick Corea, Helnweins "OT" - Kollege und musikalischer Mitstreiter im ZKK in Wien Mitte der 70er Jahre und der Maler Robert Schöller, Helnweins Mitorganisator des ZKK, als Großspender wieder. Desweiteren auch der Schriftsteller Tobias Leutenegger, alias Tobias Biancone, aus der Schweiz, mit dem Helnwein einige seiner Kunstprojekte in den letzten Jahren gemeinsam verwirklichte und der seit 1989 sein Hausnachbar in Clearwater / Florida ist.

Alle diese Personen gehören zu dem exclusiven Kreis der heute weltweit rund 1.400 " Patrons ", die seit Einführung des " Patron - Status " zwischen 1985 und heute zusammen die unglaubliche Summe von 1 Milliarde DM (!) der amerikanischen Scientology - Mitglieder - Organisation " IAS ", ohne Gegenleistung, " geopfert " haben. 1.000 Millionen DM in die " Kriegskasse " von David Miscavige und Co. zur Ausschaltung ihrer weltweiten Gegner. Wahrlich ein Budget, daß einem mittelgroßen Kriegsministerium würdig ist...

Ebenfalls auf Station in Clearwater, zur gleichen Zeit wie Familie Helnwein, die Leiterin des Düsseldorfer " Celebrity Centers " Adelheid Rech-Gesche (Source 51 - 1985), die Gottfried H. laut eigener " Eidesstattlicher Versicherung " vom 15.5.1992, " nicht in Clearwater, Florida, sondern erst in Burgbrohl kennengelernt hat ". Interessanterweise befanden sich bereits im Jahre 1985 die drei engen " Patron " - Freundinnen Renate Helnwein, sowie Marieta Kempe, Helnweins Schloßvermieterin im Jahre 1984, zusammen mit Adelheid Rech - Gesche, Celebrity Center - Chefin aus Düsseldorf, im gleichen FLAG - Scientology - Kurs, dem " False Purpose Rundown Auditing " in Clearwater / Florida.

HELMUTH BLÖBAUM - REINER WEBER - CLAUDIA KAUER - EDITH BÜCHELE

DIE HELNWEIN - DSA/OSA GEHEIMDIENSTVERBINDUNG

Auch der deutsche " Patron " Helmuth Blöbaum, offizieller Präsident von " Scientology Deutschland " und damit auch Boss der DSA / OSA, des deutschen Ablegers des internationalen Scientology - Geheimdienstes und einige Jahre später , im Sommer 1992, Helnweins " Unschulds - Alibi " vor einigen deutschen Gerichten, daß er doch " gar kein Scientologe " sei, nahm seit 1988 in Helnweins Zweitwohnsitz Clearwater, im Scientology - Mecca " Flag Land Base ", ebenso wie Helnwein, an diversen intensiven Ausbildungs - / Weiterbildungskursen teil (Source 57 und 60 - 1988).

In seiner " Eidesstattlichen Versicherung " vom 11.5.1992 erklärte er vor dem Landgericht Koblenz zugunsten seines Freundes Helnwein folgendes: " Meine Name ist Helmuth Blöbaum. Seit dem Jahre 1984 bin ich..ununterbrochen im Rechtsamt der Scientology Kirche Deutschland tätig gewesen. Ich bin mit Entstehung und Ausbreitung der Scientology Kirche im Deutschen Raum bestens vertraut, da gerade die Errichtung neuer Gemeinschaften, Vereine oder Zentren in der Regel in Koordination mit dem Rechtsamt der Scientology Kirche Deutschland e.V., zum Beispiel wegen Erhalt einer Vereinssatzung und sonstiger rechtlicher Gestaltungen, durchgeführt werden mußte und auch heute noch durchgeführt wird. Aufgrund meiner Tätigkeit im Rechtsamt, ebenso wie aufgrund meiner Aufgaben als Präsident der Deutschen Kirche, bin ich wiederholt zwecks Besuchen bei der Mutterkirche, der Church of Scientology International, Inc. mit Sitz in Los Angeles, in den USA gewesen. Seit dem Jahre 1983 habe ich fast regelmäßig einmal pro Jahr der Mutterkirche einen Besuch abgestattet. Mein letzter derartiger Aufenthalt dauerte von Januar bis Mai 1990 in Los Angeles...

Das Hauptquartier der Scientology Kirche. d.h. die Zentrale, der rechtliche und administrative Sitz, sowie die Kirchenleitung der Mutterkirche, nämlich der Church of Scientology International, Inc. befinden sich in Los Angeles, Californien. Wir sind in fast täglicher Korrespondenz per Fax, Telefon oder Telex mit Mitarbeitern der o.g. Mutterkirche. In Clearwater, Florida, befindet sich der Sitz der " Church of Scientology Flag Service Organisation, Inc. ", einer Tochterkirche der Mutterkirche in den USA. "

Weiter bestätigt Blöbaum 1992, daß " die Scientology Kirche Deutschland e.V., nie beabsichtigt, geplant oder versucht hat, " und nun die besondere Spitzfindigkeit, " i n d e r N ä h e der Burg in Burgbrohl...eine Niederlassung aufzubauen."

In der Nähe nicht, aber mitten auf ihr und zwar bereits seit 1984 ! Das dem so ist, steht heute außer Frage.

Blöbaum half seinem langjährigen Freund Helnwein, mit etwas Nachdruck, ein Jahr später ein weiteres mal aus der Patsche, da sich die Gerüchte um Helnweins Mitgliedschaft in der Scientology - Organisation immer mehr verdichteten. Wiedereinmal geriet Helnwein im Mai 1993 in das Kreuzfeuer der Medien. Enthüllungsjournalisten, die ihm zwecks Aufdeckung seiner Lügen bereits seit Jahren auf den Fersen sind, meldeten diesmal, wiederum der Wahrheit entsprechend:

1. Helnwein ist ein " Patron ".
2. Er hat mindestens $ 40.000 in die Kriegskasse von Scientology gespendet.
3. Die Aufnahme in die " Patron " - Liste der Zeitschrift " Impact " erfolgte korrekt und
4. Er ist ein " Auditor der Klasse 4 ".

Helnwein brauchte dringend eine offizielle " Erklärung " der deutschen Organisation, daß dem alles nicht so sei, um diese dann, als " Beweis " für die Richtigkeit seiner Behauptungen, der Öffentlichkeit zu präsentieren. Verzweifelt überlegte sich Helnwein nun einen Ausweg aus der für ihn langsam brenzlig werdenden Situation. Er brauchte vor allem von der Scientology - Führung in Los Angeles das " OK ", daß seine Strategie des " zu Unrecht als vermeintlicher Scientologe verfolgten Künstlers ", in die langfristige Planung der OSA - Führung unter David Miscavige und Kurt Weiland, für die Anprangerung deutscher Behörden, wegen angeblicher Diskriminierungen von Scientologen in Deutschland paßt.

Am 14. Juli 1993 schrieb Helnweins Lieblings - Anwalt in Sachen "Scientology", Christian Reinking aus Düsseldorf, einen 2 - seitigen, sicherlich bereits telefonisch vorher avisierten, " offiziellen " Brief an den Daueranwalt der " Scientology Church Deutschland e.V. ", Wilhelm Blümel in München. Der Inhalt dieses Schreibens wurde sehr schnell durch Helnwein der Öffentlichkeit bekannt gemacht, mahnte er doch in diesem diverse " Richtigstellungen " an und die Scientology - Organisation in München ab. Eine Sensation ? Mitnichten. Dies war wiederum nur Teil einer scientologischen Desinformationskampagne der übelsten Sorte, die Helnwein seit 1991 in Deutschland perfekt inszeniert.

Nachdem die von seinem Anwalt Reinking gesetzte Frist von fünf Tagen zur Übermittlung der " Erklärungen " ohne Antwort verstrich, Rechtsanwalt Blümel sollte Helnwein bis " Montag, den 19.7.1993, 12 Uhr, frist - bzw. formgerecht " antworten, - Scientology - Deutschland Präsident Blöbaum befand das Schreiben anscheinend zuerst als nicht so dringend - wurde Helnwein langsam nervös und ungeduldig. Die "offizielle" Schiene funktionierte offensichtlich nicht so richtig. Also besann sich Helnwein auf die von ihm jahrelang gewohnte " OSA / DSA "-Geheimdienstschiene und ihre Art der Nachrichtenübermittlung.

Der von hochrangigen Scientology - Aussteigern als " OSA FSM " (informeller Mitarbeiter des OSA - Geheimdienstes) bezeichnete Gottfried Helnwein, sandte nun, nach Ablauf der Frist am 19.7.1993, eine geheime Mitteilung über den OSA - Computer in Düsseldorf an HELMUTH BLÖBAUM in München und EDITH BÜCHELE - ED OSA EUROPE in Kopenhagen. Edith Büchele sitzt im Hauptquartier von Scientology - Europa in Kopenhagen als OSA - Chefin mit dem Titel " Executive Director " des OSA - Geheimdienstes in Europa, ihr Ehemann, der Schweizer Klaus Büchele ist stellvertretender Direktor des weltweiten OSA - Hauptquartiers in Los Angeles, beide unter der damaligen obersten Leitung eines weiteren Helnwein - Freundes, des Österreichers Kurt Weiland. Heute ist Mike Rinder Chef der OSA INT.

Helnwein wörtlich:

" Dear Terminal,

1. Ich brauche dringend die Erklärungen von Euch, die mein Anwalt bei Blümel angefordert hat.
2. Wir müßten dringend ein Meeting machen, um ein paar wichtige Sachen zu klären.
3. Warum habt ihr eigentlich den Lehrer T. Gottschalk aus der Schweiz öffentlich geoutet ? Diese Info hat nur dem enemy genützt.

Gruß
G. H. "

Einen besseren Beweis dafür, wie Helnwein die deutsche Öffentlichkeit jahrelang mit seinen falschen Aussagen: " ich bin kein Scientologe, ich bin kein " Patron ", ich bin kein " Auditor ", ich bin kein " Operierender Thetan ", ich habe mal Anfang der 70er Jahre in Wien ein paar Kurse besucht " und vieles mehr, hinters Licht geführt und belogen hat, gibt es nicht mehr. Damit bricht das von Helnwein aufgebaute Lügengebäude endgültig, ohne wenn und aber zusammen!

Nebenstehend: OSA-Geheimdienst-Mann Helnwein schreibt an das OSA-Hauptquartier Europa in Kopenhagen sowie an die deutsche OSA-Zentrale in München - 1993

Helmuth Plöbaum
Edith Büdel
ED OTA Europe

Dear Terminal,

1) Ich brauche dringend die Erklärungen von Erde die mein Anwalt bei Blümel angefordert hat.
2) Wir müssten dringend ein Meeting machen um ein paar wichtige Sachen zu klären.

3) Warum habt Ihr eigentlich den Lehrer T. Gottschalk aus der Schweiz öffentlich geoutet?
Diese Info hat wir denn enemy geschickt.

Gruß
G. A.

zu Helnweins Punkt 1. : Kurz nach dem Absenden des Geheimdossiers erreicht Helnwein am 23.7.1993, wie befohlen, die so heiß ersehnte Persilschein - " Erklärung " von " Präsident " Helmuth Blöbaum von der Scientology Kirche Deutschland e.V.. Blöbaum: " ... Auf Grund meiner Kenntnis der Dinge, bestätige ich hiermit, ohne Einschränkung, daß Herr Helnwein in keiner Scientology Kirche, Mission, oder sonstigen Organisation der Kirche, irgendeine Funktion, noch irgendein Amt inne hat oder sonstige Aufgaben wahrnimmt. Er ist weder angestellt, noch ehrenamtlich für die Scientology Kirche tätig " .

Doch damit nicht genug. Zwei Tage später erreicht Helnwein am 29.7.1993 ein weiteres Schreiben von Blöbaum. Unter " Betreff : Schreiben Ihres Rechtsanwaltes ", bestätigt er Helnwein: " Wir nehmen zur Kenntnis, daß die Verwendung Ihres Portrait - Photos und beiliegenden Textes, ohne Ihr Einverständnis erfolgt ist. Wir verpflichten uns zukünftig, weder bildliche Darstellungen noch Texte von Ihnen zu Werbezwekken zu verwenden. ". Auch das war Helnwein zu wenig konkret. Blöbaum mußte daher sogar noch ein drittes (!) Schreiben aufsetzen. Unter " Wen es betrifft " folgt am 19.8.1993 dies: " Von mir veranlaßte Recherchen bei allen in Betracht kommenden Scientology Kirchen in Europa und den USA, haben zu dem eindeutigen und klaren Ergebnis geführt, daß Gottfried Helnwein keine Ausbildung zum sogenannten "Class IV Auditor" erhalten oder abgeschlossen hat. Herr Helnwein ist also kein "Class IV Auditor" und war auch in der Vergangenheit niemals ein "Class IV Auditor". Entsprechendes wurde von allen Stellen bestätigt. Die gegenteilige Meldung eines Mitgliedermagazins einer Scientology Kirche in den USA, ist definitiv unrichtig und basierte auf einem redaktionellen Versehen. Gezeichnet: Helmuth Blöbaum ".

Auch durch ein mehrfaches Wiederholen wird eine Lüge nicht zur Wahrheit...

Am 14. Januar 1997 bestätigte selbst das Scientology - Hauptquartier in den USA gegenüber der Deutschen Presse Agentur in Washington, "Helnwein ist ein Scientologe". So werden solche Art " Bestätigungen " von Blöbaum, schnell zu Makulatur, wenn Helnwein nun sogar " öffentlich " durch das Hauptquartier der Scientology - Organisation als " Scientologe " tituliert wird. Der Mohr hat nun offensichtlich seine Schuldigkeit getan...

HELNWEIN - DER OSA / FSM - MITARBEITER UND SEIN KONTAKT ZUR OSA - 1993

zu Helnweins Punkt 2. : Es kam in der Folgezeit zu den von Helnwein gewünschten Meetings mit der OSA - Spitze, alles SEA ORG - Mitglieder, - SEA ORG, die Scientology - Eliteeinheit, die von Hubbard, seit 1967, als seine Privatarmee aufgebaut wurde; auch der älteste Sohn von Helnwein, Cyril, ist seit 1991 ein Mitglied der SEA ORG in Clearwater / Florida, - wegen diverser " wichtiger Sachen ", so Helnwein.

Ein intensives Strategiegespräch folgte bereits am 27. Juli 1993 mit Kurt Weiland, dem weltweiten Geheimdienstchef der OSA. Dabei ging es unter anderem um den Inhalt eines " Pro - Helnwein " - Interviews für den Ahriman - Verlag in Freiburg. Erschienen ist es dann im Herbst 1993 in der Ausgabe 43 der " Ketzerbriefe " unter dem Titel " Entartete Kunst ".

Darauf folgte ein Tag später, am 28.7.1993, ein geheimes Treffen mit Rechtsanwalt Blümel, dem Rechtsbeistand der Scientology Kirche in Deutschland, unter der Leitung von Helmuth Blöbaum. Resultat dieses Gesprächs war dann schließlich die Pro - Helnwein - " Erklärung " von Blöbaum vom 29.7.1993.

Helnwein hatte eine panische Angst, daß seine " Under Cover " - Aktionen für die OSA in Deutschland und in den USA im Sommer 1993 publik werden könnten. Daher brauchte er dringend und unverzüglich die geballte Hilfe des SEA ORG / OSA - Hauptquartiers in Los Angeles, mit den besten " PR " - Leuten, " cover - up " - Spezialisten, um weiteres drohendes Unheil, in Form von detaillierten " Enthüllungsgeschichten " über Helnweins wahre Rolle " in Scientology ", mit allen Mitteln zu verhindern. Mit Erfolg. Bis heute blieben diese geheimen Fakten verborgen, dank OSA International in Los Angeles, unter seinem damaligen Direktor aus Österreich, Kurt Weiland, der 1995 seinem Nachfolger Michael " Mike " Rinder weichen wußte. Weiland war danach nur noch dessen Stellvertreter. Trotzdem eine " Meisterleistung " von Weiland.

HELNWEINS WUNSCH : THOMAS GOTTSCHALK SOLL LÄNGER LEIDEN

zu Helnweins Punkt 3. : Thomas Gottschalk - Der Showmaster wurde am 12. 7.1993 in SAT 1 als vermeintlicher Scientologe " geoutet ". Die "Bild" - Zeitung griff den "Skandal" dankbar auf und Gottschalks angebliche Sektenzugehörigkeit war in den folgenden Tagen d i e Schlagzeile in

Deutschland, bis der " Stern " mit seiner Ausgabe 30 / 1993 und mit Thomas Gottschalk auf dem Titel erschien. Der " Stern " hatte gründlich recherchiert und entdeckt, daß es in der weltweiten Scientology - Organisation, die Mitgliederzahl beträgt heute 75. 000 Menschen weltweit (!), einen Namensvetter von Gottschalk gibt. Diese Information der Personenverwechslung, wurde den " Stern " - Redakteuren sogar von Seiten der deutschen Scientology - Organisation in München mitgeteilt. Man fand schnell heraus, daß es sich bei dem echten " Scientologen Thomas Gottschalk " um einen Hauptschullehrer aus der Schweiz handelt, der seinen Wohnsitz in einem Bauernhaus in Thun hat. Die TV - Ente des Jahres war entlarvt und der " echte " Thomas Gottschalk rehabilitiert, dank der informativen Mithilfe von Blöbaum in München. Mit diesem "Outing" der besonderen Art war ein führendes Mitglied in der Scientology - Organisation überhaupt nicht zufrieden, Gottfried Helnwein aus Burgbrohl.

Wenn es nach ihm gegangen wäre, hätte Helnwein den Showmaster noch monatelang als " Celebrity - Scientologen " durch die Medienwelt geistern lassen. Blöbaum machte ihm jedoch einen Strich durch die Rechnung und bekam dafür prompt die Quittung.

Wie schrieb Helnwein Ende Juli 1993 an die OSA - Hauptquartiere in München und Kopenhagen : " Warum habt Ihr eigentlich den Lehrer Gottschalk aus der Schweiz öffentlich geoutet? Diese Info hat nur dem enemy (dem Feind, das sind alle Nicht - Scientologen ! - d.A.) genützt. Gruß, Gottfried Helnwein ".

Hier kommt der wahre Charakter von Helnwein, Lüge und Verrat zum Nutzen seiner Organisation, zum Vorschein. Wie oft hatte Gottschalk Helnwein zuvor in eine seiner Sendungen eingeladen und ihm eine Showbühne für seine Kunst geliefert. Wie freundschaftlich war der Umgang zwischen den beiden, sogar noch nach den für Gottschalk so unangenehmen Schlagzeilen im Juli 1993. Gottschalk wußte nichts davon, daß er sich einen " freien Mitarbeiter " der OSA in seine Sendungen geholt hatte. Wie sollte er auch. Wäre es nach Helnwein gegangen, Gottschalk wäre in dieser grausamen Situation für längere Zeit gefangen geblieben. Er wäre sicherlich in Deutschland für geraume Zeit " erledigt " gewesen.

Gottschalk war nicht der einzige, mit dem Helnwein ein falsches Spiel trieb, je nach Situation. Helnweins engster Berater seit 1987, der Mannheimer Kunstpromoter Peter Reichelt, arbeitete gemeinsam mit Helnwein an der Verwirklichung des " Idole - Projektes ". Carl Barks, der berühmte Comic - Zeichner und Erfinder solcher berühmten Disney - Figuren wie Onkel Dagobert, Gustav Gans und Daniel Düsentrieb, ist seit Helnweins Kindheit dessen größtes künstlerisches Vorbild.

Im Februar 1991 unterbreitete Helnwein über seinen Agenten Reichelt ein Angebot für eine limitierte und signierte Verkaufsedition eines Photoportraits von Carl Barks, daß Helnwein 1990 bei seinem Besuch im Hause von Barks in Grants Pass in Oregon / USA angefertigt hatte und teilte ihm außerdem mit, daß Helnwein eine Museumsausstellung mit Werken von Barks in Europa planen würde. Im Frühjahr 1991 traf sich Helnwein mit Barks ein weiteres mal, um die angesprochenen Projekte weiter zu führen.

Am 7. Mai 1991 schrieb nun Barks an Reichelt, dem Helnwein - Agenten, einen Brief mit einem für Reichelt unglaublichen Inhalt. Barks : "Lieber Peter,... ich habe bisher nicht auf Ihr Schreiben vom Februar geantwortet, weil ich nicht weiß, was ich sagen soll. Ich wundere mich w e r sie wirklich sind. Ich habe aus Ihrem Schreiben gefolgert, daß Sie ein Partner von Gottfried Helnwein sind, der mit ihm zusammen eine Museumsshow meiner Werke in Deutschland vorbereitet. Ich habe Ihr Schreiben Helnwein vorgelegt und er tat es als etwas ab, was ich einfach ignorieren solle. Renate Helnwein scheint niemals von Ihnen gehört zu haben...".

Als Reichelt Helnwein daraufhin zur Rede stellte, meinte dieser nur lapidar, daß sich Barks " getäuscht haben müsse ". Er hätte ihm so etwas niemals gesagt. Seit diesem Zeitpunkt, Reichelt war zu dieser Zeit bereits vier (!) Jahre Helnweins enger Geschäftspartner, war jedoch das Vertrauen, daß Reichelt zu Helnwein aufgebaut hatte, etwas erschüttert. Er fühlte sich von Helnwein hintergangen. Trotzdem arbeitete Reichelt noch weitere drei Jahre mit Helnwein zusammen...

Auch diese Geschichte ist ein treffendes Beispiel für Helnweins egoistischen Umgang mit seinen Mitmenschen.

CARL BARKS
810 N.E. OREGON-AVE.
GRANTS PASS, OR 97526

Peter Reichel

May 7, 91

Dear Peter:

Yes, I received your art calendar and the Micky Maus magazines I have not replied because I am not sure what to say, and am wondering <u>who</u> you really are. Your letter of Feb. 91 implied that you are an associate of Gottfried Helnwein in the arranging of a museum show of my art works in Germany. I showed your letter to Helnwein, and he dismissed it as something I should ignore. Renate seems to have never heard of you.

You say you have a 40x26-inch print of a photograph Gottfried made of me here last year. Strange that he has never sent me a small snapshot of the subject, or even written to say that he ever made an enlargement from the many photos he shot.

Of whom are you speaking when you say "<u>We</u> would like to make an edition of ten prints in that size signed by you and Gottfried"? Who is <u>We</u>?

About your coming over here in July to have me sign the ten prints, forget it. I would need to know much more about the legitimacy of the prints, and besides, I have had to stop signing things for visitors. My wife Gare is seriously ill and I am available only to people with whom I have had prior business contacts.

I am sorry to be so brusque. I am trying to retire from duck work, and I find it harder to do than climbing from a tank of hungry octopuses.

To your son David I say he need not be nervous about his drawing. He draws a nice boy with lots of color and pazazz. He should keep on drawing.

Sincerely yours

Carl

Carl Barks

Carl Barks schreibt an Peter Reichelt am 7. Mai 1991
„... Renate Helnwein tat so, als wenn sie noch niemals von Dir gehört hätte!...“

HELNWEIN SCHREIBT AN CLAUDIA KAUER / OSA MÜNCHEN - 1993

Der in Deutschland ansässige OSA - FSM Helnwein aus Österreich, fühlte sich im Sommer 1993 langsam nicht mehr sicher auf seiner Burg und begann unter ersten Anzeichen von Verfolgungswahn zu leiden. Die Schwierigkeiten, die er sich 1993 mit dem Verleugnen seiner Scientology-Aktivitäten eingehandelt hatte, begannen ihm langsam über den Kopf zu wachsen. Zu " künstlerischen " Arbeiten kam er kaum noch. 1993 war er zeitweise gleichzeitig in bis zu sechs gerichtliche Auseinandersetzungen mit Journalisten, Zeitungen, Nachrichtenmagazinen, Fernsehanstalten und diversen Privatpersonen verstrickt. Alle meldeten indes nur die Wahrheit, " Helnwein ist ein Scientologe ". Dafür wurden sie von ihm prompt gnadenlos verklagt.

Mit Hilfe der Blöbaum - " Erklärungen " und mit zum Teil in allen Punkten falschen " eidesstattlichen Versicherungen ", die Helnwein bei

Kinder zu Pillenzöglingen degradiert. Für dieses Bild und das Bild auf Seite 1 bedankt sich die Redaktion bei Gottfried Helnwein. International als Illustrator anerkannt, veröffentlichten renommierte Magazine (Spiegel, Stern, ZEIT-Magazin, Time, Newsweek) seine Bilder auf den Titelblättern.

Ein „Helnwein-Kunstwerk" wirbt für Scientology
(aus: „Der Freiheitsspiegel" 38, September 1988, SC Kirche Deutschland")

DER FREIHEITS-SPIEGEL

unabhängige Zeitung, herausgegeben von der Scientology Kirche
Nr. 38, Verlagsort München, September 1988
Auflage dieser Ausgabe: 50 000 Exemplare

Impressum

Der Freiheitsspiegel
Die unabhängige Zeitung, herausgegeben von der Scientology Kirche

Verantwortlicher Redakteur und Verfasser für Redaktions- und Anzeigenteil:
Claudia Kauer, Beichstraße 12,
8000 München 40

Redaktion:
Georg Stoffel, Beichstraße 12,
8000 München 40, Telefon 0 89/34 49 28

Herausgeber im Selbstverlag:
Inhaber und Verleger:
Scientology Kirche Deutschland,
Sitz: 8000 München 40, Beichstraße 12

Präsident: Helmuth Blöbaum

Copyright © 1988
bei der Scientology Kirche Deutschland

Druck:
Peter Faber
Rollenoffsetdruck GmbH
Frankfurter Ring 139
8000 München 40

*Scientology und Dianetik sind Zeichen im Besitz des Religions Technology Centers, L.A., und werden mit dessen Erlaubnis benutzt.

Die OSA-Leute Claudia Kauer und Helmuth Blöbaum im Impressum von „Der Freiheitsspiegel" 38, September 1988, Scientology-Kirche Deutschland

Gericht einreichte, gelang es ihm immer wieder, den Gegner einzuschüchtern, wie es ihm sein Guru Hubbard gelehrt hatte und die Richter zu täuschen. Sie fielen auf ihn herein, da sie es nicht besser wußten.

Erst im Sommer 1996 sollte damit endlich Schluß sein. Das OLG in Frankfurt/M. roch den Braten und wies erstmalig eine Helnwein - Klage gegen einen Kritiker ab. Der Bann war gebrochen.

Drei Jahre zuvor wurde im Sommer 1993 die Zentrale von OSA / Scientology - Deutschland in München, unter der Führung von Claudia Kauer und Helmuth Blöbaum, geradezu mit Anfragen über Helnwein überschüttet. Ihre lapidare Antwort lautete jedoch jedesmal kurz und bündig: " Über Mitglieder geben wir keine Auskünfte ". Dieses und welche Presseorgane sich für Helnwein interessierten, meldete OSA - Mitarbeiterin Claudia Kauer sofort pflichtbewußt an Scientology - "Guru" Helnwein per Fax. Für Helnwein eine äußerst gefährliche Antwort. In jeder Hinsicht.

Helnwein tobte über so viel Dummheit in der OSA - Zentrale. Sofort kam seine schroffe Antwort und ein neuer Befehl, der auch seine Furcht beweist:

Helnwein: " An Claudia Kauer. Danke für das Fax.

1. Da unser Fax möglicherweise abgehört wird, will ich in Zukunft jede Comm (Kommunikation - d.A.) n u r über den OSA - Computer. Also : keine Faxes im Klartext mehr.

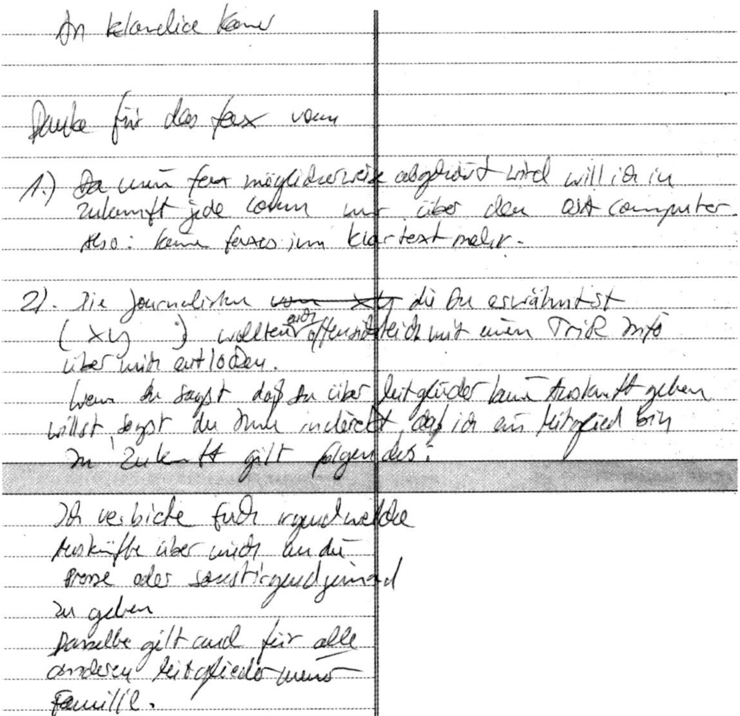

An Claudia Kauer

Danke für das fax vom

1.) Da unser fax möglicherweise abgehört wird will ich in Zukunft jede Comm nur über den OSA computer. Also: keine faxes im klartext mehr.

2). Die Journalisten von xy die Du erwähnst (xy) wollten offensichtlich mit einem Trick Info über mich entlocken.
Wenn du sagst daß du über Mitglieder kein Auskunft geben willst sagst du ihm indirekt daß ich ein Mitglied bin.
In Zukunft gilt folgendes:

Ich verbiete Dir irgendwelche Auskünfte über mich an die Presse oder sonst irgendjemand zu geben.
Dasselbe gilt auch für alle anderen Mitglieder meiner Familie.

OSA an OSA

2. Die Journalisten, die Du erwähntest (xy), wollten Euch offensichtlich mit einem Trick Info über mich entlocken. Wenn Du sagst, daß Du über Mitglieder keine Auskunft geben willst, sagst Du Ihnen indirekt, daß ich ein Mitglied bin.

In Zukunft gilt folgendes:

Ich verbiete Euch irgendwelche Auskünfte über mich an die Presse oder sonst irgendjemand zu geben. Dasselbe gilt auch für alle anderen Mitglieder meiner Familie."

Auch dieses Schreiben beweist die tiefen Verstrickungen Helnweins zum Scientology - Geheimdienst und seine führende Rolle innerhalb der deutschen Organisation auch 1993.

DER AUFBAU DER OSA UND DIE HELNWEIN - VERBINDUNG

Martin Ottmann, ehemaliger Top - Scientologe, mit mehrjähriger " Berufserfahrung " im Scientology - Zentrum in Clearwater, gibt nachfolgend einen kurzen Überblick über das "Office of Special Affairs" (OSA). Die OSA ist die Organisation innerhalb des Scientology-Netzwerkes, die sich " mit allen externen Angelegenheiten der Kirche beschäftigt ". Das Ziel von OSA stellt dabei die " totale Akzeptanz von Scientology und seinem Gründer, L. Ron Hubbard dar. OSA unterstützt die Orgs durch die Schaffung einer sicheren Umgebung, in denen sie operieren und expandieren können " (The Command Channels of Scientology, 1988, Los Angeles).

Auf welche verschiedene Bereiche sich eine gewünschte " totale Akzeptanz " dabei ausdehnen soll, verdeutlicht ein offener Brief des Präsidenten der " Church of Scientology International ", Heber Jentzsch, aus dem Jahre 1988. Dieser wurde bezeichnenderweise in der zweiten Ausgabe von " Scientology Heute ", dem Magazin des deutschen OSA-Ablegers, veröffentlicht:

"Liebe Scientologen, in dieser zweiten Ausgabe von " Scientology Heute " möchte ich die Gelegenheit ergreifen, Ihnen zu erläutern, wie ein Scientologe dazu beitragen kann, einen sicheren Raum für die Expansion von Scientology und ihren Einfluß in der Gesellschaft zu schaffen...Da die Kirche in immer mehr Gesellschaftsbereiche hineinexpandiert, ständig neue Wege erschließt und mehr Völker erreicht, ist es ebenso notwendig, unsere Kommunikationslinien auszudehnen. Wir müssen in der Lage sein, die richtigen Leute zu erreichen, um Dinge getan zu bekommen. Wir müssen herausfinden, wie wir wichtige Leute

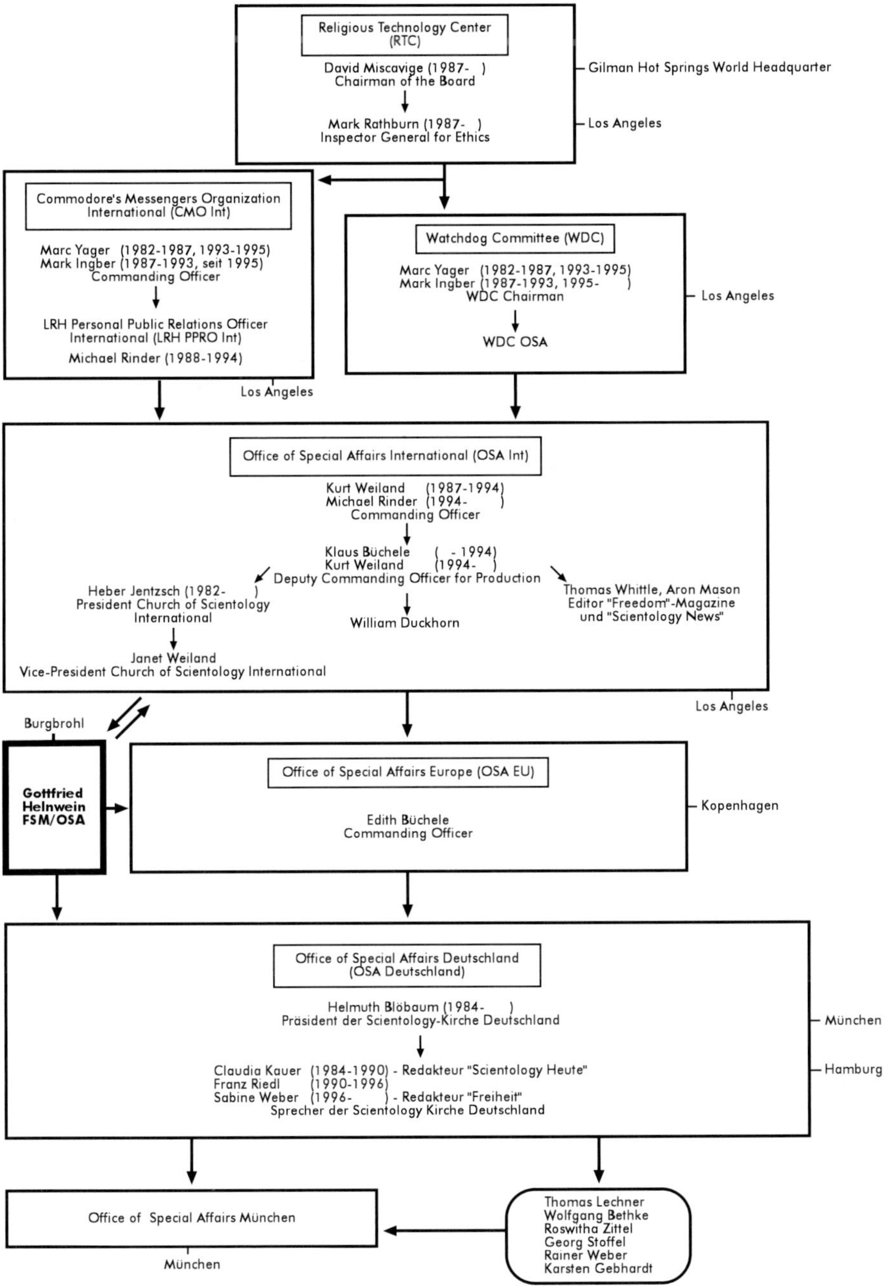

Der strategische Aufbau des OSA-Geheimdienstes (von M. Ottmann und SHSP eV)

in den Medien, in der Regierung und in den Schlüsselpositionen der Gesellschaft erreichen - diejenigen Leute, welche die Dinge in der Hand haben ... Persönliche Kommunikationslinien sind machtvoll. Machtvoller, als sich die meisten Leute vorstellen können. Leute vertrauen ihren Freunden und Bekannten wesentlich mehr, als dem, was sie in den Zeitungen zu lesen bekommen. Aus diesem Grund sind persönliche Kommunikationslinien wichtig. Es mag sein, daß sie den Bundeskanzler nun nicht persönlich kennen, aber sicherlich kennen Sie Personen, die für ein Hinausgreifen der Kirche in die Gesellschaft wertvoll sind. Ich möchte Sie daher herzlich bitten, mich wissen zu lassen, welche Kommunikationslinien Sie in den folgenden Bereichen haben:
POLITIK: Dies könnten Politiker auf nationaler, regionaler und lokaler Ebene sein, seien es nun örtliche städtische Beamte, Bürgermeister, Stadträte, Minister oder Abgeordnete. Dies würde auch führende Vertreter von Regierungsbehörden und Verwaltungsbeamte mit einschließen.
MEDIEN: Hier betrifft es alle möglichen Vertreter der Medien, die Sie kennen, besonders Besitzer oder Teilhaber von Zeitschriften, Presseagenturen, Zeitungen, Verlagen, Fernseh - oder Radiostationen sowie Herausgeber oder Redakteure jeglicher Art.
RECHTSWESEN: Dies wären Richter, Staatsanwälte, Rechtsanwälte etc.
FINANZWESEN: Mitglieder der Direktion, Aufsichtsräte, Präsidenten oder ihre Stellvertreter sowie andere leitende Positionen von Banken, Sparkassen und Kreditgesellschaften. Auch Aktienmakler und andere Leute des Finanzwesens.
KUNST UND UNTERHALTUNG: Bekannte Persönlichkeiten von Film oder Fernsehen. Bekannte Künstler, Schauspieler, Schriftsteller und alle Meinungsführer auf diesem Gebiet.

Sie ahnen vielleicht gar nicht, wie bedeutend und wertvoll Ihre Kommunikationslinien für die Kirche sein mögen. Nehmen Sie sich daher bitte die Mühe und schreiben Sie alle Ihre Kontakte in diesen Kategorien vollständig auf.

Ich danke Ihnen herzlich und freue mich, von Ihnen zu hören ! Heber Jentzsch Anmerkung der Redaktion: Wir bitten darum, die vorbereiteten Fragebögen bei der Redaktion in München Claudia Kauer, Reichstr. 12, 8000 München 40, Tel. 089 / 344928 schriftlich oder telefonisch anzufordern. Selbstverständlich werden alle Angaben vertraulich behandelt." (Scientology Heute, München, 1988)

DER SCIENTOLOGY - KÜNSTLER

Die besondere Bedeutung von Künstlern, bzw. " Celebrities " für Scientology hatte Hubbard schon im Jahre 1955 erkannt, als er das (erfolglose) " Projekt Celebrity " initiierte, das Stars wie Marlene Dietrich, Walt Disney, Groucho Marx, Ernest Hemingway und andere für Scientology gewinnen sollte (Hollywood, Satanism, Scientology and Suicide, USA, 1996). 1963 startete Hubbard einen zweiten Anlauf, der in bezug auf Personen weniger konkret ausformuliert war. HCO - Richtlinienbrief vom 1. Januar 1963: " PLANZIEL DREI - CELEBRITIES ". Auditiere ausgewählte Celebrities. Rasche Verbreitung (von Scientology) kann ... durch die Rehabilitierung von Celebrities erreicht werden, die kurz vor ihrem Karriere - Höhepunkt stehen oder ihn gerade erreichen. Dies schließt sowohl auch jede Person mit ein, die in der Öffentlichkeit steht und beliebt ist, aber ihren Höhepunkt bereits hinter sich hat, sowie jede andere Persönlichkeit auf dem Weg nach oben ... L. Ron Hubbard ".

Einige Jahre später erfand Hubbard für besonders engagierte " Celebrities " sogar einen Rang innerhalb seiner paramilitärischen Elitegruppe, der Sea Org. Dieser wurde mit der sogenannten Flag Order 3323 manifestiert: " Ehren - Sea Org - Mitglied ".

" Celebrities " sind besondere Menschen und besitzen eine charakteristische Art und Weise der Verbreitung (von Scientology). Sie haben Kommunikationslinien, die andere nicht besitzen und können verschiedene Medien zur " Verbreitung " benutzen. Wegen ihrer Bedeutung als "Verbreiter" wäre es töricht, sie als Mitarbeiter, wie andere Sea Org - Mitglieder, in einer Organisation einzusetzen. Es sollte ihnen vielmehr erlaubt sein, " Celebrities " zu bleiben und ihre Talente einzusetzen, um sie immer mehr der Öffentlichkeit zu präsentieren. Wenn diese " Celebrities " der Sea Org beitreten wollen, können sie mit dem Rang eines Ehren Sea Org - Mitgliedes ausgezeichnet werden. Dieser Titel wird nicht jedem " Celebritiy " verliehen, sondern nur solchen, die ihre Hingabe an die Sea Org gezeigt und bewiesen haben. (FO 3324, Celebrities and the Sea Organisation, 9. Mai 1973)

DAS OTTMANN - URTEIL ZU HELNWEIN

Martin Ottmann weiter: " Ich wurde gebeten, an Hand der mir vorliegenden Unterlagen, die Position Helnweins innerhalb von Scientology herauszuarbeiten.

Aufgrund der vorhandenen Unterlagen über Helnweins Kontakte zu OSA - Größen wie Michael Rinder, Kurt Weiland oder Heber Jentzsch

Das »Büro für öffentliche Angelegenheiten« – auch OSA oder DSA genannt – mit Sitz im Department 20 der Münchner Organisation (und anderer Organisationen im deutschsprachigen Raum) sucht qualifizierte Mitarbeiter, die mithelfen, sicherzustellen, daß Scientology ungehindert expandieren kann.

Die Zielsetzung dieses Büros umfaßt die Verbesserung der
- öffentlichen Repräsentation,
- des rechtlichen Status
- der Anerkennung durch die Regierung im gesamten deutschsprachigen Raum.

Erweiterung des Public Relations Büro

Um die vollständige gesellschaftliche Anerkennung von Scientology in der Gesellschaft noch schneller voranzutreiben, werden zur Zeit die PR-Abteilungen stark erweitert. Es werden eine Reihe von Personen gesucht, die mithelfen, die Kirche nach außen hin zu repräsentieren, für Pressearbeit sowie Kontakte mit anderen Religionen, sozialen Einrichtungen und gesellschatlichen Gruppierungen.

Einsatzfreudige Scientologen haben jetzt die Möglichkeit, auf einem speziellen Projekt als Public Relation-Fachmann ausgebildet zu werden. Zu diesem Zwecke wurde in Los Angeles eine eigene PR-Ausbildungsschule eröffnet, in der PR-Studenten aus der ganzen Welt mit neu herausgegebenen PR-Kursen, die auch einige bisher nicht verfügbaren Ausgaben enthalten, in der LRH-PR Technologie ausgebildet werden.

Als OSA/DSA-PR-Mitarbeiter werden Sie in der Lage sein, einen wichtigen Beitrag zur ständig wachsenden Beliebtheit und Verwendung der LRH-Technologie in der Gesellschaft zu leisten.

Finden Sie heraus, ob Sie dafür qualifiziert sind, als OSA/DSA-PR-Mitarbeiter ausgebildet zu werden.

Kontaktieren Sie die PR-Abteilung der Scientology-Kirche Deutschland, Beichstr. 40, 8000 München 40.

Der deutsche Scientology-Geheimdienst wirbt neue Mitarbeiter (aus: „Scientology Heute“ 1988)

und seine positiven öffentlichen Äußerungen zugunsten von Scientology in der Zeit von 1974 bis 1997, würde ich Helnwein für diese Zeit in den Rang eines “ OSA - Field Staff Members “ (OSA FSM) einstufen. Er ist damit ein “Informeller Mitarbeiter“ des DSA/OSA - Geheimdienstes in Deutschland. Mag sein, daß er sich dessen nicht bewußt ist, was ich persönlich nicht glaube, auf jeden Fall wurde und wird Helnwein von der Scientology - Maschinerie als lebendes “ PR - ASSET “ benutzt und eingesetzt, und Helnwein spielte auch bereitwillig mit, bis heute. Das er ein überzeugter Scientologe ist, steht außer Frage. Unzählige Sicherheitsüberprüfungen mußte er über sich ergehen lassen, ehe ihm die Tore zu OT 5 und auch OT 8 aufgemacht wurden. Helnwein mußte dabei sicherlich auch ein “ reines Gewissen “ hinsichtlich seiner Einstellung zu Scientology und seiner Verbreitung durch ihn selbst beweisen, als er in Clearwater die höheren Stufen in Angriff nahm. Das er inzwischen öffentlich “ auf Scientology scheißt “, mag ein Indiz für eine schleichende innere Abkehr von Scientology sein. Jedoch ist ein Ausstieg aus Scientology noch längst nicht erfolgt, auch wenn Helnwein dies behaupten würde.

Von Scientology, d. h. von OSA, wird Helnwein unterdessen munter weiterbenutzt, um großflächige Angriffe gegen Deutschland zu fahren. Ich bin mir sicher, daß sich Helnwein dessen auch vollstens bewußt ist. Martin Ottmann. "

Soweit Martin Ottmann mit seinem vernichtenden Urteil über Helnwein.

KURSE IN CLEARWATER

Schwerpunktjahre der Clearwater - FLAG - Kursbesuche des Ehepaars Helnwein, seit 1990 nun auch ab und an gemeinsam mit ihren Kindern, Sohn Cyril und der jüngeren Tochter Mercedes Xenia und des Ehepaars Kempe, waren die Jahre 1982 und von 1988 bis 1991. Drittes Ehepaar im gemeinsamen, nicht nur in Florida existierenden Scientology - Bunde, wurde Ende der 80er Jahre das Münchener Bauunternehmer - Ehepaar Kurt und Veronika Fliegerbauer. Auffälligerweise finden sich mehrfach in den Kursabschlußlisten von FLAG - Clearwater in Florida, in verschiedenen Ausgaben der amerikanischen Scientology - Zeitschrift "Source", die die höchsten Kursabschlüsse der erfolgreichen " Studenten " zweimonatlich öffentlich durch vollständige Namensnennung der Kursteilnehmer zelebriert, die einzelnen Ehepartner, zum Teil in gemeinsamer Eintracht beim " studieren " der höheren und höchsten Hubbardschen Lehren:

DAS MAGAZIN " SOURCE " - 1982 BIS 1995

Source 38 - 1982 :	Gottfried Helnwein - " Purification Rundown ", Klaus K. - " Clear ", Renate H. - " Sunshine Rundown", zusammen mit Klaus K.
Source 49 - 1984 :	Gottfried Helnwein - " L 10 Rundown " - dies ist der schwierigste, intensivste, längste und teuerste Scientology - Kurs überhaupt (!) und nur von höchst ausgebildeten Scientologen " machbar " !
Source 51 - 1985 :	Gottfried Helnwein - " Method One Word Clearing ", Marieta K. - " OT V " und " False Purpose Rundown Auditing " zusammen mit Renate Helnwein, Kurt F. - " OT III " und " OT IV " , Klaus K. - " OT VI ",
Source 57 - 1988:	Klaus K. - " OT VII " und Kurt F. - " L 10 Rundown ",
Source 58 - 1988:	Veronika F. - " New OT V ",
Source 60 - 1988:	Marieta K. - " New OT VI ", Veronika F. - " L 11 Rundown ",

Source 65 - 1989:	Gottfried Helnwein - " Hubbard Professional TR Course ", Renate Helnwein - " Method One Word Clearing " und " Hubbard Method One Co - Audit " und Klaus K. - " PTS / SP Course, Part One ",
Source 66 - 1989:	Renate Helnwein - " New OT VI " zusammen mit Kurt F., Marieta K. - " New OT VII ", Klaus K. - "Staff Status I" , Kurt F. - " Method One Word Clearing ",
Source 70 - 1989:	Renate Helnwein - " New OT VII ", sowie erstmals auch ihr ältester Sohn Cyril Helnwein - " The Student Hat Course ",
Source 72 - 1990:	Veronika F. - " New OT VII ",
Source 73 - 1990:	Marieta und Klaus K. - " New Hubbard Professional TR Course ",
Source 74 - 1990:	Renate Helnwein - " L 11 Rundown "
Source 75 - 1990:	sowie " L 10 Rundown ",
Source 76 - 1991:	erstmalig erscheint nun auch Helnwein - Tochter Mercedes Xenia Helnwein - " Hubbard Qualified Scientologist Course ",
Source 81 - 1991:	Marieta K. - " Prosperity Rundown ",
Source 86 - 1993:	Renate Helnwein - " New Hubbard Professional TR Course ",
Source 93 - 1994:	Klaus K. - " New OT V " und Veronika F. " L 10 Rundown ",
Source 95 - 1995:	es erscheint wiederum Helnwein - Tochter Mercedes als Absolventin des " ARC Straightwire Expanded " Kurs in Clearwater.

Gottfried Helnwein ließ seine weiteren " Flag " - Aktivitäten nach 1989 aus Geheimhaltungsgründen nicht mehr im " Source " - Magazin dokumentieren.

Damit ist lückenlos bewiesen, daß die " lebenslangen " Scientology - Mitglieder Gottfried und Renate Helnwein in Florida bereits seit 1982, seit mehr als 15 Jahren (!), immer wieder umfangreiche, äußerst kostspielige Kursabschlüße mit höchstem Schwierigkeitsgrad im sonnigen Scientology - Mecca FLAG, in der " Flag Service Org (FSO) in Clearwater absolviert haben, des öfteren auch zusammen mit einer Vielzahl alter und neuer Scientology - Freunde, nicht nur aus Deutschland und Österreich. Erste, nicht nur private Seilschaften wurden in Clearwater geschlossen, bzw. ausgeweitet.

Das " Flag " - Hauptquartier, in dem sich Helnwein so oft aufhielt, hat allerdings zwei Seiten, eine helle, aus Werbebroschüren der Scientology bekannte und eine dunkle, unbekannte, die auch Helnwein nicht verborgen geblieben sein kann, dies weiß nicht nur der ehemalige führende Mitarbeiter in " Flag ", Martin Ottmann aus Stuttgart, der zwischen 1990 und 1993 in Clearwater arbeitete, zu berichten.

Seine Überzeugung im April 1997: " Zusammenfassend komme ich zu folgendem Ergebnis. Nachdem, was ich erlebt habe, halte ich die "Flag Service Organisation" (FSO) in Clearwater, Florida, das " religiöse " Welthauptquartier der Scientologen, für ein großes Konzentrationslager, in dem in die intimsten Gedanken und in die Privatsphäre der Menschen, die nach " Flag " kommen, eingegriffen wird. Durch den Mißbrauch ihrer guten Absichten, die die meisten Mitarbeiter von "Flag" an den Tag legen, verwandelte die SEA ORG ihre eigenen Mitglieder in willenlose Sklaven. Sie werden in " Flag " gegen ihren freien Willen kontrolliert und festgehalten, im wahrsten Sinne des Wortes. Das Resultat dieses Kontrollmechanismusses ist eine neue Art von Faschismus ! "

DIE ZAHLUNGEN AN SCIENTOLOGY - 1972 BIS 1997

Nachfolgend eine Ausgabenzusammenstellung, mit Zeitangaben, für belegte Scientology - Kurse am Beispiel einzelner Helnwein - Familienmitglieder: Statistik der Familie Helnwein von 1972 bis 1997 für weltweit getätigte " Spenden " für Kurse und Materialien an diverse Scientology - Organisationen (Schätzung):

1972		
Gottfried		
Helnwein (GH)	: Kommunikationskurs in München	DM 200
1972 - 1974		
GH	: Objektive Prozesse	
	: Scientology Drogenrundown	
	: ARC - Straightwire	
	: Grad 0	
	: Grad 1	
	: Grad 2	
	: Grad 3	
	: Grad 4 alles München ges.	DM 8.000

Renate Helnwein (RH)	: wie oben bei GH ges.	DM 8.000
1974		
GH	: CLEAR und OT 1 in Kopenhagen	DM 15.000
RH	: CLEAR und OT 1 in Kopenhagen	DM 15.000
1975 - 1987		
GH	: OT 2 und OT 3 in Kopenhagen	DM 20.000
RH	: OT 2 und OT 3 in Kopenhagen	DM 20.000
GH	: L 10 Rundown Kurs in Clearwater/ Florida	$ 50.000
RH	: New OT 4 Kurs in Clearwater/ Florida	$ 40.625
RH	: New OT 5 Kurs in Clearwater/ Florida	$ 46.250
1988		
GH	: Zahlung an die " IAS = Internationale Vereinigung der Scientologen " in England für " PATRON " - Status	$40.000
RH	: gleiches wie oben	$ 40.000
RH	: Auditor der Klasse 0 Kurs im CC Düsseldorf	DM 8.000
GH	: Auditor der Klasse 0 Kurs im CC Düsseldorf	DM 8.000
GH	: New OT 4 Kurs in Clearwater/ Florida	$ 40.625
RH	: False Purpose Rundown Auditing Course in Clearwater	$ 2.800
GH	: Method One Word Clearing Course in Clearwater	$ 1.000

Klasse-V- Auditor						
Klasse V (bestätigt)	HNEDA (Goldsiegel)	Internship der Klasse V	HNEDA (provisorisch) HAA (bestätigt)	Fehlerfreies Klasse-V-Auditing	Akademien der Scientology	Fehlerfreier Klasse-V-Auditor
Auditor der **Klasse V**	(HNEDA, provisorisch, bis ein Internship gemacht wurde)	Hubbard Auditor-Kurs der Dianetik der neuen Ära	Pro TR Kurs Methode Eins HAA (Klasse IV)	NED* (Dianetik der neuen Ära)	Akademien der Scientology	Die Fähigkeit NED (Dianetik der neuen Ära) zu auditieren
Klasse IV (bestätigt)	HAA (Goldsiegel)	Internship der Klasse IV	HAA (provisorisch)	Fehlerfreies Klasse-IV-Auditing	Akademien der Scientology	Fehlerfreier Klasse-IV-Auditor
Auditor der **Klasse IV**	Hubbard Advanced Auditor (HAA, provisorisch, bis ein Internship gemacht wurde)	Scientology Akademie-Stufe IV	Pro TR Kurs Methode Eins HPA (Klasse III)	Direkter Auditingstil - befaßt sich mit Service-Faksimiles	Akademien der Scientology	Die Fähigkeit Service-Faksimiles zu auditieren
Auditor der **Klasse III**	Hubbard Professional Auditor (HPA, provisorisch)	Scientology Akademie-Stufe III	Pro TR Kurs Methode Eins HCA (Klasse II)	Verkürzter Auditingstil - befaßt sich mit Verstimmungen (ARC Brüchen)	Akademien der Scientology	Die Fähigkeit Zweiwegkommunikation, Rehabs, Auditing nach Listen und Listing & Nulling zu auditieren
Auditor der **Klasse II**	Hubbard Certified Auditor (HCA, provisorisch)	Scientology Akademie-Stufe II	Pro TR Kurs Methode Eins HTS (Klasse I)	Führungsstil-Auditing - befaßt sich mit Overt-Akten und Withholds	Akademien der Scientology	Die Fähigkeit Overts und Withholds zu auditieren
Auditor der **Klasse I**	Hubbard Trained Scientologist (HTS, provisorisch)	Scientology Akademie-Stufe I	Pro TR Kurs Methode Eins HRS (Klasse 0)	Maulkorbstil-Auditing Objektive Prozesse, Hilfe und Probleme	Akademien der Scientology	Die Fähigkeit Objektive- und Grad-I-Prozesse (Hilfe, Probleme) zu auditieren
Auditor der **Klasse 0**	Hubbard Recognized Scientologist (HRS, provisorisch)	Scientology Akademie-Stufe 0	Student Hat Pro TR Kurs Methode Eins	Zuhörstil-Auditing Erinnerung und Kommunikation	Akademien der Scientology	Die Fähigkeit ARC-Straightwire und Grad-0-Prozesse (Kommunikation) zu auditieren
Keine Klasse	Graduierter des Neuen Hubbard Professionellen TR-Kurses	Neuer Hubbard Professioneller TR-Kurs	Student Hat	Die vollständige Theorie und Anwendung des Kommunikationszyklus	Akademien der Scientology	Die Fähigkeit „in-Session“ und im Leben zu konfrontieren und Kommunikation zu kontrollieren
Keine Klasse	Hubbard-Graduierter der Studiertechnologie	Der Student Hat	Keine (Methode-Eins-Wortklären wird empfohlen)	Studiertechnologie	Scientology-Kirchen und -Missionen	Ein Student, der die Technologie des Studierens versteht und sie vollständig anwendet
Keine Klasse	Hubbard-Graduierter des Methode-Eins Ko-Audit-Kurses	Hubbard Methode-Eins Ko-Audit-Kurs	Keine (Der Kurs des Hubbard Qualifizierten Scientologen wird empfohlen)	Die Techniken von Wortklären Methode Eins	Scientology-Kirchen und -Missionen	Wortklären Methode Eins erfolgreich bis zum Abschluß ko-auditiert

„Die Brücke zur völligen Freiheit“ - Die „Ausbildungs“ - Seite
Vom „Auditor 0“ bis zum „Auditor 5“
(aus: „Tabelle der L. Ron Hubbard Library 1990“)

1989

RH	: New OT 6 Kurs in Clearwater/ Florida	$ 22.400
GH	: New OT 5 Kurs in Clearwater/ Florida	$ 46.250
GH	: Hubbard Professional TR Course in Clearwater	$ 3.200
RH	: Auditor der Klasse 1 Kurs im CC Düsseldorf	DM 8.000
RH	: Auditor der Klasse 2 Kurs im CC Düsseldorf	DM 8.000
RH	: Method One Word Clearing Kurs in Clearwater	$ 1.000

AKADEMIE-STUFE 0

52 neue Standard-Tech-Übungen für:
- Übungen über Übungssimulator
- Methode-5-Wortklären
- Das Klären von Anweisungen
- ARK-Bruch-Rudiment
- Gegenwärtig Problem-Rudiment
- Missed-Withhold-Rudiment
- Einen Read säubern
- Einen Read erhalten
- Drei Rudimente und Rudimente, die in der Sitzung out gehen zur F/N bringen
- Das Finden und Auditieren von Havingness-Prozessen am PC
- Modell-Sitzung
- Prompters
- Selbstanalyse-Listen
- Grad-Prozesse
- Grad-0-Miniliste Redeablauf

Übungen für folgende technische Ausbildungsfilme:
- E-Meter-Instruktionsfilm Nr. 2, DIE TONSKALA
- TR-Instruktionsfilm Nr. 5, WIE MAN DIE SESSION UND DAS E-METER VORBEREITET

Anmerkung: Früher war das Durchführen aller E-Meter-Übungen Teil von Stufe 0. Diese finden Sie jetzt jedoch im neuen Hubbard-Kurs für die Professionelle E-Meter-Handhabung.

SIE GEWINNEN DIE FÄHIGKEIT, ARC STRAIGHTWIRE UND GRAD-0-PROZESSE ZU AUDITIEREN

AKADEMIE-STUFE I

10 neue Standard-Tech-Übungen für:
- CCHs 1 – 4
- Prepcheck-Verfahren

Übungen für folgende technische Ausbildungsfilme:
- E-Meter-Instruktionsfilm Nr. 10. PC-INDIKATOREN
- TR-Instruktionsfilm Nr. 6, DIE VERWENDUNG EINER PUPPE IM AUDITING UND BEI TRS
- TR-Instruktionsfilm Nr. 8, STARTEN, VERÄNDERN UND STOPPEN

SIE GEWINNEN DIE FÄHIGKEIT, ARC STRAIGHTWIRE UND GRAD-0-PROZESSE ZU AUDITIEREN

AKADEMIE-STUFE II

33 neue Standard-Tech-Übungen für:
- Linksseitige und rechtsseitige Buttons
- Einen Read säubern
- Worauf das E-Meter einen Read ergab
- Einen früheren Read finden
- Den PC lenken
- Duplikate von Reads
- Falsche Reads
- Nach Missed Withholds und O/Ws fragen
- Kritischer PC
- Confessional-Verfahren

Übungen für folgende technische Ausbildungsfilme:
- TR-Instruktionsfilm Nr. 14, CONFESSIONAL-TRS

SIE GEWINNEN DIE FÄHIGKEIT, OVERTS UND WITHHOLDS ZU AUDITIEREN

AKADEMIE-STUFE III

52 neue Standard-Tech-Übungen für:
- Zweiwegkommunikation
- Rehab-Tech
- Aufsteigender Tonarm
- Trauriger PC
- Müder/Wegdämmernder PC
- Kein interesse
- Alle Rudimente und Rudimente, die in Sitzung out gehen zur F/N bringen
- Durch eine F/N Hindurch Reads erkennen
- Listing & Nulling - Verfahren
- Listing and Nulling Ton-40-Assessment
- Auditing nach Listen
- Vorbereitete Liste
- Grade-Standard-Tech-Verfahrensübung R3H

Übungen für folgende technische Ausbildungsfilme:
- TR-Instruktionsfilm Nr. 11, TON-40-ASSESSMENT

SIE GEWINNEN DIE FÄHIGKEIT, ZWEIWEGKOMMUNIKATION, REHABS, AUDITING NACH LISTEN UND LISTING UND NULLING ZU AUDITIEREN

AKADEMIE-STUFE IV

19 neue Standard-Tech-Übungen für:
- Übung für soziale und antisoziale Merkmale
- PTS-Interview
- 10.-August-PTS-Interview
- R3SCA (Service-Faksimiles-Handhabung)

SIE GEWINNEN DIE FÄHIGKEIT, SERVICE-FAKSIMILES ZU AUDITIEREN

Helnwein ist ein „Auditor der Klasse 4". Die notwendigen Abschlüsse, die Akademie-Stufe 0 bis 4, machte er im „Celebrity Center Düsseldorf" (aus: Prospekt der „Curch of Scientology" 1996)

1990

GH	: " Spende " in Form von Helnwein - Bildern an die Scientology - Organisation " NARCONON " in den USA . Aus dem Verkauf dieser Bilder flossen über $ 150.000 an Narconon/USA. Was mit dem Resterlös geschah ist nicht bekannt, minimum Erlös	$ 150.000
RH	: New OT 7 Kurs in Clearwater/ Florida	$ 17.500
RH	: L 10 Rundown Kurs in Clearwater	$ 50.000
RH	: L 11 Rundown Kurs in Clearwater	$ 50.000
RH	: Auditor der Klasse 3 Kurs im CC Düsseldorf	DM 8.000

GH	: Auditor der Klasse 1 Kurs im CC Düsseldorf	DM 8.000
GH	: Auditor der Klasse 2 Kurs im CC Düsseldorf	DM 8.000
RH	: New OT 8 Preparations in Clearwater	$ 10.000
RH	: New OT 8 Kurs auf dem Schiff " Freewind " in der Karibik, incl. 1 Woche Unterkunft	$ 65.060
Cyril Helnwein	: Student Hat Course auf dem gleichen Schiff	$ 3.550
1991		
GH	: Auditor der Klasse 3 Kurs im CC Düsseldorf	DM 8.000
	: Kauf von 2 E- Metern	DM 13.700
RH	: Auditor der Klasse 4 Kurs im CC Düsseldorf	DM 8.000
	: Kauf von 2 E - Metern	DM 13.700
Mercedes Helnwein	: Hubbard Qualified Scientologist Course in Clearwater	$ 1.200
1992		
GH	: Auditor der Klasse 4 Kurs im CC Düsseldorf	DM 8.000
1993		
RH	: New Hubbard Professional TR Course	$ 3.200
1990 - 1994		
GH	: New OT 6 in Flag	$ 22.400
	: New OT 7 in Flag	$ 17.500
	: New OT 8 Preparations in Flag	$ 10.000
	: New OT 8 auf dem Schiff " Freewinds "	$ 65.060

Insgesamt betragen alle "Spenden" an Scientology rund 1.6 Mio DM zwischen 1972 und 1995 (geschätzt).

Alle Ausgabenberechnungen basieren auf eigenen Unterlagen der Scientology - Organisation, sowie Auskünften diverser ehemaliger Mitglieder von Scientology. Die Kursabschlußangaben basieren auf Veröffentlichungen in den jeweiligen Mitgliederzeitschiften von " Scientology ".

Folgende Personen erscheinen in den Kursabschlußlisten der Zeitschrift " Source ", der Mitgliederzeitung der IAS (Internationale Vereinigung der Scientologen) im Zusammenhang mit Helnwein und deren Aufenthalten in Clearwater im jeweils gleichen Zeitraum:

Kurse in Clearwater/ Florida - FLAG Abschlüsse:

1995 Heft 93	- Klaus Kempe - New OT 5
	- Veronika Fliegerbauer - L 10 Rundown
1993 Heft 81	- Marieta Kempe - Prosperity Rundown
1991 Heft 73	- Marieta Kempe und Klaus Kempe - New Hubbard Professional TR Course
1990 Heft 72	- Veronika Fliegerbauer - New OT 7 und Method One Word Clearing
1989 Heft 66	- Kurt Fliegerbauer - New OT 5 und New OT 6 und Method One Word Clearing Kurs
	- Marieta Kempe - New OT 7
	- Klaus Kempe - Staff Status 1
1989 Heft 65	- Klaus Kempe - PTS/SP Course 1
Heft 60	- Marieta Kempe - New OT 6
	- Veronika Fliegerbauer - L 11 Rundown und L 11 Rundown Expanded
Heft 58	- Veronika Fliegerbauer - New OT 5
Heft 57	- Klaus Kempe - New OT 7
	- Kurt Fliegerbauer - L 10 Rundown
1988 Heft 51	- Marieta Kempe - New OT 5 und False Purpose Rundown Auditing
	- Kurt Fliegerbauer - OT 3 und New OT 4
	- Adelheid Gesche (Celebrity Center Düsseldorf) - New OT 7 und False Purpose Rundown Auditing

Source 20

L11 RUNDOWN EXPANDED
Hamish Bulger
Jose Luis Cardona
Renate Helnwein
Martin Zeller

Source 20

HUBBARD QUALIFIED SCIENTOLOGIST COURSE
Lea Wilbush
Philipe Roaccaia
Mercedes Xenia Helnwein
Tyra L. Mesmer

OT III
John Travolta

L11 NEW LIFE RUNDOWN
Kelly Preston

Source 28

L 10 RUNDOWN
Tobias Lutenegger
Renate Helnwein

HUBBARD LIFE ORIENTATION COURSE
Amanda Ambrose

Source 38

PURIFICATION RUNDOWN
David Wiegand
Gottfried Helnwein

CLEAR
Klaus Kempe

SUNSHINE RUNDOWN
Renate Helnwein
Klaus Kempe

NEW OT VI Solo NOT's Auditing Course
Waki Zöllner
Farhad Raschidi

L11
Farhad Raschidi

L12
Waki Zöllner

Source 49

L 10 Rundown
Vince Gulasa
Gottfried Helnwein
David Singer

HUBBARD FALSE PURPOSE RUNDOWN
Beverly Park
Angelika Blaskovich

NEW OT V Audited NOTS
Emil Kauer

NEW OT VII SOLO NOTS COMPLETION
Tobias Leutenegger

HUBBARD SEMIOR SECURITY CHECKER COURSE
Emil Kauer
Angelina Blaskovich

Source 51

OT III
Franck Padva
Kurt Fliegerbauer
Steve Hall

NEW OT IV
Kurt Fliegerbauer

NEW OT V AUDITED NOTS
Marieta Kempe

NEW OT VII SOLO NOTS COMPLETION
Adelheid Gesche

METHOD ONE WORLD CLEARING
John Robinson
Gottfried Helnwein

FALSE PURPOSE RUNDOWN AUDITING
Marieta Kempe
Adelheid Gesche
Farhad Raschid
Renate Helnwein

Source 52

NEW OT VI
Renate Helnwein

NEW OT VII SOLO NOTS COMPLETION
Claus Lohmann

HUBBARD PROFESSIONAL TR COURSE
Monika Fiedler
Rudi Kruspel

STUDENT HAT COURSE
Monika Fieedler

E-METER COURSE
Monika Fiedler

Source 62

L11 RUNDOWN
Eric Sherman
Jerry Hibbs
Claudia Schubock
Dick Zimmermann
Rudi Kruspel

L11 RUNDOWN EXPANDED
Claudia Schubock
Dick Zimmermann

THE STUDENT HAT COURSE
Kay Barre

Source 63

NEW OT VII SOLO NOTS COMPLETION
Jessica Byrnes
Margaret Hodkin

L11 RUNDOWN EXPANDED
Rudi Kruspel
W.C. Langdon

L12 RUNDOWN
Dick Zimmerman

Source 65

SCIENTOLOGY DRUG RUNDOWN
Kay Barre
Kaaarina Tukia

SUNSHINE RUNDOWN
Birgit Suplit

New OT IV
Thomas Gottschalk

NEW OT VI HUBBARD SOLO NOTS AUDITING COURSE
Jürgen Suplit
Ron Moss
Detleff Foullois

L11 RUNDOWN
Kay Barre

L11 RUNDOWN EXPANDED
Kay Barre

METHOD ONE WORD CLEARING
Wes Sealman
Jamie McPhee
Renate Helnwein

HUBBARD PROFESSIONAL TR COURSE
Patricia A. Rivera
Gottfried Helnwein

HUBBARD METHOD ONE CO-AUDIT
Raul Acosta M.
Manfred Mondel
Renate Helnwein

HUBBARD ETHICS SPECIALIST COURSE
Fenton E. Jones

PTS/SP COURSE PART ONE
Horst Mehler
Klaus Kempe
Claudia Schubock
Charles W. Stephens
Thomas Gottschalk

PTS/SP COURSE PART TWO
Helmut Nedved

Source Nr. 66

ELIGIBILITY FOR ISSUE OF OT LEVELS CHEK
Mike Kaplan

NEW OT VI HUBBARD SOLO NOTS AUDITING COURSE
Michael Ingbar
Renate Helnwein
Ingeborg Schnitzler
Kurt Fliegerbauer

NEW OT VII SOLO NOTS COMPLETION
Marieta Kempe

L11 RUNDOWN
Friedrich Fuhrmann

L11 RUNDOWN EXPANDED
Friedrich Fuhrmann

METHOD ONE WORD CLEARING
Kurt Fliegerbauer

CLASS IV GRADUATE COURSE
Helmut Nedved

STAFF STATUS 1
Klaus Kempe

Source 70

NEW OT VII SOLO NOTS COMPLETION
John Coale
Renate Helnwein

THE STUDENT HAT COURSE
Gianni Molin
Cyril Helnwein

PTS/SP COURSE PART ONE
Robert Schoeller

Source 86 - 1993

NEW HUBBARD PROFESSIONAL TR COURSE
Richie Ettricke
Renate Helnwein

Source 95

ARC STRAIGHTWIRE EXPANDED
Mercedes Helnwein

Freewinds 2

NEW OT VIII
Jon Coale
Ralph Cris
Chuck Devoe
Anne Grieg
Alba Guzzo
Renate Helnwein
Peggy Hitchman
Janet Hollander
Isella Piccone
Farhad Raschidi
Barbara Wisem
Wolfgang Zabel
Waki Zoellner

ROUTE TO INFINITY
Janice Cooper
Chick Corea
Jany Falcaro
Axel Fehling
Marlies Gut
Rolf Gutermann
Brigitte Gutermann
Wiebke Hansen
Ralf Herold
Margaret Hodkin
Alan Kellmann
Marieta Kempe
Nelly Miranda
Loretta Miscavige
Nikki Morel
Eveline Morell
Valentino Moreschim
Carla Moxon

Auszüge aus den Scientology-Magazinen „Freewinds“ und „Source“ mit einigen Kursabschlüssen der einzelnen Helnwein - Familienmitglieder und einiger ihrer besten Freunde

Clearwater Florida - das Helnwein Anwesen liegt im Hintergrund (Foto: AR)

DIE OT - STUFEN

Vorbemerkung von Martin Ottmann im März 1997: Ihre OT - Stufen nehmen die Scientologen sehr ernst. Dies zeigt schon allein der Umstand, wie sie zu verhindern versuchen, daß Informationen über die OT - Materialien an Personen gelangen, die nicht befugt sind, sie zu erhalten. In der FSO (Flag Service Org in Clearwater / Florida) ist es beispielsweise so, daß sich die OT - Kursräume in einem Sicherheitsbereich befinden, in den man nur mit einer computerlesbaren Ausweiskarte gelangen kann. Die sogenannten OT - Packs sind an eine elektronische Sicherung ange-

Neues **OT VIII**	Wahrheit enthüllt	Die Materialien von Neuem OT VIII (vertraulich)	Neues OT VII (Mark Super VII E-Meter vorgeschrieben)	Solo-Auditor (vorzugsweise Klasse V oder darüber)	Nur an der Flag Ship Service Org	Wie in den Materialien von Neuem OT VIII beschrieben
Neues **OT VII**	Abschluß von Solo New Era Dianetics for OTs* (Solo NOTs)	Die Materialien von Neuem OT VII (vertraulich)	Neues OT VI (Mark Super VII- oder Mark VI E-Meter vorgeschrieben)	Hubbard Solo-NED-für-OTs-Auditor (vorzugsweise-Klasse V oder darüber)	Nur auf Flag	Wie in den Materialien von Neuem OT VII beschrieben
Neues **OT VI**	Hubbard Solo-NOTs*-Auditing-Kurs fortgeschrittene geistliche Ausbildung für OTs (vertraulich)	Solo Studenten-Auditing auf Solo-NOTs	Neues OT IV und Neues OT V (vorzugsweise Klasse V oder darüber) (Mark VI- oder Mark Super VII E-Meter vorgeschrieben)	Solo -Auditor (vorzugsweise Klasse V oder darüber)	Nur auf Flag	Wie in den Materialien von Neuem OT VI beschrieben
Neues **OT V**	Auditierte Dianetik der neuen Ära für OTs (NOTs)	Die Materialien von Neuem OT V, der „zweiten Feuerwand" (vertraulich)	Neues OT IV	Klasse-IX-(NED für OTs)-Auditor	Fortgeschrittene Organisationen	Wie in den Materialien von Neuem OT V beschrieben
Neues **OT IV**	Abschluß des OT-Drogen-Rundowns	Prozesse der OT-Stufen für Handhabung von Drogen, Medizin und Alkohol	OT III Purification-Rundown, wenn dies vorgeschrieben wird	Klasse VIII	Fortgeschrittene Organisationen	Wie in den Materialien von Neuem OT IV beschrieben
OT III	OT-Abschnitt III „Die Feuerwand"	Die Materialien von OT III (vertraulich)	OT II (Mark VI- oder Mark Super VII E-Meter vorgeschrieben)	Hubbard Solo-Auditor (vorzugsweise Klasse V oder darüber)	Fortgeschrittene Organisationen	Wie in den Materialien von OT III beschrieben
OT II	OT-Abschnitt II	Die Materialien von OT II (vertraulich)	Neues OT I (Mark VI- oder Mark Super VII E-Meter vorgeschrieben)	Hubbard Solo-Auditor (vorzugsweise Klasse V oder darüber)	Fortgeschrittene Organisationen	Wie in den Materialien von OT II beschrieben
Neues **OT I**	Neuer OT-Abschnitt I	Die Materialien von Neuem OT I (vertraulich)	Clear, gültiges Schreiben für die Zulassung zu den OT-Stufen, Hubbard Solo-Auditor-Kurs Teil Zwei abgeschlossen (Mk VI oder Mk Super VII E-Meter vorgeschrieben)	Hubbard Solo-Auditor (vorzugsweise Klasse V oder darüber)	Fortgeschrittene Organisationen	Wie in den Materialien von Neuem OT I beschrieben
Überprüfung der Eignung für die Zulassung auf den OT-Stufen	Für OT-Stufen zugelassen	Überprüfung der Eignung für den Zugang zu den OT-Stufen	Sunshine-Rundown (oder wenn bei NED nicht Clear geworden, Power-Plus-Release)	Je nach C/S-Anweisung	Saint Hills	Zugelassen für die Einladung zu den OT-Stufen
Neuer Hubbard Solo Auditor-Kurs TEIL ZWEI	Hubbard Solo-Auditor	Solo Studenten-Auditing	Neuer Hubbard Solo-Auditor-Kurs, Teil Eins und Abschluß oder Einschreibung auf OT-Präparationen (Mk VI oder Mk Super VII E-Meter vorgeschrieben)	Vorzugsweise Klasse V oder darüber	Saint Hills	Die Fähigkeit solo zu auditieren und Fallgewinne beim Solo-Auditing
OT* Präparationen fortgeschrittene religiöse Beratung	Abschluß der OT Präparationen	Vorbereitung des Falles für Solo	Sunshine-Rundown (oder wenn bei NED nicht Clear geworden, Power-Plus-Release)	Klasse V Graduiert oder darüber, Clear	Saint Hills	Set-up für Solo und OT-Stufen
Neuer Hubbard Solo-Auditor-Kurs TEIL EINS	Hubbard Solo-Auditor Teil Eins	Keiner	Sunshine -Rundown (oder wenn bei NED nicht Clear geworden, NED-Fallabschluß) (Mk VI oder Mk Super VII E-Meter vorgeschrieben)	HQS or Klasse 0 oder darüber, Student Hat, ein TR Kurs, (vorzugsweise Klasse V oder darüber)	Scientology-Kirchen	Kenntnis des Minds und der Theorie des Auditings und ein Experte in E-Meter-Übungen
Sunshine-Rundown* geistliche Beratung, die den Zustand Clear steigert	Abschluß des Sunshine-Rundowns	Die Materialien des Sunshine-Rundowns (vertraulich)	Clear Clear Certainty Rundown (oder wurde auf dem Clearing-Kurs Clear)	Keine	Scientology-Kirchen	Wie in den Materialien des Sunshine-Rundowns beschrieben
CLEAR	Clear	Clear-Certainty-Rundown-Beratung (um den Zustand Clear zu verifizieren und zu rehabilitieren)	Bei NED-Auditing Clear geworden	Auditor für den Clear Certainty Rundown	Scientology-Kirchen	Ein Wesen, das seinen eigenen

„Die Brücke zur völligen Freiheit" - Die „Prozessing"-Seite von „Clear" bis „OT 8" (aus: „Tabelle der L. Ron Hubbard Library 1990")

THE COACHMAN BUILDING: The home of all technical training at Flag.

Hier in Clearwater, Florida, werden die Top-Scientologen von „Auditoren der (höchsten) Klasse 12" auditiert und unterrichtet (aus: „Source" 97, 1995)

schlossen, die einen Alarm bei der Security - Mannschaft auslöst, sobald sie mehr als 30 Sekunden nicht mehr mit der Sicherung verkabelt sind. Vor jeder OT - Stufe werden die Pre - OTs (alle Scientologen bis einschließlich OT 7) Security - Checks und Ethik - Interviews unterworfen, um sie auf deren Unbedenklichkeit zu überprüfen, nach dem sie für die jeweilige OT - Stufe offiziell von der Scientology " eingeladen " wurden. Jeglicher Kommentar oder Erwähnung über die OT - Stufen, ist jedem Scientologen unter Androhung eines SP - Declares (man wird zur " unterdrückerischer Person " erklärt) strengstens untersagt. Auch sozusagen von OT zu OT darf man nicht darüber sprechen. Einzig eine Auditing - Sitzung ist dafür gedacht, sich über seien " Fall " zu äußern.

Ein Auditor hatte im Jahr 1991 einmal während einer Sitzung den Fehler begangen, über die OT 5 - Materialien Scherze zu treiben. Da die Auditingsessions regelmäßig über ein "Listening - in - System" überwacht wurden, lief er natürlich in eine Kontrolle. Der Mann wurde seines Postens enthoben und aus der Sea Org rausgeworfen.

Beginnen möchte ich mit " New Era Dianetics ", da es einen gewissen gleitenden Übergang von hier bis zu den eigentlichen OT - Stufen gibt.

NED

Dies wurde von Hubbard " in the year of the technical breakthrough " 1978 entwickelt. Laut Hubbard wird das Verfahren des " Klärens " durch NED erheblich beschleunigt. Plagten sich einige PCs vor 1978 noch mit 50 bis 75 Stunden oder mehr Dianetik - Auditing herum, um ihre Engramme loszuwerden, so wurden diese jetzt mit 25 oder 37 1 / 2 Stunden NED zum Clearzustand geführt. Auf NED wird nun der PC bezüglich seiner Engramme auf der 1. Dynamik auditiert, das heißt, diese werden durch das erneute konfrontieren der zurückliegenden Geschehnisse zum Verschwinden gebracht. Masse " blowt " und geistige Energie wird frei und steht für den Thetan verfügbar. Dieses Prinzip steht für das gesamte weitere Auditing.

Auf NED werden dem PC noch keine vorgefertigten Daten gegeben. Es werden ihm wie in seinem Auditing, bis dahin Fragen gestellt, zum Unterschied werden hier jedoch Geschehnisse angesprochen, die mit Schmerz und Bewußtlosigkeit verbunden waren. Wird zum Beispiel ein Geschehnis analysiert und der Auditor stellt fest, daß sich immer noch Ladung (elektrische) auf dem Geschehnis befindet, forscht er nach, ob sich ein ähnliches Ereignis früher ereignet hatte. Antwortet der PC mit " Ja" , geht es weiter mit " Fand dieses Geschehnis vor 100 Jahren, vor 1000 Jahren, ... vor 65 Billionen Jahren statt ? ". Sie merken schon, auf unscheinbare Weise wird der Reinkarnations - Glauben induziert. Gesucht wird dabei immer das am weitesten zurückliegende Ereignis, das für die Ladung, bzw. für die sich später ereigneten Geschehnisse verantwortlich ist. Was bei einer solchen Fragerei herauskommt, kann im Buch " Have You lived before this life ? " nachgelesen werden. Findet der Auditor in bezug auf Engramme der 1. Dynamik keine Ladung mehr und äußert sich der PC auch in entsprechender Weise, ist NED abgeschlossen und der PC soweit, sich seinen Clearzustand verifizieren zu lassen.

CLEAR CERTAINTY RUNDOWN (CCRD)

Er ist der erste " confidential " (geheime) Rundown. Der Lehrgang für den CCRD - Auditor findet nur in der FSO in einem CCRD - Courseroom statt. Vor dem CCRD gab es bis 1979 den sogenannten " Clear Check ", und von 1979 bis 1985 den berüchtigten DCSI (Dianetics Clear Special Intensive), der 1985 vom CCRD abgelöst wurde.

In Scientology wird behauptet, daß David Mayo, Executive Senior CS und später zur " SP " erklärter Ex - Scientologe, eigene Squirreldaten in den DCSI eingebracht hatte, was zu vielen Verwirrungen und zu falsch attestierten Clears und Not - Clears geführt haben soll. Darum soll L. Ron Hubbard 1985 mit dem CCRD einen neuen Rundown entworfen haben, um alle Unklarheiten zu beseitigen.

Auf dem CCRD selbst, wird nun noch einmal überprüft, ob der PC tatsächlich Clear geworden ist. Zum Beispiel wird nochmals der genaue Zeitpunkt bestimmt, wann der PC sein letztes Engramm los wurde. Hat er diese Prozedur endlich hinter sich, so wird ihm dies bei einem " Examiner " attestiert, wie ihm nach jedem anderen abgeschlossenen Rundown am E - Meter der Clear - Zustand bescheinigt wird. Übrigens wird dem PC zuerst ein Kärtchen mit den Endphänomen (EP) des jeweils abgeschlossenen Rundowns vorgelegt und er wird dann vom "Examiner" gefragt, ob er dieses " EP " erreicht habe. Natürlich muß er mit einem strahlendem " Ja ! " antworten. Hierbei wird dem PC die Frage gestellt: " Do You have any doubts or reservations about attesting Clear ? " Antwortet der PC mit: " No " und lächelt dazu, folgt als nächstes: " Would you like to attest Clear ? " " Yes ", lächelnd. " Do You want to write a " Success Story " ? " " Yes. " Also setzt sich der gute Noch -PC an ein Tischchen und schreibt über seinen Erfolg und Gewinn auf dem Auditing. Hat er fertiggeschrieben, gibt er seinen Aufschrieb wieder an den " Examiner " und setzt sich an die Dosen. Der " Examiner " liest sich das ganze durch, sagt " Great " und fragt dann: " Do You want to have others having similar wins like you ? " " Yes. " Daraufhin noch einmal eine ähnliche Frage. Fertig !

So läuft es nach Abschluß von allen Rundowns oder Kursen ab ! Hat ein Scientologe nun den NED und den CCRD erfolgreich abgeschlossen, geht es für ihn weiter auf dem " Solo - 1 " - Kurs. Ist jedoch ein PC trotz erfolgreichem Abschluß von NED auf dem CCRD trotzdem nicht für "Clear" befunden worden, muß er auf die "Alternate Route To Clear".

ALTERNATE ROUTE TO CLEAR (ARTC)

Bis 1978 war die " Alternate Route To Clear " die einzige Route zu Clear. Nachdem NED auf den Markt kam, wurde es rasch in den Hintergrund gedrängt, auch aus dem Grund, da das NED leicht von einem Auditor erlernbar und somit an jeder Class V - Org lieferbar war, während das "ARTC" nur an Advanced Orgs (AOs) zu erhalten ist. Die Alternate Route wird infolgedessen nur bei hart zu knackenden Fällen angewandt. Die Theorie dahinter ist die folgende: Der 08 / 15 - Mensch besteht bis zu den OT - Stufen aus Thetanenhaufen, warum, dazu später mehr. In diesem Haufen hat ein Thetan gewöhnlich die Herrschaft inne. Dieser Thetan ist es auch, der Clear wird. Hat er nun nicht so viel Macht, oder nur ein leichtes Übergewicht, hat er es schwer, Clear zu werden. Also muß ihm ein wenig auf die Sprünge geholfen werden. Dies erfolgt durch " Power " - und " Power - Plus " - Auditing. Der der Gruppe voranstehende Thetan soll also mehr Macht über die anderen erhalten, um die kommenden schweren Aufgaben erledigen zu können. Das " Power Auditing " selbst wird von einem Class VII - Auditor geliefert. Übrigens las ich einmal in einem Bulletin und erfuhr aus einem Tonbandvortrag von Hubbard, daß das " Power Auditing " die Therapie wäre, um aus einer "SP" oder Wahnsinnigen, eine geistig Gesunde zu machen. Man müßte sie nur auf den Stuhl setzen, die Dosen in die Hand drücken und ihr die Auditingfragen stellen und schon beginnt sich der Kampf der Thetane untereinander zu lösen und ein guter Thetan gewinnt die Oberhand. Es ist nämlich so, daß alle Menschen grundsätzlich gut sind. Bei einer SP (Supressive Person = Unterdrückerische Person) ist es lediglich der Fall, daß diese selbst in der Gegenwart in einem bösen Geschehnis der Vergangenheit festsitzt. Man fragt sich nun, warum Hubbard nicht alles Leid auf der Welt beseitigt hat und einfach die SPs der Welt einem " Power Auditing " unterworfen hat. Nun, erstens hätten sie sich mit Händen und Füßen dagegen gewehrt und zweitens denkt Hubbard, daß die Ethik es ihm verbiete, zuerst die " SPs " zu klären und nicht die fähigen Thetane. Hat der PC das " Power Plus " hinter sich, geht es mit folgendem Programm weiter:

Solo 1 - Kurs, OT - Preparations, Solo 2 - Kurs, OT - Eligibility. Der Solo 1 - Kurs ist ein Kurs, auf dem man die Grundzüge des Auditings und den Umgang mit dem E - Meter lernt. Auf den OT - Preps, einer Auditingaktion, wird das vergangene Auditing durchleuchtet und überprüft, ob alles mit rechten Dingen zugegangen ist und nicht, wie zum Beispiel auf Grad II, etwas vergessen, oder übersehen wurde.

Danach kommt der Solo II - Kurs. Hier lernt der PC sich selbst zu auditieren. Mit zwei aneinander gehefteten E - Meter - Dosen in der einen Hand, mit der anderen an der Einstellung des E - Meters und den Stift in der Hand, um die Sitzung schriftlich zu dokumentieren, stellt der angehende Solo-Auditor auf telepathischem Wege seine Auditingfragen an sich selbst, wir wissen es ja bereits besser, an die anderen Thetane und erhält auf dem gleichen Wege die Antworten zurück. Dies macht er ein paar Mal in kurzen, einfachen Sessions, um Sicherheit zu gewinnen.

Anschließend die OT - Eligibility: Ein Security - Check, eine Sicherheitsüberprüfung, auf der festgestellt wird, ob der PC " PTS " oder "Out-Ethics" ist, kurz, ob die Person ein integrer Scientologe ist und die "vertraulichen" Materialien nicht mißbraucht.

Jetzt geht es richtig los. Auf dem " Grade IV - Release " und dem "Clearing Course", auditiert er, der PC, sich nun selbst, er sieht auf dem "Clearing Course" 2 Filme, natürlich sind auch die vertraulich /confidential und liest erstmals in den sogenannten "Clearing Course - Packs", über seine längst vergessene Vergangenheit.

Es geht dabei um folgendes: Vor 2 Billionen, oder vor 1 bis 1, 5 Billiarden, oder vor 75 Millionen Jahren, geschah ein Geschehnis in mehreren Geschehnissen. Das Ereignis beginnt mit Licht und hypnotischen Befehlen: " Unter allem Lebendigem gibt es nichts geringeres, wertloseres oder unwürdigeres als Dich ! ... Daher werden wir Dich erziehen, so daß Du niemals wieder schaden wirst !" Licht stellt sich wieder ein, man begegnet einem Allbewohner in einer Blase, aber offenbar gibt es mehr davon. Danach gelangt man auf dem Wege des Lichts in einen Raum. Man wird nun gewaltsam mit Bildern gefüttert, in einer bestimmten Abfolge. Diese Bilder wechseln sich ab mit geometrischen Figuren, welche fliegen, und " ästhetischen Wellen ". Zwischendurch gibt es wieder viel Licht. Dadurch werden die " GPMs " gebildet, die " reaktive Bank ". GPM bedeutet " Goals Problem Mass ". Hubbard geht davon aus, daß wenn die Ideen, Vorstellungen, Wünsche, kurz das Ziel eines Thetans von einem Gegenziel eines SPs, beziehungsweise von einem anderen Thetan durchkreuzt werden, hier auf dem Clearing - Kurs offenbar durch Einpflanzung von geometrischen Figuren, entsteht ein Problem und daraus " Masse ". Masse kann man wörtlich nehmen, dann verstehen Sie auch, warum die Scientologen das ganze Universum mit seiner ganzen Masse auflösen wollen. Diese Masse bei dem Thetan bildet die " reaktive Bank ". Um diese GPMs sind natürlich auch Engramme. Um diese loszuwerden, muß der PC die verschiedenen Serien von Einpflanzungen (Implants) anhand von Signalwörtern aus auditieren, z.B. Affinität,

Erfahrung, Sex, Physikalisches Universum, Kontrolle, Probleme, Spiele, Tod, Liebe, Gesundheit, etc.. Dies geht folgendermaßen vor sich: Der PC stellt an sich selbst mit dem Begriff " Kontrolle " telepathisch mehrere Fragen: " Wurde bei Kontrolle etwas unterdrückt? " " Wurde bei Kontrolle etwas abgewehrt? " " Wurde bei Kontrolle etwas verhindert? " Zeigt das E-Meter etwas an und erhält er ein telepathisches " Ja ", bohrt er hinsichtlich dieses Begriffes weiter (" Was war da ? ") und bekommt irgendein Geschehnis. Hat er alle Worte und Kombinationen durch und schwebt die Nadel, ist er Clear und ist Ursache über mentale Masse, Energie, Raum und Zeit (MEST), bezüglich seiner eigenen Person (Thetan). Er ist sich bewußt geworden, daß er existiert. Erstaunlich !

Nachdem er diesmal erfolgreich den CCRD absolviert hat, ist er "Clear". Jetzt kommt der kleine " Sunshine - Rundown ".

SUNSHINE RUNDOWN

Nachdem der Scientologe " Clear " attestiert hat, erhält er von dem zuständigen D of P (Director of Processing) einen Umschlag. Dieser Umschlag enthält eine Anweisung, die der frischgebackene Clear auszuführen hat, welche natürlich vertraulich / confidential ist. Es handelt sich um irgendeine kurze Übung, die er mittels der neu gewonnenen geistigen Energie zu lösen hat, vielleicht sich irgendetwas geistig vorstellen und dieses dann wieder zum Verschwinden zu bringen. Hat er diese Übung ausgeführt, attestiert er auch diese und ist eine strahlende Erscheinung. Daher " Sunshine Rundown ". (übrigens kostenlos !)

Nach Clear geht es für den Scientologen, der nach NED und CCRD Clear attestiert hat, mit dem Solo 1, OT - Preps, dem Solo II, der OT - Eligibility weiter. Der Alternate Route - Clear hat dies ja schon hinter sich. Er macht gleich mit OT 1 weiter.

NEW OT 1

Im Jahre 1977 gab es bereits OT - Stufen bis OT 8. Diese wurden jedoch alle, bis auf OT 2 und OT 3 gestrichen, als Hubbard seine sensationellen technischen Entdeckungen machte. Auch OT 1 war davon betroffen.

Leider fand ich in den Unterlagen nur etwas über das alte OT 1. Ich muß also abschätzen. Da New OT 1 relativ billig ist und in ca. 3 - 4 Tagen abgeschlossen ist, kann man von folgendem ausgehen: Der Pre - OT auditiert sich selbst und betrachtet dabei MEST, die 2., 3. und 4. Dynamik. Auf den OT - Stufen werden ja die Dynamiken 2 - 8 angegangen. Er unternimmt sozusagen die ersten Schritte als OT und findet sich in dieser Welt zurecht, so ein Prospekt. Je weiter er auf den OT - Stufen voranschreitet, desto mehr agiert er im geistigen Universum und wird dadurch Ursache über das physikalische Universum.

OT 2

Auf OT 2 gibt es, wie auf dem Clearing Course und OT 1, etwas zu lesen, bevor man sich auditiert. Das zu studierende Material ist auf OT 2 aber um einiges umfangreicher, als man es bis dahin gewohnt war. Um was handelt es sich ? Natürlich müssen wieder verschiedene Vorfälle ausauditiert werden, die einen während der letzten Billionen Jahre in Mitleidenschaft gezogen haben.

Diese sind:

1. Ein Pfeilschuß durch einen hindurch, im All.
2. Ein sich andauernd drehender Tänzer neben einem Lagerfeuer, oder in einem Palast.
3. Man wird zwischen 2 Pfosten hin- und hergeworfen, bleibt an einem hängen und versucht von ihm herunterzukommen. Es kann sich aber auch um eine spiralförmig angemalte Stange handeln, die sich auf und ab bewegt.
4. Verschiedene Vorfälle in Höhlen.
5. Eine sogenannte " Triangle - Einpflanzung ", bei der eine Puppe vor einem steht, der Einpflanzer zur linken und der Einspeiser von Ideen hinter einem.
   Die Einspeisung von Ideen beginnt mit: " Seit 2 1/2 Jahren habe ich mit Dir gelebt ... "
   Danach werden noch weitere Vorfälle auditiert, sofern das EP (Endphänomen) von OT 2 noch nicht erreicht sein sollte. Sie sind:
6. " Bärenziele "
7. " Frachtguteinpflanzungen "
8. " Flugzeugtüreneinpflanzungen "
9. " Hellatrobus -Einpflanzungen" - dabei wurden radioaktive Wolken auf den Planeten der Hellatrobus, die eine " piepsige " Regierung besitzen, benutzt, um falsche Ziele einzupflanzen.
10. " Gorilla - Ziele ", nach Hubbard, haben sich einige von uns in vergangenen Zeiten als Affen auf Bäumen herumgetrieben.
11. " G - Fuß - Einpflanzungen "
12. " Bilder - Einpflanzungen "
13. Religiöse Einpflanzungen, in der Zeit von 12.000 vor Christus bis in heutige Zeit.
14. Das " Zupacken " der " Bank " im magischen Zeitalter = das " magische Zeitalter", liegt nach Hubbard schon sehr weit zurück, ein paar Billionen Jahre. Damals soll es im All noch sehr magisch zugegangen sein, mit Zauberern, fliegenden Pferden oder Armeen, die sich mit Zeit sprüngen zu bekämpfen, versuchten, ähnlich wie in der "Unendlichen Geschichte".
15. Ein Vorfall einer Bildereinpflanzung, zusammen mit der Verletzung eines Ehrenkodexes.
16. Ein Bruch eines Ehrenkodex.

Diese Vorfälle auditiert der Pre - OT mittels 322 verschiedener Signalwörter, ähnlich wie auf dem Clearing - Course heraus, z.B. Leben, Orientierung, Religionen, Gedächtnis, Spieler, Gegenwart, Räume, Kunst, etc.. Er findet für jedes der obigen Geschehnisse heraus, auf welche Weise, in Verbindung mit den Signalwörtern, er z. B. etwas kreiert hatte, nicht kreieren durfte, er unterdrückt hatte, er unterdrückt wurde (insgesamt gibt es 18 Tätigkeiten).

Wenn er damit durch ist, bei gleichzeitiger schwebender Nadel (floating needle, F/N) und Lächeln, Very Good Indicators, VGIs, sollte er das EP von OT 2 erlangt haben, nämlich die Fähigkeit, seine gesamte Zeitspur konfrontieren zu können, das heißt wohl, er weiß über seine früheren Leben Bescheid und kann sich an die vergangenen Billionen Jahre erinnern, wie an den gestrigen Tag. Übrigens sollen die ganzen bösen Dinge, die sich in unserer Gesellschaft ereignen, wie z.B. Krieg, Prostitution, Völkerwanderungen, Drogenhandel, etc., auf den Geschehnissen von OT 2 basieren. Ein OT 2 jedenfalls, wird niemals mehr diese Spiele mitmachen.

OT 3

OT 3 besteht aus 2 Vorfällen. Der Einfachheit halber beschreibe ich diese einfach mal:

Vorfall 1, Incident 1: Dieser ereignete sich vor 4 Billiarden Jahren und er betrifft auf jeden Fall alle Thetane in diesem Universum, am Anfang der sogenannten " Zeitspur ". Man hört ein lautes Knallen und es wird sehr hell, anschließend kommt ein zweirädriger Triumphwagen, von Pferden gezogen, ins Bild, welchem Cherub entsteigt, der in sein Horn bläst. Er tritt näher, worauf es wieder heftig knallt. Cherub zieht sich wieder zurück und bläst offenbar zum Rückzug. Zum Schluß wird schwarze Masse auf den armen Thetan geschleudert. Bereits bei diesem Geschehnis werden Thetane mit anderen Thetanen zu sogenannten Thetanentrauben oder - haufen (Cluster) zusammengepackt.

Vorfall 2, Incident 2 : Dieser fand vor 75 Millionen Jahren statt und seine Dauer beträgt 35 Tage. Xenu oder Xenn, der Chef einer galaktischen Konföderation von ungefähr 76 Planeten, die vor 95 Millionen Jahren gegründet worden war, löste die Überbevölkerung auf seinem Planeten (178 Milliarden Einwohner pro Planet im Schnitt) durch Massengehirnwäsche. Von den betreffenden Planeten wurden die Thetane zusammengekarrt, dann erschossen, in Eiswürfel gesteckt und anschließend auf der Erde (damals " Teegeeack ") bei verschiedenen Vulkanen abgeladen. Nun wurden Wasserstoffbomben auf, oder in den Vulkanen zur Explosion gebracht. Dazu wurden noch mittels magnetischer Wellen den Thetanen, von einem Flugzeug aus, Befehle eingepflanzt. " Gehe zum Pilot ! ", dieser sagt dann: " Es ist nur Einbildung. " Danach folgen die bereits oben erwähnten 36 Tage von Masseneinpflanzungen von Bildern, das OT 2 - Material und Grad VI - und Clearing Course - Material. Anschließend wurden die Thetane nach Hawaii oder Las Palmas transportiert, wo sie zu " Clusters " gepackt wurden. Die Bildereinpflanzung enthielt übrigens neben Gott, dem Teufel, Engeln, auch Theater(!?), Helikopter, Züge, etc ...

Auf OT 3 soll der Pre - OT, wiederum auf telepathischem Wege, die verschiedenen Bodythetane auf die verschiedenen Vorfälle auditieren. Dabei gilt es, die Orte, d.h., die Vulkane zu lokalisieren, an denen die H-Bomben zur Explosion gebracht wurden. Es soll quer über dem Erdball " Vulkanorte " gegeben haben, an denen die Thetane versammelt und malträtiert wurden.

Nach Incident 2 muß man den jeweiligen Bodythetan auch auf Incident 1 auditieren, ansonsten hätte dies unangenehme Folgen. Auditiert man nämlich nur Incident 2, geraten die Bodythetane (BTs) in ein "Freewheeling", sie toben herum, der Körper kommt tagelang nicht mehr zur Ruhe und stirbt. Folgt man aber Hubbards Anweisungen und auditiert die BTs auf beide Geschehnisse, so fliegen sie befreit davon und suchen sich einen neuen Körper. Dies macht man nun solange, bis sich kein BT mehr meldet und man alle los ist. Übrig bleibt der Thetan des Pre - OTs, was auch gleichzeitig das EP darstellt: Die Befreiung von lästigen Bodythetanen.

Was wurde aus dem Galaxisfürst Xenu oder Xenn? Sogenannte loyale Offiziere, welche später von Abtrünnigen erschossen wurden, lieferten sich einen sechsjährigen Kampf mit ihm und nahmen ihn schließlich gefangen. Sie sperrten ihn in eine elektronisch gesicherte Kiste und versenkten diese in einem Berg der Rocky Mountains. Natürlich befand sich unter den tapferen Offizieren auch L. Ron Hubbard.

Derjenige Pre - OT, der sich übrigens auch unter den loyalen Offizieren wähnt und nicht unter dem normal abgeschlachteten Volk, muß sich auch über das Geschehnis des Erschießens durch die Abtrünnigen auditieren.

Auf einem Tonbandvortrag (Rons Journal '67), kurz nach der Entdeckung von OT 3, spricht Hubbard über seine Erfahrung mit OT 3. Er sei während der Erforschung sehr krank geworden, (zu dieser Zeit tukkerte er mit seinem Schiff auf dem Mittelmeer) und kam mit gebrochenem Arm und Bein am Ende gerade noch heil heraus. Er wäre beinahe gestorben und daher ist das Material auch geheim, denn er wolle nicht, daß jemand anderes ähnlich krank werden würde wie er. Nur Pre - OTs, die OT 2 erfolgreich absolviert hätten, wären in der Lage, das OT 3 - Material zu konfrontieren, auf Hubbards vorgezeichnetem, sicheren Weg.

Um das ganze zusammenzufassen: Auf OT 3 werden wir darüber aufgeklärt, daß wir einem Irrtum erliegen, wenn wir glauben, daß wir nur ein (1) Thetan sind, da wir in Wirklichkeit durch die 2 Incidents zu ganzen Thetanenhaufen gepackt wurden. Dank Hubbard können wir jedoch auf OT 3 endlich zur " Quelle " zurückkehren. Der Bewußtseinszustand auf OT 3 ist ja " Source ", siehe Gradkarte.

Die Sphäre von OT 1 bis OT 3 wird in Scientology als " No - Interferencezone " bezeichnet, die man nicht mit anderen Auditingaktionen unterbrechen sollte, angesichts der " Gefährlichkeit " von OT 3 sehr verständlich. Je näher man sich OT 3 nähert, desto " bewußter " wird man sich ja dieses Ereignisses, müßte aber dennoch sterben, würde man Hubbards vorgezeichneten Weg verlassen. Der Lungenentzündung, der man erliegen müßte, wird auch in der OT 3 - Werbung nachgesagt und auch von Hubbard in RJ ' 67 bestätigt, daß sie eine Sicherung der damaligen SPs gewesen sei, damit niemand hinter das Geheimnis dieses Sektors des Universums gelangen könne, auch wenn die Unterdrücker selbst dabei draufgingen. Einige, so Hubbard, hätten sich darin versucht, hinter das Geheimnis zu kommen, aber er, Hubbard, sei wohl der Erste in 75 Millionen Jahren, dem dies gelungen sei, ohne daran zu sterben. Jetzt ist wohl klar, was der Slogan der OT 3 - Werbung bedeutet: " If You're Clear, You're at risk! "

NEW OT 4

Dies ist nur ein kleiner Rundown. Gewöhnlich wird er in 12,5 Stunden Auditing erledigt. Man wird hier von einem Class VIII - Auditor, auf Grund einer Liste von Drogen, die der Pre - OT in diesem und in vergangenen Leben eingenommen hat, auf deren Auswirkung auf die Bodythetane und Cluster, auditiert. Es wird festgestellt, ob noch irgendein BT oder CL damit verbunden ist. Falls ja, wird der Pre - OT dazu gebracht, diesen Umstand zu konfrontieren, bis die BTs und CLs " gehandhabt " sind, wohl in der selben Weise, wie im bisherigen Auditing (Konfrontieren des jeweiligen Geschehnisses - Verschwinden der Ladung - hier der BTs). An OT 4 wird auch deutlich, welche verheerende Wirkung auf den Thetan, Hubbard den Drogen zuschreibt. Schließlich ist OT 4 schon der 4. Rundown, den man in bezug auf Drogen unternommen hat. Als Pre - OT, nach dem " Purification Rundown ", dem " Scientology - Drogenrundown " und dem " NED - Rundown " . 1970 hieß das Endphänomen von OT 4 noch " exterior - außerhalb vom Körper schweben ". Mangels Erfolg wurde dies wohl auf später hinausgeschoben.

NEW OT 5

Der zweite " Wall of Fire ", OT 3 war der erste, beginnt mit OT 5 und endet bei OT 7. Er wurde 1978 " entdeckt ", als Hubbard die ganzen OT-Stufen ummodelte, NED " entdeckte " und einmal den "NED - Rundown" an den OT 3s ausprobierte. Und siehe da, es tat sich einiges an Neuem auf ! Daher wird OT 5 auch gelegentlich " NOTS " (New Era Dianetics for OTs) genannt. Wie bei New OT 4, wird man als Pre - OT von einem Auditor auditiert, diesmal jedoch von einem Class IX - Auditor.

Die Theorie über OT 5 besagt folgendes: Auf OT 3 werden diejenigen BTs beseitigt, die sich der Vorfälle auf OT 3 bewußt sind und auch noch wach genug sind. Tiefer als diese, liegen BTs, welche weiter heruntergekommen sind, oft apathisch oder bewußtlos. Auf jeden Fall handelt es sich um Wesen, die man nicht so leicht kontaktieren, oder in Kommunikation bringen kann. Diese Thetane kann man in " Dingen ", " Objekten ", " Körperteilen ", etc. finden, sie sind keine " Wesen " - Thetane, sondern sie glauben, das zu sein, in was sie sich befinden (wenn so ein Wesen in einem Tisch sitzt, glaubt es dieser Tisch zu sein). Einige von Ihnen sind im Raum mit dem Körper des Pre - OTs durch Fäden verbunden und einige glauben, sie wären Teile des Körpers oder auf eine bestimmte Weise wichtig, um den Körper am Leben zu erhalten. Manchmal umfliegt ein BT den Körper, oder ist ein Kraftfeld, das den Körper umgibt. Später wird der Pre - OT herausfinden, daß es buchstäblich Millionen dieser heruntergekommenen Thetane gibt, daher kann diese OT-Stufe für jemanden " überwältigend " sein, wenn man sich deren "Quantität" betrachtet. Oft hat ein Pre - OT einen oder mehrere Geister - Thetane in seiner Umgebung, Wesen, die er einst kannte, welche ihn jetzt jagen und das sogar im Schlaf. Zuweilen besitzt der Körper des Pre - OTs " gedrängte Bereiche " von zusammengepreßten Bodythetanen, welche eine " Masse " bilden, die im Körper Druckstellen, Schmerzen und Krankheiten verursachen. (Wenn man sich verschiedene Success - Stories über OT 5 zu Gemüte geführt hat, wird man bemerken, wie oft in diesen die Rede von " gehandhabten " Schmerzen und körperlichen Beschwerden die Rede ist. Angeblich soll ein gehunfähiger OT nach OT 5 - Auditing in Flag, aus seinem Rollstuhl aufgestanden sein.)

Diese BTs können nebenbei viele Formen annehmen: Insektenschwärme, Tiere, unbelebte Dinge, Krankheiten, etc. Gelegentlich trifft man auch auf einen BT oder CL, der eine böse, oder unterdrückerische Persönlichkeit besitzt.

DAS AUDITING

Es bestand bis Mai 1991 aus dem üblichen Frage - Antwortspiel, bis in jenem Jahr neue, unveröffentlichte OT 5 - Rundowns zutage gefördert wurden. Auch werden seitdem dem Pre - OT vor jedem Rundown vom Auditor schriftliche Daten über OT 5 geliefert, also ähnlich wie bei OT 1 bis OT 3.

Wie man OT 5 auditiert: Der Auditor gibt das Auditingkommando an den Pre - OT, der diesen telepathisch an den Bodythetan weiterleitet. Der BT oder CL gibt die Antwort an den Pre - OT zurück, der dem Auditor dann berichtet, was gesagt wurde. Es werden dabei mittels 26 verschiedener Rundowns die Bereiche abgeklopft, wo BTs vermutet werden, hauptsächlich natürlich im Körper. Der Einfachheit halber liste ich hier einmal ein paar Fragen auf, die OT 5 am besten charakterisieren.

1. " Gibt es einen Körperteil, der zuviel Masse besitzt? "
2. " Gibt es einen Bodythetan oder Cluster, der von einem Familienmitglied zu einem anderen transferiert wurde? "
3. " Gibt es einen BT oder CL, der etwas auf OT 3 mißverstanden hat?"
4. " Gibt es einen BT oder CL mit einem Problem? "
5. " Gibt es einen BT oder CL, der aus dem Körper hinausging, aber daran gehindert wurde, völlig zu verschwinden? "
6. " Schaue in Deinen Körper und siehe nach, ob eine Masse etwas eintritt? "

Wenn man eine Stelle ausgemacht hat, wo sich ein BT oder CL befindet, läßt man den Pre - OT fragen: " Was bist Du ? ". Der BT oder CL antwortet dann irgendetwas, danach fragt man ihn: " Wer bist Du ? " Er antwortet mit: " Ich ! ", so fliegt er davon und der Pre - OT ist ihn los. Sollte er etwas anderes antworten, fragt man ihn solange: " Was warst Du davor ? " und " Wer bist Du ? ", bis er endlich mit "Ich" antwortet und davonfliegt. Da bei OT 5 der " 2. Wall of Fire " beginnt, muß ja zwangsläufig etwas dramatisches dabei sein. Die Thetanenhaufen bilden sich aus Vorfällen, die sich in folgende Gruppen unterscheiden lassen: Explosionen, Implosionen, Verletzungen, Krankheit, Operationen, Schocks, Verbrennen, Erfrieren, Einpflanzungen, Kollisionen, Aufprall und Elektronik. Dabei werden die Pre - OTs auch nach Art der Engramme, bzw. Vorfälle gefragt, durch die ein bestimmter BT oder CL " an sie geraten ist ".

Man kann sich vorstellen, welche Geschichten dabei herauskommen (eine ähnlich vorgezeichnete Geschichte wie bei OT 3, habe ich für OT 5 aus den Unterlagen nicht entnehmen können).

Das EP (Endphänomen) von New OT 5: Es stellen sich mehrere Dinge gegen Ende von OT 5 ein, zum einen geht der Pre - OT aus seinem Körper heraus und scheint dort stabil zu bleiben. Dadurch, daß so viele BTs aus dem Körper abgehen, wird das elektrische Feld um den Pre- OT " klar " und " strahlend ". Das eigentliche Endphänomen von New OT 5 ist aber, daß der Pre - OT alle BTs in, an und um seinen Körper herum, los wird. Die Bewußtseinsstufe " Ursache über das Leben " bedeutet, daß derjenige mit OT 5 - Abschluß die Fähigkeit hat, zwischen dem, was er sich einbildet und dem, was sich andere einbilden, unterscheiden zu können. Er kann außerdem die Ursache einer Schöpfung erkennen und er kann sich Thetane und geistige Kraft nach Belieben vorstellen, bzw. erschaffen (= mock up). Toll, was?

NEW OT 6

OT 6 und OT 7 sind nur in der FSO im Hauptquartier in Clearwater/ Florida erhältlich. New OT 6 heißt exakt ausgedrückt Solo - NOTs - Auditingkurs und ist tatsächlich ein Kurs. Er soll den Pre - OT befähigen, ein kompetenter Solo - Auditor zu werden, um " in der Höhle des Löwen ", nämlich den " 2. Wall of Fire - NOTs " alleine fertig zu auditieren. Sie ahnen es vielleicht schon, man hat es weiterhin mit BTs und CLs zu tun, nur noch viel tiefer sitzend und was Wunder, wenn man ein guter Auditor sein will, um diese aufzuspüren.

OT 6 ist in 3 Teile aufgeteilt, Part A, Part B und Part C. Bei Part A handelt es sich um einen gewöhnlichen, aber sehr eingehenden Auditingkurs mit nicht geheimen Materialien. Nach Part A kommt Part B, auch ein Studierkurs. Hier geht es aber um geheimes OT - Material, das sich wiederum um BTs und CLs dreht. Hat man dies abgeschlossen, beginnt man auf Part C mit dem Solo - Auditing, unter der Überwachung des Case Supervisors (C/S). Falls dieser schließlich mit den Ergebnissen zufrieden ist, hat man Part C abgeschlossen und kann sich New OT 6 nennen.

NEW OT 7

New OT 7 ist das eigentliche Solo - NOTs. Der Scientologe auditiert es zu Hause, nachdem er aus Flag zurückgekehrt ist. Jeden Tag sollte man seinen E - Meter zur Hand nehmen und sich eine Stunde lang auditieren.

Die Auditingaufschriebe schickt man nach Flag und erhält von seinem C/S dann Anweisungen, bzw. Bestätigungen, daß alles glatt gelaufen ist. Alle 6 Monate muß man für einen " 6 - months - Check " nach Flag, um sich durchchecken zu lassen. Dort wird ihm auch der Abschluß von OT 7 attestiert.

Um was handelt es sich bei den Solo - NOTs ?

Der Pre - OT " läuft " an sich wieder NOTs - Rundowns auf der Suche nach BTs und CLs. Die Vorgehensweise läßt sich in 8 grobe Schritte aufteilen:

1. Lokalisiere eine geistige Masse (BT) und auditiere jede aus, die Du finden kannst.
2. Beachte, wohin Deine Aufmerksamkeit geht und schaue in diesem Bereich nach BTs und CLs. Auditiere diese wie gehabt (" Was bist Du ? ", " Wer bist Du ? ").
3. Richte Deine Aufmerksamkeit auf den Körper und Körperteile und lasse noch existierende BTs und CLs verschwinden.
4. Mache dasselbe auf der Körperoberfläche und im Umkreis Deines Körpers.
5. Untersuche alle Bereiche Deines Körpers, an denen Du Schmerzen hattest und lasse eventuell vorkommende BTs und CLs verschwinden.
6. Schaue nach, wo geistige Bilder und BTs aneinander geknallt sind und nehme sie auseinander.
7. Lasse Dein Leben bis zum Beginn vor Billiarden Jahren ablaufen und, wenn es nötig ist, auch in anderen Universen und schaue nach BTs und CLs, die noch irgendwo auf Deiner " Zeitspur " parken (sie sitzen wohl irgendwo in der Zeit fest).
8. Untersuchen Sie den Auditingraum und danach Ihr Haus nach ver steckten BTs und CLs !

Hat man nun gänzlich alle BTs und CLs aus seinem Leben entfernt, dann hat man tatsächlich keine " Reaktive Bank " mehr und ist völlig " unaberriert " auf allen 8 Dynamiken.

NEW OT 8

New OT 8 ist die erste wirkliche OT - Stufe und gibt es nur auf der FSSO (Flag Ship Service Org), dem in der Karibik kreuzenden Luxusschiff " Freewinds ". Noch in der FSO in Clearwater erhält man die "OT 8 - Preparations", Auditing, bei dem festgestellt wird, ob wirklich jede Auditingstufe tatsächlich abgeschlossen wurde. Danach wird noch überprüft, ob es ethisch vertretbar ist, ob Herr X, oder Y, OT 8 überhaupt erhalten darf. Hat er genügend Geld in Scientology gespendet, arbeitet er als FSM, ist er allgemein für die Organisation aktiv? Ist dies alles okay, darf er endlich auf die " Freewinds ". Dort bekommt er einen Security - Check, um anschließend die OT 8 - Theorie zu studieren, ausschließlich im OT 8 - Courseroom. Dann auditiert er sich selber. Das zu auditierende Material ist das erste positive Auditing, während die Pre - OT - Stufen ja nur negative Erlebnisse beinhalteten. Man löscht " falsche Reinkarnationen " aus, daher der Name " Truth Revealed ", die " enthüllte Wahrheit ". Das war 's.

Schlußbemerkung: Bezüglich der Effektivität der OT - Stufen und ihrer Power, die die " Fortgeschrittenen Kurse " (Advanced Courses) dem Pre - OT und OT verleihen sollen, fallen mir ein paar lustige Beispiele ein: z.B. David Gellie, seines Zeichens Class XII - Auditor und OT 5, der die dicksten Brillengläser der FSO hatte, oder Beverly Manasse, die 1990 von ihrem Posten als HAS / FSO gekickt wurde, obwohl ein OT 8, oder eine andere Amerikanerin, ebenfalls OT 8, die zu dick war, um allein aus dem Auto auszusteigen, oder unser guter deutscher Scientologe Detleff Foullois, OT 8, der schließlich wegen Steuerhinterziehung im Knast landete. "

Soweit Martin Ottmann über die heute möglichen OT - Stufen.

FLAG SHIP SERVICE ORGANIZATION DONATIONS

NEW OT VIII TRUTH REVEALED™

	Full Rate	Membership Rate
NEW OT VIII TRUTH REVEALED	$12,500.00	$10,000.00
Advanced Religious Counseling This includes a special 5 hour block of auditing for the New OT VIII Status Verification Check.		
INTENSIVE AUDITING Per 12 1/2 hour intensive	$9,250.00	$7,400.00

„Ausbildung" zum „OT 8", nur auf dem Kreuzfahrtschiff „Freewinds" in der Karibik möglich. Der „OT 8" kostet bis zu 100.000 DM, je nach Dauer. (aus: Prospekt „Freewinds", 1995, der FCSFSSO)

FREEWINDS SHIP ORGANIZATION DONATIONS

TYPES OF CABINS (One Week of Accommodations)

Prom Deck	Prom Deck	
The Majestic Suite - with a king-size bed, a bathroom shower/tub, VCR, telephone, kitchenette, refrigerator, 2 large portholes, leather couch.	**$3,740**	**$2,990**
Owner's Cabin - with a double bed, bathroom shower/tub, VCR, telephone, refrigerator, large porthole.	**$2,935**	**$2,340**
Prom Deck Double - with a double bed, bathroom shower/tub, VCR, telephone, refrigerator, large porthole.	**$2,820**	**$2,250**
Prom Deck Twin - with 2 twin beds, bathroom shower/tub, VCR, telephone, refrigerator, large porthole.	**$2,820**	**$2,250**

Aufenthaltskosten auf der „Freewinds" pro Woche, pro Person, um ein „OT 8" zu werden (aus: „Freewinds", 1996, FCSFSSO)

DIE GREENFIELD SCHOOL IN ENGLAND

Bewiesen ist auch, daß drei der vier Helnwein - Kinder, Cyril, Mercedes und Ali nicht nur in den USA, sondern auch in England zwischenzeitlich an diversen Ausbildungs - und Schulungskursen, bzw. jahrelang am internatsähnlichen Scientology - Schulunterricht in speziellen Eliteschulen für den Scientologen - Nachwuchs teilgenommen haben und damit ebenfalls seit Anfang der 90er Jahre, wie ihre Eltern, bereits geschulte, stramme Scientologen sind.

Helnwein hat sich in der saarländischen Zeitschrift "Arbeitnehmer", Ausgabe Juni 1993, anläßlich seiner Saarbrücker Kunstausstellung, erstmals in Deutschland öffentlich zur den " Qualitäten " des deutschen Schulsystems geäußert und warum er seine Kinder vor diesem " verschont ":

Helnwein: " ...Ich halte dieses Erziehungssystem, das Schulsystem meine ich, in Deutschland und Österreich für ein s c h w a c h s i n n i g e s System. Ich lehne es wirklich ab, weil es immer noch im Prinzip das wilhelminische System ist, daß heißt, Leute mit Daten vollzustopfen und sie zu praktischen und angenehmen Staatsbürgern zu machen. Nicht zu mündigen Leuten, die eigene Meinungen, neue Modelle entwickeln. Man fürchtet sich vor solchen Leuten, weil freie, mündig erzogene Bürger freiwillig nicht zusammen im Stechschritt auf und ab marschieren. Und wer will solche Leute haben? Niemand. "

Arbeitnehmer: " Sie haben Kritik geübt an unserem Schul - und Erziehungssystem. Jetzt haben Sie ja selbst Kinder in der Schule. Sind Sie schon einmal auf die Idee gekommen, sie irgendeinem Ausbildungssystem zuzuführen, welches das beinhaltet, was Sie für richtig halten oder gehen sie in eine normale Schule? "

Helnwein: " Nein, gehen sie nicht. Meinen Kindern habe ich von Anfang an klargemacht, sie müssen nicht in die Schule gehen. D a z u s t e h e i c h . Sie gehen zur Zeit allerdings in eine Alternativschule, die hervorragend ist. "

Soweit Helnwein, der mit " Alternativschule " die Greenfield School der Scientology - Organisation in England meinte.

Während Nesthäkchen Amadeus noch bei den Eltern verweilte, besuchten die drei restlichen Helnwein - Kinder Cyril, Mercedes und Ali seit den späten 80er Jahren jeweils für mehrere Jahre das Scientology - "Hubbard Study Tech" Internat Greenfield School in East Grinstead, Sussex, ca. 30 KM südlich von London. Nur in den wenigen " Ferientagen " durften sie zu " Besuch " ihrer Eltern nach Burgbrohl. Ansonsten besuchten die Eltern ihre Kinder mehrmals im Jahr in England. Die Schule befindet sich auf dem größten Gelände der Scientology - Organisation außerhalb der U.S.A., der sogenannten " Advanced Organisation (AO) ", in der Kursabschlüsse bis zum hohen " Operierenden Thetan V " möglich sind. Von dort aus begann Hubbard in den 50 er Jahren, bis zu seinem Landesverweis Anfang der 60 er Jahre, seine " Scientology " - Fiktionen erfolgreich unters Volk zu bringen. 3 - jährige Kinder sind die jüngsten Hubbard - Schüler der Greenfield School, 15 - jährige gehören bereits zu den Ältesten. Da es sich um eine Eliteschule für den Scientology - Nachwuchs handelt, ist es üblich, die Schule spätestens im Alter zwischen 12 und 14 Jahren in Richtung " Sea Org " - Hauptquartier FLAG in Clearwater/ Florida zu verlassen, um dort als " SEA ORG KIDS ", z.B. in der Estates Project Force Schule (EPF), oder in der ehemaligen Leibgarde Ron Hubbards, der " Commodores Messengers Org " (CMO), die heute direkt dem jetzigen, nur 1.60 m kleinen Scientology - Boss und Hubbard Nachfolger David " DM " Miscavige, der selber aus der CMO stammt und seinem, durch sein RTC gesteuerter Geheimdienst (OSA) untersteht, als neuer " Sea Org " - Mitarbeiter " anzuheuern ".

DIE SEA - ORGANISATION I

Weltweit hat die Scientology - Organisation heute etwa 9.000 feste Mitarbeiter, die meisten von ihnen arbeiten in Los Angeles und Umgebung. Die Elite der Mitarbeiter, mindestens 3.000, gehören zu einer verschworenen Gemeinschaft innerhalb der Organisation, der "Sea Organization", mit mietfreiem Wohnen, freier Verpflegung und einer kleinen finanziellen Unterstützung. Sie unterschreiben Arbeitsverträge für dieses und alle weiteren Leben - für 1 Milliarde Jahre. Ihr Motto ist: " Wir kommen wieder. " Sie tragen täuschend echte Marineuniformen mit diversen bunten rangähnlichen Abzeichen und brüllen ihre Befehle mit kurzer militärischer Schärfe. Ihre "militärischen" Ränge haben Bezeichnungen wie "captain", "lieutenant" oder "ensign" (Fähnrich). "Offiziere" , Frauen eingeschlossen, müssen mit "Sir" angeredet werden. Hubbard nannte sich selbst "Commodore", in Anlehnung an seine Zeit in der US - Navy. " Die "Sea Org" ist ein äußerst zäher Haufen, kein Spaziergang im Park...und sehr ungeduldig, aber wir machen unseren Job ", soll Hubbard einmal gesagt haben. Ein Mitarbeiter wird ausschließlich an seiner Produktivität gemessen. In einer 1964 erschienenen Direktive verordnet Hubbard: "Solange man auf einem Spiegel noch das Beschlagen durchs atmen des Mitarbeiters bemerkt, kann er, oder sie ihren Job erledigen."

Kritik ist total verboten. " Man hat keine Zeit mehr für irgendeine Art der Freizeitbeschäftigung, keine persönlichen Nicht - Scientologen Kontakte mehr " sagt Travers Harris, der die " Sea Org " 1986 nach fast 14 Jahren Mitarbeit verlassen hatte. " Es geht nur um die Arbeit und wenn du deine Arbeit beendet hast, dann bist du zu müde für andere Dinge. " Mitarbeitern wird unaufhörlich eingebläut, daß es außerhalb der Organisation keinen " sicheren Zufluchtsort gibt, da die Gesellschaft eine Brutstätte für Kriminalität ist und die Menschen dort einfach zu unwissend sind zu erkennen, daß " Scientology " die einzige Anwort auf alle Probleme der Menschheit ist. Innerhalb der Organisation werden "Nicht" - Scientologen als sog. "Wogs" (als schlimmster Abschaum) bezeichnet.

In einer Werbebroschüre für eine Scientology - Schule findet sich ein wunderbares Beispiel für die unverantwortliche kranke Denkensweise der Hubbard - Nachfolger:

" Wenn Sie ihre Kinder Tag für Tag dem Feind (" enemy ") überlassen und das 12 bis 15 Jahre lang, was glauben Sie auf welcher Seite sie dann stehen? " wird am Schluß rhetorisch gefragt. Der Feind ist in diesem Fall der staatliche Schulunterricht.

Die Internatspreise der Greenfield School sind horrend. Bis zu 5.500 DM laut eigenen Preisangaben der Schule, mußten die Helnweins für jedes ihrer 3 Kinder hinblättern, nicht für das Schuljahr, sondern pro Woche (!). Nach Angaben des Internats im September 1996, verließ das letzte im Internat verbliebene Helnwein - Kind, der Sohn Ali, bereits 1995 die "Schule" in Richtung Clearwater/ Florida, um sich ebenso in der " Flag Service Org " in der Scientology - Eliteeinheit " Sea - Org " für höhere Weihen ausbilden zu lassen. Bereits im Frühjahr 1991 schrieb sich der damals erst 15 jährige Sohn Cyril Helnwein, mit Unterstützung seiner Mutter Renate und seinem Stiefvater Gottfried, nur die drei späteren Kinder sind auch von ihm, nach ausführlichem Sicherheitscheck durch den Scientology - Geheimdienst OSA im Fort Harrison Hauptquartier in Clearwater, als " Sea Org Kid " ein. Von der " Sea Org " - Führung wird, ohne auf das Alter Rücksicht zu nehmen, verlangt, daß Minderjährige genauso lang wie die Erwachsenen zu arbeiten haben.

In dieser Spitzenorganisation, in der schärfster militärischer Drill, von zum Teil erst 9 jährigen Kindern (!) praktiziert und absoluter Gehorsam nach " oben " exerziert wird, gibt es auch genügend Kinder, die administrative Arbeiten, oder sogar Führungsaufgaben in der "Sea Org" in diesem Alter zu übernehmen haben. Es ist keine Seltenheit, daß sogar

10 jährige Kinder im FLAG - Zentrum in Clearwater Befehle an " Untergebene ", die zum Teil schon über 50 Jahre alt sind, geben können und es ist äußerst ratsam diesen Anordnungen der Kinder unbedingt Folge zu leisten, da ansonsten schärfste Strafmaßnahmen innerhalb der Organisation wegen Gehorsamsverweigerung blühen.

CYRIL HELNWEIN UND MARTIN OTTMANN IN FLAG - 1991

FLAG-Fort Harrison, Clearwater, Florida, USA
(aus: „Source" 97, 1995, CSFSO)

Martin Ottmann, bis Ende 1993 ein führender Sea Org - Mitarbeiter in Flag in Clearwater, Florida, und heute einer der wenigen echten Kronzeugen über die tatsächlichen Aktivitäten des höheren Scientology - Managements, der Sea Org, mit einem phänomenalen Gedächtnis für die entscheidenden Einzelheiten. Ottmann kam im Herbst 1990 von Deutschland nach Clearwater und wurde Mitarbeiter der Sea Org Division 2, Abteilung 2, im Department 5, der " Procurement " - Abteilung, der weltweit zuständigen Anwerbe - und Werbeversandbrief - Abteilung für das Flag - Hauptquartier. In Clearwater gibt es innerhalb des Hauptquartiers, das sich in verschiedenen Gebäuden über die ganze Stadt ver-

teilt, nur drei Orte, um die ausschließlich in Flag erhältlichen scientologischen Spitzenkurse zu absolvieren:
1. Das " Coachman Building ", für Abschlüsse bis zu OT 3 und andere Auditierkurse.
2. Das " Fort Harrison Hotel ", für die Topkurse L10, L11 und L12 Rundowns und das Auditing bis zu OT 5 sowie
3. Das " Sandcastle Hotel ", für das Auditing OT 6 und OT 7. Nur die höchste Stufe, OT 8, wird ausschließlich auf dem von der Öffentlichkeit abgeschirmten Kreuzfahrtschiff " Freewinds " angeboten, das in steuerfreien karibischen Gewässern kreuzt. Der OSA - Geheimdienst hat seinen Sitz im " Clearwater Building ", einem ehemaligen Bankgebäude.

Martin Ottmann war die ersten neun Monate, bis zum August 1991, einer von insgesamt sechs " Letter Registrars ", deren Aufgabe es war, durch einen persönlich gehaltenen Werbebrief, so viel wie möglich Scientologen dazu zu bewegen, für Kurse nach Clearwater zu kommen und mit diesen so lange Kontakt zu halten, bis endlich einmal eine positive Antwort zurück kam. Darauf konnte er dann aufbauen. Dafür stand ihnen in Flag, Stand 1991, ein Archiv von 110.000 " C/F (Central Files) Folders " aller, irgendwie mit Adresse erfaßten, aktiven und passiven Scientologen, oder Interessenten zur Verfügung. Spitzenkräfte wie Ottmann schrieben wöchentlich bis zu 500 (!) Briefe. Er war als einziger "Letter Registrar" für alle Mitglieder in den deutschsprachigen Ländern verantwortlich, mit einem Adressenvolumen von insgesamt 30.000 Adressen, vor allem aus Deutschland.

Sein Stellvertreter war in dieser Zeit der 15 Jahre alte "C/F File Clerk" Cyril Helnwein aus Burgbohl, zuständig für das aussortieren, holen, zurückbringen und wieder einsortieren der einzelnen Personal - Akten im Zentrallager von Flag. Auch zwei, in der Öffentlichkeit sehr bekannte Österreicher, bekamen seit Juli 1991 des öfteren von Martin Ottmann Post aus Flag: Gottfried Helnwein und sein bester Freund, der Zirkuschef Bernhard Paul. Martin Ottmann wunderte sich bei genauer Durchsicht der Scientology - Akte " Bernhard Paul ", daß sich auf seinem "Service - Account", in dem alle Einzahlungen und Verrechnungen für erhaltene, oder beabsichtigte Scientology - Kurse in Clearwater verbucht werden, bereits seit 1989 ein gleichbleibendes Guthaben von $ 100.000 für Bernhard Paul gutgeschrieben stand. Die Gelder wurden 1988 und 1989 von Deutschland nach Florida überwiesen und verblieben zumindest bis Juli 1992, Ottmanns Ausscheiden, als Guthaben von Bernhard Paul auf seinem Scientology - Konto in Flag. Ottmann wunderte sich auch, daß Paul ihm nicht ein einziges mal auf seine " freundlichen Schrei-

ben " geantwortet hatte. Als nun Martin Ottmann seinen Aktenboten Cyril Helnwein damit beauftragte, die Akten seines Vaters und seiner Mutter aus dem Archiv zu holen, antwortet ihm Cyril: " Das kannst Du Dir sparen, die beiden anzuschreiben. Ich sehe ich die sowieso des öfteren und kann sie dann für Dich fragen, wann sie wieder einmal nach Flag kommen. " So blieben Ottmann diese Werbeschreiben erspart.
Im Herbst 1991 verließ Cyril Flag und ging für eine mehrmonatige Beförderungsausbildung in das Scientology - Welthauptquartier nach Los Angeles. Er belegte dort in der ITO (Internationale Training Organisation), im gleichen Gebäude, in dem sich auch das OSA International - Geheimdiensthauptquartier, unter der damaligen Leitung des Österreichers und Helnwein - Freundes Kurt Weiland befindet, den FEBC (Flag Executive Briefing Course) - Kurs.
Einige Monate später kam Cyril Anfang 1992 zurück nach Flag und wurde nun, dank seiner " qualifizierteren " Ausbildung einer von Martin Ottmanns verschiedenen Vorgesetzten. Auch Ottmann stieg dank seiner hervorragenden Arbeit weiter im Management auf, allerdings langsamer wie Helnwein. Im September 1991 wurde er "Letter Registrar In Charge", damit Chef aller Werbebriefschreiber und im November sogar " Director Of Procurement ", Abteilungsdirektor aller Mitarbeiter dieses Zweiges. Dies blieb er bis zu seiner Flucht, oder besser gesagt, Nicht - Wiederrückkehr nach Flag, im Juli 1992. Cyril Helnwein agierte in dieser Zeit als " Deputy Supercargo ", auch " Super Cargos OO (Org Officer) genannt. Um den Karrieresprung von Cyril Helnwein zu verdeutlichen: Martin Ottmann war als " Director Of Procurement " seinem Chef von der Division 2 , " Division Head " Matt Pesch, unterstellt. Dieser war dem " Super Cargo ", Tristan Buchanan, dem Direktor der Divisionen 1, 2 und der obersten " Executive Division " 7 untergeben. Sein Stellvertreter, eine Art Sekretär, war im Sommer 1992 Sea Org - Offizier Cyril Helnwein, als Verbindungsoffizier zwischen dem " Super Cargo " und den " Division Heads ". Über dem " Super Cargo " Buchanan stand innerhalb der FSO (Flag Service Org) nur noch Captain FSO Debbie Cook. Sie war und ist bis heute verantwortlich für 550 Mitarbeiter in Flag.
Die Spur von Cyril Helnwein innerhalb der Sea Org, verliert sich Anfang 1993...Martin Ottmann lebt heute glücklich und zufrieden als Student in Stuttgart. Er konnte sich ohne größeren Schaden von Scientology lösen und gilt heute als anerkannter Experte in Fragen zum organisatorischen Aufbau der Scientology - Organisation.

Scientology - Führer David Miscavige persönlich, rekrutiert aus diesem erlauchten Kreis der besten und auf absoluten Gehorsam gedrillten Kinder und Jugendliche, Mitarbeiter, aber auch Nachwuchs für das Top-Management seines alles beherrschenden " Religious Technology Center " (RTC), unter dessen Kontrolle die gesamte Scientology - Organisation steht. Cyril Helnwein ist zu diesem Zeitpunkt, 1992, erst 16 Jahre jung. Dies alles geschieht mit vollster Unterstützung seiner Eltern, die des öfteren ihrem Sohn vor Ort finanziell unter die Arme greifen müssen, da sein Verdienst für seine Arbeit gleich null ist. In den folgenden Jahren 1992 und 1993 schickte man Cyril auf verschiedene Lehr - "Missionen" u.a. auch in das Geheimdienst - Hauptquartier der OSA International nach Hollywood / Los Angeles am Hollywood Boulevard, Haus Nr. 6331, aber auch zum Scientology Deutschland - Hauptquartier nach München, zum deutschen Ableger der OSA International. Während dieser Jahre lernten seine Geschwister Mercedes und Ali noch in England in der exclusiven Greenfield School weitere Einzelheiten der Hubbard - Lerntechniken, die Cyril schon einige Jahre hinter sich hatte.

Nicht nur das. Desöfteren nahm Mutter Renate ihre Tochter Mercedes zwecks Kontaktpflege und Absolvierung weiterer Hubbard - Kursen mit in das " Celebrity Center " nach Düsseldorf, oder nach Los Angeles in das Scientology - " Manor Hotel ".

DAS CLEARWATER - HAUS

Neben ihrem deutschen Hauptwohnsitz " Schloß Burgbrohl ", kaufte sich Familie Helnwein im Mai 1988 von dem Ehepaar Donald und Mary Fayne Bleakley zum Schnäppchenpreis von $ 500.000 in der Scientologen - Welthauptstadt Clearwater in Florida in der Palm Bluff Road, Ecke Osceola Road, eine exclusive Villa mit großem tropischem Garten, einem weiteren, auf dem gleichen Gelände gelegenen kleinen Häuschen, einem eigenem Sport - Boot und sogar einem Bootspier am Golf vom Mexico, incl. eigenem kleinen privaten Sandstrand.

1990 " erwarb ", Helnwein stand im Grundbuch auch weiterhin offiziell als alleiniger Hauseigentümer, der in Bern lebende Schweizer Schriftsteller sowie Helnweins Partner bei einigen seiner spektakulären Kunstaktionen, wie der " Ausstellungsoper " in der Bremer Kunsthalle im Jahre 1987, Tobias Leutenegger mit bürgerlichem Namen, alias Tobias Biancone, ebenso wie Helnwein ein " Operierender Thetan " und damit ein Top - Scientologe, von Helnwein für $ 125.000 das kleine Gästehäuschen im tropischen Garten. Helnwein hatte zuvor auch seinem damali-

Seit 1988 das Haus von Gottfried Helnwein in Clearwater, nur 5 Minuten mit dem Auto entfernt vom Scientology-Hauptquartier „Flag“ (Foto: AR)

gen Berater Peter Reichelt, einer der sehr wenigen “ Nicht - Scientologen “ in Helnweins direkter persönlicher Umgebung, dieses Häuschen “als Superferienhaus in Toplage am Meeresstrand“ zum Kauf angeboten. Reichelt lehnte jedoch, nachdem er das Gelände begutachtet hatte, vor allem wegen der fragwürdigen Umgebung, das Gelände liegt inmitten eines Abbruch - und Renovierungsstadtteiles in Clearwater, dankend ab. In Leuteneggers Auftrag half ihm Renate Helnwein in den folgenden Jahren ab und an, während seiner Abwesenheit, längerfristige Mieter für sein Haus zu finden, die u.a. zwecks Urlaub oder zu Kursen nach Clearwater reisten und daher ein preisgünstiges Domizil zu mieten suchten, da vielen das Scientology - Hotel “ Fort Harrison “ im Flag - Zentrum, für die gebotenen Leistungen, einfach zu teuer war.

Tobias und seine Frau Prisca, sind nicht nur einer der besten Freunde der Helnweins, sondern auch Sammler einiger Helnweinscher Kunstwerke. Leutenegger fragte ab und zu bei Renate und Gottfried an, ob sie ihm nicht “ einen Spezial - Künstler - Freunde - Scientologen - Rabatt “ machen könnten, so geschehen beim Kauf der “ Marlene - Lithographie“.

Renate beklagte sich in einem Brief vom 23.10.1990 auch beim " lieben Tobias " über die momentane schwierige Finanzlage. " ... Wir selbst müssen momentan nur reinscheffeln, da wir selbst im Dezember (1990) nach FLAG wollen....Wir bleiben in Comm. Love Renate ". Kein Wunder, denn die exclusiven FLAG - Kursabschlüsse in Clearwater gelten innerhalb des Scientology - Systems als die teuersten überhaupt.

Nach erfolgreicher Absolvierung meldete man sich auch mal per Fax bei seinen " OT " - Freunden in der Heimat zurück.

Am 30. 1. 1992 traf folgendes Fax von Tobias Leutenegger aus Bern, bei Helnweins in Burgbrohl ein : " Back from the Freewinds .....

Liebe Renate, lieber Gottfried - Hatte eben eine Superwoche auf dem Schiff (Clear Switzerland Congress) und habe den " Ability OT - Hatting " - Kurs gemacht (Daten über wie man eine dritte Dyn. kreiert und am laufen hält). Empfehlenswert ! Sehr !......

Alles Gute und viel ARC - Tobias ".

Auch unter Spitzen - Scientologen ist es anscheinend durchaus üblich, sich gegenseitig gewinnbringende " Kurse " auf dem " Super " - Schiff " Freewinds " zu empfehlen, in gleichem Maße wie sich "normale" Leute gute Kinofilme weiterempfehlen. Immerhin wird durch dieses Schreiben mehr als deutlich, daß auch Gottfried Helnwein über die Spitzenkurse auf dem, für Normalsterbliche ein absolutes " off - limit " - Territorium, Scientology - Geheimdienstschiff " Freewinds " bestens informiert zu sein scheint. Auch sehr gute persönliche Beziehungen innerhalb der Personalstruktur im FLAG - Hubbard - Hauptquartier in Clearwater, das im ehemaligen " Fort Harrison Hotel " untergebracht ist, werden dem Ehepaar Helnwein von ihrem Schweizer Freund Tobias Leutenegger ohne weiteres unterstellt. Im August 1992 trifft ein weiteres Fax von Tobias im Helnwein - Büro ein, mit seiner an Renate gerichteten Bitte um Vermittlung eines Scientology - Führers, der einem befreundeten Ehepaar das Hauptquartier der Scientologen zeigen könnte.

Leutenegger: " ... Kennst Du einen Terminal in FLAG (Public oder Sea Org - Member), welches Rene Juan und seiner Frau FLAG zeigen könnte ? .... "

Das sich auch Gottfried Helnwein bestens in FLAG auskennt, geht nicht nur aus den Angaben der österreichischen Scientology - Dissidentin Heidrun Beer hervor, die sie am 17.10.1996 im Internet veröffentlicht hat. Beer schreibt : " 1993 war ich zu einer kurzen Aktion auf FLAG. Auf dem Weg in die Sitzung erzählte mir die Auditorin, Helnwein besitze in Clearwater ein Haus und halte sich zur Zeit in Clearwater auf. Ich habe ihn später kurz durch den Hof des Fort Harrison gehen gesehen.

Tobias Leutenegger

30.1.92

Back from the freewinds ...

Liebe Renate, liebes Gottfried

Hatte eben eine Superwoche auf
dem Schiff (Clear Switzerland
Congress) und habe den Ability Congress
OT-Hatting-Kurs gemacht. (Daten
über wie man eine dritte Dyn.
kreiert und am laufen hält).
Empfehlenswert! sehr!

Renate. Kannst Du uns die
Fotos senden, vom Haus. + Doku-
mente für die Doku-mappe.
Gottfried. Ich rufe morgen im
Tavel an (Kunstmuseum), mal
sehen.

Alles Gute + viel

[illegible]

Depotstrasse 24, CH-3012 Bern, Tel. 031 24 32 84, Fax 031 23 71 17

Erfolgsmeldung von Scientologe zu Scientologe
Man beachte das ARC-Dreieck!

Aus welchem Anlaß er dort war, ist mir nicht bekannt. " Auch in den vielen Jahren zuvor hatte Helnwein, zusammen mit seiner Frau, eine vielzahl Kurse in FLAG besucht, wie aus den Kursabschlußlisten der diversen scientologischen Mitgliederzeitschriften eindeutig hervorgeht.

Da Tobias Leutenegger nicht länger für den Unterhalt seines Grundbesitzes in Clearwater aufkommen wollte (oder konnte ?), verkaufte er sein Häuschen mit Grundstück im August 1996 wieder an seinen früheren Besitzer Gottfried Helnwein. Helnwein zahlte ihm für seinen Anteil nur noch SFR 200.000.

" Zufälligerweise " wohnen die Helnweins nun samt Kindermädchen und Haushälterin nur 3000 Meter vom " Scientology - Mecca " FLAG entfernt, indem nicht nur ihr Sohn Cyril unter härtesten Bedingungen zum " Leitenden Führungsmitarbeiter " ausgebildet wird, sondern auch die Eltern sowie Tochter Mercedes immer wieder, von den bösen deutschen " Sektenjägern " abgeschirmt, extensiv über viele Wochen, höchste Scientology - " Studien " betrieben haben.

GREENFIELD SCHOOL II

Zeitsprung in den Sommer 1993, zum 2. Teil des " Arbeitnehmer " - Interviews mit Helnwein, in dem er sich weiter freimütig über die wunderbaren Vorzüge der englischen Greenfield - Schule, in der ausschließlich Hubbard - Ideologien gedrillt werden, äußert:

Helnwein: " Diese Alternativschule ist eine Schule, wo es keine Benotung gibt, da gibt es kein gut und schlecht. Es gibt einen Lehrstoff, der sehr umfangreich ist, wo interessante und wichtige Sachen drin sind, und jedes Kind studiert in seinem Tempo. Wenn es lang braucht, braucht es lang, wenn es unterbrechen will, unterbricht es. Die sind so begeistert von der Schule, meine Kinder verbinden mit Schule nur Spaß. Sie finden, das gehört zum tollsten, was es gibt. Die haben alle Instrumente, die können sie lernen, sie spielen Theater, machen Kostüme, machen die Kulissen selber, verkaufen Eintrittskarten, machen Plakate, also es ist eine tolle Schule. Mein Schulsystem würde so ausschauen: Nicht daß ich sage, das ist der Lehrstoff, das müßt ihr jetzt lernen. Warum ist es so, daß Kinder nicht in die Schule wollen, das mit Ekel verbinden: Weil ihnen aufgezwungen wird, etwas zu lernen, was sie nicht interessiert. Das interessante aber ist: Jedes Kind ist irrsinnig interessiert von Anfang an und hat tausend Fragen. Man muß nur ein kleines Kind anschauen, das fragt ununterbrochen. Man müßte die als Erwachsener einfach beantworten, nicht sagen sei ruhig und dann ihnen etwas anderes beibringen, wonach sie nicht gefragt haben. Natürlich sind sie dann desinteressiert und werden apathisch. Jeder Mensch hat Millionen Fragen, und nur ein wirklich krankes, schlechtes, falsches System kann dazu führen, daß Leuten schlecht wird, daß Schüler Selbstmorde begehen, wegen einer Note zum Beispiel und das Leute nervöse Krankheiten bekommen wegen einer schwachsinnigen Prüfung. Nur weil das System falsch ist. An den Kindern ist nichts falsch, alle Kinder haben so viele Fragen, daß die Erwachsenen gar nicht nachkommen können mit beantworten. Würde man ein System einrichten, das einfach die Fragen beantwortet, hätte man Kinder, die im Leben besser Leben würden..."

Helnwein vertritt in seinen Antworten vom Sommer 1993, mehr als offensichtlich, genau die Thesen, die L. Ron Hubbard in seiner " Hubbard Studiertechnologie " in den 50 er Jahren aufgestellt hat und nach denen ausschließlich, nicht nur in der " Greenfield School " in England, sondern zum Beispiel auch an der Realschule Adliswil in der Schweiz sowie seit 1973 an der amerikanischen " Delphian School " in Sheridan / Oregon gelernt wird.

In der Ausgabe 29 des Jahres 1980 der Zeitschrift " Theta ", herausgegeben von der Scientology Mission " Dianetic Stuttgart e.V. " werden in einem ausführlichen Artikel, die " Delphi/ Greenfield " - Schulen als Schulbetrieb der Zukunft gepriesen. " Delphi " und " Greenfield " sind die ersten " staatlich voll anerkannten Schulen in der ausschließlich mit der Studiertechnologie von L.Ron Hubbard studiert wird. Die daraus resultierenden Erfolge sind so phänomenal, daß die Schule immer häufiger in den Schlagzeilen der Presse erscheint. Auf einem Gebiet von rund 800 ha Land, im US - Staat Oregon, begann im Jahre 1973 die Arbeit von Delphi. Der damalige Präsident der Schule, Martin Samuels, faßte die Grundidee wie folgt zusammen: " Fundamental ist die Anwendung der grundlegenden Prinzipien der Philosophie von Hubbard; zum Beispiel, daß der Mensch im Grunde gut ist, daß er zu überleben wünscht und daß er Ursache über sein Überleben sein kann.

Das Ausbildungsprogramm beginnt mit der Vorschule..Noch in diesem Jahr werden mehr als 200 voll eingeschriebene Schüler erwartet..Die Schüler lernen gründlicher mit ihrer Umgebung umzugehen, im Gegensatz zu der Idee " sich anzupassen ". Das akademische Programm der Schule ist in Stufen aufgebaut und verlangt den Nachweis über die praktische Fähigkeit von dem, was gelernt wurde. Beispielsweise werden auf Stufe Eins folgende Fähigkeiten gefordert (im Alter von 12 Jahren): Der Schüler ist in der Lage, Verantwortung in Bezug auf Alkohol, Tabak und andere Drogen zu übernehmen, kann mit der Hand nähen, kennt die grundlegenden Haushalts- und Sicherheitsregeln und kann sie anwenden, kann sein Verstehen über Geld demonstrieren, kennt sich in Werten und Gegenwerten aus, kann gut kommunizieren, kann Landkarten lesen und zeichnen, kennt die wichtigsten Menschen der Gegenwart und kann erzählen, was der Einzelne macht, kennt die Grundlagen von Wirtschaft und Verkehr, kennt die Energieströme von Systemen wie Sonne, Bäume, Wasserboiler, geheizter Raum, kann einen elektrischen Kreislauf demonstrieren, kann einfache Melodien auf einem Instrument spielen, kann attraktive Designs entwerfen und vieles mehr. Die Tatsache, daß ein Kind mit 12 Jahren, sich bereits in Hydraulik, Logik und dem Islam auskennt, hat nichts mit sogenannten Wunderkindern zu tun. Der Grund ist allein in der überlegenen Studiertechnik zu suchen. Und obwohl die Schule eine familienähnliche Umgebung bereitstellt, trachtet sie in keiner Weise danach, die Rolle der Eltern zu unterlaufen; im Gegenteil, die Schule fordert von den Eltern, daß sie ihre Erziehungsarbeit aufrechterhalten."

FREUNDE IM HAUS

Auffälligerweise besuchten nicht nur einige Helnwein - Familienmitglieder seit 1988 vermehrt Kurse, entweder im nahegelegenen Fort Harrison- " FLAG - Zentrum ", oder auf dem frisch renovierten " OT VIII " - Ausbildungsschiff " Freewinds ", daß erst am 6. Juni 1988 seine Jungfernfahrt vor Florida begann, desweiteren in dem am 6. Mai 1991 neu eröffneten " Sandcastle Technical Delivery " - Gebäude, ebenfalls in Clearwater.

In den folgenden Jahren überließen die Helnweins auch ihr Haus einigen Geschäftsfreunden zu " Urlaubszwecken " in Clearwater, immer dann, wenn man selber gerade wiedermal in Deutschland oder auch in Los Angeles weilte. So ist seit 1988, der nicht nur wegen der hervorragenden tausendfachen Scientologen - Präsenz heruntergekommene Ort Clearwater, nicht nur wegen " FLAG ", für die Helnweins und ihre vielen Freunde aus aller Welt, ein bevorzugter Wohn - und Aufenthaltsort, obwohl es bis zum goldenen Meerestrand am Golf von Mexico einer weiteren 10 minütigen Autofahrt bedarf.

Familie Helnwein stellte mehr als einmal ihr Florida - Refugium " am Meer " wohlverdienten Freundinnen und Freunden wochenweise für einen, zum Teil kostenlosen, Urlaubsaufenthalt zur Verfügung. Kleine Geschenke erhalten die Freundschaft, wie schon ein altes deutsches Sprichwort besagt. Exemplarisch dafür nur zwei Fälle:

FALL 1: DR. REINHOLD MISSELBECK - KURATOR FÜR PHOTOGRAPHIE AM MUSEUM LUDWIG IN KÖLN

Seit der Helnwein - Aktion " Neunter November Nacht " - eine Bilderstraße vor dem Museum Ludwig zum 50. Jahrestag der Reichskristallnacht - im Herbst 1988, ist Misselbeck Intimus von Gottfried Helnwein und von Beruf Kunsthistoriker und vor allem Kurator für Photographie und damit verantwortlich für Ausstellungsorganisation im renommierten Museum Ludwig in Köln. Im Nebenberuf ist er Autor eines Einführungstextes in dem 1992 erschienenen Kunstphotoband " Faces " des Schweizer Verlages Edition Stemmle, mit schwarz/weiß Photographien ausschließlich von Gottfried Helnwein.

Mißelbeck: " ...Angesichts der Portraits von Gottfried Helnwein erleben wir wieder den Schock des Neuartigen, einer bisher noch nicht dagewesenen Sicht auf das Gegenüber. Ich habe zahlreiche Menschen beobachtet, die erstmals mit diesen Portraits konfrontiert wurden, und immer wieder Überraschung, intensives Empfinden und Faszination beobachtet..."

27. Mai 1995 - Der sog. " Helnwein - Skandal " in und um das Landesmuseum in Mainz nähert sich langsam dem Siedepunkt. Ein erregter Leserbriefschreiber wendet sich erbost an die Redaktion der " Mainzer Rhein Zeitung ": " Betr. Ausstellung Carl Barks - Kampagne gegen Gottfried Helnwein ". Mit Erstaunen habe ich von der neuen öffentlichen Diskussion über die Scientology - Sekte anläßlich der Barks - Ausstellung gelesen. Da wird der Ministerin Rose Götte vorgeworfen, sie unterstütze mit dieser Ausstellung eben diese Sekte...Mir ist das Werk von Helnwein seit vielen Jahren bestens vertraut und ich kann auch in seiner eigenen Kunst keine Propaganda für Ziele von Scientology entdecken. Es ist engagierte Kunst, richtet sich gegen Ausländerhaß, Krieg und Mißachtung der Menschenrechte...Dabei geht es hier nicht einmal um eine Person, die für Scientology wirbt. Die Diskussion entsteht, weil diejenigen, die angeblich dagegen kämpfen, das Thema immer wieder ins Spiel bringen. Ohne das Geschrei des Katholikenrats und der CDU wäre die Ausstellung Carl Barks eben nur eine Ausstellung über Donald Duck aus der Sammlung Helnwein. Sie selbst haben den Zusammenhang hergestellt und gleichzeitig dagegen protestiert. Das ist die Kunst der Demagogie. Gezeichnet: Dr. Reinhold Mißelbeck - Kunsthistoriker."

Mai 1993 - " Kölner Kunstgespräch " im Museum Ludwig - Unter der Leitung von Kurator Mißelbeck, treffen sich u.a. auch Künstlerfreund Gottfried Helnwein, mit ihm im Schlepptau das befreundete hochrangige Scientologenehepaar Veronika und Kurt Fliegerbauer und andere deutsche Scientologen....

Einen alten Freund vergißt man nicht, vor allem sollte man sich ihn warm halten. Gesagt, getan. Dr. Mißelbeck, samt Ehefrau, statten auf Einladung der Familie Helnwein Ende März 1994, " Hubbard - City " einen einwöchigen Besuch ab. Aufenthaltsort: Das Helnwein - Häuschen in Clearwater.

Das solche Nettigkeiten durchaus ihre Wirkung nicht verfehlen, wird einem nicht nur durch naive " Leserbriefaktionen " klar. Stichwort "Museum Ludwig" in St. Petersburg. Erst kürzlich fand dort eine größere Helnwein - Ausstellung statt. Zufall ? Wir warten gespannt auf die erste Helnwein - Photoausstellung im Kölner Museum Ludwig...

FALL 2 : DR. THOMAS WERNER - 1 9 8 9 DIREKTOR DES BUNDESPOSTMUSEUMS IN FRANKFURT / M.

Ausgeübter Beruf als er 1989 Helnwein kennenlernte: Direktor des deutschen Postmuseums in Frankfurt/M., verantwortlich u.a. für Kunstankäufe. Im Frühsommer des gleichen Jahres erwarb Dr. Werner für das Postmuseum mit Steuermitteln ein Helnwein - Original im Wert von über DM 80.000 . Dr. Werner besuchte am 8. März 1989 Helnwein auf dessen Schloß in Burgbrohl und suchte sich auch ein Bild aus, das Motiv " Marilyn und Kennedy ".

Mitte Juli 1991 meldete sich in Helnweins Villa in Clearwater / Florida ein avisierter Gast: Dr. Thomas Werner. Er blieb dort auf Einladung von Gottfried Helnwein für drei Wochen, währenddessen Helnwein in Burgbrohl verweilte. Welch ein sonniger Zufall.

Am 1.7.1993 gab Dr. Werner seinen Posten als Direktor in Frankfurt/M. auf und wurde neuer Direktor des Technischen Museums in Wien, Helnweins Geburtsstadt. Ob auch dort bereits durch ihn bei Helnwein Ankäufe getätigt wurden, ist bis heute noch nicht bekannt geworden....Eine Hand wäscht die andere.

Dr. Mißelbeck, wie auch Dr. Werner, profitierten beide von dem glücklichen Umstand, daß sich die Familie Helnwein nur recht selten für längere Zeit in Florida aufhält und ihr Haus in der übrigen Zeit dann sowieso leer gestanden hätte.

G O T T F R I E D H E L N W E I N

An Herrn
Dr. Thomas Werner
Postdirektor
im Bundesministerium für das
Post und Fernmeldewesen
Bundespostmuseum
Stephanstr. 3
Postfach 70 04 20
D - 6 000 Frankfurt 70

Burgbrohl, 8.3.89

Sehr geehrter Herr Dr. Werner,
Anbei das Angebot der Bilder meines Mannes, wie versprochen:

Angebot

Ein Diptychon 1mtr. x 3.15 mtr. "Ohne Titel" (Marilyn/Kennedy)
Öl und Acryl auf Leinwand, 1989
wie am 8.3.89 von Ihnen besichtigt zum Preise von DM 80 000.- zuzüglich 7%MWST.

In Erwartung Ihrer Antwort,

mit freundlichen Grüßen

Renate Helnwein

DER HELNWEIN " CELEBRITY CENTER BURGBROHL " - 1985

Januar 1986 . Sensationelle Meldung auf Seite 14 im amerikanischen Magazin " CELEBRITY " der Scientology Organisation CCI (Celebrity Center International) mit Sitz in Los Angeles:

" EIFEL, DEUTSCHLAND: Unter der Leitung des Künstlers Gottfried Helnwein, dessen Portraits von J.F.K. bis zu E.T. von den Titelblättern solcher Magazine wie " Time " und " Rolling Stone " weltbekannt sind, wird derzeit in einem luxuriösen alten Schloß, dieser neue " Celebrity Center " aufgebaut ! "

Dank dieser offiziellen Verlautbarung der Scientology - Organisation wissen wir nun, daß Gottfried Helnwein 1984, im Auftrag des Hauptquartiers in Los Angeles, ohne deren Zustimmung innerhalb von Scientology überhaupt nicht läuft, durch die für ihn zuständige Organisation in Österreich, nachdem er in dieser über 10 Jahre, seit 1972, erfolgreich als führender Scientology - Manager tätig gewesen ist, nach Deutschland geschickt wurde, um nun auch hier, als " geheim " operierender Führungsscientologe, für frischen Wind zu sorgen. Nur sollte sich sein Zielobjekt " Clear Deutschland " als viel widerstandsfähiger und kritischer gegenüber den Hubbardschen Lehren, im Vergleich zu seinem Heimatland, erweisen.

Wie lief nun diese, nicht nur vom Hauptquartier in Hemet bei Los Angeles erhoffte " Expansion ", dank Helnwein, im Einzelnen ab? Die "Burg" in Burgbrohl mietete, offiziell von April 1985 an, bis 1987 Helnweins enger Freund und Assistent aus " alten " Wiener Tagen, der Maler Rudi Kruspel, der mit ihm zur gleichen Zeit von Wien nach Burg Brohl umzog. Auch Kruspel war zu diesem Zeitpunkt ein engagierter Scientologe und ebenso wie er desöfteren zu Kursbesuchen in Floridas Scientologen - Mecca Clearwater. In der " Burg " befindet sich seit 1984 bis heute neben dem Eingangsportal, der einzige Zugang zu des Künstlers Schloß und Park, Gottfried Helnweins Sekretariat und ein Bürozimmer für seine Managerin, der Ehefrau Renate, die Räumlichkeiten mit feinsten Parkettböden ausgestattet.

Nur ein paar Meter weiter, begannen im gleichen Haus bereits im Sommer 1985, " unter der Oberaufsicht von Gottfried Helnwein ", so wörtlich Scientology - Aussteiger Norbert Potthoff in einer schriftlichen Erklärung vom 16. 5.1995, die ersten regelmäßigen Treffen der Mitarbeiter und Absolventen des Scientology - " Celebrity Centers Düsseldorf " im neuen " Helnwein City Office Burgbrohl ", das organisatorisch dem CC Düsseldorf unterstellt wurde. Ein Raum wurde von den Hubbard - Anhängern, Studenten genannt, für scientologische Kurse und zum Studium von Hubbards Techniken " genutzt, ein anderes Zimmer für das " Auditing " mit dem Gebrauch des E- Meter Gerätes, einem einfachen Lügendetektor.

In den folgenden Jahren fuhren immer wieder Scientology - Mitarbeiter und " Studenten " der " Celebrity Center " - Akademie Düsseldorf, zum Teil mehrmals in der Woche, jeweils über 120 KM auf die "Burg" zu Helnwein, um dort intensiv und abgeschirmt, in exklusiver Umgebung, " Scientology " zu studieren. Es wurde in diesen Räumen intensiv " trainiert " und " auditiert ".

Up And Coming: Eifel, Germany: spearheaded by artist **Gottfried Helnwein**, whose portraits of everyone from J.F.K. to E.T. have adorned issues of *Time*, *Rolling Stone*, *Omni* and other international magazines, this new CC is forming up in a luxurious old castle!

Die Ankündigung: Das neue „Helnwein-Celebrity Center“ in Burgbrohl (aus: Scientology-Mitgliedermagazin „Celebrity“, Januar 1986, CSI CC INT)

Dies bestätigte auch Adelheid Rech - Gesche in ihrer eidesstattlichen Versicherung vom 15. 5.1992. Darin erklärt sie weiter:

“ Herr Rudolf Kruspel stellte in der Burg einen kleinen Raum für Kurse zur Verfügung. 1987 stellten wir die Kurse wieder ein, da es uns an dem nötigen Personal mangelte, sie weiterzuführen...Die Kurse fanden auf Veranlassung von Herrn Kruspel in Burgbrohl statt; er wollte sich und anderen Interessenten den Weg nach Düsseldorf ersparen. In den Jahren 1986 / 87 fuhren deshalb Mitarbeiter des Celebrity Centers Düsseldorf, in einer Art “ Hausbesuch “ auf die Burg von Kruspel...”

Bis auf die richtige Schreibweise der Namen, ist inhaltlich beinahe alles falsch und entspricht nicht den Tatsachen. Doch dazu später mehr.

Für mehrere Jahre, zwischen 1985 und 1987, nahmen mindestens 20 Kursteilnehmer - und - innen, u.a. auch Renate Helnwein, an den Kursen teil. Damalige Direktorin des “ Celebrity Centers “ in Düsseldorf ist seit 1985 die erfolgreiche Unternehmerin Adelheid Rech-Gesche. Sie ist seit dieser Zeit eine der engsten Freunde der Familie Helnwein und eine der wichtigsten und einflußreichsten Top - Scientologen in Deutschland überhaupt. Fatalerweise, aus Sicht von Gottfried Helnwein, wird sie dadurch zu einer weiteren Kronzeugin dafür, daß Helnwein seit vielen Jahren ein 100 % er Scientologe ist.

An Eides Statt versichert sie am 15.5.1992 schriftlich vor der 1. Zivilkammer des Landgericht Koblenz, in der Hoffnung, ihm mit dieser gemilderten Definierung irgendwie zu helfen " Helnwein ist .. wie jede Person, die unsere (Scientology -) Kurse besuchen möchte, passives Mitglied " .

Hier " irrt " Frau Rech - Gesche mit bester Absicht, denn Kursteilnehmer sind a k t i v e Mitglieder ! Im übrigen ist dies nur eine Wortspielerei, denn Mitglied ist Mitglied, ob passiv oder aktiv, besonders in der internen scientologischen Mitgliedereinstufung, bei der selbst Kursteilnehmer, die vor mehr als 20 (!) Jahren einmal einen Scientology - Kurs belegten, auch heute noch als Mitglieder in ihrer Kartei geführt werden. Daher die Anzahl von angeblich weltweit 10 Millionen " Mitglieder ".

Auch nach der angeblichen, für das Landgericht frei erfundenen "offiziellen" Schließung des " City Office Burgbrohl " - Scientology - Zentrums Ende 1987, lief der Betrieb des Helnwein - "Celebrity Centers" auf Burgbrohl unvermindert weiter. Auch die Besuche von Adelheid Rech - Gesche und ihren " Gästen ", nicht nur aus Anlaß von diversen Sommerfesten im Garten vor dem Helnwein - Atelier auf dem Schloßgelände, ging auch in den 90er Jahren munter weiter.
In ihrer EV vom 15.5.1992 nimmt sie auch dazu Stellung:

" ...Das auf dem Helnwein - Sommerfest 1986 einige Scientologen anwesend waren, ist damit zu erklären, daß ich diese einfach mitbrachte. Der Grund meines Besuches zusammen mit meinen Freunden und Mitarbeitern, ist ausschließlich mit dem Interesse an der Kunst und persönlicher Neugier zu erklären."

Ganz anders sieht es der ehemalige hochrangige Scientology - Mitarbeiter der Düsseldorfer Organisation unter der Führung von Adelheid Rech - Gesche, Norbert Potthoff.

NORBERT POTTHOFF - 1995

Am 16.5.1995 schildert Potthoff in einer detaillierten schriftlichen Erklärung wie es tatsächlich war:

" In Burgbrohl, wo Helnwein und seine Frau wohnten, wurde durch Frau Helnwein ein sogenanntes Cityoffice eingerichtet, damit die scientologischen Künstler (Rudi Kruspel, Peter Schmitz und Martina Kudlacek), die auf der Burg Brohl, in der sogenannten Vorburg, lebten, nicht den weiten Weg nach Düsseldorf ins dortige Celebrity - Center machen mußten. Quasi war dies eine Außenstelle von Düsseldorf unter dem Motto " guter Service direkt vor Ort ".

Mindestens dreimal in der Woche fuhren Auditoren und Kursleiter von Düsseldorf nach Burgbrohl. Darunter war auch meine damalige Frau. In Burgbrohl wurde Unterricht gegeben, scientologisches Training.

Frau Helnwein hat das ganze initiiert, in Kontakt mit Frau Resch - Gesche vom Zentrum in Düsseldorf. Für alle Beteiligten war klar, daß dies praktisch unter der Oberaufsicht (!) von Gottfried Helnwein stattfand. Er hat bei Veranstaltungen im Celebrity - Center Düsseldorf auch Grußadressen von seiner Frau verlesen lassen.

Auf Betreiben von Frau Resch - Gesche fand im Sommer 1986 auf der Burg ein Sommerfest statt. Dort habe ich Gottfried Helnwein kennengelernt. Diese scientologischen Feste dienten immer der Verbreitungsstrategie, man trifft neue Leute, man kann sie ansprechen und die Sommerfete wurde dann von Gottfried Helnwein und den anderen Malern durchgeführt. Auf der Einladungsliste war alles zu finden, was bei Scientology in Deutschland Rang und Namen hat. Auch das sogenannte scientologische Fernsehen war da und hat die ganze Promotion veranstaltet, für Scientology intensiv gefilmt...

Ich bezeichne ihn auch in meinen Veranstaltungen immer wieder als Scientologen, weil ich das weiß. Und weil Helnwein dies auch weiß, hat er dies in keinster Weise bisher beanstandet. Ich habe auch in verschiedenen Publikationen formuliert, daß er Scientologe ist. Dem ist auch nicht widersprochen worden."

In einer weiteren schriftlichen Äußerung, diesmal in Form einer eidesstattlichen Versicherung zur Vorlage bei Gericht, vom 5. Februar 1992 beschreibt er Gottfried Helnwein mit seiner genauen Kenntnis der tatsächlichen Begebenheiten, als die " graue Eminenz " im scientologischen Hintergrund. Er schildert ausführlich, daß seit 1985 in Burgbrohl ein neues Scientology - Zentrum entstand. Konzeptionell recht ähnlich dem Wiener " Zentrum für Kunst und Kommunikation " (ZKK) , das Helnwein bereits Mitte der 70er Jahre ins Leben rief und als "Obermanager" führte. Man kann das Wiener ZKK, das " ZKK 1 ", als eines der ersten "Scientology - Celebrity Center" weltweit, unter der Leitung von Gottfried Helnwein, bezeichnen. Dieses neue, Potthoff nennt es ein "Scientology - City Office Burgbrohl ", sieht er als ein weiterentwickeltes "ZKK 2", unter dem Management seiner Frau Renate und der " Oberaufsicht " von " Guru " Gottfried Helnwein:

Norbert Potthoff: " Von 1981 bis 1987 war ich Angehöriger der Scientology Church. Im September 1984 schloß ich in der Scientology Church Düsseldorf (eröffnet am 1. März 1984), einer sog. Klasse IV Organisation, einen 5 - Jahresvertrag als hauptamtlicher Mitarbeiter.

Zuerst war ich Direktor für Öffentlichkeit, mit den Bereichen Buchverkauf, Testcenter, Einführungskurse, Public Relation/ Presse und Feldkontrolle. Gleichzeitig war ich zuständig für die Entwicklung von Werbung/ Promotion und des Org - Magazins " Kompetenz ", für das ich das Design und Layout entwickelte. Der Einzugsbereich der Org war fließend; nach Süden bis zum Einflußbereich der Münchner Org, nach Osten bis zu dem der Berliner und nach Norden bis zu dem der Hamburger Org. Der Südwesten und die Eifel gehörten zum Bereich der Düsseldorfer Org.

Im Frühjahr 1985 zog der Maler Gottfried Helnwein mit seinem "Clan" (von Wien) in die Eifel und gehörte damit als prominenter Scientologe zur Düsseldorfer Org. Im Sommer 1985 jedoch wurde eine zweite Org in Düsseldorf gegründet, ein sog. Celebrity Center, eine Scientology Org für Prominente. Die Leiterin, Frau Adelheid Rech-Gesche, selbst aus der Eifel, die Helnwein bereits aus der Scientology Zentrale in Clearwater/ Florida bestens kannte, holte daraufhin den gesamten Helnwein - Clan auf ihre " Linien ". In Florida lernte Helnwein auch den Düsseldorfer Immobilienmakler Klaus Kempe kennen, der dann für Helnwein den Umzug auf die Burg in die Eifel als Makler organisierte. Seine Frau, Marieta Kempe, kaufte einige Bilder von Helnwein. Diese Information habe ich deshalb, weil ich zu jener Zeit Werbung und Public Relations für die Fa. Kempe machte. Da ich selbst im August 1985 meinen Arbeitsvertrag auflöste, hatte ich mit dieser Entwicklung nichts mehr zu tun. Aber durch meine damalige Frau Margit Potthoff, ebenfalls Scientologin seit 1981, die im Celebrity Center Düsseldorf als " Auditorin " arbeitete, blieb ich über die Helnwein Entwicklung auf dem Laufenden.

Die Burg, auf der Helnwein in Burgbrohl lebte, wurde zur Filiale des Celebrity Scientology Centers in Düsseldorf. Man richtete dort einen Kursraum und einen Auditingraum ein und fuhr zwei bis dreimal pro Woche mit einem Team von Düsseldorf nach Burgbrohl. Diese Räume habe ich am 27. Juli 1986 selbst in Augenschein genommen. Die Räume befanden sich in der Vorburg, dort wo auch die Maler Rudi Kruspel, Peter Schmitz und Martina Kudlacek ihre Ateliers hatten. Die Auditoren Margit Potthoff und Horst Karsch leiteten die Kurse und gaben Auditing. Adelheid Rech - Gesche fuhr ebenfalls mit, wenn es galt, Gespräche mit Prominenten aus der Gegend zu führen.

Gottfried Helnwein war zu diesem Zeitpunkt bereits seit einigen Jahren ein sogenannter " prominenter Scientologe " und wurde in einem Atemzug mit Julia Migenes, John Travolta, Chick Corea und Priscilla Presley genannt.

*„OT 8"-Scientologen unter sich in der Karibik auf dem Schiff „Freewinds"
Rechts außen: Adelheid Rech-Gesche, daneben Klaus Kempe, beide aus Düsseldorf
(aus: „Freewinds" 1989, FSSO)*

Das Ziel des Celebrity Centers Düsseldorf (eröffnet nach eigenen Angaben am 27. Juni 1985) war es nun, Helnweins Popularität für die Zwecke von Scientology intensiv zu nutzen. Deshalb wurden auf der Burg nicht nur die Mitglieder des Clans trainiert und auditiert, sondern auch Prominente aus der Umgebung. Eine davon war z.B. die Ärztin Bardenheuer. Ich erwähne gerade diese, weil ich sie persönlich auf der Burg kennengelernt hatte und damals ein längeres Gespräch mit ihr führte. Meine damalige Frau war ihre Auditorin und sie hat mir sehr viel über die Auditingsitzungen mit dieser Ärztin erzählt. Im übrigen ist diese Frau auch heute noch eine prominente Scientologin, die entsprechend dem scientologischen System - wie dies bei Helnwein und anderen stattfindet - ihre berufliche Autorität nutzt, um Menschen zu Scientology zu bringen. Ich hörte über meine Frau auch von anderen, kann sie aber namentlich nicht mehr nennen.

The Auditor 221 - 1987
Releases und Abschlüsse

Celebrity Centre Düsseldorf

Helgo Meurin: STUH • Martina Kudlacek: GRD 0 • Carmen Jordan: PURIF • Margrit Potthof: PTS/SP

OBJ: Objective Prozesse
ARC S/W: ARK-Gerader Draht-Auditing
M1 WC: Methode-Eins-Wortklären
NED: Dianetik* der neuen Ära
BSM: Studierleitfaden
HAECC: Wie man effektive Kommunikation erreicht-Kurs
ITSE: Einführung in die *Scientology*-Kurs
HQS: *Hubbard* Qualifizierter Scientologe-Kurs
PRO TRS: Professioneller TR-Kurs
EM CRS: E-Meter-Kurs
INT R/D: Interiorisations-Rundown
E OF E INT R/D: Ende des endlosen Interiorisaions-Rundown
FPRD: Rundown für falsche Zielsetzungen
  BF: Grundform
  2DF: 2. Dynamik-Form
  FIN: Finanz-Form
FH: Full Hat
MH: Mini Hat
PGM: Program
SS: Staff Status

Martina Kudlacek, die Schülerin von Gottfried Helnwein, 1987 auf Ausbildungskurs im „Celebrity Center Düsseldorf/City Office Burbrohl" (aus: „Auditor" 221, 1987)

Gottfried Helnwein
lädt ein zum
Sommerfest im Park
mit Ausstellungen in den Ateliers
von
Gottfried Helnwein, Rudi Kruspel,
Peter Schmitz und Martina Kudlaček
Samstag, 12. Juli 1986, ab 16.00 Uhr
5475 Burgbrohl, Auf der Burg 1

Tel. 02636/1481

um Antwort wird gebeten

...auf Kundenfang...

Eine andere Nutzung waren Veranstaltungen von und mit Gottfried Helnwein. Eine dieser Veranstaltungen war das Sommerfest am 12. Juli 1986 auf der Burg in Burgbrohl. An diesem Tag waren allein an die 80 prominente und langjährige Scientologen aus der ganzen Republik anwesend, wie zum Beispiel der Münchner Maler und Designer Waki Zöllner oder der Starimmobilienhändler Klaus Kempe aus Düsseldorf. Mit der Hamburger Prominenz war auch das Scientology - Filmteam unter der Leitung des Scientologen Althoff angereist. Man filmte dieses PR-Spektakel ausgiebig, wobei auch viele Interviews mit Scientologen und neugierigen Besuchern gedreht wurden. Ich selbst machte Fotos für das Celebrity Center. Einige dieser Fotos befinden sich noch in meinem Besitz. Nicht - Scientologen waren in großer Anzahl angereist, um Helnwein aus nächster Nähe erleben zu können. Der hielt sich jedoch geschickt im Hintergrund, statt dessen wurden die Neugierigen von den

CELEBRITY CENTER
DÜSSELDORF

Düsseldorf, 06.07.86

<u>Sommerfest im Park</u>

Heute möchten wir Sie an die Einladung zum

Sommerfest im Park

errinnern!

Es ist eine einmalige Gelegenheit, die Bilder des bekannten Malers Gottfried Helnwein zu sehen.

Rufen Sie uns bitte an, mit wieviel Personen Sie kommen wollen!

Das Fest findet am 12. 07.86 ab 16^{00} Uhr statt.

Ihr

Celebrity Center

CELEBRITY CENTER DÜSSELDORF
Königsallee 61 · 4000 Düsseldorf · Telefon 02 11/37 08 18

Organisation der Scientology Kirche · SCIENTOLOGY: eine angewandte religiöse Philosophie und Technologie, die Probleme des Geistes, des Lebens und des Denkens löst.

„Sommerfest im Park" von Gottfried Helnwein am 12. Juli 1986
Auch Scientology lädt zum Ausflug in das Helnwein-"City Office Burgbrohl"

Scientologen in Gespräche verwickelt. Ich selbst sah an diesem Samstag meine eigene Frau kaum noch, weil sie laufend in Verkaufsgesprächen war. Die Taktik hatte mir meine Frau bereits vorher erläutert. Zuerst sollten Scientologen herausfinden, ob jemand zu einem intensiveren Gespräch bereit war, dann wurden sie zu Adelheid Rech - Gesche oder zu meiner Frau geführt. Diese versuchten dann gezielt, den Verkaufsabschluß zu tätigen. Im übrigen hatte ich mich geweigert, an diesen Gesprächen ebenfalls mitzuwirken und war über diese " Abschlepperei " sehr verärgert. Dafür bekam ich am nächsten Tag im Düsseldorfer Celebrity Center Hausverbot, später sogar das Verbot, mit meiner eigenen Frau zu sprechen oder sie zu sehen.

Aus meinen Gesprächen mit den Mitgliedern des Düsseldorfer Celebrity Centers einerseits, den Malern des Clans andererseits, - (Helnwein selbst verschickte für sein großes Fest eine persönliche Einladungskarte mit dem folgenden Text: Gottfried Helnwein lädt ein zum Sommerfest im Park mit Ausstellungen in den Ateliers von Gottfried Helnwein, Rudi Kruspel, Peter Schmitz und Martina Kudlacek, Samstag, 12. Juli 1986, ab 16 Uhr, 5475 Burgbrohl, Auf der Burg 1 - auch das Celebrity Center Düsseldorf, Königsallee 61, erinnerte noch einmal, nur 3 Tage vor dem Spektakel, mit Rundschreiben an alle Mitglieder: Düsseldorf, 9.7.1986 , Sommerfest im Park, heute möchten wir Sie an die Einladung zum Sommerfest im Park erinnern! Es ist eine einmalige Gelegenheit, die Bilder des bekannten Malers Gottfried Helnwein zu sehen. Rufen Sie uns bitte an, mit wieviel Personen Sie kommen wollen! Ihr Celebrity Center - der Autor) - ging eindeutig hervor, daß man sozusagen eine gute " Seilschaft " gebildet hatte: man förderte aus Überzeugung das "einzig funktionierende System" der Welt und verkaufte gleichzeitig mehr Bilder, um teures Auditing kaufen zu können (der Finanzbedarf eines Scientologen beträgt ca. DM 450.000, Tendenz steigend). In der Nacht, als nur noch wenige Gäste anwesend waren, äußerten sich Adelheid Rech-Gesche, Gottfried Helnwein und Renate Helnwein im kleineren Kreis der Scientologen recht zufrieden mit dem Ergebnis der Veranstaltung. Gezeichnet Norbert Potthoff ".

DER HELNWEIN - SCIENTOLOGY WERBEFILM - BURGBROHL 1986

Gottfried Helnwein (Foto: AR)

Während des Sommerfestes auf der Burg, wurde auch ein Werbefilm für die Scientology - Organisation gedreht. Hauptdarsteller Gottfried Helnwein. Hier die Textauszüge aus dem 30 Minuten Film - Interview, das bis heute für weltweite SC - Werbung verwendet wird. Helnwein im Originalton:

" Ich möchte folgendes gerne sagen: Dieses Scientology ist also vielen Leuten ein Begriff durch die Medien. Meistens wird das in einen negativen Zusammenhang gebracht. Und die Leute wissen eigentlich alle nicht was es ist, d. h., jeder stellt sich etwas sehr seltsames vor, das Wort klingt komisch, man versteht es auch überhaupt nicht. Deswegen sage ich gleich was es heißt: Das ist die Lehre vom Wissen! Und was ich gerne sagen möchte, was ich persönlich damit erlebt habe, ja wie es für mich persönlich war. Also, ich will nicht sagen, was es für andere ist. Ich möchte es ganz einfach machen und ganz simpel. Ich habe ein paar Bücher gelesen und war fasziniert, weil da einfach die Bereiche behandelt wurden, die mich interessiert haben, nämlich das menschliche Verhalten, das Denken und die Blockaden, die es im Denken gibt, Ängste die man immer verdrängt.

Werbeträger Helnwein im Scientology-Werbefilm, aufgenommen auf seinem Schloß im Sommer 1986 (aus: Scientology-Werbevideo, 1986, CSI)

Ich habe vorher auch Sachen von Freud gelesen und hab' bemerkt, daß er eigentlich überhaupt keine Antworten weiß und eigentlich nur rumstochert in diesem Bereich. Was auch ganz interessant ist, aber nicht hilft. Ich habe bemerkt, daß es vor allem asiatische Techniken gibt. Da gibt es also Leute, wie den Krischna Murti, aber auch die wissen nicht ungeheuer viel. Und das war das erste Mal, wo ich das Dianetik-Buch gelesen habe, daß sich jemand mit dem Thema beschäftigt. Das die Art und Weise, wie er sich damit beschäftigt, daß das plötzlich Sinn ergibt, plötzlich wird das ungeheuer logisch und sehr einfach. Die Leute glauben eins, daß " einfach " auch gleichbedeutend ist mit " dumm " , dabei ist es das Gegenteil. Und was mich vor allem auch fasziniert hat ist, daß man das im Leben anwenden kann. Ich selber hab' bemerkt, daß ich durch die Bücher, die ich gelesen habe und durch die Kurse, die ich besucht habe, daß das Leben viel einfach macht, ja viel geradliniger, daß ich anfange, die Leute besser zu verstehen. Ich kann plötzlich Reaktionen von anderen Leuten viel besser verstehen. Das konnte ich vorher nicht in dem Maß. Und ich kann das, was ich will, viel intensiver und stärker machen und das ist doch gut. "

Scientology : " Werden Sie manchmal als Künstler angegriffen, weil Sie Scientology machen? "

Helnwein bereits 1986 : " Es gibt, besonders in Deutschland, eine ganz starke Lobby, die dagegen ist. Und das interessante ist nur, daß auf der einen Seite von diesen Leuten behauptet wird, daß das eine Sache ist, die nicht funktioniert und die so schlecht sei und damit müßte sie aber harmlos sein. Andererseits reagieren die Leute aber so, als wäre es etwas ungeheuer Gefährliches, also etwas, was eine ungeheure Energie hat, eine Kraft, ein Potential und das ist eigenartig. Aber das ist nichts Neues in der Geschichte der Menschheit. Scientology ist einfach eine Aufeinanderfolge von neuen Entdeckungen auf dem Gebiet der Geisteswissenschaft, oder der Naturwissenschaft, die immer sofort von der herrschenden Schicht bekämpft wird. Das Erste, was einem entgegenschlägt, ist Empörung. Und irgendjemand hat mal entdeckt, daß die Erde rund ist und nicht eine Scheibe und er hat also mit seinem Leben gespielt, das laut auszusprechen. In der ganzen Geschichte sind Leute verbrannt und umgebracht worden, weil sie die Wahrheit gesagt haben und weil sie früher darauf gekommen sind, als andere Leute. Und Scientology ist einfach ein weiterer Schritt, eine neue ungeheure Entdeckung. Es ist eine Dimension dazu, es übertrifft alles, was man vorher für möglich gehalten hat. Und das wird also natürlich von den Leuten, die die Herrschaft haben, im Moment als gefährlich betrachtet. Das verstehe ich auch! "

G O T T F R I E D   H E L N W E I N

lädt Sie herzlich ein zu

3 Tagen der offenen Tür
im Atelier auf Burg Brohl

am 9. 11., 10. 11. und 11. 11. 90 von 10 bis 22 Uhr

Ausstellung der neuen Arbeiten von Gottfried, Ali und Amadeus Helnwein

(Kaffee, Kuchen und Getränke)

Gottfried Helnwein, Burg Brohl, 5475 Burgbrohl, Tel. 0 26 36 / 41 81, Fax 0 26 36 / 14 83

Wie ausgeklügelt das Helnweinsche Versteckspielkonzept zur Verschleierung seiner organisatorischen Scientology - Aktivitäten durchgeführt wurde, belegen vor allem die nachfolgenden Schilderungen seines heute in Denver, USA, lebenden ehemaligen Schülers Peter Schmitz.

PETER SCHMITZ - 22. JANUAR 1997

Der Maler Peter Schmitz lebte und arbeitete fast fünf Jahre lang auf der Burg von Helnwein in Burgbrohl, seit 1989 wohnt er in Denver / Colorado. In einem Gespräch mit dem Autor schildert er zu Beginn des Jahres 1997 das Treiben auf der Burg.

" Ich war vom Winter 1984 bis zum Herbst 1988 der einzige, der mit Helnwein auf seiner Burg als Künstler gearbeitet hat. Rudi Kruspel, Martina Kudlacek und ich haben als Scientologen in der Burg gelebt. Die Scientologen, die außer uns des öfteren auf der Burg zu Besuch waren, wollten immer wieder, für Kurse auf der Burg, Geld von mir und da ich kein Geld mehr hatte, wurde ich schnell uninteressant für sie. Gottfried Helnwein ist als berühmter Scientologe ein Lockvogel, das ist seine Aufgabe. Gottfried ist total abhängig von Scientology. Ich selber hatte im Celebrity Center in Düsseldorf eine Kunstausstellung meiner Bilder. Diese Ausstellung war dort sogar die erste überhaupt, gerade als der Center im Winter 1984 eröffnet hatte. Mit Gottfried hatte ich in Andernach gemeinsam eine Ausstellung. So viel ich weiß, hatte er auch bei den Scientologen im Celebrity Center in Düsseldorf ausgestellt, organisiert

Gottfried Helnwein
lädt Sie herzlich ein
zum
ATELIER-SOMMERFEST
mit einer Ausstellung
der neuen Farbstiftzeichnungen
(Grill im Park)
am 25. Juli 1987, ab 16.00 Uhr
Atelier: Auf der Burg 2, D-5475 Burgbrohl
Tel. 0 26 36 / 14 81, 14 82

Um Antwort wird gebeten.

Noch eine als Sommerfest getarnte Scientology-Anwerbeveranstaltung

von der damaligen Direktorin Rech - Gesche, die überhaupt keine Ahnung hatte, wie man eine Ausstellung organisiert. Es war aber im Grunde alles ein totaler Unsinn. Das Celebrity Center ist keine Galerie, kein Museum, sondern nur ein Haufen von Scientologen, die mich im Grunde nur dafür benutzt haben, um neue Leute in die Organisation zu bringen. Es gibt die Celebrity Centers, wie das von Gottfried Helnwein auf der Burg, um den herum Veranstaltungen organisiert werden, laden unschuldige, im Grunde diesem Treiben gegenüber hilflose Leute ein, die nur deshalb auf so ein Fest gehen, weil z.B. der Malerstar Helnwein angekündigt wird und diese ihn einmal persönlich kennenlernen wollen. Wenn die dann ersteinmal da sind, werden sie gleich von Profianwerbern der Scientology - Organisation umworben.

Eigentlich wollte Helnwein ein Schloß oberhalb der Stadt Andernach für sich und seine Scientology - Aktivitäten, d.h. Aufbau eines neuen Celebrity Centers, mieten, mit Tennisanlage und Schwimmbad. Das war ihm aber dann doch irgendwie zu kitschig. Schließlich kam er über den Scientologen und Makler Kempe aus Düsseldorf an seine Burg in Burgbrohl. Meine dort Ende 1984 von Helnwein gemieteten Atelier - und Wohnräume wurden von Monat zu Monat immer kleiner, weil sich die

Scientologen im Laufe der Zeit immer mehr auf der Helnwein - Burg ausbreiteten. Gleichzeitig wurde aber meine Miete immer höher.

Die Helnweins haben mit dem Mietvertrag über den tatsächlichen Mieter ihrer Burg böse getrickst. Mein Mitbewohner aus Wien, Rudi Kruspel, schloß 1984 offiziell " nach außen hin " , den Mietvertrag über die Burg, obwohl Helnwein selbst, was wir alle wußten, seit Ende 1984 der eigentliche Mieter, er hat Rudi immer das Geld für die Miete gegeben und Nutzer der Burg war und so viel ich weiß auch heute noch ist.

M I E T V E R T R A G

zwischen

Rudolf K r u s p e l, Neubaugasse 44/2/12
A- 107 W i e n Mieter

und

Peter Sahl - E. 'sabeth Lauer
Josef-Leusch-Str.58
5474 Brohl Vermieter

Objekt
Burggebäude, Auf der Burg 1, D-5475 Burgbrohl
I. und II. Obergeschoß und Souterrain-App. links.

Mietbeginn
[redacted] 1. APRIL 1985

Mietdauer
5 Jahre

Mietzins
DM [redacted],- i. W. [redacted] monatlich.
Zahlbar bis jeweils zum 3.d.M. im voraus.
Die Mietzahlung wird dem Lebenshaltungsindex eines 4-Pers. Haushaltes angepaßt.
(Jan.85 119,9 Punkte; Basis 1980)
Sämtliche Nebenkosten: Heizung, Strom, Wasser, Kanalbenutzung, Müllabfuhr, Kaminfeger, Gebäudeversicherung trägt der Mieter anteilmäßig.
Unterhalt von Gebäude und Parkanlage obliegt dem Mieter, er ist jedoch nicht für Reparaturen/ Instandsetzungen verantwortlich, die einen Betrag von DM [redacted],- i.W. fünfhundert überschreiten.

Kaution
Der Vermieter stellt eine Kaution in Höhe von drei Monatsmieten, insgesamt DM [redacted],-- i.W. neuntausend (zinslos); zahlbar vor Einzug.
Bei zweifelsfreier Vertragserfüllung kann die Kaution nach 4 Jahren von den Vermietern zurückgefordert werden.

Untervermietung:
Der Mieter hat das Recht zur Untervermietung beglaubigt

-2- Rechtsanwalt

Täuschung per Mietvertrag

Schreibmaschinenzeilenabstand 2-fach
Zutreffendes ankreuzen [X] oder ausfüllen

Wohnungs-Mietvertrag

Zwischen (Vermieter)

Name, Vorname [redacted] MARIETA KEMPE ☎ 68 33 88

Anschrift Achenbachstr. 23, 4000 Düsseldorf

und (Mieter) GOTTFRIED HELNWEIN

Name, Vorname [redacted] ☎ 934660

Anschrift NEUSTIFTG. 36/2 A-1070 WIEN 934171

wird folgender Mietvertrag geschlossen:

§ 1 Mietgegenstand

1. Der Vermieter vermietet dem Mieter zu Wohnzwecken + Büro- / Wohnzwecke Geschäftszwecken folgende Wohnung:

Ort, Straße, Haus-Nr.	Stockwerk	Wohnungs-Nr.
Schloss Burgbröhl, [redacted]		

[ ] Vorderhaus [ ] Mittelbau [ ] Seitengebäude [ ] Rückgebäude

2. [redacted] DAS SCHLOSS ~~Die Wohnung~~ besteht aus insgesamt 8 Zimmern

[X] Küche [ ] Bad [X] Dusche [X] WC [X] Diele [X] Terrasse/Balkon [ ]

Mietgegenstand sind außerdem folgende Einrichtungen:

Vollunterkellerung

parkähnl. Grundstück 8.000 qm.

3. Mitvermietet ist:

[X] Keller ~~Nr.~~ [ ] Speicher Nr. [ ] Garage Nr. [ ] Stellplatz Nr. [ ]

4. Der Mieter ist berechtigt, folgende Anlagen u. Gemeinschaftseinrichtungen gemäß der Hausordnung mitzubenutzen:

[ ] Waschküche [ ] Trockenspeicher [ ] Hobbyraum [ ]

5. Dem Mieter werden vom Vermieter für die Dauer des Mietverhältnisses ausgehändigt:

[2] Hausschlüssel [ ] Korridorschlüssel [ ] Zimmerschlüssel [2] Kellerschlüssel [ ] Speicherschlüssel [ ]

6. Der Vermieter haftet nur bei Vorsatz und grober Fahrlässigkeit für rechtzeitige Freistellung der vermieteten Räume durch den bisherigen Mieter.

§ 2 Mietdauer

1. **Für Verträge von bestimmter Dauer**

Abschluß des Mietvertrages auf	Beginn des Mietverhältnisses	Ende des Mietverhältnisses
10 ~~Monate~~ / Jahre	[redacted] 1.12.1984	30.11.1994

Der Vermieter beabsichtigt, nach Ablauf der vorstehenden Mietzeit die Mieträume wie folgt zu verwenden:

beglaubigt

(z.B. Eigennutzung, Einzug von Familienangehörigen, Umbau, Verkauf u.ä.)

Helnwein mietet sein Schloß ab dem 1.12.1984

Helnwein wollte damit verhindern, daß man ihn persönlich, wegen der dort stattfindenden Scientology - Nutzung, in irgendeiner Form in direkte Verbindung bringen kann. Kruspel wurde nur als Strohmann vorgeschoben. Die Bevölkerung in der Umgebung sollte von derlei Aktivitäten auf der Burg nichts erfahren. Deshalb konnte Helnwein mit Kruspel einen " offiziellen " Mieter vortäuschen, um Außenstehende glauben zu machen, daß Helnwein nichts mit einem solchen SC - Zentrum auf der Burg zu tun hat, sondern nur sein Freund Rudi.

Das Celebrity Center Burgbrohl, unter der Leitung von Gottfried Helnwein und Adelheid Rech - Gesche, hatte anfangs, Ende 1984, nur einen Raum in der Burg, ein kleines Dachzimmer oberhalb des Helnwein - Sekretariats. Innerhalb weniger Monate haben sich die Scientologen dann die halbe Etage in der Burg einverleibt, für Auditing und Kurse, zum Teil mit mehr als 30 Teilnehmern. Die Auditoren liefen auf der Helnwein - Burg den ganzen Tag herum und " bettelten " jeden um Geld an der ihnen über den Weg lief, d.h. ich sollte laufend Kurse kaufen und dafür einen Haufen Geld bezahlen.

Meine spätere Frau habe ich in " FLAG " in Clearwater kennengelernt. Gottfried kassiert bis heute Provisionen für seine Vermittlungen von neuen " Kurs " - Teilnehmern an die Scientology - Organisation, sicherlich an der Steuer vorbei, wie fast alle Scientologen in Deutschland. Das ist Steuerhinterziehung pur. Helnwein selber erhielt sein Auditing mit den beiden Blechdosen in der Hand, nur hinter verschlossenen Türen in den Räumen auf der Burg. Dritte hatten dabei keinen Zutritt. Ich wußte von Mitarbeitern vor Ort davon. Ich selbst habe Anfang 1985 auf der Helnwein - Burg einen Scientology - Kurs gemacht, genauso wie die Ärztin Dr. Bardenheuer aus dem Ort, die von Helnweins persönlich " angeworben " wurde. Sie ist auch die Hausärztin der Familie.

Den ersten großen Krach hatte ich mit Helnwein wegen seines Sommerfestes auf der Burg im Jahr 1986. Meine Freunde und ich wollten eine tolle " party - time " haben. Wir nahmen es jedoch etwas zu wörtlich. Dieses Sommerfest war für Helnwein ein Desaster. Meine Freunde feierten auf Helnweins Burggelände vor der Burg und dem kleinen Schlößchen direkt daneben, daß Helnweins private Gemächer beherbergt, mit lauter Musik, mit viel Bier und Wein und tollem Grill, und die ganzen Scientologen saßen im Schloß und waren entsetzt darüber, wie laut und besoffen wir sein konnten. Ich habe mich nach dem Fest mit Gottfried tierisch in die Haare bekommen, denn ich war der Meinung, wenn auch meine Bilder bei dem Fest gezeigt werden, kann auch ich darüber mitentscheiden, wie sie dort angeboten werden. Normalerweise mache ich bei einer solchen Gelegenheit immer eine große lustige Party, auch heute noch in Denver mindestens einmal im Monat. Die Leute kaufen am meisten, wenn sie besoffen sind.

Während meiner 3 Jahre auf der Burg hatte ich immer das Gefühl, daß Gottfried auf mich eifersüchtig ist. Er war eifersüchtig, weil er im Gegensatz zu mir, aus einfachen Familienverhältnissen kommt und mit dem ganzen Geld, was er verdient hat, trotzdem keine Manieren bekommen hat. Am Anfang fand er das lustig, als ich ihn, z. B. in Straßburg, in das beste Restaurant in der Stadt führte. Während des Essens schaute er mir ganz aufmerksam dabei zu, wie und welche Gabel ich für welchen Salat benutzte. Er hat mich beim Essen ganz genau beobachtet. Als er dies alles, nach diversen gemeinsamen Essen, gelernt hatte, war er danach einfach nur noch eifersüchtig auf mich, weil er wußte und weil vor allem ich wußte, daß er seine " guten " Essenssitten von mir gelernt hatte, lernen mußte. Das war ihm total unangenehm, daß ich das wußte.

Nach dem einen Sommerfest bei Helnwein 1986 wars das für mich. Meine Freunde saßen besoffen auf den Burgmauern herum und gröhlten und die vielen Scientologen um uns herum liefen wie aufgescheuchte Hühner durch den großen Garten. Unser Verhalten kam bei den Scientologen überhaupt nicht gut an. Auch Helnwein - Assistent Rudi Kruspel aus Wien lebte damals noch bei Helnwein auf der Burg und humpelte, er hatte nach einem Sportunfall nur noch ein Bein, in seinem langen weißen Mantel und den langen Jesus - Haaren und Bart durch das Gelände.

In diesen Monaten war auch mit Helnweins Sekretärin Eva befreundet. Sie war keine Scientologin. Da ist der Gottfried bald ausgeflippt. Der hat sich plötzlich wie ein Herrscher auf seinem Schloß aufgeführt. Er wollte mir verbieten, mich weiter mit ihr zu treffen, da ich laut Gottfried " nur noch Scientologen sehen darf ". Das passierte alles Wochen nach der Party. Als ich dann wieder einmal mit ihr ausging, da hat er einen totalen Anfall bekommen. Er befahl mir in Zukunft ausschließlich nur noch mit Scientologen zusammen zu sein. " Wenn man ein Scientologe ist, dann kann man nur einen Scientologen lieben ", fauchte mir Gottfried wütend entgegen.

Auch Arthur Hubbard, der Sohn des Obergurus, lebte zweimal mehrere Monate lang bei Gottfried. 1986 und 1990. Er ist ein sehr guter Freund von mir und auch Künstler. Arthur brauchte immer Geld, obwohl er von der Organisation finanziell unterstützt wird. Über einen anderen Scientologen, der wiederum den Gottfried kannte, kam Arthur aus Los Angeles 1986 zum erstenmal nach Burgbrohl. Er arbeitete auf der Burg mit Helnwein mehrere Monate. Das war total lustig. Er blieb solange, bis er kein Geld mehr hatte und flog dann in die USA zurück. 1988 oder 1989 mußte Arthur dann für mehrere Monate in das RPF - Arbeits- und Zwangslager " Happy Valley " bei Los Angeles, weil er sich wiedereinmal abfällig über Scientology und seinen Vater (!) geäußert hatte. Gleich nach seiner Entlassung kam er Ende 1989 zur weiteren "Regenerierung" wieder für mehrere Monate nach Burgbrohl zu Helnwein zur geistigen Aufbaukur. Für Helnwein war das ganz was tolles, daß Hubbard bei ihm so lange wohnte. Er hat daraus einen großen Deal gemacht. Ich nicht. Für mich war der einfach nur der Arthur und der ist ein astreiner und lustiger Kerl. Das zeigte, daß ich kein " guter " Scientologe bin. Für die ist so jemand wie Arthur etwas ganz besonderes. Gottfried hat ihn wie ein rohes Ei behandelt, mit Samthandschuhen angefaßt. Ganz vorsichtig. Er hat ganz genau aufgepaßt, was man mit ihm spricht, wie man mit ihm spricht. Das war total blöd.

Bei Helnwein wurden auch Auditing - Folders gelagert und andere Akten über die Leute, die auf der Burg auditiert wurden. Auch meine. Alles was ich dort erzählt habe, wurde genau aufgeschrieben und von Renate Helnwein in Folder abgeheftet und im Schloß aufbewahrt..."

Soweit Peter Schmitz zu seinen Erlebnissen auf dem Schloß.

Familie Helnwein übernahm 1988 nun auch offiziell den restlichen Teil des Geländes, die vordere Burg, und begann mit der umfangreichen Restaurierung des neu " erworbenen " Geländes. Helnwein investierte in den folgenden sechs Jahren mehr als 1.2 Millionen DM in die umfangreichen, zum Teil höchst luxuriösen Umbauten des Celebrity Centers sowie des privaten Teils des Komplexes.

Alle architektonischen Planungen erledigte er gleich selbst. Er hatte genaueste Vorstellungen über alle Einzelheiten der Restaurierungsarbeiten und achtete peinlichst genau auf deren Umsetzung durch die Tag für Tag ruhelos arbeitenden Handwerker. Er war fast immer auf einer der diversen Baustellen auf seinem Schloßgelände anzutreffen, recht selten in einem seiner Ateliers. Im Park wurden ein Dutzend 12 m hohe Bäume gepflanzt, um nach Süden hin von außerhalb keinen Einblick mehr auf sein Schloß und in den Gartenbereich zu gestatten. Dies war der nun auch nach außen hin sichtbare Beginn seiner Isolierung.

Er begann, sich seit 1990 immer mehr abzuschotten. Verfolgte er bis Ende der 80er Jahre noch die Politik der " offenen " Burg, errichtete er nun z.B. ein weiteres, elektrisch zu öffnendes hohes Gittertor im Portalbereich seiner Burg.

CELEBRITY CENTER
DÜSSELDORF

KUNST- UND KULTURTREFF

Stargast

Der international bekannte Maler

Gottfried Helnwein

Samstag, 6. Februar 1988, 20.00 Uhr

im

Hotel Nikko · Düsseldorf

Immermannstraße 41

E I N L A D U N G

Eine Scientology-Anwerbeveranstaltung am 6.2.1988 mit dem besten Zugpferd der deutschen Scientology-Organisation: Gottfried Helnwein

Ohne vorherige Anmeldung in seinem Sekretariat, war an ein einfaches hereinkommen, von da an, nicht mehr zu denken. Auch unterband er damit ein hereinfahren auf seinen Schloßweg. Vor dem Eingangsbereich zur Burg wurde ein eigener Parkplatz für Gäste angelegt. Der wurde auch dringend benötigt.

Die " Kundschaft " von Adelheid Rech - Gesche und den Helnweins " fiel " auch in den Jahren nach 1987 auf dem Helnweinschen Gelände, der " CC Cityoffice - Außenstelle Burgbrohl " " ein ". Vielemale saß sie nun, mit " ihren " und ab und an auch Gästen der Familie Helnwein, im Vorgarten unter großen Sonnenschirmen vor seinem Schloßatelier bei Kaffee und Kuchen, entweder mit Renate, oder zusammen mit Gottfried. Die Haushälterin Frau Linke sorgte für die Verpflegung der jeweiligen Gruppen und kümmerte sich außerdem rührend um das Nesthäkchen der Familie, den damals noch nicht schulpflichtigen Sohn Wolfgang Amadeus Helnwein, im engsten Familienkreis nur " Ami " genannt.

Nach diversen Verköstigungen gingen die wechselnden kleinen, oder größeren Besuchergruppen auch des öfteren in die Schloßgemächer Helnweins und hielten sich dort auf. Kurz hinter dem Eingangsbereich rechts in einem größeren Zimmer des Schlosses, befand sich seit 1988 ein Großteil der Helnweinschen Scientology - Literatur. Großvolumige Hubbard - Tech - Bände, in dunklem blau gehalten, zierten die Regale der Zimmerwand. An den Wänden hing ein jeweils aktueller großer Jahreskalender und von Ehefrau Renate handgeschriebene Statistikblätter und Organisationsplaner, vollgeschrieben mit diversen Projekten, Terminen und " Leistungsvorgaben " für ihren Ehemann Gottfried.

Dies war auch einer der Räume auf dem Gelände, indem in den Jahren 1990 und 1991, jeweils über einen Wochenzeitraum hinweg, von Zeit zu Zeit blaß aussehende, in dunklen Anzügen, ernst dreinblickende, wortkarge " Buchhalter " - Typen arbeiteten. Das heißt, sie addierten, ohne sichtbare Pause, unzählige, diverse nicht näher definierbare Zahlenkolonnen, stundenlang. Wenn man sie ansprach, merkte man sofort, daß sie englischsprachig waren, mit einem amerikanischen Akzent.

Man hatte den Eindruck das Einnahmen und Ausgaben, welcher Art auch immer, durch diese Personen, er bezeichnet sie als Buchhalter, in verschiedenen Jahren seiner Zusammenarbeit mit den Helnweins zwischen 1987 und 1994, in verschiedenen Räumlichkeiten auf dem Schloßgelände überprüft wurden. Reichelt wurde es besonders in den letzten drei Jahren seiner insgesamt sieben gemeinsamen Jahre mit Helnwein immer bewußter, daß die Helnweins, besonders Gottfried, eine gewisse Führungsstellung, zumindest innerhalb der deutschen Scientology - Organisation, einnehmen würden.

Natürlich fragte er auch Renate, wer denn diese " Besucher " sind, die auch immer wieder durch diverse bunte Mappen blätterten und sie auseinandernahmen. Sie reagierte allerdings recht reserviert auf seine Fragen, ohne näher darauf einzugehen. 1991, bei einem seiner zahlreichen

Besuche im Schloß, erzählte ihm die Helnwein - Vertraute Frau Linke, daß " diese Herren Mitarbeiter der Scientology - Organisation sind ", die einige im Zusamenhang mit dem Helnwein - " Celebrity Center " entstandenen Ausgaben und Einnahmen überprüfen würden. Näheres sagte auch sie ihm nicht. Vielleicht wußte sie auch nicht mehr, sie war ja schließlich " nur " die Haushälterin und damit das " Mädchen für Alles " auf der Burg.

Trotzdem dürfte Renate wohl selbst für den Aufbau, Abwicklung und die Organisation ihrer " City Office Burgbrohl / Celebrity Center - Studenten, bzw. Mitarbeiter " - Akten zuständig gewesen sein. Dabei handelte es sich jedoch nicht nur um Personalakten im eigentlichen Sinn, sondern ebenso um Einnahmen - und Ausgabenstatistiken, denn ein Großteil dieser gelben, blauen und andersfarbigen Faltregister trugen nach der Erinnerung von weiteren Mitarbeitern, Renate Helnweins handschriftliche Vermerke, mit seltsamen Bezeichnungen wie " Staff Folder " , " Hat Folder " , oder " Technisches Folder " . Der " Staff Folder " z.B., war goldgelb und beinhaltete, wie sie einem engen Mitarbeiter später, im Sommer 1993, erzählte, Unterlagen der diversen Kurs - und Auditingabsolventen, aber auch Mitarbeiter, die gelegentlich zum " auditieren " und lernen auf die Burg kamen. Bereits 1988 erzählte Renate Peter Reichelt, daß diese Art Unterlagen etwas mit Scientology - Kursen und Auditing - Stunden, im Zusammenhang mit ihrer Freundin Adelheid und dem "Celebrity Center" in Düsseldorf zu tun hätten. Damals, wie auch später, hielt sie sich jedoch ihm gegenüber mit weiteren Einzelheiten bedeckt.

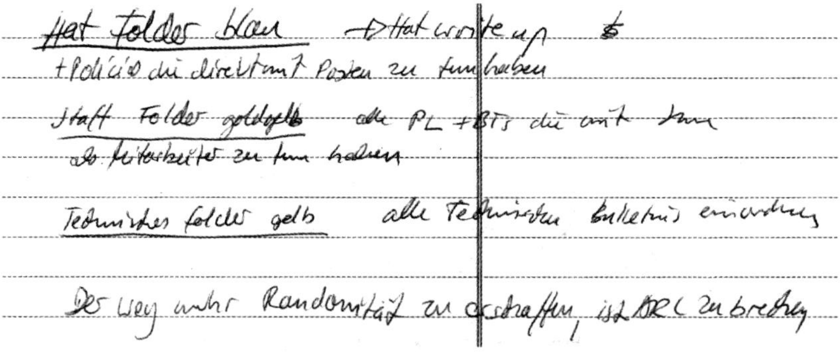

Hat Folder blau → Hat write up [illegible]

+ Policies die direkt mit Posten zu tun haben

Staff Folder goldgelb alle PL + BTs die mit dem Mitarbeiter zu tun haben

Technisches Folder gelb alle Technischen Bulletins einordnen

Der Weg mehr Randomität zu erschaffen, ist [illegible] zu brechen

Renate Helnweins farbliche Aufteilung der Scientology-Mitarbeiterakten im „City Office Burgbrohl" 1993

DIE SCIENTOLOGY - STRAFLAGER " RPF " UND ARTHUR HUBBARD

Im Sommer 1990 hielt sich zum zweiten mal nach 1986 L.Ron Hubbards jüngster Sohn Arthur für mehrere Monate bei Helnwein auf Burgbrohl auf. Helnwein stellte ihm dort ein Atelier zur Verfügung und ließ ihn wie ein eigenen Sohn bei sich wohnen. Kurze Zeit vor seiner Ankunft in Deutschland, mußte Arthur Hubbard 1989 zwangweise einige Monate im Scientology - Straflager " RPF " in der Nähe der Kleinstadt Hemet in Californien verbringen. Sein längerer Aufenthalt in Burgbrohl sollte ihm schließlich zur endgültigen " Resozialisierung " dienen. Wie es in einem solchen " RPF " - Lager letztendlich zugeht und wie sogar L. Ron Hubbards eigener Sohn dort leiden mußte, zeigt der nachfolgende Teil mehr als eindrucksvoll. Diese erstmalige zusammenfassende Veröffentlichung über die "RPF"- Lager in den USA ist hochbrisant und für die Führung der Scientology - Organisation in den USA sicherlich von gravierender Negativwirkung, sowohl innerhalb der eigenen Mitgliederbewegung, als auch außerhalb in der nicht - scientologischen Welt.

Das ehemalige führende US - Präsidiumsmitglied der Scientology - Organisation in Los Angeles und Hemet, Andre Tabayoyon, schildert erstmals Vorgänge, die man bis heute für unmöglich gehalten hat, in seiner ausführlichen, schriftlich vorliegenden, Versicherung an Eides statt vom 5. März 1994. Tabayoyon war bis Ende Dezember 1992 über 21 Jahre lang (!) ein hochrangiges Mitglied der Hubbard - Organisation gewesen, u.a. als L. Ron Hubbards persönlicher Adjutant sowie Ausbilder in der Eliteeinheit der Sea Org (SO) als " SO - Offizier ", " SO - Ethics Offizier", " SO - Recruiter ", RPF Mitglied der Gefängniseinheit und RPF Abteilungsleiter der diversen kalifornischen Gefängnis - und Arbeitslager. Er blieb dies auch, mit Unterbrechungen, bis zu seiner Flucht aus der Organisation 1992.

HAPPY VALLEY

Diese verschiedenen geheimen kleinen Straf - und Arbeitslager der Scientology - Organisation im wüstenähnlichen Gebiet um Happy Valley und Gilman Hot Springs, befinden sich 30 KM nördlich der Stadt Hemet, vom L.A. Zentrum in ca. einstündiger Autobahnfahrt in östlicher Richtung zu erreichen. Eines der Lager, das größte seiner Art, intern im geheimen Sprachgebrauch nur als " Happy Valley " bezeichnet, war ursprünglich eine " normal " bewirtschaftete Ranch, bis sie in den 80er Jahren, im Auftrag der Scientology-Führung, für andere "Zwecke" umfunktioniert wurde. Es befindet sich 17 KM nördlich des vor dem Großteil aller Scientologen und der Öffentlichkeit bis heute geheim gehaltenen Hauptquartiers der Scientology - Organisation im westkalifornischen Dorf Gilman Hot Springs .

Tabayoyon war außerdem seit 1983 verantwortlicher Direktor für die Umbau - und Erweiterungsarbeiten des geheimen Scientology - Hauptquartieres, SEA ORG - intern als " GOLD " oder " Base " bekannt, in Gilman Hot Springs. Gilman liegt nördlich der Stadt Hemet, ca. 30 KM südlich der RPF - Straflager in und im Umkreis der versteckt in einer Indianerreservation gelegenen, nur über einen 12 kilometerlangen, unbefestigten Feldweg zu erreichenden ehemaligen Ranch namens " Happy Valley ". Eingereicht wurde seine Erklärung am 4. April 1994 vor dem " United States District Court - Central District of California " in dem Verfahren " Case No. CV 91 6426 HLH (Tx) " Church of Scientology International gegen Steven Fishman und Uwe Geertz.

ANDRE TABAYOYON

Andre Tabayoyon: " Ich gebe diese Erklärung als " expert consultant " und als " expert witness (Zeuge) "...Seitdem ich als Zeuge benannt worden bin, wurde mir schnell klar, daß ich unter Beobachtung stehe. Während einer Reise zusammen mit meiner Frau nach Arizona, wurde ich von einem Auto und einem Kleinbus verfolgt. In Mesa, Arizona beobachtete man mich beim Frühstück, obwohl der observierenden Person bewußt gewesen sein muß, daß wir bemerkt hatten, daß er uns beschattete. Zurück in Newport Beach, Los Angeles, wurden wir täglich, sowohl auf der Hin, wie auch auf der Rückfahrt zu dem Verteidiger des Beklagten Geertz, verfolgt. Ich Augenblick sitze ich in meiner Wohnung und vor dem Haus wartet wieder einmal ein Mann in einem blauen Pontiac, um mich überall hin zu verfolgen...Nachdem ich mich der Scientology - Organisation anschloß, wurde ich 1972 Mitglied der Eliteeinheit " Sea Organization " (SO)...Der Druck, der dort auf mich ausgeübt wurde, war immens. Schnell machte ich Bekanntschaft mit den zwanghaften Methoden, die die Scientology - Organisation an ihren Mitarbeitern und ihren Kunden ausprobierte...Innerhalb der Organisation haben die " Sea Org " - Mitarbeiter eine nicht in Frage zu stellende Autorität über alle Angelegenheiten der Scientology - Organisationen. Sie können z.B. in jede einzelne Organisation, oder in Firmen, die einem Scientologen gehören, oder in Missionen geschickt werden.

Früher waren die " Guardian Office (der Scientology - Geheimdienst) Missions " und " Sea Org Missions " ein und dasselbe. Wenn ein SO - Mitglied auf " Mission " geschickt wird, haben sie alle " ethischen " Möglichkeiten das zu unternehmen, was auch immer getan werden muß, um der Scientology - Organisation zu nützen. " CMO IM " (Commoderes Messenger Organization International Messengers) sind immer auf " Mission ". Sie hatten die volle Unterstützung von Hubbard, als er noch am Leben war. Heute hat dies Miscavige unter Kontrolle...

Die SO ist für Scientology das, was die Gestapo im Nazi - Deutschland war...Ich unterzeichnete den Standard - Arbeitsvertrag, der mich dazu verpflichtete eine Milliarde Jahre (!) mitzuarbeiten.. Ich erhielt tausende von Stunden Training und Unterricht über die SO - Absichten.

Ich verbrachte bis 1992 insgesamt mehr als sechs Jahre als Mitarbeiter im streng geheimen (ausschließlich für " abtrünnige " oder " versagende " Scientology - Führungskräfte errichteten) Scientology-Zwangs -, Arbeits- und Umerziehungslager, das intern als " Rehabilitation Project Force (RPF)" bezeichnet wird, ca. 60 km südöstlich von Los Angeles. Ein RPF, (ein weiteres befindet sich auch in Clearwater / Florida, im Scientology - Zentrum " Flag ") ist vom Typus her mit einem " Gulag ", oder einem " Konzentrationslager " zu vergleichen. Um dort wieder herauszukommen, oder erst gar nicht dort hinein zu kommen, muß der " Häftling " beweisen, daß er seine bestehenden " falschen " Ideale, seine Moral, seine sozialen, emotionalen und geistigen Werte, vollständig der Scientology - Ideologie unterwirft. "

MARY TABAYOYON

Seine Ehefrau Mary erklärte dazu weiter im gleichen Gerichtsverfahren: " Ich, Mary Tabayoyon, erkläre hiermit an Eides statt: 1967 wurde ich Scientologin. 1971 bin ich Mitglied der Eliteeinheit " Sea Organization " (Sea Org) geworden. Ich blieb in der Sea Org, bis ich die Scientology-Organisation im Dezember 1992 verließ. 1984 wurde ich an einen streng geheimen Ort in der Nähe von Hemet abkommandiert. SO - Mitglieder, die dort arbeiten, nennen diesen Ort " The Base ". Die SO - Einheiten, die sich in der " Base " befanden, waren die " Golden Era Productions " (Gold), die " Commodores Messengers Organization International " (CMOI), das " Watch Dog Committee " (DC), das " Religious Technology Center " (RTC) und die " CMO Golden Era Productions " (CMO GOLD). Die letzten 8 Jahre bei der SO, bis zu meinem Ausscheiden 1992, arbeitete ich in der " Base " bei Hemet.

DIE ZWANGSABTREIBUNGEN IM " RPF "

Am 28. 9.1986 wurde von Gillaume Lesevre, dem " Executive Director International " (ED INT), ein für alle 2000 SO - Mitarbeiterinnen bindender Befehl erlassen, der diesen mit sofortiger Wirkung untersagte, zukünftig Kinder auf die Welt zu bringen. Der Grund, der dafür vom "ED INT" angegeben wurde ist der, daß die SO einfach nicht die Zeit, das Geld und die Ausstattung besitzen würde, Kinder vernünftig zu erziehen.

Falls einzelne SO - Mitarbeiterinnen diesem Befehl nicht Folge leisten wollten, wurden sie und ihre Ehemänner in eine " Non SO " - Scientology - Organisation der " Klasse IV " verbannt, bis das Kind das Alter von 6 Jahren erreicht hatte. Hatte das " unautorisierte " Kind erst einmal das 6. Lebensjahr erreicht, durften seine Eltern wieder zur SO zurückkehren.

Am 3. 4.1991 wurde ein Zusatzbefehl veröffentlicht, der zur Folge hatte, daß Frauen, die schwanger wurden, in eine nicht expandierende "Klasse IV" Organisation geschickt wurden. Das war eine schwere Strafe. Das galt auch für alle Mitglieder der " Base ", denn wir waren die Spitze der SO. Uns wurde von Marc Yager, dem "Commanding Officer" CMO INT, mitgeteilt, daß auf unseren Schultern die Zukunft von Scientology und die Freiheit der gesamten Menschheit liegen würde. Wir könnten uns einfach nicht leisten, auf dem hohen Level, auf dem wir uns befinden würden, Kinder großzuziehen. Kinder wurden als Hindernis für die Produktivität und die Ziele von Scientology betrachtet.

Ein Kind wurde sogar zu einem " Ethik " - Problem. Ein " Ethik " - Problem taucht dann auf, wenn ein Scientologe etwas macht, was ihn davon abhält, Scientology zu fördern. Während der Zeit, als ich in der "Base" arbeitete, bekam ich verschiedene Fälle persönlich mit, wo Mitarbeiterinnen schwanger und deshalb zur Abtreibung gezwungen wurden.. Einige dieser Frauen wurden einem außergewöhnlichen Druck ausgesetzt, um sie von der Notwendigkeit einer Abtreibung zu überzeugen...

Ich selber wurde 1992 schwanger und " verzichtete " auf mein Kind dank meiner großartig fehlgeleiteten Dankbarkeit und Verpflichtung gegenüber der SO. Während der 1 1/2 Jahre, bevor ich bemerkte, daß ich schwanger war, wurde ich unaufhörlich dazu gedrillt, zusammen mit anderen " Gold " - Mitarbeitern, " perfekt " zu werden, einzig und allein um als SO - Angehöriger immer der Führungsebene zu dienen... Ich wurde so weit beeinflußt, daß ich niemals meine persönlichen Wünsche und Bedürfnisse höher ansiedelte, wie die Ziele der SO... Ich erzählte dem " Medical Officer " Martine Collins von meiner Schwangerschaft. Sofort bereitete sie alles für eine Abtreibung vor. Sie teilte mir auch mit, daß ich selbstverständlich alle Unkosten dafür zu bezahlen hätte, seitdem es " Out Ethics " ist, schwanger zu werden. Collins befahl mir, selber den Termin für die Abtreibung zu vereinbaren. Ich sollte dabei nicht meine " Base " - Adresse angeben, oder erwähnen, daß ich von dort kommen würde, da zu viele Frauen dorthin zum Abtreiben gehen würden, die von der " Base " kommen. Dies könnte eine schlechte "PR" verursachen. An dem Tag, als ich von der Abtreibung aus dem Krankenhaus zurückkam, fühlte ich mich sehr schwach und ich hatte Krämpfe. Ich mußte trotzdem sofort wieder arbeiten... Meine Freundin Betty Hardin, die in der Finanzabteilung von " Gold " arbeitete, sagte mir, daß sie für gewöhnlich schwangere Frauen der " Base " nach Riverside, Californien, zum Abtreiben brachte. Fast ein Jahr lang fuhr sie einmal in der Woche Frauen in das " Planned Parenthood Center " nach Riverside. Dort trieb man ihr Baby ab und kümmerte sich anschließend um mögliche Komplikationen. Als sie wieder zurück in die " Base " kamen, mußten sie durch das " Ethics " - Verfahren. Außerdem wurden sie in eine "Niedere Kondition" degradiert.

" Niedere Konditionen " (NK) sind von unten nach oben: Verwirrung, Verrat, Feind, Zweifel, Verantwortlichkeit... Jedem einzelnen dieser " NKs " folgt ein exakter Ablauf von notwendigen Wiedergutmachungsmaßnahmen. Erst wenn man erfolgreich alle Schritte der " NKs " durchlaufen hat, nur der " Ethik-Offizier " kann entscheiden, ob dem so ist, kommt man in die nächst höhere " Kondition ". Ich selbst wurde durch meinen Vorgesetzen in die Stufe " Gefahr ", die oberhalb von "Verantwortlichkeit" liegt, gruppiert. Der einzige Grund, warum ich nicht niedriger abgestuft wurde ist der, daß ich vor meiner Schwangerschaft durch Scientology - Auditing so weit geheilt wurde, daß ich dadurch wieder fähig war, schwanger zu werden, obwohl mir ein Arzt Jahre zuvor mitgeteilt hatte, daß ich wahrscheinlich keine Kinder mehr bekommen kann. Dies war zwar gelogen, ersparte mir aber durch die " Ethics " mit seinen " NKs " zu gehen... Ich fragte Betty, wie viele Frauen sie nach Riverside fuhr. " Waren es mehr als 20? " Sie winkte mit ihrem Arm ab und seufzte: " Oh ja! Viel mehr ".

GEHIRNWÄSCHE UND " ETHIKZUSTÄNDE "

" Ethics " ist eine Form von Gedankenkontrolle, die einen ausschließlich in eine Richtung denken und blauäugig die offensichtlichen Fehler und Missetaten der Scientology-Führung, der Organisation und der Hubbard-

Technologien ignorieren läßt... Wird ein Scientologe erst einmal der "Ethics" - Prozedur " zugeführt ", wird sie, oder er, erst einmal von einem, oder mehreren Ethikoffizieren befragt, bis sämtliches " unorthodoxes " Denken eliminiert ist. Ein Beispiel: Ein Scientology-Student erzählt dem Ethikoffizier, warum er lieber Basketballspielen gegangen ist, anstatt zu " Studieren ". Dann fragt der " Offizier " in welcher " Kondition " sich der Student befindet. In Scientology gibt es 10 "Konditionen" des Lebens. Ein Mensch befindet sich immer in einem dieser 10 Zustände, die von unten nach oben wie folgt sind:
(1) Verwirrung, (2) Verrat, (3) Feind, (4) Zweifel, (5) Verantwortlichkeit, (6) Gefahr, (7) Notfall, (8) Normal, (9) Überfluß und (10) Macht.

Wenn der Student nicht einsieht, daß er doch eine der " Niederen Zustände " zu durchlaufen hat und der " Ethikoffizier " ihn nicht dazu "überreden" kann, nicht einmal durch Einschüchterungen und Beschuldigungen, befiehlt er dem Studenten alle schlechten Dinge, die dieser, besonders gegenüber Scientology, getan hat, aufzuschreieben ... Falls sich der Student dennoch weigert, irgendwelche " schlechte " Taten aufzuschreiben, überweist ihn der " Ethikoffizier " zum " Sicherheitscheck ". Während dieses Checks werden dem Studenten eine ganze Liste mit Fragen vorgelesen, die ihn nun dazu bringen sollen, seine begangenen "Schandtaten" zu enthüllen. Dabei sitzt er an einem E-Meter, damit seine physischen Reaktionen auf die Fragen gemessen werden können. Der " Sec Checker " ist eine besonders geschulte Person, die den Studenten dazubringen soll, seine Fehler und schädlichen Handlungsweisen zu gestehen.

Wenn alles gut läuft, fühlt der Student nun eine Art seelische Befreiung, da ihm einige Schandtaten in Erinnerung gerufen wurden. Jetzt hat man ihn endlich soweit, daß er mit den " Ethikoffizieren " kooperiert. Nun stimmt er auch zu, in den Zustand 4 " Zweifel " zu gehen. Die Schritte innerhalb des " Zweifel " - Zustandes führen den Studenten schließlich zu der Entscheidung, welcher Gruppe von Menschen er zukünftig exclusiv angehören möchte. In unserem Fall muß sich nun der Student entweder für die Gruppe der Scientologen, oder für " diese Typen von Menschen, die unverantwortlicherweise einfach freimachen und Baskettballspielen gehen, anstatt Scientology-Kurse zu absolvieren " entscheiden. Die Schritte, die ihm dabei helfen, sich für eine von beiden Gruppen zu entscheiden, sind sich grundsätzlich mit den Absichten und der Produktivität der beiden Gruppen, auseinanderzusetzen. Dann schließe dich der an, oder bleibe in der, welche die größten Wohltaten der höchstmöglichen Anzahl von Menschen bietet. Dann veröffentlichst du die Fakten über beide Seiten. Das kann durch eine Notiz an der Tafel geschehen, auf der du mitteilst, daß du zwar Zweifel hattest, von diesen losgekommen bist und dich nun wieder der Gruppe der Scientologen angeschlossen hast. Anschließend brandmarkst du die Gruppe der unverantwortlichen Menschen... Danach versucht der Student alles zu tun, die Aktivitäten und Statistiken der Gruppe zu verbessern für die er sich entschieden hat. Wie man leicht erkennen kann, führt dieses Durchlaufen des Zustandes " Zweifel " unweigerlich dazu, daß sich jeder Scientologe danach wieder für Scientology entscheidet. Man beachte, daß man sich nur für ausschließlich eine Seite entscheiden kann, unter dem völligen Ausschluß der anderen Seite.

Gibt nun der " Ethikoffizier " sein " OK " dafür, daß der Student den Zustand " Zweifel " erfolgreich durchlaufen und alle Fragen korrekt beantwortet hat, " autorisiert " er ihn für den nächst höheren Zustand 5 "Verantwortlichkeit". In diesem " lernt " er nun, wer seine Freunde sind. Nicht gerade eine Überraschung, die Ethikprozedur im Zustand 5 läßt ihn erst dann weiter aufsteigen, wenn der Student zu dem Ergebnis kommt, daß seine einzigen Freunde Scientologen sind... Schließlich ist er im Zustand 6 " Gefahr " angekommen. Jetzt muß er alle Gewohnheiten und Routinen dem " Ethikoffizier " offenbaren, ebenso seine " unverantwortlichen Absichten ", damit diese sich nicht wieder ereignen. Nun ist er gegen zukünftige Rückfälle gewappnet, falls es ihn doch noch einmal überkommen sollte Basketball spielen zu wollen, anstatt " auf Kurs " zu gehen. Über den Zustand 6 " Notfall " gelangt er nun in den "Normal" - Zustand, der ihm inhaltlich auf den Weg gibt, nichts zu verändern, was er nun " gelernt " hat, da dieses der Produktivität in Scientology hilft... Sollte sich dieses über einen längeren Zeitraum nicht ändern, darf der Student schließlich in den Zustand 10 " Macht ". Um den Zustand zu vollenden, muß der Student in allen Einzelheiten aufschreiben, was ihn schließlich so produktiv werden ließ. Auf diese Weise erreicht sein Erfolgsbericht, wie er den höchsten Zustand " Macht " erreichen konnte, andere Degradierte, die sich nun ein Beispiel an dem "Erfolgreichen" nehmen können.

An diesem Punkt ist der Student vom anfänglichen leugnen, daß er überhaupt etwas falsch gemacht hat, über das Gestehen von "ethischen" Scientology - Regelverletzungen, ob wahr, oder auch nur eingebildet, nun andere Scientologen wegen dieser Geständnisse seiner vermeintlichen Missetaten um Vergebung bittend, Buße tuend, mit neuer Kraft in die Arme der " schützenden " Organisation zurückgekehrt.

“ Dank “ gebührt dafür den Hubbard-Technologien, die wieder einmal “ erfolgreich “ waren...

“ Ethics “ - Strafprozeduren wurden und werden gewöhnlich vorwiegend in der “ Base “ bei Hemet durchgezogen, selten in den Orgs, die direkt mit dem “ Publikum “ zu tun haben... Eine weitere Sea Org - Tradition wurde ausschließlich in der “ Base “ praktiziert. Es ist die Praktik, in Ungnade gefallene Mitarbeiter vor versammelter Crew in den nahe bei Gilman Hot Springs gelegenen See zu schmeißen. Dies wird wie ein Ritual durchgeführt. Auf der einen Seite hält den Delinquenten ein “Kaplan“, auf der anderen Seite zwei “ Ethik-Offiziere “, um ihn in den See zu schmeißen. Mit den Worten: “ Ich werfe deine Seelen in das Meer und hoffe, daß du wieder als ein besserer Thetan auferstehst “, wird die Aktion dann “ vollendet “.

Sea Org - Mitarbeitern ist es nicht gestattet, einen Fernseher zu besitzen, oder zu schauen. Zeitungen zu lesen ist ihnen auch verboten. Dies basiert auf einen Befehl von Ron Hubbard aus dem Jahre 1960. Auf diese Weise werden die Mitarbeiter erfolgreich von der Außenwelt abgeschnitten...

Die OSA, der Scientology-Geheimdienst, ist ausschließlich dazu da, weltweit den “ Enemy “ (Feind), eine OSA - Bezeichnung, zu zerstören. “ Feinde “ sind z.B. diverse Regierungsstellen, die Medien, Psychiater und Psychologen, jeder Ex-Scientologe, der öffentlich verlautbaren läßt, daß die Hubbard - Techniken nicht funktionieren, oder die Sea Org verläßt, ohne wieder zurückzukehren. Diese Menschen werden als “Unterdrückerische Personen“ (SPs) bezeichnet... Soweit Mary Tabayoyon in ihrer eidesstattlichen Versicherung vom 5. März 1994.

ROBERT VAUGHN YOUNG

In einer weiteren vom 25. Oktober 1993 gab Robert Vaughn Young folgendes zu Protokoll: “ Zwischen 1969 und 1989 war ich Mitarbeiter der Scientology - Organisation. Ich war in dieser Zeit für die gesamte Public Relation von Ron Hubbard persönlich und der Organisation verantwortlich... Ausgebildet wurde ich dafür im Scientology - Geheimdienst, heute OSA genannt, dem mächtigsten Arm der Organisation...

GILMAN HOT SPRINGS - DAS GEHEIME WELTHAUPTQUARTIER VON SCIENTOLOGY

1980 entdeckte die Presse das geheime Hauptquartier der Organisation in dem Ort Gilman Hot Springs, in der Nähe der Stadt Hemet in Californien. Meine Aufgabe war es nun, sofort dorthin zu fahren, um die tatsächliche Situation für die Öffentlichkeit zu verschleiern. Tatsächlich war und ist es bis zum heutigen Tag das geheime internationale Hauptquartier der Organisation. Auf dem Gelände befindet sich auch ein Film- und Tonstudio.

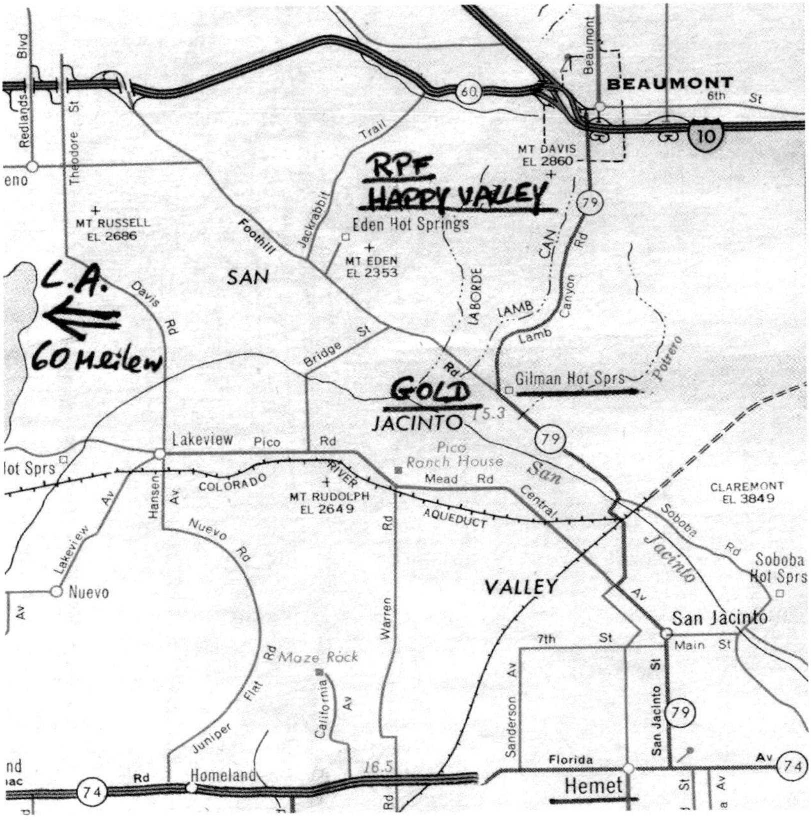

Das geheime Welthauptquartier der Scientology-Organisation „GOLD" in dem Ort Gilman Hot Springs, Californien. Hier lebt auch Scientology-Boss David Miscavige. Ganz in der Nähe befindet sich das berüchtigte Straflager „Happy Valley" (aus: „Rand McNally"-Atlas, USA 1988)

Ich übernahm das Kommando über das " Base " oder auch " Gold " genannte Hauptquartier. Ich " verwandelte " das Gelände in ein Filmstudio und präsentierte es den Medien als die " Golden Era Studios ". Das "cover-up" hatte funktioniert. Bis heute, 1993, glaubt die Presse, daß dort nur ein Filmstudio betrieben wird. In Wahrheit sitzt dort heute der SC "Führer" David Miscavige in seinem internationalen Hauptquartier der Scientologen... Nachdem Hubbard 1986 gestorben war, entbrannte um seine Nachfolge ein Machtkampf zwischen Broeker und Miscavige, den Miscavige für sich entschied. Da ich zu Broeker hielt, fiel ich der Miscavigeschen Säuberungsaktion nach seiner Machtübernahme zum Opfer.

„GOLD" in Gilman Hot Springs. Aufenthaltsort auch von David Miscavige und Tom Cruise (aus: „Die Scientology Kirche - 40. Jahrestag", 1995 CSI)

DAS LAGER " HAPPY VALLEY "

Ich wurde in das " Rehabilitation Projekt Force " (RPF), "Happy Valley" genannt, einem Scientology - Konzentrationslager in der Nähe von Hemet und dem " GOLD " - Hauptquartier, verschleppt. Das Lager liegt versteckt und abgeschieden in einer Indianerreservation. Die Gefangenen im RPF - Lager wurden zur Arbeit gezwungen. Rund um die Uhr standen sie unter der Bewachung bewaffneter Aufseher, bis sie wieder "umerzogen" waren, d.h. sie dachten danach in keinster Weise mehr kritisch über die Organisation. Mir gelang es eines Nachts, durch ein ausgetrocknetes Flußbett aus dem Lager zu fliehen. Allerdings wurde ich ein paar Stunden später in Hemet wieder gefangen genommen. Schließlich mußte ich weitere 14 Monate im RPF - Lager verbringen. In dieser Zeit verschlimmerte sich mein Gesundheitszustand dramatisch... Nachdem ich geschworen hatte, mich in Zukunft an alle Regeln zu halten, wurde ich entlassen. Ich fuhr nach Los Angeles um meine Frau zu treffen. Wir schmissen schnell ein paar Sachen ins Auto und verließen am 3. Juli 1989 die Stadt. Wir ließen unser restliches Hab und Gut zurück, um wegen des Zeitaufwandes ja kein Risiko einzugehen, daß man uns doch wieder in die Organisation zurückbringt."

VICKY AZNARAN ÜBER DAVID MISCAVIGE

David Miscaviges tatsächliche Rolle innerhalb der Organisation wird eindrucksvoll von Vicky Aznaran, der ehemaligen Präsidentin des " Religious Technology Center " (RTC) zwischen 1984 und 1987, der obersten Führungsorganisation innerhalb der Scientology - Hierarchie, in ihrer dem U.S. District Court am 4. April 1994 vorgelegten " eidesstattlichen Versicherung ", beschrieben: " David Miscavige war 1984 und 1985 der Vorsitzende des Vorstandes von " Author Services, Inc. " (ASI). ASI wurde gegründet, um als Sammelstelle aller Hubbard - Tantiemen aus den verschiedenen, weltweit bestehenden Scientology - Organisationen zu fungieren. Die gesamten Einnahmen der ASI gingen an Hubbard persönlich. Miscavige vertrat Hubbard in sämtlichen Angelegenheiten innerhalb Scientology.

Regelmäßig berief er Sitzungen ein, an denen auch ich, zusammen mit anderen Spitzenfunktionären der Scientology - Organisation, teilnahm. Während dieser Treffen wurden alle aktuellen Angelegenheiten besprochen, die laufenden gerichtlichen Auseinandersetzungen und Schmutzkampagnen gegen die Feinde von Scientology eingeschlossen. In der Zeit, als ich Vorstandsvorsitzende des RTC war, hielt Miscavige den Vorsitz bei ASI ... Im März 1987 wurde Miscavige mein Nachfolger bei RTC ...

Hubbard-Nachfolger und heutiger Scientology-Führer
David Miscavige im OSA-Geheimdienst-Hauptquartier Los Angeles
(aus: „High Winds" 18, Seite 59, 1995 CSI)

Er ist seit 1981 (!) der einzige Entscheidungsträger über alle (!) Gerichtsverfahren, die die Scientology-Organisation führten, bzw. in die sie verwickelt ist. Er trifft seine Entscheidungen ohne Rücksicht auf Organisationsstrukturen innerhalb der einzelnen Scientology - Abteilungen und Firmen. Miscavige hat niemals jemand anderen gestattet auch nur eine endgültige Entscheidung in diesen Angelegenheiten ohne ihn zu treffen... Miscavige läßt sich täglich über die laufenden Verfahren schriftlich unterrichten. Anschließend gibt er direkte Anweisungen an die Scientology - Anwälte (!) ...

Keinem anderen Führungsmitglied der Organisation ist es gestattet, eigene Gerichtsverfahren zu initiieren, selbst wenn es deren Abteilung betreffen würde... Prozesse sind sehr kostspielig und können bei Niederlagen eine verheerende Public Relations verursachen. Aus diesem Grund behält sich Miscavige sämtliche Entscheidungsgewalt selbst vor..."

STACY BROOKS YOUNG

In einer weiteren eidesstattlichen Versicherung vom 4.4.1994 in dem vorgenannten Prozeß, erklärt die hochrangige Ex - Scientologin Stacy Brooks Young dazu: "... Herr Jentzsch, Sprecher der Scientology - Organisation, sagte vor Gericht aus, daß wir beide, mein Ehemann und ich, in das "Rehabilitation Project Force", auch RPF genannt, verbracht wurden. Das ist mehr als wahr. Dies ist der Ort, wo die entsetzlichsten Mißhandlungen (!) stattfinden, geheimgehalten vor jeder Öffentlichkeit, wo selbst die Mitarbeiter im Lager zu betäubt sind zu erkennen, daß auch sie nur williges Werkzeug der Scientology - Führung sind. Es gibt aus dem RPF kein Entkommen, es sei denn, man durchläuft und beendet die Strafprozedur " erfolgreich ", d.h. man ist das " Produkt " eines Programms geworden, ein Mensch der gegenüber seinen Vorgesetzten widerspruchslos, absolut unkritisch, unterwürfig und gehorsam ist. Solange das nicht erreicht ist, ist der " Häftling " kein " Produkt " und muß im RPF bleiben. Ich weiß, daß dies die Wahrheit ist. Ich habe es zusammen mit meinem Mann dort erlebt. So wie viele andere, die dort interniert waren.."

ARTHUR HUBBARD IN BURGBROHL UND ALS GEFANGENER IM STRAFLAGER " RPF "

Einer der diese Hölle auch und sogar zweimal in seinem Leben durchleiden mußte, ist der heute in Los Angeles als bildender Künstler tätige 37 jährige Arthur Hubbard, der jüngste Sohn von Scientology - " Gründer " L. Ron Hubbard und sehr guter Freund der Familie Helnwein, bei der er 1986 und 1990, auf deren Burg in Deutschland, insgesamt mehr als ein Jahr lang lebte und als Maler und " Assistent " für Gottfried Helnwein arbeitete.

Andre Tabayoyon dazu im März 1994: " ...Arthur (Mitglied der CSI-Scientology Kirche International) erzählte mir bei mehreren Treffen, daß sein Vater Ron immer wieder versucht hat, sein Leben für ihn komplett zu organisieren und er dies absolut nicht wollte. Arthur wurde so sauer auf seinen Vater, daß er sogar beschloß, aus der Eliteeinheit Sea Org auszusteigen. Er wurde von David Miscavige persönlich ausfindig gemacht und " zurückgeholt ". Arthur wurde unverzüglich in das RPF bei Hemet zur " geistigen Genesung " gesteckt und verbrachte dort viele Monate. 1988 konnte Arthur aus dem RPF fliehen, wurde jedoch schnell wieder eingefangen. Norman Starkey, Nachlaßverwalter aller Rechte an den Schriften von Vater Ron Hubbard, befahl die erneute Gefangenschaft von Hubbards Sohn und Einweisung in das RPF in Happy Valley. Nachdem er angekommen war, wurde er einer speziellen Gehirnwäsche unterzogen, die ihn an den Rand des Wahnsinns brachte. Dennoch gelang ihm erneut die Flucht. "

Diesmal jedoch wurde darauf verzichtet ihn wieder gewaltsam zurückzubringen. Man ließ ihn fortan in Ruhe, um jeglichen Medienrummel zu vermeiden. Vielleicht hatte die Scientology - Führung nun doch Skrupel bekommen, da es sich immerhin um den Sohn von " Gott " Ron Hubbard gehandelt hat. Arthur Hubbard, der nun weiter versuchte an seiner Künstlerkarriere zu arbeiten, ging nach Los Angeles zurück. Durch Vermittlung der Führung des Scientology - Celebrity Centers International in Hollywood, dem bevorzugten Aufenthaltsort der Familie Helnwein in L.A. während ihrer Besuche, gelangte Arthur Hubbard nach Deutschland. Zielort Burgbrohl. Zielperson Gottfried Helnwein, wie Hubbard Peter Reichelt, Helnweins ehemaligen Berater, im Sommer 1990 erzählte. Ende 1989 zog er in Helnweins Burg ein. Gottfried stellte ihm ein kleines Atelier zur Verfügung, ebenso ein kleines Zimmer zum wohnen. Zusammen mit den beiden nicht scientologisch - geschulten Assistenten Markus und Axel, wurde er sein 3. Assistent und damit " Mädchen " für alles.

Daneben, in seiner " Freizeit ", malte er Ölbild um Ölbild, um eine eigene Kunstausstellung auf die Beine zu stellen. Er erzielte nur sehr wenig Geld aus den Verkäufen einiger seiner Bilder.

DAS MODELL FÜR DEN ORF

Arthur war im Sommer 1990 fast völlig " abgebrannt ". Zu diesem Zeitpunkt produzierte Reichelt, mit seiner Produktionsfirma " DINO ", gerade die TV - Pilotsendung " Kinderspiel ", als Samstagabend - Show für den ORF in Wien konzipiert, mit Dietmar Schönherr und Desiree Nosbusch als Moderatoren. Als " künstlerischen Leiter " beauftragte Reichelt seinen Geschäftspartner Gottfried Helnwein im Frühjahr 1990. Er sollte u.a. das gesamte Bühnenbild der zwei großen Filmhallen in den noch aus den 30er und 40er Jahren berühmten Wiener Rosenhügel - Studios gestalten, die als Produktionsstätte der für das Jahr 1991 geplanten ORF - Fernsehshow vorgesehen waren.

Um den damaligen Intendanten des ORF, Teddy Podgorski, bzw. seinen Nachfolger Gerd Bacher, von der Durchführbarkeit der Helnweinschen Vorschläge zu überzeugen, beauftragte Reichelt Helnwein mit der Fertigstellung zweier großer, maßstabsgetreuer Modelle. Helnwein wiederum übergab die tatsächliche Ausführung seinem Freund und Mitbewohner Arthur Hubbard. Dieser arbeitete nun, zusammen mit einem jungen Wiener Modellbauer namens Wokaun, an der Realisierung der Helnweinschen Einfälle. Sie brauchten dafür mehrere Monate. Arthur Hubbard erhielt von Reichelt für seine Arbeit 2.100 DM Honorar, das er auch bitter nötig hatte, da er bisher noch nichts in Deutschland durch den Verkauf seiner Bilder verdient hatte. Hubbard und sein Partner, der Wiener Modellbauer Wokaun, sowie die Helnwein - Assistenten Axel und Markus, hatten Helnweins zeichnerische Ausarbeitungen fabelhaft umgesetzt.

Erstmals " prämierenmäßig " präsentiert wurden die beiden Modelle bei einer der im Sommer 1990 stattfindenden, mehrtätigen Arbeitssitzungen des gesamten 20-köpfigen " Redaktions " - Teams, unter der Leitung des Schauspielers und Helnwein - Freundes Dietmar Schönherr auf der Helnwein - Burg. Die beiden Modelle, im Erdgeschoß der privaten Gemächer der Helnwein - Familie aufgestellt, wurden in einer feierlichen Enthüllung, durch den Schloßherrn persönlich, voller Stolz, vor den überwältigten anwesenden Gästen präsentiert. Reichelt hatte mehrfach Gelegenheit mit Arthur Hubbard unter vier Augen zu sprechen. Ihn interessierte vor allem, wie sein Verhältnis zu seinem Vater, dem "Übermenschen", war. Arthur redete sehr offen über ihn. Begeistert war er von den " Ethics - Regeln ", die sein Vater entwickelt hatte, was Reichelt damals nicht verstanden, da ihm der Begriff " Ethic " erst später etwas sagte, nachdem er seit 1992 begann, das Helnweinsche Verhältnis zur Scientology - Organisation kritisch zu hinterfragen. Arthur sprach

Gottfried Helnwein, Kuno Knöbl (ORF-Produzent) und Peter Reichelt im ORF-Fernsehstudio „Rosenhügel" in Wien im Sommer 1990 (Foto: AR)

Team-Sitzung für ORF-Samstagabendshow „Kinderspiel" auf Burg Brohl u.a. mit Dietmar Schönherr, Desirée Nosbusch und Gottfried Helnwein im Juli 1990

„Brain-Storming" für „Kinderspiel" auf Burg Brohl - Juli 1990 (Fotos: AR)

Desirée Nosbusch und Gottfried Helnwein

Das Wohnzimmer der Familie Helnwein

resignierend über seine langfristigen Gefängnisaufenthalte, weil er sich den Doktrinen seines Vater offen widersetzt hatte und dafür von der Organisation bestraft wurde, aber er sagte auch, daß er sich, wegen seines miserablen Verhältnisses zu seinem Vater, von der aktiven Mitarbeit in der Organisation (1990) zurückgezogen hat, um nur noch als freischaffender Künstler zu arbeiten. Es hatte auch viele intensive Gespräche während seines fast einjährigen Aufenthaltes bei Helnwein zwischen ihm und Gottfried gegeben, sagte er Reichelt noch kurz vor seiner Abreise. Vieles was er Peter Reichelt berichtete, klang in seinen Ohren nicht real und völlig unverständlich.. “ Ich konnte es mir nicht vorstellen, da es zum Teil recht utopisch klang. Vor allem die Vergangenheit seines Vaters Ron, war für Helnwein von großem Interesse “, soweit Reichelt im Januar 1997.

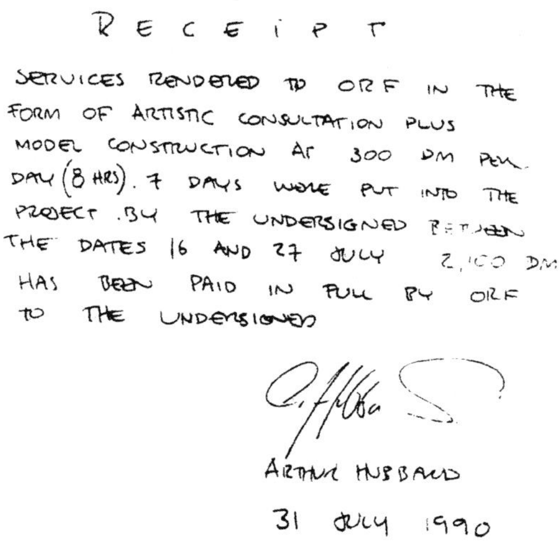
RECEIPT

SERVICES RENDERED TO ORF IN THE
FORM OF ARTISTIC CONSULTATION PLUS
MODEL CONSTRUCTION AT 300 DM PER
DAY (8 HRS). 7 DAYS WERE PUT INTO THE
PROJECT. BY THE UNDERSIGNED BETWEEN
THE DATES 16 AND 27 JULY 2,100 DM
HAS BEEN PAID IN FULL BY ORF
TO THE UNDERSIGNED

ARTHUR HUBBARD

31 JULY 1990

Arthur Hubbard lebte bei Gottfried Helnwein und arbeitete dort sogar für den ORF in Wien als Modelbauer. Sein Honorar, das er am 31.7.1990 in bar erhielt: 2100 DM für sieben Tage Arbeit.

GOLD

Doch zurück zu Ex - RPF Straflager - Mitarbeiter Tabayoyon: “ ...Die Hubbard - Technologien, kurz “ Tech “ genannt, wurden dazu benutzt, um angeblich Leuten zu helfen. Es wurde aber vor allem, zum einen, zur zwanghaften Kontrolle von menschlichen Verhaltensweisen benutzt und zum anderen, zur Bestrafung von Menschen wegen tatsächlicher, oder auch nur eingebildeter Missetaten gegen Scientology...Man nannte diesen " Mißbrauch " der Hubbard - Tech intern " Black Dianetics " oder "Reverse Processing"...Während meiner 21 Jahre bei Scientology und meiner verschiedenen Tätigkeiten für die Organisation, hatte ich einen genauen Überblick, wie der innere Machtapparat funktioniert. Ich beobachtete, nahm daran teil und wurde dann selbst ein Opfer der gewaltsamen und manipulativen Gehirnwäsche - Prozeduren, die dafür entwikkelt wurden, den Menschen ihr freies Denken vollständig durch die An - und Absichten der Organisation zu ersetzen. Diese Praktiken waren vor allem im RPF vorherrschend, eines Gehirnwäsche - und Bestrafungsgefängnisses, das große Ähnlichkeiten mit den Straflagern der Viet Cong, den Nordvietnamesen und der Rotchinesen hatte, die ich während meiner Militärzeit in Vietnam " kennenlernte "...

Ich arbeitete mehr als 10 Jahre in der " Base " in Gilman Hot Springs bei Hemet. Dieser Ort ist besser als " Gold " bekannt. " Gold " ist ein befestigtes und mit Waffen bewachtes Gelände unter der Regie verschiedener Scientology - Organisationen. Es steht unter der direkten Kontrolle von David Miscavige, der dort auch eine exklusive Villa bewohnt. Diese Organisationen sind u.a. die CSI und das RTC. Verwaltet wird "Gold" in Teilen durch das "Gold Coordination Council" (GCC). Während meiner Tätigkeit in "Gold", war ich persönlich für unzählige Renovierungs - und Neubauprojekte verantwortlich. Dies umfaßte u.a.:

1. Die 1983 durchgeführte Renovierung des von L. Ron Hubbard be wohnten Hauses.
2. Die Renovierung des Hubbard - Bürokomplexes, einschließlich der Einrichtung eines Film- und Tonstudios im Jahre 1984...

Ich habe mitbekommen, daß Gelder diverser, nicht kommerzieller, "religiöser" Scientology - Organisationen sowie Mitarbeiter von diesen, für das Wohlergehen von David Miscavige, Tom Cruise, anderen Scientology-Führungskräften und Berühmtheiten wie John Travolta, Chick Corea und Priscilla Presley ausgegeben und benutzt wurden. Für Miscavige errichteten wir ein Musikstudio, ein Foyer, ein eigenes Garderobenzimmer, einen persönlichen Fitneßraum und einen Lagerraum.

Die Kosten dafür beliefen sich auf ca. $ 300.000. Als Arbeitskräfte wurden die Gefangenen des RPF - Arbeitslagers eingesetzt. Wir bauten auch ein Kino, daß von Miscavige und einigen Filmstars, als " Prämieren " - Kino zum Vorführen brandneuer Filme benutzt wurde, die ihm von seinen Bekannten aus der Filmindustrie zur Verfügung gestellt wurden...

TOM CRUISE UND SEIN FREUND DAVID MISCAVIGE IN " GOLD "

Während der 80er Jahre freundete sich Miscavige mit dem Schauspieler Tom Cruise an und verbrachte mit ihm immer wieder einige Zeit in "Gold" in der Hemet " Base "... Des öfteren saßen beide auf dem Deck das für L. Ron Hubbard mitten in der Wüste gebauten " Clipper " - Schiffes. Dort befand sich auch eine kleine Küche, ein Eßzimmer, eine kleine Bar und ein Bett... Bei anderen Gelegenheiten schwitzten beide gemeinsam im exklusiven Fitneßraum, dessen Benutzung absolut auf wenige Personen beschränkt war. Niemanden war es gestattet, während des Aufenthaltes von Tom Cruise in der " Base ", mit ihm zu sprechen. In " Gold " kennt man Miscavige nur als " DM " und Tom Cruise als " TC ".

Seit den späten 80er Jahren, bis zu dem Zeitpunkt, als ich 1992 "Gold" verließ, wurde Tom Cruise ein eigenes exklusives Appartement mit Lager, durch die Scientology - Organisation und auf deren Kosten zur Verfügung gestellt. Tom Cruise hatte in " Gold " zwei Yamaha - Motorräder, einen Mercedes Benz und einen großen Wohnwagen zu seiner persönlichen Verfügung. Diese Fahrzeuge wurden in Hubbards ehemaliger Garage und auf seinem Parkplatz abgestellt. Es war offensichtlich, daß Miscavige und Cruise eine besondere Beziehung zueinander entwickelt hatten. Der eine ist ein der Jugend der Welt als Vorbild dienender Filmstar, der andere der junge, diktatorische Führer eines Kults, der auszog, um die Welt " Clear " zu machen und zwar mit Hilfe des Scientology - "Glaubens" und seinen Praktiken.

Als Tom Cruise Nicole Kidman heiratete, fuhren beide zusammen mit David Miscavige zu einem Ski - Resort in Colorado für die Hochzeitszeremonie. Ein Sea Org - Mitarbeiter, Sinar Parman, wurde eigens dafür mitgenommen, um für Tom Cruise und Miscavige, auf Kosten der Scientology-Organisation, zu kochen. Aus diesem Grund verblieben in dieser Zeit nur noch 3 Köche in " Gold " übrig, die drei-mal am Tag für 800 Mitarbeiter kochen mußten.

Ich war am Bau einer Appartement - Wohnung in der " Gold " - Basis tätig, das ausschließlich für den persönlichen Gebrauch von Tom Cruise, unter erheblicher Mittelaufwendung der " religiösen " Scientology-Organisation, erbaut wurde. Der Bau erfolgte auf Befehl von David Miscavige. Obwohl er vorgibt, ausschließlich Vorstandsvorsitzender von RTC zu sein, ist er auch für die Ausgaben der CSI - Gelder und die Ausbeutung von CSI -Mitarbeitern, bezahlte, aber auch " Sklaven " - Arbeiter verantwortlich. Weitere Appartement - Häuschen wurden in " Gold " für John Travolta, Kirstie Alley, Edgar Winter, Priscilla Presley und andere

Scientology - Berühmtheiten gebaut. Es wurde unter allen Umständen versucht, vor diesen Prominenten das wahre Gesicht der Scientology - Organisation geheimzuhalten. Die Arbeitskräfte für den Bau des Cruise-Hauses, stammten von der " Gold " - Basis und aus den RPF - Arbeitslagern der Umgebung. Ein RPF (Rehabilitation Project Force) ist ein Scientology - Gulag oder Konzentrationslager...

Das Tom Cruise - Appartement in " Gold " im Ort Gilman Hot Springs, steht beim Golf Kurs am Ausgang von " Gold " an der State Street. Während seines Aufenthaltes in " Gold " kümmerte sich ein Sea Org - Steward um Tom Cruise. Nach einem großen Wassererdrutsch mußten wir sein Appartement, daß teilweise zerstört worden war, vollständig neu renovieren. Diese Reparaturarbeiten hatten höchste Priorität. Wiederum wurden Mitarbeiter von " Gold " und RPF in unzähligen Überstunden dafür eingesetzt. Auch hier profitierte Tom Cruise von dem Einsatz der Sklaven - Arbeitskräfte aus dem Gefängnislager, die fast rund um die Uhr arbeiten mußten.

Tom Cruise erfreute sich auch an weiteren in der " Gold " - Base gelegenen besonderen Einrichtungen, die ausschließlich der Scientology-Führung und da vor allem David Miscavige, zugänglich waren. Ich sah Tom Cruise den Fitneßraum benutzen, der für 98 % aller Mitarbeiter von " Gold " absolutes Sperrgebiet gewesen ist. Er hatte auch unbeschränkten Zugang auf das Schiff, auf dem sich u.a., eine Sauna, ein Whirlpool und sogar ein für Olympische Spiele geeigneter Swimming Pool befand... Um sicher zu gehen, daß die Aufenthalte von Tom Cruise in " Gold " bei Hemet, zu seiner vollsten Zufriedenheit verlaufen, wurden besondere Maßnahmen getroffen. Die Mitarbeiter in der " Base " hatten während seines Besuches besondere Auflagen zu beachten. Millionen " Kirchen " - Dollars wurden dafür aufgewendet, daß der Multimillionär Tom Cruise " Gold " regelmäßig besuchen konnte, um seinen Freund Miscavige zu treffen... Die Mitarbeiterin Jennie Matsamura wurde eigens für ihn abgestellt, damit sie sich um ihn und sein renoviertes Häuschen kümmern konnte. Allen " Gold " - Mitarbeitern war es verboten, dort aufzutauchen, wo sich Tom Cruise gerade hätte aufhalten können... Einmal mußten wir einen zementierten Fußweg anlegen, damit Tom Cruise nicht über den Wüstenboden laufen mußte...

Nur in " Gold " erhielt Cruise auch seine fortgeschrittenen Auditing-Kurse. Seine gesamte Auditor - Ausbildung verlief unter der Oberaufsicht des RTC und wurde ihm auch durch diesen angeboten. Offiziell bietet das RTC allerdings keinen Auditing - Service an. Das ist ein weiteres Beispiel dafür, daß die " offizielle " Aufteilung der Scientology - Organisation in verschiedene, angeblich voneinander unabhängige Bereiche, nur eine Täuschung der Nicht - Scientologen Öffentlichkeit ist und innerhalb von Scientology völlig ohne Bedeutung ist. Als ich "Gold" im Januar 1993 endgültig verließ, hatte Tom Cruise bereits die Auditoren - Ausbildung 0 bis IV, den " Key to Life Course " und den " Live Orientation Course " absolviert. Außerdem wurde er bis zum OT III auditiert...

Tom Cruise hingegen auditierte Kevin Catano bis zum Auditor IV.... Tom Cruises geheime (pre-clear) Unterlagen wurden in " Gold " aufbewahrt. Als Sicherheits - Mitarbeiter hatte auch ich Zugang dazu. Diese Materialien beinhalten vertrauliche und intime Informationen, die aus den verschiedenen Auditing - Sitzungen stammen. Der Inhalt solcher Akten wurde des öfteren dafür mißbraucht, um sie später gegen den Auditierten zu verwenden. Meiner Meinung nach und diese basiert auf meinen Erfahrungen innerhalb der Scientology - Organisation, werden diese Unterlagen aufbewahrt, um Einfluß und Kontrolle auf Personen wie Tom Cruise, oder John Travolta auszuüben, falls sie jemals versuchen sollten, die Scientology - Organisation zu verlassen. "

OPERATION " PAPER CHASE ", ODER WIE MACHE ICH AUS GOLDBARREN NOCH VIEL MEHR GOLDBARREN

Am 15. Mai 1991 verließ ein mehrseitiges Schreiben mit einem hochbrisanten Inhalt das Staatsgefängnis " Federal Correctional Institution " (FCI) in Tallahassee, Florida. Absender des Briefes, Steve Fishman, verurteilt, bis zum November 1993, zu fünf Jahren Gefängnis, für seine Beteiligung an den Betrügereien im Zusammenhang mit der " Operation Acting Classes ", durchgeführt im Auftrag des "Office of Special Affairs", also der " Scientology Kirche International " mit Sitz in Los Angeles.

Fishman schildert erstmals einem Freund in Einzelheiten den Ablauf der von der Scientology - Organisation durchgeführten, streng geheimen " Operation Paper Chase ".

Fishman: " ...Ich war von 1979 bis 1990 ein OSA - Geheimdienstmitarbeiter der amerikanischen Scientology - Organisation. Ich war der "Feld - Finanzplaner" von Miami und der Telex - Nachrichtenchef, später verantwortlich für das " INCOMM Computer Network ". Ich war auch Direktor des " Squirrel Watch Program (SQL) ", zuständig für alle " Feinde " der Scientology - Organisation und der Aufstellung eines Schlachtplanes gegen jeden einzelnen Gegner von Scientology.

Ich war auch " Kurier " für die " Operation Paper Chase (OPC) ". Ich war ein Verantwortlicher dieser größten weltweiten Geldwäsche -

Operation, durchgeführt von führenden Mitarbeitern der amerikanischen Scientology - Organisation. Vor meiner heutigen öffentlichen Enthüllung dieser streng geheimen Aktion, hat die Scientology - Führung in Hemet, Californien, eine ungeheure Angst. Um dies zu verhindern, erhielt ich vor drei Wochen ein Paket ohne Absenderangabe ins Gefängnis geschickt, daß, wie sich schnell herausstellte, mit Plastiksprengstoff gefüllt war, der beim öffnen des Pakets sofort explodiert wäre.

Die " OPC " war L. Ron Hubbards Traum, wie Scientology die Erde wirtschaftlich unter Kontrolle bekommen kann. In den frühen 70er Jahren befahl Hubbard durch sein " Guardian Office ", das 1980 von ihm in " Office of Special Affairs " umbenannt wurde, daß Scientologen als Mitarbeiter in diverse halbstaatliche Organisationen eingeschleust werden sollten, darunter die " Internationale Bank für Wiederaufbau und Entwicklung ", besser bekannt als " Weltbank ", die " Export - Import Bank " und die Senatsversammlung für ausländische Angelegenheiten. Diese " besonderen " Scientologen wurden als Sekretärinnen, oder Beamte, in die jeweiligen Abteilungen für "Country Risk Analysts (CRA)" eingeschleust. Der zuständige CRA - Beamte entscheidet, ob ein Drittwelt - Land kreditwürdig ist, oder besser gesagt, ob dieses Land seine gewährten Kredite überhaupt wird zurückzahlen können. In den folgenden Jahren gaben diese Undercover - Scientologen in fremden Diensten, immer wieder darüber detaillierte Informationen an die Scientology-Führung nach Los Angeles, wenn wieder einmal ein bestimmtes Land in kürze nicht mehr fähig sein würde, seine Schulden zurückzubezahlen. Bevor dann diese Neuigkeiten öffentlich bekannt wurden, oder sich politische Unruhen entwickeln konnten, wurde vom Scientology - Management, z.B. durch ihre Bankverbindungen in Vaduz, Lichtenstein (Windesgraetz Bank), in Andorra und San Marino, Geschäfte abgeschlossen, um die betroffene Landeswährung " short " zu verkaufen.

" Short " verkaufen heißt, ein Devisentermingeschäft in der Form abzuschließen, daß, wie in unserem Fall Scientology, hunderte von Millionen Dollar im Gegenwert dieser fremden Währung, verkauft und zwar zu einem späteren Datum für eine zukünftige Zurverfügungstellung. Diese Banken verlangten dann, wegen unserer hervorragenden Geschäftsbeziehungen, eine nur sehr geringe echte Einzahlung durch uns in bar. Daher konnte das Devisenoptionsgeschäft für nur 1 % unseres tatsächlichen Geldeinsatz auf dem Papier 100 mal höher sein. Aus diesem Grund kontrollierte ein von uns gezahlter Einsatz von 100 Millionen $, tatsächlich aber 10 Milliarden (!) $ der jeweiligen Landeswährung. Man kann sich sehr leicht vorstellen, welchen Druck ein solches Geschäft auf das betroffene Finanzministerium dieses Drittwelt - Landes ausgeübt hat, das oft nicht mehr vorhandene Geld dennoch zu dem von Scientology gewünschten Zeitpunkt liefern zu müssen.

Zum gleichen Zeitpunkt wurden weitere von diesem Land dringend benötigte Kreditmittel von den kreditgebenden Instituten in den USA, in die wir ja unsere Leute eingeschleust hatten, verweigert, was wir natürlich durch unsere Informanten schon längst wußten. Diese Länder waren nicht einmal mehr in der Lage, ihre alten Kredite pünktlich zurückzubezahlen und nun wurde sogar noch durch unsere Devisenaktivitäten zusätzlicher Druck auf die betroffenen Landesfinanzbehörden ausgeübt, der schließlich zum Zusamenbruch dieser Landeswährung führte. Jedesmal, wenn die Währung unter diesem starken Druck um 1 % abgewertet werden mußte, verdoppelte sich unser Einsatz auf Grund des kreditspezifischen Multiplikationseffektes unseres Devisentermingeschäftes...

Die Scientology - Organisation ist eine weltweit tätige Geldwäsche - und Steuerhinterziehungsorganisation, die einen äußerst negativen Einfluß auf die gesamte Weltwirtschaft ausübt.

Durch unsere Aktivitäten für die " Operation Paper Chase " schwächten wir 1988 den Kuweitischen Dinar so entscheidend, daß es der Regierung von Kuweit nicht mehr möglich war, ihre Darlehen an den Irak zurückzubezahlen. Durch diesen ARC - Bruch (!) entstand der Golf - Krieg. Bereits 1979, als ich zum erstenmal in diese Aktion involviert wurde, führte die Entwertung des Iranischen Royals zum Zusammenbruch der Regierung des Schah von Persiens und der Ayatollah kam im Iran zur Macht. Weitere Währungen, die wir in unsere Operation verwickelten und dramatisch schwächten, waren der Brasilianische Cruzeiro, der Nicaraguanische Cordoba, der El Salvadorianische Peso, das Zairische Zaire, das Israelische Shekel, den Polnischen Zloty, den Malaysischen Ringgit und einige andere.

Die Aufgabe des " Flag Banking Office Network External " in Clearwater, Florida, war es, die wöchentlichen Einnahmen von Flag durch Auditingkurse, ca. 6 Millionen $, durch diese Finanzmanipulationen auf 32, 4 Millionen $ pro Woche zu erhöhen. Ich hatte die Aufgabe, die Daten, die ich von unseren in die halbstaatlichen Institute eingeschleusten Mitarbeitern regelmäßig erhielt, zusammenzufassen und weiterzuleiten. Mit dem Gewinn, der aus diesen Geschäften regelmäßig erwirtschaftet wurde, kaufte das Scientology - Management Goldbarren.

SC - Boß David Miscavige ließ uns Anfang 1988 über den " Flag Banking Officer International ", David Gaiman, mitteilen, daß Scientology im Jahre 1987 bereits 16 % (!) des gesamten Goldbestandes kontrollieren würde.

Der Hauptzweck von " GOLD " in Gilman Hot Springs, Californien, dem Wohnsitz des SC - Topmanagements, ist nicht die angebliche Filmproduktion in den Studios vor Ort, oder die Herstellung aller SC - Bücher, sondern die geheime, z.T. unterirdische Lagerung der Goldbarren, daher der Name " GOLD ".

Aber nicht nur in " Gold " werden Goldbarren gelagert. Weitere Goldlager befinden sich auf dem Gelände diverser RPF - Lager, die weltweit verstreut liegen, unter anderem in " Happy Valley " in Shandon, Californien, in der Nähe von " Gold ", im " Camp Certainty " in Seiad Valley, Californien, " Wonderland " (Old Happy Valley) in der Crestline Section der San Bernadino Berge, " Merry Mountain " in Nelson, Nevada, nahe New Mexico, " Joy City " in Lehigh, Florida, " Theta Township " in Hareskovby, Dänemark, " Paradise Bay " in Katlehong, Süd Afrika, "Crows Nest" in New South Wales, Australien sowie in England, deren exakte Lokalität ich nicht weiß. Andere " RPF " - Lager, wie " Purpose Palace " in Ybor City, dienen vor allem dazu, billige Sklavenarbeiter dafür einzusetzen, die SEA ORG Uniformen zusammenzuschneidern.

Die Liste der verdeckt arbeitenden Scientology - Unternehmen für das " Operation Paper Chase " - Unternehmen ist lang:

" Theta Management ", " IMU Services " und " Assisco " wickeln überwiegend die Geldflüsse in die USA, die in Europa von den diversen Orgs eingenommen werden, ab. Der " Author Family Trust " wird dafür benutzt, den Transport der Goldbarren per Schiffsfracht weltweit zu organisieren. Die " Church of Spirital Technology " wickelt die " RPF "-Lagerorganisation ab, wie in " Wonderland ", daß ich, während es sich noch im Bau befand, am 29. März 1988 persönlich besuchte. " San Donato Properties " ist für die technische Instandhaltung des OT 8 - Schiffes " Freewinds ", das zur " Flag Ship Service Organization (FSSO) gehört, verantwortlich. Und so weiter.

Mein Fazit:

Die Organisation Scientology ist als Wirtschaftsmacht äußerst gefährlich und darf deshalb unter keinen Umständen unterschätzt werden, nur weil sie mit Hilfe vieler Auditoren, oder Kursanwerbern, tausenden von labilen Menschen weltweit, deren gesamtes Geld aus den Taschen zieht. Das ist leider nur die eine Seite der Medaille. Ich würde es mir sehr wünschen, wenn es doch nur so wäre. Ich bekomme Schüttelfrost, wenn ich mir nur vorstellen muß, daß ich unter so einer Hubbardschen - " Regierung " leben müßte, für die nur stündlich aufwärts gehende Statistiken zählen und kleinste Umsatzeinbrüche eine Freifahrt in ein " RPF " - Lager bedeuten würden. Gezeichnet: Steve Fishman. "

ZWEI MORDAUFTRÄGE VON " SCIENTOLOGY USA " AN GARRY SCARFF

Die OSA-Geheimdienstchefs von links nach rechts: Kurt Weiland, Mike Rinder und Heber Jentzsch (aus: „High Winds" 18, 1995 CSI)

Am 4. April 1994 sorgte Garry Scarff für eine Sensation. An diesem Tag wurde seine 240 (!) Seiten umfassende eidesstattliche Erklärung durch den Rechtsanwalt Graham E. Berry in dem Gerichtsverfahren " Church of Scientology International " gegen Steven Fishman und Uwe Geertz, Fall Nr. CV 91 6426 HLX (Tx), vor dem District Court in Los Angeles, für die Beklagten eingereicht. Scarffs Aussagen sind eine echte Sensation. Erstmals schildert ein ehemaliger hochrangiger OSA - Geheimdienstmitarbeiter in allen Einzelheiten, welche schwerstkriminellen Aufträge er für die Scientology - Organisation in Los Angeles, mehrfacher Mord (!)

eingeschlossen, erledigen sollte, bzw. durchführte. Bevor er die Mordaufträge ausführte, überfielen ihn jedoch Gewissenskonflikte und er offenbarte sich gegenüber der Kriminalpolizei von Portland in Oregon, USA.

Die Erklärung, die Scarff vor dem Rechtsanwalt Berry abgab, wurde innerhalb 17 Tagen (!) im Juli und August 1993 auf Band aufgezeichnet und zu dieser eidesstattlichen Versicherung verarbeitet.

Die Scarff - Geschichte beginnt im Jahre 1991. David Butterworth ist innerhalb der OSA - Organisation in Los Angeles direkter Vorgesetzter und sogenannter " Terminal " des OSA - Agenten Garry Scarff aus Portland. Butterworth ist in dieser Zeit Direktor der OSA International Hauptzentrale in Los Angeles, dem Geheimdienst der Scientology - Organisation. Er ist derjenige, der innerhalb der OSA INT für sämtliche Operationen in den USA verantwortlich ist und auch für deren, wenn möglich, erfolgreiche Durchführung. Scarff: " Ein weiterer OSA - Agent, " Privatdetektiv " Eugene Ingram, ist ein fester Mitarbeiter der Scientology - Anwaltskanzlei Bowles und Moxon in Los Angeles. Die Anwälte in dieser Kanzlei sind die Justitiare der Scientology - Toporganisation CSI (Church of Scientology International). Beide residieren im gleichen Gebäude in Hollywood. Die meisten Anwälte der Kanzlei sind, ausgebildete Scientologen mit hohen Abschlüssen.

Meiner Erfahrung nach gibt es an Hand der mir heute im Juli 1993 vorliegenden Beweismaterialien nicht den geringsten Zweifel daran, daß die CSI, zusammen mit ihren Scientology - Anwälten Bowles und Moxon, innen wie außen, eine durch und durch kriminelle Vereinigung ist. Das betrifft vor allem deren Führung und deren Rechtsanwälte innerhalb von Scientology, ich meine vor allem Tim Bowles sowie alle weiteren Anwälte, die damals für Bowles und Moxon arbeiteten. Sie alle sind Teil dieser kriminellen Organisation und gehören allesamt sofort hinter Gittern.

CYNTHIA KISSER

Im Oktober 1991 hatte ich den ersten telephonischen Kontakt mit dem OSA - Büro in L.A.. Im November und Dezember nahm ich dann erstmals persönlich an Besprechungen in L.A. teil. Ich flog deshalb von Portland nach Los Angeles. Während dieser Sitzungen ging es inhaltlich um einen Mordkomplott im Auftrag der CSI. Die Treffen fanden im " Church of Scientology Saint Hill Organisations " - Gebäude in Hollywood statt, indem sich das OSA INT (Office of Special Affairs International) - sowie das Bowles und Moxon - Büro befanden. Ich erhielt den Befehl nach Chicago, Illinois zu fliegen, um Cynthia Kisser mit einem inszenierten Autounfall zu töten. Frau Kisser war zu diesem Zeitpunkt leitende Direktorin der Hilfsorganisation CAN - "Cult Awareness Networks" in Chicago (in etwa vergleichbar mit Deutschlands bekanntester Scientology - Kritikerin Renate Hartwig und ihrem Verein " Robin Direkt " bei Ulm - d. A.).Die als erstes ins Auge gefaßte Mordmethode war, die Bremsleitungen an Frau Kissers Auto durchzutrennen. Später kam man darauf, daß ihr Auto, ein Ford Bronco, dafür nicht geeignet sei. Daher sollte ich die Bremsflüssigkeit ablassen und mich weiter so an ihrem Auto zu schaffen machen, das es während der Fahrt außer Kontrolle geraten würde, während dem ich mich mit meinem Auto direkt hinter ihr befunden hätte. In diesem Augenblick sollte ich sie von hinten von der Straße stoßen, in der Hoffnung, sie landet an einem Baum, oder zumindest im Graben. Dann sollte ich anhalten und kontrollieren, daß sie auch tatsächlich den " Unfall " nicht überlebt hat. Wäre sie danach immer noch am Leben, sollte ich sie mit einem Kissen ersticken, oder sie aus dem Auto zerren und anschließend ertränken. Es wurde auch darüber diskutiert, ihre kleine Tochter bei dem " Unfall " gleich mit umzubringen. In diesem Augenblick erfuhr ich zum erstenmal, daß Frau Kisser eine kleine Tochter hatte....

An dieser ersten Besprechung nahmen David Butterworth, Eugene Ingram und ich teil. Bei der zweiten Sitzung, ich glaube es war der 17. November 1991, waren außer mir wiederum Butterworth und Ingram sowie einige andere Leute anwesend. Ingram sagte mir, sie seien vom Scientology - " Rechtsbüro " und arbeiteten innerhalb der OSA. Das "Rechtsbüro" befindet sich auf dem gleichen Stockwerk, wo auch die OSA ihre Büros hat, direkt neben dem " Kriegsraum " der OSA. In diesem " Rechtsbüro " arbeiteten Linda Sarkovich und eine weitere Frau namens Teri, ihren Nachnamen weiß ich nicht mehr, die immer in einer blauen Sea Org - Uniform herumlief. Während dieser zweiten Besprechung wurde mir auch Mut gemacht, indem man mir sagte, falls L. Ron Hubbard noch am Leben wäre und ich den Auftrag ausführen würde, wäre er sehr geehrt gewesen, mich an seiner Seite zu wissen.

Ingram sagte mir auch, daß David Miscavige persönlich von dieser "Operation" weiß und es als eine ehrenvolle Tat ansehen würde. Man würde mich nach Vollendung mit offenen Armen empfangen. Dann erhielt ich weitere Instruktionen. Ich sollte zum Chicago O' Hare Flughafen fliegen, mir einen Mietwagen nehmen, mit den Informationen, die mir von dem OSA - Büro in L.A. mitgegeben werden sollten.

Anschließend hätte ich vom OSA - Büro in Chicago, durch Randy Kretchmar, einem OSA - Mitarbeiter von Chicago, die notwendigen

Werkzeuge erhalten. Danach sollte ich Cynthia Kisser nach Hause folgen, sie anschließend mit dem Auto von der Straße stoßen und alle notwendigen Schritte erledigen, die zu Frau Kissers Tod führen würden. Ingram und Butterworth instruierten mich, nachdem ich den Mord begangen hätte, daß mich beim Auftreten von Problemen, die Anwälte Bowles und Moxon vor Gericht vertreten und ein juristisches Feuerwerk für mich abbrennen würden, so daß alle Spuren verwischt werden würden.

Führende OSA INT Mitarbeiter, ganz links Scientology-Anwalt und „Patron“ Tim Bowles im OSA-Hauptquartier in Los Angeles (aus: „Scientology Today“ 5, 1988, CSI INT)

In diesem Moment war ich sicher, daß Tim Bowles und Ken Moxon haargenau über den geplanten Mord informiert waren, weil Ingram und besonders David Butterworth, der OSA - Direktor, das RPF (Rehabilitation Project Force) - Straflager vor Augen, nichts Kompromittierendes in Bezug auf Bowles und Moxon sagen würden, wenn sie nicht von Bowles und Moxon persönlich für ihre Aussage autorisiert worden wären. So war ich davon überzeugt, daß Tim Bowles meinen Plan, nach Chicago zu fliegen und Frau Kisser zusammen mit ihrer Tochter zu ermorden, genau kannte.

FORD GREENE

Im Dezember 1991 wurde innerhalb der OSA ein weiterer " Auftrag " vergeben. Mordopfer sollte diesmal der Jurist Ford Greene werden. Er ist Rechtsanwalt und vertritt ehemalige Scientologen in Prozessen gegen die Scientology - Organisation, also damit ein direkter " Gegner " von Bowles und Moxon. In dieser Sache kam es zu einem Treffen am 21.12.1991 im Büro von Bowles und Moxon, ein Stockwerk über dem OSA - Hauptquartier in Hollywood gelegen.

Commanding Officer OSA International zusammen mit führenden OSA INT-Mitarbeitern bei einer Einsatzbesprechung (aus: „SC Today" 5, 1988, CSI INT)

Der Scientologe, Anwalt Tim Bowles, ist langjähriger Mitarbeiter der OSA. Er ist außerdem ein " Patron ", also ein Großspender für die Scientology - Organisation IAS (Internationale Vereinigung der Scientologen). Er ist ein OT 4 (Operierender Thetan 4) und ein " Auditor ".

Bowles Partner, Rechtsanwalt Kendrick Moxon, war einer der Beteiligten an der berüchtigten OSA - " Operation Snow White " Ende der 70er Jahre, die gegen das FBI und die oberste US - Finanzbehörde IRS gerichtet war und mit der Festnahme und Verurteilung zu langjährigen Gefängnisstrafen von 11 Spitzenfunktionären der Scientology - Führung, unter ihnen sogar die Ehefrau von Ron Hubbard, Mary Sue Hubbard, endete. Moxon war äußerst stolz darauf, daß er niemals wegen seiner damaligen Tatbeteiligung an der Operation vom FBI geschnappt und zur Rechenschaft gezogen wurde.

CCHR attorney Kendrick Moxon.

OSA-Anwalt Kendrick Moxon
(aus: „Scientology Today“ 5, 1988, CSI INT)

An der Besprechung vom 21. Dezember 1991 nahmen außer mir noch Eugene Ingram, David Butterworth, die Anwälte Bowles, Moxon und Laurie Bartilson teil. Ingram sagte mir, daß die Ermordung von Ford Greene viel einfacher wäre, als mein “ Versagen “ beim Ausführen des Mordauftrages gegen Cynthia Kisser. Ford wäre ein einfacheres Ziel und jemand der unbedingt ausgeschaltet gehört. Es wäre ein Leichtes, so Ingram, ihn bei 90 oder 100 Meilen/ h von der Highway zu stoßen und ihn damit zu töten. Ford war deshalb eine solche außerordentliche Bedrohung für die Scientology - Führung, da er zu dieser Zeit den Ex - Spitzenscientologen Gerry Armstrong in einem in den USA für großes Aufsehen sorgenden Prozeß gegen Scientology vertrat. Die einzige Person, die bei der Besprechung Bedenken äußerte, war ich, da ich eine wahnsinnige Angst vor den Konsequenzen hatte. Falls ich nach der Tat geschnappt worden wäre, wäre ich mit Sicherheit auf dem elektrischen Stuhl gelandet. Scientology - Anwalt Bowles sagte darauf nur, ich solle mir keine Sorgen machen, er würde sich schon darum kümmern. Wenn ich Ford Greene tatsächlich, wie befohlen, getötet hätte, wären alle Anwesenden im Raum, Moxon, Bowles, Bartilson, Ingram und Butterworth zusammen mit mir auf dem elektrischen Stuhl gelandet.

THE SEA ORG
HANDLING SUPPRESSION

"We are making a safe environment in which ethics, tech and admin can be put in on a planet in order to be able to run out the fourth dynamic engram."

LRH

Throughout Scientology's history, SPs have attempted to subvert the tech and prevent people from moving up The Bridge. But again and again, in country after country, those who seek to suppress mankind and thwart Scientology's expansion come up against the one group they cannot overwhelm or beat when they stand face-to-face with the Sea Org.

The Office of Special Affairs network is headed by the Office of Special Affairs International and has offices in each CLO around the world. These units are staffed by Sea Org members, because historically, the safety of Scientology has been entrusted to Sea Organization members – because they have a level of dedication and toughness that is necessary to deal with suppression on the fourth dynamic.

This team of Sea Org members is achieving victory after victory on the external front through the application of standard LRH tech.

There is never any compromise when it comes to protecting the delivery of Scientology in our orgs through the standard application of LRH ethics tech. Being the top of The Bridge, and because of its importance to Scientology and to the rest of the planet, this is particularly true at Flag Land Base. And it was this unreasonable viewpoint which brought about one of the Sea Org's most important recent victories.

The battle centered around a handful of SPs who had waged an unsuccessful campaign to drive the Church out of Clearwater. In the face of Flag's continued expansion, their efforts became even more frantic.

Their suppressive assault began in the mid-1970s when the purchase of the Fort Harrison cut across the plans of local SPs to depress the local real estate market so they could move in and buy up the city cheaply. Reacting to our presence, they pushed through a city ordinance in the

The Commanding Officer of the Office of Special Affairs, Mike Rinder, speaks frequently to VIPs and government officials about the spiritual goals of the Church and our success in achieving them.

OSA Int's legal affairs team continues to garner one legal victory after another across the globe.

36

Die Arbeitsweise der Sea Org/OSA-Organisation
Ein Erfolgsbericht, wie man „Unterdrücker" behandelt...
(aus: „High Winds" 18, 1995 CSI)

ON THE 4TH DYNAMIC

Freedom's special editions have successfully gained widespread public support in getting the truth out and safeguarding Scientology and Scientologists in Clearwater.

early 80s designed to give the city the power to control and manage any religious organization's finances and operations. Of course, in spite of their efforts to camouflage their bad intentions, it was clearly aimed solely at the Church of Scientology. These officials wanted to be able to move in and take over the Church.

In the early 1980s, a Sea Org Command Team fired to form the Office of Special Affairs at the FLB to deal with these suppressives. One of the first actions was to file a lawsuit against the city.

This proved to be only the first skirmish in a tenacious, decade-long battle. Eventually, in September 1993, the 11th Circuit Court of Appeals issued a landmark ruling that protects the rights of all religious organizations throughout the United States. The Court blasted the ordinance and ruled that it had been enacted for an improper political purpose. The Court ruled 100% in our favor. They further found that the ordinance violated a portion of the U.S. Constitution which guarantees freedom of religion in America.

Not only had the SPs lost and the Church been totally vindicated, but Sea Org members in the Office of Special Affairs had brought about what has been termed one of the greatest victories for First Amendment religious rights this century.

These SPs, however, could not admit defeat. In a last, desperate effort, city officials tried to appeal the case, but the highest court in the land, the U.S. Supreme Court, refused to hear it.

Even then, they tried to carry forward with a small portion of the ordinance that had not been specifically declared unconstitutional by the courts. They were willing to continue wasting taxpayer money so they could be right.

The Office of Special Affairs, through the efforts of its dedicated Sea Org members, took the next step to get in their ethics. Special editions of *Freedom* were produced for the Clearwater area. Distributed widely to civic leaders, businessmen and taxpayers, a series of articles exposed the truth and the real motives of those who had been behind this attack.

The truth impinged.

The last few holdouts on the City Commission came to their senses.

They passed a law that officially repealed the ordinance. Scientology was totally victorious and the city paid the Church $635,000 to reimburse all we spent to get their ethics in and bring their illegal acts to a halt.

Scientology is today enjoying unprecedented acceptance and expansion in Clearwater. Clearly, the road to OT will never be blocked in the presence of the Sea Org.

ERADICATING EXTERNAL SPs

No matter where situations arise, Sea Org members work as a team to create a safe environment for Scientology. Keeping the route to OT open means protecting The Bridge at *all* levels.

In the United Kingdom, for example, one old-time suppressive tried for years to foist his lies about Scientology on the media and others. This year he was completely shut down by the courts. Unemployed and abandoned by his family, this squirrel had schemed to make money by hawking his lies in a book. But, the Office of Special Affairs had a court declare his book libelous.

Following a series of legal defeats, he was prevented from distributing his materials, and ordered to pay the Church more than 70,000 pounds in sanctions, costs and fees. He has now been forced into bankruptcy, joining two others who met the same fate in the last year after they were confronted by Sea Org members and would not voluntarily stop their squirreling.

LEGAL WINS AROUND THE WORLD

In Italy, OSA struck a major blow to the psych-backed enemies who have been trying without success for years to prevent Scientology from expanding in their country.

In a precedential ruling, the Supreme Court shut down attempts by psych-influenced prosecutors to portray the religious activities of the Church as unlawful.

This battle had begun in 1986, after CCHR started to expose the horrendous crimes being committed by psychs in Italy. The psychs recruited an allied prosecutor who ordered raids on Italian Churches and Narconons and closed them down.

President CSI, Heber Jentzsch, frequently on national media as the spokesman for the Church of Scientology International, delivering the message of the Church's success in building a new civilization.

Hundreds of Scientologists in major cities throughout Germany distribute over a quarter million copies of the recent German-translated Freedom *magazine. This hard-hitting issue exposed the crimes of SPs in Germany.*

Sea Org missionaires from the Office of Special Affairs moved in rapidly to handle the situation. Services were resumed within hours in temporary locations. New quarters were found and the orgs moved into even larger spaces.

This expansion drove the SPs even wilder. The government instigated fruitless "investigations" into the Church and for the next 10 years, to protect the Church and its staff, OSA fought back against baseless charges.

Hard work by Italian OSA Sea Org members and numerous SO missions resulted in a very major legal victory from the Italian Supreme Court. They overturned an earlier suppressive ruling issued by the Court of Appeal in Milan, and recognized the Church as entitled to religious protection under Italian law.

The Sea Org members within OSA would not stand by and allow Scientologists and the Church to be the effect of an SP attack for exercising their religious beliefs.

Another area in the world where suppression has risen to new levels is Germany – the birthplace of Nazi psychiatry. Many of the psychs responsible for massive crimes against humanity escaped justice at the end of World War II. These Nazi psychs subsequently trained others and the second generation SPs have been frantically working to prevent Scientology from expanding and from exposing their crimes.

Through dedicated persistence and standard application of LRH tech, however, Sea Org members in OSA have been making the SPs accountable.

First, they launched a massive public information campaign exposing the SPs to the bright light of world opinion in full-page ads run in *The New York Times* and *The Washington Post*. Week after week the perpetrators of the hate campaign in Germany were shown to be the Nazis they are.

And when one of the leading hatemongers published a book filled with libelous statements about the Church, Sea Org members took action. She was sued and her book had to be withdrawn from the market.

This is not the only SP in Germany who is losing.

The Hamburg org had to contend with a ruling concocted by local SPs which prohibited most forms of dissemination in the streets of the city. They too were taken to court. The Hamburg Administrative Court ruled the org's actions were protected by the German Constitution. They also determined that no limitations were to be placed on the Church's expansion actions.

On the heels of that win, the Office of Special Affairs went on to achieve a major victory in the Stuttgart Administrative Court of Appeal which confirmed the Church's right to disseminate and forbade *all* government attempts to hinder Scientology's expansion.

Though timely, these victories were only the beginning.

A special German edition of *Freedom* magazine was produced which documented and exposed the sources of attacks on Scientology in Germany – the former Nazi psychiatrists who had once practiced their deadly trade in the concentration camps.

A million copies of the magazine were distributed throughout every major city in Germany. State ministries, banks, political parties, trade unions, federal ministries, Catholic centers, universities, police stations, state security offices and federal criminal police offices received copies.

And following this massive onslaught to expose the truth?

Once again, the victory originated in Stuttgart. Starting in 1986, the city government had attempted to stop the expansion of Scientology by "deregistering" the Stuttgart Mission of Neue Brücke (New Bridge) – stripping it of its religious status.

Under the direction of Sea Org officers in OSA, the case was brought to court. The result was a complete reversal of the 1986 decision, decreeing it illegal and in violation of the German Constitution's guarantee of freedom of religion.

That decision made headlines across Germany:

"State Loses to Scientology"

"Scientology Successful"

"Scientology Association Successful Before the Court"

"Stuttgart Loses to Scientology."

The Stuttgart decision sent a clear-cut message that discrimination against Scientologists was forbidden and told other courts *exactly* how they should rule.

ERADICATING PSYCHIATRY

Handling the planet means putting ethics in on the *real* source of enturbulation in this universe – the psychs. Although we have had to deal with these whole track implanters for a long, long time, the only thing which has ever effectively stopped the suppressive influence of psychiatry has been the ethics presence of the Sea Org.

Knowing this, the Sea Org executives of OSA International launched a campaign to once and for all bring an end to the influence of psychiatry on society. Psychiatrists commit crimes on a daily basis. Their victims can get them prosecuted and sue them civilly. With enough

Among OSA's PR team are Sea Org writers, editors and photographers (above). Their products include special publications such as the Church of Scientology's 40th Anniversary booklet (right), which has been distributed in five major languages to opinion leaders and allies worldwide.

convictions, it will become clear that these criminals must be legislated out of existence.

To that end, assistance has been provided to government agencies in their investigations of psych facilities. As a result, 53 psych hospitals have been closed down in the United States.

And to further help nail the psychs' coffin shut, the first of a new series of publications has been released which exposes their racist history. Entitled "Psychiatry's Betrayal: Creating Racism," this booklet shows how, for more than two hundred years, psychiatrists have claimed that "inferiority" is somehow inherent in certain races, including the African race.

The psychs are already on the run. After the booklet was released at a press conference in South Africa – and covered widely in the local media – a whistleblower from a nearby black mental hospital housing thousands of patients called in to report that sudden inspections and clean up were in progress by institution staff.

The SPs are getting the message: their days are numbered.

SAFEGUARDING THE FUTURE

The examples above touch upon just a few of the areas where Sea Org members are making their impact felt in the world community. Our ethics presence is greater today than it has ever been. We are bringing a safe environment to earth where tech can go in and The Bridge is wide open.

Our target is an ambitious one – an OT civilization – but it's a target we *must* achieve. The Sea Org is the only group which can accomplish it.

THE SEA ORG: GETTING IN ETHICS
HAMBURG REACHES NEW HEIGHTS

We've made the ethics presence of the Sea Org real on the planet: And we must continue to do so.... I am sure now we will put standard tech and standard policy in solid and continue our ethics presence by blasting the SPs still kicking around."

LRH

With the arrival of Sea Org missionaires, Hamburg stats took off.

The new Hamburg Command Team, all veteran Sea Org members, revitalized the org staff and got them back on Source.

In the last decade, Hamburg Org has been one of the most successful Scientology Class V orgs on the planet. From the time it became an org in the mid-80s, it expanded rapidly to Saint Hill size and is now about 10 times as big as when it opened its doors as a Class V Org.

Over the last two years, however, the rapid expansion of the 80s slowed down, and the org came under increasing external attacks. The city of Hamburg had even issued a decree through which it attempted to prohibit the org's broad public dissemination. There are two approaches to handling such a situation. The Sea Org addressed both. While the Office of Special Affairs dealt with the SPs, a thorough review was done to isolate the internal causes.

It is, of course, true that suppressives, especially those with Nazi leanings, go berserk in the face of a flourishing and prospering Scientology activity. However, there also is another stable datum – an org is in control of its own environment. Standard ethics, tech and admin generates a field that is so strong it will prevent external attacks.

Therefore, a team of senior SO veterans fired to Hamburg to get to the bottom of whatever had slowed down the rate of expansion, find what external influences were in the way of the org expanding its reach, and what handlings were necessary to get 100% standard tech applied.

The first action of these missionaires was to find and handle any immediate internal out ethics. Sea Org ethics standards were enforced. Standard ethics filing was done per HCO Policy Letter, Ethics Officer Hat. This quickly brought to light any off-policy and out-tech situations and identified those responsible for them. Hamburg Org staff had phenomenal wins from the standard, no-nonsense application of ethics technology in Sea Org style.

The reports also isolated several external influences that had latched onto the org for their own purposes. This, of course, is not looked upon kindly by the Sea Org. Orgs exist so people can go free; they are not there for any other reason. These individuals were immediately gotten off the org's lines.

Simultaneously, the SO missionaires dramatically increased promotion. They upgraded Source image throughout the org. Standard course schedules were enforced, auditors and C/Ses were corrected on any confusions or departures from standard tech. And all the while, any out-ethics was instantly found and handled wherever tech would not go in.

There were immediate improvements in the quantity and quality of Academy and HGC completions, with tremendous wins and rave success stories.

The staff were all put through the Success Through Communication Course. Standard administrative actions were put in with the org Exec and Ad Councils. Routine Source briefings and events were implemented to keep the staff and public briefed and constantly remind them of the miracles of the application of LRH's technology.

The org got back on track, on Source, and the rate of expansion reverted. The external situations began to resolve. But when the Sea Org deals with a situation, it handles the hell out of it. Thus, Sea Org management not only handled the immediate situations, but implemented a handling to bring about a "Clear Hamburg" in short order.

A highly qualified SO Command Team, consisting of seven veteran SO executives, was sent to Hamburg to head the org and the networks and make Scientology flourish and prosper beyond previous expectations.

The Command Team opened a new test center for Hamburg org on one of the city's busiest streets.

The effectiveness and actions of the Sea Org made media headlines. Within a matter of days of the Command Team's arrival, the main Hamburg newspaper and national TV reported on the fact of the Sea Org's plans to 10X the rate of expansion of the Church of Hamburg and Northern Germany.

And, as described in the article on page 36, "Handling Suppression on the 4th Dynamic," the external attacks were turned into victories.

The final triumph of ethics and standard tech occurred when the Hamburg court demolished the city of Hamburg's prohibitive decrees against the Div Six outflow actions. The court cancelled the decrees and opened the doors for the org to promote Scientology in every available manner and with no further limitations!

With the Sea Org getting in standard ethics, standard tech and standard admin, there is no opposition big enough to prevent us from accomplishing the Aims of Scientology.

34

Ein Sea Org/OSA-Mann wird auf „Mission“ in die Hamburger Scientology-Organisation „geschossen“, um dort alle Mitarbeiter wieder „auf Linie“ zu bringen. Der Einsatz hatte Erfolg. (aus: „High Winds“ 18, 1995 CSI)

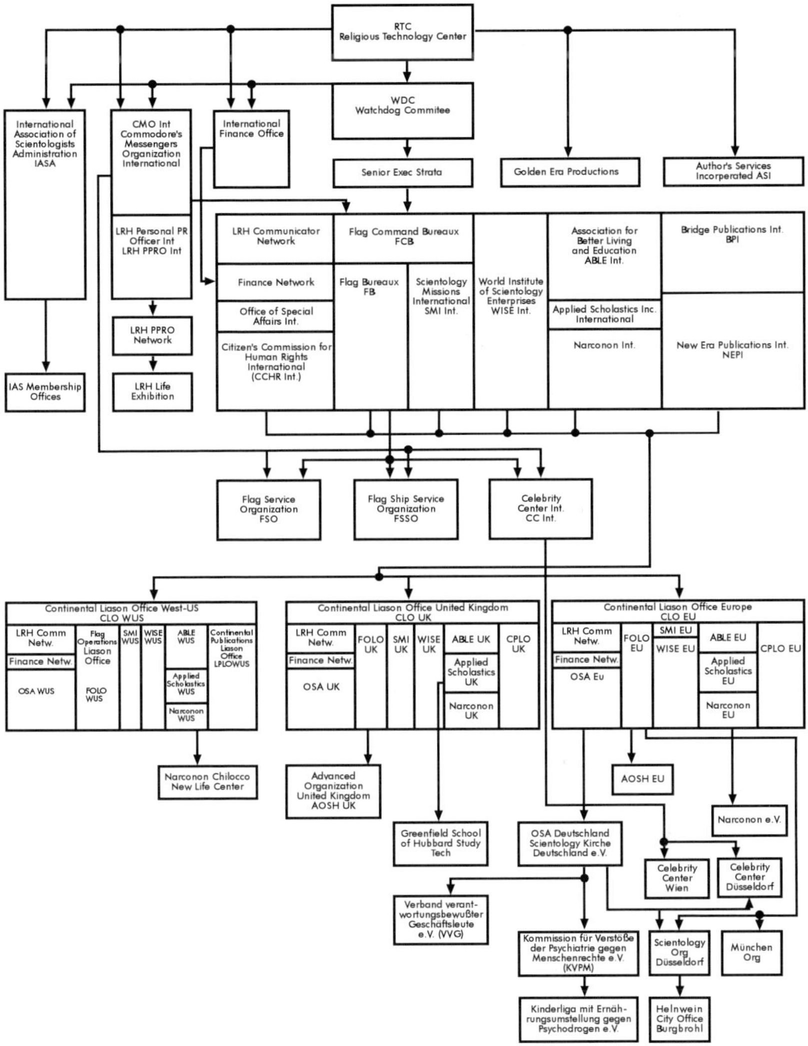

Als „City Office" ganz unten, als Werbeträger ganz oben, Gottfried Helnwein
Der Aufbau der Scientology-Organisation (aus: Ottmann und SHSP 1997)

Angelegenheiten, die für RTC von Interesse sind

RTC ist daran interessiert, unsere Reihen sauber zu halten und dafür zu sorgen, dass die Funktionsfähigkeit der Scientology auf der ganzen Welt erhalten wird. Um Scientologen dabei zu helfen, Situationen zu erkennen, die für RTC von Interesse sind, haben wir Ihnen hier eine ausführliche Liste zusammengestellt. Indem RTC Berichte über solche Angelegenheiten erhält, kann es dann, falls angebracht, eine Untersuchung durchführen und jede Unterdrückung ausfindig machen und entfernen und somit sicherstellen, dass die Funktionsfähigkeit der Scientology erhalten wird.

- Unterdrückerische Handlungen gegen Scientology oder Scientologen, wie in HCO PLs oder HCOBs aufgeführt.
- Verletzungen der Markenlizenz.
- Handlungen, die darauf abzielen, die Marken der Scientology-Religion rechtlich oder auf andere Weise zu mißbrauchen, abzuwerten oder abzuändern.
- Die Marken der Scientology-Religion zu verwenden, ohne die ausdrückliche Genehmigung oder Lizenz von RTC oder eines seiner autorisierten Lizenznehmer zu haben.
- Das Besitzen, Verwenden, Kopieren, Drucken, Veröffentlichen oder Reproduzieren vertraulicher Materialien von Dianetik und Scientology ohne die ausdrückliche Genehmigung von RTC.
- Verletzungen von LRH-Copyrights, einschließlich Angelegenheiten der Reproduktion, Veröffentlichung oder des Verkaufes ohne die ausdrückliche Genehmigung der L. Ron Hubbard Library.
- Als Einzelperson oder Gruppe die Technologien der Ethik, Tech und Verwaltung der Scientology, wie sie in Büchern, Bulletins, Richtlinien und Schriften von LRH dargelegt sind, zu verändern oder zu squirreln versuchen oder dies zu erreichen.
- Abgeänderte technische Daten oder Informationen oder Ausbildungs- oder Verwaltungs-Verfahren der Scientology herauszugeben, wobei man es Scientology oder etwas anderes nennt, um Leute hinsichtlich des wahren Ursprungs und der wahren Glaubenssätze und Praktiken der Scientology zu verwirren oder irrezuführen.
- Das Organisieren von Splittergruppen, die von Scientology-Praktiken abweichen, während man es immer noch Scientology oder etwas anderes nennt, oder um Scientology-Daten oder irgendeinen Teil davon zu verwenden, um Leute von der Standard-Scientology abzulenken.
- Eine Einzelperson oder Gruppe, die ihre Dienste oder Produkte fälschlicherweise als „Dianetik“ oder

„Scientology" bezeichnet.

• Falsche Darstellung der Dianetik oder Scientology.

• Das Entwickeln und/oder Verwenden von Squirrel-Prozessen und -Checksheets.

• Unautorisierte Verwendung der Materialien von Dianetik und Scientology.

• Eine Scientology-Gruppe oder -Organisation oder ihr Personal zu infiltrieren, um auf Anstiftung feindlicher Kräfte hin Unzufriedenheit oder Proteste zu schüren.

• Anti-Scientology-, Anti-Source-, Anti-Org- oder Anti-Kirchenmanagement-Aktionen oder Absichten.

• Eine Person, die bezüglich Scientology oder der Kirche außerordentlich kritisch ist.

• Öffentlich von Scientology wegzugehen.

• Öffentliche Äußerungen gegen Scientology oder Scientologen; dies umfaßt jedoch nicht Äußerungen gegenüber Komitees der Beweisaufnahme, die ordnungsgemäß einberufen wurden.

• Einen Zivilprozeß gegen irgendeine Scientology-Organisation oder irgendeinen Scientologen einzuleiten, wenn man nicht zuerst den International Justice Chief auf die Angelegenheit aufmerksam gemacht hat und eine Antwort erhalten hat.

• Diebstahl, Verbreitung oder Verkauf der vertraulichen Materialien der höheren Stufen von Scientology.

• Sich als ein Offizier oder Mitglied der See-Organisation, hauptamtliches Mitglied einer Scientology-Org oder als Scientologe auszugeben.

• Diebstahl von Dokumenten oder Materialien der Kirche.

• Jegliche Schwerverbrechen an Personen oder Besitz, ob damit gedroht oder es durchgeführt wurde.

• Jemand, der das Schreiben von Wissensberichten verbietet oder davon abrät.

• Jemand, der verbietet, Wissensberichte zu verschicken, oder davon abrät.

• Jemand, der befürwortet, daß Sie oder eine andere Person etwas Illegales tun, oder Sie oder eine andere Person dazu überredet.

„Captain" David Miscavige und sein Feindbild
(aus: „KSW News" 48, RTC 1995)

• Erpressung, ob damit gedroht oder es durchgeführt wurde.
• Sexuelles oder sexuell perverses Verhalten, das sich nachteilig auf das Wohlergehen oder den guten Geisteszustand eines Scientologen auswirkt, der im Status guten Ansehens ist oder der unter dem Schutz der Scientology steht, wie z.B. ein Student oder ein Preclear.
• Willentliche oder nachlässige Sicherheitsverletzungen von den fortgeschrittenen Materialien der Scientology.
• Falsche Berichte oder falsche Ratschläge, die Apathie oder Hoffnungslosigkeit herbeiführen.
• Jemand, der ein Confessional verweigert oder sich weigert, auf eine Frage, die einen Read ergeben hat, zu antworten.
• Jemand, der in diesem Leben implantiert wurde.
• Eine Person, die sich wie ein PTS-Typ III (Potentielle Schwierigkeitsquelle) verhält.
• Hauptamtliche Mitglieder einer Org zum Schaden der Produktion oder der Einrichtung einer Scientology-Organisation bei sich zu beschäftigen.
• Verletzung der Missionssatzung.
• Zu zerstörerischen Aktionen anzustiften.
• Aktionen oder Unterlassungen, die unternommen wurden, um Scientology oder Scientologen bewußt zu unterdrücken, zu reduzieren oder zu hindern, wie die unterdrückerischen Handlungen/Schwerverbrechen, die in HCO PL vom 23. Dezember 1965RB, UNTERDRÜCKERISCHE HANDLUNGEN, UNTERDRÜCKUNG VON SCIENTOLOGY UND SCIENTOLOGEN, HCO PL vom 10. September 1983, PTS-SEIN UND DAS ABBRECHEN DER VERBINDUNG, und jedes Verbrechen, das in HCO PL vom 7. März 1965RA, Ausgabe III, VERSTÖSSE UND BESTRAFUNGEN, aufgeführt ist und als Schwerverbrechen wieder eingestuft worden ist, da es ein ernster Fall war, einen großen Schaden angerichtet hat, vielen Leuten geschadet hat und wiederholt begangen wurde.

Foto nebenstehend:
Achtung: Feind hört und sieht mit im Flag-Hauptquartier in Clearwater
(aus: „KSW News“ 48, 1995 RTC)

RTC personnel review and analyze reports sent to RTC.

Die RTC-Abteilung für die „Analyse" von weltweit eingehenden „Wissensberichten" in Los Angeles (aus: „High Winds" 18, 1995 CSI)

Oben: Mit Hilfe eines speziellen Kamera-Einsehsystems können Repräsentanten des Generalinspektor-Netzwerkes die TRs und die Bedienung des E-Meters der Auditoren sowie alle anderen Aspekte einer standardgemäßen Auditingsitzung genau inspizieren und verifizieren.

Ich führte den Auftrag aber nicht aus. Ich habe es einfach nicht fertiggebracht, jemanden zu verletzen oder umzubringen.

Im Frühjahr 1992 und noch einmal im August 1992, übte Butterworth sehr starken Druck auf mich aus, daß ich doch endlich das tun solle, was man von mir erwartet und wie es auch abgesprochen war. Da wurde es mir zuviel. Ich war mit meinen Nerven am Ende. Schließlich schrieb ich heimlich an Cynthia Kisser und bat sie um ein vertrauliches Gespräch zusammen mit ihrem Rechtsanwalt. Nach dem 19. 9. 1992 erhielt ich einige Einschüchterungsanrufe von Ingram. Er drohte mir massiv damit, falls ich jemals auspacken würde, werde man mich umbringen. Falls er mich nicht erwischen würde, dann würde es eben meiner Familie an den Kragen gehen und meine Eltern würden getötet werden. Ich dürfte unter keinen Umständen eine offizielle Erklärung zu Lasten der CSI, oder Bowles und Moxon abgeben. Falls ich dies doch täte, " würde ich mir wünschen, lieber tot zu sein ", dieses sagte man mir in einem weiteren Telefonat am 26.10.1992. Das ist auch der Grund, warum ich bei meinen Aussagen bei Ihnen einen Los Angeles Kripobeamten zu meinem Schutz dabei habe. Ich fürchte um mein Leben... gezeichnet: Garry Scarff ". Die Ermittlungen des FBI in diesem Fall, dauern bis heute, im April 1997, immer noch an.

Im Januar 1997 nahm Egmont R. Koch für die ARD - Reportagenserie " Gesucht wird: Ein Straflager ... ", u.a. diese Spur auf und versuchte einigen anderen ungeklärten Fällen, im Zusammenhang mit dem OSA - Geheimdienst, gemeinsam mit dem Kronzeugen Garry Scarff und dem früheren Flag - Mitarbeiter Martin Ottmann, intensiv nachzugehen. Doch dazu später mehr.

DIE SEA ORG " MISSION " DES " OSA " - MANNES WILL DUCKHORN NACH BURGBROHL - 1991

Nach dem jüngsten Sohn des Scientology - Bosses Ron Hubbard, Arthur, der 1990 fast ein Jahr lang auf der Helnwein - Burg wohnte und fleißig malte und auch andere Arbeiten für ihn verrichtete, kam ein weiterer Amerikaner aus Los Angeles bei Helnwein an. Sein Name Will Duckhorn, ein großer , etwas dicklich wirkender kurzhaariger Mann mit schwarzem, etwas graumelierten Haar. Alter ca. 50 Jahre. Den Helnwein - Assistenten wurde er als d e r neue " Administrator " vorgestellt, der das Helnweinsche Organisationssystem in Burgbrohl " endlich auf Vordermann " bringen sollte, das, aus welchen Gründen auch immer, nicht mehr so nach dem Geschmack der Helnweins, oder anderen Interessierten in den USA, funktionierte.

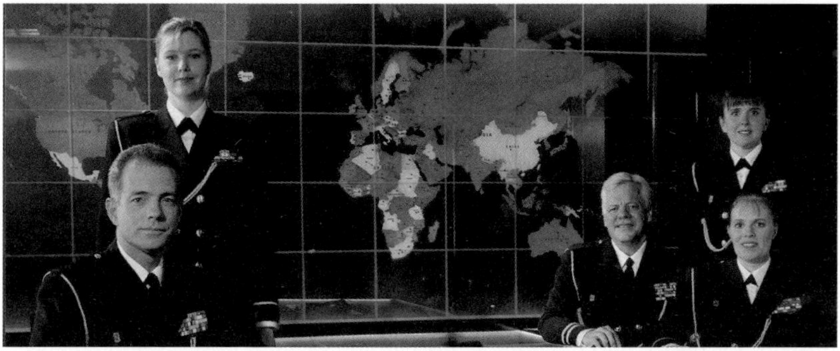

Das Generalinspektor-Netzwerk, eine Abteilung des OSA-Geheimdienstes, zuständig für das Entdecken und Herausfinden von „internen und externen Infiltrationen und Unterdrückungen“ und deren Beseitigung (aus: KSW News 48, 1995 RTC)

Will führte sofort das sogenannte “ basket - system “ ein, d.h. Order/ Befehle gingen, innerhalb des Schlosses, an die zuständigen Mitarbeiter durch neue, von Will eigens eingeführte, Order - und sonstige Formulare, die bei den jeweiligen Mitarbeitern auf wenig Gegenliebe stießen. Der frühere Partner von Helnwein Reichelt, fragte Will gleich bei einer seiner ersten Treffen, woher er denn käme und was ihn denn in das “ Kuhdorf “ Burgbrohl verschlagen hätte. Er lernte Will als einen recht offenen, gesprächigen Menschen kennen, so wie man sich den typischen durchschnittlichen, irgendwie unscheinbaren Amerikaner einfach vorstellt. “Er war immer äußerst freundlich und hilfsbereit, gut gelaunt, wenn ich ihn sah und was mich besonders erstaunte, er hatte nahezu unbeschränkten Zutritt zu allen Räumlichkeiten der Familie Helnwein“, weiß Reichelt zu berichten. Duckhorn wurde sehr schnell zum “ Mäd-

ternational Association of Scientologists
c/o Saint Hill Manor, East Grinstead
Sussex, England RH19 4BR

If undelivered,
Please Return to.
P.O. BOX 71120
3000 PC ROTTERDAM

-4.4.89

PORT PAYE
ROTTERDAM

RUF ZU DEN WAFFEN
Wir sichern die Zukunft für die Scientology und für Scientologen:
DIE INTERNATIONALE ASSOZIATION DER SCIENTOLOGEN

IAS-Aufforderung an damals fast 40.000 Mitglieder der „Church of Scientology International“: „Ruf zu den Waffen“... - April 1989. Auch die Eheleute Helnwein sind IAS-Mitglieder.

chen für alles " trotz einer allgegenwärtigen gewissen Autorität gegenüber dem Ehepaar Helnwein. Ihr Verhältnis miteinander erschien Reichelt nicht über jeden Zweifel erhaben. Eher aus gewissen Zwängen heraus geduldet. Will, der " Administrator ", der auch etwas Deutsch sprach, erzählte einem Helnwein - Assistenten, daß er aus Los Angeles nach Burgbrohl geschickt worden sei. Reichelt: " Mir gegenüber stellte er sich als Mitglied der Scientology - Church International vor. Er fragte mich gleich, ob ich auch " in Scientology " sei, was ich, ohne es weiter zu begründen, wahrheitsgemäß verneinte. Will erzählte mir, daß sein Büro am Hollywood Boulevard im Hauptquartier der Organisation ist, da ich ihm gesagt hatte, daß ich auch schon einige male in Hollywood gewesen sei und mich dort ganz gut auskennen würde. Er kannte auch Arthur Hubbard recht gut aus Los Angeles, wo man sich schon öfters über den Weg gelaufen sei. " Der amerikanische Scientology - Abgesandte aus dem fernen Hauptquartier, war " on mission " in Deutschland.

KURT FLIEGERBAUER - SCIENTOLOGY UND DIE EXPANSION IM OSTEN

Will Duckhorn " beaufsichtigte " und kontrollierte aber nicht nur das Ehepaar Helnwein, sondern interessierte sich vor allem, nicht erst seit dem Spätsommer 1991, auch für weitere, besonders finanzkräftige Scientology - Freunde der Familie Helnwein, wie z.B. den erfolgreichen Bauunternehmer Kurt Fliegerbauer, ebenso wie Helnwein ein hoher "OT" und Flag - Absolvent. Der Münchner Fliegerbauer, ein großer Bewunderer der Kunst von Gottfried Helnwein und stolzer Besitz einer umfangreichen Helnwein - Bildersammlung, kaufte besonders seit 1991 immer wieder bei ihm. Aber nicht nur an Helnweins Kunst hängt sein Herz, sondern auch an besonders lukrativ erscheinenden Immobilien in den "neuen" Bundesländern, wie das Magazin " Stern " - Ausgabe 7 / 1996 in dem Artikel der Autoren Liane v. Billerbeck und Frank Nordhausen "Scientology - Ihr Gott heißt Geld" im Februar 1996 detailliert und gut recherchiert, zu berichten weiß:

" Die Psycho - Sekte breitet sich gezielt in der Immobilienbranche aus. In Ostdeutschland kaufen Scientologen billig ganze Stadtkerne auf, um mit Sanierungen Profit zu machen. So begann es in Zwickau, geht es in Görlitz weiter? Kurt Fliegerbauer, den manche den " Paten von Zwikkau " nennen, ist nervös. Er ist ins Gerede gekommen, hinter dem exzentrischen Investor soll sich eine gefährliche Sekte verbergen: Scientology. Viele Zwickauer haben Angst vor dieser unheimlichen

Macht. " Die haben doch die halbe Altstadt aufgekauft ", sagt einer. Ende 1995 zog der Stadtrat die Notbremse und stoppte den Verkauf kommunaler Grundstücke an Fliegerbauers " Schloß Osterstein Verwaltungs GmbH ". Schloß Osterstein, ein Bauwerk aus dem 13. Jahrhundert, das das Zentrum von Zwickau überragt, zerfällt. Der smarte Münchner, der im Sommer 1992 in Zwickau auftaucht, wollte das ändern. Fliegerbauer stellt sich...als Investor vor, der " Schloß Osterstein in allerletzter Minute doch noch vor dem endgültigen Verfall bewahren will ". Im historischen Zellenhaus...soll ein Hotel entstehen. Die Stadtväter sind begeistert...Am 16. Dezember 1993 erwirbt Fliegerbauer das Citygrundstück zum Vorzugspreis von vier Millionen Mark...Im April 1994 rükken Bagger an und beginnen mit den Arbeiten...Im Dezember 1994 verkauft Fliegerbauer Osterstein an die "Holzmindener Fertigbau GmbH"...Im Januar 1995...hat der alerte Bayer umgesattelt. Fliegerbauer beginnt Gründerzeithäuser zu kaufen. Die meisten kosten um 300.000 DM, sind saniert, jedoch oft über eine Million wert. Während Schloß Osterstein verkommt, blüht die "Schloß Osterstein Verwaltungs GmbH". Ende 1994 besitzt er bereits 30 Sanierungsobjekte, bis zum Winter 1995 etwa 120 Häuser. 500 Mann sind auf den Baustellen beschäftigt. Doch immer mehr Gerüchte schwirren durch Zwickau...Von seltsamen Vorgängen in der Fliegerbauerfirma ist die Rede. Mitarbeiterin Regina M. berichtet von massivem Druck auf die 26 Angestellten: "Wir haben sehr viele Überstunden gemacht, die nicht bezahlt wurden. An der Bürowand hängt ein sogenanntes Org - Board, ein Schema, auf dem absurde Sätze stehen, wie: Kommunikation ohne Umstände akzeptiert und schnell geliefert. Regelmäßig finden " Statistik - Treffen " statt. Jeder muß seine " Arbeitsstatistik " vorlesen. Posteingang, Postausgang, Telefonate."

Vielen kommt das komisch vor...Ursula Caberta, Scientology - Expertin..., hält Fliegerbauers Praktiken jedoch für " die Umsetzung der sogenannten Management - Technologie Ron Hubbards. " Arbeitsdruck, Org - Board und das Prinzip der " steigenden Statistik " empfahl der Scientology - Gründer zur totalen Kontrolle von Unternehmen.

" Kurt Fliegerbauer ist ein 100 % er Scientologe ", sagt der in der Schweiz lebende Aussteiger Tom Voltz heute. " Er hat bei mir damals auch " Wise " - Material bestellt ". Wise, das Welt - Institut der Scientology-Firmen, ist der Wirtschaftszweig der Sekte. Bis zu 15 % des Umsatzes führen Wise - Unternehmer an die Zentrale in Los Angeles ab...Allein bis 1989 " spendete " Fliegerbauer eine sechsstellige Summe, um " Operierender Thetan " der Stufe VII zu werden... seine Frau

Veronika, Leiterin der " Abteilung 7 Bau " bei der Schloß Osterstein GmbH und wie ihr Mann als " Lebenszeit - Mitglied " bei Scientology geführt, hat als " Sponsor " mindestens 5000 Dollar in die " Kriegskasse " der Sekte gezahlt.

Mit den Fliegerbauers ist offenbar eine ganze Gruppe von Sektenleuten in Zwickau tätig. Seine Osterstein - Gesellschaften gründete Fliegerbauer mit dem Münchner Scientologen Rechtsanwalt Günther von Jan. Ein Fax vom Juli 1995 weist aus, daß der Anwalt sogar in Verbindung mit dem scientologischen Geheimdienst " Office of Special Affairs " (OSA) steht. Scientologen sind auch im Vertrieb von Fliegerbauers Häusern engagiert. Manchmal werden sie sogar innerhalb der Sekte verkauft...Doch die Zwickauer Aktivitäten sind nur ein Teil der Scientology - Operation in den neuen Ländern...

Im Oktober 1993 liest Ulrich Schulz aus Altenburg eine Anzeige: "Barzahler sucht Mehrfamilienhaus". Schulz, der sich gerade eine Existenz als Immobilienmakler aufbaut, gibt ein Angebot ab und gerät damit in einen Strudel, der ihn fast in den Ruin treibt.

MARIO HEROLD

Er kommt mit Mario Herold aus Wuppertal ins Geschäft, der in Leipzig eine Unternehmensberatung betreibt und mit Immobilien handelt. Herold, ein massiger Mann Mitte 40, macht Schulz mit Geschäftspartnern bekannt, die den Eindruck soliden Reichtums verbreiten. Solche "Freunde", erfährt Schulzes Sohn Mirko, seien in ganz Sachsen aktiv, zum Beispiel Fliegerbauer, mit dem Herold in Zwickau eine Immobilienfirma führte. Die Gruppe um Herold will einen der größten Gewerbekomplexe der Leipziger Innenstadt bauen, die " Gutenberg Galerie ". Bis 1994 bringt Herolds Firma...etwa vierzig Immobilien in und um Leipzig in ihren Besitz. Vater und Sohn Schulz gründen eine Baufirma, an der sich Herold beteiligt. Zwar wundert sich Schulz junior über die " seltsame Sprache " und den "stechenden Blick" der Herren, aber er hält das für Marotten...Auch die Leipziger Herold - Angestellten merken nun, wer ihren Chef steuert. " Es kam viel Post von Scientology, die durften wir nicht öffnen " sagt der Mitarbeiter Böttcher (Name geändert). Herold versucht auch, seine Angestellten zu missionieren. " Fast alle machten den Persönlichkeitstest ", so Böttcher weiter - ein gängiges Mittel, um Jünger zu ködern. Herold und Fehling gehören zu einem Geflecht Scientology - naher Firmen, die im Raum Leipzig Häuser kaufen, um sie nach Sanierung profitabel zu veräußern - eine " Mafia mit sehr strengen Regeln ", wie der Mitarbeiter weiter sagt. Mario Herold hat viele tausend

Dollar an Scientology gezahlt, um als " Thetan " zu operieren. Fehling ist außerdem Mitglied bei " Wise ".

Als Kapitalanlage schätzen die Herren Bildes des Malers Gottfried H e l n w e i n, der sogar selbst in Leipzig erscheint. Böttcher: "Herold hat bestimmt Gemälde für eine Viertelmillion von Helnwein gekauft." Helnwein Fan ist auch der millionenschwere Scientologe Klaus Kempe. "

HELNWEIN VOR GERICHT - 1991 BIS 1997

Am 20.6.1991 erschien im Burgbrohler Lokalblatt " Ohlbrücken - Rundschau " unter der Überschrift " Warum schrillen die Alarmglocken im Brohltal ? " erstmals am Wohnort Helnweins ein ausführlicher Artikel über ihn, indem seine Scientology - Aktivitäten offengelegt und kritisiert werden.

Dieser Lokalbericht ist der Auslöser einer bis heute andauernden Prozeßwut, initiiert und durchgeführt von Gottfried und Renate Helnwein, mit vorzüglicher Unterstützung ihres Düsseldorfer Rechtsanwaltes Christian Reinking, gegen diejenigen Kritiker, die das Ehepaar Helnwein öffentlich in irgendeiner Form " fälschlicherweise " einer Scientology-Mitgliedschaft, oder Aktivitäten innerhalb dieser Organisation, bezichtigen.

Zwischen 1972 und bis zum Juni 1991 war dies ohne weiteres und auch ohne Folgen für Journalisten, die diese Wahrheiten weltweit in unzähligen Veröffentlichungen über Gottfried Helnwein " ungestraft " publizieren durften, möglich. Letztmalig " gelang " dies, ohne juristische Konsequenzen und harsche gerichtliche Verfolgungen durch Helnwein, dem Chefredakteur der Zeitschrift " BIO " Michael Geffken im Juni 1989. Überhaupt ist gerade dieses Interview in Form einer " homestory " eine einzige Ausnahme. Es ist überhaupt das einzige mal, daß Gottfried Helnwein in einer " Nicht " - Scientology - Mitgliedszeitschrift und sogar in Deutschland öffentlich seine Mitgliedschaft einem Journalisten unwidersprochen eingesteht.

Geffken schreibt im Sommer 1989 (!) : " ...Zurück ins Atelier, zurück zur Frage, was Helnwein mit seiner Kunst erreichen will. " Die Leute haben perfekte Verdrängungsmechanismen, Künstler eben nicht." Will er das von ihm für wahr Erkannte also den Leuten vermitteln? Mit dieser Frage sind wir bei der Weltanschauung des Malers. Was tut er für seine spirituelle Gesundheit? Helnwein: " Ich mache Scientology - Kurse. " Warum? " Weil es eine sehr klare, sehr präzise Sache ist." Wie ist er zu Scientology gekommen? " Über den Zen - Buddhismus. Der

Buddhismus ist die am höchsten stehende Religion; eine Religion, die nicht mehr an Götter und Geister glaubt, die nicht mehr irgendwelche Regeln bekanntgibt, nach denen man sich dann bestraft und die Hände abhackt. Scientology ist für mich eine Fortsetzung des Zen - Buddhismus." Meine Verblüffung wächst. Dieser kontrollierte, noch den kleinsten Schwung seines Malpinsels rational begründende Mann Anhänger einer Sekte? Beim Etikett Sekte wird Helnwein böse: " Scientology ist k e i n e Sekte - das sagen nur die Gegner, die Eiferer aus den christlichen Kirchen! " Was ist Scientology dann, was bringt es ihm persönlich? Helnwein weiter: " Für mich ist es ein Weg zu mehr persönlicher Integrität. Ich will meine Automatismen ablegen, völlig bewußt, spontan und selbstbestimmt leben. Aus meiner Sicht begründet S c i e n t o l o g y eine natürliche Ethik, eine P h i l o s o p h i e d e r V e r n u n f t ." Hier, am Ende meiner Visite auf der Burg, rundet sich das Bild für mich. Ich habe gelernt: Auch Rebellen brauchen eine Religion, und vernünftige Rebellen brauchen eine vernünftige Religion." Hatte Helnwein Autor Geffken bereits mit Scientology " infiziert ? Man mag es fast glauben.

Nur 24 Monate später hätte Autor Geffken einer gerichtlichen " einstweiligen Verfügung ", mit einem Streitwert von DM 250.000, entgegengesehen, nur möglich durch Vorlage einer strafbewehrten, zum Teil wissentlich falsch abgegebenen eidesstattlichen Versicherung durch Gottfried Helnwein mit folgendem, aber auch, je nach Situation, anderem Inhalt: " Ich habe kein Amt, keinen Posten und keine Funktion oder aktive Mitgliedschaft in irgendeiner Religionsgemeinschaft, politischer Partei, Kirche, oder Sekte, insbesondere n i c h t S c i e n t o l o g y. " So geschehen in mehr als ein Dutzend gerichtlichen Verfahren in Deutschland zwischen 1991 und 1995.

Der Anfang: Verfahren Nr. 1 "Helnwein ./. Evangelische Kirche u.a." wurde unter dem Aktenzeichen 1 0. 341 / 91 am 11. Juli 1991 vor der 1. Zivilkammer des Landgerichts Koblenz öffentlich verhandelt und endete mit einem Teilvergleich zu Gunsten für Helnwein.

Was war geschehen? Am 20. 6.1991 erschien in der Tageszeitung "Ohlbrücken - Rundschau" der Artikel " Warum schrillen die Alarmglocken im Brohltal ? " Journalist Schneider: " ...Pfarrer Keden (Leiter des Volksmissionarischen Amtes der Evangelischen Kirche im Rheinland in Düsseldorf) wies darauf hin, daß die Sekte ihre Aktivitäten jetzt verstärkt aufs flache Land ausdehne, weil sie dort größere Unerfahrenheit und Unwissenheit antreffe. Hans Peter Müssenich, stellvertretender Dechant und Gebietspfarrer im Brohltal, erläuterte die Zusammenhänge aus seiner Sicht. Dabei nannte er unter anderem die " Burg " , ein Anwesen in

R E N A T E   H E L N W E I N

AN
PETER REICHELT
0621 / 89 6261

lieber Peter, 11.5.92

Könntest Du so lieb sein und noch eine eidesstattliche Erklärung unterzeichnen, falls so richtig formuliert ist

Wir haben noch einen Prozeß den wir gewinnen müssen, wo uns die Gegenseite unterstellt, daß Gottfried der geheime Sektenführer sei und einen "CLAN" um sich herum hätte.

Sei so lieb und tippe diese Erklärung auf deine Schreibmaschine unterschreibe es faxe es heute zu uns und schicke uns das Original per Post express — zu.

Danke

Renate

Wenn Du Fragen hast, bitte ruf mich an.

BURG BROHL, D-5475 BURGBROHL, W-GERMANY, TEL. 02636 - 1481, FAX 02636 - 1483

Renate Helnwein bittet ihren Berater Peter Reichelt um Abgabe einer „Eidesstattlichen Versicherung“ zu Gunsten ihres Ehemannes Gottfried - Mai 1992

Burgbrohl, das der Maler Gottfried Helnwein gepachtet habe. Der Künstler Helnwein, der sich zur Sekte bekennt, in einer scientologischen Publikation: "Scientology ist imstande, die Welt zu verändern. Es könnte eine Welt ohne Geisteskrankheit, ohne Kriminalität und ohne Krieg sein."

»Bad Breisiger Echo« Nr. 29/91

Gottfried Helnwein wehrt sich gegen Gerüchte

„Die Burgbrohler Burg ist ein Ort der Kunst und sonst nichts"

Gottfried Helnwein, der international renomierte Künstler, der seit 1985 in Burgbrohl wohnt und die dortige Burg zu seinem Domizil gewählt hat, nahm in einem Pressegespräch zu den in den Brohltalgemeinden kursierenden Gerüchten Stellung, er wäre für die „Scientology Church" in dieser Region „missionarisch" tätig. Solche Behauptungen, so der Künstler, seien das Produkt einer Verleumdungskamgne, gegen die er sich auch mit rechtlichen Mitteln zur Wehr setzte.

„Bad Breisiger Echo" im Sommer 1991

Junge Menschen, so wußte der evangelische Pfarrer Gerhard Jankowski (Bad Breisig) zu berichten, fühlten sich auf der " Burg " sehr wohl, ihnen werde dort " große Hilfe " zuteil. Da liege die Vermutung nahe, so Pfarrer Kaden, daß von der gebotenen Anwerbechance auch Gebrauch gemacht werde. Erfolge hatte das Werben um Mitgliedschaft bei jenem Jugendlichen aus dem Brohltal, dessen Eltern ihre Betroffenheit artikulierten. Nach auffälligen Veränderungen bei ihrem Kind befragt, antwortete die Mutter: " Am meisten stört mich der starre Blick ". Kurze Zeit später nahm Helnwein vor der örtlichen Presse dazu Stellung und wies die Vorwürfe zurück. Die Lokalpresse schreibt dazu: " ...Dabei sei behauptet worden ", so Helnwein wörtlich, " von der Burg gingen missionarische Aktivitäten für " Scientology " aus ". Helnwein dazu gestern: " Ich bin gegen das Prinzip der Missionierung und möchte nicht für Werbung religiöser Art benutzt werden ". Er habe juristische Schritte eingeleitet und an Eides Statt erklärt, niemals versucht zu haben, Jugendliche anzuwerben oder für irgend jemanden missionarisch tätig zu sein. Seine Mitarbeiter hätten ebenfalls an Eides Statt erklärt, niemals mit Helnwein über " Scientology " gesprochen zu haben. Helnwein spricht von einer " Kampagne (!) gegen mich und meine Familie ". Er werde juristisch alle Möglichkeiten ausschöpfen und, wenn notwendig, bis zur höchsten Instanz gehen, um solchen Unterstellungen entgegenzutreten. Die Kampagne laufe seit etwa einem Jahr (Sommer 1990), seit dem Zeitpunkt, als seine Idee bekannt geworden sei, im Brohltal ein Comic - Museum und Kunstzentrum (!) zu schaffen. Nun sei das Projekt im Brohltal kein Thema mehr. Das Leben sei für ihn und seine Familie schwierig geworden. "

RA REINKING
Anlage
1765

EIDESSTATTLICHE
ERKLÄRUNG

1.) Ich habe kein Amt, keinen Posten und keine Funktion in irgendeiner Religionsgemeinschaft, politischer Partei, ~~Kirche~~, Sekte oder konfessioneller Gemeinschaft welcher Art auch immer.

2.) Das Haus in der Eifel welches ich mit meiner Familie bewohne, dient ausschließlich als Mal und Fotoatelier, zum Herstellen und Präsentieren von Kunst und als Wohnraum für mich und meine Familie, bestehend aus meiner Frau und vier Kindern.
Dies kann von hunderten Zeugen jederzeit bestätigt werden.
Es dient nicht der Verbreitung von Lehren irgendeiner Religionsgemeinschaft oder Sekte.

3.) Keine religiöse Gemeinschaft, politische Partei, ~~Kirche~~, oder Sekte ~~[illegible] konfessionelle Gemeinschaft, [illegible] auch immer~~, ist von mir autorisiert ein Bild meiner Person, ~~Reproduktionen meiner~~ Kunstwerke, Aussagen oder Texte von mir, für Werbezwecke zu verwenden.

4.) Ich bin der festen Überzeugung, daß in einer demokratischen Gesellschaft jeder das Recht hat, für sich selbst zu entscheiden, ob und welche weltanschauliche, politische, philosophische, künstlerische oder religiöse Einstellung er vertreten will, solange er damit nicht die Freiheit anderer einschränkt.
Ich bin entschieden gegen jede Art von Bevormundung und Zwangsmissionierungen.

Wer meine Arbeit kennt, weiß daß ich mich seit mehr als 20 Jahren mit meiner Kunst immer wieder gegen Gewalt und Intoleranz eingesetzt habe. Die Behauptung also, ich wolle die Bewohner des Brohltales missionieren, ist reiner Schwachsinn und entbehrt jeder Grundlage.
Ich habe niemals versucht, irgendeinen ~~Bürger~~ (JUGENDLICHEN oder BÜRGER) des Brohltales für irgendetwas zu missionieren.
Von nun an werde ich gegen jeden, der unwahre Behauptungen über mich verbreitet, mit allen rechtlichen Mitteln vorgehen.

mit freundlichen Grüßen

Gottfried Helnwein

Beglaubigt
Rechtsanwalt

Beglaubigt
Rechtsanwalt

BURG BROHL D-5475 BURGBROHL W-GERMANY, TEL. 02636-1481, FAX 02636-1483

15. 11. 1991

Helnweins neue „Waffe" gegen Kritiker: Eidesstattliche Versicherungen. Diese vom 15.11.1991, war die erste ihrer Art. Man beachte die unter 1.) und 3.) gestrichenen Wörter, besonders das gestrichene Wort „Kirche"!

Zum Abschluß der " Affäre Helnwein und seine Sektenburg " veröffentlichte die Evangelische Kirche Düsseldorf durch Pfarrer Kaden am 16. 7.1991 eine abschließende Pressemitteilung: " Am 13. 6.1991 hatte der Pfarrverband der katholischen Kirche in Weibern zu einem Pressegespräch bezüglich der Scientology Church (SC) eingeladen, an dem seitens der evangelischen Kirche Herr Pfarrer Keden als Sektenbeauftragter und Herr Pfarrer Jankowski von der Ev. Kirchengemeinde Bad Breisig, teilnahmen. Es ging darum, die Öffentlichkeit - nachdem es im Brohltal zu verstärkten Aktionen gekommen war - auf Tätigkeiten der SC hinzuweisen und auf Gefahren aufmerksam zu machen, die von dieser, als Sekte bekannten Organisation, ausgehen. Während des Pressegesprächs kam auch die Rede auf den bekannten Maler Helnwein, der auf Burgbrohl lebt und von dem bekannt ist, daß er Mitglied der SC ist. Herr Helnwein fühlte sich durch einen Artikel, der nach dem Pressegespräch in der " Ohlbrücker Rundschau " veröffentlicht wurde, beeinträchtigt und leitete gegen die Herren Keden und Jankowski sowie dem Brohltalverlag ein gerichtliches Verfahren ein, mit dem Ziel, allen drei Parteien aufzugeben, es künftig zu unterlassen, wörtlich oder sinngemäß folgende Behauptungen aufzustellen und/oder zu verbreiten:

- Herr Helnwein versuche junge Menschen als Mitglieder für die SC an zuwerben.
- auf dem Anwesen Burgbrohl werde versucht, junge Menschen für die SC anzuwerben.
- die Anwerbeversuche seien bei einem Jugendlichen aus dem Brohltal bereits erfolgreich gewesen.

Ferner sollte es unterlassen werden, durch die Aufstellung und/oder Verbreitung von Behauptungen den Eindruck zu erwecken, es handelt sich bei dem Anwesen Burgbrohl um ein " Sektenzentrum ", in denen Mitglieder für die SC angeworben würden. Vor dem Landgericht in Koblenz fand am 11. 7.1991 die Verhandlung in diesem Verfahren statt. Herr Keden und Herr Jankowski betonten, die inkriminierten Äußerungen nicht gemacht zu haben. Richtig sei vielmehr, erklärte Herr Keden, daß er Herrn Helnwein als SC - Mitglied bezeichne und ihm bekannt sei, daß der Künstler bei dieser Sekte eine Rolle spiele....Nachdem Herr Helnwein und der Verlag sich vergleichsweise geeinigt hatten, wurde der Rechtsstreit bzgl. der weiteren beklagten Herren, für erledigt erklärt."

Da es sich " nur " um ein einstweiliges Verfügungsverfahren handelte, wurde von Seiten des Gerichts die Richtigkeit der Behauptungen nicht weiter nachgeprüft. Dieses wäre später in einem Hauptsacheverfahren durch Beweisaufnahme möglich gewesen. Darauf wurde verzichtet. Also blieb die Sachlage ungeklärt. Scientologe Helnwein hatte sein Ziel erreicht. Seine Gegner waren eingeschüchtert und zogen den " Schwanz " ein. Die eingeschlagene neue Helnwein - Taktik in der Öffentlichkeit lautete nun (1991) : " Ich bin und war nie ein Scientologe ". Sie hatte erstmals Erfolg. Seine Märtyrerrolle begann.......Die Öffentlichkeit sollte in ihrer Meinung über seine tatsächliche Rolle in der SC - Organisation verunsichert werden. Heftige Zweifel wurden geschürt... Vielleicht ist er ja doch unschuldig ? Diese Ansicht hielt sich recht lange, bis...., ja bis zur Presseerklärung des Pressebüros des US SC - Hauptquartiers im Januar 1997.

DIE JOURNALISTENVERFOLGUNG

Die Fachzeitschrift " Journalist " - Ausgabe Mai 1996, schreibt unter der Titelstory " Mit Argus-Augen - Medien und Sekten " : Journalisten, die sich mit dem Thema " Sekten " beschäftigen, können sich auf einiges gefaßt machen. Daß sie mit juristischen Mitteln bedroht werden, gehört noch zur harmlosen Variante der Reaktionen. Wer als Sektenkritiker eingestuft ist, erlebt von den betroffenen Organisationen noch ganz andere Methoden: bewußte Desinformation, Einschüchterungsversuche bis hin zum Psychoterror. Vor allem die Scientologen haben ein raffiniertes Repertoire im Umgang mit Kritikern entwickelt..." Weiter schildert Redakteur Hans - Joachim Maes im " Journalist ", den Umgang von Sekten mit ihren " Feinden ":

" ...Ein Mitarbeiter einer Rundfunkanstalt berichtet über eine vermutete Verbindung von Sektenmitgliedern zu einem Unternehmen der Luftfahrt. Er zitiert in diesem Zusammenhang Mitarbeiter der damaligen " Treuhandanstalt " und weitere Personen, die den Verdacht erhärten sollen. Die Sekte löst das Problem in diesem Fall durch juristischen Druck. Der Journalist, ein Freiberufler, wurde mit einer " einstweiligen Verfügung " und einer Klage bedacht, mit einer hoch bezifferten Schadenersatzforderung, mit Widerrufsbegehren und Unterlassungsforderung. Ein Anwalt, der seriös agiert, nutzt den Erlaß einer "e.V." als Instrument, den Rechtsfrieden vorläufig wieder herzustellen. Im konkreten Fall geht der Anwalt anders vor: hoher Streitwert, sofortiger Kostenfestsetzungsbeschluß. Folge: Wenige Tage nach dem Erlaß sind Kosten von mehreren tausend Mark fällig. Der Mitarbeiter widerruft alles, gibt zudem eine dubiose " eidesstattliche Versicherung " ab. Dafür verzichtet die andere Seite auf die Durchführung des Verfahrens und auf Kostenersatz. Die Erfahrung lehrt: Sekten arbeiten häufig rechtsmißbräuchlich. Sie erwirken " einstweilige Verfügungen " mit falschen " eidesstattlichen Versicherungen ". Im Verfügungsverfahren kommt es nämlich nur auf die Glaubhaftmachung einer Rechtsverletzung an, nicht auf einen tatsächlichen Beweis. Wer Opfer einer solchen Aktion wird, hat nicht nur die Gerichtskosten vorzustrecken, sondern ist mit Arbeit eingedeckt... Sekten eröffnen mit Inbrunst " Nebenkriegsschauplätze ". Leider fällt die Journalistenbranche immer wieder darauf hinein ", wie der Fall Gottfried Helnwein seit 1991 in unzähligen Veröffentlichungen in Deutschland " pro Helnwein ", dank seiner raffinierten Taktik des zum Schweigen bringens von Kritikern durch komplizierte Gerichtsverfahren, eindrucksvoll beweist.

Vorbei waren 1991 fast 20 Jahre der Offenheit und des " Nicht " - Leugnens seiner Scientology - Aktivitäten. Und dies hatte vorwiegend wirtschaftliche Gründe. 1990/1 markierten in Deutschland die Jahre des Beginns des nun endlich verstärkten, auch öffentlichen Vorgehens gegen Scientology - Mirglieder und den üblen Machenschaften ihrer Organisation. Kunstkäufer, Galerien, aber auch Museum wollten, oder durften plötzlich nicht mehr, oder nur noch sehr wenig mit Künstlern zusammenarbeiten, die sogar öffentlich für Hubbard und seine Organisation Werbung machten, wie Helnwein es fast 20 Jahre lang hundertfach tat.

In einem im Frühjahr 1991 im kleinsten Rahmen stattfindenden Meeting der Führungsspitze des deutschen scientologischen Geheimdienstes DSA/OSA (Büro für spezielle Angelegenheiten), wurde ihrem prominentesten Mitglied in Deutschland, Gottfried Helnwein, nach Mitteilung eines deutschen OSA - Aussteigers, " erlaubt ", seine Mitgliedschaft " öffentlich " mit allen Mitteln abzuleugnen, ohne dafür mit sofortigem Ausschluß aus der " Kirche " bestraft zu werden. Lügen um der Sache willen war ab sofort möglich. Dieses Vorgehen bestätigte auch Jahre später, 1995, die Ex - Scientologin Jeanette Schweitzer im Fall Helnwein.

Für Helnwein war diese Formulierung der " Wahrheit ", d.h. Lügen über seine Scientology - Vergangenheit, Lügen in Form des wiederholten Abstreitens seiner Mitgliedschaft " in Scientology ", der einzige verbliebene Weg , wirtschaftlich die 90er Jahre in Deutschland zu überleben. Er hatte sich das eigentlich etwas anders vorgestellt.

Allerdings hatte Helnwein, bei allem Eifer des Verdrängens und Vertuschens seiner Vergangenheit, wohl vergessen, daß sein 20 jähriges intensives öffentliches Auftreten für Scientology, auf der ganzen Welt vielfältigste Spuren, nachweisbare Spuren, hinterlassen hatte. Das sollte sich

Die Top-Feinde des deutschen Scientology-Geheimdienstes OSA/DSA (aus: „Freiheit“, 1995, CSI)

für ihn aber erst einige Jahre später rächen. Vorerst konnte er noch auf die Unwissenheit seiner “ Feinde “, der Medien sowie auf die Mithilfe diverser seiner verbliebenen unwissenden Freunde bauen.

Fünf Jahre, bis zum Juni 1996, schwamm er nun im Blätterwald der Medien auf einer riesigen Erfolgswelle als nicht widerlegbarer “ Nichtscientologe “ und als “ armes, unschuldiges Opfer “ durch mehr als ein Dutzend Gerichtsverfahren, indem ihm durch die dankbare Mithilfe vieler guter “ Scientology - Geister “, falscher Angaben und unter schamloser Ausnützung sämtlicher durch Unkenntnis, der doch komplizierten Materie, entstandenen Formulierungsschwächen seiner doch so bösen Kritiker, zum Erfolg verholfen wurde.

RENATE HELNWEIN IST OT 8 - 1988

Auch Renate Helnwein gefiel das Verteidigungsmittel " Prozeß gegen Kritiker ". Adelheid Rech - Gesche, die " Celebrity - Center " - Chefin, ist, ebenso wie ihre beste Freundin Renate, bereits seit Herbst 1988 ein stolzer " Operierender Thetan VIII " und hat damit ebenfalls die höchste, im Rahmen des scientologischen Kurssystems, mögliche Stufe erreicht. Dieser Abschluß ist nur auf dem ausschließlich für hochrangige Scientologen zugänglichen Schiff " Freewinds " , das sich vorrangig in den Gewässern vor Floridas Küste aufhält, möglich. Dieses Schiff betreten zu dürfen, ist das größte an Ehre, die einem Scientologen überhaupt zuteil werden kann. Die Jungfernfahrt war just in dem Jahr 1988 und welche Ehre, beide Frauen durften, dank großzügiger " Spenden " an Scientology, noch im gleichen Jahr " dabeisein ". Dies setzt allerdings ein viele Jahre andauerndes, äußerst intensives " studieren " der Hubbard - Lehren voraus.

Beide Frauen befinden sich damit in dem kleinen exclusiven Kreis der Top - Scientologen, mit dem höchstmöglichen Ausbildungsgrad OT VIII.

Gottfried Helnwein, noch 1974 " nur " ein OT I und gerade " Clear ", 1989 als OT V gefeiert, stand damals, nur drei Stufen davon getrennt, kurz vor dem Erreichen des OT VIII. Somit lag seine Frau 1989 drei Stufen über ihn in Führung. In einem rechtskräftigen Urteil des Oberlandesgerichtes in Köln vom 29. Juni 1993(AZ 15 U 54 / 93), erklären die Richter in ihrer Urteilsbegründung: " Bei..der...Äußerung, Renate Helnwein werde bei den Scientologen als " Operierender Thetan VIII " geführt, handelt es sich u n s t r e i t i g um eine zutreffende Tatsachenbehauptung..Da Gottfried Helnwein aber gemeinsam mit seiner Ehefrau Renate in einer " Patronliste " der Zeitschrift " Impact " der Scientology Church geführt wurde und da u n b e s t r i t t e n grundsätzlich nur als " Patron " in die Liste aufgenommen wird, wer mindestens $ 40.000 in die " Kriegskasse " der IAS, der Internationalen Vereinigung der Scientologen mit Sitz in England, eingezahlt hat, war der konkrete Verdacht entstanden, daß Gottfried Helnwein eine in Wirklichkeit bestehende e n g e Verbindung zu der Organisation leugnete..Im Hinblick darauf und auf die mit der Aufnahme in die " Patronliste " regelmäßig verbundene Zahlung eines erheblichen Geldbetrages an die Organisation durfte man durchaus davon ausgehen, daß Renate Helnwein a k t i v für die Missionsziele der Scientology Church eintritt...".

DIE ZUSAMMENFASSUNG ALLER HELNWEIN - PROZESSE

Viele weitere Prozesse sollten Folgen. Nachfolgend eine Fallsammlung aller, soweit bekannt, durch Gottfried Helnwein in Deutschland, zwischen 1991 und 1996 initiierten und durchgeführten Gerichtsverfahren mit eidesstattlichen Versicherungen von Helnwein :

1. Landgericht Saarbrücken - AZ : unbekannt 1994 Gottfried Helnwein ./. Verein für die Interessen tyrannisierter Mitmenschen e.V. und Verein für Friedenserziehung im Saarland e.V.

Am 21.3.1994 stellt Gottfried Helnwein mit seiner " schriftlichen Versicherung an Eides statt " Antrag auf einstweilige Verfügung. Am 31.3.1994 zog er seinen Antrag wieder zurück, da Gericht ohne mündliche Verhandlung nicht entscheiden will.

Verdacht auf falsche eidesstattliche Versicherung durch Gottfried Helnwein und Prozeßbetrug, da Helnwein in der Tat ein " Klasse IV Auditor " ist.

2. Landgericht Bonn - AZ : unbekannt 1994 gleiches Rubrum wie unter 1. gleiche Unterlassungsgründe wie 1.

Am 20.4.1994 erwirkt Helnwein eine " e.V. " ohne mündliche Verhandlung. Am 20.7.1994 zieht Helnwein den Erlaß auf " e.V. " zurück und verzichtet auf die Rechte aus der Verfügung. In beiden Verfahren hat Gottfried Helnwein zur Glaubhaftmachung eidesstattliche Versicherungen abgegeben. In seiner e.V. vom 14.3.94 erklärt er u.a.: " ...Ich bin und war zu keinem Zeitpunkt ein " Klasse IV Auditor... ". Die Wahrheit ist Gottfried Helnwein ist seit 1989 ein " Klasse IV Auditor ". Beweis: Urteilsbegründung des OLG Frankfurt, desw. Gunther Träger, Adelheid Rech-Gesche, die Leiterin des Scientology Celebrity Centers in Düsseldorf, eigenen Angaben der Scientology - Organisation u.a..

Verdacht auf falsche eidesstattliche Versicherung durch Gottfried Helnwein und Prozeßbetrug, da Helnwein ein " Klasse IV Auditor " ist.

3. Landgericht Frankfurt/M. AZ : 2/3 O 507 / 94 1994 Berufung der beklagten Parteien zum
4. OLG Frankfurt/M. AZ : 16 U 163 / 95 1995 gleiches Rubrum wie unter 1. und 2. - gleicher Sachvortrag - Weiterführung der Verfahren unter 1. und 2.. Zu 3. und 4 Verdacht auf Prozeßbetrug (Prozeßkostenerstattung nach Obsiegen etc..) durch Gottfried Helnwein, da Helnwein nach eigenen Angaben der Scientology - Organisation ein Klasse " Auditor IV " ist sowie zu 4. wegen " Übler Nachrede ", bzw. " Verleumdung "

zum Nachteil der Richter der 16. Berufungskammer am OLG Frankfurt/M. wegen seiner wörtlichen öffentlichen Bezeichnung dieser Richter als " Nazirichter " u.a..

5. Landgericht Köln AZ : 28 O 514 / 92 1992 Gottfried und Renate Helnwein ./. PRINZ Verlag GmbH u.a.

Antrag auf einstweilige Verfügung vom 9.10.1992 mit der eidesstattlichen Versicherung - Anlage Ast 4 - von Gottfried Helnwein vom 9.10.1992. Punkt 1 und 2 der Versicherung sind falsch, denn Helnwein hat zusammen mit seiner Frau gemeinsam $ 80.000 in die Kriegskasse der Scientologen gespendet. Helnwein ist ein " Operierender Thetan ". LG Köln erläßt am 9.10.1992 den Beschluß auf Grund der falschen Versicherung von Helnwein. Verdacht auf falsche eidesstattliche Versicherung durch Gottfried Helnwein und Prozeßbetrug, da Helnwein und seine Frau seit 1988 " Patrons " sind und daher gemeinsam mind. $ 80.000 " gespendet " haben. Außerdem ist Helnwein seit 1974 ein " Operierender Thetan " .

6. Landgericht Heilbronn AZ : 5 O 2548 / 92 1992 Gottfried Helnwein ./. Hans-Gerold Göbbel und Junge Union Baden W...

Am 11.10.1992 Antrag auf " e.V. " mit Eidesstt.Versicherung von Helnwein vom 9.10.1992.- Anlage Ast.6. - Gericht erläßt auf Grund der Glaubhaftmachung durch Helnwein mittels eid. Vers. ohne mündliche Verhandlung am 12.10.1992 die einstw. Verfügung zugunsten Helnwein. Seine als Anlage 6 eingereichte e.V. ist in folgenden Punkten falsch: " Ich habe keine ...aktive Mitgliedschaft...bei Scientology ". Das ist falsch. Helnwein ist seit 1972 bis heute ununterbrochen Mitglied bei der Scientology - Organisation. Noch am 14. Januar 1997 wurde Helnwein von der Scientology - Organisation als verfolgter Scientologe bezeichnet. Von Ausstieg keine Rede. Der Beschluß wurde durch Abschlußerklärung rechtskräftig. Verdacht auf falsche eidesstattliche Versicherung und Prozeßbetrug.

7. Landgericht Koblenz AZ : 1.O.558 / 91 1991 Gottfried Helnwein . / . Holger Brosius

Am 13.11.1991 stellt Helnwein den Antrag auf " e.V. " und macht Glaubhaft mittels seiner eidesst. Versicherung vom gleichen Tag. Am 14.11.1991 erließ das Gericht ohne mündliche Verhandlung folgende einstw. Verfügung: Es ist zu unterlassen zu behaupten: " auf der Burgbrohl des Malers Helnwein hätten Anwerbeversuche der Scientology -

Church stattgefunden und im Umkreis der Burgbrohl wird schon seit längerem versucht, eine Niederlassung der Sekte aufzubauen." Beide entspricht jedoch den Tatsachen. Daher ist Helnweins eidestattl. Versicherung falsch. Verdacht auf falsche eidesstattliche Versicherung und Prozeßbetrug.

8. Landgericht Koblenz AZ : 2.O.502 / 91 1991 Gottfried Helnwein . / . Verlag Gruner und Jahr AG und Co.

Am 15.11.1991 stellt Helnwein den gleichen Antrag noch einmal wie unter 7.. Es erfolgt wiederum Glaubhaftmachung mittels e.V. von ihm. Am 19.11.1991 erließ das Gericht daraufhin die beantragte e.V. zugunsten Helnwein. Auch diese " eidesst. Erklärung " - Anlage Ast 5 - ist in folgenden Punkten falsch: " Das Haus in der Eifel welches ich mit meiner Familie bewohne, dient ausschließlich als Mal und Fotoatelier ....Es dient nicht der Verbreitung von Lehren irgendeiner Religionsgemeinschaft oder Sekte....Die Behauptung also, ich wolle die Bewohner des Brohltales missionieren, ist reiner Schwachsinn und entbehrt jeder Grundlage...Keine religiöse Gemeinschaft ...oder Sekte... ist von mir autorisiert ein Bild meiner Person, Kunstwerke,..Aussagen oder Texte von mir, für Werbezwecke zu verwenden...". Genau das Gegenteil ist jedoch der Fall. Seit 1985 wird unter der Führung von Helnwein auf der Burg für die Scientology - Organisation angeworben. Ein Celebrity Center der Scientologen wurde auf Burgbrohl Anfang 1985 errichtet. Unzählige Scientology - Publikationen machen ausführlich Werbung mit Helnwein Aussagen, Kunstwerken, Interviews, Fotos usw.. seit 1974 bis heute ! Verdacht der Abgabe einer falschen eidesst. Versicherung und Prozeßbetrug durch Gottfried Helnwein.

9. Landgericht Koblenz AZ : 1 O 341 / 91 1991 Gottfried Helnwein ./. Pastor Keden, Pfarrer Jankowski und Brohltal Verlag

Am 28.6.1991 stellt Helnwein den Antrag auf einstweilige Verfügung. Am 11.7.1991 schließen die Prozeßbeteiligten einen Teilvergleich. Dem Brohltal - Verlag wird verboten drei Behauptungen weiter aufzustellen. Jedoch entsprechen diese nach Aussagen diverser Personen im Umkreis von Helnwein in Punkt 1 und 2 der Wahrheit. Glaubhaft gemacht hat Helnwein seinen Antrag wiederum mittels e.V.. Verdacht auf falsche eidesstattliche Versicherung und Prozeßbetrug durch Gottfried Helnwein.

Dieser Prozeß war der Anfang ein großer Anzahl von Prozessen, die Helnwein zu führen begann, um seine Scientology - Mitgliedschaft unter allen Umständen zu vertuschen.

THE AUDITOR 235

NEW ACADEMY ENROLLEES FROM...

CC DÜSSELDORF: Stefanie Hahn, Fred Hewiring, Elke Höller, Ursula Bauer Ditgas, Maria Zühlke, Harald Jud, Arno Gedde, Roswitha Gedde, Georg Koller, Johann Peder, Gisela Horst, Beate Töpfer, Jochen Töpfer, Marianne Massanneck, Ute Nolte, Werner Nolte, Wilfried Ullricht, Hannelore Ullricht, Alexander Ullricht, Sylvia Ullricht, Volker Schmonnees, Gerald Gerstenberg, Renate Helnwein, Gottfried Helnwein, Gunter Träger, Ursula Helmer, Helgard Zügelmann, Gunter Zülke, Eliane Lamble.

Das Ehepaar Helnwein beginnt 1988 mit ihrer „Auditoren"-Ausbildung zum „Auditor der Klasse 4" im „Celebrity Center Düsseldorf - City Office Burgbrohl" (aus: „The Auditor" 235, S. 5, 1988)

EIDESSTATTLICHE VERSICHERUNG

In Kenntnis der Bedeutung einer eidesstattlichen Versicherung und der Strafbarkeit einer falschen, auch einer fahrlässig falschen Versicherung, versichere ich hiermit zur Vorlage bei Gericht an Eides Statt:

Zur Person:

Gottfried Helnwein, Maler, Auf der Burg 2, 5475 Burgbrohl

Zur Sache:

1. Ich bin Mitglied der römisch-katholischen Kirche - in einem Klosterkindergarten und einer Klosterschule des Schulbrüderordens und bei den Jesuiten in Wien erzogen worden.

   Während meiner Hochschulzeit bei den Jesuiten habe ich von Priestern dieses Ordens gehört, die in Japan jahrelang in Zen-buddhistischen Klöstern meditiert haben und schließlich sogar Zen-Meister geworden sind, und dies mit Erlaubnis des Jesuiten-Ordens und im Einklang mit der katholischen Kirche. Angeregt durch Gespräche mit einem Jesuiten-Pater habe ich ebenfalls begonnen, mich für Zen-Buddhismus und Taoismus und später für Yoga und Scientology zu interessieren. Ich habe viele Bücher über diese Gebiete gelesen und einige Kurse in Yoga und Scientology mitgemacht. Dies geschah aus persönlichem Interesse und Neugierde.

   Sowohl in Scientology als auch in einem Yoga-Verein war ich (passives) Mitglied, um die Kurse besuchen zu können (wie man z. B. Mitglied in einem Buchclub ist, um bestimmte Bücher zu erhalten).

Die „Eidesstattliche Versicherung" von Gottfried Helnwein vom 15. Mai 1992
Helnwein: „... Weder im Park, noch in meiner Burg fanden irgendwelche Aktivitäten statt, die auch nur im Entferntesten mit Anwerbung zu tun hatten - weder für Scientology noch für irgendeinen anderen Zweck..."

Derzeit beschäftige ich mich mit dem Talmud und der Kabbala, was jedoch nicht bedeutet, daß ich hier gleich eine jüdische Kultusgemeinde oder eine Synagoge gründen will.

Meine philosophischen Studien sind rein privater Natur und gehören zu meiner Intimsphäre. Womit sich andere Menschen beschäftigen, woran oder ob sie überhaupt an irgendetwas glauben, hat mich noch nie interessiert, und jede Art von Zwangsmissionierung oder religiösem Eifererturn lehne ich entschieden ab.

2. Daher ist es mir völlig unverständlich, warum seit zwei bis drei Jahren einigen Leute versuchen, mich zu diskreditieren, indem sie die falsche Behauptung verbreiten, meine Wohnung und mein Atelier seien ein Sektenzentrum und ich würde versuchen, dort Leute für Scientology anzuwerben.

Um mich und meine Familie, vor allem meine vier Kinder, vor Anfeindungen, Aggressionen und Übergriffen zu schützen, habe ich mich schließlich an das Landgericht Koblenz gewandt, um eine Einstweilige Verfügung gegen die Zeitschrift Olbrückrundschau, die derartige Behauptungen verbreitet hatte, zu erwirken.

Die Olbrückrundschau war sofort bereit, eine Unterlassungserklärung zu unterschreiben, und hat gar nicht erst versucht, dagegen Einspruch zu erheben, da die von ihr zitierte protestantischen Pfarrer vor Gericht aussagten, sie hätten diese Äußerungen niemals getan und würden dies auch in Zukunft nicht tun.

3. Nun wiederholt Herr Brosius aus dem Nachbarort Niederzissen ähnliche Behauptungen gegen mich, nämlich der Behauptung, ich würde auf meinem Anwesen für Scientology abwerben. Da Herr Brosius mich gar nicht kennt und mein Haus meines Wissens nie betreten hat, beruft er sich auf eine Information aus zweiter Hand. Er beruft sich auf Herrn Norbert Potthoff, der ebenfalls, soweit mir bekannt ist, mein Haus nie betreten hat. Ich

habe ihn nur ein einziges Mal für ein paar Sekunden im Haus meines damaligen Nachbarn, Herrn Rudolf Kruspel, gesehen und "Guten Tag" gesagt, das war alles.

4. Nach Lektüre der eidesstattlichen Versicherung von Herrn Norbert Potthoff möchte ich hierzu folendes richtigstellen.

   Basis des Irrtums (der Falschaussage?)von Herrn Potthoff ist dessen Unkenntnis (Verschweigen?), daß es in Burgbrohl zwei unterschiedliche Burghäuser gibt. Die Burg 1, die ehemalige Kellerei, gehörte bis 1989 den ortsansässigen Personen Herrn Sahl und Frau Lauer. Zwischen April 1985 und 1987 hatten diese die Burg 1 an Herrn Rudolf Kruspel vermietet. Ich habe dagegen 1984 (also nicht 1985) die Burg 2 (das Schloß) angemietet und bin im selben Jahr noch mit meiner Frau und meinen drei Kindern eingezogen (Herrn Potthoffs Zeitangabe ist somit bereits falsch). Wenn Herr Potthoff weiterhin behauptet, ich hätte einen Raum meiner Burg der Scientology-Church zur Verfügung gestellt, dann ist dies ebenfalls falsch. Weder ich noch meine Frau haben Räume oder sonstige Flächen der Scientology-Church für Kurse, Auditing oder Anwerbung zur Verfügung gestellt. Wir haben derartige Aktivitäten in unseren Räumen / auf unseren Flächen auch niemals geduldet.

5. Falsch ist auch die Aussage von Herrn Potthoff, ich hätte zur Düsseldorfer ORG gehört. Richtig ist vielmehr, daß ich zur Düsseldorfer ORG, noch niemals irgendeinen Kontakt hatte. Ich habe diese ORG niemals betreten. Ich wußte nicht einmal, daß die Düsseldorfer ORG überhaupt existiert, und es ist mir bis heute nicht bekannt, wo sich diese befindet.

6. Falsch ist weiter die Behauptung, ich hätte Frau Adelheid Rech Gesche aus der Scientology-Zentrale in Clearwater, Florida, vor 1985 bereits bestens gekannt. Diese Aussage ist schlichtweg frei erfunden. Frau Rech Gesche habe ich das erste Mal 1985 in Burgbrohl getroffen.

7. Falsch ist weiter die Behauptung, sie hätte den gesamten "Helnwein-Clan" auf ihre "Linien" gebracht. Erstens existierte überhaupt kein Helnwein-Clan, was immer das bedeuten soll. Im übrigen sind ich und meine Familie

niemals auf irgendjemandes "Linien" gebracht worden. Ich bin Individualist und künstlerischer Einzelgänger. Es gab auch keine Beeinflussungsversuche von Frau Rech Gesche, mein Haus für Zwecke der Scientology-Church zur Verfügung zu stellen.

8. Absolut falsch und vollkommen frei erfunden ist die Behauptung: "Die Burg, auf der Helnwein in Burgbrohl lebte, wurde zur Filiale des Celebrity Centers in Düsseldorf ...". Meine Burg war niemals die Filiale irgendeiner Organisation, weder der von Scientology noch irgendeiner anderen.

9. Weder Frau Dr. Bardenheuer noch sonst irgend jemand hat in meinen Räumlichkeiten zu irgendeinem Zeitpunkt irgendwelche Kurse besucht.

10. Was das Sommerfest betrifft, sollte diese gemeinsame Einladung der Bewohner der beiden Burgen der Bevölkerung, Bekannten und Freunden die Ateliers und die künstlerischen Arbeiten zeigen. Das ist alles. Es gibt in der Kunstszene immer wieder gemeinsame Einladungen für veschiedene Ausstellungen, die gleichzeitig in verschiedenen Galerien oder Künstlerateliers stattfinden. Zum Beispiel: "Premiere" in Köln, wo alljährlich eine größere Anzahl von Galerien zugleich ausstellen und gemeinsam einladen, ohne daß darüber hinaus irgendein Zusammenhang zwischen den Galerien besteht.

Bei dem Sommerfest wurde eine größere Menge Einladungen verschickt, und selbstverständlich stand es jedem der Eingeladenen frei, seine Bekannten und Freunde ebenfalls miteinzuladen und mitzubringen - sei es nun seine Familie oder sein Kegelverein.

Daß Frau Rech Gesche die Mitglieder ihres Celebrity Centers schriftlich eingeladen hatte, erfolgte ohne mein Wissen und war gänzlich ihre Entscheidung.

In meinem Haus (Burg 2) waren nur meine künstlerischen Arbeiten ausgestellt. In der anderen Burg (Burg 1) waren Arbeiten von den Künstlern Rudolf Kruspel, Martina Kudlacek und Peter Schmitz ausgestellt.

Weder im Park noch in meiner Burg fanden irgendwelche Aktivitäten statt, die auch nur im entferntesten mit Anwerbung zu tun hatten - weder für Scientology noch für irgendeinen anderen Zweck.

Ich habe so etwas in meinem Haus aus Prinzip nie getan und werde dies auch in Zukunft nicht tun. Mein Haus ist und war immer ausschließlich als Atelier und Wohnung genützt worden.

Die ständige Wiederholung der Behauptung, es gebe einen "Clan" von Malern um mich, ist eine freie Erfindung Herrn Potthoffs, da ich nachweislich von 1984 bis heute, also seit acht Jahren, in meinem Haus in Burgbrohl vollkommen alleine arbeite und zu anderen bildenden Künstlern kaum Kontakt habe. Abgesehen von den drei Künstlern, die vor längerer Zeit vorübergehend ca. zwei Jahre in meiner Nachbarschaft wohnten, und zu denen ich nur einen losen Kontakt hatte, war und ist mir kein anderer bildender Künstler in ganz Rheinland-Pfalz persönlich bekannt. Zu meinen ehemaligen Nachbarn habe ich überhaupt keinen Kontakt mehr. Ich weiß nicht einmal, wo deren Aufenthaltsort ist.

Außer meiner Frau arbeiten hier noch zwei Sekretärinnen und drei Ateliergehilfen in einem normalen Anstellungsverhältnis. Keiner dieser Leute ist künstlerisch tätig, und keiner dieser Leute ist oder war Mitglied von Scientology oder hatte, soweit mir bekannt ist, jemals Kontakt zu Scientology.

Keinen einzigen meiner Mitarbeiter habe ich jemals auf Scientology angesprochen.

11. Gruner + Jahr und GEO haben die journalistische Sorgfaltspflicht aufs gröbste verletzt, als sie diesen Leserbrief mit massiven Vorwürfen gegen mich ungeprüft veröffentlicht haben. Nun ist es so, daß der Leserbriefschreiber, Herr Brosius, seine Behauptungen gar nicht auf eigene Erfahrungen stützen kann, da er weder mich noch mein Haus kennt. Er beruft sich also auf die Behauptungen des Herrn Potthoff, der mich ebenfalls nicht kennt, und auf dessen letzten Informationen, die er laut eigener Aussage von seiner ehemaligen Frau Margit vor sechs bis sieben Jahren (!) erhalten hat.

Laut eidesstattlicher Erklärung seiner Ex-Frau Margit Potthoff aber hat sie diese angeblichen Informationen über mich gar nicht abgegeben. Sie war gar nicht in der Lage dazu, da sie außer der einen oder anderen flüchigen Begegnung keinen Kontakt mit mir hatte und über meine Angelegenheiten zu keinem Zeitpunkt informiert war.

Gruner + Jahr beriefen sich also auf Brosius, Brosius berief sich auf Potthoff, Potthoff beruft sich auf angebliche Informationen seiner damaligen Ehefrau vor sechs Jahren, die seine Behauptungen ebenfalls nicht bestätigt.

Es handelt sich um eine Kette von Informationen aus zweiter und dritter Hand, die schließlich auf die Gespräche zweier zerstrittener Eheleute vor sechs bis sieben Jahren zurückgehen. Dies ist einfach absurd.

Über meine Gedanken und Ansichten bezüglich Weltanschauung und Philosophie spreche ich nur selten; zum einen deshalb, weil ich nicht alles, was ich denke, anderen mitteilen möchte, und zum anderen, weil ich auch kein Interesse habe, jemanden auf diesem Gebiet von irgendetwas zu überzeugen. Ich bin der Auffassung, daß jeder seine eigenen Ansichten haben sollte; mir ist deshalb auch gleichgültig, was andere Menschen glauben.

Ich habe daher auch kein Amt, keinen Posten und keine Funktion in irgendeiner Religionsgemeinschaft, politischen Partei oder Sekte, welcher Art auch immer, Weiterhin ist auch keine religiöse Gemeinschaft, keine politische Partei oder Sekte von mir autorisiert, ein Bild

meiner Person, Kunstwerke, Aussagen oder Texte von mir für Werbezwecke zu verwenden.

Burgbrohl, den 15.05.1992

Gottfried Helnwein

I N   M E M O R I A M

L. Ron Hubbard

13. März 1911 – 24. Januar 1986

Bestsellerautor · Gründer von Scientology · Freund von Millionen

L. Ron Hubbard und seine Schriften sind die stabilisierenden Einflüsse in meinem Leben gewesen – seit vielen Jahren. Er glaubte, daß der Mensch im Grunde gut ist, und bewies es immer und immer wieder. Seine Entdeckungen und Technologien machten meinen Verwirrungen ein Ende, machten mir bessere Wahrnehmung möglich, verbesserten mein Ethikniveau, rehabilitierten mich als Künstler, und ich konnte im innersten Selbst wieder fröhlich sein. Niemand hatte je einen besseren Freund. Er war wirklich der beste Freund der Menschheit. Ich habe jahrelang zu ihm aufgeschaut – wahrscheinlich muß ich jetzt noch ein wenig höher schauen.

Jeff Pomeranz
Schauspieler

Da er gelebt hat, gibt es eine wirkliche Hoffnung für die Künstler dieses Landes – jeden Landes.

Karen Black
Schauspielerin

Sein Werk wird bestehenbleiben. L. Ron Hubbard hat nicht nur Künstler inspiriert, sondern auch das Leben vieler Menschen bereichert.

Gottfried Helnwein
Maler

Ganzseitige Todesanzeige der Scientology-Zentrale in Los Angeles für L. Ron Hubbard, erschienen am 22. Februar 1986 in der „Frankfurter Allgemeinen Zeitung" (!) Auch Gottfried Helnwein trauert.

HELNWEIN MACHT WERBUNG !

NUR EINE AUSWAHL.....

SCIENTOLOGY HEUTE

Der sanfte Schrei, geschrieben von Hermann Keppler und Horst Mehler.

Das Titelbild stammt von Gottfried Helnwein. Sie sind Mitglieder der Scientology Kirche

Gottfried Helnwein, das Mitglied der Scientology Kirche!
(aus: „Scientology Heute“ 1, S. 6, 30. Januar 1988)

Der Weg zu Clear

von L. Ron Hubbard

Ich habe soeben einen Durchbruch erzielt und herausgefunden, was ein Clear wirklich ist. Und Sie können es nun ganz gewiß schaffen.

Der Weg zu Clear ist klar abgesteckt, und Sie können heute diesen Zustand wirklich erreichen. Ein Clear hat keinen heim-

Heute ist der reaktive Verstand ein vollständig erforschtes Gebiet. Er enthält falsche Zielsetzungen, die den Menschen seine eigene, ursprüngliche Zielsetzung vergessen lassen. Die letzte große Barriere auf dem Weg zur Freiheit, der reaktive Verstand selbst, ist gefunden, erforscht und erobert worden. Mit der Auslöschung dieser falschen Zielsetzungen

Auch der jüngste Helnwein-Sproß Amadeus macht, sicher ungewollt, Werbung für Scientology und L. Ron Hubbard im Werbeblatt „Verstehen - Information über Dianetik", veröffentlicht 1991 von der Scientology Kirche Hamburg e.V.. Das gleiche Foto erschien auch in der Scientology-Broschüre „Keine Psycho-Drogen für Kinder", zusätzlich mit einem Cover von Gottfried Helnwein! (unteres Foto aus OSA-Magazin „The Rise of Hatred & Violance in Germany", 1995)

FREEDOM Magazine: A Powerful Voice For Social Reform

Helnwein-Titelbildzeichung auf dem OSA-"Freedom"-Magazin, Ausgabe USA, im Juni 1988

THETA

Eine Zeitschrift deutschsprachiger Scientology Missionen

6. Jahrgang

Herausgeber:
Dianetic Stuttgart e. V.
Scientology Mission
Krefelder Straße 11
7000 Stuttgart 50
Tel. 0711 - 541058

Redaktion: Hans Kaeser
Gestaltung: Thomas Kletzsch
Mitarbeiter: Gottfried Helnwein, De Es Schwertberger,
Karl Weber

Der Scientology-Mitarbeiter Gottfried Helnwein für die Scientology Mission Stuttgart und deren Zeitschrift „THETA“, Heft 30, 1981, im Heft auch abgebildet eine Helnwein-Zeichnung

Werbeträger Gottfried Helnwein in „L. Ron Hubbard - Der Autor und sein Werk" auf Seite 44, 1990 CSI. Das Foto stammt von dem bekannten Scientology-Fotografen und Helnwein-Freund Dick Zimmerman aus Los Angeles, der es 1989 anläßlich einer Fotosession für das Scientology-Magazin „Celebrity" anfertigte.

Eidesstattliche Versicherung

In Kenntnis der Bedeutung einer eidesstattlichen Versicherung und der Strafbarkeit einer falschen, auch einer fahrlässig falschen Versicherung, versichere ich hiermit zur Vorlage bei Gericht an Eides Statt:

Zur Person:
Gottfried Helnwein, Maler, auf der Burg 2, D - 56659 Burgbrohl
geb. 8.10.48 in Wien

Ich habe mich zu keinem Zeitpunkt als "Geistlichen" bezeichnet und war auch niemals ein sogenannter "Geistlicher".
Ich hege auch nicht den geringsten Wunsch ein "Geistlicher" zu sein.

Ich bin, seit ich vor 25 Jahren die Schule verlassen habe, freischaffender Künstler und habe seitdem ausschließlich diesen Beruf ausgeübt.

Die Behauptung ich sei ein sogenannter "Klasse IV" Auditor (was immer das sein soll), ist frei erfunden und entbehrt jeder Tatsache.
Ich bin und war zu keinem Zeitpunkt ein "Klasse IV Auditor".
Die Behauptung, ich sei ein sogenannter "Klasse 4 Auditor", die vor einiger Zeit irgendeiner Publikation der Scientology Church aufgestellt wurde, ist falsch und absolut frei erfunden.

Gottfried Helnwein

Burgbrohl, 14.3.94

Helnwein: „...Ich bin und war zu keinem Zeitpunkt ein Klasse 4 Auditor“ - 14.3.1994

Leseabschrift

16 U 163/95
2/3 O 507/94
LG Frankfurt am Main

Verkündet
laut Protokoll
am 20. Juni 1996
Gräfe
Justizangestellte
als Urkundsbeamter
der Geschäftsstelle

OBERLANDESGERICHT FRANKFURT AM MAIN

IM NAMEN DES VOLKES

URTEIL

In dem Rechtsstreit

1. des Vereins für die Interessen tyrannisierter Mitmenschen e.V., vertreten durch den Vorstand, dieser vertreten durch die erste Vorsitzende Frau Jeanette Schweitzer, Ensheimer Straße 125, 66386 St. Ingbert,

2. des Vereins für Friedenserziehung im Saarland e.V., vertreten durch den Vorstand, dieser vertreten durch die erste Vorsitzende Frau Christa Jenal, Bismarckstraße 14, 66111 Saarbrücken,

Beklagte und Berufungskläger,

- Prozeßbevollmächtigter: Rechtsanwalt Christoph Heyne, Frankfurt am Main -

g e g e n

den Maler Gottfried Helnwein, Burg Brohl 2, 56659 Burgbrohl,

Kläger und Berufungsbeklagten,

- Prozeßbevollmächtigter: Rechtsanwalt Dr. Försterling, Frankfurt am Main -

OLG Frankfurt/Main: „...Helnwein ist ein Scientologe und ein Klasse 4 Auditor...“ - 20.6.1996

AVR 61

hat der 16. Zivilsenat des Oberlandesgerichts Frankfurt am Main durch Vorsitzenden Richter am Oberlandesgericht Baumacker sowie die Richter am Oberlandesgericht Dr. Deppert und Janzen aufgrund der mündlichen Verhandlung
vom 9. Mai 1996
für **R e c h t** erkannt:

Auf die Berufung der Beklagten wird das Urteil der 3. Zivilkammer des Landgerichts Frankfurt am Main vom 24.5.1995 abgeändert.

Die Beklagten werden verurteilt, es zu unterlassen, wörtlich oder sinngemäß folgende Behauptung aufzustellen oder zu verbreiten:

"Der Erlös einer limitierten Lithographie, die in der Saarbrücker Galerie 48 erhältlich ist, fließt nachweislich dem Scientologischen Geheimdienst (OSA München) zu."

Im übrigen wird die Klage abgewiesen.

Die weitergehende Berufung der Beklagten wird zurückgewiesen.

Von den Kosten des Rechtsstreits tragen der Kläger 3/4 und die Beklagten 1/4.

Das Urteil ist für den Kläger gegen Sicherheitsleistung von 5.000.-- DM und für die Beklagte gegen Sicherheitsleistung von 15.000.-- DM vorläufig vollstreckbar.

Gemäß § 543 Abs. 1 ZPO wird von der Darstellung des Tatbestandes abgesehen.

E n t s c h e i d u n g s g r ü n d e

Die Berufung der Beklagten ist zulässig. Insbesondere wurde das Rechtsmittel form- und fristgerecht eingelegt und begründet.

Die Berufung ist auch im wesentlichen begründet.

Dem Kläger steht hinsichtlich der meisten von den Beklagten aufgestellten Behauptungen kein Unterlassungsanspruch analog § 1004 Abs. 1 BGB in Verbindung mit §§ 823 Abs. 2 BGB, 186 StGB zu.

Soweit der Kläger Unterlassung der Äußerung verlangt, er bezeichne sich selbst als Geistlicher, so konnte der Senat dahingestellt bleiben lassen, ob es sich überhaupt um eine ehrenrührige Behauptung der Beklagten handelt und ob diese Behauptung wahr ist, denn der Kläger hätte gleichwohl diese Äußerung zu dulden.

Die Beklagten durften sich insoweit auf entsprechende Veröffentlichungen in der Presse verlassen.

Mit dem Bundesverfassungsgericht (NJW 1992, 1439) ist auch der Senat der Auffassung, daß die Anforderungen an die Darlegungspflicht überspannt werden, wenn jemand, der eine herabsetzende Behauptung über Dritte aufstellt, die nicht seinem eigenen Erfahrungsbereich entstammt und seine eigenen Überprüfungsmöglichkeiten überspannt, sich zur Begründung nicht auf unwidersprochene Pressemitteilungen beziehen darf. Das Bundesverfassungsgericht weist zutreffend darauf hin, daß es dem einzelnen bei Vorgängen von öffentlichem Interesse regelmäßig nicht möglich ist, Beweise oder Belegtatsachen aufgrund eigener Nachforschungen beizubringen. Er ist auf die Berichterstattung durch die Medien angewiesen.

Die Beklagten haben sich auf ein Interview bezogen, das im Jahre 1993 in der Zeitschrift "celebrity" Major issue 262" erschienen ist. Darin wird der Kläger als "Auditor IV" bezeichnet.

Ein Auditor ist ein Geistlicher im Sinne der Terminologie der Scientology Church.
Die Beklagten durften diesen Artikel so auffassen, als ob der Kläger sich selbst als "Auditor", also als Geistlicher, bezeichnet hat. Diese Bezeichnung findet sich schon in der Überschrift des Interviews des Klägers. Daraus muß der unbefangene Leser schließen, daß sich der Kläger als Geistlicher interviewen ließ und gegenüber dem interviewenden Reporter sich auch als Geistlicher ausgegeben hat.

Auf diese Veröffentlichung durften sich die Beklagten verlassen. Zwar sind die eigenen Publikationen der Scientology Church vor allem für ihre Mitglieder bestimmt. Gleichwohl sind sie öffentlich zugänglich.
Derjenige, der sich auf solche öffentlich zugänglichen Quellen verläßt, kann erst dann zur Unterlassung oder zum Widerruf verurteilt werden, wenn die Berichterstattung erkennbar überholt oder widerrufen ist (BVerfG, a.a.O.).

Beide Voraussetzungen sind nicht erfüllt. Ein überholendes Ereignis wurde vom Kläger nicht vorgetragen und ist auch für den Senat nicht ersichtlich. Aber auch ein Widerruf der Behauptung durch die Zeitschrift "celebrity" ist nicht erfolgt. Es erscheint schon fraglich, ob es ausreicht, wenn sich der Kläger wegen der Unterlassung an die Scientology Church Deutschland wendet, während der entsprechende Artikel weder von Scientology Church Deutschland verfaßt noch veröffentlicht wurde. Der Kläger konnte sich deshalb wegen des Widerrufs der Behauptung nur an die Redaktion der Zeitschrift "celebrity" in den USA wenden. Dies hat er unstreitig nicht getan.

Aber auch die Scientology Church Deutschland hat sich, wie sich aus der vom Kläger vorgelegten Korrespondenz ergibt, weder zur Unterlassung verpflichtet noch einen Widerruf abgedruckt oder veranlaßt.

Der Kläger hat damit der öffentlich aufgestellten Behauptung nicht widersprochen, daß er sich als Geistlicher bezeichnet habe.

Aus den gleichen Gründen sind die Beklagten auch nicht verpflichtet, die Äußerung zu unterlassen, der Kläger sei "Auditor IV" der Scientology Church. Auch insoweit sind die in der Presse veröffentlichten Behauptunge icht widerrufen worden.

Die Beklagten schulden auch ni t die Unterlassung der Äußerung, der Kläger gehöre zu einer Gru , die in einem zwangshypnotischen Verfahren unter Zuhilfena e eines Lügendetektors die Psyche von Menschen zerstört, um ie unter Bewußtseinskontrolle zu stellen. Diese Erklärung enthä zwei Elemente. Zum einen enthält sie die Behauptung, der Kläger sei Gruppenmitglied, d.h. Mitglied der Scientology Church. Zum anderen wird behauptet, diese Gruppe benutze zwangshypnotische Verfahren, um das Bewußtsein der Menschen zu kontrollieren.

Der erste Teil der Erklärung ist eine Tatsachenbehauptung. Diese Behauptung ist wahr, denn der Kläger ist Scientologe. Er bekennt sich jedenfalls zu dieser Organisation. Dies ergibt sich aus zahlreichen Umständen. So geht aus einem Interview in der Zeitschrift "college" aus dem Jahre 1975 hervor, daß der Kläger seinerzeit selbst angab, seit 1972 Scientologist zu sein. Auch hat die Scientology Church zu einem Sommerfest beim Kläger im Jahre 1986 eingeladen. Sowohl in der Zeitschrift "Scientology heute" als auch im "Spiegel" wird angegeben, daß der Kläger Scientologe ist. Auch der vorgelegten Liste der "patrons" von Scientology geht hervor, daß der Kläger Mitglied der Organisation ist. Auch hat der Kläger gegenüber Frau Melissa Müller, einer Journalistin, 1991 erklärt, er sei Scientologe, was diese in einem Artikel in der Zeitschrift "Cash Flow" veröffentlichte, ohne daß der Kläger dem widersprochen hätte.

Darüber hinaus hat der Kläger an einer Anzeige in der Frankfurter Allgemeinen Zeitung zum Tode von L. Ron Hubbard, den Begründer der Scientology Church, mitgewirkt und ist auch der Behauptung der Beklagten nicht entgegengetreten, er sitze im Beirat des Verbandes der verantwortungsbewußten Geschäftsleute e.V., einer Tarnorganisation der Scientology Church.

Der zweite Teil der Erklärung befaßt sich mit der Charakterisierung der Scientology Church. Durch diese Äußerung ist nicht nur die Scientology Church betroffen, sondern auch der Kläger selbst, da auch auf ihn durch die negative Charakterisierung der Scientology Church ein schlechtes Licht geworfen wird.

Die Beklagten durften jedoch diese Behauptung aufstellen, denn sie durften sich auf eine entsprechende Mitteilung der Ständigen Konferenz der Innenminister und Senatoren der Länder vom 6.5.1994 verlassen. In dieser Pressemitteilung wird die Scientology Organisation u.a. als eine Organisation bezeichnet, die unter dem Deckmantel einer Religionsgemeinschaft Psychoterror betreibt.

Angesichts dieser Feststellungen der Länderinnenminister ist es nicht zu beanstanden, wenn die Beklagten behaupten, diese Organisation setze zwangshypnotische Verfahren ein und verwende einen Lügendetektor.

Dieser Veröffentlichung der Länderinnenminister hat die Scientology Church nicht widersprochen. Es wurde kein Widerruf dieser Äußerung verlangt oder veröffentlicht. Die Beklagten durften deshalb von der Richtigkeit der Angaben in dieser Presseveröffentlichung ausgehen.

Dabei spielt es keine Rolle, daß die Veröffentlichung der Pressemitteilung erst erfolgt ist, nachdem die Beklagten den offenen Brief vom 3.3.1994 verfaßt haben. Insoweit dürfte die Pressemitteilung nur das wiedergeben, was die für die Gefahrenabwehr zuständigen Behörden bereits seit längerer Zeit ermittelt haben und auch aus anderen öffentlich zugänglichen Quellen zu entnehmen war.

Aber selbst wenn dies nicht der Fall sein sollte, kommt es für die Entscheidung des vorliegenden Rechtsstreits auf die Sach- und Rechtslage im Zeitpunkt der letzten mündlichen Verhandlung an. Es kann deshalb dahingestellt bleiben, ob die Beklagten im Zeitpunkt der Verteilung des offenen Briefes vom 3.3.1994 auf die Richtigkeit ihrer Äußerung vertrauen konnten, weil sie die Tatsachen anderen veröffentlichten Mitteilungen entnommen haben. Für die Frage, ob die Beklagten künftig die Äußerungen unterlassen müssen oder ob sie auf entsprechende Presseveröffentlichungen vertrauen dürfen, kommt es nur auf die Situation im Zeitpunkt der letzten mündlichen Verhandlung an.

Zu diesem Zeitpunkt lag die unwidersprochene Pressemitteilung der Länderinnenminister-Konferenz vom 6.5.1994 vor.

Durch die Verbreitung vorstehend erörterter Behauptungen wird der Kläger nicht in seinen Grundrechten verletzt. Zwar kann sich der Kläger gegenüber dem Grundrecht der Beklagten auf Meinungsfreiheit auch auf sein allgemeines Persönlichkeitsrecht und eventuell auf sein Grundrecht auf freie Religionsausübung berufen.

Im vorliegenden Fall überwiegen jedoch die Interessen der Beklagten an der Veröffentlichung der Behauptung, daß der Kläger Geistlicher und Auditor der Klasse IV ist sowie als Scientologe einer Organisation angehört, die Psychoterror betreibt.

Der Kläger ist ein international bekannter Künstler, der mit seinen Kunstwerken und Aktionen an die Öffentlichkeit getreten ist. Er hat sich auch bereiterklärt, bei der künstlerischen Gestaltung des ehemaligen KZ-Geländes "Neue Bremm" in Saarbrücken mitzuwirken. Ob der Kläger diesen Auftrag bekommen soll, ist eine die Öffentlichkeit interessierende Frage. Für die Öffentlichkeit ist in diesem Zusammenhang auch von Interesse, ob der Kläger Mitglied der Scientology Church ist und ob er insoweit die Stellung eines Auditor der Klasse IV hat und um was für eine Organisation es sich bei der Scientology Church handelt.

Weiterhin ist zu berücksichtigen, daß der Kläger in zahlreichen Veröffentlichungen sich als Scientologist bezeichnet hat und von der Presse auch als Auditor IV bezeichnet wurde. Der Kläger hat also in der Vergangenheit seine Mitgliedschaft und seine Einstellung zu Scientology nicht gerade geheimgehalten.

Zu unterlassen haben die Beklagten aber die Äußerung, der Erlös einer limitierten Lithographie, die in der Saarbrücker Galerie 48 erhältlich ist, fließe nachweislich dem scientologischen Geheimdienst (OSA München) zu. Bei dieser Äußerung handelt es sich um eine Tatsachenbehauptung. Unstreitig ist bisher noch kein Geld an die OSA geflossen. Wie sich aus dem Schreiben des Vorsitzenden der Scientology-Kirche vom 7.5.1992 ergibt, hat sich der Kläger bereiterklärt, eines seiner Kunstwerke zum Zwecke der Unterstützung von Narconon und OSA auf den Markt zu bringen.

Der Kläger hat nur eingeräumt, das Geld für Narconon bestimmt zu haben. Als er aber davon erfahren habe, daß die Gelder anderer Verwendung zugedacht waren, habe er seine Zusage widerrufen. Dies haben die Beklagten nicht ausdrücklich bestritten. Sie meinen lediglich mit der unstreitigen Zusage, den Erlös der Firma Narconon zufließen zu lassen, sei die Richtigkeit der Behauptung erwiesen.

Dies ist jedoch nicht der Fall. Wenn die Beklagten behaupten, das Geld fließe der OSA zu, so bezeichnen sie damit einen konkreten Geldfluß. Der unbefangene Leser wird dies so verstehen, daß zur Zeit Lithographien verkauft werden, deren Erlös schon an die OSA geflossen ist oder gerade fließt. Er wird aus der Äußerung der Beklagten nicht schließen, daß der Kläger lediglich versprochen hat, den Erlös der Firma Narconon zukommen zu lassen. Die Worte "fließt nachweislich" bedeuten die Schilderung gegenwärtiger Ereignisse, nicht die Angabe von Absichten des Klägers.

Da diese Behauptung falsch ist, und die Beklagten selbst nicht behaupten, daß bereits Geld geflossen ist, besteht ein Unterlassungsanspruch analog §§ 823 Abs. 2, 186 StGB, 1004 Abs. 1 BGB.

Die Kostenentscheidung beruht auf § 92 Abs. 1 ZPO. Dabei hat der Senat berücksichtigt, daß jede der vier vom Kläger beanstandeten Behauptungen gleichwertig ist.

Die Entscheidung über die vorläufige Vollstreckbarkeit beruht auf § 709 ZPO.

Der Senat sah keinen Anlaß, die Revision zuzulassen, da Rechtsfragen von grundsätzlicher Bedeutung nicht zur Entscheidung anstanden.

Baumecker Dr. Deppert Janzen

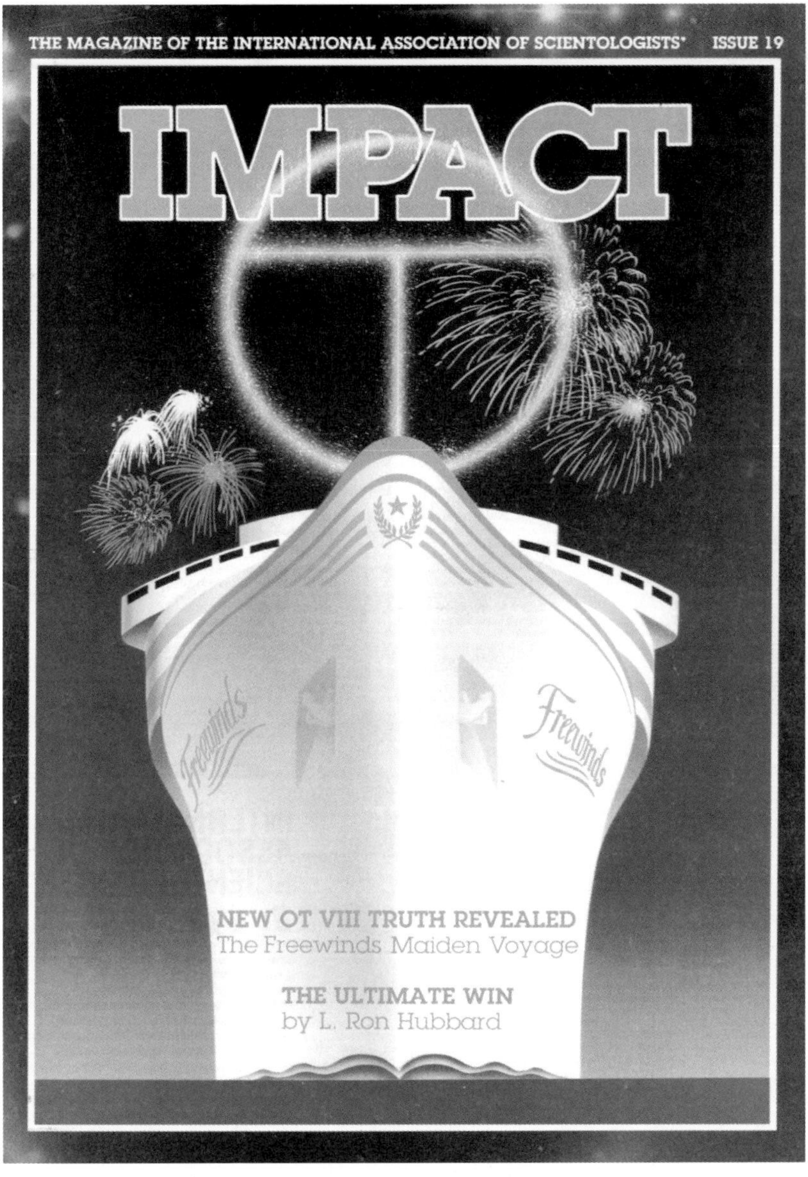

Scientology-Mitglieder-Magazin „IMPACT" 19, 1988
Helnwein erscheint erstmals in der „Patron"-Liste

Patrons

Richard Acunto • Lottie S. Adler • Advanced Technology Services • David Agami • Elias Agami • Dixon Allen •Adriana Alessi • Elsa Alessi • Kirstie Alley • Erika Altorfer • Felix Altorfer • Heidi Altorfer • Marianna Altorfer • Nancy G. Anderson • Allen Apfelblat • ARC Music • Steve Archinal • Ben Atwood • Vivien C. Atwood • Serge Aubry • Rena Auerbach • Juan Auge • Jeffrey A. Avrin • Terri Avrin • Edwin Baer • Bernice Baeza • Moreno Baggio • Christopher S. Bake • Michael Bang • Bancorp Development, Inc. • Kay Barre • Ray Barton • Werner Baumann • Molly Baxter • Randon K. Baxter • Michael Baybak • Charles E. Beckmann • Shelley L. Beckmann • Gary Beeny • Beeson Chiropractic Center • Robert Allen Bein • Elizabeth Bein • Gracia Bennish • Tony Berka • Gerard Bernet • Margarita Bernot Jr • Brad Bernstein • Jurg Berta • Isabelle Berts • Rick Bishop • Tony Blanco • Eleanor Blankenship • Gaute Borgerud • Jane Bosan • Rob Bosan • Timothy Bowles • Karen Noyes-Brackett • Ted R. Bragin • Jean Brasel • John R Brasel • Sandra Breenan • Marie Breheret-Legoux • Annette P. Brennan • Lawrence H. Brennan • Carleen Bridgeman • Louis-Michel Brolles • Anthony J. Brown • Reto Buechel • Lorraine Bulger • Fritz Burgener • Irene Burgener • Jessica Byrnes • Lawrence F. Byrnes • Guy C. Callahan • Gail K. Carroll • Robert W. Carroll • Noel Carrol • Rob Carter • Ray Cassano • Massimo Cavadenti • Iz Chait • Mary Ann Chait • Michael Champness • Jean-Christian Chevalier • Gerard Chiquet • Jamie Christensen • Joanne Christensen • Kurt Christensen • Solo Chu • Rose Marie Cieux • Chantal Beyer Clausen • CMI Corporate Marketing • Greta Coale • John Coale • Sandra Codding • Keith Code • James Collins • Regina Collins • Chick Corea • Denise Covington • Suzanne Crausaz • Alan Chrichton • Marianne Creola • Beverly Croft • Malcolm Croft • Tom Cummins • Lyle Cunningham • Glenn Currier • Jaye Curry • Michael T. Curry • Marros Dana • Jody R. Darling • Brian Day • Delphian School • Marie-Pierre Delphieux • Jane Deming • Susan de Racedo • Margarita de Rios de Bernot • Catherine de Uthemann • Candice Devoe • Chuck Devoe • Mary Lou De Wyngarte • Thomas De Wyngarte • Pio De Zordo • Richard J. Dickman • Haim Diner • Claes Ditlev Ditlevsen • Bruno Divitini • Dusan Djukich • Willy Doetschmann • Doug C. Dohring • Laurie A. Dohring • Daniel Domjan Family • Daniel E. Domjan, M.D., Inc. • Dennis Dubin • Jose Bernot Dubois • Olivier Dufour • Patricia Duggan • Robert Duggan • Leslie J. Eaton • James Eckhart • Tina Eckstein • Athena Edison • Donna Edison• Steve Edison • Ellen Edmunson • David Ender • Siegfried Ehrler • James Eiselt • Gerald Ellenberg • Randy Emery • Gary Epstein • Johanna Erdtmann • Steve Fabos • Tony Falcaro • Moritz Farbstein • Daphne Farrow • Jeffrey Feldman • Sekica Feldman • Cindy Feshbach • David Feshbach • Jacob Feshbach • Joseph Feshbach • Karyn Feshbach • Katherine Feshbach • Kurt Feshbach • Lynn Feshbach • Matthew Feshbach • Max Feshbach • Rachel Feshbach • Sarah Feshbach • Hans-Peter Fischer • Patricia Flanagan • Rudi Flosser • Christian Fouche • Detleff Foullois • Isaac Franco • Jeff Friedman • Fabio Frigerio • Rita Fuhrer • Geoffrey Fushi • John D. Futris • Valerie Futris • John Fyffe • Fyn Mission • G & G Food Supplies • David Gaiman • Marie Gale • Jose Luis Galicia • Robert Tibbles Gardner • Josele Garza • Nadina Garza • Malcolm Gellatly • Kenneth Gerbino • Victoria Gerbino • Stan Gerson • Reto Gfeller • William Gillette • Gregory Gloor • Larry Gluck • Avner Golan • Sheldon Goldberg • Marshall Goldblatt • Edward Goss • Liane Gottwald • Evo J. Gramolini • Steven J. Grant • Robert Gray • Jane Taylor Greenberg • Martin Joel Greenberg • Greenberg & Jackson • David Grizzell • Corine Grosjean • Elisabeth Gross • Bernhard Gut • Beth Gwinn • Bernard Haeberlin • Celebrity Centre Hamburg • Leo Hamel • Edward C. Hamlyn • Lawrence Hanson • Wiebke Hansen for Hamburg Org • John P. Harris • Phil Harris • Evelyn Hawkes • Elisabeth Hedinger • Robert Hedinger • Dora Hegetschweiler • Barbara Hegetschweiler • Walter Hegetschweiler • Gottfried Helnwein • Renate Helnwein • Bernice Hemsani • Moises Hemsani • Mike Henderson • Jack Hennessy • Robin Hennessy • John Hill • John Hilton • James Hochschwender • Charles A. Hodge • Susan Hodge • Alan Hollander • Karen Hollander • Karen Holly • Patrick Horney • Guenter Horvath • Ronald Howarth • Mary Sue Hubbard • Debbie Hughes • Greg Hughes • Richard Hull • John Humphrey • Kurt Hungerbuhler • Lena Hungerbuhler • Peter Hunziker • Barbara Indermaur • Robert Indermaur • Infield Management • Lynn Irons • Lawrence G. Jaffe • Albert Jaquier • Byrd Jessup • Hildegard Jessup • Jay Johnson • Susan Johnson • Cirrus Jones • Penny Atwell Jones • Knud Jorck • Peter Jorck • Steen Jorgensen • Danielle Jossi • Ruedi Jungi • Lucie Jungi-Saner • Pierre Junqua • Hans Dieter Kaffitz • Halina Karcz • Stanislaw Karcz • Claudia Kauer • Emil Kauer • Klaus Kempe • William Kilpatrick • Frederick King • Carol Kingsley • Andrew Kitt • Clare Kitt • Erin Kitt • Tara Kitt • Barry Klein • Michael Klinger • Housi Knecht • Torben Knudsen • Bruce Korman • Bob Krumpe • Bonnie Krumpe • Gary Kuever • Nancy Kuever • Ben Kugler • Judy Kugler • Andrew Ladd • Wolf-Dieter Lahmann • Bernardo Lan • Wilford C. La Rock • Dr. Lloyd Latch • Jane Chantal Layton • Richard Lenz • Ingrid Lenzke • Ulrich Lenzke • Gunter Leonhardt • Melinda Leonhardt • Tobias Leutenegger • Alvah Levine • Peter Lewis • Maria Lienert • Joop van der Linde • Juraj Lipscher • Victoria Lorentzen • William Lorentzen • Angeline Louis • Marie Jo Louis • Madeline Lowe • Madeleine Luthi • Debbie Mace • Michel Machard • Heinz Maier • Michael Mann • Pia Mann • Matthias Manthey • Addison Marchese • Joni Marchese • Steve Marchese • Julian Marks • Donn J. Marier • Jessica V. Marks • Ross Martin • Jose Martinez • Ferdinand Marvan • Heini Maurer • Tito Mazza • Elizabeth McCaffrey • Brenda McDaniel • Larry McDaniel • Robert McFarlane • Diane McPhee • Lloyd McPhee • Shane McSweeney • Jeffrey A. Medeiros• Janice D. Meekcoms • Leon D. Meekcoms • Elizabeth A. H. Mefford • Janet Meinsma • Elfi Menz-Schiemann • Guy Mercier • LeAnn Meyer • Warren F. Meyer III • David Meyer • Otto Meyer • Susan Michlin • Willard Michlin • Barbara Miller • Diane Miller • Gil Miller • Mission Villars-S-Glane • Susan Mithoff • Charlotte Mittendorf • Miwa Environmental • David Mogul • Ugo Moi • Rolf Moll • Barbara Ann Molloy • Charles Momsen • Gregoire Montangero • Ed Mooney • Carol Morse • David Morse • David Morse & Associates • Kathy Morrill • Terry Morrill • Maria Moschini • Bretislav Mrkos • Hania Mrkos • Jelena Mrkos • Rosmarie Mrkos • Harald Mueller • Ute Mueller • Peter Muller • Geoff Murray • Douglas Nagy • Natural Health Associates • Ronald Nedd • Sandy Nelson • Douglas Neuman • Robert E. Neuwirth • Richard Nisbet • Bo Nielsen • Dennis Nobbe • Mike Noll • Northland Environmental Inc. • Werner Notheis • Kevin O'Donnell • Mary Ann O'Donnell • Jens Oldag • Therese Oliva • Overnight Graphics • Raymond-Daniel Pache • Garnet Palmer • Lloyd Palmer • Peter Palmer • Richard E. Palmquist • Jean Michel Parce • Dave Parker • Earnest Pecoraro • Nadine Pechereau • Knud ARC Pedersen• Dave Pennington Jr. • Steven J. Perriu • Siggy Persson • Philippe Petitdemange • Don Pfendler • Anton Pflug • Anne Phillips Beaty • Dr. Michael Pinkus • Vicki Pinkus • Loic Plantade • Dieter Pohlmann • Ronald Pollack • Power Insurance, Inc. • Giuliana Zanellati-Pregnolato • Vitaliano Pregnolato • Iolanda Premoli • Nicolas Prince • Pierre Prince • Vaughn Prost • Jean-Paul Pruniaux • Janice Racheff • Jerry Racheff • Helene Ract • Uwe Rade • Ronald Radstrom • Steve Ramm • Myron B. Rapp • Farhad Raschidi • Heidi Raschidi • Michel Raoust • Heinz Rau • Sandy Raymond • Catherine Raynier • Adelheid Rech-Gesche • Grant Reid • Felix Reinhard • Joan Reso • Michel Reveillere • Al Rice • Mischa Rice • Marguerite Robin • Pablo Rohrig • Lyle Roland • Glenda R. Rose • Linda Rosen • Robert Rounds • Alfons Ruegg • Susanna Ryburn Hegeman • Judith Saldarriaga • Oscar Saldarriaga • Barbara Salmon • Eileen Sanders • Roger Sanders • Andrew Savas • Otto Schafer • Andrik Schapers • Gloria Neumeyer Schapers • Gerd Schliemann • Martel Schliemann • Tinu Schoenenberger • Vreni Schoenenberger • Hans Schuhbock • Hubert Schwartz • Pius Schuler • Jeff Scott • Sonya Scott • William Scott • Luc Secretain • Ferdinand Seeholzer• Joe Sgroi • Craig M. Sharp • Marie-Therese Sicher • Raini Sicher • Steve M. Sigal • Marc Silber • Bruce H. Silton • Irma M. Silton • Larry Silver • Jeffrey L. Simms • Stephen Simon • Singer Consultants East • David Singer • David Slaughter • L. D. Sledge • Duke Snider • Scott Snow • Social Coordination France • Social Coordination International • The Software Works • Brad Solo • Richard Springsteed • Art Stein • Thomas Steiner • Dave W. Stobbe • David Strutt • Stryker Systems, Inc. • Nicole Subtil • C. Randy Suggs • Angela Sushko • Dr. John M. Sushko • Steven C. Syfers • Dr. George Tatsuno • Ess L. Tex AB • Theta Products Corporation • The Way To Happiness Foundation • Ann P. Thomas • Seymour Thomas Jr. • Stefan Thut • Agnes Tissot • Claude Tizioli • Gerd Tjarks • Kristen Tomczak • Jean Trainor • Lawrence Trainor • John M. Traul • Bruce Turner • Andrea Turroni • Jean-Claude Vachon • Ruth Valco • Gilles Vallet • Ella Van Loon • Josina Van Loon • Diana Venegas • Hans Peter Venzin • Jan Vlemmings • Lore Vlemmings • Rohn J. Walker • Jerry Watson • Susan Watson • Bennett Weber • Harriet Weber • Douglas Weigand • Dorothy West • Whitman-Olsen • Judy Willardson • Chris Williams • Jack Williams • Michael Williams • Barbara Wilson • Kevin Wilson • Kathleen E. Wiltsey • Gil Winter • Wise International • Gus Wollitzer • Heinz Wrege • Joanne Yared • Mike Zarneck • Herbert Zerden • Ecke Zoellner • Zurich Mission • Katharina Zwers-Wydler

40

„Patron"-Mitgliederliste der Internationalen Vereinigung der Scientologen (aus: „Impact" 19, 1988)

Eidesstattliche Versicherung

In Kenntnis der Bedeutung einer eidesstattlichen Versicherung und der Strafbarkeit einer falschen, auch einer fahrlässigen falschen Versicherung, versichere ich hiermit zur Vorlage bei Gericht an Eides Statt:

Zur Person:
Gottfried Helnwein, Maler, auf der Burg 2, 56659 Burgbrohl
geb. 8.10.48 in Wien

Ich bin nicht Patron der Scientology - Church und habe zu keinem Zeitpunkt 40 000.-$ oder eine ähnliche Summe an irgendeine scientologische "Kriegskasse" bezahlt.

Als ich von dritter Seite darauf aufmerksam gemacht wurde, daß sich mein Name auf einer sog. "Patron" - Liste befindet, hat mein Anwalt die Verantwortlichen aufgefordert, meinen Namen zu entfernen.
Mein Name wurde daraufhin sofort aus dieser Liste genommen.

Gottfried Helnwein,
Burgbrohl, 8.2.94

Helnwein: „Ich bin nicht Patron..." - 8.2.1994

MAGAZINE OF THE INTERNATIONAL ASSOCIATION OF SCIENTOLOGISTS
c/o Saint Hill Manor, East Grinstead Sussex, England RH19 4BR

IMPACT

ISSUE 25

LETTERS
From the Editor 5
The Membership Speaks 6

ARTICLES
WE ARE THE FREE PEOPLE
by L. Ron Hubbard 10
A DRUG FREE WORLD
Providing the Effective Solution 12
IRRATIONALITY
by L. Ron Hubbard 22
CODE OF A SCIENTOLOGIST
by L. Ron Hubbard 40
In Search of Truth 44

INTERVIEW
John Duff, President Narconon International 26

NEWS
Official News 31
Maiden Voyage Anniversary 31
First International Patron's Dinner and
Patron Meritorious Awards Presentation 34

REGULAR ITEMS
List of Patrons 38
Members in Action 43
Honor Roll 46
List of Sponsors 48
Benefits of Membership 48
General Membership Rules 50
Definitions 52

EDITOR: Carole Mitchell. Production Manager: Carol Titus. Design Consultant: Mike Manoogian.

PHOTO/ART CREDITS: Cover: Mike Manoogian/Joe Spencer. Manuel Schamroth: page 5. Joan Tourtellot: page 19 (top and bottom)and 27. Carole Mitchell: page 31. Jim Harris: page 15 and 19 (middle) Josepha Wedl: page 32 (bottom). Jeff Baker : page 32 (top), 33, 34, 35, 36 and 37. Joe Spencer: page 40 and back cover art

When reading this magazine be very, very certain you do not go past any words you do not fully understand. If material becomes confusing or you can't seem to grasp it, there will be a word just earlier that you have not understood. Immediately go back, find the word and get it defined. There is a brief list of Scientology technology definitions on page 52. Complete definitions are to be found in the *Dianetics* and Scientology Technical Dictionary* and *Modern Management Technology Defined*, both by L. Ron Hubbard.

Editorial Information: IMPACT will consider for publication submitted manuscripts and photographs from members and welcomes your articles, photographs and suggestions. It cannot however be responsible for loss or damage. IMPACT is the bi-monthly magazine of the International Association of Scientologists, c/o Saint Hill Manor, East Grinstead, Sussex, England RH19 4BR.

Patrons of the Association

1989

*The Association's honor title of Patron is awarded to those members who have made extraordinary donations to the Association's "war chest" Patrons have donated in excess of $40,000, Patrons with Honors $100,000 and Patrons Meritorious $250,000. There are now 858 Patrons. * indicates Patrons with Honors. Names in bold type are Patrons Meritorious.*

SOUTH AFRICA

Ernest Corbett
Dianne Miller
Geoff Murray

AUSTRALIA

Helen Eileen Bassett
Noel Carroll
Vanessa Green
Shane MacSweeney

AUSTRIA

Alexander Blechinger
Rudolf Botzenhart
Ferdinand Marvan
Karl Messner
Irmgard Moertz
Toni Morell
Renate Preiss
for Wien Sued Org
Silvia Schmidinger
Ingeborg Schnitzler
Norbert Svobodnik
Wolfgang Wedenig
Christian Zugmayer

BELGIUM

* Jan Bommerez *
Patrick Valtin

CANADA

Mike Dolbaczuk
Leslie J. Eaton
* Pierre Guenette *
Pierre LeFrancois
Glenn Luckman
Guy Mercier
David Mogul
Jean-Claude Vachon
Curt Wilkens
Wilkens Building Services
Otto E. Wilkens

DENMARK

Thomas Bucher
Kurt Christensen
Chantal Beyer Clausen
Claes Ditlevsen
Ole Carsten Hemmingsholt
Torben Holst
Knud Jorck
* Peter Jorck *
Steen Jorgensen
Torben Knudsen
Jorck & Larsen A/S
Jacob Lenz
Heinz Rau
Poul Seedorff

USA

A & S Precision Welders*
ABLE International
Richard Acunto
* Lottie S. Adler *
Rose Adler
Peter Alevizos
Michael John Alker
Dixon Allen
Gabrielle Allen
Kirstie Alley
Nancy Anderson
Allen Apfelblat
Andres R. Apodaca
Steve Archinal
Natural Health Food Associates
Alan Atkinson-Baker
Ben Atwood
Vivian Atwood
Rena Auerbach
Jeffrey A. Avrin
Terri Avrin
Edwin Baer
Edwin Baer-Holenstein
Ruth Baer-Holenstein
Bernice Baeza
Christopher S. Bake
Alan Baker
Bancorp Development Inc.
Raymond T. Barton
Tamar Baum
Molly Baxter
Randon K. Baxter
Michael Baybak
Karin Beaty
Charles E. Beckman
Shelley L. Beckman
Carol Beeny
Gerald Beeny
Daniel Beeson
* Elizabeth Bein *
***Robert Allen Bein ***
Gracia Bennish
Anthony P. Berka
Bradford Bernstein
Ronald W. Bernstein
Richard A. Bishop
Terri Bishop
Eleanor Blankenship
Arthur R. Bond
Gail Bond
* Jane Bosan *
*** Rob Bosan ***
Timothy Bowles
Karen Brackett
Stephen Brackett
Ted E. Bragin
Jean Brasel
John R. Brasel
Annette P. Brennan
Lawrence H. Brennan
Sandra J. Brennan
Carleen Bridgeman
Jean Marie Bromboz
Jeffrey W. Brown
Debbie A. Butler
William Butler
Daniel H. Byl
* Jessica Byrnes *
*Laura Byrnes *
* Lawrence F. Byrnes *
Calicchio & Company
* Guy C. Callahan *
Gail K. Carroll
Robert W. Carroll
Bob Carter
Ray Cassano
* Iz M. Chait *
Mary Ann Chait
* George Chelekis *
Jamie Christensen
Joanne S. Christensen
Solo Chu
Carol J. Clayton
CMI Corporate Marketing
Greta Coale
John P. Coale
Coale, Kananak & Murgatroyd
James Codding
* Sandra Codding *
Keith Code
James Collins
Regina Collins
Meitheal Construction Co. Inc.
* Singer Consultants *
Chick Corea
Alan Crichton
Lisa Ann M. Cummins
* Tom Cummins *
Lyle Cunningham
Don C. Currier
Glenn Currier
Jaye Curry
Michael T. Curry
* Jody R. Darling *
Byron Davis
Susan de Racedo
The Delphian School
Elena De Maya
Thomas Dewyngaert
Mary Lou Dewyngaert
Jane Deming
Candace Devoe
Chuck Devoe
James DeVries
Richard J. Dickman
Tony Dinges
Itai Dishon
Distribution Video Inc.
Dusan Djukich
Doug C. Dohring
Laurie A. Dohring
Amy Melody Domjan
Damon Marlow Domjan
*** Daniel C. Domjan ***
Linda Marie Domjan
* Domjan Family *
Dennis Dubin
* Robert W. Duggan *
Joseph Duncanson
Jerry Dyas
Robert Eakin
James E. Eckhart
Athena Edison
Donna Edison
Stephen Edison
Ellen Edmondson
James Eiselt
* Gerald Ellenburg *
* Randy Emery *
Craig Epstein
Gary Epstein
John B. Eurell
Steve Fabos
Robert J. Failla
Tony Falcaro
Moritz Farbstein
Daphne H. Farrow
Leonard W. Feickert
Jeffrey Feldman
Lawrence Feldman
Sekica Feldman
Joe Ferraro
* Cindy Feshbach *
David Feshbach
Jacob Feshbach
* Joseph Feshbach *
Katherine Feshbach
* Kurt Feshbach *
Kuryn Feshbach
Lynn Feshbach
*** Matthew L. Feshbach ***
Max Feshbach
Melissa Feshbach
Rachel Feshbach
Sarah Feshbach
Michael L.Finch
Gary L.Fishman
Patrice Fishman
James E. Fitzgerald
Isaac Franco
Jeff Friedman
* Geoffrey Fushi *
John D.Futris
Valerie Futris
Jon Fyffe
David Gale
Marie C. Gale
Gerardo Garza Sr.
Kenneth Gerbino
Victoria van Harasz Gerbino
Stan Gerson
William Gillette
Gregory Gloor
Larry Gluck
Avner Golan
Sheldon Goldberg
Marshall Goldblatt
Eden Golden
Sharron Goldwasser
Edward Goss
Evo J. Gramolini
Steven J. Grant
Overnight Graphics
Robert Gray
Great American Picture Company
Jane Taylor Greenberg

GERMANY

Klaus Ahnemann
Michael Bang
Kay Barre
Manfred D Beckert
Bruno Biederstadt
Helmuth Blobaum
Arne Bordewieck
Rudolf Botzenhart
Werner Braunmueller
Edelstraud Brockmueller
Hans Bruegemann
Karl Otto Clausen
* Elke Ehrler *
Julia-Janina Ehrler
Lara Katharina Ehrler
Siegfried Ehrler
Richard Eisenboeck
Johanna Erdtmann
Lothar Erdtmann
Hans-Peter Fischer
Detleff Foullois
Celebrity Centre Frankfurt
Rosemarie Freihoff
Christian Frobenius
Reto Gfeller
Inge Geip
Liane Gottwald
Bernhard Gut
*** Gerhard Haag ***
* Sabine Haag *
Ernst Haible
Celebrity Centre Hamburg
Gottfried Helnwein
Renate Helnwein
Werner Herx
Guenter Horvath
Dr. Hans Jellito
Hans Dieter Kaffitz
Claudia Kauer
Emil Kauer
Klaus Kempe
Heidi Klinger
Michel Klinger
Bernhard Klumb
Winfried Kogler
Angelika Kroell
Wolf-Dieter Lahmann
Gottfried Lange
Jochen Laschinsky
* Ingrid Lenzke *
* Ulrich Lenzke *
Heinz Maier
Anita Mally
Matthias Manthey
Konrad Martin
Elfi Menz-Schiemann
Helmut Matzger
Gaby Korell for Stuttgart Mission
Charlotte Mittendorf
Ute Mueller
ARC Music
Peter Musiol
Heribert Nonnen
Twerner Notheis
Pet Petermann
Anton Pflug
Dieter Pohlmann
Michael Potthast
Uwe Rade
Daria Raschidi
Farhad Raschidi
Heidi Raschidi
Adelheid Rech-Gesche
Walter Reinhardt
Thomas Roeder
Pablo Roehrig

„Impact“ 25, 1989 - „Patron“-Großspenderliste, außer Helnwein auch seine Freunde Toni Morell, Kirstie Alley, Timothy Bowles, Jessica Byrnes, John Coale, Chick Corea, Chuck Devoe, Kay Barre, Helmuth Blöbaum, Richard Eisenböck, Detleff Foullois, Claudia Kauer, Klaus Kempe und Adelheid Rech-Gesche

PATRONS SIND MITTÄTER

Von 1988 bis 1992 wurde Gottfried Helnwein gemeinsam mit seiner Ehefrau Renate , also über 5 Jahre (!) hinweg, ohne irgendeine Beanstandung von seiner Seite, in der weltweit zweimonatlich in großer Auflage erscheinenden einzigen Scientology - Mitgliederzeitschrift der Internationalen Vereinigung der Scientologen, dem Magazin " Impact ", als "Patrons" geführt und in den entsprechenden " Patron " - Listen veröffentlicht, da es sich dabei um eine große Ehre für einen Scientologen handelt, innerhalb der Organisation als " Patron " zu gelten.

" Patrons ", wie das Ehepaar Helnwein, sind 100 % Mittäter, da sie mit ihren " Spenden " und anderen Zuwendungen, die in vielen Fällen kriminellen Ziele der IAS, die von dem OSA - Geheimdienst gesteuert wird, wie z.B. Feinde der Organisation mit a l l e n Mitteln zu bekämpfen, tatkräftig unterstützen. Sie haben eine fanatische Einstellung zu Scientology. Sie finanzieren vor allem gezielte Medienkampagnen gegen Gegner der " Kirche " weltweit, vor allem aber in Deutschland gegen ihr Gastgeberland.

“ RELIGIÖSE APARTHEID 1 9 9 6 IN DEUTSCHLAND “ - DAS IAS - MACHWERK , DAS HELNWEIN VERTEIDIGT

Die neueste Schmähschrift, “ finanziert mit Hilfe der Internationalen Vereinigung der Scientologen (IAS) “ und damit auch d i r e k t durch Renate und Gottfried Helnweins “ Spenden “ als “ Patrons “ und durch deren eigene Mitgliedsbeiträge an die IAS (die IAS -Mitgliedsnummern des Ehepaares Helnwein sind 38 764 und 38 765, beide zahlten allein 1991 insgesamt 6.000 $ an die IAS nach England), herausgegeben vom “ Menschenrechtsbüro der Scientology Kirche USA “, erstellt “ von einem amerikanischen Anwalt “ (!) ohne Namensnennung, in deutscher Sprache, überschwemmt im Sommer 1996 die deutschen Medienrepräsentanten.

Titel des 38 seitigen OSA Geheimdienst - Pamphlets, daß auch mit Helnweins Informationen und Unterstützung zustande kam: “ Religiöse Apartheid 1996, Unterdrückung von Grundrechten religiöser Minderheiten in Deutschland “, Copyright Church of Scientology International 1996, Gedruckt in den USA.

Das unschuldigste Opfer der bösen deutschen Politiker und Medien, findet sich im 3. Kapitel unter der Überschrift : “ Säuberung “ der Künste auf Seite 10 wieder, es ist: Gottfried Helnwein (!) aus Burgbrohl.

Bemerkenswert und sicherlich eine Überraschung, denn es ist das erste mal, daß Gottfried Helnwein von Seiten der eigenen OSA - Kollegen öffentlich in Schutz genommen wird und das, obwohl er doch angeblich seit dem Frühjahr 1996 “ auf Scientology scheißt “, mit Sicherheit nicht ohne Zustimmung der obersten Organisationsleitung unter David Miscavige und daher für ihn ohne Konsequenzen, als rein taktisches Mittel um in Deutschland kommerziell weiter als “ Geheimscientologe “ zu überleben “. Helnwein wird erstmals als “ Opfer “ stilisiert. Darin schreibt die OSA in Los Angeles u.a.:

“ Leider ist die Diskriminierung Chick Coreas (Anm. er ist auch ein OT VIII und abgesehen von Julia Migenes, d a s musikalische Aushängeschild und ein wichtiger Werbeträger der Internationalen Scientology-Organisation und seit Anfang der 70er Jahre ein enger Freund von Helnwein) kein Einzelfall, sondern Teil einer beunruhigenden Eskalation von Intoleranz offizieller Stellen in Deutschland gegenüber Künstlern, bei denen man eine Verbindung zu Scientology vermutet, einer Intoleranz, die im krassen Gegensatz zu den grundsätzlichen künstlerischen und religiösen Rechten der Betroffenen steht.

Wer garantiert die Zukunft der Scientology?

Angewandte, religiöse Philosophie

WIR!

NORMAN STARKEY: Testamentsvollstrecker und Verwalter von L. Ron Hubbard's Nachlass, lebenslängliches Mitglied auf der Ehrenliste.

DAVID MISCAVIGE: Vorstandsvorsitzender des Religious Technology Center, Gründungs- und lebenslängliches Mitglied auf der Ehrenliste.

MARC YAGER: Generalinspektor für Administration, Gründungs- und lebenslängliches Mitglied auf der Ehrenliste.

In der Expansion der Dianetik* und der Scientology spielt jeder Scientologe (Scientologist*) eine bestimmte Rolle. Durch das koordiniert handelnde Team der Scientologen wird wirklich an Boden gewonnen. Dadurch, dass jeder Scientologe ein Mitglied der Vereinigung wird, können wir die notwendige Zeit, Energie und Stärke gewinnen, die nötig ist, um in der globalen Dissemination der Technologien, die Ron uns gegeben hat, spektakuläre Gewinne zu erzielen. Scientology ist ein Spiel, bei dem jeder gewinnt. Seien Sie als Teil der Internationalen Vereinigung der Scientologen ein Gewinner.

Herrscher über 8 Millionen Mitglieder? -
Sicher nicht, denn es sind weltweit nur 70.000!
(aus: „Source" 62, Seite 21, 1988 CSI)

HUBBARD-KOMMUNIKATIONSBÜRO
Saint Hill Manor, East Grinstead, Sussex

HCO-POLICYBRIEF VOM 21. NOVEMBER 1972
AUSGABE I

Wiedervervielfältigen
Alle PR-Packs

PR-Serie Nr. 18

WIE MAN SCHWARZE PROPAGANDA HANDHABT

GERÜCHTE UND FLÜSTER-KAMPAGNEN

„Schwarze Propaganda" (schwarz = schlecht oder abschätzig, Propaganda = Behauptungen oder Ideen mit Nachdruck verbreiten) ist der Ausdruck, der gebraucht wird, um das Ansehen oder die öffentliche Meinung über Personen, Unternehmen oder Nationen zu zerstören.

Sie ist ein übliches Werkzeug von Kräften, die versuchen, wirkliche oder eingebildete Feinde zu zerstören, oder die die Oberherrschaft in einem Bereich bekommen wollen.

Diese Technik versucht, einen Ruf so herunterzuziehen, daß der Person, Unternehmung oder Nation jegliche Rechte durch „allgemeine Übereinstimmung" verweigert werden. Es ist dann möglich, die Person, die Unternehmung oder die Nation mit einer kleineren Aktion zu zerstören, wenn die Schwarze Propaganda selbst dies nicht bereits erreicht hat.

Böses und lügenhaftes Geschwätz alter Weiber war die frühere Form dieser Taktik; es war so übel, daß sie in einigen Gegenden in öffentliche Pranger (Halseisen) gesteckt oder aus der Stadt hinausgetrieben wurden.

In modernen Zeiten gibt es kein solches In-Schach-Halten von Schwarzer Propaganda. Gerichtsprozesse wegen verleumderischer Nachrede sind zu schwierig zu führen und zu teuer, das Presserecht wird so mißbraucht, daß jeder einer solchen Kampagne ausgesetzt sein kann.

Alles, was man braucht, ist ein Feind. Und es gibt wenige Menschen in der Geschichte, die keine Feinde hatten.

Man trifft in der Gesellschaft immer wieder auf Leute, die nicht sehr viel verstehen. Das drückt sich als eine Art boshafte Freude über Dinge aus. Diese Leute geben verleumderische Gerüchte sehr leicht weiter. In einer ungebildeten Gesellschaft gibt es solche Leute in großer Zahl. Da sie nicht

Wie mache ich meine Gegner richtig fertig, oder was ist „Schwarze Propaganda"? Hubbard: „Schwarze Propaganda"... ist der Ausdruck, der gebraucht wird, um das Ansehen, oder die öffentliche Meinung über Personen, Unternehmen oder Nationen zu zerstören..." (aus: L. Ron Hubbard HCO-PB 21.11.72, Ausgabe 1)

lesen können, ist ihnen der größte Teil des Wissens versagt. Und da sie nicht sehr viele Wörter kennen, verstehen sie viel von dem nicht, was ihnen gesagt wird.

Das trifft aber nicht nur auf Analphabeten zu.

Was sie nicht verstehen, ersetzen sie durch Eingebildetes.

Daher werden solche Leute Verleumdungen nicht nur zuhören, sondern sogar diese noch verfälschen und verdrehen.

Auf diese Weise kann ein Gerücht durch die Gesellschaft gehen, das keine wahre Grundlage hat.

Wenn eine Anzahl solcher Gerüchte vorhanden ist und fortbesteht, dann kann man eine „Flüster-Kampagne" vermuten. Das ist nicht deshalb so, weil diese Dinge geflüstert werden, sondern weil sie wie ein böser Wind keine Quelle zu haben <u>scheinen</u>.

Schwarze Propagenda verwendet diese Bereitschaft, Dinge weiterzutragen und Falschheiten auszuweiten.

Viel Schwarze Propaganda ist natürlich noch frecher und erscheint noch aufdringlicher in verantwortungslosen (oder heimlich kontrollierten) Zeitschriften, im Radio und im Fernsehen.

Aber selbst dann, wenn eine üble Zeitungsgeschichte erschienen ist oder ein schlechter Radio- oder Fernseh-Bericht herausgegeben wurde, erwarten die Schwarzen Propagandisten, daß die „Flüster-Kampagne" diese Verleumdungen durch die Gesellschaft weiterträgt.

Daher ist jede Person, jedes Wesen gefährdet.

Keine Person, Gesellschaft oder Nation hat eine völlig saubere Weste. Sie ist den Heiligen vorbehalten. In der Kindheit hat man ein paar Äpfel gestohlen, ein Fenster oder zwei zerbrochen, einen Kotflügel eingedellt, hat sich mit einem „ausgeliehenen" Fahrzeug auf eine Vergnügensfahrt begeben oder hat sich ein paar Pfennige oder eine Lutschstange genommen, obwohl sie einem nicht gehörten.

Die Kindheit ist ziemlich gesetzlos, und die Teenager-Periode ist sehr oft eine Revolte gegen die immer enger werdende Zwangsjacke des „anständigen gesellschaftlichen Verhaltens". Man heiratet den Falschen oder gerät mit einem anderen in einem unvorsichtigen Augenblick auf Abwege oder begeht verschiedene kleinere und größere Sünden, die die Gesellschaft nicht gutheißt.

All diese Dinge können jemanden verwundbar für Angriffe in bezug auf seine Vergangenheit oder seinen Ruf machen.

Eine Person beginnt zu befürchten, daß schlechte Dinge über sie gesagt werden. Angesichts einer - wirklichen oder eingebildeten - Flüster-Kampagne neigt man dazu, sich zurückzuziehen, weniger aktiv zu werden und seinen Aktionsradius einzuschränken.

Das gilt auch für Unternehmen, und sogar für Nationen.

Daher kann man tatsächlich ziemlich unglücklich und krank werden, wenn man nicht weiß, wie man solche Attacken handhabt.

DER ANGREIFER

Die Welt ist voller Verrückter.

Das grundlegende Merkmal äußerster Verrücktheit ist fortgesetzter Angriff: Angriffe auf alles, Angriffe auf Personen oder Dinge, die keine Bedrohung beinhalten.

Schwere, nicht kleine Verbrechen, sind an der Wurzel eines solchen Dranges zu finden.

Der Angreifer hat eine böse Absicht im Leben. Er gehört dem Tod, nicht dem Leben. Und seine Ernte ist eine Ernte des Todes.

So eine Person hat das Gefühl, daß sie nicht sicher sein kann, bis nicht alles andere tot ist.

Ihre böse Absicht nimmt viele Formen und Ausdrucksweisen an. Das Endprodukt ist dasselbe - Tod.

Wenn ein Angreifer zu weit gegangen ist, dann wird er selbst angegriffen. Lange, bittere Streitereien wie auch Kriege von Nationen sind beide der wechselseitige Austausch von Gewalt.

Wenn ein Angreifer nicht die körperlichen Mittel hat, andere zu vernichten, und wenn sein eigenes Ziel fehlschlüge, wenn es aufgedeckt würde, dann werden die Angriffe heimlich geführt.

Er verwendet Mundpropaganda, die Presse und jeden anderen Kommunikations-Kanal, um sein Gift zu verspritzen. Er versteckt sich selbst als die Quelle, er läßt den verbalen Angriff logisch, wirklich oder bewiesen erscheinen.

Er zählt darauf, daß die Äußerungen von den übleren Leuten in der Gesellschaft aufgegriffen oder verdreht und dann weitergegeben werden.

Das ist Schwarze Propaganda. Sie dient dazu, wirkliche oder eingebildete Feinde zu erniedrigen, ihr Einkommen zu schmälern und ihnen Freunde und Unterstützung zu verwehren.

Unternehmen oder Gesellschaften verfahren so mit ihrer Konkurenz. Die Amerikanische Medizinische Vereinigung (AMA) hält ihr Multi-Milliarden-Dollar-Monopol auf Krankheit dadurch aufrecht, daß sie eine lange, gut finanzierte Schwarze-Propaganda-Kampagne gegen jeden fortsetzt, von dem sie meint, daß er ihr Einkommen bedrohen könnte. Der Leiter ihrer „Untersuchungs-Abteilung" (wie sie ihre Schwarze-Propaganda-Abteilung nennen) sagte einmal, daß sie sie gegen jeden Rivalen so lange weiterführten, bis er eines Tages zusammenbrach. KRACH! Sie verwenden Pressemeldungen, ihre eigenen Mitglieder, bezahlte Anzeigen, Ausstellungen, Regierungs-Verbindungen und -Sprecher, jeden Kanal, um endlose Ströme erfundener Erzählungen gegen jeden eingebildeten Rivalen loszulassen. Während ihnen dies die Unterstützung der Regierung einbringt, bringt es ihnen auch tiefen Haß ein, nicht nur von Rivalen, sondern von der allgemeinen Öffentlichkeit.

Sie bekommen zurück, was sie ausgestreut haben. Einst waren sie wohlhabend. Sie sind es nicht mehr. Ihre Mitglieder mögen sie nicht, und eine zunehmende Zahl von Ärzten gehören nur noch den staatlichen medizinischen Gesellschaften an, nicht aber der AMA. Der einzelne Arzt hat meist einen guten öffentlichen Ruf. Seine Haupt-Vereinigung profitiert davon und verrät ihn. Eines Tages wird es keine AMA mehr geben, KRACH!

Schwarze Propaganda ist also nicht etwas, das man leichthin anzettelt. Denn sie schlägt auf die Person zurück, die sie gebraucht.

Schauen wir einmal, wie sie zurückschlägt.

Zuviel Gift, das man verspritzt, befleckt einen mit Gift.

Zuviel Schwarze Propaganda führt zu Gegenangriffen.

Schwarze Propaganda ist im wesentlichen ein Lügengewebe. Die AMA erfindet einfach Geschichten, die sie verbreitet oder verbreiten läßt.

Früher oder später stellen sich diese Geschichten als unwahr heraus. EINE falsche Geschichte kann die Glaubwürdigkeit des Erzählers zerstören. Wer hört dann noch zu?

Daher hat eine Schwarze-Propaganda-Kampagne eine schwache Stelle. Der Angreifer wird früher oder später angegriffen - oft von vielen.

Aber diejenigen, die einer solchen Kampagne entgegnen müssen, müssen die Technologie kennen, wie man dies macht.

IRGENDWELCHE NACHRICHTEN

Es gibt ein Naturgesetz, das unglücklicherweise Schwarze Propaganda begünstigt.

WO KEINE DATEN VORHANDEN SIND, WERDEN LEUTE WELCHE ERFINDEN.

Das ist das Gesetz der ausgelassenen Daten.

Ein Vakuum tendiert dazu, sich selbst aufzufüllen. Alte Philosophen pflegten zu sagen: „Die Natur verabscheut ein Vakuum." In Wirklichkeit strömt der umgebende Druck in ein Gebiet hinein, in dem kein Druck herrscht.

So ist es bei Personen, Unternehmen oder Nationen.

Von Lügen angegriffen, neigt eine Person dazu, sich zurückzuziehen. Dies allein führt dazu, daß man sich Dinge hereinzieht.

Die Person möchte dann keine Informationen herausgeben. So wird sie in gewissem Maße ein Geheimnis.

Um dieses Geheimnis aufzufüllen, werden Leute Informationen erfinden.

Dies trifft auf Personen, Unternehmen oder Nationen zu.

Und da <u>ist Public Relations eine Notwendigkeit</u>.

Im wesentlichen ist Public Relations die Kunst, gute Leistungen bekannt zu machen.

Es ist ein verhängnisvoller Fehler zu glauben, daß gute Leistungen für sich selbst sprechen. Das ist nicht der Fall. Sie müssen veröffentlicht werden.

Das ist es im wesentlichen, was Public Relations ausmacht. Und das ist auch der Grund, <u>warum</u> es sie gibt - um das Vakuum ausgelassener Daten aufzufüllen.

Mitten in einer Kampagne Schwarzer Propaganda werden einem die gewöhnlichen Kommunikations-Kanäle verweigert. Die Presse-Medien, mit deren Hilfe die Kampagne durchgeführt wird, wird <u>keine</u> günstigen Kommentare bringen. Man ist verrückt, wenn man glaubt, daß sie das tun wird, weil sie anderen Herren dient, die die Absicht haben, das Ansehen ihres Angriffsziels zu zerstören.

Äußerungen von „Autoritäten" verdrängen reine Wahrheit aus dem Gesichtsfeld.

Daher müssen Public-Relations-Leute in ihrer Technologie außerordentlich sachkundig sein, wenn sie Schwarzer Propaganda gegenüberstehen.

<u>DIE TECH</u>

Wenn man keinen Kampf gegen Schwarze Propaganda auszufechten hat, dann ist Public Relations leicht.

Man stellt einen Reporter an, der sich an die Arbeit macht, Ideen auszudenken und Artikel zu veröffentlichen. Das ist der Grund, warum man Reporter oft für Public-Relations-Leute hält, was sie aber nicht sind.

Wenn eine Schwarze-Propaganda-Kampagne läuft, werden solche Artikel verdreht und zurückgewiesen; und das ist das Ende davon.

Es gibt viel mehr darüber zu wissen.

Dies sind einige Regeln, die zutreffen:

1. Füllen Sie das Vakuum ausgelassener Daten mit wahrheitsgemäßen Daten.

2. Beweisen Sie, daß alle falschen Äußerungen, die man hört, Lügen sind.

3. Machen Sie jedes Gerücht, dem Sie begegnen, unglaubwürdig.

4. Handhaben Sie mit jeder Äußerung, die Sie machen, die jeweilige Stufe des Interesses.

5. Studieren Sie die Situation sorgfältig, bis Sie die genaue Quelle ausfindig gemacht haben.

6. Verwenden Sie das Wissen um die Quelle, um die Quelle Schwarzer Propaganda durch nicht-kriminelle Mittel zu behindern oder zu zerstören.

7. Fahren Sie fort, das Vakuum keiner Daten mit guten Daten aufzufüllen, indem Sie dabei jeden nur verfügbaren Kanal verwenden.

Jeder einzelne dieser Punkte könnte ein Buch füllen. Aber wenn man sie versteht und die eigene Initiative verwendet, kann man sich eine Menge Tech selbst zusammenreimen.

Jeder dieser Punkte kann in den verschiedensten Variationen auftreten.

ANWENDUNG

1. Füllen Sie das Vakuum.

Hören Sie zunächt einmal auf, sich zurückzuziehen. Es hat sich eindeutig herausgestellt, daß sich bei der Handhabung von Schwarzer Propaganda durch Public-Relations nur „Outflow" lohnt. Nichts zu sagen mag als Charakterzug edel sein, aber bei Public Relations ist es verhängnisvoll. Aber selbst „Experten" raten es an (wenn sie ihre Kunden reinlegen wollen).

Offenes Ableugnen ist ungeschickt und kann als eine Art von Bestätigung gegen einen verwendet werden.

Sie brauchen Patzer nicht bekanntzugeben oder zu verbreiten und sollten es auch nie tun. Oft machen Public-Relations-Leute den Patzer.

Aber interpretieren Sie das nicht als „Ruhe ist notwendig". Begeben Sie sich an einen sicheren Ort und reden Sie.

Benutzen Sie jeden Kanal, um zu reden. Aber verwenden Sie keine Kanäle, die das verfälschen werden, wenn Sie wiederholen, was Sie sagen.

Bleiben Sie nicht bei dem gleichen Thema, bei dem Sie angegriffen wurden.

Ein Beispiel dafür, wie man seine Meinung sagt, ohne etwas abzuleugnen und es auf diese Weise nocht zu bekräftigen, könnte sein:

BEHAUPTUNG: „Ich habe gelesen, daß Ihr Unternehmen letzten Monat Pleite gegangen ist."

ENTKRÄFTUNG: „Um Gottes willen! Daß Sie das sagen! Wenn wir nicht aus dem Vertrag herausgekommen wären, dann wären wir tatsächlich Pleite gegangen! Da gab es ein ganz schönes Durcheinander im Vorstandsraum. Aber McLinty hat gewonnen. Schottisch bis ins Herz. Er sagte: ‚Ich unterschreibe da nicht!' War nahe daran, dem Präsidenten den Kopf abzureißen. Ein höllischer Spektakel. Es scheint, wir haben irgendwo 80 Millionen vergraben, und McLinty ist der Verantwortliche, und er rückt <u>nicht einen</u> Zentimeter davon weg."

Die Schlußfolgerung des Fragers ist, daß Sie nicht bankrott sind. Er hat Informationen bekommen. Das Vakuum ist mit einer Geschichte von Vorstands-Streitereien und einer mysteriösen 80-Millionen-Reserve aufgefüllt worden.

2. Widerlegen Sie falsche Daten.

Die Technik, zu beweisen, daß Äußerungen falsch sind, nennt sich „DEAD-AGENTING" („tote-Agenten"-Methode). Sie steht im ersten Buch der chinesischen Spionage. Wenn der feindliche Agent falsche Angaben macht, dann werden diejenigen, die ihm geglaubt haben, aber jetzt herausfinden, daß sie falsch sind, ihn töten - oder wenigstens aufhören, ihm zu glauben.

Daher ist der PR-Slangausdruck dafür „Dead-Agenting".

Das besteht daraus, daß man die falsche Behauptung durch Dokumente, Demonstration oder Vorzeigen völlig widerlegt.

Man braucht dazu eine Sammlung von Dokumenten oder die Fähigkeit, etwas zu demonstrieren, oder irgend etwas, daß man vorzeigen kann.

BEHAUPTUNG: „Mir wurde gesagt, daß Sie Schwierigkeiten mit den Leuten der Einkommenssteuer haben."

ENTKRÄFTUNG: „Hier ist ein Dokument, daß wir die Steuern vollständig bezahlt haben, und hier ist ein Empfehlungsbrief von der Steuerbehörde." Und dann legt man einige vor.

Ergebnis? Wer immer ihm das erzählt hat, ist für ihn jetzt als vertrauenswürdiger Informant gestorben.

Die beste Art, Dead-Agenting zu machen, wenn eine Person eine widerlegbare Behauptung von sich gibt, besteht darin, herauszufinden, WER es war, seine Aufmerksamkeit fest darauf zu richten und dann den Gegenbeweis zu liefern.

BEHAUPTUNG (Person A): „Ich habe gehört, daß Sie mit dem Mann, mit dem Sie zusammenleben, nicht verheiratet sind."

ENTKRÄFTUNG (Person B): „WER hat Ihnen das gesagt?"

A: „Ich hab's vergessen."

B: „Gut, wenn Sie sich daran erinnern, zeige ich Ihnen einen Beweis."

A: „Gut, es war ein Mann ..."

B: „WER?"

A: „Hans Dummer."

B: „Okay. Hier ist meine Heiratsurkunde. Wer ist dieser komische Hans Dummer eigentlich?"

Jetzt ist auf einmal Hans Dummer das Geheimnis. Warum lügt er? Was hat er davon?

Wenn man das Dokument nicht da hat, aber es bekommen kann, dann kann man sagen: „Sagen Sie mir den Namen von demjenigen, der das behauptet hat, und das nächste Mal, wenn ich Sie sehe, zeige ich Ihnen etwas sehr Interessantes darüber."

Und dann sehen Sie ja zu, daß Sie das Dokument bekommen und ihn wieder treffen.

Dead-Agenting hat eine Milliarde Variationen. „Es fliegt nicht." Fliegen Sie damit. „Der Ort ist leer." Zeigen Sie ihm, daß er voll ist.

Das Wesentliche beim Dead-Agenting ist ein BEWEIS, in welcher Form auch immer.

Fechten Sie auf diese Weise nur Behauptungen an, von denen Sie beweisen können, daß sie falsch sind, und lassen Sie in jeder Kommunikation den Rest beiseite.

JEDER FREUND, JEDER MEINUNGSFÜHRER, JEDER IHRER MITARBEITER SOLLTE MIT EINER DEAD-AGENTING-MAPPE VERSORGT WERDEN, DIE BEWEISE GEGEN DIE ÜBLICHEN GERÜCHTE ENTHÄLT (SOWIE BROSCHÜREN UND COACHEN, UM DAS VAKUUM AUFZUFÜLLEN).

3. Widerlegen Sie jedes Gerücht.

Den Beweis anzutreten, daß etwas nicht der Fall ist, ist fast unmöglich. „Wie soll ich wissen, daß Sie nicht ein CIA-Mann sind?" Ja, wie kann man das beweisen? Man kann keine Kennmarke des KGB (der sowjetischen Geheimpolizei) herausziehen, weil das genauso schlimm wäre. Und niemals hat jemand ein Dokument geschrieben: „Bill Till ist kein Mitglied vom CIA." Zwecklos. Das wäre eine Ableugnung. Wer würde das glauben?

Manchmal funktioniert es, wenn man sagt: „Dann wissen Sie es eben nicht."

Aber die richtige Antwort für etwas, das nicht der Fall ist (kein Beweis), ist: „Füllen Sie das Vakuum auf".

FRAGE: „Woher soll ich wissen, daß Sie kein CIA-Mann sind?"

ENTKRÄFTUNG: „Himmel, beleidigen Sie mich doch nicht! Der CIA hat einmal versucht, mich anzustellen. Sie sagten, sie würden mich erschießen, wenn ich ihnen nicht beiträte. Es war in Kuba. Ich handelte mit Zucker. Und Batista versuchte ... usw. usw. Sehen Sie diese Narbe an meinem Bein? (Zieht sein Hosenbein hoch.) Ein Polizist von Batista schoß auf mich, weil er dachte, ich sei vom CIA. Also, plagen Sie mich nicht mit so schmerzvollen Sachen. (Reibt seine Narbe.) (Lacht.)"

Hin und wieder kann man beweisen, daß etwas nicht der Fall ist. Wenn man des Drogenschmuggels angeklagt ist, kann man zeigen, daß man der Anti-Drogen-Vereinigung angehört. Der Konter in einem solchen Negativ-Beweis muß glaubwürdig sein.

Es gibt Billionen Variationen beim Dead-Agenting.

Die Grundlage davon ist, das NICHT zu sein, worüber es ein Gerücht gibt, und in der Lage zu sein, das schnell zu beweisen.

4. Die Stufe handhaben.

Die Stufe des Interesses zu handhaben ist im Grunde eine Übung im Umgang mit der Tonskala. (Siehe Tonskala-Karten der menschlichen Emotion.)

Übereinstimmung geschieht auf der gleichen emotionellen Tonstufe wie die der Person, die die Aussage macht. Sie akzeptiert Tatsachen auf dieser Stufe.

Sich eine halbe Stufe über die ihre zu erheben, bedeutet, sie in ihrem Realitätsbereich zu beherrschen.

BEHAUPTUNG (Person A): „Es ist hoffnungslos, an irgend jemanden zu glauben. Ich hab gedacht, ihr wärt in Ordnung, aber jetzt hab ich gehört, daß ihr alle Hippies seid. (In tiefer Apathie.)"

ENTKRÄFTUNG (Person B): „Oh, oh, oh, wer könnte dir so 'ne traurige Lüge erzählt haben?" (Seufzer.)

A: „Hätte keinen Zweck, es zu sagen."

B: „(Schluchzt.) Aber du mußt es sagen. Ach, ich fühle mich so schlecht."

A: „Na ja, es wäre ihm sowieso egal, wenn ich es sagen würde. Es ist der hier ansässige Pfarrer."

B: „(Schluchzt.) (Tempotaschentuch.) Schrecklich, so etwas zu sagen. Und alles nur, weil wir ihn total betrunken gefunden und ihn nach Hause gebracht haben, um sich auszuschlafen, und er uns gesagt hat, daß, wenn wir es je erzählten, er verbreiten würde, daß wir Hippies seien."

A: „Was für eine traurige Geschichte. Oh, es ist eine schlechte Welt. Wie undankbar."

Gehen Sie eine halbe Tonstufe höher. Erzählen Sie ihm eine Geschichte über das gleiche oder ein anderes Thema. Zum Beispiel: „(Schluchzt) ... das kam, weil wir unsere Instrumente verloren. Wir waren einmal eine Band, und dieser Nachtklubbesitzer bezahlte uns nicht, und wir mußten in der Scheune schlafen (schluchzt) ..."

Eine weitere.

BEHAUPTUNG (Person A): „Ich habe einige schlimme Sachen über Euch gehört. (Versteckte Feindseligkeit.)"

ENTKRÄFTUNG (Person B): „(Wut) Wer WAGT es, so etwas zu behaupten?"

Usw.

Und jede Art von Geschichte kann der Tonstufe angepaßt werden.

BEHAUPTUNG (Person A): „Ich hab gehört, daß diese Leute einige Ruderboote gestohlen haben."

ENTKRÄFTUNG (Person B): „Wer hat das gesagt?"

A: „Der Sohn des Hafenmeisters."

B: „Ach, der. Der versteht alles falsch. <u>Unser</u> Ruderboot wurde gestohlen! Mit der ganzen Ausrüstung drin. Wir waren draußen, um zu fischen und ... sag mal, du glaubst doch nicht, daß ER es gestohlen hätte? Hast du je etwas davon gehört, daß er was gestohlen hat? Ist er vorbestraft?"

Nun, dieser Sohn des Hafenmeisters wird jetzt in den Erzählungen dessen, der dies behauptet hatte, „vorbestraft sein". Da Diebstahl ihn interessiert, wird Verbrechen ihn auch interessieren.

5. Studieren Sie die Situation sorgfältig.

Die Technologie dafür, die Drahtzieher zu finden, ist sehr umfassend. Aber der Kern davon ist, DATEN ABZULEGEN.

Jegliche Public-Relations-Arbeit ist teuer in bezug auf Zeit oder Geld oder beides. Und nichts ist zeitraubender, als die Quelle von Schwarzen-Propaganda-Kampagnen herauszufinden.

Man muß aber, um überhaupt zu leben, sich manchmal mit dieser Suche befassen.

Man bleibt einfach dabei, diese Erzählungen zu verfolgen, bis man die Quelle lokalisiert hat.

Es kann sein, daß es mehr als eine scheinbare Quelle gibt, und diese können gehandhabt werden. Aber sie werden letzten Endes zum wirklichen Anstifter führen.

Man fährt einfach ständig damit fort, Namen festzustellen und in Akten mit Datum dazu abzulegen.

Nach einiger Zeit wird die Akte eines Namens sehr dick sein. Das ist Ihr Knabe - oder die Gesellschaft oder das Unternehmen oder die Nation.

6. Behindern oder zerstören.

Während Sie herumgeschaut haben, haben Sie Dead-Agenting gemacht und somit die Attacken gehandhabt. Die Kampagne wird schwächer und wieder stärker, aber sie wird tatsächlich schwächer.

Es gibt Tausende von Variationen, wie man den wirklichen „WER" findet.

Aber im Grunde genommen ist es einfach schauen, Dead-Agenting, Daten ablegen und immer wieder schauen.

Und während dieser ganzen Zeit handhaben Sie.

Manchmal geschieht das sehr schnell.

Hin und wieder packt der Schwarze-Propaganda-Mann einfach seine Sachen zusammen und verschwindet, bevor er vollständig lokalisiert worden ist. Er ist der Gegen-Aktion gewahr geworden.

Die gewöhnliche Aktion ist eine Gegen-Propaganda-Kampagne, die auf Wahrheit beruht.

Es ist eine Tatsache, die man nicht leicht findet und die mühevoll erlernt wurde, daß Leute, die sich mit Schwarzer Propaganda befassen, riesige, entsetzliche Verbrechen zu verstecken haben.

Sie haben keine kleinen Verbrechen. Sie haben GROSSE Verbrechen begangen.

Die eigene Fähigkeit, Böses zu konfrontieren, mag zu gering sein, um die Verbrechen der Schwarzen-Propaganda-Leute wirklich zu erfassen oder zu glauben, daß sie existieren.

Solche Leute sind oft SCHEINHEILIGE Heuchler. Sie sind gewöhnlich arrogant und lassen sich nicht auf Verhandlungen ein (auf Beprechungen mit dem Feind). Sie scheinen sich ihres RECHTHABENS so furchtbar sicher zu sein, daß es einem schwerfällt zu glauben, sie könnten jemals etwas Schlechtes tun.

Daher ist der Schwarze-Propaganda-Mann in vielen Fällen nicht als solcher auffindbar. Die noble Institution, die vornehme Gesellschaft und das strahlende Land stehen weit, weit über so boshaften psychotischen Tricks wie zum Beispiel eine durchstudierte, finanzierte, fachmännisch durchgeführte Kampagne bösartiger Lügen.

Daher glaubt man ihnen. Oder ihren Dienern wird geglaubt. Und ihre Kampagnen können sehr wirksam sein.

Aber das macht es schwer, sie zu verdächtigen oder sie aufzuspüren. Und das macht es auch schwer, zu erreichen, daß etwas Schlechtes über sie geglaubt wird.

Aber unter all dem befinden sich wirkliche Verbrechen. Nicht das Stehlen von Äpfeln oder Pfennigen als Kind. Wirkliche Verbrechen wie Wucher, Erpressung, Unterschlagung und Massenmord verstecken sich in ihren Wandschränken. Glauben Sie das. Denn in dem Verlauf Ihres Gegen-Angriffs mögen Sie bei dem Versuch, jemals irgend etwas zu finden, verzweifeln.

Aber Sie werden es finden.

Eine großartige Eisenbahngesellschaft - die aber heimlich jeden ermordet, der sich ihren Zugriffen auf Land widersetzt. Ein Minister von hohem Ansehen - aber ein heimliches Mitglied einer Möderbande, von der er Anweisungen entgegennimmt. Der größte und „am meisten respektierte" Gewerkschaftsführer im Land - aber ein numerierter Agent eines ausländischen Spionagedienstes mit dem Ziel, die Treibstoff-Kapazität des Landes zu zerstören und den Präsidenten zu erledigen!

Und jeder von diesen befaßte sich mit Schwarze-Propaganda-Kampagnen, die viele Leben ruinierten, und wurde nie dessen verdächtigt, sie durchgeführt zu haben.

Die Bösen haben die Neigung, sich die Guten vom Halse zu schaffen. Manchmal aus - wie sie denken - guten Gründen, manchmal aus eingebildeten Gründen, und manchmal, weil der Bösewicht eine anständige, fähige Person einfach nicht <u>ausstehen</u> kann.

Aber es liegt keine wirkliche Wahrheit in dem Satz, daß der Bösewicht immer seinen eigenen Untergang verursacht. Er mag kommen, aber es mag viel zu spät sein, um den Ruf oder auch nur das Leben der Person zu retten, die durch versteckte Kampagnen angegriffen wurde.

Daher ist es <u>lebenswichtig</u>, die Angelegenheit zu handhaben. Man kann nicht einfach hoffen, daß es von selbst vorbeigeht. Das wird es nicht. Es wird in dem Ausmaß verhängnisvoll werden, in dem es nicht gehandhabt wird.

Je weniger Handhabung, um so verhängnisvoller.

Es gibt noch eine andere, mühevoll errungene Wahrheit.

NUR EIN GEGEN-ANGRIFF HANDHABT ES.

Es ist eine Tatsache, daß - wenn man sich selbst gegenüber PR macht - dies nicht die Auswirkungen der Kampagne beseitigt. Und nur zu bald hat man keine Kommunikationslinien übrig, um irgend etwas zu handhaben, da der Ruf derart zerstört ist, daß niemand mehr zuhört und keine Linien übrigbleiben.

Man muß das Vakuum auffüllen, das die bösen Taten des Gegen-Propagandisten hervorgerufen haben. Da diese nie ans Tageslicht kommen, gibt es da ein Vakuum.

Merkwürdigerweise <u>wird</u> die Presse Angriffe drucken. Vielleicht wird das in irgendeinem erleuchteten Zeitalter nicht mehr der Fall sein. Aber in diesem Zeitalter werden gute Angriffe oder Kämpfe zwischen Dingen tatsächlich Platz in Zeitungen eingeräumt bekommen.

Aber die Presse ist <u>weit</u> davon entfernt, der einzige Kommunikations-Kanal zu sein. Regierungen glauben der Presse und denken, daß sie die öffentliche Meinung sei. Eine Zeitung kann die Festung eines Schwarzen-Propaganda-Mannes sein. Aber ein Volk glaubt oft wenig von dem, was es liest.

Es gibt Meinungsführer, es gibt Briefe, es gibt Mundpropaganda. Das sind auch Kommunikations-Kanäle, und sie sind sogar sehr viel mächtiger als die Presse.

Es gibt auch freundliche Presse. Aber ein freundlich sprechender Reporter ist der, dem man am meisten mißtrauen muß. Er war so nett im Gespräch, so bösartig in seinem Artikel.

Aussagen, die man macht, können verdreht werden. „Sie gab eine Geburtstags-Party" wird dann zu: „Die Verbrecher ihres Kreises versammelten sich gestern zu einer Sex-Orgie und machten der Polizei weis, es sei eine Geburtstags-Party. Niemand wurde eingesperrt."

Das Merkmal Schwarzer Propaganda ist sehr leicht in Verdrehungen von Geschriebenem zu sehen.

Es kostet daher Zeit und Arbeit, um eine Attacke umzudrehen, denn die normalen Kanäle müssen wieder geöffnet und umgedreht werden.

Man macht das durch Angriffe.

Aber Angriffe, die nicht wahr sind, haben Gerichtsprozesse zur Folge. Daher darf man nur aufgrund bewiesener Tatsachen angreifen.

Das erfordert eine Menge mühsamer Suche.

Schwarze-Propaganda-Leute haben jedoch oft viele andere Feinde. Diese haben manchmal Informationen gesammelt.

Die Prinzipien sind: Wenn die Unter-Terminale lokalisiert wo den sind, untersucht man sie und macht einen Gegen-Angriff auf si Dann deckt weitere Ermittlung Terminale auf, die den Propagandisten näher stehen, und diese werden angegriffen. Kurz, man stellt Ermittlungen an und attackiert.

Seien Sie immer bereit, zu verhandeln - das heißt, sich zusammensetzen und die Angelegenheit klären. Die Arroganz des Schwarzen-Propaganda-Mannes verbietet das oft. Und wenn das der Fall ist, bedeutet das längere und härtere Arbeit und, wenn sie gut gemacht wird, seinen Absturz.

Auf jeden Fall ist die Attacke ein langer Zyklus, ein komplizierter Zyklus und oft ein teurer Zyklus. Er besteht aus Ermitteln und Angreifen.

Aber denken Sie daran, man muß angreifen, wenn man einmal ir gendeine Vorstellung von der Identität des Schwarzen-Propaganda-Mannes oder sogar seiner Unter-Terminale hat.

Es gibt keinen anderen Weg, der da hinausführt.

Jeder andere Weg bedeutet Tod.

7. Fahren Sie fort, das Vakuum aufzufüllen.

Fortgesetzte, gute Arbeit und wirkungsvolle Veröffentlichung von Material über die eigene gute Arbeit ist lebenswichtig, besonders in einem Krieg Schwarzer Propaganda.

Man kann nicht einfach nur kämpfen.

In Wirklichkeit machen Sie den anderen bekannt, wenn Sie ihn wiederholt bloßstellen. Das gibt Ihnen eine neue Art von Vakuum. Man wird als die Person oder als das Unternehmen oder das Land bekannt, das angreift. Aber wer ist diese Person oder dieses Unternehmen oder das Land wirklich?

Hefte, Broschüren, Pressemeldungen, die eigene Zeitschrift und das eigene Magazin, die eigenen Kontakte mit Meinungsführern, diese Dinge und viele andere müssen ergänzt werden durch eine VERSTÄNDLICHE EIGENE IDENTITÄT.

Indem man diese Dinge verteilt oder gebraucht, publiziert man die eigenen guten Leistungen.

Und man muß auch gute Leistungen erbringen. Man kann sein Leben nicht ausschließlich der Auslöschung des Feindes widmen, selbst wenn das sehr verlockend ist.

Andererseits kann man sich innerhalb der Erfordernisse der Sicherheit nicht fortgesetzt verstecken; man muß durch seine guten Leistungen und Aktionen wenigstens sichtbar sein.

Daher muß ein fortgesetzter, wahrheitsgemäßer und kunstvoller Sturzbach von Veröffentlichungen erscheinen.

Dann wird es eines Tages keinen Feind geben.

Und der eigene Ruf ist sehr gut.

Es mag andere Angriffe geben, aber jetzt kann man sie als kleine Feuerchen und nicht als ganzen Waldbrand handhaben.

WAS IST SCHWARZE PROPAGANDA?

Sie können sehen, daß Schwarze Propaganda ein versteckter Angriff auf den Ruf einer Person, eines Unternehmens oder einer Nation ist, bei dem Verleumdung und Lügen verwendet werden, um jemanden zu schwächen oder zu zerstören.

Jede Verteidigung geht davon aus, daß das Angriffsziel nicht ganz so schlecht ist.

Man muß nicht unbedingt vollkommen sein, um einem Angriff zu widerstehen, aber es hilft.

Aber selbst wenn man vollkommen wäre, läge darin kein Schutz. Fast alle Heiligen in der Geschichte waren solchen Angriffen unterworfen. Und die meisten von ihnen starben daran.

Die Antwort darauf ist, PR-TECHNOLOGIE GESCHICKT ANZUWENDEN.

Um in etwas geschickt zu sein, muß man es kennen, darin Erfahrung haben und es TUN.

So ermüdend die Aufgabe einigen auch scheinen mag, so herzzerbrechend sie sein kann, man muß dennoch kämpfen. Und zwar mit Werkzeugen, Technologie und Hingebung kämpfen, die denen des Feindes überlegen sind.

Aber indem man fortschreitet und kleine Gewinne bekommt, kleine Durchbrüche macht, indem man kleine, unbedeutende Scharmützel und Kämpfe gewinnt, erreicht man letzten Endes doch einen Sieg nach dem anderen und gewinnt zum Schluß den ganzen Krieg.

Man ist gerettet.

L. RON HUBBARD
GRÜNDER

LRH:ldm:sb:nt:rd;
Übers.:-/LB:hl
Übersetzung genehmigt vom
LRH Comm New Era Pubs

HELNWEIN UND DIE BARKS - AUSSTELLUNG IN MAINZ - 1995

Das Landesmuseum Mainz organisierte in Rheinland - Pfalz im Rahmen seines " Kultursommers " eine vom Kultusministerium teilsubventionierte Ausstellung zu Ehren des Comic - Zeichners Carl Barks, die am 18. Mai 1995 begann. Diese Ausstellung wurde von dem weltbekannten österreichischen Maler Gottfried Helnwein konzipiert, der dem Museum Bilder als Leihgabe (Anm. gegen Zahlung einer Gebühr von fast DM 60.000) zur Verfügung gestellt hatte.

Am 22. April 1995 veröffentlichte die Ludwigshafener Tageszeitung " Die Rheinpfalz " einen Artikel über die geplante Ausstellung und führte darin aus, daß Herr Helnwein und seine Frau Scientologen seien und die Ausstellung als " Plattform für Scientology " diene. Diese Veröffentlichung veranlaßte eine Sprecherin des Kultusministeriums, Rose Götte (Anm. keine Sprecherin, sondern die Ministerin höchstpersönlich), zu der Stellungnahme, daß die Ministerin Gottfried Helnwein " als großen Künstler und Sammler schätze ". Ob Helnwein Scientologe sei oder nicht, sei nicht erwiesen. Der Verdacht allein genüge nicht. “ Wir sehen keine Gefahr, daß die Ausstellung zu einer Plattform für Scientology werden könnte. “ Diese Stellungnahme wurde in einem Kommentar der gleichen Ausgabe als “ hochgradig fahrlässig “ angegriffen, da “ nicht einmal seine Comics - Schau im Kultursommer hinnehmbar sei, solange sich Helnwein nicht wirkungsvoll von Scientology distanziere “.

Als Resultat des politischen Drucks aufgrund der Pressemitteilungen, die Helnwein “ anklagten “, ein Scientologe zu sein, informierte die Ministerin die Presse dahingehend, daß Helnwein die gewünschte Distanz zu erkennen gegeben habe. Herr Helnwein war diesbezüglich vom “ Sektenexperten “ des Kultusministeriums, von der Kultusministerin persönlich (Anm. das ist falsch, sie war bei diesem Gespräch gar nicht anwesend) und von einem Juristen einer Befragung unterzogen worden. Andere Politiker griffen diesen Vorfall auf und verwerteten diese beispiellose Diskriminierung von Helnwein auf dem Rücken von Minderheitenreligionen für ihren eigenen politischen Vorteil. Der christdemokratische Landessprecher für Sozialpolitik, Manfred Kramer, verlangte, daß sich Helnwein öffentlich von Scientology und deren “ Ideen “ distanzieren solle, oder die Ausstellung würde abgesetzt werden müssen. Der Amtskollege in der FDP, Arthur Bauckhage, gab ähnliche öffentliche Stellungnahmen ab.

Das Landesparlament stellte eine parlamentarische Anfrage an das Kultusministerium bezüglich der “ Anschuldigung “, das Helnwein ein Scientologe sei, um herauszufinden, warum das Kultusministerium angesichts dieser “ Anschuldigungen “ die Ausstellung weiterhin betreibe. Zusätzlich gab die CDU eine Presseveröffentlichung heraus, die nicht nur die Ministerin denunzierte, sondern auch darzulegen versuchte, daß die geplante Ausstellung “ die Glaubwürdigkeit seriöser rheinland - pfälzischer Sektenpolitik zerstöre “. Der Landtag wurde dazu aufgerufen, dem Beispiel Baden - Württembergs zu folgen (wo Chick Corea gehindert wurde, aufzutreten), “ das Veranstaltungen mit Scientology nahestehenden Beteiligten nicht öffentlich fördert “. “ Soweit zum “ Fall Helnwein “ aus der Sichtweise der Scientology - Organisation.

DIE HELNWEIN - LÜGE GLAUBT AUCH EINE DEUTSCHE (SEKTEN) - MINISTERIN IN MAINZ - 1 9 9 5

Ganz anders sieht es der Fernsehjournalist des ARD - Politmagazins “Report“ vom BR aus München, Stefan Meining, in seiner Sendung vom 8. Juli 1996, mehr als ein Jahr nach Veröffentlichung der “ Kulturministerin Götte - Presseerklärung “ über ihr “ befriedigendes Gesprächsergebnis mit dem Leihgeber Helnwein ", daß Helnwein u.a. " nicht nach den Lehren des Sektengründers L.Ron Hubbard geschult wurde und auch in der Vergangenheit keine (!) Zahlungen an irgendeine Scientology - Organisation geleistet habe, noch dies in Zukunft tun werde...".

" Report ": " Burgbrohl im Juli 1996. Der Maler Gottfried Helnwein, erfolgreicher Künstler, Ausstellungsmacher, Donald Duck - Fan, seit kurzem gerichtlich festgestellter Scientologe und für " Report " aus München nicht zu sprechen. Die Kultusministerin Rose Götte, zuständig in Rheinland - Pfalz für die Jugend, Frauen, Familie, Kultur und die Sekten (!). Sie machte mit dem Künstler Helnwein eine Ausstellung und gerät wegen dem Scientologen Helnwein in arge Erklärungsnot.

Die Scientology - Gegner, der Fraktionsvorsitzende der CDU, Johannes Gerster und die grüne Landtagsabgeordnete Gisela Bill, kämpfen gegen die Zusammenarbeit Helnweins mit dem Kultusministerium. Ein erbitterter Streit, der nun schon ein Jahr andauert.

Mainz im Frühjahr 1995. Helnwein will für das Landesmuseum in Mainz eine Ausstellung über den Comic - Künstler " Carl Barks " zusammenstellen. Doch dann tauchen reihenweise Unterlagen auf, in denen Helnwein Hubbard und Scientology in höchsten Tönen lobt. Die schwarz-grüne Opposition und Sektengegner laufen Sturm. Die CDU zeigt auf einer Pressekonferenz einen Werbespot der Scientology - Organisation mit Helnwein. So jemand, fordert die CDU, darf keine Staatsaufträge erhalten. Helnwein soll sich eindeutig von Scientology distanzieren, verlangen die Kritiker. Er müsse unbedingt eine eidesstattliche Erklärung unterschreiben. Nur so könne sichergestellt sein, daß Helnwein nicht der Scientology - Organisation angehört. Den Text setzt die Scientology - Gegnerin und Aussteigerin Jeannette Schweitzer auf. Helnwein wird mit dem Text auf einer Sitzung des zuständigen Ministeriums konfrontiert. Er unterzeichnet sie nicht. Die verantwortliche Ministerin ist auch so zufrieden. Götte: " Ja, wenn jemand gefragt wird und gibt in Anwesenheit von Juristen seine Aussage zu Protokoll, dann denke ich, müßte das reichen."

Mit dem Segen der Ministerin darf Helnwein schließlich, mit seinem Geschäftspartner Carsten Laqua die " Donald Duck " - Show machen. Für Helnwein ein prima Geschäft. Das Honorar beträgt laut Vertrag 50.000 DM. Nicht das einzige lukrative Geschäft für Helnwein in Rheinland - Pfalz, sagt die CDU. CDU - Chef Gerster: " Die Landesregierung kauft für eine halbe Million DM Comics an, ohne die Absicht zu haben, ein Museum oder eine Ausstellung zu errichten, ohne daß es überhaupt nur eine Begründung gibt für diese Ankäufe (Insgesamt sollen die gesamten Einnahmen der Herren Helnwein und Laqua in Mainz 1985 bis zu 800.000 DM (!), incl. Merchandising, betragen haben. - d.A.). Das heißt, hier wurde Helnwein finanziell unterstützt, die Unterstützung stand im Vordergrund und nicht etwa die Anschaffung von Kunstgegenständen. Das zeigt die enge Verbindung zwischen Helnwein und Frau Götte (und besonders zu der Museumsdirektorin Gisela Fiedler - Bender - d.A.). Und genau diese enge Verbindung kritisieren wir und damit muß Schluß sein ". .....

Die auch für Sekten zuständige Ministerin Götte kennt viele der belastenden Dokumente. Trotzdem distanziert sie sich von dem Scientologen Helnwein nur halbherzig aus parteipolitischen Gründen. Götte: "Nach dem Urteil des OLG in Frankfurt würde ich mir sehr überlegen, ob ich eine solche Ausstellung noch einmal machen würde. Ich bin zwar nach wie vor der Meinung, daß Donald Duck mit Scientology nichts zu tun hat, aber da die parteipolitischen Auseinandersetzungen, die sich daran festknüpfen, mit Sicherheit wiederkommen würden, würde ich dann einem solchen Konfliktfeld lieber ausweichen." ..."

Konsequenzen wurden jedoch, trotz des Riesenskandals um Helnwein, der bundesweit wochenlang für großes Aufsehen sorgte, bis heute nicht gezogen...

Fazit: Lügen können oft sehr nützlich und vor allem lukrative Folgen haben, wie der " Fall Helnwein " deutlich macht.

Gottfried Helnwein ist, der OSA / IAS und seiner Lügen - Kampagne sei Dank, auf dem besten Wege, zu einem Märtyrer in Sachen "Scientology" zu werden....

RheinlandPfalz [redacted]

Ministerium für Kultur,
Jugend, Familie und Frauen

Pressedienst

25. April 1995

Götte: Carl-Barks-Ausstellung kommt

Befriedigendes Gesprächsergebnis mit Leihgeber Gottfried Helnwein

„Es gibt keinen Anlaß, von der geplanten Carl-Barks-Ausstellung im Landesmuseum Mainz mit Leihgaben aus dem Besitz des österreichischen Künstlers Gottfried Helnwein abzurücken.“ Dies erklärte die Ministerin für Kultur, Jugend, Familie und Frauen, Dr. Rose Götte, nach dem heutigen Gespräche des Staatssekretärs, Dr. Joachim Hofmann-Göttig, mit dem Künstler.

- Helnwein habe in Anwesenheit von sachverständigen Zeugen unmißverständlich dargelegt, daß er kein Mitglied bei Scientology oder einer ihrer Unterorganisationen sei.
- Er sei auch nicht nach den Lehren des Sektengründers, Ron L. Hubbard, geschult.
- Er habe keine Zahlungen dorthin geleistet noch werde er dies in Zukunft tun.
- Helnwein habe außerdem erklärt, daß er der Scientology-Sekte mit rechtlichen Mitteln untersagt habe, Bilder oder Aussagen von ihm zu werblichen Zwecken zu nutzen. Wer immer ihm Verstöße gegen dieses Verbot aus den letzten Jahren belege, könne sicher sei, daß er den Mißbrauch juristisch verfolgen lassen werde. Dazu sei sein Anwalt ausdrücklich aufgefordert.

Ministerin Götte: „Nach dem großen Erfolg der Carl-Barks-Ausstellung in Hannover, München, Oberhausen und Hamburg kann sich nun auch das Mainzer Publikum auf eine interessante Ausstellung über Donald Duck und seinen Schöpfer Carl Barks freuen.“

Ministerium für Kultur, Jugend, Familie und Frauen · Herausgeberin: Staatsministerin Dr. Rose Götte
Verantwortlich für den Inhalt: Pressereferentin Heidi Schumacher
Mittlere Bleiche 61 · 55116 Mainz · Telefon 0 61 31/16 28 29 · Telefax 0 61 31/16 29 57

Eine Ministerin wird hereingelegt - April 1995

MINISTERIUM FÜR KULTUR, JUGEND, FAMILIE UND FRAUEN

Mainz, den 26. April 1995

Aktenzeichen: 933-75 036-5
Referent/in, Tel.:
Bearbeiter/in, Tel.: Frau Dewald-Koch, 4382

Vermerk
für
Herrn Staatssekretär
Dr. Hofmann-Göttig

im Hause

Kultursommer Rheinland-Pfalz 1995;
hier: Ergebnisprotokoll der Anhörung von Herrn Gottfried Helmwein zur möglichen Scientology-Zugehörigkeit

An der Anhörung nahmen teil:

Herr Staatssekretär Dr. Hofmann-Göttig,
Herr Gottfried Helnwein in Begleitung seines Rechtsanwaltes,
Herrn Reinking,
der Abteilungsleiter der Abteilung 2 A/B,
Allgemeine Kulturpflege, Herr MinDir. Jung,
Frau Dewald-Koch, Ansprechpartnerin für neureligiöse Gruppen und Sekten,
der Ltd.MinRat des Referates 921 A, Herr Schönfeldt.

Die Anhörung von Herrn Gottfried Helnwein zu einer möglichen Scientology-Zughörigkeit und/oder Unterstützung der Scientology-Organisation hat im wesentlichen zu folgendem Ergebnis geführt:

1. Herr Helnwein erklärte, daß er Scientology-Deutschland untersagt habe, mit seinem Bild, seinen Werken und seinen Worten zu werben. Der Rechtsanwalt von Herrn Helnwein, Herr Reinking,

...

Die Einzelheiten der Helnwein-Anhörung, keine Chance für die Wahrheit?

legte diesbezüglich außergerichtliche, schriftliche Erklärungen der Scientology-Kirche Deutschland (HSO München e.V.) Blöbaum vor, die als Anlage 1 - 3 dem Protokoll beigefügt sind. Ferner erklärte Herr Helnwein, daß er den anwesenden Rechtsanwalt beauftragt hat, in jedem bekanntwerdenden Fall einer Zuwiderhandlung durch die Scientology-Organisation gegen diese rechtliche Schritte zur Unterbindung einzuleiten. Dies hat Rechtsanwalt Reinking bestätigt.

2. Herr Helnwein hat eindeutig erklärt, er habe Scientology finanziell weder in der Vergangenheit unterstützt oder gefördert noch beabsichtige er, dies in der Zukunft zu tun.

3. Ferner erklärte Herr Helnwein seine grundsätzliche Bereitschaft, eine schriftliche Erklärung darüber abzugeben, daß er nicht nach der Technologie des L. Ron Hubbard geschult wurde oder wird. Im übrigen hat er die von ihm vorgelegte schriftliche Erklärung (Anlage 4 zum Protokoll) mündlich bestätigt. Auf weitere Nachfrage erklärte er dazu präzisierend, daß er weder Mitglied in der Scientology Church noch in einer ihrer Unterorganisationen sei. Dazu las Herr Staatssekretär Dr. Hofmann-Göttig Herrn Helnwein eine Erklärung mit folgendem Wortlaut vor: **"Ich bin kein Mitglied in der International Assocation of Scientologist (IAS), kein Mitglied des World Institut of Scientology Enterprises (WISE), kein Mitglied der Scientology Church, kein Mitglied der Assocation for better Living and Education (ABLE), kein Mitglied von Applied Scholastics International, noch Mitglied einer anderen Scientology Organisation oder Unterorganisation."**. Diese wurde von Herrn Helnwein bestätigt.

4. Hinsichtlich der Herrn Helnwein für die Konzeption der Ausstellung über den Comic-Zeichner Carl Barks und sein Werk Donald Duck vertraglich zugesicherten Mittel teilte dieser mit, daß diese Mittel ausschließlich für Ausstellungszwecke ausgeschöpft werden.

Mainz, den 24.04.1995

Dewald-Koch — Schönfeldt

DIE OSA - WELTZENTRALE IN LOS ANGELES

Die Schaltzentrale, das Religious Technology Center (RTC) und damit das Gehirn der Scientology - Organisation, sitzt offiziell seit dem 13. Mai 1989 mitten in der Filmstadt Hollywood, in Wahrheit aber in der "Gold" - Basis in dem Dorf Gilman Hot Springs, 100 KM östlich von L.A.. Alle Aktionen der " Kirche " werden unter der Leitung des jetzigen Scientology - Führers David Miscavige, Nachfolger des Gründers Hubbard, im Hauptquartier unter der Tarnadresse Hollywood Boulevard Nr. 6331 geplant und ausgeführt.

DAS " HOLLYWOOD GUARANTY BUILDING " - DER SITZ DER OSA

Tatsächlich befindet sich in diesem Gebäude das Welthauptquartier der OSA, unter der heutigen straffen Leitung von Mike Rinder. Bis 1994 war der Österreicher und Helnwein Intimus Kurt Weiland Boss der berüchtigten OSA.

GARRY SCARFF UND DIE MORDAUFTRÄGE II

"Die dunkle Seite von Scientology", ein Film aus der Reportagenserie "Gesucht wird ... ", gesendet im 1. Programm der ARD am 2. April 1997, gedreht von den TV - Journalisten Botros und Koch aus Bremen:

"Februar 1997, Los Angeles. Wir haben die Polizei zu Hilfe gerufen. Unser Kronzeuge, Garry Scarff, ehemaliger Scientology - Agent hat einen Nervenzusammenbruch erlitten. Garry Scarff: " Sie werden mich umbringen und sie wissen wo meine Eltern leben. "

5 Tage zuvor, Clearwater, Florida, Dreharbeiten vor dem Hotel Fort Harrison, dem geistigen Zentrum von Scientology. Sofort werden wir von einem Sicherheitsmann der Organisation fotografiert. Garry Scarff kennt das Spiel. Bis 1992 stand Scarff auf der anderen Seite, war Scientology - Agent, dann stieg er aus und wurde zum erbitterten Gegner. Wochen zuvor hat er uns von Straflagern, mysteriösen Todesfällen, ja sogar von , im Jahre 1991, geplanten Mordanschlägen erzählt. Diesen schweren Vorwürfen gegen die Organisation wollen wir nachgehen. Scarff hier rechts, will uns dabei unterstützen. In unserer Begleitung ist auch Martin Ottmann aus Stuttgart, links, er arbeitete bis 1992 als Mitglied der paramilitärisch ausgerichteten Sea Org, der Eliteeinheit von Scientology hier in Florida.

Martin Ottmann (links) und Garry Scarff (rechts) vor dem Scientology-Hauptquartier „Flag" in Clearwater, Florida - 1997 (aus: WDR-TV-Doku „Gesucht wird..." 2.4.1997)

Die Anwesenheit von Scarff und Ottmann, versetzt die Scientology - Mitarbeiter in große Nervosität. Nie zuvor sind Aussteiger, die so intime Kenntnisse besitzen, mit so massiven Vorwürfen im Fernsehen aufgetreten.

1. Scientologe: " Wieviel kriegt ihr dafür bezahlt ? " 2. Scientologe: "Also was hier abgeht das ist ein Witz."

Garry Scarff: " Ich war Mitarbeiter, des " Office of Special Affairs " OSA, das ist so etwas wie der Geheimdienst von Scientology. Da gibt es die Schaltzentrale, den berüchtigten" Ware - Room " im Hauptquartier in Los Angeles. Die Organisation verfügt dort über ein ausgeprägtes Computer - und Kommunikationsnetz, das Informationen über die Aktivitäten von Scientology - Kritikern weltweit zusammenträgt und auswertet, rund um die Uhr. Über seine Tätigkeit für das " Office of Special Affairs ", hat Scarff umfassende Aussagen unter Eid gemacht. Reporter: " Warst Du an irgendwelchen kriminellen Aktivitäten beteiligt ? " Garry Scarff: " Es gab mal einen Auftrag, über den ich später unter Eid aussagen sollte. Ich habe damals mein Zeugnisverweigerungsrecht in Anspruch genommen und würde es heute wieder tun, weil ich sonst für sehr lange Zeit ins Gefängnis wandern würde. Die Einnahmen aus diesem Einsatz sind direkt an den Geheimdienst OSA geflossen. "

Vorbesprechung für die Dreharbeiten am nächsten Tag. Wir wollen versuchen, angebliche Häftlinge der Organisation aufzuspüren. Das sogenannte Rehabilitationsprojekt " RPF " sei in Wirklichkeit ein Arbeitslager der Sea Org, sagt Garry, für Mitglieder die auf ihrem Posten versagt hätten. Auch wer nicht genügend Umsatz mache, müsse ins Arbeitslager. Martin Ottmann hat regelmäßig in einem Wohnkomplex von Scientology, der sogenannten " Hazienda ", schwarz gekleidete Strafarbeiter beobachtet.

Früh am nächsten Morgen auf dem Weg zur " Hazienda ". Wir rufen uns noch einmal die Anweisungen der Organisation für das sogenannte Rehabilitationsprojekt in Erinnerung:

Persönliche Einschränkungen und Bestrafungen:

- darf nur sprechen, wenn er selbst angesprochen wird,
- schläft und ißt in einem getrennten Bereich,
- hat keine Freiheiten.

Garry Scarff: " Da ist ein Strafarbeiter. Da findet ein Treffen statt. Die sitzen da im Kreis zusammen. Da ist er, da ist er, er macht eine Sicherheitsüberprüfung. Er läuft, seht ihr, er läuft. " Martin Ottmann sagt, die Häftlinge müßten ständig in Bewegung sein. Mitunter zur Strafe, tagelang um einen Baum laufen. Reporter: " Was verbirgt sich hinter dem Begriff Rehabilitationsprojekt ? " Ottmann: " Also es ist ein Straflager sozusagen, also so stelle ich mir ungefähr ein Gulag im stalinistischen Rußland vor. Reporter: " Wie hat man sich als Laie so ein Straflager vorzustellen ? " Ottmann: " Man bekommt zuerst schwarze Kleidung, die man tagtäglich tragen muß. Man muß am Tag mindestens 16 Stunden arbeiten. Man muß sich 5 Stunden mit dem eigenen Fall auseinandersetzen. Und man hat dann keinerlei Kontakt mehr zur Außenwelt. Reporter: Aber die Leute fliehen doch nicht, sie könnten doch fliehen und fliehen nicht. " Ottmann: " Ja, aber sie sind abhängig davon. Sie sind abhängig gemacht worden und sie haben sich abhängig gemacht von Scientology. Ihr Leben hängt nach ihrer Ansicht nach völlig von Scientology ab und sie lassen sich lieber derartig erniedrigen, als daß sie sich von Scientology abwenden. "

Auf dem Weg nach Cape Corell. Martin hat uns empfohlen mit Hanna Whitfield zu sprechen. Wir lesen noch einmal, was sie unter Eid ausgesagt hat: " Sea Org - Mitglieder wurden oft gefangengehalten, in einem dunklen, schmutzigen und stinkenden Loch, in dem die Ratten zu Hause waren. " Garry und Hanna Whitfield waren Jahre lang Mitglieder der Eliteeinheit Sea Org. Hanna brachte es sogar zum Deputy Commodore, zur Stellvertreterin des Scientology - Gründers Hubbard. Hanna Whitfield: " Diese Fotos wurden Anfang der 70er Jahre aufgenommen. Das bin ich in der Mitte. Das ist Diana die älteste Tochter von Ron Hubbard und seiner dritten Frau Mary Sue. Hier bin ich wieder. Das ist Hubbards Tochter und das sein Sohn Quentin. Meine Loyalität zu Scientology galt ohne jede Einschränkung, dennoch wurde ich beschuldigt schlechte Gedanken über Hubbard zu haben. Das war mein angebliches Verbrechen. Ich wurde von zwei kräftigen Männern zu einem Bereich im Fort Harrison geschleppt, der an die Garage grenzt. Das Straflager war auf der 2. und 3. Etage untergebracht. Ich wurde etwa 2 Tage lang in einem fensterlosen Raum eingesperrt, ganz allein. Ich hatte kein Bett gar nichts. Nur eine Matraze auf dem Boden. Die Lichter waren manchmal an, manchmal aus. Wir mußten viele Reparaturarbeiten leisten. Wir haben die Drecksarbeit gemacht. Die Badezimmer und Klos gereinigt. Und als sie Bauarbeiten im Fort Harrison durchführten, mußten wir den Bauschutt aus den obersten Etagen in Eimern runtertragen und dann den Mörtel hochschleppen. Wir durften die Fahrstühle nicht benutzen. "

Hier die dreigeschossige Garage des Fort Harrison. und eine schwarz gekleidete Scientologin, offenbar eine Strafarbeiterin. Hannas Mitgefangene Linn wurde im Keller sogar angekettet. Hanna Whitfield: " Sie arbeitete für das Guardian Office, heute heißt das " Office of Special Affairs ", OSA, und ist so etwas wie die CIA in Scientology. Die Undercover - Spionage - Abteilung der Organisation. Linn hatte den Auftrag, gewisse Ermittlungen in Washington durchzuführen. Dabei hatte sie Unregelmäßigkeiten festgestellt und wollte, daß der Fall untersucht wird. Ihre Vorgesetzten waren aber entschieden dagegen, wollten das ganze vertuschen. Also wurde Linn ins Straflager im Fort Harrison geschickt. Da haben sie Linn an ein Rohr gekettet. Sie war etwa 2 - 3 Wochen im Keller eingesperrt. Sie schlief da unten, sie aß da unten, sie wurde gezwungen die Rohre zu putzen. Manchmal überlegte ich, die Polizei um Hilfe zu rufen. Aber sofort darauf kam der Gedanke, das wäre das größte Verbrechen gegen Hubbard und die Organisation. Das kannst du auf gar keinen Fall machen. "

Wir sind mit Sergeant Greg Tita verabredet, dem stellvertretenden Sheriff von Pinellas County, in der die Scientology - Hochburg Clearwater liegt. Wir haben erfahren, daß es in der Organisation sogar Straflager für Kinder geben soll. In einem internen Bericht ist von Kadetten die Rede, die zu fliehen versuchten. Tita: “ Ich habe hier Kadetten, die abgehauen sind, die ins Kinderstraflager kommen müßten. Auch in Pinellas County hat man Erfahrungen mit Scientology - Kindern. Meine Kollegen stellten bei einem Besuch der Kadettenschule Anzeichen von Verwahrlosung und Mißhandlungen der Kinder fest. Sie verfaßten einen Bericht und der Fall wurde an das Jugendamt weitergeleitet. Doch Scientology klagte gegen die Veröffentlichung des Berichts in der Presse und hatte Erfolgt. Er ist bis heute unter Verschluß. Ich glaube nicht, daß es bei dem Streit um die Ermittlungen an sich ging, es sollten einfach keine Informationen an die Öffentlichkeit gelangen. “

Ariane Jackson kann einschätzen, was mit Scientology - Kindern passiert. Sie wurde gezwungen sich von drei ihrer vier Kinder zu trennen. “Da waren Sie zwei, vier und sechs Jahre alt. Scientology steckte sie in eine Kinderanstalt, machte später Kadetten aus ihnen. Das war vor etwa 10 Jahren.“ Später hatte sie nur noch sporadisch mit ihnen Kontakt. Seit Ariane Scientology den Rücken kehrte, darf sie ihre Kinder gar nicht mehr sehen. Reporter: “ Können Sie sich noch an den Abschied erinnern ? “ Ariane Jackson: “ Ich hasse es daran zu denken. Sie stiegen in einen besonderen Bus. Ein alter Mann der Sea Org riß mich weg und schob mich ins Auto. Ich konnte ihnen gerade noch zuwinken und dann fuhren wir zum Flughafen. “ Reporter: “ Passiert so etwas öfters, daß Kinder von ihren Eltern getrennt werden ? “ Ariane Jackson: “ Ja. “ Reporter: “ Kennen Sie andere Fälle ? “ Ariane Jackson: “ Ja, wenn sich die Partner trennen bei einer Scheidung und einer von ihnen in der Sea Org ist, dann ist das die bessere Person. Also werden ihr die Kinder von der Organisation zugesprochen. Denn was gibt es besseres für seine Kinder als Scientology - Erziehung, Scientology - Schulen, einfach Scientology alles. “

In Sichtweite des Hotels Fort Harrison, dem Zentrums von Scientology in Florida, residiert die Polizei von Clearwater. Hier treffen wir am nächsten Tag Ariane Jackson wieder. Martin Ottmann hat sie überredet im Rahmen eines Ermittlungsverfahrens auszusagen, das die Polizei z. Zt. gegen die Organisation führt. Es geht um den mysteriösen Tod einer jungen Scientologin, die zuletzt im Fort Harrison lebte. Auch Garry Scarff will die Untersuchungen unterstützen und hat den Ermittlungsbehörden seine Hilfe angeboten.

Lisa McFurson hier mit ihrer Mutter, starb im Dezember 1995 unter mysteriösen Umständen kurze Zeit nachdem sie einen Scientology - Kurs erfolgreich absolviert hatte. Lisa habe aussteigen wollen, sagt der Anwalt der Familie. Nach einem Nervenzusammenbruch, 17 Tage vor ihrem Tod, habe die Organisation sie im Fort Harrison völlig isoliert. Kennen G. Dandar (Rechtsanwalt): " Aus unseren Nachforschungen geht hervor, daß sie bewußtlos war. Sie erhielt keine Nahrung, kein Wasser. Sie war extrem ausgetrocknet. Bevor sie das Bewußtsein verlor, trommelte sie gegen die Wände. " Reporter: " Woher wissen Sie das ? " Anwalt: " Die Scientologen selbst haben zugegeben, daß sie gegen die Wände trommelte. "

Laut Autopsiebericht muß Lisa vor ihrem Tod starke Medikamente erhalten haben.

Reporter: " Um sie ruhigzustellen ? " Anwalt: " Ob sie aufgrund des Beruhigungsmittels ins Koma fiel oder, ob sie einen psychischen Zusammenbruch erlitt, der zum Koma führte, auf jeden Fall haben sie erst sehr spät beschlossen, sie in die Klinik zu bringen. Und anstatt sie zum nächstgelegenen Krankenhaus zu fahren, was nur ein paar Straßen entfernt liegt, wurde sie 20 Meilen zum " Columbia New Port Richey Hospital " gebracht. Dort arbeitet ein Scientology - Arzt. Den haben sie vorab angerufen. Der sagte ja bringt sie zu mir. " War Lisa schon tot, als sie im Krankenhaus ankam ? Nach Angaben des Scientology - Arztes in der Klinik, starb Lisa in der Notaufnahme an den Folgen einer bakteriellen Infektion. Ist der Bericht manipuliert ? Dort steht jedenfalls ein falsches Geburtsdatum. Außerdem sagen die Pathologen die Lisa McFurson obduzierten, sie hätten keine Anzeichen einer Infektion gefunden. Sie sei vielmehr an schwerem Flüssigkeitsverlust verstorben. Scientology klagt gegenwärtig vor dem Gericht in Clearwater auf die Herausgabe der bei der Autopsie gewonnenen Proben. Der Fall hat erheblichen Staub aufgewirbelt. Starb Lisa McFurson, weil sie eingesperrt wurde und weil man ihr jegliche medizinische Hilfe verwehrte ? Genau dieser Frage geht Sergeant Wayne Andrews nach, der die polizeilichen Ermittlungen im Fall McFurson leitet. Zu einem Interview ist er nicht bereit. Er läßt uns aber im Polizeiarchiv zu anderen Fällen recherchieren. Wir stoßen auf eine Reihe von seltsamen Todesfällen, die es in den letzten 20 Jahren unter den Gästen von Fort Harrison gegeben hat. Darunter waren auch deutsche Scientologen.

Südlich von Clearwater. An dieser Stelle entdeckte Sergeant Greg Tita, der damals noch bei der Wasserschutzpolizei arbeitete, am 2. November 1985 die Leiche eines Mannes im Wasser. Es handelte sich, wie sich später herausstellte, um den 38jährigen Deutschen Andreas O., Chef der Stuttgarter Scientology-Mission. Der weilte offenbar schon seit Monaten in Florida. Scientology war mit ihm und seinen Umsätzen unzufrieden, hatte ihm Spezialkurse verordnet. Trotz Schwimmverbots und aufkommenden Sturms, war der Deutsche zwei Tage zuvor ins Wasser gegangen. Er glaubte, so erfahren wir später, als Scientologe übernatürliche Kräfte zu besitzen. Laut Polizeibericht hatten sich die Scientologen vor dem Fund der Leiche gemeldet und einen falschen Namen des vermißten Deutschen durchgegeben. Um die Polizei in die Irre zu leiten ? Tita fand das etwas merkwürdig.

Es gibt noch andere Todesfälle unter den Gästen des Scientology - Hotels Fort Harrison, die z. T. ungeklärt, zu den Akten gelegt wurden:
- 1980 Selbstmord: Die Frau litt unter Depressionen, durfte keine Medikamente dagegen nehmen.
- 1980 Rätselhafter Tod in der Badewanne in kochend heißem Wasser. Wahrscheinlich ertrunken.
- 1988 Tod durch Ertrinken. Umstände ungeklärt, Unfall, Mord oder Selbstmord.
- 1989 Tod im Keller neben den Heizungskesseln, Kohlenmonoxydvergiftung.
- 1988 Tod in Zimmer 758, das Opfer, ein 31jähriger Deutscher.

Laut Ermittlungsakten starb Heribert P. in der Nacht auf den 28. August 1988 an einem schweren epileptischen Anfall, schlug dabei mit dem Kopf auf dem Nachttisch auf. Er war bis Anfang 1988 von dem Münchner Arzt Dr. Klaus Ballin behandelt worden. Der weilte zufällig zur gleichen Zeit als Scientology - Anhänger im Fort Harrison. Das Hotel verfügt auf der Rückseite über einen Swimming Pool, an dem man zwischen den teuren Kursen entspannen kann. Auch Heribert P., Sohn eines wohlhabenden Bauunternehmers, genoß offenbar bis zu seinem Tod das Leben im Scientology - Refugium.

Zurück in Deutschland, in Friedrichshafen am Bodensee. Hier lebte der Deutsche. Wir wollen dem Fall nachgehen, denn die Polizeiunterlagen haben uns stutzig gemacht. Dort gibt der Scientology - Arzt an, er habe seinem Patienten, trotz regelmäßiger Anfälle, Vitamine verschrieben, statt ihn mit anfallhemmenden Medikamenten zu behandeln. Die wurden bei der Obduktion auch nicht im Blut entdeckt. Die Scientologen hätten ihrem Sohn die Heilung auch ohne Medikamente versprochen, sagt die Mutter, mit teuren Kursen in Florida. Heribert sei gleich nach der Hochzeit, auf Empfehlung seiner Ehefrau, von dem damaligen Scientology - Arzt Ballin behandelt worden. Die Mutter ist außer sich.

Auch heute noch. Mutter: " Bei dieser Organisation spielt ein Menschenleben keine Rolle. Man kann doch nicht so leichtfertig jemandem etwas versprechen, was nicht eingehalten werden kann. " Reporter: " Glauben Sie, daß der Tod ihres Sohnes Heribert zu verhindern gewesen wäre, wenn er weiterhin Medikamente genommen hätte ? " Mutter: " Unbedingt. " Die Mutter glaubt, Heribert wollte Riesensummen an Scientology spenden. Mutter: " Erst nach dem Tod erfuhren wir, er hat von Florida aus eine Bank angerufen und einen Kredit gefordert von einer halben Million, mit der Begründung, er möchte sich Immobilien zulegen in Florida. " Reporter: " Und was glauben Sie, wofür das Geld wirklich sein sollte ? " Mutter: " Das wäre nur Scientology zugeflossen. "

München: Wir suchen das Gespräch mit dem Internisten Dr. Klaus Ballin. Wie konnte er verantworten, seinem epilepsiekranken Patienten die Medikamente zu entziehen ? Ballin will sich nicht vor der Kamera äußern. Er nimmt lieber schriftlich Stellung:

Er habe damals Vitamine und Scientology - Konzentrationsübungen für eine alternative Behandlung gehalten. Obwohl er sich inzwischen von der Organisation getrennt haben will, weißt er jede Mitschuld am Tod des Epileptikers Heribert P. von sich.

Wir zeigen Professor Günther Schwendemann die Dokumente über den Fall. Er leitet die Neurologie am Krankenhaus Bremen-Ost. Vitamine sagt Schwendemann, seien bei Epilepsie völlig unwirksam. Schwendemann: " Es verstößt gegen die Grundsätze der Therapie, bei einem Patienten, der jede Nacht Anfälle bekommt, dann das Medikament abzusetzen, anstatt nachzuschauen, welches richtige Medikament für ihn geeignet ist. Und nochmals Vitamine und Mineralien haben keine Wirksamkeit gegen Anfälle, so daß man sagen kann, mit aller größter Wahrscheinlichkeit wäre der Patient bei einer adequaten Behandlung heute noch am Leben. "

Flughafen Los Angeles: Wiedersehen mit Garry Scarff. Er ist nicht überrascht als wir ihm vom Fall des Epileptikers aus Friedrichshafen erzählen. Garry hat sich bereit erklärt, uns zu helfen, bei der Suche nach einer Abtreibungsklinik, sowie Strafarbeitern und Kinderlagern, von denen Aussteiger berichten. Er kehrt damit erstmals an seine alten Wirkungsstätten zurück, muß also damit rechnen, seinen Ex - Bossen über den Weg zu laufen.

Am nächsten Morgen. Besichtigungstour des Scientology - Hauptquartiers. Scarff: " Hier im mittleren Gebäude hatten sie zu meiner Zeit Sträflinge eingesperrt. " Einige Wochen zuvor, hatten wir an dieser Stelle tatsächlich Scientology-Häftlinge bei der Arbeit beobachtet.

In den Büros des " Office of Special Affairs ", dort oben, sei 1991 ein Mordkomplott ausgeheckt worden, gegen eine Sektengegnerin. Das habe ihn dann zum Ausstieg bewogen, sagt Scarff. Scarff: " Es war die schlimmste Tat, die ich ausführen sollte, die jemals von einem verlangt werden kann, nämlich das Leben eines anderen Menschen auszulöschen. Es ist ungeheuerlich, in einer Sektengegnerin einen Feind solchen Ausmaßes zu sehen, daß mir so etwas befohlen wurde, es war ein Befehl, keine Bitte. Ich wurde unter Druck gesetzt. Diesen Mord auszuführen. Der Plan war, daß sie die Kontrolle über ihr Fahrzeug verlieren sollte, nachdem von mir die Bremskabel durchtrennt worden waren. Falls dies nicht funktionierte, sollte ich ihren Wagen von hinten rammen, um einen Unfall zu verursachen. Ich sollte alles tun, um sicherzustellen, daß sie tot ist. Falls sie den Unfall doch überleben sollte, hatte ich den Auftrag sie mit einem Kissen zu ersticken. Auch diese ungeheuerlichen Beschuldigungen, die von Scientology bestritten werden, hat Scarff unter Eid bezeugt.

Scarff: " Als wir über den Mord über die Sektengegnerin sprachen, war die Stimmung sehr ausgelassen. Es wurde viel gelacht. Das ganze schien ein großer Spaß zu sein. Es war ein Gefühl von Macht. Macht, die wir über dieses Individuum haben würden. Und dann sprachen wir darüber, was zu tun wäre, falls die Ermittlungsbehörden so schnell reagieren sollten, daß ich nicht mehr fliehen könnte. In diesem Fall sollte ich TKO machen. TKO = " Total Knock Out ", also Selbstmord. Und man zeigte mir genau wie ich das machen muß. Einer nahm seinen Finger, als wäre er ein Revolver und drückte ihn in seinen Mund. Er müsse nach oben zeigen, damit die Kugel den Gehirnstamm durchschlage. Und dann sagte er mir, falls du nicht sofort stirbst, dann ist wenigstens dein Gehirn zerstört und du kannst nicht reden und bist nur noch eine leblose Hülle. " Scientology bestreitet auch dies.

Wenig später, mitten in Los Angeles. Hochrangige Leute aus Garrys ehemaliger Abteilung überfallen uns mit Kameras. Sie müssen uns verfolgt haben. Reporter: " Was das soll ? " Scientologen: " Wir machen einen Film über euren Film. " Elliot Abelson ist Rechtsberater von Scientology International, Mike Rinder ist Chef des Geheimdienstes und Lisa Goodman seine Mitarbeiterin, offiziell Pressesprecherin. Dann kommt es zur Konfrontation zwischen Garry Scarff und Mike Rinder. Sie beschimpfen sich gegenseitig als Lügner. Rinder: " Garry, you are a liar ! " Scarff: " No, Mike you are the liar ! " Rinder: " No, you are, Garry, Garry ! " Scarff: " Mike ! " Rinder: " Garry ! " ...

Rinder beschuldigt Garry, Jahre zuvor als Mitarbeiter einer Anti - Sekten - Organisation öffentlich gelogen zu haben. " Ja ", sagt Garry, "alles was ich im Auftrag von OSA gemacht habe, war eine Lüge."

Im Büro des Rechtsanwaltes Graham Berry in Los Angeles. Garry zeigt uns Fotos aus seiner Zeit bei Scientology. Der Anhang seiner "Eidesstattlichen Versicherung" umfaßt schätzungsweise mehr als 1000 Seiten Dokumente.

Graham Berry vertritt eine Reihe von Scientology - Gegnern, hat Gerry im Rahmen eines der Verfahren, um eine sogenannte " Deposition ", eine Vernehmung unter Eid gebeten. So wurde der ehemalige Scientology - Agent zum Kronzeugen für die angeblich kriminellen Machenschaften der Organisation.

Graham Berry: " Die Vernehmung von Scarff dauerte sehr lange. Es gab zahlreiche Versuche seitens der Scientology - Anwälte seine Aussagen zu unterbinden. Sie behaupteten immer wieder, Scarff sei nicht glaubwürdig. Die Beweise seien nicht relevant. Wir würden die Kirche belästigen usw.. Trotz all dieser Einwendungen verfügte der zuständige Richter, mit der Zeugenvernehmung fortzufahren. " Es war ein Kreuzverhör. Graham Berry auf der einen, die Scientology-Anwälte auf der anderen Seite. Die Vernehmung dauerte 17 Tage, wurde vom Gerichtsstenographen komplett auf Video aufgezeichnet. Garry Scarff hatte von den Anwälten höchste Sicherheitsvorkehrungen gefordert. Er fürchtete um sein Leben. Und er begründete seine Angst dann auch in seiner Vernehmung. Nach seinem Ausstieg hätte Scientology versucht ihn zu entführen.

Garry Scarff: " Ich sah eine Hand an der Seitentür eines Lieferwagens. Und ein Gesicht das in meine Richtung schaute. Ich sagte, ich würde sofort die Polizei alarmieren und hörte im selben Moment den Lieferwagen davonpreschen. Ich sah dann, daß ihm ein zweites Fahrzeug folgte. Reporter: " Was glaubst Du, was sie vorhatten ? " Garry Scarff: " Ich weiß was sie vorhatten. Sie wollten mich entführen. Ich glaube sie hätten mich nach Hemet gebracht (Er weint). " Reporter: "Was ist Hemet ?" Garry Scarff: " Hemet, Gilman Hot Springs, also da liegt das Zentrum für die Strafgefangenen. Und ich glaube, ich wäre da nicht wieder rausgekommen. Mein Leben wäre zu Ende gewesen. (Er weint heftig). "

Nach dem Besuch beim Anwalt. Draußen wartet schon der Kameramann von Scientology. Auch Geheimdienstchef Rinder und Anwalt Abelson eilen zu ihren Fahrzeugen. Zwei, drei Wagen nehmen sofort die Verfolgung auf. Es beginnt eine Beschattungsaktion mit ungeheurem

Aufwand. Sie gilt vor allem unserem Begleiter Garry Scarff. Wir informieren die Polizei von Los Angeles. Garry hat darum gebeten. Er fühlt sich zunehmend unwohl in seiner Haut. Reporterin: " Ein Fernsehteam in Begleitung eines Mannes, der von Scientology bedroht wird. Und das sind diejenigen, die uns verfolgen. " Doch die Polizei zeigt wenig Interesse. Auf dem Highway versuchen wir die Verfolger abzuhängen, ohne Erfolg. Wir sind auf dem Weg zu jenem Zentrum, in dem Frauen der Sea Org Abtreibungen vornehmen ließen, weil sie dazu genötigt wurden, wie es in dieser beeidigten Erklärung heißt. Je stärker der Wunsch einer Frau war, das Kind auszutragen, desto größer war der Druck abzutreiben. X: " Ich selbst wurde zu einem Abbruch getrieben. Die Schwangeren wurden für die Abtreibungen routinemäßig in eine Klinik nach Riverside gefahren. " Kennen die Verfolger unser Ziel ? Versuchen sie wohlmöglich schon über ihre Handys die Leitung des Abtreibungszentrums unter Druck zu setzen ?

" Planned Parenthood-Center ", eine Art " Pro Familia ". Die stellvertretende Leiterin erwartet uns schon. Auf dem Parkplatz nebenan provoziert einer der Verfolger von Scientology einen Unfall. Offenbar ein Versuch, das geplante Interview zu verhindern, ohne Erfolg.

Janet Honn-Alex: " Uns kam es tatsächlich sehr merkwürdig vor, daß alle Frauen dieselbe Entscheidung trafen. Unabhängig von den Umständen der einzelnen Frauen, hatten alle den Entschluß gefaßt abzutreiben. Ganz egal, wie alt sie waren oder wieviele Kinder sie schon hatten. Wir fanden das sehr seltsam. Und als wir anfingen genauer nachzufragen, um mit Nachdruck die individuellen Beweggründe zu erforschen, weil uns das ganze verdächtig vorkam, dann hörten sie ganz und gar auf, zu uns zu kommen. " Draußen ist inzwischen die Polizei angekommen, nimmt den Unfall auf. Unterdessen berichten wir Janet über die Scientology - Anweisung Nr. 3905: Falls verheiratete Sea Org - Mitglieder ein Kind bekommen, würden sie aus der Sea Org versetzt. Reporter: " Ist es nicht, als müßten sie ihre Familie verlassen? Also ein massiver Druck. " Janet Honn-Alex: " Davon habe ich nichts gewußt. Und wir haben die Frauen gefragt, können Sie ein Kind bekommen und trotzdem in Scientology bleiben? Sie sagten immer ja. Ich finde das alarmierend, daß es eine Regelung gibt, wonach eine Frau, die ein Kind bekommen möchte, aus der Gruppe ausgeschlossen werden soll. Ich finde das schrecklich. "

Nach dem Interview, auf dem Weg zu unserem Motel. Inzwischen haben wir 4 Scientology - Fahrzeuge in unserem Schlepptau. Darunter dieser grüne Van, der, wie wir später erfahren, möglicherweise mit elektronischer Abhörtechnik ausgerüstet ist.

Garry Scarff: " Während wir reden, stehen 4 Fahrzeuge vor unserem Motel. Sie werden uns die ganze Nacht überwachen, falls wir auf die Idee kommen sollten abzuhauen. Sie werden rund um die Uhr in Bereitschaft sein. Natürlich sitzen die Leute nicht nur in ihrem Wagen rum. Alle sind über Mobiltelefon in ständigem Kontakt mit der Geheimdienstzentrale in Los Angeles. Die Rechtsanwälte, die OSA - Leute, alle, die mit eurer Überwachung beauftragt sind, arbeiten in diesem Moment. "

Am nächsten Morgen - Hollywood, Los Angeles:

Noch in der Nacht haben wir Bodyguards engagiert, die für Garrys Sicherheit sorgen sollen, während wir mit Scientology reden. Denn jetzt steht ein Interview mit Mike Rinder, dem Chef des Geheimdienstes OSA und dem Anwalt Elliot Abelson an. Mit denen möchte Garry nichts mehr zu tun haben. Einem der angeheuerten Privatdetektive, den wir als zusätzlichen Augenzeugen mitnehmen wollen, wird der Zutritt von Abelson und Rinder verwehrt. Das Interview findet im " Celebrity Center " statt, in dem sonst die Hollywood - Stars von Scientology verkehren.

Mike Rinder: " Scientology ist nicht gefährlich. Weltweit gibt es 8 Millionen Scientologen. Die finden das total gut. Sie haben 3, 4, 5 oder 6 Leute, eine kleine Handvoll, die sagen, bei uns stimmt etwas nicht. Wir hören und lesen sogar, daß es bei uns Gulags geben soll. Diese Behauptung ist unerhört. Sie ist besonders unerhört, wenn jemand aus Deutschland sie aufstellt. Wenn ein Land besonders sensibel gegenüber den Rechten religiöser Minderheiten sein sollte, dann ist das Deutschland. "

Elliot Abelson (Scientology Rechtsanwalt): " Sie sind Agenten der deutschen Regierung. Es geht Ihnen nicht um die Realität sondern darum, Vorurteile zu bestätigen. "

Nach der Beschimpfung lenken wir das Gespräch auf den Fall der Scientologin Lisa McFurson, die in Clearwater, Florida, unter merkwürdigen Umständen ums Leben kam. Fragen dazu sind offensichtlich unwillkommen. Reporter: " Hat Scientology ihr alle medizinische Hilfe gegeben, die sie benötigte ? " Elliot Abelson: " Ich glaube, sie haben es versucht. " Mike Rinder: " Die Antwort ist ja, natürlich haben sie das." Elliot Abelson:" Es gab keinen Grund ihr nicht zu helfen. Ihre Freunde liebten sie. Sie war ja ein Mitglied unserer Kirche. Sie bat um Hilfe und sie hat sie bekommen. " Mike Rinder: "Wenn Sie in Ihrer Sendung behaupten, daß jemand etwas getan hat, um sie umzubringen, dann werde ich sie bis ans Ende aller Tage verfolgen. Das ist eine unverschämte Lüge." Doch dann verraten sich Rinder und Abelson unbeabsichtigt. Sie geben zu, daß Lisa schon tot in der Klinik ankam. Denn Rinder räumt ein, sie sei in einem Hotelzimmer verstorben. Reporter: " In einem Hotelzimmer ? " Also doch, Lisa McFurson starb in Obhut der Scientologen.

Der Golfplatz von " Gold ". Das ist die größte Scientology - Basis, das eigentliche Machtzentrum. Mike Rinder ist mit uns rausgefahren. Besonders hier will er unsere Dreharbeiten unter Kontrolle behalten. Direkt am Golfplatz, so behauptet der ehemalige Sicherheitschef von "Gold", André Tabayoyon, nach seinem Ausstieg, gäbe es ein Appartement für den Hollywood - Star Tom Cruise.. Reporter: " Tom Cruise profitierte von der Sklavenarbeit der Scientologyhäftlinge. " Mike Rinder: " Das ist noch eine von André Tabayoyons Lügen. " Reporter: " Das stimmt also nicht ? " Mike Rinder: " Absolut nicht. " Reporter: " Aber er kommt doch ab und zu her ? " Mike Rinder: " Absolut nicht. Nein, er kommt nicht hierher. Sie wollten herkommen und ein paar Aufnahmen machen, nicht mich befragen. Wir haben doch schon das lange Interview gemacht. "

Rinder überläßt uns Luftaufnahmen des Areals, die technisch nicht einwandfrei sind. Nichts Verdächtiges ist zu sehen, dafür dürfte Rinder gesorgt haben. In Tabayoyons beeidigter Erklärung heißt es auch: " Die Scientology - Basis ist bewaffnet. Es gibt halbautomatische Maschinengewehre, Pistolen, alles unregistriert. Ich bildete die Sicherheitskräfte an diesen Waffen aus, und ich brachte ihnen verschiedene Methoden bei, Menschen zu erschießen. "

Das geheime „Scientology-Hauptquartier" GOLD in der Nähe von Gilman Hot Springs (aus: WDR-TV-Doku)

Abends planen wir mit Garry den nächsten Tag. Wir wollen einen Hubschrauber mieten und über das angebliche Kinderlager fliegen. Es liegt einige Meilen von der Basis " Gold " entfernt.

Am nächsten Morgen. Rinder hat angerufen und behauptet Garry hätte unsere Pläne verraten. Garry Scarff: " Ich habe nicht angerufen letzte Nacht. Ich meine, ich weiß wirklich nicht was hier los ist. Ich habe einen Vorschlag: Ich fliege nach Hause. Ihr macht weiter, aber ihr sagt mir nichts mehr. Diese Leute haben eine Operation laufen gegen Euch und gegen mich. “ Reporter: “ Hat Garry angerufen oder haben die Scientologen unser abendliches Gespräch aus einem der Fahrzeuge abgehört. Wir fahren nach Los Angeles zurück - sind verunsichert.

Auf einem Parkplatz in Los Angeles spitzt sich die Situation drastisch zu. Wir rufen die Polizei und unsere Bodyguards zu Hilfe. Garry hat einen Nervenzusammenbruch erlitten. Die Verfolger von Scientology beobachten das Geschehen zur gleichen Zeit aus ihren Fahrzeugen. Reporter: “ Hast Du Rinder in der Nacht angerufen und ihm gesagt was wir vorhaben ? “ Garry Scarff (weinend): “ Ja! Sie sagen nichts aus Spaß. Wenn sie sagen, daß sie jemanden umbringen werden dann tun sie es. Man darf mit Mr. Rinder nicht rumspielen. Er versteht keine Scherze. Ich werde ihnen geben was sie wollen, damit sie mich in Ruhe lassen. Diese Leute haben mir gesagt ,ich solle nicht nach Los Angeles kommen, sonst würde ich Ärger kriegen. Und ich habe nicht auf sie gehört. Sie sind wütend, weil ich sie Mörder genannt habe vor der Kamera. “ Reporter: “ Aber das ist doch die Wahrheit. “ Garry Scarff: “Sie werden mich umbringen. Und sie wissen wo meine Eltern leben (Er bricht weinend das Gespräch ab). “

Er würde die Dreharbeiten abbrechen rät unser Privatdetektiv, Roger Johnson. Roger Johnson: " Sie wissen, daß Ihr da draußen Aufnahmen machen wollt und sie halten einen Hubschrauber startbereit, das weiß ich. " Reporter: " Was könnten Sie machen ? " Roger Johnson: Sie würden Euch in der Luft den Weg abschneiden. Zwei Helikopter das könnte spannend aussehen, aber gefährlich sein. Sie werden alles tun, um Eure Dreharbeiten zu stören. "

Wir begleiten Garry zum Flughafen, bleiben bei ihm bis zum Start der Maschine. Und wir beschließen die Dreharbeiten abzubrechen.

Drei Wochen später. Clearwater, Florida. Scientology-Gegner demonstrieren vor dem Fort Harrison. Sie geben der Organisation die Schuld am Tod von Lisa McFurson. Auch Garry ist gekommen. Wir sind mit ihm in engem Kontakt geblieben, in der Zeit nach den Dreharbeiten in Los Angeles. Er hofft, daß öffentliche Auftritte wie dieser, ihn vor weiterem Psychoterror oder gar Racheakten bewahren können.

Anwalt Elliot Abelson organisiert eine Gegendemonstration von Scientology - Anhängern. Und auch Mike Rinder, Chef des Scientology-Geheimdienstes OSA ist aus Los Angeles eingeflogen. Er will den Auftritt der Scientology - Gegner persönlich beobachten.

Das „RPF"-Scientology-Straflager „Happy Valley" - 1997
(aus: Screenprints aus WDR Film „Gesucht wird..."- insg. 10 Fotos)

Unterdessen in Kalifornien. Vorbereitungen für einen Hubschrauberflug. Unser Ziel ist schwer zu finden, liegt am Rande eines Indianerreservates. Das Kinderlager der Organisation, die Scientologen sagen Kadettenschule, liegt unzugänglich in den San Bernadino - Bergen.

In einer Scientology - Anordnung heißt es: Daß Sea Org - Mitglieder ihre Kinder nur sporadisch sehen dürften. Eine Stunde pro Tag sei in jedem Fall zuviel. Und wir lesen noch einmal das interne Schreiben über das sogenannte Kinder Rehabilitations - Projekt. Dort ist von einem Jungen Gavin die Rede, er habe sich mit Rasierklingen beide Arme aufgeschnitten heißt es, er sei ein Problem und müßte deshalb ins Kinderstraflager. Die Baracken wirken verwaist, verlassene Arbeitsplätze. Keine Menschenseele ist zu sehen.

Es macht den Eindruck, als seien die Kinder beim ersten Geräusch des anfliegenden Hubschraubers, in die Gebäude geschickt worden. "Happy Valley" heißt das Areal unter den Scientologen "Fröhliches Tal" Wer die internen Anordnungen der Organisation kennt, wer die Berichte über verwahrloste Scientology-Kadetten gelesen hat, der kann sich nur schwer vorstellen, daß hier fröhliche Kinder leben.
Ein Film von Mona Botros und Egmont R. Koch. "
Ein erschütterndes Dokument, mit einem tragischen Helden, Garry Scarff.

DAS OSA - HAUPTQUARTIER IN HOLLYWOOD

Seit dem 20. April 1991 hat man dort in dem ehemaligen Versicherungsgebäude der Hollywood Guaranty Versicherung, in direkter Nachbarschaft von Pornokinos und Prostitution, zusätzlich im Erdgeschoß, zu Füßen des Managements, ein Museum der besonderen Art eingerichtet, " Die Ron Hubbard Life Museum Show ", eine Lebensretrospekive über " Superman Hubbards Abenteuer " und seine " hervorragenden Leistungen " für die Menschheit. Baron Münchhausen würde, ob der erlebten Abenteuer von Hubbard, vor Neid erblassen.

Auch Gottfried Helnwein huldigte nach Angaben des Museumsempfangs vom August 1996, einer netten Dame Anfang 30, bereits vor einiger Zeit seinem Herr und Gebieter Hubbard, mit einem Besuch der unerträglichen Glorifizierung: " Oh, yes, Mr. Helnwein and his wife have been here to visit the show. They also have been here several times up the floors of the headquarter to visit Mr. Weiland, Mr. Rinder and other representatives of the church, sometimes together with his beautiful wife ", berichtete die nette Empfangsdame stolz. Helnwein ist im Hauptquartier ein bekannter Name und dem " Empfang " wohl noch besser bekannt, blickt sie doch täglich, direkt von ihrem Schreibtisch aus, auf die überdimensionale Leuchttafel neben dem Eingang der Halle, auf der auch Gottfried Helnwein, als einer von nur 20 Scientologen, welche Ehre für ihn, mit einem lobenden Statement über den großen Meister, bis auf weiteres verewigt ist.

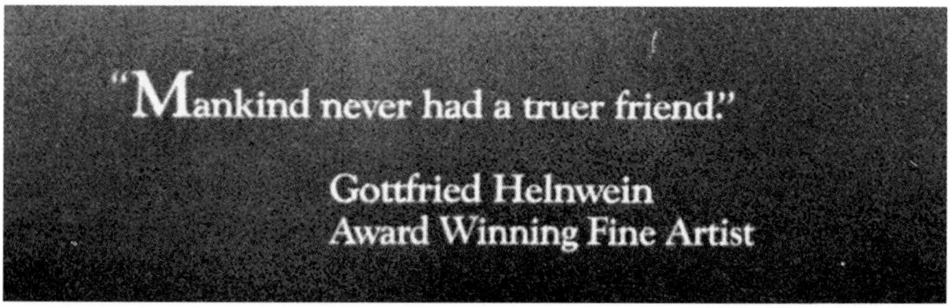

Scientology - Führer David Miscavige, Hubbards Erbe, ließ 1991 diese riesige Ehrentafel, für alle Besucher des Hauses im Eingangsbereich sichtbar, für den im Januar 1986 " seines Körper verlustig geratenen " Meister Hubbard, er starb eines weltlichen Todes, anbringen.

Durch eine Leuchttafel auffällig ins Licht gerückt, erstrahlen bis heute Gottfried Helnweins Lobhudeleien für Hubbard in hellstem Licht, wie auch die seiner Freunde aus vergangenen " alten " Wiener Tagen im

“Zentrum für Kunst und Kommunikation“ Julia Migenes und Chick Corea. Helnweins Zitat, mit seiner Berufsbezeichnung im Untertitel “ Award Winning Fine Artist “, besteht aus einem kurzen Statement:

“ MANKIND NEVER HAD A TRUER FRIEND “, frei übersetzt: “ Die Menschheit hatte keinen besseren Freund “.

CELEBRITY CENTER INTERNATIONAL IN HOLLYWOOD

Ein paar Straßen weiter, 5930 Franklin Avenue, mit dem Auto in nicht mehr als 5 Minuten zu erreichen, steht ebenfalls in Hollywood, eine geheimnisvolle schloßähnliche, durch hohe dunkle speerförmige Gitterstäbe abgesicherte Trutzburg, das “ Manor Hotel “, laut scientologischer Werbeaussage “ The Ideal Environment To Go Clear - Der ideale Ort “Clear“ zu werden “. In diesem Hotel, ausschließlich von und für Scientologen geführt, sogar mit einem 3 - Sterne Scientology - Restaurant, befindet sich auch der weltweite Hauptsitz des “ Celebrity Center International - Church of Scientology “, dem alle berühmten und weniger berühmten scientologischen Künstler sowie andere illustre Scientologen angehören, daher der Ausdruck “ Internationales Zentrum berühmter Persönlichkeiten “. Dieses Zentrum feierte am 3. August 1996 bereits seinen 27. “ Geburtstag “ mit einem Galaabend im Garten des Hotels. Höhepunkt des Abends, ein Starauftritt des Rockmusikers Edgar Winter und seiner Band, ebenfalls ein langjähriger Scientologe. Hier in dieser Umgebung, Urlaub unter Palmen am Pool und unter ihresgleichen, fühlten sich Gottfried Helnwein und seine Frau Renate mit Kind und Kegel, besonders Ende der 80er und Anfang der 90er Jahre, in regelmäßigen Abständen, wohl und vor allem beschützt und abgeschirmt vor den ab 1992 immer heftiger werdenden Angriffen auf seine Person im weit entfernten Deutschland. Hier konnten sich beide, unerkannt und nach außen hin ungeoutet, in aller Ruhe scientologischen Studien widmen, Kontakte pflegen, gleichgesinnte langjährige Freunde treffen und neue Kunstprojekte entwickeln, bzw. andere Stars in Los Angeles aufsuchen, die Gottfried Helnwein in seine Projekte wie z.B. “ Idole des 20. Jahrhunderts “, bzw. “ Faces “, integrieren wollte. Mit Michael Jackson kam auf diese Weise eine enge künstlerische Beziehung zustande. Sicherlich spielte in diesem Zusammenhang auch eine Rolle, daß Jacksons damalige Ehefrau Lisa Marie Presley, ebenso wie die Helnweins, eine glühende Anhängerin von Scientology war und ist und sich öfters, auch zusammen mit ihrer Mutter Priscilla, mit Helnwein in Los Angeles traf. Dafür war das “Manor Hotel“ in Hollywood der ideale Standort und Ausgangspunkt.

The Manor Hotel

The ideal environment for Scientologists

Staying at *the Manor* is an experience – it is much more than a Scientology hotel. Besides being right by your course and auditing rooms, you have free access to the many different activities that take place each day at Celebrity Centre International. This includes showcases, concerts, plays, readings and art shows by the many talented Scientologists who are also going up THE BRIDGE® at Celebrity Centre International. The Manor Hotel is right in the heart of Hollywood, no more than a few minutes from all the main SCIENTOLOGY organizations, including the L. RON HUBBARD LIFE EXHIBITION™. Enquire about our special rates for students, preclears, solo auditors, corporate rates, convention rates and rates for small parties and events.

Stay at the Manor Hotel

Contact the Manor Hotel Reservation Desk **(213) 960-3100**

Gottfried Helnwein wohnt im Manor Hotel-Juni 1990
(aus: „Celebrity“ 286, 1995 CSCCI)

O T T F R I E D   H E L N W E I N

To
Mr. Quincy Jones
Quincy Jones Production

Fax 001-213-934 28 32

Burgbrohl,18.5.90

Dear Mr. Jones,

You may remember my letter from the the 9th of April 90 (see next page) which Mr. Reichelt brought to your office in L.A.. I think he also gave you some art books and posters of my husbands work.

It would be great if we can meet you when we are in L.A.. We arrive in L.A. at the 28th of May and we will stay until 6th or 7th of June.
1st of June we will visit Michael Jackson, all the other days are still open.

Could you please be so kind and let me know by Fax, if this works out?

Our Fax# in Germany 011-49-2636-1483
phone 011-49-2636-1481

We will stay in L.A. in the Manor Hotel
5930 Franklin Ave.
Hooywood, CA 90028
phone 9603200
fax 9603232

It would be great if you could let us know in advance, that we can plan on the time.
If you have any question about the photosession of the artproject "Faces" let me know.

Thank you very much.

Best regards

Renate Helnwein

Berater Reichelt vermittelt Quincy Jones. Helnweins „residieren" im Scientology-Manor Hotel in Los Angeles und sind dort für den Weltstar erreichbar.

G O T T F R I E D   H E L N W E I N

28.5.90

Lieber Peter,

Du möchtest bitte alle Daten von
1) Beach Boys
2) Spielberg
3) Quincy Jones
Telefax an Renate schicken. Sie ist bis zum 6. Juni zu erreichen im

Manor Hotel
5930 Franklin Ave,
Hollywood, CA 90028

Fax 213-9603232
Tel -9603100
9603220

Grüße
Eva

Helnwein hält Berater Reichelt über seinen aktuellen Aufenthaltsort auf dem Laufenden.

Celebrity-Scientologen lieben das" Manor" Hotel
(aus: „Celebrity" 295, 1996 CSCCI)

Die beiden Schauspieler John Travolta und Tom Cruise dürften die beiden wohl weltweit bekanntesten Anhänger und werbende Aushängeschilder von Scientology sein und verhelfen Scientology USA bis heute durch ihre ungebrochene Popularität zu steigenden Erfolgen, d.h. Millionen $ - Einnahmen durch neue Mitgliedschaften, Kurse etc..

DAS HELNWEIN INTERVIEW IM SCIENTOLOGY - MAGAZIN " CELEBRITY " - 1 9 8 9

Die neueste Ausgabe des offiziellen Mitgliedermagazins des " Celebrity Center International Los Angeles " - " Celebrity " - Ausgabe Minor Issue 295 - August 1996, ziert ein ganzseitiges Portrait auf dem Titelbild von John Travolta mit der Ankündigung eines mehrseitigen Interviews mit ihm in dieser Ausgabe : " Interview mit dem " Clear " und Star seines neuen Films " Phenomenon " John Travolta ". Jede Ausgabe dieses Magazins, das in kurzen Abständen, teilweise mehrmals im Monat in englischer Sprache erscheint, beinhaltet ein sehr ausführliches Exclusiv - Interview mit einem hochrangigen Celebrity - Scientologen. " Celebrity " ist ein typisches Propagandablatt, um mit bekannten Namen neue Interessenten für Scientology in den USA und anderswo zu ködern. Es liegt weltweit in fast allen Scientology - Orgs kostenlos zum mitnehmen aus. Es gilt unter Scientologen als höchste Ehre mit einem eigenen, besonders ausführlichem Interview und vor allem auf dem vielfarbigen Titelbild des Magazins, zu erscheinen. Diese außergewöhnliche Ehre wurde in den letzten 27 Jahren seit Gründung erst 230 Scientologen weltweit zu teil, unter ihnen, Gottfried Helnwein aus Deutschland. Er sollte damit zum neuen Werbeaushängeschild für Scientology in Deutschland werden, eine Art John Travolta - Leitfigur. Zieren doch üblicherweise nahezu ausschließlich US - Amerikaner das Cover von " Celebrity ", durchbrach Helnwein mit der Abbildung seines Portraits auf dem Titelbild der Ausgabe Heft Nr. 225 - Minor Issue im Sommer 1989 die Dominanz der amerikanischen Scientology - Stars wie Tom Cruise und John Travolta. Helnwein war die neue " Nummer 1 " der Scientology - Maler, der neue Star in den eigenen Reihen, nur schade, daß es sich dabei nur um eine Scheinwelt handelt, die, negativ für Helnwein, nicht den Realitäten entspricht und ausschließlich innerhalb der Organisation von Nutzen ist.

Er wurde damit sicherlich auch für seine über 25 jährige treue und kostenintensive Mitgliedschaft bei Scientology geehrt. Von Scientology wurden weder Kosten noch Mühen gescheut Helnwein ins rechte und damit beste Licht zu rücken. Als Photograph des Helnwein Titelbildportraits und der anderen Aufnahme zusammen mit seinem Sohn Ali, wurde Dick Zimmerman verpflichtet, der Prominentenphotograph innerhalb der Scientology - Organisation und selbst langjähriges Mitglied.

Auf dem Cover des " Celebrity " - Magazins, entspannt dem Betrachter entgegengrinsend, steht Helnwein vor einer Auswahl seiner berühmtesten, von ihm geschaffenen Poster, u.a. das mit James Dean, dem nach eigenen Angaben meist verkauften Poster der Welt, mit einer verkauften

Auflage von 250.000 Exemplaren und einem Umsatz von 15 Millionen DM und eines mit Marilyn Monroe. Im Innenteil des Heftes, das Gespräch beginnt auf Seite 8, füllt die obere Hälfte ein Bild seines Sohnes Ali zusammen mit seinem Vater auf dem Boden sitzend, unter sich diverse Helnwein - Poster, aus. Beide lachen fröhlich und voll stolz in die Kamera von Starfotograf Dick Zimmerman. Es dürfte eines der ganz wenigen Photos sein, das Helnwein einmal lachend zeigt.

Gottfried und sein Sohn Ali Helnwein im Scientology-Magazin „Celebrity"
(aus: „Celebrity" 225, 1989 CSCCI)

Der " Celebrity " - Artikel beginnt mit einer redaktionellen biographischen Einleitung:

" Gottfried Helnwein wurde in Wien geboren. 1969 beschloß er Künstler zu werden. Er schrieb sich in die Meisterklasse von Professor Hausner an der Universität der feinen Künste ein. 1970erhielt er bereits die erste Auszeichnung für seine herausragenden Bilder, obwohl er erst etwas mehr als ein Jahr zeichnete.

1973 wurde Gottfried " Scientologe ". Obwohl bereits ein erfolgreicher Maler, führte Scientology seine Karriere als Maler zu neuen Höhepunkten und kurze Zeit später war er in Europa genauso bekannt wie Norman Rockwell in den USA. Seine Bilder erschienen als Titelblätter auf vielen berühmten Magazinen in Deutschland, Österreich, Frankreich und vielen anderen Ländern. Die Qualität seiner Bilder konnte man bald auch auf amerikanischen Magazin - Covers, wie Omni, Esquire, Time und Rolling Stone, besonders mit Portraits von John Belushi, Clint Eastwood und Elvis Presley, bewundern. 1982 stellte Gottfried sein berühmtes Selbstportrait fertig. Dieses Bild wurde schnell zu einem der meistgedruckten Titelbilder der Zeitschriften - Geschichte und erschien auch auf dem Plattencover der LP " Blackout " von der deutschen Hardrockband Scorpions, die sich weltweit über drei Millionen mal verkaufte. 1983 wählte man Gottfried in Deutschland zu einem der " Menschen des Jahres ", zusammen mit Jane Fonda und Joan Collins, eine Kunstausstellung von ihm zog über 100.000 Besucher an. Er machte Photos und Portraits u.a. von solchen Persönlichkeiten wie Mick Jagger, Andy Warhol, Nikki Lauda und Muhammed Ali.... Gottfried wohnt zur Zeit in einem wunderschönen Schloß in Deutschland zusammen mit seiner Frau und seinen vier Kindern.

DER "OT 5" GOTTFRIED HELNWEIN - 1989

Gottfried Helnwein ist ein Operierender Thetan V (OT V) und nimmt an den Kursen des " Academy Levels " (Auditor Kurse bis Klasse IV) im Celebrity Center in Düsseldorf teil (Stand 1989). "

Bereits zweieinhalb Jahre später war ihm diese Tatsache, dank eines plötzlich eingetretenen " Gedächtnisverlustes ", entfallen. Im Oktober 1992 versuchte er dem Düsseldorfer Stadtmagazin " PRINZ " per Gerichtsbeschluß im Schnellverfahren verbieten zu lassen, ihn in ihrem Magazin weiter als einen " Operierenden Thetan " der Scientology - Organisation zu bezeichnen. Mit Datum vom 9. Oktober 1992 legte er dem Gericht als Anlage 4 folgende eidesstattliche Versicherung vor: In Kenntnis der Bedeutung einer eidesstattlichen Versicherung und der

Strafbarkeit einer falschen, auch einer fahrlässig falschen eidesstattlichen Versicherung, versichere ich hiermit zur Vorlage bei Gericht an Eides Statt: ICH BIN KEIN OPERIERENDER THETAN, WAS IMMER DIES BEDEUTEN MAG. - Unterzeichnet Gottfried Helnwein

Nachdem in diesem Buch nun erstmals der Originaltext seines Scientology- Interviews mit dem " Celebrity " - Magazin vorliegt und Helnwein in diesem Mitgliederheft und damit einer hochoffiziellen Publikation der Scientology - Organisation, als Operierender Thetan der Stufe V bezeichnet wird, läßt dieses nur einen Schluß zu:

Gottfried Helnwein hat das Gericht belogen und eine falsche eidesstattliche Versicherung abgegeben, mit der er damals Erfolg hatte. "PRINZ" verlor den Prozeß genau aus diesem Grund. Es sollte nicht seine einzige falsche Versicherung bleiben.

1995 gibt das " Handbuch zur Scientology - Religion " selbst Antworten auf die häufigsten Fragen der Medien. Unter dem Stichwort "Operierender Thetan oder OT" steht da geschrieben: " OT " bezeichnet ein geistiges Wesen oder einen Thetan, der in der Lage ist, bei vollständigem Bewußtsein und Erinnerungsvermögen und mit vollständigen Fähigkeiten unabhängig vom physikalischen Universum zu handeln. Dies ist ein Ziel, das die Menschen schon seit Tausenden von Jahren erreichen wollen. Dieser Zustand wird oberhalb der Ebene Clear erreicht. Die grundlegenden Ebenen der Scientology orientieren den Menschen auf seine spirituelle Existenz und Unsterblichkeit. Sie helfen ihm dadurch in seinen persönlichen Beziehungen und bei der Lösung der Probleme des Alltags, sich aus Verstrickungen zu befreien, damit er seine Aufmerksamkeit auf höhere Aspekte des Seins richten kann. Auf der Ebene des Operierenden Thetan geht man mit seiner eigenen Unsterblichkeit als geistiges Wesen um. Wie jede andere geistige Ebene von Scientology wird der Zustand OT durch das Durchschreiten einer Reihe ansteigender Stufen erreicht, von denen jede etwas weiter fortgeschritten ist als die vorhergehende. Die Reihenfolge ist genau festgelegt, und Abweichungen führen erfahrungsgemäß zu nichts. Daher muß der Mensch erst die einfacheren Schritte bewältigen, bevor er sich höheren Erlösungsstufen widmen kann.

Auf der Ebene von OT studieren Scientologen die s e h r fortgeschrittenen Materialien aus L. Ron Hubbards Forschungen. Denen zufolge, die OT erreicht haben, gibt es für das Ausmaß spirituellen Bewußtseins keine Worte. "

Gottfried Helnwein hat bereits 1989 nachweislich die OT Stufe V, seine Frau Renate die Stufe OT VIII erreicht. Der hochrangige Scientology - Aussteiger Gunther Träger, der mit Helnwein im Düsseldorfer Celebrity Center als Auditor ausgebildet wurde, war 20 Jahre lang Mitglied der Organisation, bevor er 1992 endgültig ausstieg. Dem " Spiegel ", Heft 10 / 1993, gegenüber gab er 1993 ein erstaunlich freimütiges Interview über sein Wissen und seine Erfahrungen.
" Spiegel " : " Sie haben einen der höchsten OT - Stufen erreicht, Sie waren ein Operierender Thetan der Stufe V. Da kann man angeblich auch eine Feuerwand durchschreiten. "
Träger: " Feuerwand ist symbolisch gemeint. Man wird mit heißen emotionalen Gegebenheiten konfrontiert. Ich habe schon erlebt, daß Leute ziemlich zu Boden gegangen sind. "
" Spiegel " : " Wie viele Deutsche haben wie Sie den Leuterungsgrad OT V erreicht? "
Träger: " Vielleicht 1 0 0 . Rund 5 0 mögen auf der obersten Stufe OT VIII sein -... "
" Spiegel " : " Was haben die Besonderes? "
Träger: " Eine gute Frage, daß wüßte ich auch gern. OT VIII bietet angeblich so wenig Neues, daß man sich fragt, warum habe ich überhaupt Geld dafür ausgegeben. "
" Spiegel " : " Wieviel muß man denn anlegen, um höchste Weihen zu erhalten? "
Träger : " 3 0 0. 0 0 0 DM und mehr werden schon mal bezahlt, und Spendenappelle, die noch mal sechsstellige Summen bringen, sind keine Seltenheit. "

Durch diese Aussagen von Träger wird überdeutlich, daß Gottfried und Renate Helnwein mit ihren jeweiligen OT - Abschlüssen in Deutschland Spitzenscientologen mit höchsten Ausbildungsabschlüssen sind und innerhalb der Organisation, besonders in den USA, hoch angesehen sind, kein Wunder bei geschätzten 1.4 Millionen DM " Spenden " von beiden an diverse Abteilungen der Organisation seit 1972 (!).

Doch zurück in das Jahr 1989. " Celebrity " - Magazin weiter : "Diesen Monat schildert Gottfried unseren Lesern, warum er sich dazu entschloß Künstler zu werden und auf welche Art und Weise ihm die Scientology - Lehren geholfen haben, seinen Erfolg bis heute zu sichern und damit als Künstler in schwierigen Zeiten zu überleben."

Nun beginnt das bis heute ausführlichste und vor allem ehrlichste Interview, das Gottfried Helnwein, seit dem " College " Interview 1975,

14 Jahre zuvor, über seine jahrzehntelange intensive Beziehung zu Scientology gegeben hat, bezeichnenderweise wiederum einer, in großer Auflage, weltweit verteilten Scientology - Mitgliederzeitschrift. Die Veröffentlichung dieses Interviews ist ohne Zweifel das für ihn Folgenreichste seines Lebens. Schildert er doch darin in vielen Einzelheiten seine Ausbildung als Scientologe, was er dieser " Lehre " alles zu verdanken hat, wirbt wiederum intensiv um neue Mitglieder, preist Scientology als das non plus ultra an, so notwendig wie das tägliche Wasser und Brot. Nur zwei Jahre später, ab 1992, miemt er in einer plötzlichen dramatischen Kehrtwendung, in diversen beispiellosen Medienkampagnen und vor Gerichten, das arme, unschuldig verfolgte, Medienopfer, der nach eigenen Worten angeblich sogar " auf Scientology scheißt ", nicht einmal mehr weiß, was ein " Operierender Thetan ", ein " Patron ", oder gar ein " Auditor " ist. Nicht einmal ein Scientologe will er gewesen sein. Helnwein: " Nein, das alles war ich niemals " , so seine Worte noch im Frühjahr 1996, keiner wird es ihm in Zukunft noch glauben. Er ist damit seiner Lebenslüge überführt. Was für ein Drahtseilakt in seinem Leben, nur um im deutschen Kunstgeschäft zu überleben, in dem Scientologen mehr und mehr boykottiert werden, oder steckt tatsächlich mehr dahinter?

Nicht nur mit diesem, hier erstmals in deutscher Übersetzung veröffentlichten Interview, werden seine späteren, vielfältig subtilen Lügen und Haarspaltereien in Fragen zu seiner Scientology - Verstrickung und-Vergangenheit vor deutschen Behörden und den Medien, endgültig aufgedeckt. Auch das zuvor geschriebene sowie das nun Folgende beweist dies, nur eben mit anderen Mitteln. Seine eigenen Worte sind keine Indizien, sondern d e r Beweis für seine Schuld. Gottfried Helnwein ist ein jahrzehntelanges Mitglied bei Scientology. Ein glühender Verfechter der Ideologien seines großen Meisters L. Ron Hubbard. Helnwein ist das Musterbeispiel eines erfolgreichen Scientologen. Er ist in den USA bis heute d a s europäische Aushängeschild für diverse Werbekampagnen mit ihm als glücklichen Top - Scientologen. Er spielt damit eine strategisch wichtige Rolle in den Planungen der obersten Scientology - Führung in Los Angeles. Wie lange wird er diese Rolle dort noch spielen können? Helnwein legt mit seinen Äußerungen ein Geständnis nach allen Regeln der juristischen Kunst ab. Ein Staatsanwalt hätte mit den vorliegenden Beweisen für eine zu fertigende Anklage seine helle Freude daran. Zu dem Zeitpunkt des Interviews hatte er bereits 18 Jahre intensive scientologische Schulung, d.h. Gehirnwäsche, hinter sich, hatte weltweiten Erfolg, und ihm war auch überhaupt noch nicht bewußt, was nur zwei Jahre später, ab 1992, in Deutschland beginnen sollte - das " Outing " von Scientologen in den Medien und ihre schleichende Ächtung durch den Staat, mit der Folge eines heutigen (1997) Quasiberufsverbotes, speziell für Scientology - Künstler, da sie besonders von öffentlichen Institutionen, wie Museen, aber auch Subventionen abhängig sind.

Der „OT 5" Helnwein gibt 1989 der Scientology-Organisation ein langes Interview (aus: „Celebrity" 225, 1989 CSCCI)

Das Interview widerlegt inhaltlich in allen Einzelheiten jegliche seiner späteren, besonders ab 1992 zum Teil verzweifelten, aber auch abenteuerlichen Bemühungen, sich mit den haarstreubendsten Mitteln und Formulierungen, besonders in " eidesstattlichen Versicherungen " vor diversen Gerichten und der Öffentlichkeit, seine intensive, seine, den größten Teil seines Lebens bestimmende Verbindung zu Scientology zu leugnen, ja sogar soweit zu gehen, zu beeiden, mutwillig diverse falsche Versicherungen an Eides statt abzugeben, er wisse nicht einmal was ein "Auditor", oder gar ein " Operierender Thetan " sei. Wie schizophren muß ein Mensch sein, der über 20 Jahre seines Lebens einfach auslöscht. Trotzdem rechtfertigt dies nicht seine strafbaren Prozeßhandlungen vor diversen deutschen Gerichten, durch falsche Angaben einen für sich günstigen Ausgang seiner von ihm initiierten Prozesse gegen " Kritiker " zu erreichen. Soweit dieses Handeln zu einem Schaden für andere führt, ist diese Form der Unwahrheit scharf zu verurteilen.

Gleich die erste Frage im " Celebrity Interview Of The Month " im Sommer 1989 bezieht sich auf den Beginn seiner Karriere "in Scientology ".

DAS INTERVIEW IM " CELEBRITY " - MAGAZIN

Celebrity: Wie kam es, da Sie sich für die Scientology - Religion zu interessieren begannen?

Gottfried Helnwein (GH): Es war im Jahre 1973, als ich in Wien einige Künstlerkollegen darüber sprechen hörte. Scientology war das bis dahin mich am meisten faszinierendste von dem ich jemals gehört hatte. Mit meinem Freund, ebenfalls ein Künstler, fuhr ich nach München, wo wir an dem " Kommunikationskurs " teilnahmen. Nach nur vier Tagen des Studiums dieses Kurses veränderte sich mein Leben völlig. Die Probleme, die ich bis dahin hatte, verschwanden urplötzlich. Durch Scientology lernte ich, daß ich mein eigener Herr über die Ereignisse in meinem Leben bin. Dieser Blickwinkel ist nicht gerade weit verbreitet in unserer Gesellschaft. Die Menschen denken, daß sie das Ergebnis des Lebens sind.

Nachdem ich den Kommunikationskurs beendet hatte, ging ich mit meiner neuen Erfahrung und dem Wissen über mein Leben nach Wien zurück. Ich war ganz wild darauf Leuten und Situationen zu begegnen, die ich vorher nicht ausstehen konnte. Ich provozierte Situationen, denen ich mich vorher nicht aussetzte und konnte dadurch sofort meine neu erlernten Fähigkeiten anwenden. Ich traf mit Menschen zusammen, die ich nicht mochte und brachte mich extra in einige unangenehme Situationen. Aber nichts war mehr ein Problem für mich. Die Scientology-Technik hatte funktioniert....

celebrity®

A *CELEBRITY CENTRE*® PUBLICATION

CONTENTS

Ode 2

The Artist and Reality
by L. Ron Hubbard 4

Celebrity Interview of the Month:
Fine Artist Gottfried Helnwein 8

Celebrity Livewire 12

Definitions 14

THE COVER

Gottfried Helnwein stands before some of his most famous posters. Photograph by Dick Zimmerman.

IMPORTANT NOTE

If the material in this magazine becomes confusing or you can't seem to grasp it, there will be a word just earlier that you have not understood. Don't go any further, but go back to before you got into trouble, find the misunderstood word and get it defined.

See "Definitions" on page 14. For fuller definitions and for words not shown here, see *Dianetics® and Scientology® Technical Dictionary* and *Modern Management Technology Defined*, both by L. Ron Hubbard and available at this *Celebrity Centre* Organization.

CONTRIBUTORS

Maria Ferrara: Editor, designer / Mike Manoogian: logo / Dick Zimmerman: photographer, cover and interview shot of Gottfried / Steve Young: photographer, all product shots / Jim Warren: artist, inside cover / TruLine Litho: color separations / Rigney Enterprises: typesetting / L.A. Publishing: printer liaison.

The Church of *SCIENTOLOGY*
CELEBRITY CENTRE®
International
5930 Franklin Ave. • Hollywood • CA • 90028
Phone: (213) 464-0411

L. Ron Hubbard
Founder and Source of *Dianetics*® spiritual healing technology and *Scientology*® applied religious philosophy.

"The essence of good management is CARING what goes on."
L. Ron Hubbard,
in *HCO*™ PL 10 Nov 66 *Good Versus Bad Management*

Following Ron's long-standing tradition of maintaining wide open the communication lines of Scientology, you have an open line to the Executive Director International. The Executive Director International cares. He would like to hear from you on any matter. You are appreciated and your communication is valuable.

"The prevention of shrink and the continuation of expansion is the prime reason for the Executive Director's existence. To do it the Executive Director must have the proper Comm lines." LRH in *HCO* PL 22 Feb 65 *Executive Director Comm Lines.*

The Executive Director International is interested in your wins and will help you with any matter you care to write about, providing you with the exact Source reference on that subject.

Any communication sent will be given swift and on-Source attention. Write to:

Guillaume Lesevre
Executive Director International
6331 Hollywood Boulevard
Suite 1008
Los Angeles, California 90028
U.S.A.

CELEBRITY INTERVIEW OF THE MONTH: GOTTFRIED HELNWEIN

Gottfried and son Ali.

Gottfried Helnwein was born in Vienna, Austria. In 1969, he decided to become an artist and enrolled in Professor Hauser's Masterclass at the University of Fine Arts in Vienna.

By 1970, he had already received his first award from the University of Fine Arts for his outstanding paintings, though he had only been painting for a little over a year.

In 1973, Gottfried became a Scientologist™. *Although he was a successful painter, after* Scientology *his career took off into new heights; and soon he became as popular in Europe as Norman Rockwell was in America — with his paintings adorning the covers of nearly every major magazine in Germany, Austria, France and other countries.*

The Impact of his paintings soon hit American magazine covers like Omni, Esquire, Time *and* Rolling Stone. *John Belushi, Clint Eastwood and Elvis Presley are some of his best-remembered* Rolling Stone *covers.*

In 1982, Gottfried released his self-portrait. This painting became one of the most popular covers in history, appearing on dozens of magazines around the world and on the cover of the Scorpions' LP "Blackout" which sold over three million copies worldwide.

In 1983, Gottfried was elected as one of the "People of The Year," along with Jane Fonda and Joan Collins, for his art exhibition that drew an audience of over 100,000 people.

Gottfried has done photography and portraits of such notable personalities as Mick Jagger, Andy Warhol, Nikki Lauda (Formula One World Champion) and Muhammad Ali. He has painted a series of posters entitled "Boulevard of Broken Dreams" featuring Hollywood legends James Dean, Humphrey Bogart and Marilyn Monroe. These posters have been distributed internationally, due to their popularity.

Gottfried currently resides in a beautiful castle in Germany with his wife and four children. He is an OT® V and attends the Academy Levels at Celebrity Centre *Dusseldorf.*

This month Gottfried tells CELEBRITY *readers why he decided to become an artist and how* Scientology *has helped him maintain his success and survive as an artist in a troubled world.*

CELEBRITY: How did you get interested in the *Scientology* religion?

GOTTFRIED: In 1973, I heard some other artists talking about it in Vienna. *Scientology* was the most interesting thing I had ever heard of, so myself and another artist friend of mine went to Munich, Germany, where we did the Communications Course. In just four days of studying the data on communication, my whole life changed completely. The problems that I had previously, disappeared. From *Scientology* I realized that I was cause over the events of my life. That viewpoint is not generally held in this society. People think they are the effect of life.

After the Communications Course, I went back to Vienna with my new viewpoint and data about life and was eager to run into people and situations I used to hate. I sought out situations I couldn't confront before to test out my new abilities and skills. I met with people I didn't like and put myself into many uncomfortable situations. Nothing was a problem any more. *Scientology* data worked.

CELEBRITY: When did you become an artist?

GOTTFRIED: In 1969. It was a decision I made overnight at the age of 19; which was different than most other artists who always wanted to be artists since childhood. I was not interested in art — I thought it was very boring. I wanted to do something more adventurous. I always had the naive idea to change everything for the better, and as a child I dreamt of creating a revolution or being a politician to change things for the better.

But as I grew, I saw that in any activity I could go into to change conditions, for instance, being a politician, I would have to compromise. And most of the technologies employed politically don't get workable results, anyway. I wanted to do things the way I wanted to and it was a sudden realization I had that as an artist you could do that. As an artist you can say whatever you want to, loud and clear. It's the last position in the world where you can say whatever you want and society will accept it. And I like the fact that I didn't have to agree with what I saw going on around me. I saw art as a way to reach a big public with no limitations.

I went down to the University of Fine Arts in Vienna and I asked what the prerequisites were to study art there. I was told I had to show my paintings. Well, I never had painted before, but I could draw — so I went home and made a painting. I had no idea if it was good or bad. I didn't even think about that. I just painted. Since I never went to galleries or any art school, I had nothing to compare it to.

I went back to this professor and showed him my painting, thinking he would probably just throw me out. But he was totally impressed. He said it was the best painting he had ever seen by a student. So, I began my formal art training in the University.

I had no influence when I started except Walt Disney. I think he was one of the greatest artists in the history of mankind. He was an absolute genius. But, besides him, I was not influenced by anyone else and whatever I did, I did on my own. I did whatever I wanted and painted whatever came out of my own universe. From the very first painting I ever did, I only had one intention: To reach people and to change conditions. Nothing else. And the technique was not so important — although I developed a good technique for realistic painting very rapidly, and I invented many new things in technique which had not existed before, and now hundreds of artists are using these techniques and tricks. But that was not what I was interested in. I was just interested in communication and reaching people. I wanted to touch them, really get close to them and change something.

I always had this thought that something was really wrong with the society. I couldn't explain it and I had no idea how to describe it. It was a very strong feeling. I felt there were many things really wrong with the society and it was just suppressed from the public view. It's not OK to talk about it and you actually couldn't talk about it. So I decided to paint it. This was easier to paint than to try and describe with words. Easier and much more precise. I saw I could hit people with this reality that needed changing. I was amazed at how people would react. Some people would come to the University of Fine Art just to see my work. People wanted to talk to me and galleries wanted to make exhibitions of my work. But I didn't want to make exhibitions. I wanted to reach more people. Many people tried to buy my paintings but I wouldn't sell them because it was not my intention to make money with them. I just wanted people to see them and I would look at their reactions and listen to what they had to say.

If you exhibit in galleries, somebody will buy your painting and hang it in their house. That's fine, but it's not what I wanted to do — I didn't just want to produce a decoration. I wanted to reach lots of people — which is the good thing about the printing and reproduction tools of today. This media allows you to reach millions of people. So, I sought out magazines. I think I was one of the few who were using magazines as opposed to magazines using me. I painted whatever I wanted and they used it. And I found I could create big effects. Many people would respond to the paintings and write in letters to the magazines. I began to work in magazines all over the world: Japan, Germany, France, America including *Time Magazine*, *Esquire* and *Rolling Stone*.

CELEBRITY: Many of your paintings are of children.

GOTTFRIED: I chose children because when you show it with a child you get more attention. People are more touched by children. They are also more neutral — the painting shows a human being and if you show a man or a woman, people associate other things with the message than just a human being in trouble. I have always made my goal in art to be as clear in my message as possible, to reduce the communication down to the essential thing. That is the reason I chose the child.

"From the very first painting I ever did, I only had one intention. To reach people and to change conditions. Nothing else."

CELEBRITY: Did *Scientology* help you improve your art?

GOTTFRIED: *Scientology* helped me understand what I was actually doing with my art. Before that, I just painted — but at effect. With *Scientology* I finally understood why people would react to my art, why they would want to talk to me as if they knew me or as if I knew them, why some people got angry, why many people would get this enormous urge to seek me out and communicate to me — just by looking at my paintings. Before, I didn't understand and I was very interested to find out why.

I had read Freud and many of the Far East philosophers because I was so interested. But I could never get good answers. Sometimes I did, but they were just little answers, nothing major. But from the first sentence of *Scientology* and every sentence since then, it has all made sense. The thing that I really liked about *Scientology* was that everything you learned could be applied to life.

All the things I wanted handled personally got handled with *Scientology*. All the answers I had ever sought out were fully answered in *Scientology*. It really is amazing.

I operated with very high knowingness even before *Scientology*. But without it I would have been in big trouble — and I actually was. To me no one in this world is in as much danger as the artist is. Because when you step out and communicate something you become visible. And if you create a big effect with music or painting, etc., then you are in trouble because there are certain people in this world who don't want that and they will do anything to suppress it. When you think of all the young artists who died of drugs or were killed: Janis Joplin, John Lennon, Brian Jones, then you can see what I mean. I think artists need *Scientology* to survive. It can also improve their art, but they really don't need it for that as much as they need the information contained in the subject to survive in the world.

Normally you will find that a good artist is not very aberrated on the subject of com-

continued on page 10

Gottfried (in 1983) was chosen as one of the "People of the Year" in Germany.

GOTTFRIED HELNWEIN

continued from page 9

munication. This is a miracle. When you look at Van Gogh for instance, he was in more trouble personally than you could imagine, in all areas of his life. And he didn't know what was wrong. And although his entire life was completely messed up, the one thing that was untouched was his ability to create. And that's interesting. Even when a good artist is a bit insane, is in trouble or his life is falling apart, his ability to create is still there. And I find that's incredible when you really look at it.

So, there is an example of a great artist who had no technology to survive personally, although his art did. His communication, his art did survive — he didn't. So, I don't think that good artists need *Scientology* to create good art, really. Sometimes that may be. But to survive as a human being, and to hold a position in space, is where *Scientology* comes in.

Mozart is another example. What huge works of art he produced. And he could have created more if he had lived longer. When I first began studying *Scientology*, I realized that if Mozart and all these other artists would have had this data — just the basic data in *Scientology* — we would have so many more paintings and great works of theirs, because they personally would have survived to create it.

I think that *Scientology* training is the best, as it really allows you to be cause over your entire life. You get vital tools and you can use them. You get data which allows you to handle anything in life.

CELEBRITY: What are some of the current projects you are working on?

GOTTFRIED: Well, there are several of them. One of them is an anti-drug campaign. Despite explaining why drugs are not good, etc., there is still a problem and I know I can hit people and make a change there.

Also, I am beginning to work on a series of education posters. Another is against psychiatric abuses. You don't have to get really graphic, you can just pull the curtain back a little to reveal what they are really doing. That is what I did once with the number one psychiatrist in Vienna. He was actually the authority in any court case or any crime as to whether or not someone was insane. At one point the largest newspaper in Austria did an interview with him and they said to him, "In Nazi times you killed many children in the mental hospital."

He said, "Yes, this is true. But those were different times, the rules were different, at that time it was okay to do — today I wouldn't do it because the times are different."

It was asked, "So, it's true that you killed them by injections of poison?"

"No, that's not true — we just put the poison in their food, so the children were not really aware of what was going on. I think it was very humane how we did it — they had a very nice death."

When I read this, I was really shocked. But there was one thing that shocked me much more than that, which was that there was no reaction from the public to this article. Not one letter to the editor, nothing. Nobody protested, nobody wanted this guy to step back from psychiatry, nothing. No one even asked.

So, I went to the biggest magazine in Vienna and I said, "I want one page, and I want to write and paint an open letter to this psych." They said okay, great, but tomorrow is the deadline. So, I stayed up all night and painted exactly what this guy said; not my invention or creation, but what he said exactly. I painted the head of a child laying in a plate of food, dead. And then I wrote a little letter to it and I mentioned that this was the year of the child and communicating on his level, I said, "Thank you for helping so many children to heaven. That was very nice of you. Heil Hitler," or something like that. And that hit this guy. Now, suddenly people were shocked because they saw it. And very soon this guy had to step back from his position and retire. That is an example of what you can do with art.

It's different here in America than it is in Europe. If I worked here, I would work totally different. It's a different public, different situation. For me, art is always something new that I create in a new unit of time, and is a new communication. I always look

Muhammad Ali nuzzles Ali Helnwein (at 6 months), who was named after him by his father, Gottfried.

at what's in front of me and who is looking at my paintings — who the person is. And then I know what I am dealing with.
Most artists work a little differently than that usually. I have used art as a weapon to fight for freedom. And I always, it might sound naive, but I always wanted to be like Robin Hood or Zorro, and fight for the people who are suppressed — especially for children and people who are suppressed by others.

A big art project that I am working on is the hundred biggest idols, or the most fascinating personalities of this century. And I've met and photographed the Rolling Stones, Clint Eastwood, Muhammad Ali, Andy Warhol, Marlene Dietrich, and many others. I always wanted to create a piece of art work for each personality. And, that's the big exhibition I am working on now, which will go on tour.

CELEBRITY: What is the purpose of it?

GOTTFRIED: Everybody knows Martin Luther King, everybody knows Muhammad Ali, everybody knows Charlie Chaplin, everybody knows Elvis Presley. And I think all these big guys had a message, whether they were aware of it or not. Whether they could articulate it or not. They did have a message, and it was a pro-survival messege. And they are responsible for the world as it is, to a high degree. And all of these people had a big responsibility, like Michael Jackson. Such a person is not taking drugs and makes it known that he is not taking drugs. That has a big impact on the world.

I got very interested in these people, and I think they should be supported. This idols project is to acknowledge these people, because they are often attacked. When they are killed by drugs, etc., like John Lennon, you find out that they are greater than ever before because you can kill the body, but not the creation.

There are people who write biographies and have the intention to kill the reputation of the artist. But, interestingly enough, it doesn't work. Intention is much stronger than anything that might be said against the person, no matter how evil the things said, and that's good to see. To see that his own universe is clean and it's so strong that there is no way to stop it.

When I look at Elvis, there was such a power injection into this world. He might not have been aware of what he did — this was the real magic. He raised the tone level. He made the planet swing. And that is something you cannot kill. As time goes, it gets bigger and bigger. Same thing with "The Beatles" and many others, like Charlie Chaplin or Martin Luther King. Killing their bodies did nothing — their messages became bigger. There is no way to stop it.

> ***"All the things I personally wanted handled got handled with* Scientology.*"***

Many artists are not really aware that they want to make a change. For example, Elvis — he loved to just make music. But I think he was not really aware of what a power injection it was to other people. It may sound strange, but he had a big love for other people. Same with many of these other guys. They loved people. There was not very much destructive intention, it was just love. And, no matter what you do; if you play music, you walk around and hold speeches — or, like Gandhi, you just sit down — or you paint. It's not important, it doesn't matter how you do it. What about just painting Sunflowers like Van Gogh. What does that mean? Well, believe it or not, it can change the world. That is actually the idea behind this Idols of the Century project, because I wanted to acknowledge these people and to show that they will always be alive.

CELEBRITY: You are getting services at *Celebrity Centre* Dusseldorf in Germany. What is that like?

GOTTFRIED: *Celebrity Centre* is just the best. The Executive Director, Adelheid, creates a very safe environment for the people there. I love being there, and my service from Adelheid and the other staff has been really great. *Celebrity Centre* is a very important place for artists to get *Scientology* services. And, *Scientology* services are vital to their survival.

CELEBRITY: Anything else you would like to say?

GOTTFRIED: To other artists, I would say that the most important thing is not to compromise and not to agree. Those are the most important things. And also be aware that, as an artist, you have a certain responsibility for all other people.

Art is always a communication and it always has a responsibility to change something. To me, that is the only purpose for art right now. There might be times later when we will just use it for fun. I mean there can also be a purpose to produce something that will bring people uptone — but that serves a purpose.

Another thing for other artists: Training is the most fantastic thing. Every artist and every person needs to get trained.

CELEBRITY: Thank you very much.

Gottfried presenting Clint Eastwood with a portrait of Eastwood which appeared on the cover of Rolling Stone.

Celebrity: Half Ihnen Scientology dabei Ihre Kunst zu verbessern?

GH: Scientology half mir dabei zu verstehen, was ich tatsächlich mit meiner Kunst tat. Davor malte ich einfach nur. Erst durch Scientology verstand ich schließlich, warum die Menschen auf meine Kunst reagierten, warum sie mit mir sprachen, als ob sie mich kennen würden und als ob ich sie kennen würde, daher weiß ich nun, warum sie wütend werden und warum viele Leute alles versuchen, um mich persönlich kennenzulernen, alles nur, weil sie meine Bilder betrachten. Davor wußte ich es nicht und daher war ich total interessiert daran es herauszufinden. Ich habe Freud gelesen, viele fernöstliche Philosophen, weil ich so neugierig war. Aber nirgendwo bekam ich ausreichende Antworten auf meine Fragen. Manchmal ja, aber es waren nur unbedeutende Sachen, keine großen Dinge.

Seit dem ersten Lehrsatz in Scientology und jedem weiteren Satz danach, ergab für mich alles einen Sinn. Das besondere an Scientology, was ich sofort am meisten mochte, war die Tatsache, daß ich alles gleich lebensnah anwenden konnte.

Meine gesamten persönlichen Dinge fanden nun eine Lösung durch Scientology. Alle meine Fragen, die ich hatte und immer unbeantwortet blieben, wurden mir nun endlich durch Scientology vollständig beantwortet. Es ist einfach wunderbar.

Ich malte schon längere Zeit, dank meiner sehr guten Ausbildung, auf einem sehr hohen Level, auch schon bevor ich Scientology kennenlernte. Trotzdem wäre ich ohne Scientology in große Schwierigkeiten gekommen und tatsächlich hatte ich sie. Meiner Meinung nach gibt es auf der ganzen Welt keinen für Gefahren anfälligeren Menschen als einen Künstler. Wenn du an die Öffentlichkeit gehst und mit deinem Publikum kommunizierst, bist du wie auf einem Präsentierteller. Und wenn du sogar das Glück hast, etwas ganz großartiges zu komponieren, oder zu malen, dann bekommst du ganz automatisch Probleme, weil es immer bestimmte Menschen gibt, die dir deinen Erfolg nicht gönnen und alles versuchen, dir diesen kaputt zu machen. wenn man nur an die vielen jungen Künstler oder Schauspieler denkt, die durch Drogenmißbrauch, oder durch einen Unfall ums Leben gekommen sind: Janis Joplin, John Lennon, Brian Jones, dann wird jedem deutlich, was ich meine. Ich bin fest davon überzeugt, daß Künstler jeder Sparte, Scientology brauchen um zu überleben. Es kann sogar ihr künstlerisches Schaffen verbessern, aber hauptsächlich benötigen Künstler es nicht zur Erweiterung ihrer Kreativität, sondern sie brauchen die Scientology - Ausbildung, um in ihrem richtigen Leben auf dieser Welt überleben zu können.

Normalerweise ist es so, daß ein guter Künstler in Kommunikationsfragen nicht besonders bewandert ist. Das ist kein Wunder. Wenn man Van Gogh als Beispiel nimmt, er hatte kaum vorstellbare persönliche Probleme, in allen Bereichen seines Lebens. Und er wußte nicht, was er falsch machte. Obwohl sein ganzes Leben eine einzige Katastrophe war, gab es eine Sache, die davon unberührt blieb, seine Kreativität. Das finde ich das besonders interessante daran. Selbst wenn ein guter Künstler in Schwierigkeiten ist, sein Privatleben kaputt ist, seine Fähigkeit etwas tolles künstlerisches zu schaffen ist trotzdem vorhanden. Das finde ich unheimlich spannend dieses Phänomen einmal genau zu analysieren.

Da gibt es dieses Musterbeispiel eines im Privat -, wie im Berufsleben gescheiterten großartigen Künstlers wie Van Gogh, der keine Scientology - Technik hatte von alleine aus seinen Problemen herauszukommen, obwohl seine Kunst überlebte. Sein Kommunikationsmittel, seine Kunst nämlich, überlebte ihn, er selber aber nicht. Ich persönlich glaube nicht, daß gute Künstler unbedingt Scientology brauchen, um gute Kunst zu schaffen. Manchmal mag es so sein. Aber um als menschliches Wesen zu überleben und um einen Platz im Lebensraum zu finden, dafür braucht man die Scientology - Technologien.

Mozart ist ein weiteres Beispiel dafür. Welche Menge von hervorragenden Kompositionen er geschaffen hat. Er hätte noch viel mehr schaffen können, wenn er länger gelebt hätte. Als ich begann Scientology zu studieren, wurde mir bewußt, daß falls Mozart und all die anderen Künstler die Scientology - Technologien damals zur Verfügung gehabt hätten, nur die Grundkurse von Scientology, hätte die Menschheit so viele hervorragende Bilder und Kompositionen mehr zu bewundern, weil sie persönlich länger überlebt hätten, um große Kunst zu schaffen.

Ich bin der Überzeugung, daß Scientology - Kurse einfach das Beste sind, weil sie einem einfach die Möglichkeiten geben, dein eigenes Leben vollständig selbst zu bestimmen.

Sie geben dir das persönliche Handwerkszeug und man kann es sofort für sich nutzen. Scientology lehrt einem die Techniken, um einfach alles in seinem Leben zu handhaben (Fachausdruck für etwas meistern)...

Celebrity: Sie nehmen regelmäßig an Scientology - Ausbildungskursen im Celebrity - Center in Düsseldorf teil. Was ist das besondere daran?

GH: Dieser Celebrity Center ist einfach das beste was es gibt. Die "Leitende Direktorin", Adelheid Rech - Gesche, hat es dort geschafft, einen sehr sicheren Lebensraum für alle Menschen im Zentrum zu schaffen. Ich liebe es einfach mich dort aufzuhalten. Meine Ausbildung und

Studien, die ich dort entweder durch Adelheid, oder durch andere Mitarbeiter erhalte, ist einfach großartig. Dieser Celebrity - Center ist ein unheimlich wichtiger Ort für Künstler, um Scientology - Dienstleistungen in Anspruch zu nehmen. Und vor allem, Scientology - Dientleistungen sind für Künstler einfach lebensnotwendig um ihr Überleben zu garantieren.

Celebrity: Haben Sie noch etwas auf dem Herzen was Sie noch unbedingt loswerden wollen?

GH: ... Noch etwas für andere Künstler: Scientology - Training ist das fantastischste was es gibt. Jeder Künstler und jeder andere Mensch muß einfach scientologisch ausgebildet werde.

Celebrity: Vielen Dank für das Gespräch. "

Das war im Jahre 1989!

HELNWEIN IN BERLIN

Berlin, im gleichen Jahr. Im März 1989 führte Helnwein für eine " Promotion - Tour " für Scientology wieder einmal sein Weg nach Berlin in die dortige SC - Organisation, um in deren Räumlichkeiten seine neueste Bilderverkaufsausstellung zu präsentieren. Helnwein erneut mit, diesmal mit seinen Kunstwerken am Angelhaken auf Mitgliederfang. Der aufmerksamen Berliner TAZ blieb dieses Treiben jedoch nicht verborgen. In dem Artikel " Gabeln auf den Augen " vom 15. März 1989, schildert Autor " Doro " Helnweins praktische Umsetzung der in dem "Celebrity"- Interview theoretisch angesprochenen Werbemöglichkeiten eines Scientology - Künstlers:

" Am Eingang standen sie schon. Die Bodyguards der streitbaren Psychoreligion. Für 10 DM wurde eingelassen, wer aussieht, als käme er wegen der Kunst ... zum besonderen Event: Gottfried Helnwein ... gab sich am Samstagabend die Ehre in den Geschäftsräumen der Scientology Church in Berlin - Friedenau .... Beim Helnwein - Auftritt in der Scientology - Church ist folglich mehr die sanfte Manipulation gefragt. Hier heißt es wie gewohnt aufzuschauen zum außergewöhnlichen Menschen, zu einigen großformatigen Schwarzweißfotografien von Michael Jackson bis Peter Alexander...Eine Ausstellung kann man das nicht nennen, vielmehr eine vereinigte Verkaufsmesse zwecks Anwerbung neuer Mitglieder. Und die waren zahlreich gekommen, scharten sich wie die Motten ums Licht, um Helnwein nach einem inszenierten Interview mit der Scientology - Leiterin Löcher in den Bauch zu fragen... Helnwein ist nach eigenen Aussagen seit 1972 Scientologe, weil ihn das Drogenentzugsprogramm der Scientology Church (Narconon) überzeugt habe...Helnwein aber will von der Geschäftstüchtigkeit der Scientology Church nichts wissen, auch nicht von der Millionenunterschlagung ihres inzwischen verstorbenen Gründers Hubbard...."

Selbst heute noch nicht, im April 1997 !

DER SCIENTOLOGY - MITGLIEDSANTRAG VON HELNWEIN - 1987

Selbst im Oktober 1996 verlautbart Helnwein unbeirrt seine Lügen in aller Öffentlichkeit, trotz erdrückender Gegenbeweise von allen Seiten. Unterstützung erhält er wiedereinmal aus seiner Heimatstadt Wien. Sein Freund, der " NEWS " Journalist Georg Kindel, gibt ihm zum wiederholten Male die Möglichkeit, nicht nur über seine Wahlheimat Deutschland schlimmstens herzuziehen, sondern auch ein weiteres mal seine SC-Mitgliedschaft abzuleugnen. Doch Kindel hält ihm diesmal Beweise vor, die eindeutig das Gegenteil belegen.

Das Wiener Nachrichtenmagazin " NEWS " vermeldet in der Ausgabe 41 / 96 unter der Überschrift " DER GURU ? - Maler Gottfried Helnwein " eine Sensation. " Das ist Helnweins Bewerbungsantrag für Scientology ! Seit 1987 soll Gottfried Helnwein Scientology - Mitglied sein. " Darunter, als Faksimile, die von Helnwein original unterschriebene " Bewerbung für Mitgliedschaft in der Internationalen Vereinigung der Scientologen (IAS) ". Datiert auf den 14. März 1987. Das Ehepaar Helnwein wird von der Scientology - Organisation IAS in England mit den Mitgliedsnummern 38764 und 38765 geführt.

DIE " 8 MILLIONEN MITGLIEDER " - LÜGE

Das beweist auch, daß die Anzahl der Hubbard - Anhänger im Jahre 1987 weltweit nicht mehr als höchstens 40.000 (!) Mitglieder betragen hat und 1997 bei insgesamt nicht mehr als 70.000 vergebenen Mitgliedsnummern und nicht wie vom Management fälschlicherweise immer wieder propagiert, 8 Millionen Mitglieder weltweit. Eine weitere unglaubliche Übertreibung zu Propagandazwecken!

HELNWEIN IM WIENER " NEWS " - OKTOBER 1996

" NEWS " weiter: "...Um mit seinen Bildern endgültig den Globus zu erobern, startet Helnwein eine zwei Jahre durch die Welt tourende Retrospektive. Sechs Monate sollen 400 der besten Exponate in Sapporo und Tokio zu sehen sein, danach geht die Ausstellung ins staatliche

Museum nach St. Petersburg, nach Finnland, Deutschland, San Francisco und im Herbst ' 97 ins Kunst Haus Wien. Der Boulevard allerdings schlägt dem Meister seine angebliche Mitgliedschaft bei Scientology um die Ohren. Speziell an seinem Wohnsitz in Deutschland ist die Situation für den Maler aus Wien bedrohlich geworden...NEWS sprach mit dem Künstler:

NEWS: Sind Sie Scientologe? Helnwein: Nein. Ich habe in den 70er und Anfang der 80er Jahre einige Kurse gemacht und Bücher darüber gelesen...NEWS: " Forbes " schrieb, Sie hätten Scientology Österreich gegründet...Helnwein: Diese Journalisten sind Abschaum. Ich habe eine Unterlassungserklärung verlangt...NEWS: Es gibt eine Bewerbungsurkunde für die Mitgliedschaft bei Scientology auf Lebenszeit, die Sie am 14. 3.1987 unterzeichneten. Helnwein: Das ist eine Fälschung. Ich müßte wissen, wenn ich so was unterschrieben habe. NEWS: Sie haben auch nicht 1992 insgesamt 450 Ihrer " Marilyn Monroe " - Lithos Scientology als Unterstützung gratis zur Verfügung gestellt? Helnwein: Das ist frei erfunden. Wenn das einer von Scientology behauptet, so hat er eine Meise. NEWS: Scientology hat sogar mit Ihrem Namen geworben. Helnwein: Sie haben drei oder viermal mein Foto und meinen Namen ohne meine Erlaubnis und ohne mein Willen verwendet. Ich habe ihnen das anwaltlich untersagt und auch eine Unterlassungserklärung bekommen... NEWS: Sie wurden als Scientology - Führer, als " Auditor IV " bezeichnet...Helnwein: Das ist Irrsinn. Ich habe Kurse gemacht, wodurch du automatisch temporäres Mitglied wirst. Aber ich gehöre heute keiner Gemeinschaft an. Ich war nie im Leben ein Auditor. Den Irrsinn hat eine Geisteskranke aus dem Saarland, eine selbsternannte Sektenexpertin, verzapft...Ich habe ihr psychiatrische Hilfe empfohlen...Die Deutschen brauchen das Phänomen der Hexenjagd. Das ist eine deutsche Kampagne, die in erster Linie von der evangelischen Kirche ausgeht. Die versuchen seit Jahren Psychoterror. Sie haben in Stuttgart eine Art Geheimdienst, wo sie Millionen ausgeben, um im ganzen Land Leute zu bespitzeln. NEWS: Werden Sie in Deutschland geächtet? Helnwein: Als ich das Schloß in Burgbrohl 1986 erworben habe und begann, es zu restaurieren, tauchte ein Volksmissionar der evangelischen Kirche auf und hat dem Pfarrer und allen im Ort erzählt, ich sei ein geheimer Sektenführer und das Atelier nur eine Tarnung. Ich hätte es errichtet, um die Jugend zu locken und durch Gehirnwäsche zu vernichten. Die Leute rundherum kamen in Panik, die Kinder durften nicht mehr kommen. Irgendwann haben sie dann das ganze Bundesland hysterisch gemacht.

Der Guru? Maler Gottfried Helnwein über seine Beziehung zu Scientology: „Ich habe mich nie Autoritäten untergeordnet. Aber es gibt Sachen, die man studieren kann."

Die Nachfrage im Scientology-Mekka Hollywood nimmt monumentale Dimensionen an: Gottfried Helnweins schockierende Bilder von entstellten Fratzen und gepeinigten Kindern zieren das Büro von Arnold Schwarzenegger in Santa Monica ebenso wie Michael Jacksons Neverland-Ranch in Kalifornien – der ließ auch gleich einige Kinderbilder des Malers im Booklet zur letzten CD „HIStory" publizieren. Nun plant selbst Michael Douglas den Ankauf seiner Serie „Madonna und die Nazis".

Um mit seinen Bildern endgültig den Globus zu erobern, startet Helnwein eine zwei Jahre durch die Welt tourende Retrospektive: Sechs Monate sollen 400 der besten Exponate in Sapporo und Tokio zu sehen sein, danach geht die Ausstellung ins staatliche Museum nach St. Petersburg, nach Finnland, Deutschland, San Francisco und im Herbst '97 ins KunstHaus Wien.

> „Ich bin kein Sekten-Geistlicher. Von allen Berufen auf der Welt – von Terrorist bis Yogi – wär das das letzte für mich."
>
> ÜBER DIE ATTACKEN

Der Boulevard allerdings schlägt dem Meister seine angebliche Mitgliedschaft bei Scientology um die Ohren. Speziell an seinem Wohnsitz in Deutschland ist die Situation für den Maler aus Wien bedrohlich geworden. Bestseller-Autorin (*„Scientology, ich klage an!"*) und Sekten-Expertin Renate Hartwig legte NEWS Dokumente vor, die seine rege Tätigkeit in der Hubbard-Gemeinde dokumentieren sollen, darunter die angebliche Bewerbung um die Mitgliedschaft in der „International Association of Scientologists": „Er ist Mitglied und unterstützt sie seit Jahren" *(mehr im Kasten)*. NEWS sprach mit dem Künstler.

NEWS: *Sind Sie Scientologe?*

Helnwein: Nein. Ich habe in den Siebzigern und Anfang der Achtziger einige Kurse gemacht und Bücher darüber gelesen, aber ebenso auch über Zen-Buddhismus oder Freud. Ich habe damals Drogen genommen und extreme Experimente gemacht. Es war die Zeit des Aufbruchs, ich habe damals alles ausprobiert. Da hat es eben geheißen, es gibt was, das heißt Scientology. Da sind wir eben hin, es hat mich interessiert.

NEWS: *Wollten Sie durch Scientology von den Drogen loskommen?*

Helnwein: Ich hatte durch LSD extreme Probleme psychosomatischer Natur. Mein zweiter LSD-Trip war ein Horror, der jahrelang nicht aufgehört hat. Ich hab nur mehr Mengen von Valium eingeworfen und das damit gedämpft. Ich war valiumsüchtig und hab nicht gewußt, was ich machen soll. Dann kam die Empfehlung zu Scientology, und ich hab dort einen Kurs gemacht. Dann war es besser.

NEWS: *Wurden Sie dabei einer*

Im Bann der Gu

244 leute NEWS 41/96

Helnwein und sein Antrag auf Scientology-"Mitgliedschaft auf Lebenszeit" vom 14.3.1987 (aus: „News" 41/96, S. 244-245, Wien 1996)

Helnweins Schloß. Der Maler: „Man hat behauptet, ich würde hier die Jugend durch Gehirnwäsche vernichten."

Im Atelier. Der Schockmaler bei der Arbeit: Seine Welttournee startet im Herbst und geht zwei Jahre um den Globus.

Schräge Umgebung. Helnwein liebt das Ungewöhnliche - und Schockierende.

Gottfried Helnwein. Der Schockmaler über seine Beziehung zu Scientology: „Da ist eine Hexenjagd gegen mich im Gange."

Gehirnwäsche unterzogen?

Helnwein: Das ist reiner Unsinn. Ich habe mich nie Autoritäten untergeordnet. Deix und ich sind schon aus der Schule rausgeflogen, weil wir Autoritäten nicht akzeptierten. Aber es gibt Sachen, die man studieren kann, die man sich anschaut und die man anwenden kann.

NEWS: *Was hat Sie an Scientology fasziniert? Die Gemeinschaft?*

Helnwein: Meine Freunde, die ich seit 30 Jahren kenne, sind meine Gemeinschaft – und die Familie Duck.

NEWS: *Es gibt eine Bewerbungsurkunde um die Mitgliedschaft bei Scientology auf Lebenszeit, die Sie am 14. 3. 1987 unterzeichneten.*

Helnwein: Das ist eine Fälschung. Ich müßte wissen, wenn ich so was unterschrieben habe.

NEWS: *Sie haben auch nicht im Jahre 1992 450 Lithographien von „Marilyn Monroe" Scientology als Unterstützung gratis zur Verfügung gestellt?*

Helnwein: Das ist frei erfunden. Wenn das einer von Scientology behauptet, so hat er eine Meise.

NEWS: *Scientology hat sogar mit Ihrem Namen geworben.*

Helnwein: Sie haben drei oder viermal mein Foto und meinen Namen ohne meine Erlaubnis und ohne meinen Willen verwendet. Ich habe ihnen das anwaltlich untersagt und auch eine Unterlassungserklärung bekommen. Das Hauptproblem ist, daß die Gegner diese Sachen millionenfach kopiert haben und sagen: „Das ist der Sektenkönig."

NEWS: *Sie wurden als Scientology-Führer, als „Auditor IV", bezeichnet, der „die Psyche der Menschen zerstören und sie willenlos machen will".*

Helnwein: Das ist Irrsinn. Ich hab Kurse gemacht, wodurch du automatisch temporäres Mitglied wirst. Aber ich gehöre heute keiner Gemeinschaft an, nicht einmal den Donaldisten. Ich war nie im Leben ein Auditor. Den Irrsinn hat eine Geisteskranke aus dem Saarland, eine selbsternannte Sektenexpertin, verzapft. Sie war früher bei Scientology und ist heute Mitglied bei der „Pfingstlersekte", bei denen der Heilige Geist durch ihre Zungen spricht. Ich habe ihr psychiatrische Hilfe empfohlen. Sie hat einen Rundbrief an alle Politiker gemacht und mich als größte Gefahr, die dem Land je geblüht hat, hingestellt. Sie hat geschrieben, der Helnwein bezeichnet sich in der Öffentlichkeit immer selbst als Geistlicher. Alle, die mich kennen, werden erstaunt sein. Denn eines kann ich versichern: Von allen Berufen auf der Welt – von Terrorist bis Yogi – wäre das sicher das letzte, was ich sein möchte. Weder für die Kirche noch für eine Sekte. Die Deutschen brauchen das Phänomen der Hexenjagd. Das ist eine deutsche Kampagne, die in erster Linie von der evangelischen Kirche ausgeht. Die versuchen seit Jahren Psychoterror. Sie haben in Stuttgart eine Art Geheimdienst, wo sie Millionen ausgeben, um im ganzen Land Leute zu bespitzeln.

NEWS: *Werden Sie in Deutschland geächtet?*

Helnwein: Als ich das Schloß in Burgbrohl 1986 erworben habe und begann, es zu restaurieren, tauchte ein Volksmissionar der evangelischen Kirche auf und hat dem Pfarrer und allen im Ort erzählt, ich sei ein geheimer Sektenführer und das Atelier nur Tarnung. Ich hätte es errich- ▶

Schocker. Helnweins „Pasolini" am Hamburger Schauspielhaus.

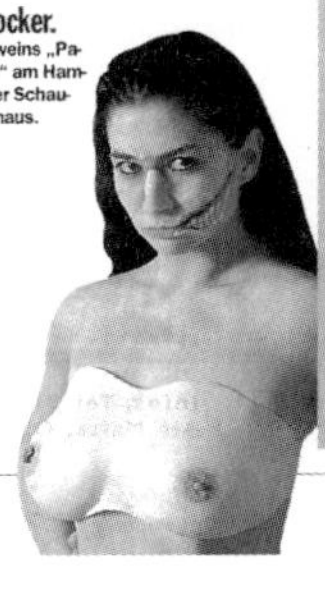

rus?

Scientology-Expertin Renate Hartwig behauptet:

„Das ist sein Bewerbungsantrag"

Seit 1987 soll Gottfried Helnwein Scientology-Mitglied sein

Ist das Dokument, wie sie behauptet, echt, so ist es eine Sensation: Renate Hartwig, Autorin des Bestsellers „Scientology, ich klage an!", die jahrelang über Scientology und seine Mitglieder recherchierte, legte NEWS die (angebliche) Bewerbung Gottfried Helnweins für „Scientology", datiert mit 14. 3. 1987, vor. Er bewirbt sich darin für die „Mitgliedschaft auf Lebenszeit". Hartwig: „Das Dokument ist echt." Weiters liegt NEWS in Kopie ein Brief von einem Richard Eisenböck der „Scientology Kirche Deutschland" vor, datiert mit „Stuttgart, 7. 5. 1992", in dem er schreibt: „Gottfried Helnwein hat sich bereit erklärt, eines seiner neuesten photorealistischen Gemälde – Marilyn Monroe – in einer weltweit limitierten Auflage von 450 Stück zum Zwecke der Unterstützung von Narconon und OSA auf den Markt zu bringen." Hartwig: „OSA, das Office of Special Affairs, ist der Geheimdienst der Scientologen." Helnwein dementiert: „Alles Fälschungen. Ich kenne diese Menschen nicht. Und ich müßte wissen, ob ich eine Bewerbung unterschrieben habe."

Renate Hartwig

INTERNATIONAL ASSOCIATION OF SCIENTOLOGISTS

BEWERBUNG FÜR MITGLIEDSCHAFT

Ich, Gottfried Helnwein

14.3.1987

PRO

Maler Helnwein: „Hexenjagd"

Er erfand „Judenargument"

Schockmaler Gottfried Helnwein.

Der Erfinder des „Judenargumentes"
(aus: „NEWS" 4/97, S. 62, 1997 Wien)

NEWS: Erleiden Sie die moderne Inquisition? Helnwein: Genau das ist es. Die alte Hexenjagd kommt in neuer Form wieder. Die haben in Deutschland Hunderttausende gefoltert und verbrannt, das haben sie auch mit den Juden gemacht...Da waren die Deutschen wieder Weltspitze. Jetzt bekämpfen sie die Scientologen...Deutschland ist das einzige Land auf der Welt, das auf die Idee kam, alles, was ihrer Meinung nach lebensunwert ist, einfach auszulöschen und in Seife zu verwandeln...DEUTSCHLAND IST EIN UNANGENEHMES LAND, EIN INTOLERANTES FANATIKERLAND. Da ist Österreich weit katholischer, also geiler, sinnenfreudiger, perverser...Das ist eine Massenpsychose, ein Massenwahn, was da passiert...Ich verlasse Deutschland. Ich habe meine Kinder bereits in Sicherheit gebracht.

Ich bin von dem Land Gott sei Dank völlig unabhängig. Ich suche mir gerade ein Atelier in Santa Monica, ich will künftig in Los Angeles arbeiten, auch wenn ich noch manchmal in meine Burg zurückkehren werden."

Das war Helnweins letztes Interview bis zum heutigen Tag, wiederum ein fanatischer Versuch, von seinen eigenen Untaten abzulenken und alle Schuld ausschließlich bei anderen zu suchen, getreu der Hubbard - Richtlinie " ein Scientologe ist unfehlbar und sucht immer den Fehler bei anderen ".

August 1996 - Burgbrohl sieben Jahre später. Sieben Wochen sind vergangen, seitdem am 20. Juni 1996 die drei Richter des 16. Zivilsenates des Oberlandesgerichtes in Frankfurt/M. unter dem Aktenzeichen 16 U 163 / 95 durch den Vorsitzenden Richter Baumecker sowie die Richter Dr. Deppert und Janzen für Recht erkannten:

Helnwein i s t ein Scientologe und ein " Geistlicher Auditor IV ", nachdem er es über ein halbes Jahrzehnt öffentlich immer und immer wieder abgeleugnet und scharf abgestritten hat, auch in mehr als ein Dutzend Gerichtsverfahren gegen viele seiner öffentlichen " Kritiker ".

DIE ARD " REPORT " - SENDUNG VOM 3. FEBRUAR 1997

Wiedereinmal beschäftigt sich auch das ARD-Politmagazin " Report " mit dem " Fall Helnwein ", bereits zum dritten mal in acht Monaten.

" Scientology ist überall: Der Streit um die gefährliche Psychosekte. Eine Immobilie in bester Stuttgarter Lage. Früher war hier eine Scientology-Zentrale in Baden-Württembergs Landeshauptstadt. Erstmals werfen wir einen Blick hinter die Kulissen. Unsere Führerin ist Jeanette Schweitzer, eine ehemalige Scientologin. Im Dachgeschoß zeigt sie uns die sogenannten Auditing-Kammern.

Jeanette Schweitzer: " Hier wird die Seele des Menschen ausgekehrt, das heißt, ein jeder wird bei einem solchen Auditing, egal welcher Art, es gibt ja auch spezielle Straf-Auditings, er wird sich letztendlich die Seele auskehren. Es gibt zum Beispiel Fragen bei diesen Straf-Auditings, die sehr in die Intimssphäre hineingehen. Mit welchem Menschen hast du geschlafen, hast du mit einem Farbigen geschlafen, hast du Schußwaffen besessen, hast du kriminelle Handlungen begangen? Also, diese Fragen werden einem immer wieder gestellt, immer wieder, bis man letztendlich auch darauf antwortet. Aber auch bei anderen Fragetechniken wird sich der Mensch die Seele auskehren, und es wird bei solchen Verfahren, sprich Auditings, eigentlich alles herauskommen, was die Person jemals in ihrem Leben " verbrochen " hat. "

Sechzehn winzige Auditingkammern zählen wir, eine neben der anderen. Mit Auditing macht Scientology das große Geld. Die Stunde soll drei - bis sechshundert Mark kosten. Nicht nur psychisch labile Menschen geraten in die Fänge der Organisation. Jeder ist ein potentielles Opfer. Ein ehemaliger Stuttgarter Scientologe. Frage: "Wie oft sind Sie denn hier auditiert worden in diesen engen Räumen?" "Das waren mehrere hundert Stunden, also über hundert mal war ich sicher hier gewesen." Frage: "Und was haben Sie dafür bezahlt?" "Alles in allem über 100.000 Mark für das Auditing, den Großteil davon." Frage: "Wie sind Sie denn da reingerutscht?" "Das war auf Umwegen über eine Management-Beratungsfirma, über Seminare, die ich da besucht habe. Und so ist dann später der Kontakt zu Scientology entstanden."

Nach außen wirbt Scientology mit Glanz und Glamour. Weltstars im Dienste des Psychokonzerns. Die schöne Verpackung täuscht über die wahren Ziele der Scientology-Organisation hinweg. Report aus München liegt eine weitere entlarvende Anweisung des Sektengründers L. Ron Hubbard vor. Danach sollen Politiker und Führungspersonen, ohne es zu merken, für die Ziele von Scientology mißbraucht werden. Hubbard ordnet an, Zitat: " Machen Sie sich nicht die Mühe, gewählt zu werden. Nutzen Sie jegliche, Ihnen zur Verfügung stehenden Talente, um eine Stellung in der Nähe solcher Personen zu bekommen. Machen Sie sich dran, an der betreffenden Umgebung zu arbeiten und sie besser zum Funktionieren zu bringen. "

Musterbeispiel in Deutschland: Der berühmte Kunstmaler und gerichtlich festgestellte Scientologe Gottfried Helnwein. Prominente Politiker und Meinungsführer zählen zu seinen Freunden und Unterstützern. Und das, obwohl die Scientology-Organisation seit Jahren mit ihm wirbt, wie " Report " aus München aufdeckte. In zahlreichen internen Sektenmagazinen pries der Promi Helnwein Scientology in höchsten Tönen. Der Maler Helnwein stellte seine Kunst in den Dienst der Sekte. Gleichzeitig buhlt er um öffentliche Aufträge und markiert den verfolgten Künstler, der angeblich mit Scientology nichts zu tun habe. Auf seine mächtigen Freunde in Politik und Medien kann er sich verlassen. Eine grüne Bundestagsvize-Präsidentin machte aus dem " Fall Helnwein " sogar eine Staatsaffäre.

Antje Vollmer: " Also, mir gehts eigentlich auch ein bißchen um diese Republik. Und ich setze mich in diesem Fall auch ein, weil mein Bild der Zivilität dieser Republik läßt es eigentlich nicht zu, daß einer wie Gottfried Helnwein ins Ausland gehen muß. Das möchte ich nicht. "

Helnwein fuhr schon mal hin. In Amerika wollte er sich sogar mit US-Abgeordneten und Vertretern des Außenministeriums treffen, teilte die Washingtoner Scientology-Zentrale der DPA am 14. Januar 1997 mit: Helnwein würde über seine schmerzliche Diskriminierung als Künstler in Deutschland berichten und zwar als Scientologe (!). Tatsache ist: Außenamtssprecher Nicholas Burns empfing eine Scientology-Delegation. Durfte Helnwein auch ihm sein Leid klagen? “ Kein Kommentar “, hieß es in Washington gegenüber “ Report “.

FROM: FAX: Jan-14-97 Tue 12:54 PAGE 01

Church of Scientology International

Office of Public Affairs

14 JANUARY 1997

TO: HERBERT WINKLER
DPA

FROM: ALEX JONES AJ

VICTIMIZED ARTIST VISITS WITH U.S. OFFICIALS AS INTERNATIONAL CONTROVERSY HEATS UP

(by fax - total of 2 pages including this cover sheet)

While German officials continue to discount charges of discrimination against Scientologists leveled against the government in a January 9th open letter signed by prominent Hollywood figures, internationally acclaimed painter Gottfried Helnwein is visiting Washington, D.C. today to give U.S. officials a first-hand account of the shocking and painful discrimination that he, a Scientologist, is facing in Germany today despite his outstanding professional accomplishments.

Mr. Helnwein, whose works have graced the covers of Time Magazine, The Rolling Stone and other major publications, will be meeting with officials from the National Security Council, U.S. State Department and members of the U.S. Congress.

A native of Austria who has lived in Germany for the past ten years, the painter has done portraits of numerous stars such as Mick Jagger and the Rolling Stones, Clint Eastwood and Marlene Dietrich.

Scientology in den USA „outet“ Helnwein am 14.1.1997 in einer offiziellen Pressemitteilung als einen in Deutschland „schmerzhaft diskriminierten Scientologen (!)“ Der Spuk ist vorbei. Ist er es wirklich?

bdt0067 4 pl 324 dpa 0131
Sekten/USA/Scientology/
* ausl gebe inla

Maler Helnwein beklagt in den USA Diskriminierung der Scientologen =

Washington (dpa) - Der österreichische Künstler Gottfried Helnwein hat amerikanischen Regierungsbeamten "einen Bericht aus erster Hand über die schockierende und schmerzhafte Diskriminierung gegeben, der er, ein Scientologe, heute in Deutschland trotz seiner überragenden beruflichen Errungenschaften ausgesetzt ist". Dies teilte die Scientology-Sekte am Dienstag in Washington mit.

Helnwein, ein international renommierter Graphiker und Maler, ist diesen Angaben zufolge am Dienstag mit Beamten des Nationalen Sicherheitsrates der USA und des Außenministeriums sowie Mitgliedern des Kongresses zusammengetroffen.

Der aus Wien stammende und in Deutschland lebende 48jährige Künstler hatte sich im April 1994 mit einer Einstweiligen Verfügung gegen den Vorwurf zur Wehr gesetzt, er sei Mitglied der Scientology-Sekte. Damals sagte Helnwein, die Behauptung, daß er der Scientology Church angehöre, sei "falsch und frei erfunden. Ich bin nirgendwo Mitglied." Kritiker in Deutschland hielten ihm danach weiterhin vor, zuzulassen, daß die Sekte mit seinem Namen werbe.

Am Donnerstag der vergangenen Woche hatten die "Oscar"-Preisträger Dustin Hoffman und Oliver Stone sowie 32 weitere Stars der amerikanischen Kulturszene Deutschland eine "organisierte Verfolgung" von Scientology vorgeworfen. In einem offenen Brief an Bundeskanzler Helmut Kohl, der als Anzeige in der "International Herald Tribune" veröffentlicht wurde, zogen die Unterzeichner Parallelen zur NS-Zeit. Im vorigen Herbst hatten bereits die Scientologen in einer Anzeige in der "New York Times" das deutsche Vorgehen gegen Scientology mit Nazi-Methoden verglichen.

Die Stars betonten, daß sie nicht Mitglieder der Sekte seien. Kohl warf ihnen vor, sie hätten "keine Ahnung von Deutschland und wollen auch keine Ahnung haben, sonst hätten sie so etwas nicht verzapft."

DPA Washington meldet am 15.1.1997 die Sensation nach Deutschland. Helnwein ist als Scientologe „geoutet“

Auch in Deutschland: Schweigen an kompetenter Stelle. Weder Gottfried Helnwein, noch Antje Vollmer trauten sich vor unsere Kamera. Nur Alfred Biolek gab uns letzte Woche ein Interview. Report: Herr Biolek, was erwarten Sie denn jetzt eigentlich von Gottfried Helnwein? Biolek: Ich erwarte nichts, weil ich mit ihm gesprochen habe, nachdem er aus den USA zurückgekommen ist und ich ihn gefragt habe, was jetzt eigentlich los ist, ob er mich angelogen hat, denn es schien ja so, als hätte er in den USA gesagt, er wäre aktiver Scientologe. Und er hat mir versichert, daß er dort vor dem Ausschuß des Auswärtigen Amtes, oder Senats, oder Repräsentantenhaus, ich weiß nicht genau, nichts anderes gesagt hat als das, was er bei mir in der Sendung gesagt hat und bei Herrn Riehl-Heyse in der Süddeutschen Zeitung. Er hat einen Anwalt beauftragt, der die Scientologen, die etwas ganz anderes durch ihren Pressedienst in Washington verlautbart haben, sozusagen zwingen soll, das zu korrigieren, oder die Wahrheit zu sagen. Ich fühle mich also von ihm nicht hintergangen, oder belogen, zumindest bis zum Beweis des Gegenteils."

Doch ein offizielles Dementi von Helnweins Scientology-Zugehörigkeit gibt es bis heute nicht, trotz Nachfrage von " Report " bei Scientology in den USA. Wer also lügt? Scientology oder Helnwein?

Sabine Weber, Pressesprecherin " Scientology Deutschland ":

" Ich kann Ihnen einfach nur sagen, Sie müssen sich mit Washington in Verbindung setzen, ich habe nicht mehr Informationen, ich nehme an, da ist jemand ein Fehler unterlaufen, das weiß ich aber nicht, ich weiß nur, Sie müssen sich mit Herrn Helnwein und mit der Scientology-Kirche in Washington persönlich auseinandersetzen. Das ist das einzige, was ich Ihnen empfehlen kann. "

Alles nur ein scientologischer Betriebsunfall, oder lügt Helnwein? Wir fragten bei jemandem nach, der es wissen muß. Der bekennende Scientologe Waki Zöllner ist Künstler, Helnwein-Bekannter und hat als OT VIII, die derzeit höchste erreichbare Stufe in Scientology erlangt.

Waki Zöllner, OT VIII - Scientologe und Helnwein - Freund. Frage: "Also er ist Scientologe?" Zöllner: "Ja." Frage: "Und er könnte möglicherweise, wenn er Ihren Weg gehen würde, den offenen Weg, in Deutschland nicht mehr weiterarbeiten?" Zöllner: "Das hat er gemacht. Das ist im verleitet worden. Das ist ihm unmöglich gemacht worden, bis er eben gesagt hat, ja, er kennt Scientology, aber ...." Frage: "Was würden Sie ihm denn als erfahrenerer Scientologe raten, was jetzt zu tun soll? Sich offen zu bekennen, oder den Weg der Ableugnung weiterzugehen?" Zöllner: "Das ist schwer zu sagen. Das ist seine Gewissensentscheidung, wie er das machen will. Ich kann Helnwein nur empfehlen, so schnell wie möglich weiterzumachen als Scientologe und so schnell wie möglich dieses Wissen in sich reinzufressen. Wer weiß, wie lang es noch zur Verfügung steht?“

Damit bestätigt der Top-Scientologe Zöllner die Auffassung des Frankfurter Oberlandesgerichtes. In einem nicht revisionsfähigen Urteil stellte das Gericht 1996 fest: “ Helnwein ist Scientologe “. “Report“ liegt Helnweins Reaktion darauf auf einem bisher unveröffentlichten Tonband - Interview vor. Danach sagte Helnwein: “Ich sag es: Es ist ein Fehlurteil. Der Richter war ein Nazi. Es ist ein reines Fehlurteil.“ Wolfgang Frank, Richter und Pressesprecher am Oberlandesgericht in Frankfurt/M.. Frage: “Herr Frank, wie wird denn das Oberlandesgericht Frankfurt auf diese Beleidigungen seitens des Herrn Helnwein reagieren?“ Frank: “Von seiten des Oberlandesgerichts wird hier ausnahmsweise eine offizielle Strafanzeige von Amts wegen erstattet werden. Die Äußerungen, bei den Richtern handele es sich um Nazis, die ist doch sehr gezielt getan worden und gleichzeitig wird damit der Versuch gemacht, sich in die Opfer der Nazis einzureihen und die Schrecken des Holocaust für sich selbst in irgendeiner Weise nutzbar zu machen.“

Soweit “ Report “ aus München.

DER FALL ALFRED BIOLEK

Es begann am 5. September 1991. Alfred Biolek ist aus Köln die 120 Km nach Burgbrohl gereist, um sich auf dem gleichnamigen Schloß mit dem Wiener Gottfried Helnwein und dessen Ehefrau zu treffen. Thema: Die ARD Show “ Boulevard Bio “. Aber nicht nur das wurde besprochen...

Clearwater in Florida. Zweitwohnsitz des Ehepaars Helnwein seit 1988. Ort: Das Scientology - Hauptquartier FLAG. Es ist der 7. Februar 1991, 18 Uhr. Man trifft sich zum feinen “ Dinner “ im “ Hibiscus “ - Restaurant, dem Top - Scientology-Restaurant in FLAG. Teilnehmer des Abendessens sind u.a. Renate Helnwein und ihre langjährige Freundin Loredana Biancolini, besser bekannt als Shapari Khashoggi, Ehefrau des bekannten Waffenhändlers Adnan Khashoggi, einem der reichsten Männer der Welt. Loredana bewohnte zu diesem Zeitpunkt bereits schon fast ein Jahr lang (!) die “ Präsidentensuit “ im FLAG - Hotel “ Fort Harrison “. Sie war dort, um sich, wie auch Gottfried und Renate Helnwein, intensiv scientologisch weiterzubilden, wie der ehemalige Mitarbeiter von FLAG, Martin Ottmann zu berichten weiß. Auch Ehemann Adnan weilte während dieser Zeit, laut Ottmann allerdings nur für eine kurze Periode, er absolvierte einen Kurs, bei seiner Frau in Clearwater.

Sieben Monate später wird bei dem Biolek - Helnwein Treffen in Burgbrohl auch das Ehepaar Khashoggi ein Thema. Alfred Biolek erzählte dem aufmerksamen Ehepaar von dem Inhalt seiner " Boulevard Bio " - Sendung mit dem Arbeitstitel " Benefiz: Moderne Wohltätigkeit ", die für den 20.11.1991 in Köln vorgesehen war. Gäste u.a. Ute Ohoven aus Düsseldorf. Biolek gelang es nach diesem Gespräch mit Helnweins, ob mit, oder ohne die Vermittlung der beiden, die Scientology - FLAG Freundin von Renate, Loredana, samt Ehemann Adnan, in seine Talkshow zu holen. Ein Riesenerfolg für Scientology.

Genau ein Jahr später, es ist der 3.11.1992, sitzt der nächste hochrangige Scientologe als Gast in der Biolek - Sendung, es ist diesmal Gottfried Helnwein zum Thema " Wien ".

Wie vermeldete Ehefrau Renate am 24. 9. 1991 stolz ihren " Erfolg ", kurz nach Bioleks Hausbesuch vom 5. 9.1991, in einem Brief an ihren Freund, den Scientologen und Bauunternehmer Kurt Fliegerbauer: " ...Gottfried ist in der Biolek - Sendung zu Gast, es wird auch SCN (Scientology - d.A.) angeschnitten. Biolek war hier, ist sehr positiv! ...Renate ". Sie freute sich ein Jahr zu früh, für Gottfried.

Die Kontakte zu Biolek rissen auch nach dieser Talkshow nicht ab. Bis heute treffen sich die beiden Freunde, bereits seit fünf Jahren, regelmäßig, entweder in Köln, aber auch in Burgbrohl, man feiert im Sommer 1995 gemeinsam ausgelassen ein Fest auf dem Helnwein - Schloß, oder verbringt, wie auch 1995 geschehen, eine 8 tägige Urlaubsreise auf dem Nil zusammen. Und so taucht auch Helnwein im Herbst 1996 wiedereinmal in " Boulevard Bio " als Stargast auf. Wehe dem, der Böses dabei denkt.....

Die SZ – verblüffend unkritisch

Am Artikel „Neue Tabuzonen für Scientologen" verblüfft zunächst die Selbstverständlichkeit, mit der die sonst durchaus nüchtern-kritische SZ der Aussage des österreichischen Malers Helnwein glaubt, dieser sei kein Scientologe.
Recherchen von Journalisten anderer Medien haben bereits vor Wochen ergeben, daß Helnwein zu den führenden Scientologen zählt. Scientology selbst hat in den USA am 14. Januar 1997 bekanntgegeben, daß er dieser Organisation angehört. Auch dem Innenministerium liegen nach hiesiger Ansicht belastbare Informationen vor, die Helnwein als langjähriges und einflußreiches Scientology-Mitglied ausweisen.
Darüber hinaus bieten der Artikel und der Kommentar leider keine weiterführende inhaltliche Auseinandersetzung mit Scientology. Völlig einig gehen wir zwar mit der Auffassung, daß es die Regierung nicht zu interessieren habe, ob ein Künstler Kommunist, Freimaurer, Scientologe oder CSU-Mitglied ist. Auch eine Bewertung der künstlerischen Qualität Helnweins steht hier nicht zur Debatte. Völlig anders beurteilen wir aber die Frage, ob der Staat Veranstaltungen von Mitgliedern totalitärer Organisationen, wozu nicht nur links- oder rechtsextremistische Parteien und Gruppierungen gehören, sondern eben auch Scientology, mit öffentlichen Steuergeldern subventioniert. Es wäre doch nicht nachvollziehbar, wenn der Staat einerseits die von bestimmten Organisationen ausgehende Gefahr erkennt, andererseits aber zu deren Finanzierung mit beitragen würde. Würde es die SZ etwa gutheißen, wenn die bayerische Staatsregierung zum Beispiel Kunst ausgewiesener Neonazis mit dem jetzt zu lesenden Argument subventionieren würde?
Erlauben Sie zum Schluß noch folgende Anmerkung: Die *Süddeutsche Zeitung* scheint mir in den letzten Wochen vor allem die im Rahmen des 15-Punkte-Katalogs getroffenen Maßnahmen der bayerischen Staatsregierung kritisch zu begleiten, während das menschenverachtende System Scientology so gut wie keine Erwähnung findet. Während in anderen Medien europa- und weltweit zu Psychopraktiken und Scientology-Straflagern Beiträge erscheinen, die durch Aussteigerberichte eindeutig belegt sind, findet das in der SZ kaum Erwähnung. Wie ich aus mehreren Gesprächen weiß, wird das auch von den verschiedensten Medien aufmerksam registriert.

Christoph Hillenbrand
Pressesprecher des Bayerischen Staatsministeriums des Innern

Der Streit um Helnwein geht weiter. Die Gegner...
(aus: „SZ" am 6.2.1997)

In den Fußstapfen Hundhammers

Die Staatsregierung hat alle bayerischen Kommunen aufgefordert, keine Veranstaltungen zu unterstützen, „mit denen eine Werbung für die Scientology-Organisation verbunden ist". Eine solche Werbung, heißt es in der Empfehlung weiter, sei „schon dann anzunehmen, wenn international bekannte Persönlichkeiten (auftreten), die sich offen zu Scientology bekennen".

Der Maler Gottfried Helnwein bekennt sich aber gerade *nicht* offen zu Scientology, im Gegenteil. Er sagt öffentlich: „Ich scheiße auf Scientology." Gegen ein Gerichtsurteil, wonach er ungestraft als scientologischer „Auditor" bezeichnet werden dürfe, hat er Verfassungsbeschwerde eingelegt. Bei der amerikanischen *Church of Scientology* hat er schriftlich dagegen protestiert, daß er von ihr gegen seinen Willen als Scientologe bezeichnet und in Pressekampagnen hineingezogen wird. Wie unter diesen Umständen eine Ausstellung mit Bildern von Helnwein eine Werbung für Scientology darstellen soll, bleibt das Geheimnis des Innenministeriums.

Es geht auch nicht darum, daß „der Staat" zur „Finanzierung" einer totalitären Organisation beitragen solle. Es geht vielmehr darum, ob der Staat (oder eine Kommune) mit der Gewährung eines Zuschusses an einen Kunstverein auch das Anrecht erwirbt, diesem Verein vorzuschreiben, welche Maler er ausstellen darf und welche nicht. Etwas Vergleichbares hat zuletzt der bayerische Kultusminister Alois Hundhammer im Jahr 1949 angezettelt, als er Werner Egks Ballett „Abraxas" vom Spielplan der Bayerischen Staatsoper absetzen ließ. Begründung: Er lehne es ab, „solche Sachen auf Staatskosten aufführen zu lassen". Wenn argumentiert wird, es gehe nicht um die künstlerische Qualität der Bilder Helnweins, sondern um die Person des Malers, dann müßte man zum Beispiel auch den Münchner Philharmonikern verbieten, Werke von Richard Strauss zu spielen. Der war unter den Nazis immerhin Präsident der Reichsmusikkammer.

Schließlich: Wenn es wirklich einen Neonazi geben sollte, der künstlerisch hochwertige, spannende Bilder malt, dann sollte er diese auch ausstellen können, auch bei einem Verein, der einen städtischen Zuschuß bekommt – immer vorausgesetzt, er mißbraucht die Ausstellung nicht als Plattform für nazistische Propaganda. Wer sich einmal mit den Arbeiten von Gottfried Helnwein beschäftigt hat und danach behauptet, diese Bilder würden totalitäre Ideen verherrlichen, der ist entweder blind oder bösartig. *Hans Holzhaider*

... und die Verteidiger.
(aus: „SZ" am 6.2.1997)

DIE NAZI - RICHTER

Gottfried Helnwein am 15. August 1996 auf seinem Schloß in Burgbrohl während eines vierstündigen, auf Band aufgezeichneten Gespräches mit der Wiener Journalistin Lies Kato wörtlich:

" LK: Sie dürfen seit einem letzten Gerichtsurteil " Geistlicher der Church of Scientology " genannt werden.

GH: Ja. Das ist ein Beweis, wie die Geisteskrankheit um sich greift und auch vor Gerichten und Richtern nicht Halt macht. Das Urteil zeigt, wie verkommen und dekadent die Gerichte sind. Es ist ein derart schwachsinniges Fehlurteil...

Und jetzt ist dieses Fehlurteil von den N a z i - R i c h t e r n aus Frankfurt gekommen, durch das man mich öffentlich als Sektenpriester bezeichnen darf. Öffentlich sagen darf : Ich vernichte Menschen durch Zwangshypnose...In den letzten Jahren konnte ich ja die Ausstellungstätigkeit noch irgendwie aufrechterhalten; durch Klagen und Prozesse. Ich habe immer jeden einzelnen Prozeß gewonnen, weil es um Sachen ging, die völlig absurd waren und auch leicht zu entkräften. Das wurde aber in der Presse nie erwähnt. Bis auf das eine Mal, wo ein s c h w a c h s i n n i g e r Richter dieses Fehlurteil spricht: Das wird ausgebreitet!...Ich sage doch: D e r R i c h t e r w a r e i n N a z i ...Es war ein Fehlurteil, und er hat es deshalb gemacht, weil er gewußt hat: Er ist die letzte Instanz, er hat die Revision ausgeschlossen. "

Wie kam es dazu? Was waren die Ursachen? Warum begann nach den für Helnwein " goldenen " Scientology - Jahren in der zweiten Hälfte der 80er Jahre, plötzlich in Deutschland Anfang der 90er Jahre sein langsamer Untergang im Fahrwasser der immer stärker werdenden öffentlichen Scientology - Kritik?

Der frühere Helnwein-Berater Peter Reichelt: "Ich hoffe das Buch wird zur Aufklärung und Beantwortung einiger bisher unbeantworteter Fragen und Rätsel beitragen können. Ebenso hoffe ich, daß es ebensoviele neue aufwerfen wird. Es war selbst für mich, der Helnwein über fast ein Jahrzehnt persönlich begleitete, ihn sehr gut zu kennen glaubte, überraschend, was noch durch die Recherchen alles zu Tage gekommen ist."

Aber es sind und bleiben ausschließlich Tatsachen und keine Vermutungen. Bittere Wahrheiten für den Künstler Gottfried Helnwein. Was wird wohl aus ihm, dem Muster - Scientologen, der sein halbes Leben einer war, aber für den es als ein solcher, nach eigener Einschätzung, zumindest in Deutschland, derzeit keine wirtschaftlichen und gesellschaftlichen Perspektiven mehr gibt ? Welche Fehler hat er gemacht? Wo hat er sie gemacht? Was wird aus seinen vier Kindern, die er, den Kleinsten ausgenommen, ebenfalls nach Hubbard scientologisch schulen läßt, wohlwissend aus eigener Erfahrung, was noch alles auf sie zukommen wird ? Was wird aus seiner Kunst, wenn es sich selbst Scientologen nicht mehr leisten können sie zu kaufen ? Und was wird aus ihm, wenn nicht einmal mehr der letzte verbliebene journalistische Helnwein-Apologet, der doch in Fachkreisen hoch geschätzte deutsche Journalist Riehl - Heyse von der Süddeutschen Zeitung, das Wort, oder besser gesagt die Feder für ihn ergreift?

Der Mensch und Künstler Helnwein ist wie schon in seiner Geburtsstadt Wien, von der er ja 1984 mit Familie geflohen war, nun auch in seiner jetzigen Wahlheimat Burgbrohl in Deutschland sicherlich großartig und vor allem theatralisch perfekt gescheitert. Ihm ist es trotz größter (vermeintlich intellektueller sowie juristischer) Anstrengungen nicht gelungen, Wahrheiten zu widerlegen, Geschehenes ungeschehen zu machen sowie Fiktionales zu Tatsachen umzudrehen und umgekehrt.

Ein Schauspieler agiert nach einem Drehbuch. Der " Schauspieler " Helnwein agierte spätestens nach seinem Umzug in die Rheinpfalz nach einem von ihm genauestens entwickelten Lebensdrehbuch, exakt nach den eigenen, seinen Vorgaben, ohne Abweichung, keinen Millimeter, ohne wenn und aber. Monoton immer wieder den gleichen Text reproduzierend, bis es doch der Allerletzte glauben mag. Nur nimmt ihm heute kaum einer mehr seine Version der Wirklichkeit ab und das ist bei einem so unglaubwürdigen Drehbuch wie dem Helnweinschen auch gut so. Nur sehr selten zeigte er in den letzten Jahren in der Öffentlichkeit sein wahres, ungeschminktes Gesicht, verlor seine einstudierte Ruhe und Lässigkeit. Erstaunlicherweise ausschließlich im Erkennen der für ihn bittersten Wahrheit, daß auch, oder sogar ein Gottfried Helnwein einmal etwas verlieren kann und sei es " nur " seine Glaubwürdigkeit.

Was sagte er doch noch einmal am 15. August 1996 über die obersten Frankfurter Richter, die ihm schwarz auf weiß bestätigten, daß er ein Scientologe ist:

" ...Und jetzt ist dieses Fehlurteil von den Nazi - Richtern aus Frankfurt gekommen...wo ein schwachsinniger Richter dieses Fehlurteil spricht...Ich sage doch: Der Richter war ein Nazi..."

Armer Gottfried Helnwein.

SHSP

Waki Zöllner, seit 1968 Scientologe in Deutschland, in seinem Haus in Gmund am Tegernsee im Februar 1997

DAS WAKI ZÖLLNER-INTERVIEW

DEUTSCHLANDS HÖCHST AUSGEBILDETER SCIENTOLOGE UND FREUND VON GOTTFRIED HELNWEIN IN GMUND AM 17. FEBRUAR 1997

R: Ich habe gehört, daß sie 1968 SC (Scientology)-Deutschland gegründet haben, stimmt das?

Z: Ich hab es nicht gegründet, nein, nein. Ich habe einen getroffen, der drei Jahre lang in Californien war und auf dem Rückflug ein paar Tage in New York verbrachte und sich die Stadt anschaute. Er hat oft nach oben geschaut und wer in New York nach oben schaut ist ein Fremder, sonst schaut er nicht nach oben. Er wurde in Manhatten von Scientologen angesprochen. Die haben ihn sofort als Fremden erkannt und ihn zum Test eingeladen. Und das hat er dann gemacht. Das fand er so interessant, daß er gleich mit SC angefangen hat. Auf dem Rückweg nach München stoppte er in England und hat dort Auditing gelernt und die ersten Grade in Scientology. Ich lief ihm am zweiten Tag in die Arme, als er wieder in München war. Das war 1968. Und er hat gefragt: "Was machst Du, wo warst Du?" Und so hin und her und ich sagte: "Ich fahre jetzt zur Uni und fange ein neues Studium an." Ich hatte also in meinem Bekanntenkreis ständig Leute mit Eheproblemen. Ich war damals glücklich verheiratet, aber das war auch alles an Wissen. Ich war kein Fachmann für Ehen und jeder wollte wissen wie man das macht. Ich sagte: "Verdammt nochmal, ich habe keine Ahnung wie man das macht." Aber ich wollte das jetzt auch professionell lernen. Ich wollte Psychologie studieren und habe ihm das gesagt.
Er schimpfte daraufhin: "Bist du wahnsinnig! Ich kenne etwas anderes, das viel besser ist, als alles was Du bisher gemacht hast." Ich hatte alles an Grenzwissenschaften zuvor probiert, auch parapsychologische Dinge, alles. Das interessiert mich. "Kannst Du mir das zeigen?" fragte ich. "Ja, komm mit." Und so habe ich meine erste Auditing-Sitzung bekommen. Sie wissen was das ist?

R: Durch ihn?

Z: Durch ihn, von ihm. Weit über seinen Horizont hinausgehend, aber natürlich wußte ich das damals nicht.

R: In seiner Privatwohnung?

Z: Bei ihm in seiner Wohnung, wo er gerade eingezogen war.

R: Und hatte er damals den E-Meter dabei oder ging es ohne E-Meter?

Z: Er hatte ihn von England mitgebracht, in so einem Holzkästchen.

R: Aber nicht so professionell, wie das heute gemacht wird.

Z: Ach was, viel simpler. Aber es hat soweit funktioniert, daß ich eine sehr schöne Sitzung hatte, die mich so fasziniert hat, daß ich nach Hause ging und alles gleich aufgeschrieben habe. Ich habe 4 Stunden Sitzung nachgeschrieben. Was man natürlich überhaupt nicht macht. Wußte ich aber damals alles nicht.

R: Sie haben einfach gedacht ...

Z: Ich habe gedacht, das ist so interessant, das muß ein jeder erfahren. Ich habe dann 50 Journalisten eingeladen und habe die hektografierten Blätter verteilt und gedacht, wenn die das lesen, die sagen wau, Wahnsinn.

R: Wie alt waren Sie da?

Z: Jetzt bin ich 62. 1968 war ich 33 Jahre alt.

R: Aber wie kommt man dann praktisch dazu, so eine Art Scientology-Organisation aufzubauen, oder sich mit anderen zusammenzutun?

Z: Das hat mehrere Vorteile, einfach weil man will, daß die Freunde das auch machen, wenn man etwas für richtig hält. Das wird Ihnen ähnlich gehen, dann wollen Sie, daß dies andere auch sehen können. Je näher man jemanden kennt, umso mehr will man, daß er das auch macht.

Z: Hauptsache es werden viele gewonnen. Das ist dann intern aber anders gelaufen, natürlich das war alles nicht so weit, die Leute waren nicht da, es waren die Staffs (SC-Mitarbeiter-d.A.) nicht da, die das hätten liefern können.

R: Die mußten aus England und Kopenhagen kommen.

Z: Nein, in Kopenhagen waren damals nur so 20 Leute. Die Blätter wurden noch von Hand abgeschrieben, oder schlechte hektografierte Blätter weitergereicht.

R: Dann gab es auch die ersten Kommunikationskurse, die wurden von einem SC-Verein aus Frankfurt geliefert .

Z: Also den gab es damals noch gar nicht.

R: Ach so.

Z: Wir haben ab 1970 einen Kommunikations-Kurs in München angeboten. Und dabei habe ich auch ein bißchen mitgeholfen. Den hat einer geliefert, der extra aus den USA kam. Das war der große Spezialist für uns, weil der wußte das schon. Ich habe den Kommunikations-Kurs dreimal gemacht, weil ich ihn so toll fand. Macht man auch nicht. Entweder man macht ihn, dann hat man ihn gemacht, man macht ihn eben nicht mehrfach, denn dann hat man etwas nicht richtig gemacht.

Das war aber auch das einzige Mal, daß ich einen Kurs wiederholt habe, weil es mich einfach interessiert hat, zu der Zeit. War sehr spannend.

R: Kamen sie auch ab und zu mal nach Wien, wo 1974 dieses Celebrity-Zentrum von Gottfried Helnwein aufgebaut wurde?

W: Das gab es damals noch nicht.

R: Also waren Sie in Deutschland der erste Scientologe und in München war damals die erste Organisation?

Z: Im deutschsprachigen Raum. Erst kam München, dann kam Frankfurt. Da kam eine alte Dame, mittlerweile eine uralte Dame, die das gemacht hat und dann kam Heilbronn.

R: Wo Renate Helnwein herkommt. Sie kommt aus Heilbronn.

Z: Ja richtig, die ist damals dazu gekommen.

R: Sie war dann in Kopenhagen und kam 1975 über Kopenhagen nach Wien in das Helnwein-Zentrum.

Z: Ja, dann kam Schweiz und Österreich. Die fuhren alle zu uns nach München zum Studieren.

R: Deswegen war der Gottfried auch 1972/73 in München gewesen. Da müßten Sie ihn irgendwann zum ersten mal getroffen haben.

Z: Nein, habe ich nicht. Ich habe ihn das erste mal in "FLAG" in Clearwater getroffen.

Er hat mich nicht interessiert. Damals hat mich diese Art von Kunst, die er macht, nicht interessiert. Damals habe ich noch abstrakte Sachen gemacht. Gegenständliche Malerei fand ich zum Kotzen. Das hat mich also eher abgeschreckt und half mir die Distanz zwischen mir und so einem Maler wie Helnwein zu pflegen. Ich war in anderen Sphären, sagen wir mal so.

R: Also hätte man sich damals nichts zu sagen gehabt.

Z: Null, wirklich Null, außer das ich gesagt hätte, das ist ein Arsch.

R: Trotzdem man ein Kollege, besser ein Glaubenskollege ist, hat man sich denn da gar nichts zu sagen?

Z: Das ist was anderes, da hat man etwas, worüber man sich unterhalten kann. Aber ich kann mich mit ihm nicht über Leute mit Wunden im Gesicht unterhalten. Hat mich weder fasziniert noch interessiert.

R: Mmh.

Z: Ich habe so ein Leben gelebt. Ich kannte solche Leute im Original und muß sie nicht in Zeichnungen beglotzen und baff sein, das es sowas gibt oder geschockt oder beschämt. Oder so was.

R: Was ich bisher nicht verstanden habe, warum verschweigt Helnwein seine Scientology-Mitgliedschaft?

Z: Ich weiß nicht warum. Also ich würde das nicht so behandeln, aber er macht es halt so.

R: Ich glaube, daß es damit zusammenhängt, daß er auch diese offizielle Kunstschiene, bzw. die Museums-Schiene fahren möchte.

Z: Das habe ich damals auch gemacht und habe jeden belabert.

R: Das könnte er doch auch machen. Er kann ja auch Leute von sich überzeugen.

Z: Könnte er, macht er aber nicht.

R: Haben Sie nie mit ihm darüber gesprochen, warum er das nicht macht? Warum spricht man da nicht gemeinsam darüber?

Z: Das ist seine Sache. Das muß er wissen.

R: Man wirkt da nicht auf ihn ein, daß man fragt, warum gehst Du nicht damit an die Öffentlichkeit, warum erzählst Du nicht was du gut daran findest oder so und erklärst es? Wenn ich Scientologe wäre, würde ich sagen, o.k. ich stehe dazu, auch mit der Kritik darüber und ich rede über das Thema und ich sage, was mir hilft und was mir gutgetan hat. Ihr könnt es jetzt glauben oder nicht.

Z: Sie können ihn nicht zum Märtyrer machen. Entweder er ist es, oder er ist es nicht.

R: Aber er macht sich ja selbst zum Märtyrer.

Z: Klar, aber das liegt auf seiner Schiene.

R: Aber diese Schiene die hier abläuft ...

Z: Wie ich das so sehe, daß ist meine persönliche Beobachtung, daß das in ihm so ein bißchen drin ist.

R: Das er ein Märtyrer sein will?

Z: Ich glaube schon, auch diese grausamen Bilder, die haben ja auch mit ihm zu tun. Natürlich, sonst würde es ihn ja nicht interessieren.

R: Er paßt im Augenblick genau in das Konzept rein.

Z: Er leidet scheinbar am Leben und drückt das aus. Er drückt für die Leute, die am Leben zu leiden glauben, diese Sachen aus und ich mache genau das Gegenteil. Also von daher haben wir keinen gemeinsamen Nenner.

R: Der Pressesprecher von Scientology, Alex Jones, hat am 14.1.1997 eine Presseerklärung herausgegeben, daß Helnwein in den USA gewesen ist, in Washington im Außenministerium und sich dort beschwert hat, wie er in Deutschland als Scientologe verfolgt wird.

Z: Ja, das ist er natürlich, ein Scientologe. Ich hab es jetzt in diesem Monat bereits zweimal öffentlich gesagt, daß ich ihn als Scientologen kenne. Ich muß sagen, wozu eigentlich? Wieso breche ich die Lanze für ihn?

R: Das sie es überhaupt so explizit sagen.

Z: Er soll das doch selber machen, wenn er das will, und wenn er es nicht will, hat er sicher, in seinem Universum, seinen Grund dafür.

R: Aber würde es nicht der Scientology-Organisation mehr helfen, wenn er jetzt endlich an die Öffentlichkeit ginge und es auch zugibt. Er ist doch so populär.

Z: Er würde sich mehr helfen, das würde ich mal so sagen. Das hat mit der persönlichen Integrität zu tun. Für meine Gefühle gibt es kein größeres Verbrechen, als die eigene Integrität zu verletzen. Ich kenne nichts, was sich schlimmer für einen selbst auswirkt. Dafür bestraft man sich selbst am härtesten. Wenn einer vorhat, nur um ein Beispiel zu nennen, einer will Arzt werden, Tatsache ist aber, er wird dann erst Architekt, oder irgendsowas, dann bestraft er sich doch selber, sein ganzes Leben. Weil er nicht den Mut hatte Arzt zu werden, weil er vielleicht dann ein Semester lang nicht die große Unterstützung vom Vater, der Architekt ist, bekommen hätte, oder so sowas. So könnte ich es mir vorstellen.

B: Oder er will sich bestrafen für irgendetwas.

Z: Ja sicher ... Helnwein ist ein faszinierender Mann, er ist ein großartiger Künstler. Ob man diese Art von Kunst nun mag, oder nicht mag, das ist subjektiv. Aber er ist eine Erscheinung, ja das muß ich schon sagen, das ist bemerkenswert.

R: Sicher, ich habe ihn ja auch gut kennengelernt, ich mag ihn eigentlich in bestimmten Punkten ganz gerne. Ja, ich meine vor allem die Liebe zu Carl Barks, die uns beide verbindet.
Ich habe ihn 1987 kennengelernt, also vor 10 Jahren, als ich ihn in Wien in der Würthle-Galerie gesehen habe. Und das war so ein Zufall. Ich habe ihn dann angerufen und habe gesagt, paß auf, das gefällt mir was du machst, ich wußte damals überhaupt nichts über ihn, habe einfach nur die Bilder gesehen und die fand ich total spannend. Und dann hat er mich nach Burgbrohl eingeladen, und vom ersten Augenblick an haben wir uns eigentlich ganz gut verstanden. Er hat ziemlich ähnliche Ideen gehabt wie ich. Nicht das Thema Scientology, das hat er ganz außen vor gelassen, das war nicht unser Gesprächsthema. Bei uns ging es um diese Art von Kunstprojekten, diese Sachen haben wir gemeinsam gemacht. Und so haben wir uns dann einige Jahre zusammengerauft, für diese Projekte, er ist in diesen Dingen ziemlich kompliziert.

Z: Hat er auch das Recht dazu, warum denn nicht?

R: Klar.

Z: Jeder dramatisiert seinen eigenen Fall und den möglichst laut, denn sonst besteht er nicht zwischen 6 Milliarden Leuten. Das ist halt so, das ist der Fall.

R: Ja klar. Und auf die Art und Weise habe ich eine ganze Menge Prominente zu ihm nach Burgbrohl hingebracht, weil die ihn auch treffen wollten. Reinhold Messner, Michael Jackson, Ute Lemper und weitere Prominente, die er dann auch getroffen und fotografiert hat.
Auch Michael Jackon hat er mehrmals getroffen. Jetzt hat er den Kontakt ja über Lisa Marie Presley gehabt, da brauchte er mich nicht mehr wegen Michael Jackson. Aber ca. 1991 hat Jackson seine erste Frau, eine SC, ich glaube sogar über Helnwein kennengelernt, danach hat er alles weitere direkt mit Jackson gemacht, dann war ich außen vor. Das war für uns beide eine spannende Zeit. Allerdings haben wir uns dann 1994 wegen SC und meinem Barks-Buch zerstritten. Er war unglaublich eifersüchtig und duldete niemanden neben sich.
Das hat er mir nicht verziehen, daß ich ein eigenes Buch gemacht habe. Meine SC-Kritik hat er geschluckt, aber nicht mein Buch über sein Idol, Carl Barks.

Z: Ha ha .

R: Nein ehrlich, das war wirklich so. Weil mein Buch im Spiegel besprochen wurde und seines nicht. Nein, es wurde nicht besprochen, das war ja der Witz. Da war ein Artikel über Helnwein drin und über die Barks-Ausstellung, über zwei Seiten. Mit einem Foto von ihm und seinem Buch.

Z: Im Spiegel?

R: Im Spiegel. Es ging nur um Gottfried Helnwein, um seine Sachen und wie toll er ist. Aber mein Buch wurde da nicht mal besprochen, es wurde nur unten kurz erwähnt. Das war alles. Da ist er ausgerastet. Der hat beim Spiegel angerufen und hat alle Hebel gegen mich in Bewegung gesetzt. Vollkommen ausgerastet, von heute auf morgen. Aber das fand ich eigentlich schade. An sich konnte man sehr gut mit ihm arbeiten und er hat alle seine Verpflichtungen erfüllt, immer. Er ist äußerst korrekt, auch seine Frau. Von meiner Warte aus habe auch ich immer alles korrekt gemacht. Er hat einen sehr großen Vorteil durch meine Arbeit gehabt.

Z: Er ist halt nicht einfach. Muß man sagen.

R: Aber was soll es.

Z: Was haben Sie jetzt vor?

R: Mir geht es darum, was hat Scientology mit Kunst zu tun? Was bringt Scientology bestimmten Leuten? Was bringt es ihnen nicht? Ist die

Kritik berechtigt, die von "von außen" kommt? Ist sie nicht berechtigt? Was ist Wahres dran, was nicht? Es ist eine irrsinnige Geheimniskrämerei mit dem Ganzen und das macht das Ganze ja auch für die Medien so geheimnisvoll. Das ist ja wie in der Kunst, genau dasselbe. Da reden alle von der OSA, dem SC-Geheimdienst und dieser geht gegen alle Kritiker sehr scharf vor und wollte sogar einige umbringen und dies und jenes.

Z: Alles Schmarrn.

R: Ich habe gelesen, in den USA soll es von Scientology diese Mordaufträge gegeben haben, wo SC-Anwälte sich besprochen haben ...

Z: Das ist bestimmt ein Mordauftrag, den die Hartwig erfunden hat. Nehmen wir mich als Beispiel. Ich habe sechs Berufe, die ich ausführe und mache Scientology und nachts rufe ich die Hartwig an und drohe ihr? Wann soll ich dies denn machen? Was ist das alles für ein Schwachsinn? Ich habe auch sehr viele Bekannte und Verwandte, die natürlich keine Scientologen sind, die ich aber auch nicht dazu annimiere das zu machen. Wenn sie es machen wollen, können sie es machen, wenn nicht, sollen sie es bleiben lassen. Und die begreifen das auch alles nicht. Die überproportionierte Kampagne gegen diese paar Scientologen. Das sind nur mal 0,036 % in Deutschland, die das machen und die werden attackiert in einer Art und Weise als Staatsfeind Nummer 1. Wenn Herr Blüm sagt: "SC, die Geldwaschanlage, die kriminelle Vereinigung." Ja, mit welchem Recht sagt er das. Er kann es nicht beweisen. Ich habe es ja hier erlebt im Ort. Wenn ich Commissions, d.h. Provisionen bekomme, weil ich irgendeinen zu SC hinbringe, natürlich muß ich das versteuern. Und wenn es nur 120 DM sind. Natürlich wird das als Einnahme gemeldet und natürlich kontrollieren die nach bei der ORG in München, ob dieser Zöllner da auch die 120 DM gekriegt hat und ob es tatsächlich nicht mehr waren. Ja, wenn ich da eine Mark mehr beziehen würde, die hätten mich sofort am Wickel und die anderen auch.

R: Aber davon lebt ja wohl die Steuer nicht. Und darüber redet auch der Finanzminister nicht.

Z: SC in München und Hamburg sind ja sehr stark untersucht worden. Bis zum letzten Folder. Zu keinem Arzt geht jemand und holt die Geheimfolder, oder die Unterlagen seiner Patienten.

R: Auch diese internen Besprechungen haben sie durchgeschaut, auch die Auditing-Sitzungen?

Z: Wenn sie, sie erwischt haben, ja.

R: Das wäre nicht korrekt.

Z: Das ist wirklich nicht korrekt. Ich meine es geht ja auch keiner her und macht Briefkästen auf und schlitzt die Briefe auf. Da gibt es so eine Art von Postgeheimnis, was sogar respektiert wird, selbst wenn darin ein Scheck läge.

R: Aber was macht die OSA in München wirklich?

Z: Das kann ich Ihnen sagen: Diese ganzen Angriffe abwehren. Die unterhalten eine Rechtsabteilung, da sind zwei Juristen drin und der Rest sind Leute die mithelfen. Das sind Staff-Member, Mitglieder, Mitarbeiter, die zu einem winzigen Gehalt aus reinem Idealismus die ganzen Sachen machen und eigentlich diese Hubbard-Technologie verteidigen, weil Sie wissen, wie gut sie ist. Sie ahnen es, viele wissen es gar nicht, weil sie noch zu wenig selber gemacht haben.

R: Rainer Weber ist der Leiter von der OSA, oder? Oder Claudia Kauer?

Z: Ja, schon möglich, daß sie so heißen.

R: Ist SC eine Organisation oder eine Sekte?

Z: Sekte wird im Herder folgenderweise definiert. Herder ist ja das katholische Lexikon, ein katholischer Verlag, da steht unter Sekte: Abspaltung von was größerem, älterem. Und nun hat sich die katholische Kirche vom jüdischen Glauben abgespalten, die Evangelische vom Katholischen abgespalten. Es sind also drei oder zwei Sekten, wenn man so will. Nur die Scientologen sind von überhaupt nichts abgespalten. Also sie sind nach dieser Definition schon mal gleich gar keine Sekte. Das könnte man sagen.

R: Also ist SC eine Organisation, nennen wir sie mal Organisation. Ist es eigentlich möglich, innerhalb ihrer Organisation Kritik zu üben?

Z: Ja, selbstverständlich.

R: Sie könnten David Miscavige sagen, paß mal auf, lieber David, also manche Dinge hier in Deutschland oder was ihr in den USA augenblicklich gegen Deutschland macht, das ist ein bißchen übertrieben, das stört mich total.

Z: Ja, selbstverständlich. Es gibt bei uns sogar ein eingerichtetes System des Feedbacks. Das heißt "Recalls".

R: Wieso "Recalls"?

Z: Da gibt es eine ganze Technologie des "Recalls". Da können Sie als Mitglied schreiben, was ihnen nicht paßt. Sie müssen allerdings belegen, warum es ihnen nicht paßt. Das müssen Sie schon sagen.

R: Aber sie kriegen anschließend keinen Ärger über ihre Münchner Organisation, der sie angeschlossen sind.

Z: Sicher nicht. Wirklich nicht.

R: Helnwein hat in der Öffentlichkeit gesagt: "Ich scheiß' auf

Scientology!" Darf er das sagen, ohne daß er von Miscavige Ärger bekommt? Passiert ihm nichts?

Z: Was soll ihm da passieren? Es ist doch seine Meinung und diese Meinung, die kostet ihn vielleicht sehr viel Auditing-Geld, um diese Meinung bei sich selbst wieder auszuräumen.

R: D. h. die holen ihn damit schon wieder „auf Linie"?

Z: Nein, das kann man so nicht sagen. Sondern der wird in "Flag" in Clearwater auditiert.

R: Auch in Düsseldorf?

Z: Ich glaube, er kann hier nicht auditiert werden, denn die höheren Stufen können hier nicht auditiert werden. Und wenn er wieder frei werden will, muß er seine Meinung in irgendeiner Form doch soweit aussortiert haben, daß er weiß was er will. Wenn dabei rauskommt, daß seine Meinung ist: Ich scheiße auf Scientology, dann ist es schon ein Widerspruch, wenn er an den beiden Kannen sitzt und sich auditieren läßt. Dieser Widerspruch ist bei ihm als Ladung auf dem E-Meter sichtbar.

R: Sicherlich.

Z: Ja sicher, die Nadel schlägt dann bei ihm aus. Ja, dann wird jede Ladung, die einer hat, die im Auditing hoch kommt, flach gemacht, wie wir das nennen, d. h. wird solange auditiert, bis die Ladung bei ihm, bei Helnwein, keine Ladung mehr ist.

R: Also kein Engramm oder was?

Z: Ja, aber ein Engramm ist wieder was anderes. Ein Engramm ist eine Ladung. Das ist eine mentale Ladung.

R: Vergangenheitsgeschichten?

Z: Wo immer sie herkommen kann.

R: Und dann ist diese Ladung wieder weg, wenn er erklärt hat, o. k., aus dem und dem Grund habe ich meine Probleme im Augenblick damit und dann wird darüber diskutiert, oder muß er darüber erzählen?

Z: Da wird überhaupt nichts diskutiert. Er ist der einzige, der etwas sagt.

R: Ich bin derjenige der zuhört und Sie erzählen.

Z: Ja. zum Beispiel.

R: Und wie lange geht das dann so?

Z: Bis die Ladung eben weg ist.

R: Das sieht derjenige dann, der das macht?

Z: Das sieht der Auditor dann. Der ist ja trainiert.

R: Und das ist seine Aufgabe?

Z: Das ist seine ganze Aufgabe. Dem Pre-Clear oder den PC, so zu führen, daß er seine Ladung los wird. Denn diese Ladung hindert ihn daran frei zu sein. Auf jeden Fall.

R: Aber sie sind doch kein Pre-Clear, sie sind doch schon OT 8?

Z: Ich bin Pre-OT.

R: Sie sind doch schon ganz oben angelangt.

Z: Trotzdem nennt man das Pre-Clear, da ich kein voller OT bin.

R: Der OT 8 ist doch der erste richtige OT?

Z: Das ist der erste Rundown, der sich mit dem OT tatsächlich voll befaßt. Der erste OT Rundown.

R: Aber das ist noch nicht das Eigentliche? Das ist, glaube ich, erst, wenn man OT 15 auf der Brücke erreicht hat.

Z: Ja, auf der Brücke gehts bis OT 15. Und dann sind sie frei von allen Barrieren, wie auch immer.

R: Wenn man bis dahin kommt. Aber das kann man ja nicht, weil heute nicht mal OT 9 angeboten wird.

Z: Ja, im Moment noch nicht. Das muß ja auch gut vorbereitet sein. Sie können nur Physik studieren, wenn sie eine Professur haben, die Physik lehrt.

R: Ja, ist das denn so kompliziert da hoch zu kommen?

Z: Mmmm, das ist nicht ganz einfach.

R: Muß man intelligent sein, um das zu schaffen, oder kann das jeder?

Z: Es ist so, sie haben - ob sie das jetzt für wahr halten oder nicht - ich sag es jetzt mal, 76 Trilliarden Jahre Müll angesammelt, Müll gebaggert, wenn das in einem Leben wegzubaggern ist, ist das toll, klappt dies in einem halben, wäre es noch viel toller, wenn es aber dann doch 10 Leben dauert, finde ich es immer noch unglaublich schnell.

R: Und dafür macht man auch diese OT-Stufen?

Z: Ich sagte doch, Sie sind ein Wesen mit einer Fähigkeit, die ungeheuerlich ist.
Ich halte recht viele Vorträge über Scientology für andere Scientologen oder für Leute, die vorhaben es zu machen.

R: Und wo machen Sie das, hier in München?

Z: In Paris, Zürich, Wien, überall, wo halt Leute mich hören wollen.

R: Aber das sind Leute, die nicht so weit ausgebildet sind?

Z: Unsinn, da sitzen alle Sorten.

R: Aber das könnte ja der Helnwein auch machen?

Z: Könnte er machen, wenn er wollte.

R: Aber macht er nicht.

Z: Nein, er macht es halt nicht.

R: Muß man das nicht machen?

Z: Nein, das muß keiner machen. Wirklich nicht, die rufen mich an und sagen: "Du, wir hätten da nächsten Sonntag, meinetwegen in Düsseldorf, die Möglichkeit, Dich dazu einzuladen, daß du einen Vortrag hälst." Dann sag ich entweder ja, oder sag nein. Wenn ich kann, mache ich es, wenn ich nicht kann, lasse ich es bleiben.

R: Z.B. im Celebrity Center in Düsseldorf bei der Direktorin Adelheid Rech-Gesche?

Z: Mag sein, die war sehr aktiv, aber war nicht weit trainiert. Sie war aber weit auditiert, bis OT 8, es gibt doch die zwei Seiten auf der Brücke. Ein Beispiel ist, wenn jemand eine Treppe rauf geht und ein Bein läßt er unten und mit dem anderen geht er die Treppe rauf, irgendwann ist der Spagat etwas groß. Dann muß man das mal nachholen, oder man zerreißt sich.

R: Aber wenn sie z. B. ein Auditor 4 sind und man ist ein OT 8 auf der anderen Seite, ist da der Abstand nicht mehr so stark oder doch zu groß?

Z: Es hat mit etwas anderem zu tun, mit Verstehen. Sie verstehen, je weiter sie auf der Trainingsseite sind, umso mehr verstehen Sie, was auf der Auditingseite geschieht. Sie haben mehr Gewinne. Sagen wir mal so. Ich drücke es jetzt mal in Prozenten aus. Wenn Sie nicht trainiert sind, haben Sie vielleicht 50 % des Gewinns und freuen sich und sind toll beieinander. Werden Sie jetzt Auditor und würden vergleichen, was mit ihnen da gerade passiert, wie das geht, haben Sie 100 % Gewinn, also wer will das nicht? Wenn ich Geld einsetze, möchte ich so viel wie möglich dafür wiederbekommen. Ich habe einen Gewinn. Ich bin viel zu geizig, um mein Geld zu verplempern. Aber es gibt Leute, die haben genug, die sagen so, ich bin jetzt Pre-Clear, jetzt macht mal mit mir. Jetzt habe ich gezahlt und jetzt möchte ich was erleben.

R: Und was passiert dann? Was erlebt er dann?

Z: Er erlebt, daß er früher oder später zu einem Punkt kommt, wo er ein bißchen traurig wird, weil er nämlich nichts für andere macht, sondern nur für sich.

R: Bei dem "OT" macht man was für sich und bei dem "Auditing" hilft man praktisch anderen.

Z: Hilft man anderen auch OT zu werden.

R: Als Auditor?

Z: Ja, als Auditor. Jetzt muß ich dieses Beispiel erzählen. Haben Sie den Ausdruck "Bank" einmal gehört.

R: Ja.

Z: Das ist das unerwünschte Unterbewußte, das sie auch jederzeit beeinflußt. Je nachdem was gerade angesprochen wird. Das ist ein Stimulus-Response-Mechanismus. Etwas wird stimuliert und sie reagieren dann darauf. Instinkt ist noch am ehesten damit zu vergleichen. Und von diesen Mechanismen sind wir angefüllt, die haben wir offenbar gesammelt. Aus irgendeinem Grund haben wir die für so interessant gehalten, daß wir die, über all die Zeit gesammelt haben. Die Zeit, in der dieses geistige Wesen lebt. Voraussetzung ist, daß sie mit mir übereinstimmen können, daß das geistige Wesen ein Langzeitwesen ist und mit dem Körper nichts zu tun hat.

R: Kann ich mir vorstellen, daß man wiederkommt in irgendeiner Art und Weise.

Z: Sie sind nicht der Körper, sondern Sie sind die Person, die jetzt die Identität mit dem Namen belegt hat.

R: Kann ich mir schon vorstellen. Also ich glaube auch nicht, wenn wir sterben, oder wenn ich sterbe, daß ich dann endgültig tot bin. Das glaube ich eigentlich nicht.

Z: Das ist vernünftig, obwohl sie noch nicht so weit sind.

R: Also jetzt unabhängig von ihrem Denken, denke ich das einfach mal.

Z: In Deutschland glauben, nach einer Umfrage, 80 % der Einwohner daran, daß es ein Vorleben gibt und daß es danach ein weiteres Leben gibt, d.h. nur 20 % sind der Meinung, daß sie geboren worden sind, und wenn sie dann in der Kiste liegen, sind sie weg. Das sind dann die, die eine wahnsinnige Kraft entwickeln, die also alles jetzt machen müssen, weil danach ist es vorbei, arme Schweine! Dann hat dieses Wesen irgendwann mal begonnen als Wesen, als Identität und hat Dinge erlebt oder erleben wollen, ein Spiel begonnen mit anderen dieser Wesen. Und irgendwann sind Sachen gesammelt worden, auf die man dann nicht mehr schaut, die man weglegt. Man sagt, die tue ich jetzt in die Kiste, daß ist jetzt nicht gerade mein Fall. Das sind Engramme, so etwas, was ich mit Bewußtlosigkeit, einem mit Schmerz verbundenes Erlebnis z.B. verbinde, das heißt Engramm. Und es gibt viele andere Erlebnisse, auch die einem nicht angenehm sind, die legt man weg, die kommen in die Kiste. Und diese Kiste schwillt langsam an. Und sie können sich vorstellen, da ist ein kleiner Mensch, so groß, der ist um geben von, das ist jetzt schwach ausgedrückt, von einem Kubik-Kilometer gepreßtem Müll. Jetzt sagen sie zu ihm, sag mal, gibt es irgend etwas, was ein Problem für dich ist. Und so etwa kann man sich das vorstellen. Beim Auditing wird dieser Kubik-Kilometer Müll in Bewußtsein umgeschaufelt.

R: Also weggelöst.

Z: Wieder entschärft, das sind mentale Massen, die auf dem E-Meter reagieren. Die werden wieder bewußt gemacht und sind konfrontiert oder dupliziert, wie man das nennt. Diese haben dann ihre negative mögliche Zeitpunktwirkung eingebüßt. Das Wesen ist dann wieder frei, wenn dieser Müll weg ist.

R: Und das ist man dann, wenn man "Clear" ist, praktisch zum ersten mal?

Z: Dann sind Sie es nur auf der ersten Dynamik.

R: Aber häufe ich dann nicht die ganze Zeit wieder neuen Müll an?

Z: Wenn Sie nicht aufpassen, ja!

R: Deswegen auditiere ich ja laufend weiter, oder?

Z: Je mehr sie als Auditor trainiert sind, umso weniger sammeln sie neuen Müll an. Der OT, der nur rechts auf der Brücke zum OT geworden ist, der vom Auditing und von den Mechaniken dieser Bank keinen Schimmer einer Ahnung hat, der sammelt gerne und schnell wieder neuen Müll an. Bricht sich dann ein Bein, was er schon längst nicht mehr sollte.

R: Das könnte ich dann aber theoretisch vermeiden? Sie meinen also, man kann das Zufallsprinzip beeinflussen?

Z: Ja, Zufallsprinzip, was ist das?

R: Was ist Zufall?

Z: Ich muß gerade lachen ...

R: Ich meine, daß wir jetzt hier zusammen sitzen, ist auch ein Zufall, in irgendeiner Art und Weise.

Z: Das ist sicher kein 100%iger Zufall. Sie wollten es und ich habe zugestimmt.

R: Ja, aber trotzdem muß einer mal auf den Gedanken kommen.

Z: Ja, aber das ist doch kein Zufall.

R: Das man auf den Gedanken kommt?

Z: Es ist komplex, es ist vielfältig usw. und man tut's ab mit dem Ding, es ist Zufall. Zufällig steh ich da und zufällig fährt der Zug vorbei und zufällig habe ich meinen Schuh auf dem Gleis. Was es allerdings braucht, damit dieses Wesen einen Körper dorthin steuert, wo ein Gleis ist, den Fuß darauf tut und gleichzeitig kommt ein Zug. Da gibt es eine Maschinerie, die in Gang gesetzt werden muß, daß er sich den Fuß überfahren läßt. Es ist so kompliziert und das tut er alles easy. Und sagt dann hinterher, das ist mir passiert, zufällig. Ha ha ha.

R: Haben Sie eigentlich jemals Ron Hubbard persönlich kennengelernt?

Z: Nein, aber ich habe lange mit ihm korrespondiert.

R: Schriftlich und das ging?

Z: Ja, na klar.

R: Ja, aber haben Sie nicht mal Lust gehabt, ihn persönlich kennenzulernen?

Z: Ich wollte ihn porträtieren. Das war der einzige Grund, weshalb ich ihn gerne persönlich gesehen hätte. Und dann habe ich mir überlegt, so ein Quatsch, wozu eigentlich? Wieso muß ich zu ihm hinfahren und ihm die Hand schütteln? Wenn ich der Meinung bin, ich bin ein geistiges Wesen, er ist ein geistiges Wesen, da kann ich sowieso mit ihm kommunizieren wie ich will. Da muß ich ihm nicht die Hand schütteln. Was ist das? Jedenfalls ich habe es nicht gemacht. Ich hätte es gekonnt.

R: Aber er hat Leute empfangen und man konnte ganz normal mit ihm diskutieren und so?

Z: Ihn kennenlernen.

R: Aber der Gottfried Helnwein hat ihn nicht kennengelernt?

Z: Also meines Wissens nicht. Da müßte man Gottfried fragen. Also es würde mich sehr wundern, weil ich glaube der kam dazu, als der Hubbard sich bereits aus der Öffentlichkeit zurückgezogen hatte.

R: 1972 war das.

Z: Da war Hubbard schon weg.

R: Da war der schon auf dem Kreuzfahrtschiff Apollo?

Z: Nein, da schon nicht.

R: Da schon nicht mehr?

Z: Nein, so viel ich weiß, nicht mehr.

R: Hat Hubbard eigentlich mal eine seiner Organisationen besucht, in München zum Beispiel?

Z: Das ging alles per Telex.

R: Hat das ihn nicht interessiert, wie das dort aussieht und so. Ich meine, was da überhaupt in seinem Namen aufgebaut worden ist.

Z: Vielleicht war er da, ich weiß es nicht. Ich weiß nicht, was der konnte als OT. OT heißt "Operierender Thetan". Thetan ist das geistige Wesen. Ein "Operierender Thetan" ist einer, der Dinge tun kann, veran lassen kann, ohne daß er den Körper dazu benutzt. Hat er die Org nun besucht oder nicht, wer weiß. Im Prinzip können Sie das genauso. Sie können über den Andromeda-Nebel reden und können sich auch dort hin denken und sind dann auch dort. Das ist ja der Witz. Nur Sie glauben sich selber nicht und drum hängen Sie weiter hier rum. Das ist eigentlich alles.

R: Ich bin kein "Operierender Thetan", weder OT 1 noch OT 8, so wie Sie es sind. Aber was haben Sie mir jetzt voraus?

Z: Jetzt sage ich Ihnen etwas anderes. Grundsätzlich ist jeder ein "Operierender Thetan". Grundsätzlich. Er hat nur unterschiedlichen Müll, den er vor sich setzt, wie eine chinesische Mauer und sagt: "Kann ich nicht, kann ich ums verrecken nicht." Das ist aber nur er selbst. Nur die Person selbst limitiert sich. Sonst kann sie überhaupt niemand limitieren. Die Kraft hat keiner.

R: Aber mit Hilfe dieser Ausbildungsmittel, die ich in Flag erhalte, in Clearwater, oder erstmal in England?

Z: Können Sie mehr davon freilegen, daß Sie sich selbst gestatten, diese Portion von sich jetzt zu benutzen. Oder diese Portion, oder diese, Sie wachsen dann.

R: Also man lernt ein einfacheres Leben zu führen, kann man das so sagen?

Z: Das würde ich nicht mal sagen. Das kann unter Umständen sehr kompliziert sein. Wie es sich der Einzelne halt vorstellt. Das kann sehr kompliziert oder sehr simpel sein.

R: Aber bei diesen OT-Graden lesen Sie doch viel. Das hat doch mit Auditing nichts zu tun. Wenn Sie diese OT 8-Kurse auf der "Freewinds", dem Schiff machen, das ist ja sehr abgeschlossen. Sie sind also auf dem Schiff , die 4 Wochen, oder 2 Wochen. Ist man dann nach 2 Wochen ein OT 8, oder wie lange waren Sie auf der "Freewinds", um OT 8 zuwerden?

Z: Das ist sehr verschieden. Ich weiß von einer Frau, die hat 3 Monate gebraucht. Ich hatte diese Zeit nicht zur Verfügung, also mußte ich die Sachen konzentrierter machen. Bei mir hat es 14 Tage gedauert.

R: Aber immer nur auf dem Schiff. Muß man dazu auf das Schiff?

Z: Das wird nur auf dem Schiff geliefert.

R: In Form eines Buches, oder eines Computers?

Z: Selber machen, dann wissen Sie es genau.

R: Dürfen Sie das nicht verraten?

Z: Nein, das wäre dämlich, wenn ich es täte.

R: Also man darf es nicht, man soll es nicht?

Z: Nein man soll es nicht machen. Es bildet sich sonst was raus, kann ich Ihnen jetzt sagen. Es bildet sich bei Ihnen ein "Hidden-Standard".

R: Das heißt ich bin voreingenommen.

Z: Sie werden dann voreingenommen. Falls Sie es später einmal selber mal machen würden, dann hätten Sie jetzt die Meinung, ach der Zöllner hat mir damals gesagt, er macht das in 14 Tagen und er hat das und das gemacht und jetzt sitze ich schon 3 Wochen auf dem Schiff und habe das immer noch nicht gemacht. Bin ich weniger? Ja, da würde ich

Ihnen jetzt Geld klauen, denn Sie zahlen dort ja auch für Übernachtungen.

R: Auf dem Schiff?

Z: Ja sicher, das müssen Sie ja zahlen.

R: Das kostet Geld. Klar wie im Hotel.

Z: Logisch.

R: Umsonst gibt es nichts.

Z: Wenn ich Sie jetzt mit "Hidden-Standard" vollpumpen würde und Ihnen sagen würde, es ist so und so und so, da klaue ich Ihnen möglicherweise künftiges Geld. Was soll es.

R: Also man muß das selbst rausfinden.

Z: Sie können es rausfinden, daß ist ja schon eine Chance, die gewaltig ist, ob Sie es nehmen oder nicht, ist ihre Sache. Das ist wieder etwas ganz anderes.

R: Aber warum, muß ich so viel bezahlen, um das machen zu können?

Z: Weil so viel geliefert wird.

R: Warum kann man es nicht günstiger machen, z.B. für jeden $ 1000 für den OT 8?

Z: Wie sollen sie das machen? Kennen Sie ein Schiff, daß Sie für $ 1000 zwei Wochen laufen lassen können? Selbst wenn da 5000 Leute anwesend sind, das reicht nicht für den Sprit, nicht für die Hafengebühr, nicht für das Essen. Das reicht für nichts.

R: Das verstehe ich schon. Das muß ja irgendwo herkommen, vergleichbar mit einem Hotel.

Z: Scientology ist ein selbsttragendes System. Kein einziger macht Gewinne davon, sondern das wird in Sie investiert. Sie kriegen Materialien. Sie wissen was ein Buch zu produzieren kostet. Einer muß sich mit dem Text befassen, der Druck allein und das Material, das Papier kostet Geld. Dann die Schlauheit, die einer investieren muß, die Zeit, die einer investieren muß, kostet Geld.

R: Letztendlich macht es die Menge an Personen, die Kurse belegen und damit refinanzieren.

Z: Logisch.

R: Wie ein Verlag für den Autor.

Z: Exakt. Nur wird dort alles wieder reingepumpt. Es fließt alles wieder zurück und dadurch kommt eine Expansion zustande, weil keiner was abschöpft. Wenn jetzt irgendwer da wäre, eine Stelle da wäre, die Gelder abzweigt...

R: David Miscavige würde sich eine Milliarde, oder 500 Millionen Dollar irgendwie rausziehen...

Z: Der kriegt nicht viel mehr als ein "Staff" (Mitarbeiter, Anm. d. A.) hier in München. Mehr hat der nicht.
R: Aber Sie wären vielleicht sauer, wenn der mehr kriegen würde.
Z: Mir wäre es eigentlich persönlich wurscht. Ich habe eher die Meinung, er hat es verdient mehr zu kriegen. Er braucht es ja nicht, wozu denn?
R: Kennen Sie ihn persönlich?
Z: Ja sicher.
R: Und wie ist er? Nett?
Z: Ein tougher Bursche.
R: Schwierig?
Z: Nein, überhaupt nicht. Hart, schnell. Einer der Schnellsten die ich so kenne. Nimmt alle Dinge wahr, sieht und repariert sofort, wenn etwas nicht in Ordnung ist. Ungeheuerlich.
R: Ein guter Manager und ein guter Organisator. Der Cleverste von allen?.
Z: Würde ich nicht sagen. Vielleicht gibt es cleverere, aber er ist an der höchsten Stelle dort. Er ist nicht sehr groß. Aber ein Bürscherl, den sehen Sie vorbeigehen und denken: "Donnerwetter, ist das ein Kraftpaket!"
R: Was?
Z: Ich meine, er hat immerhin erreicht, daß in den USA das 40 Jahre andauernde Bekämpfen von Scientology vom CIA und FBI eingestellt worden ist. Sogar vom Finanzamt, der IRS. Das hat dieser kleine Bursche da gemacht. Also so klein ist er nicht. Er ist schon 1,60 m.
R: Aber er ist "in Scientology" die eigentliche Nr. 1, kann man das so sagen?
Z: Ja, verdientermaßen.
R: Und Heber Jentzsch? Ist er mehr eine Repräsentationsfigur?
Z: Heber Jentzsch ist der Präsident der Kirche gewissermaßen. Es ist ja eine Organisation, die aus vielerlei Zweigen besteht. Einer davon ist das System der Kirche und davon ist der Präsident Heber Jentzsch.
R: Und den kennen Sie auch gut?
Z: Ich bin mit ihm befreundet. Ich habe von den ganzen im oberen Management keinen kennengelernt, wo ich sagen würde, also den Jungen würde ich wechseln.
R: Ja?
Z: Das sind wirklich Leute, die verdientermaßen auf ihren Posten sind und die ich unterstütze wo ich kann.
R: Die bleiben auch lange auf ihren Posten.
Z: Ja, so lange bis sie abgezogen werden, weil ein Anderer besser ist.

R: Das klingt schon nach "hire and fire".

Z: Das geht nach dem Leistungsprinzip, das ganze Scientology. Das macht ja den Blüm so wild.

R: Warum?

Z: Wir haben einen Staat, der heißt Sozialstaat. Wenn Sie genau hinschauen, wenn jemand nichts tut, kriegt er dafür Geld. Wenn jemand was tut, wird es ihm versteuert und weggenommen. Der "Up-Stat", der hohe Statistiken hat, wird bestraft, wer niedrige hat, wird belohnt. Was kriegen Sie, Sie kriegen nur niedrige Statistiken. Machen Sie das mal im Betrieb. Ich weiß nicht, aber haben Sie Leute, Angestellte? Sagen wir mal, Sie haben 10 Leute. Dabei ist einer eine absolut faule Sau. Jetzt geben Sie dem jeden Morgen eine Flasche Sekt mit nach Hause und belohnen den. Was werden die anderen sagen? Irgendwann sitzen die anderen da und versuchen noch fauler zu sein, auch um ihre Belohnung zu kriegen.. Über kurz oder lang geht dann dieser ganze Laden nicht mehr.

R: Mich wundert es, daß Sie immerhin die Möglichkeit haben, innerhalb der Organisation mit der obersten Führungsspitze freundschaftlich zu kommunizieren, sich mit denen treffen.

Z: Vorige Woche war der Präsident vom CC Int hier und seine Frau.

R: Vom Celebrity Centre International?

Z: Ja. Er war hier mit einem Fernsehteam.

R: Hier bei Ihnen in der Wohnung.

Z: Da wurde eine Serie gemacht "Entertainment Tonight", heißt sie. Die ist in Amerika offenbar sehr bekannt. Ich habe es nicht gewußt. Ich kriege kein amerikanisches Fernsehen.

R: War da nicht noch eine Schauspielerin mit dabei? Anne Archer.

Z: Richtig.

R: War die auch mit hier? Das habe ich gelesen.

Z: Eine sehr nette Frau. Wir sind seitdem ein bißchen befreundet.

Z: Ja, drei Filme hat sie gemacht. Zwei davon glaube ich mit Michael Douglas. Die ist sehr bekannt. Ich kannte sie vorher nicht, meine Tochter kannte sie sofort. Die hat mir gleich fünf Filme aufgezählt. "Das hättest du mir vorher sagen können, die Tussi kommt morgen und ich kenne sie nicht."

R: Wobei sie, glaube ich, auch kommen wollte, um zu schauen, was hier mit den Scientologen passiert.

Z: Ja. Es ging darum. Gibt es Fälle von Diskriminierung, ja oder nein, und wenn ja, welche?

R: Und da haben sie Sie dazu befragt?

Z: Die Anne Archer war die Interviewpartnerin und der Producer von "Entertainment Tonight" war dabei und dann wurden die Leute befragt.

R: Helnwein auch?

Z: Glaub ich nicht, weiß ich aber nicht.

R: Haben Sie Erfahrungen mit Diskriminierung gemacht?

Z: Ja, habe ich natürlich schon. Ich habe es nie verborgen, muß ich sagen.. Ich habe nie ein Geheimnis daraus gemacht, daß ich Scientologe bin, wenn mich einer gefragt hat: Bist du Scientologe? Sagte ich natürlich und Du noch nicht? Das ist so meine Art. Meine Meinung. Ich habe Philosophie studiert und habe ja so viel Zeug gelesen. Ich habe das kennengelernt und habe empfunden, das ist das Beste, von dem ich je gehört hatte. Also mache ich das sofort. Das war meine Haltung. Das ist nicht jedermanns Haltung.

R: Ich finde das gut, wenn man dazu steht. Das ist auch das, was mir an Ihnen gefällt. Das gefällt mir nun mal am Helnwein nicht, daß er nicht dazu steht.

Z: Ich kenne wirklich seine Gründe nicht. Ich weiß nur, daß seine Kinder in Burgbrohl mit Steinen beworfen worden sind. Und für die hat er nun mal Verantwortung.

R: Das ist natürlich nicht schön, wenn das so war. Ich habe davon nichts mitbekommen.

Z: Aber irgendetwas muß er, kann man sagen, auch dazu beigetragen haben. Sei es seine Haltung, die unnahbar war für die Dorfleute, oder was weiß ich.

R: Jetzt kritisiert auch Innenminister Beckstein diese RPF-Straflager-Geschichte bei Hemet in Californien. Was weiß man davon als normaler Scientologe? Was wissen Sie davon? Gibt es so etwas?

Z: Es gibt kein Lager dieser Art. Das hätten die gerne. Ich sage Ihnen, wie so ein Lager zustande kommt. Es gibt eine Schule, die liegt an der Grenze zu Dänemark. Die hat ein Freund von mir aufgemacht, weil er Kinder hat.

R: In das Kinder-Scientologen von Hamburg hingehen?

Z: Zum Beispiel. Wenn Sie die Schule in Bildern, oder im Fernsehen betrachten, sehen Sie immer einen Stacheldraht darum. Wissen Sie, wo der herkommt? Der Nachbar dieser Schule hat sein Grundstück mit Stacheldraht eingezäunt. Die Typen gehen zu dem Nachbarn, fotografieren durch den Stacheldraht durch, dann ist die Scientology-Schule hinter Stacheldraht und das ist dann ein Lager. Und die Kinder kommen, wie ich neulich im Fernsehen gesehen habe, in grauen Anzügen.

R: Wirklich?

Z: Ach quatsch. Zufällig gibt es eine Schule in Clearwater, da haben die Kinder von einem Geschäftsmann Freizeitanzüge geschenkt gekriegt. Mit Kapuzen, die schauen aus wie Zwerge, alle in grau. Das ziehen die an. Jetzt kamen die aus dem Gebäude raus, und wurden als Gleichmacher aufgenommen. Ein Schwachsinn ersten Grades.

R: Aber in der Greenfield-Schule in England gibt es sowas auch.

Z: Selbst wenn die Kinder Schulkleidung hätten, ich weiß nicht, ob sie eine haben oder nicht.

R: Waren Ihre Kinder auf einer Scientology-Schule?

Z: Nein. Nur mein Sohn war auf der Steiner-Schule und meine Tochter war hier auf dem Gymnasium.

R: Warum gibt dann jemand wie Helnwein seine Kinder nach England, oder nach Clearwater auf eine SC-Schule?

Z: Weil sie dann so erzogen werden, daß sie dann hinterher nicht mehr was verlernen müssen. Wenn Sie ihr eigenes Schulsystem, das Sie durchlaufen haben, anschauen, wieviel müßten Sie tatsächlich an Schrott, den Sie da gelernt haben, ablegen, wenn Sie das nochmal machen würden.

R: Eine ganze Menge.

Z: Und die wollen vermeiden, daß sie diese 80% reinpressen.

R: Sind diese Schulen eigentlich eine Vorbereitung für eine spätere Mitarbeit als "Staff" im höheren Management?

Z: Natürlich nicht.

R: Ist das nicht so?

Z: Das ist eine Schule, in der die Studiertechnologie von Hubbard angewandt wird.

R: Aber es ist keine Verpflichtung als "Sea Org Member" später weiterzumachen.

Z: Natürlich nicht.

R: Aber es gibt doch sogenannte "Sea Org Kids". Der Cyril Helnwein ist bei der "Sea Org", ist ein Sea Org-Kind.

Z: Gut. Der wollte aber da hin.

R: Aber das heißt also, er strebt eine Mitarbeit im Management an?

Z: Weiß ich nicht.

R: Warum macht man sonst die Ausbildung? Man kann sich danach quasi frei entscheiden, was man machen will?

Z: Logisch. Der wird möglicherweise eingesetzt nach seinen Fähigkeiten. Vielleicht zeichnet er gut, dann kommt er in die Abteilung von "Gold", die die Bücher rausgibt. Geht er gut mit Zahlen um, dann wird er möglicherweise in die "Treasuary"-Abteilung kommen. Ja, kann er, muß er aber nicht.

R:Und die Straflager, von denen Aussteiger, wie Tabayoyon berichtet haben, wo Sea Org-Mitarbeiter stundenlang um den Swimming-Pool herumrennen müssen, täglich, nichts zu essen und zu trinken.

Z: Also komm, also na.....

R: Waren Sie schon in Hemet gewesen?

Z: Ich habe davon gehört, daß das so geschildert wird und habe mich dann erkundigt, ob es das gibt. Ich kann nur sagen, mir ist glaubwürdig versichert worden, daß es ein Stuss ist.

R: Das es kein Lager gibt, egal welcher Art?

Z: Wer soll denn die machen und unterhalten?
Welche von den paar Hanseln sollte das denn tun? Also das ist ein solcher Schwachsinn, daß kann nur in einem Land ausgedacht werden, in dem Straflager existierten. Da glaubt man das. Und das ist Deutschland. Ha ha ha. Weil das muß es ja geben. Unliebsame Personen irgendwo hintun in die Straflager.

R: Aber das z.B. ein "Sea Org Member", der Probleme mit der Organisation, einen Fehler gemacht, Geld unterschlagen hat, usw, doch in so ein Lager "Rehabilitation Project Force" gesteckt wird, wo die Leute die Möglichkeit bekommen, durch verstärkte körperliche Arbeit ihre Fehler gut zu machen, so daß sie wieder ihren alten Posten einnehmen können, das stimmt doch?

Z: Sagen wir mal so. Es wird ihm die Chance gegeben, dadurch, daß er für andere was macht, sich selber zu rehabilitieren.

R: Das gilt ja nur für "Sea Org Member", die dort hinkommen.

Z: Natürlich.

R: Wenn Sie zum Beispiel kein "Sea Org Member" sind ...

Z: Ich würde sagen: "Ciao, ihr könnt mich mal." Das kann der "Sea Org Member" aber auch machen. Der kann auch sagen: "Ciao."

R: Dann muß er aber ganz raus.

Z: Dann ist er halt draußen.

R: Dann verliert er auch alle seine OTs, alle seine Abzeichen.

Z: Das sind doch keine Abzeichen.

R: Ausbildungsstufen?

Z: Er kann dann nicht mehr im Namen der Kirche Auditor sein. Das wäre ja auch ein bißchen merkwürdig. Sie schmeißen einen aus der Firma raus, oder er kündigt und macht dann aber die selben Sachen weiter, nur heißt es jetzt anders.

R: Und die OTs kriegen sie dann auch aberkannt? Ich weiß nicht, ob man die aberkennen kann.

Z: Das kann man doch nicht aberkennen.

R: Einmal Clear, immer Clear?

Z: Stellen Sie sich vor, daß wäre so, wie wenn sie braun werden. Sie fahren in Urlaub und werden braun. Jetzt kommen Sie zurück und einem gefällt es nicht. Jetzt wird Ihnen die Bräune aberkannt. Wie soll das gehen?

R: Jeanette Schweitzer, die zur "Surpressive Person" erklärt wurde, haben sie auch alles aberkannt. Da gibt es dann ein Schreiben von dem Herrn Stricker, der dann sagt: "Liebe Frau Soundso, jetzt ab sofort ..." Man kann auch von Degradierung sprechen.

Z: Na und, macht doch nichts, dann hat sie irgendetwas mißverstanden gehabt. Sonst hätte sie das hier nicht gemacht. Ganz simpel, wenn ich mit meinem Auto, ich habe einen Führerschein seit 1962 gell, wenn ich jetzt das dritte Auto an den Baum setze, irgendwann im besoffenen Zustand, muß ich den Führerschein auch neu machen.

R: Entweder abgeben oder neu machen.

Z: Logischerweise. Irgendetwas stimmt da nicht. Entweder kann er nicht fahren, oder er hat gar keinen Führerschein. Völlig normal. Also ich finde da nichts besonderes dabei.

R: Was denken Sie denn von Leuten wie Jeanette Schweitzer, wenn die jetzt vor die Kamera treten und dann den Reportern sagen: "Hier waren die Zimmer, hier wurden die Leute mißhandelt."

Z: Sie haben das gesehen?

R: Ich habe diesen Bericht gesehen.

Z: Haben Sie die Zimmer auch angeschaut?

R: Ich habe die Zimmer gesehen. Das sah aus wie ein kleines Kinderzimmer, oder Einzelzimmer, wie in kleinen Hotels.

Z: Na ja und, waren die häßlich?

R: Nein, das waren ganz normale Zimmer.

Z: Saubere schöne kleine Räumchen, nur kein großer Raum. Wenn ich zwei Leute darin zum Arbeiten habe, der eine ist Auditor und hat ein Tischchen, das ist so groß. Und der andere hat einen Stuhl, da brauche ich keinen Saal, sondern ich brauche nur einen Raum, der Platz für zwei Stühle und einen Tisch bietet und sonst gelüftet ist, mehr brauche ich nicht. Wenn ich dann sage, wie die Schweitzer das gesagt hat, ich habe das zufällig auch gesehen und aufgezeichnet und sagt, das ist wie im Straflager, schauen sie sich das an, da kann ich ja nur kichern. Ich kann Ihnen nur folgendes sagen, dieses Gebäude war vorher die CDU-Zentrale in Stuttgart, bevor es die Scientologen gemietet haben. Da kann ich nur sagen, da hat die CDU leider ihre Leute im Gefängnis gehalten, bis dahin, ha ha ha. Das sagt die Schweitzer natürlich nicht. Sie war ein kleines Lichtlein in Scientology.

R: Die auch was erzählen wollte.

Z: Die enttäuscht war, weil sie von einer Firma rausgeschmissen worden ist. Sie war sauer und hat sich gerächt und hat gemerkt, da kann ich gut von leben.

R: Von dieser Geschichte, wenn ich an die Presse gehe?

Z: Es lebt die Hartwig davon, es lebt die Schweitzer davon, es lebt die Caberta davon, es lebt der Potthoff davon und der Träger. Aber alle blendend.

R: Tom Voltz auch noch?

Z: Ja? Den kenne ich nicht.

R: Der aus der Schweiz, er war Wise-Mitglied.

Z: Ich glaube, den kenne ich gar nicht. Ja das ist alles eine Kohlefrage oder eine Existenzfrage. Die werden bezahlt von den Kirchen, entweder der einen oder der anderen und vom Fernsehen sowieso, sie kriegen ein Honorar und Anreisekosten. Die haben da blendend davon gelebt.

Wie kommt es zustande? Die Hartwig hat einen Kurs belegt, nicht mal einen Scientologenkurs, sondern einen von einem Scientologen gelieferten Kurs, wie man Geld verdient. Den hat sie belegt und unterschrieben, kostete 198 DM und den hat sie nicht bezahlt. Dann kam die erste Mahnung, hat sie nicht reagiert. Auf die zweite Mahnung auch nicht. Die dritte Mahnung kam auch noch. Dann kam ein Zahlungsbefehl. Und dann ist sie Scientology-Gegnerin geworden, denn sie ist ja nun eine Verfolgte. Ich weiß nicht. Was soll ich mit der Frau reden, ich mache mich doch nicht schmutzig. Ich meine, ich habe ein Leben, das ist vielleicht in diesem Körper noch 20 Jahre. Da setze ich mich doch nicht eine halbe Stunde mit Frau Hartwig zusammen um mich noch zu besudeln. Wozu?

R: Sehen Sie überhaupt einen Gesprächspartner, mit dem Sie sich von der "Enemy"-, der "anderen" Seite unterhalten würden?

Z: Mit einem ernsthaften Mann, ja.

R: Blüm?

Z: Wenn der mir glaubwürdig versichern kann, daß er nicht eine vorgefaßte Meinung hat, die zementiert ist, dann ja. Wenn das aber nicht der Fall ist, dann nicht, weil das ist zwecklos. Wozu?

R: Es ist schon wichtig, daß man aufeinander zugeht?

Z: Na klar, logisch.

R: Weil die ganze Verhärtung, wie sie jetzt eingetreten ist, halte ich eigentlich für einen großen Fehler. Das bringt niemandem was. Sie kriegen durch die Kampagnen, die in den USA auch durch Helnwein gefahren werden, nicht mehr Mitglieder. Die eingeschworenen Mitglieder werden höchstens noch enger zusammengehalten.

Z: Ich habe einmal in einem Vortrag gesagt: "Wenn wir die Feinde nicht hätten, wir müßten sie erfinden." Ich habe mehr Scientologen kennengelernt, seit es die Feinde gibt, als vorher. Ich wußte gar nicht, daß der oder jener Scientologe war, hatte mich vorher auch gar nicht interessiert. Man rückt zusammen durch die Attacken.

R: Das ist immer so. Man stärkt doch den Feind durch die Attacken.

Z: Ja logisch.

R: Man trifft sie nicht, aber sie treffen uns.

Z: Völlig in Ordnung, da gibt es eine Vorlesung von Hubbard. Ich sag ihnen nur, der hat über alles was geschrieben. Er hat geschrieben, wie man Aufmerksamkeit auf einen Gegner richtet. Wenn ich mich damit befasse, tue ich meine Aufmerksamkeitseinheiten von meiner Projektion ja weg und gib sie ihm. Energie ist ja etwas, was übertragen wird, d.h. ich mache einen Start damit. Also was soll's?

R: Ich meine, womit die deutsche Regierung jetzt völlig zu Unrecht große Probleme bekommen hat, ist dieser Schwachsinn, den sie durch SC USA und Helnwein unterstellt bekommen hat und das kriegt man jetzt erst einmal nicht mehr weg. Das war auf dem ersten Blick recht intelligent.

Z: Ja, die haben einiges dafür getan, daß sie den schwarzen Peter gekriegt haben.

R: Da kann man äußerst geteilter Meinung drüber sein. Und wie oft sind sie drüben in Clearwater?

Z: Das hängt davon ab, wie gut ich verkaufen kann, wie ich das ermöglichen kann, daß ich hinkomme. Wie ich die Zeit habe. Das hängt von den Faktoren ab: Zeit, Geld und Lust.

R: Aber was können Sie denn jetzt noch machen. Sie haben doch jetzt schon alle Kurse belegt, die man überhaupt belegen konnte.

Z: Ich habe die linke Seite der Brücke, die Auditingseite, noch gar nicht weit gemacht.

R: Bis 4, oder?

Z: Ja, aber viele haben es nur bis 4. Was soll´s? Für die meisten langt das ja.

R: Könnten Sie mich auditieren?

Z: Ja.

R: Können wir uns dabei unterhalten? Ich muß reden und sie hören zu.
Z: Ich stelle Fragen und sie beantworten die Fragen.
R: Wie funktioniert diese "Field-Staff-Member-Geschichte" eigentlich? Wenn ich jetzt von Ihnen geworben werden würde?
Z: Ich bin jetzt "Field Staff Member" und bekäme 10% von allem, was Sie einzahlen.
R: Also, wenn ich jetzt bis zum OT 8 hochgehe, Beispiel, kriegen Sie von allen Einnahmen die ich ...
Z: Nur wenn ich derjenige bin, der Sie auch bis oben hin begleitet.
R: Ach so. Das machen Sie wahrscheinlich dann nicht mehr.
Z: Irgendwann kommt ein anderer, der ist für Sie interessanter, als "Opinion Leader", als Meinungsführer, dann sagen Sie sich, nun höre ich dem zu, was der mir sagt. Oder der hat mich jetzt bewegt, den Kurs zu belegen und Sie geben an, wer Sie dazu veranlaßt hat.
R: Ah, das muß man reinschreiben, wer mein Vermittler ist.
Z: Ganz genau. Der kriegt dann diese 10 Prozent und kann seinen Weg auf der Brücke billiger machen.
R: Aber er erhält kein Geld, sondern einfach nur Punkte?
Z: Er kann es auch ausbezahlt kriegen. Oder sie kriegen es als Scheck. Sie bekommen 12%, wenn Sie es in der Kirche lassen und 10%, wenn Sie es rausnehmen.
Wenn mir einer sagt, der Scientologe ist, Scientology, das ist sehr sehr teuer, dann weiß ich, die arme Sau ist einfach zu faul, einen anderen zu werben.
R: Es ist also nichts Negatives an dem ganzen System Scientology zu finden?
Z: Ich sage Ihnen was. Wir haben eine Putzfrau, eine stille Frau, unheimlich nett und lieb. Eine Person, wie man sie gerne um sich hat, der Mann arbeitslos. Sie haben 5 Kinder. Die Familie von ihr, die 5 Kinder und der Mann haben davon gelebt, daß sie putzen ging, an verschiedenen Stellen. Eines Tages kam sie an, und sie hat beobachtet, was wir so machen, weil es liegt ja alles offen bei uns rum. Sie wußte schon was wir machen. Ich fragte sie: "Können sie nicht nächste Woche kom men, wir fahren in die USA und machen wieder so einen Kurs. Können sie da vielleicht nach der Katze schauen?" Jedenfalls wußte sie, daß wir das machen und hat also nie irgendein Wort darüber verloren. Bis sie eines Tages kam, einen Zeitungsartikel aus dem "Mießbacher Anzeiger" über Scientology in der Hand. "Schauen sie mal hier, was die wieder in der Zeitung schreiben." "Ja, das machen sie halt." Sagt sie: "Sie, ich habe gleich beim Redakteur angerufen und gesagt, das

stimmt ja alles gar nicht." So ein stilles Mädel. Das ging aber noch weiter. Sie sagte: "Da steht, das kostet jetzt 150.000 DM bis man so weit ist, wie sie sind." "Da haben sie mal ausnahmsweise untertrieben. Das dürfte schon ein bißchen mehr sein," sagte ich. Da fällt ihr das Gesicht runter. "Was haben Sie jetzt?" sagt meine Frau zu ihr. Sagt sie: "Wissen sie Frau Zöllner, ich wollte das auch machen, was sie machen und 15.000 DM habe ich mir schon zusammengespart. Aber wenn das soviel kostet, das kann ich dann nicht." Da war für sie die Zukunft beim Teufel. Und dann konnte ich ihr sagen, wenn sie also einen anderen in Scientology reinbringt, dann kriegt sie diese 10 % Provision, wenn sie 10 hat, hat sie es ganz umsonst. Das war für sie eine neue Hoffnung.

Oder sie kann Mitarbeiterin werden.

R: Die bekommen es dann umsonst.

Z: Die kriegen es dann auch umsonst, logischerweise.

R: Aber muß man dann nach Clearwater ?

Z: Sie kann es auch in Düsseldorf, oder in München machen. Dort, wo halt eine Org ist.

R: Aber der Wunsch selbst mal so eine Art Celebrity-Center zu machen, hatten Sie den nie?

Z: Ja wozu denn ? Ich meine ...

R: Ja, aber der Helnwein hat es ja auch gemacht.

Z: Warum hat er es gemacht? Weil er dann Kurse im eigenen Haus geliefert bekommt. Aus Faulheit, oder Bequemlichkeit, oder auch unter Umständen, um Mitarbeiter zu haben, die dann wenigstens in der Terminologie geschult sind. Denen braucht er nicht immer alles erklären. So kann man sagen "DEV T". Dann weiß der sofort was "DEV T" ist, wenn ich es Ihnen sagen, wissen Sie es leider nicht, vielleicht.

R: Was heißt es denn?

Z: Das heißt "Developed Traffic", d. h. wenn einer wie ein Goldhamster tut, arbeitet und schafft, aber es kommt kein Produkt raus, dann ist das "DEV T" dann können sie ihm sagen das war jetzt ein unnötiger Krampf. "Unnötiger Krampf" heißt in der Fachterminologie "DEV T". Das ist viel viel einfacher, da kann ich mit Leuten dann reden, weil wir die gleiche Realität über ähnliche Dinge haben.

R: Reden Sie dann auch intern, z. B., wenn Sie sich mit Helnwein besprechen würden, oder telefonieren, oder man trifft sich in Clearwater, reden Sie dann auch in dieser Geheimsprache?

Z: Wenn ein Umstand vorkäme, wo "DEV T" gebraucht werden würde,

würde ich natürlich das Wort benutzen, weil da habe ich mir ja diesen ganzen langen Satz erspart und der Gottfried versteht es ja.

R: Aber sonst ist das doch eigentlich eher bei den Scientologen eine Schreibsprache, oder? Man schreibt in der Scientology-Sprache doch mehr als man redet, oder?

Z: Ja logisch. Wenn Sie im Briefverkehr sind, dann reden sie natürlich nicht, dann schreiben, Sie. Das ist ja das typische am Briefverkehr. Es gibt von Hubbard eine Aussage, an die sich die Scientologen gewöhnlich halten. "What's not written is not true." Also, was nicht geschrieben ist, ist nicht wahr. Sie können keinem eine mündliche Anweisung erteilen.

R: Deshalb wird auch viel geschrieben.

Z: Mündlich wird sie sofort entstellt. Der erste sagt: "Mache die Tür zu." Der andere sagt:
"Er hat mir gesagt, ich soll das Tor zu machen." Der Dritte sagt: "Er hat behauptet, daß der andere gesagt hat, ich soll die Gartentür einreißen." Das wird entstellt. Und geschrieben kann ich sehen, das hat er gesagt. Dann bleibt das so, wie es gemeint ist.

R: Müssen Sie eigentlich, wenn Sie Nicht-Scientologen treffen, so wie mich jetzt, danach einen Bericht schreiben, einen Wissensbericht?

Z: An wen denn?

R: Ich habe neulich in der Zeitung gelesen, da hat jemand einen Wissensbericht nach Clearwater geschickt, daß ein Freund von ihm ein Problem hat, oder was seine Frau über Scientology gesagt hat.

Z: Würde ich machen, wenn ich Ihnen damit helfen könnte.

R: Aber nur weil ich Scientolge bin.

Z: Ja, nur dann hat es ja einen Sinn.

R: Sonst wäre es ja Quatsch.

Z: Meinen Sie, ich habe sonst nichts zu tun als Wissensberichte zu schreiben?

R: Vielleicht um dem Freund, oder dem Kollegen zu helfen?

Z: Logisch. Nur das.

R: Dadurch, daß man merkt, o.k. der hat da irgendwo in seiner Entwicklung ein Problem, jetzt guckt mal, besprecht das mal mit ihm, was man da machen kann.

Z: Da ist doch ganz und gar nichts dabei.

R: Das ist in ihren Augen nichts Negatives?

Z: Nein überhaupt nicht. Das ist eine Möglichkeit.

R: Wenn man den Helnwein-Wissensbericht liest, denkt man, das wäre ein Stasi-Bericht. Man will Leute verpfeifen usw..

Z: Das sind dann die Probleme, die die haben, die wirklich Stasi-Berichte geschrieben haben. Herr Stolpe hat vielleicht damit Probleme.

R: Aber kriegt denn derjenige, über den man Berichte schreibt, Ärger mit der Organisation auf irgendeine Art und Weise ?

Z: Warum soll er ?

R: Ich habe mich da auch gewundert, da stand zur Information, d. h. derjenige über den Sie schreiben, bekäme dann eine Kopie des Wissensberichts.

Z: Der muß eine kriegen, das ist Vorschrift.

R: Das heißt also, hinter dem Rücken geht nichts in der Organisation.

Z: Nein.

R: Das ist auch Pflicht, daß man den anderen, über den man schreibt, informiert?

Z: Das sind einfach "good manners".

R: Das hat mich nämlich gewundert.

Z: Das ist ein vollkommen normales Verhalten. Ich will doch nicht über sie tratschen. Wenn ich über Sie was sagen würde und Sie wären Scientologe und in der Organisation, und ich würde feststellen, Herrschaftszeiten, jetzt kommt er nicht weiter, er hat ein Problem, verdammt noch mal. Ich sehe, was das Problem ist, könnte es aber selber nicht mit Ihnen machen, denn Ihr Betreuer ist Ihr Auditor, oder Ihr "C/S", Ihr Fallüberwacher, dann würde ich dem diese Nachricht geben, aber Ihnen auch mitteilen, daß ich das gemacht habe.

R: Und derjenige wäre nicht böse auf Sie ?

Z: Warum sollen Sie ?

R: Weil ich bei Ihnen war, wir haben uns unterhalten, haben ein Glas Wein getrunken und Sie haben plötzlich gemerkt, ich weiß nicht, aber irgendwie hat der Probleme.

Z: Der erste Grad wäre, ich rufe Sie an und sage: "Du, ist es Dir recht, wenn ich das dem "C/S" sage?" Ein Fallüberwacher, der Case-Supervisor.

R: Und wer ist das? Wer ist der Case-Supervisor. Ist das der Auditor ?

Z: Nein, das ist der, der den Auditor überwacht. Der Case-Supervisor.

R: Sein Chef?

Z: Ja, kann man so sagen. Wissen Sie, wenn Sie zu einem Psychologen gehen, oder einem Psychiater, dann ist das eine Einzelperson, die kann mit Ihnen machen und anstellen, was sie nur will. Außer er bricht Ihnen die Arme, dann könnten Sie ihn verklagen. Das ist alles. Er wird von keinem kontrolliert, ob er Fehler macht oder nicht. Der Auditor ist in einem System drin, indem er, wenn er Fehler macht, sofort kor-

rigiert wird.
R: D. h., Sie haben auch einen Case-Supervisor?
Z: Natürlich.
R: Dann hat Gottfried Helnwein auch einen Case-Supervisor?
Z: Natürlich.
R: Jeder Auditor?
Z: Wechselnd.
R: Ach wechselnd. Wieso wechselt das ?
Z: Der eine ist zuständig für dieses Auditing, der andere ist zuständig für das andere. Wenn jetzt 100 dort sind, die dieses Auditing machen, kann es nicht einer sein, da braucht es mehrere, die gehen den Folder durch und sagen, das ist jetzt die nächste Aktion, die für den richtig ist.
R: Aha, und dann gibt es immer verschiedene Case-Supervisor und ver schiedene Auditoren, die bestimmte Probleme lösen können. Wenn ich die Broschüren lese, die höchst ausgebildeten Auditoren gehen bis Klasse 12.
Z: Class 12, ja.
R: Das ist das non plus ultra?
Z: Ja, das ist wahr. Wenn Sie es auf dem Wissenschaftlersektor sehen würden, Auditoren der Class 12, das sind die obersten Wissenschaftler dieses Planeten, die sich mit der menschlichen Psyche befassen können.
R: Also müßte es doch im Prinzip Ihr Wunsch sein, sich nur mit Klasse 12 Auditoren zu umgeben.
Z: Das wäre es auch. Nur das kostet auch mehr Geld. Denn die sind natürlich teurer als ein anderer Auditor, z. B. Klasse 4.
R: Die Stunde mit dem Klasse 12-Mann, oder -Frau, ist teurer, als mit einem der Klasse 4?
Z: Ja, selbstverständlich, der ist ja ganz anders ausgebildet. D. h., der hat meinetwegen 6 Jahre in seine Ausbildung investiert und liefert damit ein anderes Volumen von Möglichkeiten. Und wenn Sie in ein gutes Lokal gehen, zahlen Sie auch mehr, wie in der Bahnhofskneipe.
R: Aber Sie können jetzt sagen, ich bin jetzt 2 Wochen in Flag, wohne im Fort Harrison und möchte diesmal von einem Class 12 Auditor auditiert werden.
Z: Ja, wenn Sie es zahlen.
R: Was kostet denn da eine Stunde?
Z: Kann ich Ihnen nicht einmal sagen. Da müßte ich meine Frau fragen. Der überlasse ich dieses Zeug.
R: Aber es ist ziemlich teuer?

Z: Verglichen mit was, ziemlich teuer? Das ist immer relativ.
R: Ich versuche immer noch die Nachteile von Scientology zu finden.
Z: Die suche ich auch noch.
R: Gibt es Nachteile?
Z: Ich habe noch keine gefunden.
R: Haben Sie in den 30 Jahren, wo sie jetzt dabei sind, Nachteile gefunden.
Z: Ich muß Ihnen sagen, ich bin ja eigentlich ein recht kritischer Typ, von meiner Lebenshaltung und meinem Lebensgefühl und versuche zu vermeiden, in Fallen zu laufen. Und als ich damals mit diesem ganzen Wissensgut zusammen kam, durch dieses Treffen mit dem Erst-Scientologen.
R: Wer war das?
Z: Ein Bekannter. Ein Typ der nicht mehr dabei ist.
R: Ach so.
Z: Ich wollte das wirklich auch nicht so gerne sagen.
R: Das macht nichts.
Z: Jedenfalls ein in der Nähe wohnender Architekt.
R: Haben Sie Arthur Hubbard kennengelernt?
Z: Ja.
R: Ich habe ihm einmal für das ORF einen Auftrag gegeben. Wir haben da so ein großes Modell gebastelt. Der hat auf der Burg vom Helnwein gearbeitet und gemalt.
Z: Der ist witzig, ein völlig Wilder.
R: Ja, ja, er ist ein lieber Kerl. Und den habe ich da kennengelernt, der war ganz nett und hat aber recht kritisch über seinen Vater gesprochen ...
Z: Na logisch. Das ist einer, an dem der Vater alles ausprobiert hat. Der weiß bis heute nicht, wo er auf der Brücke ist. Er hat auch vieles davon überhaupt nicht verstanden, weil er das nicht chronologisch gemacht hat.
R: Arbeitet er heute immer noch als Künstler, oder macht er diese Ausbildungsstufen ?
Z: Das hat damit nichts zu tun. Er kann den Service nehmen, wie ich auch.
R: Aber das macht er nicht?
Z: Manchmal schon. Er arbeitet darauf hin.
R: Was heißt das?
Z: Er macht größere Werke.
R: Welchen Auftrag hat die Sea Org? Wie kommt man ins "RPF"?

Z: Deren Auftrag ist es, die Kurse so zu überwachen, wie sie geplant und wie sie gedacht sind, daß da keine Abweichungen vorkommen. Wenn er das jetzt böswilligerweise verändert meinetwegen, eine falsche Policy, oder der gibt seinen eigenen Senf dazu, weil er denkt, so läuft es besser, dann passiert ihm das. Wenn er weiterhin Sea Org-Member bleiben will, dann muß er korrigiert werden, weil er würde ja sonst den anderen schaden. Dann geht er ins "RPF". Wir nennen das "Mestwork".

R: Das heißt?

Z: Betten machen, oder Renovierungsarbeiten und so Zeug. Während dessen macht der einen "False Purpose Rundown".

R: Ach, in der Zeit, wenn der das "Problem" hat, muß er diesen Rundown machen?

Z: Genau. "False Purpose Rundown" heißt, ein Rundown, der seine falschen Zielvorstellungen, die er möglicherweise hat, korrigiert. Er muß es aber auch lernen, die liefern zu können, gleichzeitig, in der selben Zeit. Das ist natürlich schon hart. Er muß arbeiten, seinen normalen Schedule und muß lernen, zu auditieren und muß audiert werden. Das ist sein Korrekturprogramm, was er macht.

R: Aber das kostet nichts?

Z: Nein, das kostet nichts.

R: Aber das ist irrsinnig anstrengend.

Z: Er muß es halt machen. Ich habe noch keinen gesehen, der davon dick geworden ist, aber Dicke sind dabei immer dünn geworden. Das kann man sagen.

R: Also ist die Theorie, die geistige Basis, unumstößlich?

Z: So kann man das sagen. Ein Scientologe ist niemand, der etwas glaubt, sondern das ist jemand, der etwas probiert und das, was er probiert hat und was für ihn funktioniert, ist wahr. Nur das, was für ihn funktioniert hat, ist wahr.

R: Das ist eine interessante Definition. Wenn das die Definition eines Scientologen ist, könnten wir auch von uns sagen, daß wir das sind. Denn wir probieren auch alles aus.

Z: Logisch, Sie verhalten sich in dem Fall, ohne das Sie jetzt dieser Richtung angehören. Natürlich verhalten Sie sich so, weil so ist es vernünftig. Es gibt ein vernünftiges Verhalten und es gibt ein unvernünftiges Verhalten. Das unvernünftige Verhalten können Sie als crazy, als verrückt einstufen und das vernünftige Verhalten als gesund und überlebensfördernd. So kann man es ganz grob sagen.

R: Ja, wenn man das Leben bejaht.

Z: Ja, wenn man es verneint, dann ist man am falschen Platz. Da läuft dann der Körper allein.

R: Und wann hat alles für einen Scientologen begonnen? Nachdem was ich gelesen habe und was Sie auch so gesagt haben, geht SC davon aus, daß jeder Mensch ein Thetan ist. Ein Geist.

Z: Ein geistiges Wesen oder eine Individualität, wie Sie das auch immer vorgeben.

R: Ja. Ein Wesen das immer wieder neu lebt, immer wieder neu kommt, in neuen Körpern.

Z: In neuen Körpern, das ist richtig.

R:Dann müßte es doch irgendwann einmal angefangen haben.

Z: Richtig.

R: Mit einem Urknall, mit einer Urzelle oder wer hat alles geschaffen ?

Z: Die Frage ist leider nicht beantwortbar, weil dieses wer, nach der Definition, kein wer ist.

R: Was bedeutet z. B. "Clear Deutschland"?

Z: Clear ist ein bestimmter Zustand, den es vor 1948 nicht gab. Das ist befreit sein, auf der ersten Dynamik, da sag ich gleich was dazu. Befreit sein, von diesem unerwünschten Müll, der in all den Jahren angesammelt wurde. Auf der ersten Dynamik, nur als Wesen selbst, nicht als Zweiheit, oder Familie, nicht als Gruppe, nicht als die Menschheit, nicht als die Lebewesen, nicht als das Ungelebte und nicht als Konzept, nicht als oberste Wesensheit, sondern nur auf der ersten Dynamik. Dieser Zustand ist neu und das ist ein recht wünschenswerter Zustand, der läßt Sie nicht mehr Opfer sein in der eigenen Vergangenheit. Und "Clear Deutschland" hieße, in Deutschland eine möglichst überwiegende Zahl der Bewohner zu dem Zustand "Clear" zu verhelfen. Wenn das erreicht ist, dann ist Deutschland „Clear“, das ist alles.

R: Ist das denn keine politische Ansicht?

Z: Ach was. Der Gerster sagt: "Ihr fordert Clear Deutschland." Das ist ein solches Arschloch. Das wäre so, als ob er dem Gesundheitsminister vorwirft, daß er gesunde Einwohner in Deutschland fordert. "Clear" gibt mir ja keine Rechte. Ich nehme nur mehr wahr, sagen wir mal so. Wenn das eine Überlegenheit ist, kann ich sagen, ja.

R: Ich habe das noch nicht nachgelesen, aber es wird zitiert, daß Hubbard sagt, nur Leute, die "Clear" sind, sollen auch Bürgerrechte bekommen.

Z: Er hat nicht unrecht, aber aus einem ganz anderen Grund. Wenn je mand, sagen wir mal Bürgerrechte, wenn wir dabei bleiben, hat, der selber jeden Moment völlig durchdrehen kann, oder Dinge entscheiden kann, die er nicht mal verantwortet, die aus seinem unkontrollierten Unbewußten kommen, dann ist das natürlich schwerer zu handhaben, zum Zusammenleben in der Gesellschaft, als wenn Leute zusammenleben, die das nicht haben. Das ist sicherlich eine analytischere Gesellschaft.

R: Aber können Sie sich vorstellen, daß Scientologen und Nicht - Scientologen zusammen die Dinge weiterentwickeln ?

Z: Das machen wir doch jetzt. Das ist doch dauernd der Fall.

R: Aber es geht nicht aus den Schriften hervor, denn Hubbard wollte, daß im Prinzip die ganze Welt nur aus Scientologen bestehen solle.

Z: Sein Bestreben ist, die Wesen zu befreien, daß sie in die Lage versetzt werden, sich selber zu befreien. Freie Wesen können angenehmer Handeln wie Unfreie. Das ist doch ganz logisch. Wenn Sie mit einem Spazierengehen und jeden 10. oder 20. Schritt macht der einen Salto um sich selber, das ist ein schlimmes Laufen. Wenn Sie mit einem gehen und sagen, wir gehen von A nach B und sie gehen direkt dahin, so ist das wunderbar. Wenn der zwischendurch noch Brotzeit macht und stehen bleibt und jetzt muß er wieder nach seinem Konzept 5 Schritte rückwärts laufen, dauert es halt länger bis Sie endlich ankommen. Dann werden Sie den nächsten Spaziergang mit einem machen, von dem Sie wissen, der geht direkt von A nach B, statt 10 mal um die eigene Achse.

R: Also Menschen sollen lernen, sich von ihrem Müll zu lösen, und erst danach bin ich frei?

Z: Richtig. Einfach, damit sie selbst entscheiden können. Wenn Sie nicht selbst entscheiden können, kann man nicht unbedingt behaupten, daß Sie frei sind.

R: Aber glauben Sie, daß ich jetzt nicht frei entscheiden kann und damit jetzt Scientology bräuchte, glauben Sie das?

Z: In Grenzen auf jeden Fall.

R: Das meinen Sie?

Z: Ja, das ist meine Überzeugung, weil das weiß ich. Das wissen Sie nicht, weil es ist nicht Ihre Realität. Aber meine ist das.

R: Aber ich kann doch gar nicht mehr frei entscheiden, wenn ich nur nach den Hubbard- Richtlinien vorgehe.

Z: Das sind nur Richtlinien des Weges zur Befreiung. Sie können im Gegenteil, erstmalig wahrscheinlich frei entscheiden. Was kann man jetzt als Beispiel sagen. Beispiele hinken immer furchtbar, aber ich verwende sie trotzdem gerne, sie machen etwas lebendiger und nicht so abstrakt. Angenommen Ihre Eltern hätten Ihnen gesagt, Kind, wenn Du einen Rothaarigen triffst, die sind immer falsch, fuchsig oder wenn Du einen Schwarzhaarigen triffst, die sind leicht feindlich, nur Blonde sind toll. Ja, und nun treffen Sie einen Rothaarigen. Ob Sie wollen oder nicht, irgendwann fällt Ihnen dieser Satz ein. Plötzlich fällt es Ihnen ein und sie sagen, ein bißchen fuchsig ist er ja doch. Das ist ja nicht eine Freiheit, sondern das ist ein Programm, daß sie haben.

R: Und das ist der Fehler, den muß ich weglegen?

Z: Genau. Wenn Sie dieses Ding mal anschauen, oder angeschaut haben, werden Sie zu sich sagen, wo kommt dieses Datum eigentlich her, warum ist das gesagt worden. Das hat ja gar nichts mit mir zu tun, daß ist ja ein Datum von der Tante Elise. Und dann können Sie frei entscheiden, entweder der gefällt mir, oder der gefällt mir nicht.

R: Ist es das, was innerhalb des Auditings passiert? Man erzählt das und danach weiß man, das ist ja vollkommener Quatsch, was ich da sage.

Z: Sie finden das selber raus und Sie lachen sich kaputt. Ich kann Ihnen sagen, Sie lachen sich kaputt. Ein Beispiel: Ehen scheitern nie daran, daß jemand fremdgeht, die wenigsten, die ich kenne sind daran gescheitert. Sondern daran, daß der eine gerne Salat knatscht, weil dann schmeckt er ihm und der andere kann das nicht hören. Wenn der das hört, das ist für ihn, wie wenn Knochen brechen. Und der läßt das doch nicht bleiben, immer wenn Salat kommt, knatscht er ihn. Und sie sagt ihm immer wieder, knatsch nicht den Salat, ich werde ganz rasend. Daran scheitern die Ehen. Jetzt wenn das rauskommt, beim Auditing zufällig, der hat eine verpatzte Ehe, die Kinder sind ich weiß nicht wo, jetzt wird zufällig sein Eheproblem von ihm angeschaut und der kommt darauf, daß es am knatschenden Salat lag, weil zufällig irgendwann irgendein Arzt einen Knochen bei ihm gebrochen hat, und das klang wie ein Salat, der geknatscht wird.

R: Dann hat das gar nichts mit dem Mann zu tun, sondern, mit irgendeinem Erlebnis aus der Vergangenheit.

Z: Dann lacht der sich kaputt, daß er 20 Jahre eine Ehe geführt hat, die dann am Salat knatschen gescheitert ist. Dann löst sich das auf.

R: Könnten Sie sich vorstellen, mit einer Nicht-Scientologin verheiratet zu sein?

Z: Schwer. Ich kenne natürlich Fälle bei denen das funktioniert.

R: Aber es ist schwer.

Z: Es ist schwer. Sie können ja in vielen Dingen nicht mit ihm reden. Das sind zwei verschiedene Realitäten. Es ist keine gemeinsame Realität. Und wenn Sie wissen, was Kommunikation oder ...

R: Das ARC - Dreieck?

Z: Richtig. Affinität, Realität und Kommunikation. Und Sie haben mit ihm keine gemeinsame Realität, dann haben Sie nur zwei Teile davon. Kommunikation und Affinität. Und in dem Maße, in dem Realität weg ist, schmilzt die Affinität. Da können Sie reden so viel sie wollen. Die ist nicht da. Da können Sie sagen was Sie wollen, es gibt Knatsch.

R: Aber man darf auch einen Nicht-Scientologen oder eine Nicht-Scientologin heiraten?

Z: Ja warum den nicht.

R: Potthoff z. B., seine Frau mußte sich von ihm trennen, weil er ausgestiegen ist, ein ganz konkreter Fall.

Z: Ich kenne den Potthoff , der sogenannte Ober-Scientologe, der im Grunde genommen die Brotzeit über in der Org war, weil er zu deppert war für etwas anderes. Jetzt stilisiert er sich als Pressesprecher der Scientology.

R: Aber seine Frau hat sich von ihm getrennt, weil er ausgestiegen ist?

Z: Na klar, weil es einfach zu schwierig ist für sie.

R: Für die Frau?

Z: Auch für ihn. Die haben ja keine gemeinsame Realität. Worüber sollen die reden. Man kann nicht den ganzen Tag bumsen, schon gar nicht, wenn man keine Zeit hat und den ganzen Tag arbeiten soll.

R: Aber wie war es denn bei Michael Jackson? Ist er denn nicht zum Scientologen geworden?

Z: Ich habe keinen Schimmer. Ich weiß es nicht. Mich hat auch die Presse nicht interessiert. Ich bin nicht prominentengeil und gehöre selber dazu. Warum soll ich prominentengeil sein ?

B: Kann es nicht so sein, daß einer nicht gedrängt, aber beraten wird?

Z: Das was ich eben anzuschneiden versucht habe, der Fallüberwacher sagt unter Umständen, Junge entweder du handhabst das, du bringst das in Ordnung oder ihr trennt euch. Wenn einer in einer Familie etwas macht, sei es Skifahren oder Scientology und der andere ist grundsätzlich dagegen, wie soll das ein fruchtbares Zusammensein sein? Entweder der Skifahrer wirbt den Skifahrer, dann können sie zusammen auf dem Arlberg fahren oder der Skifahrer sagt, wir haben jetzt 10 Jahre lang gestritten über das Thema, ich mag nicht mehr. Und dann soll er sich trennen, weil dann kann er die Zeit, die er sonstverplempert, sinnvoll nutzen.

R: Was ist denn mit dieser Sache mit Thomas Gottschalk gewesen? Was ist da eigentlich dran? Es gibt einen Schweizer Thomas Gottschalk und es gibt einen Münchner, "unseren" Thomas Gottschalk.

Z: Der Münchner Thomas Gottschalk hat das Pech, daß zufällig in einer Liste von Scientologen "Thomas Gottschalk" drin stand. Das war aber der Schweizer Thomas Gottschalk. Die Bild-Zeitung hat das von irgendwem in die Hand gekriegt und geschrieben, der Thomas Gottschalk ist auch Scientologe. Danach war der Thomas Gottschalk die Pest, was ich nicht verstehen kann, der gehört ja nicht dazu.

R: Der andere, der Lehrer, konnte das eigentlich nicht sein, denn der ist ein Lehrer. Dieser Schweizer Thomas Gottschalk kann sich die 1/2 Millionen für den OT 8 doch gar nicht leisten. Das ist ein Argument.

Z: Das sehe ich leider nicht so, sondern er kann das, wie ich vorhin gesagt habe, durch die 3 Möglichkeiten. Wenn er es will. Wenn er es nicht will, eben nicht.

R: Was heißt "IAS"?

Z: International Association of Scientologists.

R: Ganz genau. Wo alle Scientologen Mitglieder sind. Sie konnten es sich dann aussuchen, jährliche eine Zahlung, oder lebenslängliche Mitgliedschaft.

Z: Ich bin z.B. Sponsor.

R: Sponsor und Patron?

Z: Patron bin ich nicht, nur meine Frau.

R: Ach so, Sie sind der Sponsor.

Z: Ich bin nur Sponsor.

R: Und was ist da der Unterschied zwischen dem Patron und dem Sponsor? Ist das eine reine Geldangelegenheit?

Z: Da wird mehr eingezahlt.

R: Macht man das freiwillig? Sie kommen auf die Idee und sagen, jetzt möchte ich gerne Patron werden?

Z: Da gibt es jemanden, der einen fragt. Es gibt natürlich Leute, die dafür werben.

R: Es gibt Werber.

Z: Natürlich.

R: Die sitzen dann in England oder in Clearwater, oder auch in Deutschland?

Z: Überall in Deutschland, auch in München gibt es eine Gruppe mit zwei Leuten.

Die IAS hat eine Aufgabe, das ist Scientology auf diesem Planeten zu erhalten, oder zu schützen, indem dafür gesorgt wird, daß nichts verändert wird. Oder die helfen bei Rechtsstreiten und sowas.

R: Also ist die IAS der größte finanzielle Unterstützer der OSA, wenn man so will?

Z: In der Hauptsache sind die ihr eigenes Network. Die IAS ist für uns eine Art Feuerwehr, sagen wir mal so. Die haben eine Kriegskasse.

R: Ihre Frau gehört zu den Patrons? Sie hat $40.000 gespendet. Kann man das auch in Form von Bildern spenden?

Z: Nein, da müssen die ja das Zeug verkaufen, wer soll denn das machen?

R: Ich weiß von Helnwein, der hat für Narconon Bilder gespendet. Das hat dann Scientology bei Verkäufen $150.000 Gewinn gebracht. Er wurde dafür im „Celebrity"-Magazin gelobt, daß er die Bilder gespendet hat.

Z: Denen hätte ich böse auf den Schwanz getreten, denn wenn die ein Bild, was ich ihnen spende, verkaufen, das halte ich für eine widerliche Geschichte. Ich habe auch Bilder zur Verfügung gestellt. Für Narconon am Schliersee. Da hingen 10 Bilder von mir, weil das so ein trauriges Gebäude war, da habe ich gesagt: "Scheiße!" Dann haben sie mich gefragt, weil ich denen bereits geholfen hatte, das Gebäude zu finden !

R: Warum sagt Helnwein, daß er kein Scientologe ist, obwohl er einer ist?

Z: Er sagt, daß er nichts damit zu tun hat, aus einem bestimmten Grund, weil er attackiert worden ist, als Scientologe.

R: Meinen Sie nicht auch, daß in den USA taktische Fehler gemacht werden, ich meine von Ihrer Organisation und bestimmte PR-Abteilungen darin?

Z: Ich sehe es bisher nicht.

R: War der Angriff auf Deutschland nicht doch zu scharf?

Z: Der war nicht scharf. Ich meine, die Reaktion hier in Deutschland war sehr, sehr heftig. Das ist aber nur dann, wenn irgendwer Dreck am Stecken hat. Sonst braucht er nicht so heftig zu reagieren. Wenn Sie zu einem sagen, der sehr klug ist, er sei eine dumme Sau, dann würde er ihnen das nicht weiter übelnehmen und würde sagen, was kackt der den Hund an. Wenn Sie aber wirklich dumm wären und es würde je mand kommen und zu ihnen dumme Sau sagen, den schlagen Sie auf der Stelle zusammen. Nur jemand, der etwas zu tun hat und der Ladung darauf hat, wird so reagieren.

R: Wenn drüben eine Geschichte über Deutschland gemacht wird, wissen Sie das schon vorher, was passieren wird?

Z: Wenn ich mich dafür interessiere, ja.

R: Die PR-Abteilung würde Ihnen das sagen, da Sie doch eine führende Person in Deutschland sind ?

Z: Ja. Ich werde in Amerika als solche angesehen. Erstens bin ich Künstler und zweitens ist ein gewisser Bekanntheitsgrad da, ob ich es nun gewünscht habe oder nicht. Es war natürlich meine Absicht besonders bekannt zu werden. Mittlerweile habe ich andere Absichten. Das ist jetzt ein Nebenprodukt, wenn es passiert. Sonst ist es mir wurscht.

R: Aber hatten Sie denn nicht auch ein Angebot im Januar nach Washington zu kommen und an der Seite von Helnwein ins Auswärtige Amt zu gehen, um die Kampagne gegen Deutschland zu unterstützen?

Z: Er hatte ganz andere Absichten. Ich habe ihm auf seinen Anrufbeantworter gesprochen, ich habe aber noch keine Antwort bekommen, ich weiß also nichts. Aber ich möchte es schon wissen, wenn ich ihn schon dauernd in Schutz nehme, oder verteidige, oder irgendetwas über ihn sage. Ich weiß es gar nicht, weil es mich nicht interessiert hatte.

R: Aber wenn Sie gebeten worden wären?

Z: Wenn mir der Flug bezahlt worden wäre, wäre ich hingefahren, ja selbstverständlich rede ich für Scientology. Ich halte den Hubbard für einen der größten Typen, die ich in der Geschichte auf diesem Planeten kenne. Ich kenne keinen, der mir größer erscheint. Natürlich tue ich alles, was ich kann, um ihm zu helfen und sein Gedankengut auch wirksam werden zu lassen und nicht zu vergraben. Wenn ich von etwas überzeugt bin, dann mache ich das auch. Wenn ich nicht davon überzeugt bin, würde ich es nicht machen.

R: Gehen Sie auch zu den Jahresfeiern der IAS ?

Z: Ich fahre da nicht hin. Wenn ich viele Scientologen treffen will und das Geld und die Zeit übrig habe, würde ich mir den Spaß erlauben. Ich wollte immer mal ein Celebrity Center gründen, nur habe ich es nur einmal zu einem großen Meeting geschafft und was kommt dann? Dann kommen halt Leute, die auch sagen, jetzt fange ich an mit Kunst und erhoffen sich dann einen Karriereschub.

R: Aber da sind auch andere SC-Künstler wie Helnwein, Pablo Röhrig oder Arthur Hubbard. Warum setzen sie sich nicht zusammen und machen gemeinsam etwas?

Z: Würde mich interessieren. Ich habe neulich mit dem Pablo darüber gesprochen, eigentlich sollten wir sowas machen. Was wir tun, ist ja einer religiösen Gemeinschaft anzugehören. Es ist ja so eine Art religiöse Kunst. Nur die ist so unterschiedlich. Der Pablo malt so völlig anders wie ich, daß es für einen Außenstehenden schwer als solche zu erkennen wäre.

R: Aber Sie würden doch sagen, daß Ihre Kunst Scientology-Kunst ist?

Z: Also meine ganz definitiv.

R: Ist sie?

Z: Ja.

R: Ist Helnweins Kunst "Scientology-Kunst"? Sagen wir mal so, kann er

Kunst machen, die keine "Scientology-Kunst" ist?

Z: Warum soll er es nicht können. Meine ist auch nur insofern "Scientology-Kunst", soweit es mich interessiert, Nahrung zu schaffen für das geistige Wesen. Ich sehe das so, ich sehe Kunst generell immer von der Qualität her. Das was Hubbard sagt, ist für mich die beste Definition von Kunst: Kunst ist die zusammengefaßte Qualität von Kommunikation. Wie ich das gelesen habe, hat mich das getroffen wie ein Schlag. Davor habe ich Bibliotheken leergelesen, um herauszufinden was Kunst ist. Und der sagt das so, ich kann mit ihm übereinstimmen. Kunst ist die zusammengefaßte Qualität von Kommunikation. Jetzt muß die zusammengefaßt werden, denn ich muß die Qualität und Kommunikation klären. Wenn ich weiß, was das ist, kann ich mir die Wahrheit stehlen.

R: Haben Sie schon einmal im Celebrity Centre International in L.A. ausgestellt ?

Z: Nein.

R: Organisieren die das nicht ?

Z: Würden die machen, ja. Ich habe aber nicht soviel Sachen. Ich habe nur die, die in dem Haus hier lagern, vielleicht 100 Werke, von den Drucksachen abgesehen. Das reicht nicht aus. Ich muß ja hiervon leben. Ich lebe ja davon, daß ich die Sachen verkaufe. Die Scientologen haben nicht die Kohle das kaufen zu können.

R: Ja doch, zumindest John Travolta, oder?

Z: Na ja gut, der kauft vielleicht eins. Was habe ich davon, wenn John Travolta ein Bild von mir hängen hat. Nur damit ich sagen kann, Travolta hat auch ein Bild von mir. Das ist nicht mein Ding.

R: Gibt es auch "Patron"-Treffen?

Z: Die gibt es. Wenn ich zufällig in Flag bin und es ist ein "Patron"-Din ner, dann werde ich dazu natürlich auch geladen, als V.I.P.

R: Das ist doch eine besondere Ehre, oder?

Z: Das ist eine besondere Ehre. Wir sitzen dann zusammen und irgendeiner hält einen Vortrag über irgendetwas. Hauptsächlich ist man zusammen.

R: Dann hätten Sie Helnwein mal treffen können, oder haben Sie ihn dort getroffen ?

Z: Wenn wir zufällig dort gewesen wären, gemeinsam, dann möglicherweise.

R: Aber es gibt doch innerhalb der Organisation sehr viele Mitglieder und sehr viele „Patrons"?

Z: Ich habe keine Ahnung.

R: Heute sind es ungefähr zweitausend "Patrons".
Z: Ich hoffe, es sind mehr.
R: Es sind mehr geworden. Zwischen 1988 und 1995 hat es sich verdoppelt.
Z: Ich würde es hoffen. Ich habe etliche Vorträge gehalten darüber, daß jemand sinnvollerweise "Patron" wird, wenn er sich das erlauben kann. Ich selber bin es aber nicht, ich habe die Kohle nicht.
R: Aber Ihre Frau hat es dann gemacht.
Z: Die hat es gemacht. Für die war es wichtig genug.
R: Da gab es keinen Streit? Weil Sie ihr Geld dann ausgibt.
Z: Das ist ihre Sache. Sie würde auch nichts gesagt haben, wenn ich es gemacht hätte.
R: Das ist interessant. Sie machen das alles gemeinsam?
Z: Nach Möglichkeit, das ist ja günstiger.
R: Hat man denn Freizeit, wenn man in Flag im Fort Harrison Kurse belegt? Die gehen doch den ganzen Tag.
Z: Das können Sie sich einteilen. Sie können entweder den Vormittag studieren. Vormittag, Nachmittag und Abend studieren, oder nur den Nachmittag studieren, oder nur den Abend, oder überhaupt nicht studieren. Ich sage Ihnen was. Wir waren mal in Clearwater und beide haben wir beschlossen, jetzt machen wir mal richtig Schwimmurlaub. Vorher haben wir im Sandcastle gewohnt, das ist ein Hotel, war ganz nett, bißchen vergammelt vielleicht. Das haben sie ja mittlerweile ganz schön renoviert. Ich war in dem Neuen noch nicht drin, ich habe es nur auf einer Abbildung gesehen.
Da sagte ich: "Weiß Du was, studiert haben wir jetzt schon 8 Tage, jetzt machen wir mal richtig schön Urlaub." Wir wollten uns in einem Hotel einmieten, direkt am Beach. Da kommen wir ins Hotel, der Bedienstete kam, ich hatte uns telefonisch angemeldet, mit Goldkette und mit diesem Zuhälterzeug. Wo sind wir da hingeraten, komisch. Wir nennen das "flows", was Sie wahrscheinlich anders nennen. Aber Sie kriegen mit, was für eine Stimmung da ist. Die Stimmung war nur auf Sexprotz. Das hat mich weder interessiert, noch hat es meine Frau interessiert. Ich fragte sie: "Tun wir uns das jetzt an, bleiben wir hier?" Die Scientologen wollen natürlich, wenn man schon in Clearwater ist, dann muß man auch studieren. Wir hatten uns die Zeit freigeboxt und gesagt, nein, diesmal gar nichts, wir machen nur Urlaub hier und zwar nicht hier, sondern wir gehen woanders hin. Nachdem uns vier oder fünf Leute angebabbelt hatten, haben wir die überzeugt, daß das für uns das Beste ist, was wir gerade wollen. Da wir nicht davon abgewi-

chen sind, haben sie das eingesehen. Sie haben uns viel Spaß gewünscht und so sind wir dann nach Clearwater Beach. Wir waren zwei Stunden in diesem scheiß Hotel und ich habe gesagt: "Weißt Du was, ich will doch wieder zurück." So sind wir wieder zurückgegangen und haben dann im alten Hotel übernachtet. Wir wollten wirklich weg sein von dieser ganzen Scientologen-Szene.

R: Einfach nur Ruhe haben?

Z: Na ja, halt wirklich nur ins Wasser und baden und im Sand liegen und blöd sein. So ganz doof braun werden.

R: Das macht ja auch mal Spaß.

Z: Klar das macht Spaß, nur wie lange?

R: Wir kennen uns jetzt und wenn ich jetzt in Clearwater ein Haus hätte, dann würde ich Sie doch einladen. Dann würde ich doch sagen, komme mal vorbei.

Z: Also, ich sage Ihnen was. Ich kenne dort ungefähr 400 Leute, die mich einladen, soll ich zu all denen gehen? Wenn ich mir hier gerade 14 Tage abgeknapst habe und dann tue ich so, wie wenn ich überhaupt keine Zeit habe, und mache gerade das, was ich machen will.

R: Da haben Sie recht.

Z: Die Zeit ist mir viel zu kostbar. Die ist ja erkämpft. Nicht, daß man nicht eingeladen wird, oder das die das nicht täten. Für die bin ich eine Celebrity aus Deutschland, der noch dazu Künstler ist.

R: Sie sind Deutschlands dienstältester Scientologe, sie sind am längsten Mitglied?

Z: So kann man sagen, ja.

R: Europas?

Z: Das weiß ich nicht, aber Deutschlands auf jeden Fall.

R: Sind Sie eine Art Oberboss gegenüber dem Helnwein, der erst seit 1972 dabei ist ?

Z: Ich erwähne es dann und wann, wenn ich einen Vortrag halte. Ich erzähle davon, wie das früher war. SC war früher die Jungendsekte. Damals war ich 32. Da war ich auch schon kein Jugendlicher mehr, trotzdem war ich dann eben einer von der Jugendsekte. Und als ich 40 war, hat man rumgetönt, daß wir immer noch eine Jugendsekte seien und da habe ich mich etwas beleidigt gefühlt. Heute bin ich Großvater.

R: Da sieht man wie die Zeiten sich ändern.

Z: Darum sind die Angriffe jetzt auch auf etwas anderes abgestellt. Wir sind kriminell, oder, wie der Blüm sagt, Geldwäscher.

R: Sind Ihre Kinder auch dabei?

Z: Meine? Nein. Unsere Tochter studiert in Mailand und wohnt vielleicht zwei Minuten von der Org Mailand weg, die war noch nicht einmal dort, wozu auch? Ich sagte zu ihr: " Ich wünsche Dir, daß Du einen Scientologen findest, das sind wenigstens nette Leute, mit dem kannst du reden, der betrügt dich nicht. Stattdessen hat sie andere Kerle. Ha ha ha. Das ist halt so.

R: Sie haben deswegen aber keine Probleme mit ihr, da sie keine Scientologin ist?

Z: Wozu? Das ist doch ihre Entscheidung. Ein Wesen ist ein uraltes Wesen, in einem Körper der unterschiedlichen Alters ist. Wenn das jetzt Kinder sind, zufällig von uns, sind das Wesen, die zufällig genetisch vom Körper her uns nahe stehen. Dem Körper nahe stehen, nicht nur mir. Möglicherweise, ich bilde mir ein, daß unsere Kinder zu uns gekommen sind, sich einen Körper genommen haben, den wir zufällig gezeugt haben, weil sie in der Nähe sein wollen. Das ist aber eine reine Einbildung. Wenn ich die Kinder frage, vielleicht sagen sie ah der Alte tickt nicht richtig. Ha ha ha.

R: Wie ist das, wenn die Kinder keine Eltern mehr haben dürfen, weil diese keine Scientologen sind. Ich erinnere an die Fernsehsendung " Report ", in der die Eltern um ihren Sohn geweint haben.

Z: Ja, das habe ich neulich gesehen, wo die zwei Alten da geheult haben.

R: Ja, wie sie geweint haben.

Z: Ich möchte nicht wissen, wie die Eltern sind und als ich sie gesehen habe, dachte ich, Junge, bin ich froh, daß ich von denen kein Kind bin. Das habe ich spontan gesagt, wie ich es gesehen habe.

R: Aber kann es denn sowas geben?

Z: Das kann es natürlich geben. Wenn jetzt ein Sohn, nehmen wir einmal an, Sohn X lernt Scientology kennen und will das machen. Er hat die finanziellen Mittel nicht und geht zum Vater und sagt, Du, ich habe da was Tolles gefunden, kannst du mir die Kohle geben, ich will da einen Kurs belegen und Auditing haben. Und der Vater sagt, was ist denn das, ist das Opus Dei? Dann sagt er, nein das ist Scientology. Oh sagt er, Scientology, nein, da kriegst Du keinen Pfennig von mir. Gut, dann will es der Vater nicht anders, der Sohn geht zum Bauern und verdient dort sein Geld und er macht das trotzdem. Irgendwann wird der Kontakt zu den Eltern immer dünner werden, weil die Realität, das ARK stimmt nicht mehr. Es ist keine gemeinsame Realität mehr da. Der Junge kriegt von den Eltern nicht wirklich das, was die behaupten, was sie ihm geben wollen, nämlich sie behaupten, wir wollen nur das Beste für dich. Jetzt hat der Sohn erkannt, was für ihn das Beste ist und das genau wollen sie nicht. Dann weiß er, also so ganz stimmt das doch nicht. Und so kann man sich voneinander entfernen. Es kann aber auch so sein: Die hören Scientology und rufen sofort bei der Hartwig an, oder ich weiß nicht wo und sagen, unser Sohn will Scientologe werden, was machen wir da? Sie machen eine Staatsaffäre daraus und der Sohn wird sich nicht mehr mit ihnen besonders solidarisch erklären, möglicherweise nie mehr. Und das dem Sohn dann von Scientology nahegelegt wird, du bringst das in Ordnung oder, wenn du Scientology weitermachen willst, empfehlen wir dir die Trennung herbeizuführen. Kann ich ja auch verstehen.

R: Und wie wird das jetzt weitergehen, die Beziehung zwischen Scientology und den deutschen Behörden.

Z: Ich habe keine Ahnung.

R: Werden sich die verschiedenen Parteien an einen Tisch setzen?

Z: Das ist zu erwarten, weil das wäre gut für den Staat. Das wäre gut, um die Arbeitslosigkeit zu bekämpfen, das wäre für viele Sachen gut. Ich würde es mir wünschen.

R: Das Ruhe einkehrt? Ist das auch die Absicht von David Miscavige in Los Angeles, daß da Ruhe einkehrt?

Z: Wenn Sie sehen, was wir für eine Energie aufwenden, um diese ganzen Politiker weit auf Distanz zu halten, daß wir das machen können, was wir machen wollen. Diese Energien kosten auch Kohle. Das kostet unsere Kohle, daß zahlen wir ja mit.

R: Ist das die IAS-Kohle und die "Patron"-Kohle?

Z: Wer ist denn das, die IAS? Das sind ja alles wir. Das ist so, wie wenn man sagt, der Staat macht das. Der Staat bin ich auch, hier zahle ich Steuern, auch für diese Arschlöcher, die mich beschimpfen. Wenn Herr Blüm mich beschimpft, als Geldwäscher und Kriminellen, muß ich sagen, einen Teil seines Gehaltes und seines Ministerpostens zahle ich mit, wie groß der auch immer sein mag, mit meinen Steuern. Und was untersteht er sich, das zu sagen.

R: Also, wenn Scientology alles das machen kann, was Hubbard vorgeschlagen hat, dann wäre doch diese Kriegskasse nicht mehr notwendig. Auch die Mitgliedsbeiträge für die IAS wären nicht mehr notwendig?

Z: Völlig richtig. Da gebe ich Ihnen recht. Die Ziele von Scientology kennen Sie ? Gesellschaft ohne Krieg, ohne Wahnsinn. Wenn das nicht wäre, da wäre ja schon alles richtig. Was könnte ein Staat für Steuern senken, wenn die nicht diesen Quatsch machen müßten. Was kostet jetzt so ein Starfighter? 90 Millionen, oder? Sagen wir mal 100 Millionen, daß ist auch schon Geld. Wofür? Damit einer, dessen Ausbildung

700 000 DM kostet, in diesem Gerät durch die Gegend fliegt, um auf zupassen, daß ein Feind, den es gar nicht gibt, nicht kommt. Na, wenn das nicht Schwachsinn ist, dann weiß ich nicht. Wenn diese Gelder nun in einen sozialen Fonds gegeben werden könnten, hätte der Blüm nicht diese Sorgen mit seinem Rupfen der Alten.

R: Ich glaube es wäre an der Zeit zu kommunizieren, von beiden Seiten.

Z: Das wäre schön.

R: Das ist der einzige Weg. Beide Seiten haben ja nichts davon.

Z: Für jeden der Seiten wäre das besser. Das was ich vorhin gesagt habe, "DEV T", unnütze Tätigkeit ohne Ziel, ohne Sinn, ohne Überleben.

R: Aber Sie können mit David Miscavige über so etwas reden?

Z: Ja selbstverständlich.

R: Und das machen Sie auch.

Z: Wenn ich ihm die Zeit nicht stehlen würde.

R: Dann könnte man das machen. Aber Sie machen das auch.

Z: Ja sicher.

R: Also, wenn Sie in Los Angeles sind, dann können Sie ihm sagen, ich möchte dich gerne sehen, können wir uns mal treffen? Und dann empfängt er sie.

Z: Ja selbstverständlich.

R: Findet das in einem lockeren Rahmen statt?

Z: Was ist ein lockerer Rahmen?

R: So wie wir hier sitzen.

Z: Ja, das ist nicht anders.

R: Mein Eindruck von vielen Abbildungen in Scientology-Zeitungen und Zeitschriften ist ein sehr militärischer, speziell in der Sea Org mit den Uniformen und der strammen Haltung.

Z: Sie müssen die Geschichte von Hubbard anschauen, und vielleicht hat das auch mit der Zeitspur zu tun. Wäre auch zu überlegen. Da steht auf dem Hut darauf "Revenimus". Das Motto der Sea Org ist "Revenimus". Das heißt, wir kommen zurück. Wir werden wiederkommen. Und stellen Sie sich mal vor, rein hypothetisch, das hat jetzt nichts mit Scientology zu tun, sondern ich sage nur hypothetisch, den Fall, hier ist ein Kind, da ist eine Zeitspur. Und auf dieser Zeitspur laufen verschiedene Gesellschaftssysteme, die aber über die Jahrtausende, Jahrmillionen so standardisiert sind, daß sie mittlerweile als Gesellschaftssysteme stagnieren, könnte ja sein, zumindest durchaus denkbar. Alle sind sehr, sehr gut, alle sind sehr, sehr schlau. Es passiert im Grunde nichts. Wie könnte man das verändern? Es wäre denkbar, daß man zu diesem Zeitstrom, im 90° Winkel einen anderen aufmacht und schickt ihn in diese Gegend und sagt, so jetzt haut hier mal ab, macht was ihr wollt, aber schafft es wiederzukommen und uns was Neues beizubringen. Also die Stagnation unserer Gesellschaft vielleicht auch. Und es könnte sein, daß wir alle hier in so einen Zeitsack geschickt worden sind. In der Zeitrechnung gibt es dieses Phänomen des Zeitsackes. Nehmen wir mal an, das wäre ein Zeitsack und da gehen wir in diese Richtung. Und das machen wir so lange mit allen Scheißerlebnissen, die er gesammelt hat, bis er einmal das schafft es umzudrehen und es scheint so, als ob es furchtbar viele Versuche dazu gegeben hätte und es dem Hubbard gelungen sei, das umzudrehen und eine Methode zu finden, das Problem zu lösen. Wenn wir dann wieder zurückkehren in das normale Zeitkontingent, zu dieser stagnierenden Gesellschaft, dann könnten wir die Lehrer sein und diese Gesellschaft irgendwie weiterbringen. Das wäre doch schon einmal nicht schlecht. Das möchte ich schon mitmachen. Und das kommt aus " Revenimus ". Das ist eine Erklärung dafür.

R: Ja. Ist ja o.k. Na gut, dann danke ich Ihnen für den netten Empfang und die freundliche Aufnahme. Ich bin jetzt um viele Informationen reicher, die ich vorher nicht hatte, man hat auch viele falsche Vorstellungen. Bestimmte Informationen bekommt man überhaupt nicht.

Z: Sie können das Zeug kaufen.

R: Ja, aber bestimmte Sachen kriegt man nicht so mit, das will keiner wissen und das weiß auch keiner.

Z: Also, ich sage Ihnen. Als ich meine Frau kennenlernte, das war 1977, war sie mit Yoga in Schwierigkeiten gekommen. Eine Freundin von ihr hat gesagt, ich kenne da einen in München, damals war ich verheiratet in München, der hat so Yoga gemacht und macht auch etwas, was ich nicht genau weiß. Ich glaube, der kann Dir helfen. Da kam ein Notruf an, ein ganz dünnes Stimmchen vom Tegernsee, was mich natürlich sehr gefreut hat. Ich dachte, da fahre ich mal raus. Wir haben uns unterhalten und ich habe ihr gleich gesagt, also von Yoga sage ich dir gar nichts, das habe ich aufgehört. Ich mache etwas ganz anderes und dar über reden wir, einverstanden? Sie war einverstanden. Wir haben geredet, ziemlich lange und uns dabei natürlich über beide Ohren verliebt. Ich habe ihr eine Liste von Büchern aufgeschrieben, die sie sich bestellen soll, um das Fachgebiet zu kennen, bzw. kennenzulernen. Diese Bücher hat sie auch alle bestellt und kam in die Münchner Org und die waren total perplex, was ist das denn, da kommt ja jemand, mit einer Bücherliste an. Woher und was hat die vor? Und jeder dachte sofort, oh Gott, hier kommt wer, der will uns jetzt irgendwie an den Karren

fahren. Ich habe die dann mit einem Telefonat beruhigt.
Ich hoffe, ich konnte Ihnen wenigstens soviel sagen, daß Sie etwas mit anfangen können.

R: Ich denke, es ist gut erklärt, daß man vieles von einer anderen Warte sehen kann. Und vielleicht auch relativer, alles nicht immer so haßerfüllt, oder sagen wir ablehnend.

Z: Wäre fein. Wenn das die Wirkung hat, dann war der Nachmittag nicht umsonst. Ich meine unabhängig davon, daß ich Sie sympathisch finde und von daher sich schon gelohnt hat, drei Stunden zusammenzusitzen.

R: Dann wünsche ich noch einen schönen Abend.

Z: Vielen Dank!

Waki Zöllner und Peter Reichelt in Gmund am Tegernsee am 17.2.1997